Forschungsinstitut der Friedrich-Ebert-Stiftung
Reihe: Politik- und Gesellschaftsgeschichte, Band 32

Herausgegeben von Dieter Dowe und Michael Schneider

Johannes Kandel

Protestantischer Sozialkonservatismus am Ende des 19. Jahrhunderts

Pfarrer Rudolf Todts
Auseinandersetzung mit dem Sozialismus
im Widerstreit der kirchlichen
und politischen Lager

Verlag J. H. W. Dietz Nachf.

Die Abbildung auf dem Umschlag zeigt im Vordergrund die Reformierte St. Johannis Kirche in Brandenburg a. d. Havel, wo Rudolf Todt von 1880 bis zu seinem Tode 1887 Pfarrer war, im Hintergrund die erste Nummer der von Todt herausgegebenen Zeitschrift „Der Staats-Socialist".

Die Deutsche Bibliothek — CIP-Einheitsaufnahme

Kandel, Johannes:
Protestantischer Sozialkonservatismus am Ende des
19. Jahrhunderts: Pfarrer Rudolf Todts Auseinandersetzung mit
dem Sozialismus im Widerstreit der kirchlichen und politischen
Lager / Johannes Kandel. — Bonn: Dietz, 1993
    (Reihe: Politik- und Gesellschaftsgeschichte; Bd. 32)
    Zugl.: Berlin, Freie Univ., Diss., 1989 u. d. T.: Kandel, Johannes:
    Christlicher Sozialkonservatismus zwischen Konservatismus und
    Sozialismus
    ISBN 3-8012-4038-X
NE: GT

ISSN 0941-7621

Forschungsinstitut der Friedrich-Ebert-Stiftung
Godesberger Allee 149, D-5300 Bonn 2

Copyright © 1993 by Verlag J. H. W. Dietz Nachf. GmbH,
In der Raste 2, D-5300 Bonn 1
Umschlag: Manfred Waller, Reinbek
Satz: Fotosatzstudio typo bonn, Bonn
Druck und Verarbeitung: Plump, Rheinbreitbach
Alle Rechte vorbehalten
Printed in Germany 1993

Vorwort

Die vorliegende Arbeit ist eine gekürzte und überarbeitete Fassung meiner Dissertation, die im Sommer 1989 unter dem Titel „Christlicher Sozialkonservatismus zwischen Konservatismus und Sozialismus" am Otto-Suhr-Institut (FB Politische Wissenschaft) der Freien Universität Berlin angenommen wurde.

Die Arbeit wurde von Prof. Dr. Hans-Dietrich Loock (Friedrich-Meinecke-Institut, FB Geschichtswissenschaften) angeregt, zunächst begleitet und dann bis zu ihrem Abschluß von Prof. Dr. Gesine Schwan, Otto-Suhr-Institut, betreut. Beiden habe ich in erster Linie für geduldige Begleitung, mannigfache Anregungen, Hilfen und Gespräche zu danken. Für stetige Ermutigung und vielfältige Hilfestellungen danke ich dem „Pionier" der Forschungen zu Rudolf Todt und seinem Umfeld, Prof. Dr. Günter Brakelmann, Bochum, sowie Prof. Dr. Jochen-Christian Kaiser, Münster, für wichtige Quellenhinweise und Ratschläge.

Ich danke allen, die mich bei Recherchen unterstützt haben, insbesondere dem Evangelischen Zentralarchiv der EKD, der Bibliothek der Evangelischen Kirche der Union, dem Archiv des Diakonischen Werkes der EKD (Centralarchiv der Inneren Mission), der Bibliothek des Diakonischen Werkes der EKD, alle in Berlin, dem Kreiskirchlichen Depositalarchiv in Kyritz, namentlich Frau Ilse-Maria Gumpert, die mir unter den besonders schwierigen politischen Verhältnissen in der damaligen DDR Zugang und Auswertung wichtiger Archivalien ermöglichte, dem Archiv und der Bibliothek des Domstift Brandenburg und schließlich dem Archiv der sozialen Demokratie und der Bibliothek der Friedrich-Ebert-Stiftung.

Ich danke ferner meinem Kollegen aus Freudenberger Tagen, Dr. Thomas Meyer, der mit großer Langmut und Geduld das Werden der Arbeit begleitet hat, sowie Dr. Dieter Dowe und Dr. Michael Schneider für die Aufnahme der Schrift in die Reihe Politik- und Gesellschaftsgeschichte.

Vor allem danke ich meiner Familie, die in den letzten Jahren so manchen Verzicht üben mußte und geduldig den Abschluß der Arbeit erwartete.

Johannes Kandel
Frühjahr 1993

Inhalt

1 Einleitung

1.1 Erkenntnisziele, Erkenntnisinteresse, Forschungsabsicht

Im 19. Jahrhundert vollzogen sich tiefgreifende gesamtgesellschaftliche Wandlungen (Industrielle Revolution), die das Selbstverständnis, die institutionelle Gestalt und die praktischen Lebensäußerungen und Handlungsformen von Kirche nachhaltig beeinflußten. Die mit dem Topos der „sozialen Frage" verknüpften wirtschaftlichen, sozialen, politischen und kulturellen Probleme und die Entstehung einer in Theorie und Praxis weithin antikirchlichen sozialdemokratischen Arbeiterbewegung bedeuteten für die Kirche eine ungeheure Herausforderung. Die kirchlichen Positionen waren differenziert. Sie lassen sich nicht hinreichend mit der polemischen Kennzeichnung des Kirche — Staat Verhältnisses als einer Verbindung von *„Thron und Altar"*[1] qualifizieren. Die Formel mag plakativ auf institutionelle und geistig-politische Verflechtungen verweisen und zur Agitation im „Geisteskampf" des 19. Jahrhundert taugen, sie eignet sich aber nicht als historisch-typologisierende Kategorie. Weder die gesamte protestantische akademische Theologie, die Pfarrerschaft und Kirchenbürokratie noch das zu den Kerngemeinden gehörende Kirchenvolk huldigten ausschließlich antisozialdemokratischen und den monarchischen Obrigkeitsstaat vergötzenden Einstellungen. Stets gab es Personen und Gruppen, die ohne Berührungsängste den gesellschaftlichen Herausforderungen begegneten und auch die sozialistische Sozialkritik als Ausdruck der Lebensinteressen einer neuen sozialen Klasse ernst nahmen.

Die vorliegende Arbeit wird das am Beispiel eines weniger bekannten, gleichwohl wirkungsvollen Außenseiters in der protestantischen Kirche darlegen: am Leben und Werk des märkischen Landpfarrers und Superintendenten von Brandenburg an der Havel *Pfarrer Rudolf Todt (1839—1887)*.

Rudolf Todts Leben und Werk sind typisch für Größe und Grenzen eines theologischen und kirchlichen Konservatismus, der seine soziale Verantwortung entdeckt und auf dem Boden des monarchischen Obrigkeitsstaates um eine friedliche und gerechte Beilegung des Klassenkonfliktes zwischen Kapital und Arbeit bemüht ist. In seiner Person wird sowohl das Dilemma sozial engagierter protestantischer Theologie und Kirche als auch ein Grundübel des Kaiserreiches deutlich: das Ungenügen der politischen Eliten, aus den raschen, stoßweisen politischen, ökonomischen, sozialen und kulturellen Wandlungsprozessen, dem Heranwachsen Deutschlands zu einem wirtschaftlich potenten und politisch ernst zu nehmenden Faktor in der Weltpolitik auch

---

1 Vgl. die Herkunft der Formel: Karl Kupisch, Kirchengeschichte, Bd. V. Stuttgart/Berlin/Köln/Mainz, 1975, S. 36. Karl Themel, 70 Jahre Forschungen an Berlin-Brandenburgischer Kirchengeschichte und die Religionssoziologie. In: Jahrbuch für Berlin-Brandenburgische Kirchengeschichte. 48. Jg., 1973, S. 16. Ernst Pett, Thron und Altar in Berlin. Berlin, 1971. Immer noch sehr nützlich der jetzt fast hundert Jahre alte Aufsatz von Martin Rade, Zum Altersnachweis der Formel „Thron und Altar". In: Christliche Welt, 14. Jg., 1900, S. 977 ff.

die notwendigen politisch-institutionellen Konsequenzen zu ziehen und den Weg zu Demokratisierung und Parlamentarisierung des politischen Systems zu öffnen.[2] Die ideologische und praktisch-politische Frontstellung der protestantischen Kirche zur organisierten sozialistischen Arbeiterbewegung und das von der überwiegenden Zahl protestantischer Theologen, Kirchenbehörden und Synoden demonstrierte Unvermögen, die strukturellen Ursachen der sozialen Frage (als Arbeiterfrage) zu erkennen, trug nicht unwesentlich zur Vertiefung der Kluft zwischen sozioökonomischer Transformation und politisch-institutioneller Innovation bei.

Der gesellschaftliche Wandel vollzog sich gewissermaßen hinter dem Rücken der Kirche, er veränderte auch ihre Struktur tiefgreifend, ohne daß dieser Wandel in der zeitgenössischen kirchlichen Publizistik, in der akademischen Theologie, im kirchlichen Behördenapparat und den synodalen Vertretungskörperschaften ausreichend reflektiert wurde. Es zeigte sich, „daß die Probleme der modernen industriell-technischen Lebenswelt mit den religiösen und ethischen Normen des traditionsgebundenen kirchlichen Protestantismus nicht mehr zu bewältigen waren."[3]

Rudolf Todt hat die zeitbedingten ideologischen und politisch-institutionellen Grenzen nur teilweise überschritten. Ihm ist es aber gelungen, die Rolle der Kirche in den sozialen und politischen Konflikten seiner Zeit unübersehbar zu problematisieren und die Arbeiterfrage als politische Zentralfrage für die politische und soziale Modernisierung des Gemeinwesens in den Vordergrund zu rücken.

Die Beschäftigung mit Rudolf Todt lohnt, weil er einerseits typische Lebenswelten und Bewußtseinsstrukturen seiner Kirche vor der Herausforderung durch die soziale Frage und den zeitgenössischen Sozialismus repräsentiert, andererseits für einen fast völlig verdrängten Ansatz perspektivischen, ja „profetischen" Denkens in der protestantischen Theologie und Kirche steht. *Es geht in dieser Arbeit um eine politikwissenschaftliche (politisch-ideengeschichtliche) und geschichtswissenschaftliche (sozialhistorisch orientierte) Rekonstruktion des Begründungszusammenhanges, den Rudolf Todt für seine provozierende These bietet, daß ein Christ „eine sozialistische Ader" und ein Sozialist ein „unbewusstes Christentum" in sich trage.* Eine solche Rekonstruktion ist für die politikwissenschaftliche und geschichtswissenschaftliche Forschung insofern „relevant"[4], als sie im Blick auf einen wissenschaftlich keineswegs befriedigend aufgearbeiteten Komplex — dem Verhältnis von sozialistischer Arbeiterbewegung und Kirchen — eine differenzierende Sicht anstrebt: An Leben und Werk Rudolf Todts können vergessene Brückenschläge zwischen einer weitgehend antikirchlichen sozialistischen Arbeiterbewegung und einer sozialismusfeindlichen Kirche in Erinnerung gerufen werden.

---

2 Vgl. zur Diskussion um die mangelnde „Synchronisation" von sozioökonomischen und politisch-institutionellen Wandlungsprozessen den Forschungsbericht von Dieter Langewiesche, Das Deutsche Kaiserreich. Bemerkungen zur Diskussion über Parlamentarisierung und Demokratisierung Deutschlands. In: Archiv für Sozialgeschichte (AfS) XIV. Bd., 1979, S. 628 ff.

3 Jochen Jacke, Kirche zwischen Monarchie und Republik. Der deutsche Protestantismus nach dem Zusammenbruch von 1918. Hamburg, 1976, S. 16.

4 „Relevant" in dem von Thomas Nipperdey gemeinten wissenschafts-organisierenden Sinne. Vgl. Thomas Nipperdey, Über Relevanz. In: Derselbe, Gesellschaft, Kultur, Theorie. Göttingen, 1976, S. 13 f.

12

„Relevant" wird die Arbeit, weil sie

- für die *Religions- und Kirchengeschichte* einen Beitrag zur Sozialgeschichte theologischen und politischen Denkens in der protestantischen Kirche leisten will und die Ursachen für die antisozialdemokratischen Einstellungen und Verhaltensweisen der Kirche aus ihren Bindungen an vorindustrielle, agrarkonservative Wertvorstellungen und Gesellschaftsbilder sowie den autoritären Obrigkeitsstaat des Kaiserreiches erschließt;
- für die *Geschichte des Konservatismus in Deutschland* auf die politischen Grundwerte und praktischen Politikentwürfe eines sozialen Konservatismus verweist;
- für die *Geschichte der sozialdemokratischen Arbeiterbewegung* den in der Forschung lange vernachlässigten Aspekt des Verhältnisses von Arbeiterbewegung und christlichen Kirchen herauspräpariert, Gründe für die Unkirchlichkeit und die verschiedenen Formen eines theoretischen und praktischen Atheismus in der Arbeiterbewegung benennt, zugleich aber auch am Beispiel Rudolf Todts eine mögliche Option für einen religiös begründeten Sozialismus aufzeigt;
- für eine *politische Theologie und Ethik,* die nach erkenntnistheoretischen Vermittlungszusammenhängen von Theorie und Praxis, Offenbarung und Tun, Tradition und Aktion, Glauben und Werken fragt, die geschichtliche Möglichkeit eines theologisch begründeten Zuganges zum Sozialismus als Theorie und Bewegung offenlegt.

Todts Leben und Werk erweisen sich als besonders lohnender Forschungsgegenstand weil

- er einem konservativen Sozialmilieu entstammte (Pfarrersfamilie) und seine Ausbildung ganz im Sinne konservativer Theologie und Ethik („positiv − gläubig") erhielt;
- seine pfarramtliche Tätigkeit ihn zuerst in eine ländliche Region führte (Provinz Brandenburg, Kreis Ostprignitz), in der der Konservatismus sozial und politisch tief verwurzelt war und die kaum geistiger Nährboden für die Beschäftigung mit der sozialen Frage und dem zeitgenössischen Sozialismus sein konnte;
- er sich den aktuellen politischen Diskussionen seiner Zeit stellte und die sozialistische Sozialkritik sowie die nationalökonomischen Theorien seiner Gegenwart zum Ausgangspunkt einer theologischen Bearbeitung der sozialen Frage machte;
- sein praktiziertes theologisches Verfahren in der Rezeption sozialistischer Programmatik Ansätze zu einer eigenständigen sozialethischen Theorienbildung enthielt;
- er praktische Lösungsmöglichkeiten für die soziale Frage in Gestalt eines Reformvereins suchte und bewußt die Politik als Betätigungsfeld christlicher Nächstenliebe definierte und damit einem quietistischen, obrigkeitsstaatlich verengten Politikverständnis, vornehmlich lutherischer Provenienz, den Rücken kehrte;
- er bei allem Verständnis für die soziale Frage und dem zeitgenössischen Sozialismus stets ein sozialkonservativ orientierter Theologe blieb und zwischen radikaler Sozialkritik und konservativer Reformpolitik schwankte.

Jede historische Persönlichkeit kann nur hinreichend unter Bezug auf das konkrete historische Umfeld erfaßt und gedeutet werden, nach Maßgabe der vorfindlichen Quellen. Das historische Umfeld, die vergangene, komplexe Realität, muß zum Zwecke erklärender Analyse in Wirklichkeitssegmente strukturiert werden, wobei als regulative methodologische Idee die Absicht verfolgt wird, die verschiedenen Aspekte historischer Wirklichkeit in ihrem Gewicht für persönliche Motivationen, Entscheidungen und Handlungen zu bestimmen. Ohne eine wissenschaftstheoretische Diskussion über die Vermittlungszusammenhänge von personaler Identität und objektiven gesellschaftlichen Bedingungen anzustrengen, wird in dieser Arbeit davon ausgegangen, daß „Persönlichkeit" oder – soziologisch formuliert – „personale Identität" als Interdependenz von physiologischer Evolution und historisch bedingter Sozialisation zu verstehen ist, als – wie Thomas Luckmann formuliert – „Lebensform einer geschichtlich individuierten Gattung."[5]

Aufgabe einer biographisch orientierten Historie muß es sein, die für die historische Persönlichkeit relevanten Sozialisationsfelder so zu strukturieren, daß persönliche Handlungsabsichten und Handlungsvollzüge erhellt werden können. Es kommt darauf an, die Sozialisationsfelder, die Aspekte vergangener Wirklichkeit(en) repräsentieren, mit geeigneten theoretischen Verfahren in ihrer erkennbaren Wirkung zu erklären. Sozialisationsfelder sind Segmente geschichtlicher Wirklichkeit und zugleich für unseren Zweck praktische Gliederungselemente. Sie bilden den Forschungsrahmen dieser Arbeit und führen zu einer Reflexion über die zu ihrer Erklärung adäquaten methodologischen Instrumente.

Die Lebenswelt Pfarrer Rudolf Todts erschließt sich uns, wenn wir sie in *persönlich-biographischen, ideengeschichtlichen (theorie- und philosophiegeschichtlichen), religions- und kirchengeschichtlichen sowie sozialgeschichtlichen Dimensionen* auszuleuchten versuchen. So soll ein lebendiges und farbiges Bild seiner *Lebenswelten* sichtbar werden. Wir gewinnen dadurch einen *Kontrast,* der erklärende Aussagen provoziert: Wie war es möglich, daß ein konservativer Theologe zu einer fairen Würdigung sozialistischer Sozialkritik und Programmatik kam und einen für die frühe konfessionelle Sozialreform bemerkenswerten Entwurf christlicher Sozialethik und Politik wagte?

1.2 Anlage der Arbeit, zeitliche Abgrenzung und Forschungsstand

Rudolf Todts sozialpolitisch-theologische Theoriearbeit – gipfelnd in seinem Hauptwerk *„Der radikale deutsche Sozialismus und die christliche Gesellschaft"* (1877) – und seine staatssozialistischen Reformbemühungen im „Centralverein für Socialreform" (CV, gegründet Dezember 1877) fanden in einer für die deutsche Geschichte bemerkenswert entscheidungsdichten Phase statt. Nach den nationalliberalen Gründungsjahren des

---

5 Thomas Luckmann, Persönliche Identität und Lebenslauf. In: Biographie und Geschichtswissenschaft. Hrsg. von G. Klingenstein, H. Lutz und G. Stourzh. Wien, 1979, S. 43. Michael Bosch (Hrsg.) Persönlichkeit und Struktur in der Geschichte, Düsseldorf, 1977. A. Gestrich / P. Knoch / H. Merkel (Hrsg.) Biographie. Sozialgeschichtl. Göttingen, 1988.

Kaiserreichs begann die Zeit einer umfassenden „konservativen Wendung"[6], der Versuch einer „zweiten Reichsgründung"[7], vor dem Hintergrund einer „relativ langen und außergewöhnlich schweren zyklischen Depressionsspanne von 1873–1879"[8]. Bismarcks „bonapartistisches Diktatorialregime"[9] stabilisierte die soziale und politische Herrschaft vorindustrieller Eliten, gemeinsam mit dem industriellen Bürgertum und politisch repräsentiert vom gouvernementalen Liberalismus. Es war die im Dienste dieser Herrschaftssicherung stehende Politik des „Solidarprotektionismus" durch Zolltarif- und Finanzreform, die der konservativen Sammlungspolitik im Bündnis von Rittergut (Agrarier) und Hochofen (Eisen- und Stahlindustrie) Wirkung verlieh; es war auch die Politik der Verwaltungs-Zentralisierung und personellen Umstrukturierung von preußischen Behörden und der Schaffung neuer Reichsinstitutionen. Schließlich war es die staatsinterventionistische Politik von Kulturkampf, Sozialistengesetz und sozialen Reformen, die ultramontane „Reichsfeinde" und sozialdemokratische „Umstürzler" zügeln, den „vierten Stand" der Sozialdemokratie abspenstig machen und der konservativen Sammlungspolitik durch sozialpolitische Reformen plebiszitäre Unterstützung verschaffen sollte.

Mit allem wurde der Liberalismus getroffen: auf ökonomischem, sozialpolitischem und verfassungspolitischem Gebiet. Freihandel und die Hoffnungen auf eine Parlamentarisierung und Demokratisierung des Reiches wurden stark gedämpft. Die Grundmuster dieser Politik der „sekundären Integration", d. h. der „Ablenkung von den inneren Konflikten auf die Abwehr immer neuer symbolisch dramatisierter Gefahrensituationen"[10] blieben bis 1914 bestimmend, obwohl die Entlassung Bismarcks, die Nichtverlängerung des Sozialistengesetzes und das Scheitern der sozialdemagogischen Politik Wilhelms II. (von den Februar-Erlassen 1890 bis zur Zuchthausvorlage 1899) den Bankrott der 1871 eingeleiteten Strategie markierten. Es zeigte sich bereits 1890, „daß die Spannung zwischen der voraneilenden ökonomischen und sozialen Entwicklung zur Industriegesellschaft auf der einen Seite und der überkommenen starren politischen Struktur auf der anderen Seite nicht überwunden werden konnte und sollte."[11]

Die protestantische Kirche war nach Selbstverständnis, sozialer Struktur von Laien und Pfarrerschaft sowie im Blick auf politische Loyalität und staatliche Privilegierung in das System der konservativen Sammlungspolitik eingebunden und setzte für den

---

6 Bismarck und die preußisch-deutsche Politik (1871–1890) Hrsg. von Michael Stürmer. München, 1978,³, S. 78 ff.

7 Probleme der Reichsgründungszeit. Hrsg. von Helmut Böhme. Köln, 1972.

8 Hans Rosenberg, Große Depression und Bismarckzeit. Wirtschaftsablauf, Gesellschaft und Politik in Mitteleuropa (1967). Frankfurt/Main/Berlin/Wien, 1976, S. 58.

9 Hans-Ulrich Wehler, Das deutsche Kaiserreich, Göttingen, 1988⁶, S. 63 ff. Zu Wehlers Bonapartismus – These vgl. die bei ihm (S. 266) zitierte Literatur. Vgl. auch zum Begriff des „Cäsarismus", den Stürmer verwendet (Regierung und Reichstag im Bismarckstaat 1871–1880, Düsseldorf, 1974): Dieter Groh, Cäsarismus. In: Geschichtliche Grundbegriffe. (GG) Hrsg. von Otto Brunner, Werner Conze u. Reinhart Koselleck. Stuttgart, 1972. Bd. 1, S. 726 ff. Wolfgang J. Mommsen spricht dagegen von einem „halbkonstitutionellen System mit parteienstaatlichem Zusatz". Vgl. Wolfgang J. Mommsen, Der autoritäre Nationalstaat. Verfassung, Gesellschaft und Kultur des deutschen Kaiserreiches. Frankfurt, 1990, S. 17. Vgl. zu Wehlers Ansatz allgemein die bei ihm (Kaiserreich, S. 286) zitierte Literatur.

10 Michael Stürmer, Konservatismus und Revolution in Bismarcks Politik. In: Derselbe (Hrsg.) Das kaiserliche Deutschland. Politik und Gesellschaft 1870–1918. Kronenberg/Ts., 1977. S. 143 ff.

11 Wehler, Kaiserreich, S. 71.

preußisch-deutschen Obrigkeitsstaat ihre besonderen ideologischen Stützen ein. Dies läßt sich am Beispiel der öffentlichen Kundgebungen des preußischen Evangelischen Oberkirchenrats zu sozialpolitischen Fragen treffend demonstrieren. Der konservative Umschwung des Jahres 1879 zeigte sich deutlich in der abnehmenden Neigung der kirchlichen Führungsspitze, die von den einzelnen Geistlichen — aber auch Synoden — angestrengten sozialpolitischen Diskussionen und Aktivitäten zu tolerieren. Eine Kurskorrektur trat dann erst wieder zu Beginn der Regierung Wilhelms II. ein, der für seine mit großem Aplomb inaugurierte „arbeiterfreundliche" Politik erneut mit kirchlichem Segen rechnen konnte.

Wir beschränken uns in dieser Arbeit auf den Zeitraum 1877 bis 1887, weil in diesen Jahren im Verhältnis von Arbeiterbewegung und protestantischer Kirche entscheidende Weichenstellungen erfolgten, die sich in Rudolf Todts Leben und Werk widerspiegeln. In Rudolf Todts Leben und Werk wird ein sozialer Konservatismus sichtbar, der im liberalen „Manchesterkapitalismus" die Ursachen allen Übels erblickt, die Bismarck'sche konservative Wende in ihrer innenpolitischen strategischen Langzeitwirkung und sozialpolitischen Widersprüchlichkeit nicht zu erkennen vermag, sondern auf die ehrlichen sozialreformistischen Absichten der Regierung setzt. Es ist aber Rudolf Todt, der über die Intentionen seiner sozialkonservativen Amtskollegen und politischen Freunde hinaus die gebieterische Notwendigkeit der Lösung der sozialen Frage durch kritische Auseinandersetzung mit dem organisierten Sozialismus begreift.

Mit Rudolf Todt haben sich nur zwei Autoren in größeren wissenschaftlichen Untersuchungen auseinandergesetzt: Der Naumburger Theologe *Martin Seils* hat in seinem Aufsatz 1964 Rudolf Todt wiederentdeckt und (unter Verwendung biographischer Daten über Todt aus einer Staatsexamensarbeit) die Bedeutung seines Lebens und Werks für das Verhältnis von protestantischer Kirche und zeitgenössischem Sozialismus dargestellt.[12] Eine weitere Untersuchung, auf Seils aufbauend, besticht vor allem durch die kritische Analyse des Sozialismus-Begriffes bei Todt und die darin enthaltenen theologischen Begründungszusammenhänge. Es handelt sich um die 1966 erschienene Arbeit *Günter Brakelmanns „Kirche und Sozialismus im 19. Jahrhundert",* deren erster Teil Johann Hinrich Wichern gewidmet ist.[13] Brakelmanns und Seils' Verdienst ist es zweifellos, den historischen Stellenwert eines von der Kirchengeschichte und der Geschichte der deutschen Arbeiterbewegung Vergessenen kritisch rekonstruiert zu haben. Brakelmann würdigt auch in treffender Weise die Bedeutung Todts für die frühe konfessionelle Sozialreform: als Vertreter des sozialkonservativen Flügels des deutschen Protestantismus gehöre Todt wie Bismarck, Lohmann, Stoecker, Freiherr von Berlepsch, Adolf Wagner und vielen anderen zu den „Vätern des modernen Sozialstaats".[14]

---

12 Martin Seils, Die Bedeutung Rudolf Todts für die Begegnung der Evangelischen Kirche mit dem Sozialismus. In: Und fragten nach Jesus. Festschrift für Ernst Barnikol. Beiträge aus Theologie, Kirche und Geschichte. Berlin, 1964. S. 22 ff.

13 Günter Brakelmann, Kirche und Sozialismus im 19. Jahrhundert. Die Analyse des Sozialismus bei J. H. Wichern und Rudolf Todt. Witten, 1966.

14 Günter Brakelmann, Kirche und Arbeiterbewegung: Evangelische Kirche und Arbeiterbewegung — einige Anmerkungen zur Geschichte ihres Verhältnisses bis 1933. In: Derselbe, Kirche in Konflikten ihrer Zeit. Sechs Einblicke. München, 1981, S. 59 ff. Siehe ferner: Günter Brakelmann, Rudolf Todt (1839–1887). In: Evangelisches Soziallexikon. 7. völlig bearbeitete Auflage, Stuttgart, 1980. S. 1323. Derselbe, Die soziale Frage des 19. Jahrhunderts. Witten, 1979.[6], S. 150 ff.

In der im engeren Sinne kirchengeschichtlichen Literatur zum 19. Jahrhundert nach 1945 — sofern sie sich auf die soziale Frage und das Verhältnis von Protestantismus und Sozialismus einläßt — finden sich nur knappe Hinweise auf Rudolf Todt. Kurz erwähnt wird er in der 1950 erschienenen Arbeit von *Erich Thier*[15], der indes die Urteile der älteren Literatur (siehe weiter unten) nur fortschreibt. So unterstellt er Todt, dieser habe „aus dem Evangelium eine harte Gesetzlichkeit gemacht".[16] Etwas ausführlicher würdigt *Walter Bredendiek* in seiner 1953 in Leipzig erschienenen kommentierten Quellensammlung Leben und Werk Rudolf Todts.[17] Bredendiek hebt die Bedeutung Todts für die „Begegnung mit dem Marxismus" hervor, eine für die zeitgeschichtliche Situation der Kirche in der DDR verständliche Bewertung, die gleichwohl nicht den real-historischen Vorgängen entspricht. Nicht „der Marxismus" war Todts Dialogpartner (den es in der von Bredendiek vorausgesetzten Form 1877 noch gar nicht gab), sondern die Programmatik der deutschen Sozialdemokratie der siebziger Jahre des 19. Jahrhunderts. Bredendiek vermag es aber treffend, den Fortschritt, den Todt in Vergleich zu den vor ihm wirkenden Christlich-Sozialen erzielt hatte, herauszuarbeiten und Einseitigkeiten und Engführungen der Interpretation, wie sie seit Göhres Kritik an Todt üblich waren, zu vermeiden.[18]

Der Kirchenhistoriker *Karl Kupisch* war einer der wenigen, der das Themenfeld „Kirche, soziale Frage und Sozialismus" in seinen Arbeiten regelmäßig berührte und auch Rudolf Todt nicht unerwähnt ließ.[19] Inzwischen scheint die Bedeutung Todts im kirchenhistoriographischen Umfeld erkannt zu sein, was nicht zuletzt der „Modernisierung" der historischen Forschung in Richtung auf stärkere Anwendung sozialhistorischer und „alltagsgeschichtlicher" Ansätze zu verdanken ist.[20] In den im deutschen Sprachraum am weitesten verbreiteten Gesamtdarstellungen zur Geschichte der sozialen Ideen und der deutschen Arbeiterbewegung wird Todt wenigstens erwähnt.[21] 1974

---

15 Erich Thier, Die Kirche und die soziale Frage. Gütersloh, 1950.
16 Ebda., S. 60. In die gleiche Richtung, Todts Intentionen völlig verzeichnend, auch Eckhard Schleth, Der profane Weltchrist. München, 1957, S. 42. Kritisch dazu: Brakelmann, Kirche und Sozialismus, S. 291 u. 307 ff.
17 Walter Bredendiek. Christliche Sozialreformer im 19. Jahrhundert. Leipzig, 1953.
18 Ebda. S. 36 ff. und S. 285 ff.
19 Karl Kupisch, Vom Pietismus zum Kommunismus. Berlin, 1953. S. 103 ff. Derselbe, Zwischen Idealismus und Massendemokratie. 4. Auflage, Berlin, 1963. S. 103 ff. Derselbe, Adolf Stoecker. Hofprediger und Volkstribun. Berlin, 1970. Derselbe, Die deutschen Landeskirchen im 19. und 20 Jahrhundert. 2. durchgesehene Auflage, Göttingen, 1975. S. 80. (= Die Kirche in ihrer Geschichte. Ein Handbuch. Hrsg. von Bernhard Moeller. Bd. 4, Lfg R, 2. Teil). Derselbe, Kirchengeschichte Bd. V.; S. 62 ff.
20 Als Beispiele seien genannt: Martin Greschat, Das Zeitalter der industriellen Revolution. Stuttgart/Berlin/Köln/Mainz, 1980. S. 216 ff. (= Christentum und Gesellschaft, Bd. 11) E. I. Kouri, Der deutsche Protestantismus und die soziale Frage 1870–1919. Zur Sozialpolitik im Bildungsbürgertum, Berlin/New York, 1984. S. 88 ff. Vgl. auch die unveröffentlichte Habil.-Schr. von Klaus-Jürgen Meier, Sozialdemokratische Pfarrer. Sozialgeschichtliche Aspekte zur Kirchen- und Theologiegeschichte des Protestantismus. Tübingen, o. J., S. 54 ff. Das wichtigste theologisch-kirchliche Nachschlagewerk, die „RGG", kennt Todt wenigstens auch, bescheinigt ihm aber eine „unzulängliche theologische Position." (Die Religion in Geschichte und Gegenwart, RGG, 3. Aufl., Tübingen, 1962, Sp. 929.)
21 Hedwig Wachenheim, Die deutsche Arbeiterbewegung 1844–1914. Köln und Opladen, 1967. S. Helga Grebing, Geschichte der deutschen Arbeiterbewegung. (1966) 5. Aufl., München, 1975,

hat *Richard Sorg* in einer als „religionssoziologisch-sozialgeschichtlich" apostrophierten Studie auf Todt Bezug genommen.[22] Er versteht Todts Werk als einen „ersten Annäherungsversuch an den wissenschaftlichen Sozialismus", eine zweifellos überaus unglückliche Interpretation, da es den von Sorg offenbar als Lehrgebäude vorausgesetzten wissenschaftlichen Sozialismus zu Zeiten Todts gar nicht gab.[23]

Der Sozialhistoriker *Michael Schneider* nennt Todt in seiner voluminösen Arbeit über die christliche Gewerkschaftsbewegung als einen Befürworter der katholisch-sozialen Vereinsbewegung[24], und im Zusammenhang mit neueren Forschungen zur Geschichte des Wohlfahrtsstaates in Deutschland wird auch Rudolf Todt als Vertreter eines „christlich-monarchischen Staatssozialismus" erwähnt.[25]

Die insgesamt geringe Beschäftigung mit Rudolf Todt ist zweifellos auf Prägungen durch die zeitgenössische Kritik an Todts Sozialismusanalyse zurückzuführen. Schon bei den religiösen Sozialisten der Weimarer Republik war Todt weitgehend vergessen, obwohl gerade diese Gruppe an religiös-sozialistischen Traditionslinien höchstes Interesse bekundete. Todt läßt sich auch nicht zum Vorläufer der religiös-sozialistischen Bewegung 1918 bis 1933 stilisieren, die ihre Wurzeln eher in der Schweizer Religiös-Sozialen Bewegung (Hermann Kutter, Leonhard Ragaz) und der Reich-Gottes-Theologie Johann Christoph Blumhardts d. J. hatte.[26]

S. 84 f. Friedrich Karrenberg, Geschichte der sozialen Ideen im deutschen Protestantismus. In: W. Gottschalch / F. Karrenberg / F. J. Stegmann, Geschichte der sozialen Ideen in Deutschland. Hrsg. von Helga Grebing. München/Wien, 1969, S. 617 ff. Vgl. auch Theodor Strohm, Kirche und Demokratischer Sozialismus. München, 1968, S. 27 f. In dem von Gerhard A. Ritter und Klaus Tenfelde verfaßten Standardwerk „Arbeiter im Deutschen Kaiserreich" (Bonn, 1992) werden zwar Hofprediger Adolf Stoecker und die Christlich-Soziale Arbeiterpartei erwähnt, nicht aber Todt und sein Centralverein. (S. 761 f.)

22 Richard Sorg, Marxismus und Protestantismus in Deutschland. Eine religionssoziologisch-sozialgeschichtliche Studie zur Marxismus-Rezeption in der evangelischen Kirche 1848–1948. Köln, 1974.

23 Ebda., S. 76 ff. Sorgs von einem orthodox-marxistischen Standpunkt aus konzipierte Studie kommt nicht nur im Blick auf Todt zu höchst einseitigen Schlüssen.

24 Michael Schneider, Die Christlichen Gewerkschaften 1894 – 1933. Bonn, 1982, S. 36 f. Vgl. auch Karl-Heinz Schürmann, Zur Vorgeschichte der christlichen Gewerkschaften. Freiburg, 1958, S. 71 ff. Zur evangelischen Arbeitervereinsbewegung liegen einige Arbeiten vor, die auf Todt als einem Vorläufer der Vereinsbewegung Bezug nehmen: Fritz Einicke, Die Stellung der Evangelischen Arbeitervereine zur sozialen Frage. Wirtschaftswiss. Diss. Köln, 1950. S. Bruno Feyerabend, Die evangelischen Arbeitervereine. Diss. Frankfurt/Main, 1955, S. 16 ff. Klaus Martin Hofmann, Die Evangelische Arbeitervereinsbewegung 1882–1914. Bielefeld, 1988, S. 33 ff.

25 Vgl. dazu Rüdiger vom Bruch (Hrsg.) Bürgerliche Sozialreform im deutschen Kaiserreich. In: Weder Kommunismus noch Kapitalismus. Bürgerliche Sozialreform in Deutschland vom Vormärz bis zur Ära Adenauer. Hrsg. von Rüdiger vom Bruch. München, 1985, S. 104 f.

26 Vgl. zum religiösen Sozialismus: Johannes Kandel, Religiöser Sozialismus. In: Lern- u. Arbeitsbuch deutsche Arbeiterbewegung. Hrsgg. unter der Leitung von Susanne Miller, Thomas Meyer und Joachim Rohlfes. Bonn, 1988.[2] Bd. II, S. 455 ff. Friedrich Karrenberg, der sich 1932 in seiner Arbeit „Christentum, Kapitalismus und Sozialismus" (Berlin, 1932) mit Todt beschäftigte, schrieb: „Die Bedeutung Todts war schon zu seiner Zeit, abgesehen von den allerersten Jahren gering. Dafür war er eine viel zu unpolitische Natur, daß er in den folgenden Jahrzehnten noch irgendeinen Einfluß ausgeübt hätte. Man hat seinen Namen vergessen. Auch der religiöse Sozialismus der Gegenwart knüpft, abgesehen von ganz primitiven Gemütern, weder historisch noch in seinen Argumenten an ihn an." (Ebda., S. 37)

Es ist auch heute noch notwendig, auf die ältere Literatur zurückzugreifen. Nach der ersten Aufregung um Todt[27] wurde es bereits Mitte der achtziger Jahre ziemlich ruhig um ihn.

Erst 1893 beschäftigt sich *Otto Baumgarten* (1858–1934), damals a. o. Professor für praktische Theologie an der Universität Jena, wieder mit der christlich-sozialen Bewegung und Todt. In einem Lexikonartikel zu den „Neueren Evangelisch-Sozialen Bewegungen in Deutschland" charakterisiert er Todts Werk fair und treffend. Er bezeichnet ihn als „Anhänger des Rodbertus'schen Programm", der den „Emancipationskampf des vierten Standes" mit Hilfe des „staatsseitig zu dirigierenden socialen Königtums" vorantreiben wollte:[28] „Erfüllt von der Lektüre sozialdemokratischer Tagesliteratur, gehorchte Todt einer gelegentlichen Anregung Stöckers und versuchte das vollständige volkswirtschaftliche System der genannten Schule auf christliche, biblische Prinzipien, nicht bloß, sondern auf einzelne Beweisstellen der Schrift als auf einen Kodex der Sozialmoral aufzubauen."[29] Baumgarten sieht Gemeinsamkeiten zwischen Todt und dem englischen christlichen Sozialismus, obwohl Todt mit seiner Behauptung, es ließen sich aus dem Neuen Testament „positive und konkrete Maximen" für die Behandlung der sozialen Frage erheben, bereits die „Linie der Engländer" verlasse. „Spezifisch deutsch" sei aber sein „Staatssozialismus".[30] Doch die besonderen Verdienste Todts sieht Baumgarten „weder in seinem Biblicismus noch in diesem Staatssozialismus, sondern in der prinzipiellen Vertretung des ethischen Sozialismus, in der energischen Bekämpfung des ökonomischen Individualismus, in der Einführung einer gänzlich anderen Würdigung der Sozialdemokratie in positiv-kirchliche Kreise und endlich in der scharfen Verurteilung der bisherigen Indifferenz und Unthätigkeit der kirchlichen Kreise auf sozialem Gebiete."[31]

Die Geschichtsschreibung über Todt wurde nachhaltig von den Wertungen und Urteilen des ehemaligen Generalsekretärs des Evangelisch-Sozialen Kongresses, Pfarrer *Paul Göhre* (1864–1928), beeinflußt.[32] In seiner 1896 erschienenen *„Geschichte der evangelisch-sozialen Bewegung in Deutschland"* hob er die Verdienste Todts gegenüber den Anfängen der evangelisch-sozialen Bewegung (J. H. Wichern, V. A. Huber) hervor, kritisierte aber scharf Todts vermeintliche exegetische Schwächen und die Widersprüche zwischen radikaler Sozialkritik und sozialkonservativem Reformprogramm.[33]

Für Göhre sind es fünf Aspekte, die Todt über seine evangelisch-sozialen Vorgänger hinausheben:

— die Haltung zur Sozialdemokratie, d. h. seine unvoreingenommene, von umfassender Belesenheit, geprägte Würdigung der sozialdemokratischen Sozialkritik;

---

27 Vgl. Abschnitt 13.
28 Otto Baumgarten, Neuere evangelisch-soziale Bewegungen in Deutschland. In: Handwörterbuch der Staatswissenschaften, Bd. V., Jena, 1893, S. 762 ff.
29 Ebda., S. 763.
30 Ebda.
31 Ebda.
32 Vgl. zu Göhre v. a. Joachim Brenning, Christentum und Sozialdemokratie. Paul Göhre. Fabrikarbeiter – Pfarrer – Sozialdemokrat. Eine sozialethisch-historische Untersuchung. Diss. theol. Marburg, 1980. Vgl. auch von demselben Verfasser den Kommentar zu Göhres 1891 veranstalteten Sozialenquête, „Drei Monate Fabrikarbeiter und Handwerksbursche". (Gütersloh, 1978), S. 117 ff.
33 Paul Göhre, Die evangelisch-soziale Bewegung. Ihre Geschichte und Ziele. Leipzig, 1896.

— die „systematische Betonung der Heiligen Schrift als Grundlage und Ausgangspunkt aller evangelisch-sozialen Reformarbeit";[34]
— die Betonung des Politischen für die evangelisch-soziale Bewegung und die Bedeutung des Staates für die Sozialreform;
— die Betonung der Verpflichtung von Kirche insgesamt und den Geistlichen zum sozialen Engagement;
— die Begründung einer Organisation der evangelisch-sozialen Bewegung.

Göhres kritische Anmerkungen zu Todts Hauptwerk, dem „Radikalen deutschen Socialismus", und seiner Wirksamkeit im „Centralverein für Sozialreform" sollten indes sehr bald für die weitere Beurteilung Todts maßgeblich werden. Göhre, der 1891 durch eine ungewöhnliche Sozialenquete auf sich aufmerksam gemacht hatte[35], und 1900 selbst in die SPD eintrat[36], hält Todts programmatische Nähe zur Sozialdemokratie für bedenklich. Er lasse sich „von der scheinbar zwingenden Logik und Konsequenz ihrer ökonomischen Dogmatik gänzlich gefangen nehmen" und halte die „in ihr formulierten nationalökonomischen Lehrsätze als ewig wahr und unwiderleglich." So glaube er an „das Dogma des ehernen Lohngesetzes, an die Theorie vom Mehrwert, an das Ideal des Genossenschaftsstaates — alles Sachen, die heute sogar für geschulte Sozialdemokraten nicht einmal mehr unbedingte Richtigkeit haben."[37]
Sodann seien Todts exegetische Verfahren höchst fehlerhaft, denn er gehe stets von den sozialdemokratischen programmatischen Forderungen aus, suche am Ende „aus dem Neuen Testament schnell einige Stellen zusammen" und komme zu dem verblüffenden Ergebnis, daß die meisten sozialdemokratischen Programmsätze dem Evangelium nicht entgegenstünden.[38] Es müsse aber festgehalten werden, daß auch z. B. die liberalen Ideen des „Manchesterthums", das Todt erbittert bekämpfe, dem Geist des Neuen Testaments nicht zuwider liefen. Todt vergewaltige das Neue Testament, weil er es „hundertfach sozial und ökonomisch, sogar modern sozial und ökonomisch" umdeute.[39]
Schließlich bleibe Todt sozialpolitische Programmatik sowohl in seinem Hauptwerk als auch in den Programmen des „Centralverein für Sozialreform" durchweg konservativ: „Todt ist von Anfang an ein konservativer Mann gewesen".[40] Er habe den Widerspruch zwischen z. T. radikalen sozialkritischen Analysen und zahmer sozialkonservativer Programmatik in die evangelisch-soziale Bewegung getragen, und dieser innere

---

34 Ebda., S. 20.
35 Paul Göhre, Drei Monate Fabrikarbeiter und Handwerksbursche. Sozialreportage eines Pfarrers um die Jahrhundertwende (1891). Hrsgg. von Joachim Brenning u. Christian Gremmels. Gütersloh, 1978.
36 Göhres Parteieintritt 1900 schlug hohe Wellen. Die SPD vertrieb in 460.000 Exemplaren Göhres Rechtfertigungsschrift zu diesem Schritt. Paul Göhre, Wie ein Pfarrer Sozialdemokrat wurde. Berlin, 1909. Vgl. dazu neben der Arbeit von Brenning v. a.: Karl Vorländer, Sozialdemokratische Pfarrer. In: Archiv für Sozialwissenschaft und Sozialpolitik. 30. Bd., Tübingen, 1910, S. 455 ff. Klaus-Jürgen Meier, Sozialdemokratische Pfarrer, S. 532 f.
37 Göhre, Evangelisch-soziale Bewegung, S. 17.
38 Ebda., S. 21
39 Ebda., S. 23
40 Ebda., S. 26

Widerspruch habe die Bewegung nie wieder verlassen. Dazu gehöre auch, daß Todt den Proletariern keine eigene Interessenvertretung zugestehen wolle, sondern sie in die patriarchalische Obhut kirchlicher Standesvereine verweise.[41]

Göhres Kritik wurde in den folgenden Jahrzehnten weiter tradiert, auch von sozial-demokratischer Seite: *August Erdmann,* dessen umfängliche Arbeit zur christlichen Arbeiterbewegung überwiegend fair darstellend angelegt war, schloß sich in den Kern-aussagen der Kritik Göhres an.[42] *Dietrich von Oertzen,* langjähriger Sekretär und Bio-graph Adolf Stoeckers, rühmte 1909 den Fortschritt, den Todts Hauptwerk, „Der radikale deutsche Socialismus" für die evangelische Theologie erbracht hat: „Hatte man bisher neben der Dogmatik die Ethik fast ausschließlich nach der Einzelperson behandelt — Todt gab und forderte eine Sozial-Ethik. Weiter rüttelte er die bequemen und fatalisti-schen Christen auf, die bereit waren, sich über die schwersten irdischen Mißstände leicht zu trösten, wenn der Druck dieser Mißstände nicht auf ihnen selbst, sondern auf an-deren lastete."[43] Berechtigten Widerspruch erfahre Todt dagegen, weil „seine Kritik der Sozialdemokratie eine viel zu milde war."[44] Diese Sicht der Dinge verwundert bei dem Vertrauten Hofprediger Stoeckers natürlich nicht.

Wilhelm Schneemelcher, Generalsekretär des Evangelisch-Sozialen Kongresses 1902–1922, unterstreicht, daß Todt „die Kirche zu umfassender sozialer Reform, zum öffent-lichen Eingreifen aufgerüttelt und ihr ein detailliertes Programm dazu gegeben"[45] habe, seine „biblizistische Methode" aber nicht zu halten und aus dem Neuen Testament keine positiven sozialen Reformen" abzuleiten seien. Dennoch habe die Kirche gelernt, „durch ihn das Neue Testament in neuem, ethisch-sozialen Sinne" zu lesen.[46]

Die Bedeutung Todts für die evangelische Ethik hebt auch *Johannes Herz,* General-sekretär des Evangelisch-Sozialen Kongresses von 1922 bis 1947, in dem Monumental-werk zum Protestantismus der Gegenwart hervor: „Es ist das große Verdienst von Todt, daß er zum erstenmal auf deutschem Boden eine Verbindung zwischen den Forderun-gen des Neuen Testaments und den Gedanken der Arbeiterbewegung herzustellen ver-sucht hat."[47] Aber — und hier folgt Herz wieder Göhre bzw. der zeitgenössisch-konserva-tiven Kritik: „Seine Schranke liegt darin, daß er meinte, aus der Bibel bestimmte soziale Einzelforderungen für seine Zeit ableiten zu können."[48]

Weder *Wilhelm Dockhorn*[49] noch *Gerda Soecknick*[50] vermögen Erhellendes zu Todt

---

41 Ebda., S. 30

42 August Erdmann, Die christliche Arbeiterbewegung in Deutschland. Stuttgart, 1909², S. 264 ff.

43 Dietrich von Oertzen, Von Wichern bis Posadowsky. Hamburg, 1909, S. 22.

44 Ebda.

45 Wilhelm Schneemelcher, Christlich-Soziale Bewegung. In: Handwörterbuch der Staatswissenschaf-ten. Hrsg. von J. Conrad / W. Lexis / L. Elster / Ed. Loening. Jena, 1909³, S. 378.

46 Ebda.

47 Johannes Herz, Der Protestantismus und die soziale Frage. In: Der Protestantismus der Gegenwart. Hrsg. von G. Schenkel. Stuttgart, 1926, S. 478.

48 Ebda.

49 Wilhelm Dockhorn, Die christlich-soziale Bewegung in Deutschland. Halle, 1928, S. 72 ff. Dock-horns Werk ist insgesamt in Diktion und Terminologie kaum mehr verständlich. Vgl. kritisch dazu Brakelmann, Kirche und Sozialismus im 19. Jahrhundert, S. 309.

50 Gerda Soecknick, Religiöser Sozialismus der neueren Zeit. Jena, 1926, S. 57 ff. Soecknick verblüfft durch eigenwillig-falsche Interpretationen wie z. B.: „Todt mischte sich getreu seinen Grundsätzen

beizutragen, und *Friedrich Karrenberg*[51], der Todt zunächst als „einzigen deutschen religiösen Sozialisten auf der Schwelle des 19. und 20. Jahrhunderts" wähnt, bleibt letzlich auch der konservativen Kritik an Todts Exegese verhaftet, wenn er schreibt: „Ihm liegt vielmehr gerade daran, nicht nur die Vereinbarkeit, sondern die Notwendigkeit einer Verbindung von christlicher Religion und Sozialismus darzutun. Dafür stellt er den ganz seltenen Versuch dar, konkrete gesellschaftsreformistische Forderungen — also nicht nur allgemeine Maximen — aus der Bibel abzuleiten."[52]

Wir werden i. f. zu zeigen versuchen, ob — und wenn ja, an welcher Stelle — jene Urteile der Nachwelt weiterhin gültig sind und welche neuen Erkenntnisse unser Rekonstruktionsversuch zu Tage fördern kann.

---

nicht in die Politik..." (S. 60). Das Gegenteil war der Fall, wenn man Politik nicht mit Parteipolitik identifiziert.

51 Karrenberg, Christentum, Kapitalismus und Sozialismus, S. 37.

52 Ebda. Diese These verficht er auch noch in seinem Beitrag: Geschichte der sozialen Ideen im deutschen Protestantismus. In: Gottschalch / Karrenberg / Stegmann, Geschichte der sozialen Ideen in Deutschland, S. 617 f.

2 Biographische Skizze

Bevor wir Rudolf Todts Vita im Kontext der verschiedenen Lebenswelten (ländliches Barenthin, städtisches Brandenburg, kirchlicher und ideenpolitischer Raum) darstellen und zu seinen theologischen Analysen und sozialpolitischen Aktivitäten kontrastieren, soll i. f. eine knappe biographische Skizze vorangestellt werden. Wir sind dabei auf eine äußerst kärgliche Quellenbasis verwiesen: Eine Biographie fehlt bislang, ein schriftlicher Nachlaß existiert ebenfalls nicht, die Personalakte Todts beim Konsistorium der Evangelischen Kirche in Berlin-Brandenburg ist verloren gegangen, und die Nachkommen Todts wissen keine bedeutenden Details zur Vita ihres bekannten Vorfahren beizutragen.[1] So müssen wir versuchen, aus den verbliebenen Quellen, aus kirchlichen Akten, Gemeindebüchern, kirchlicher Presse und Äußerungen Todts in Monographien, Zeitschriftenaufsätzen und Flugschriften das Leben des Landpfarrers von Barenthin zu rekonstruieren, auch wenn dies vielleicht kein stimmiges Bild ergibt.

Rudolf Immanuel Traugott Todt wurde am 19. Februar 1839 in Mödlich bei Wittenberge als wahrscheinlich fünftes Kind des Pfarrers *Gustav Adolf Todt* geboren. Seine Mutter, *Friederike Todt,* geborene Vogt, war Tochter des in Wittenberge ansässigen Medizinprofessors *Karl August Vogt.* Sein Vater, *Gustav Adolf,* hatte seit April 1847 die Pfarrstelle in Breddin bei Havelberge inne. Hier, in Mödlich, und Breddin, verlebte Rudolf seine Kindheit.[2] In Wittenberge und Berlin besuchte er zwischen 1851 und 1858 das Gymnasium, wobei anzumerken ist, daß nicht viele Söhne gehobener Bürgerfamilien aus den Prignitz-Städten das Privileg in Anspruch nehmen konnten, auch an einem renommierten Berliner Gymnasium zu lernen. Rudolf Todt bekam die Möglichkeit, an dem berühmten Joachimsthalschen Gymnasium in der Burgstraße die Hochschulreife zu erwerben: Von 1853 bis 1858 besuchte er die alte brandenburgische Fürstenschule[3] und bestand hier das Abitur. Nach einem nur einsemestrigen Studium an der Theologischen Fakultät der Universität Berlin, wo man ihm „rühmlich befriedigende Beweise seines Fleißes" bescheinigte[4], siedelte er nach Halle über. Er wurde hier am 28. Mai 1859 immatrikuliert und studierte vier Semester.

---

1 Der Naumburger Theologe Martin Seils trägt in einem Aufsatz das bisher bekannte über Leben und Werk Rudolf Todts im Anschluß an eine Theologische Staatsexamensarbeit von G. Krüger zusammen. Vgl. Seils, Die Bedeutung Rudolf Todts, S. 228 ff.
2 Evangelisches Pfarrerbuch für die Mark Brandenburg seit der Reformation. Hrsg. vom Brandenburgischen Provinzialsynodalverband. Bd. II. Berlin, 1941, S. 896. Mödlich, Kreis Westprignitz, war ein unscheinbares Dorf mit 428 Einwohnern. Kindheit und Jugendzeit verlebte Todt hier und im benachbarten 700 Seelen Ort Breddin, wo sein Vater Pfarrer war. Vgl. dazu: C.B. Opalinsky, Geschichtliches über die Städte, Klöster, Schlösser und adligen Familien der Prignitz. Wittstock, 1906, S. 319. Zahlen von 1840 aus: Historisches Ortslexikon für Brandenburg. Teil 1: Die Prignitz. Bearbeitet von Liselott Enders. Weimar, 1962.
3 Zur Geschichte der Schule, vgl. Symbolae Joachimiae, 2 Bde. Berlin, 1880.
4 Seils, Die Bedeutung Rudolf Todts, S. 231.

Halle galt seit Jahrzehnten als Hochburg der erweckten und biblizistisch orientierten Theologie, vor allem verbunden mit dem Namen des Theologieprofessors *August Tholuck (1799—1877)*, der seit 1826 dort lehrte. Tholuck predigte „im Schema eines pietistisch und idealistisch vertieften Supranaturalismus"[5] eine schlichte Bibelfrömmigkeit und beeinflußte viele Jahrgänge der Theologie-Studentenschaft. Auch Todt erhielt hier mit Sicherheit eine erste theologische Prägung. Von kirchlichen Vorgesetzten und seiner Gemeinde in Barenthin wurde ihm stets „positive Gläubigkeit" bescheinigt, eine Chiffre für ein biblizistisch inspiriertes Glaubens- und Amtsverständnis.

Am 10. Mai 1861 kehrte er nach Berlin zurück und wurde nach weiteren zwei Semestern am 4. April 1862 exmatrikuliert. Seine überdurchschnittliche Begabung drückte sich auch in den Noten der Abschlußexamia aus: er bestand beide theologische Abschlußprüfungen am 9. März 1863 („licentia concionandi") und am 7. November 1864 „Mit Auszeichnung".[6] Von 1863 bis Neujahr 1865 war Todt Hauslehrer in einer adligen Familie und überbrückte so die Durststrecke zwischen dem ersten und zweiten Examen.[7]

Die weitreichenden kollegialen Beziehungen der alt-eingesessenen Pfarrersfamilie Todt kamen dem frisch gebackenen Pfarramtskandidaten sehr zugute. So bot sich für ihn sehr rasch die Gelegenheit, in die Gemeindepraxis hineinzuschauen und die erlernten homiletischen Fähigkeiten zu erproben: Pfarrer Seeger aus dem benachbarten Bendelin[8] — der Familie Todt wohl seit längerem freundschaftlich verbunden — bat im Januar 1865 das Königliche Konsistorium zu Berlin, ihm zu gestatten, einen ihm „auf das Vorteilhafteste bekannten jungen Mann" als Predigthilfe zu beschäftigen, da es ihm aus Krankheitsgründen nicht mehr möglich sei, die mit dem Pfarramt in Bendelin verbundene Betreuung der vakanten Pfarre Barenthin vollständig wahrzunehmen.[9] Und in der Tat mochte es — man denke nur an die beschwerlichen Reisewege — für einen in Ehren ergrauten Landpfarrer sehr mühselig sein, die 450-Seelen-Gemeinde Bendelin zu versorgen und zusätzlich Predigtdienste in den vakanten Pfarren Barenthin und Kötzlin zu versehen.[10] Pfarrer Seegers Anliegen wurde von Superintendentur und Konsistorium

---

5 Horst Stephan / Martin Schmidt, Geschichte der deutschen evangelischen Theologie seit dem deutschen Idealismus. Berlin, 1973[3], S. 138; Emanuel Hirsch, Geschichte der Neueren Evangelischen Theologie. Gütersloh, 1975[5], hier: Bd. 4, S. 92 ff.

6 Die Daten entstammen einem Brief des Pfarrer Seeger von Bendelin, einer dem Heimatorte Todts, Breddin, benachbarten Pfarre, vom 10. Januar 1865 an das Königliche Konsistorium der Provinz Brandenburg zu Berlin. (Akten des Kgl. Konsistorium Berlin-Brandenburg, Specialia Bendelin, C 2, Bd. 1) Während Seeger die Note „Gut. Bestanden" angibt, wird im Schreiben des Kgl. Konsistoriums an den Evangelischen Oberkirchenrat anläßlich der Ernennung Todts zum Superintendenten von „Mit Auszeichnung" bestandenen Examina gesprochen. (EOK-Akten, Specialia Superintendentur Brandenburg, II. 4, VII, 206).

7 Vgl. Visitationsbericht vom 12. Juli 1871, Superintendentur Kyritz, Specialia, B II 9a. Dies war damals eine allgemein geübte Praxis, wie aus der Memoirenliteratur vielfältig belegbar. Vgl. im Literaturverzeichnis den Abschnitt zu Biographien und Memoiren. Ferner: Ludwig Fertig, Pfarrer in spe. Der evangelische Theologe als Hauslehrer. In: Martin Greiffenhagen (Hrsg.), Das evangelische Pfarrhaus. Eine Kultur- u. Sozialgeschichte. Stuttgart, 1984, S. 195 ff.

8 Johann Ludwig Christian Seeger, Pfarrer zu Bendelin von 1823 bis 1865.

9 Siehe Brief Seegers vom 10. Januar 1865, Kgl. Konsistorium Brandenburg, Specialia Bendelin, B 1, T. 2.

10 Angaben zu den Gemeinden im Historischen Ortslexikon für Brandenburg, T. 1.

positiv beschieden, und er selbst mag seine Pfarren in guten Händen gewußt haben. Wenige Monate nach diesem Gesuch reichte er den Antrag auf Emeritierung ein (zum 1. Oktober 1865), vielleicht in der Hoffnung, den Kandidaten Todt als Nachfolger zu erhalten.[11]

Rudolf Todt hat als nicht ordinierter Hilfsgeistlicher[12] in den Gemeinden Bendelin, Barenthin und wohl auch in Kötzlin bis Anfang oder Mitte Oktober 1865 geamtet und sich zweifellos das Vertrauen und die Zuneigung der Gemeinden erworben, denn als der für die Pfarrstelle Bendelin zuständige Kirchenpatron Schloßhauptmann von Königsmarck nicht Todt, sondern einen anderen Kandidaten präsentierte, wandte sich die Gemeinde dagegen.[13] Ihre Argumente gegen den präsentierten Kandidaten konnten aber weder die Superintendentur noch das Kgl. Konsistorium überzeugen. Auch konnten die Gemeinden zu dieser Zeit ohnehin nur ein votum negativum geltend machen.[14] Superintendent Poppenburg vermutete die wahren Gründe der Ablehnung des vorgeschlagenen Kandidaten Albert Hindenberg schon richtig, wenn er in seinem Bericht schrieb: „Aber es ist wohl eigentlich weniger sein Organ, daß die Gemeinden bestimmt, sich nicht für seine Annahme zu erklären, sondern ihr Wunsch, den ihnen bekannten und von ihnen geliebten Candidaten Todt zum Pfarrer zu erhalten."[15] Doch da nach dem damaligen Stellenbesetzungsrecht die Gemeinden keinen entscheidenden Einfluß auf die Pfarrstellenvergabe nehmen konnten, ging das Verfahren für sie negativ aus: Der Kirchenpatron vozierte Hindenberg nach ausdrücklicher Aufforderung durch das Konsistorium entgegen den Wünschen der Gemeinden, und Hindenberg wurde am 20. und 29. Oktober 1865 als neuer Pfarrer von Bendelin und Kötzlin in sein Amt eingeführt.[16]

Todt mußte sich nach einer anderen Stelle umsehen, die er auch — was nicht selbstverständlich war — schnell fand: am 3. Dezember 1865 wurde er ordiniert und Hilfsprediger in der Gemeinde Königs-Wusterhausen.[17] Die genauen Umstände seiner Berufung lassen sich aufgrund der Quellenlage nicht aufklären. Bis zu seiner schließ-

11 Brief Pfr. Seegers an das Kgl. Konsistorium vom 29. Februar 1865. Das Konsistorium entsprach schon im April Seegers Wunsch und forderte den Kirchenpatron v. Königsmarck am 27. Juli 1865 zur Präsentation eines Kandidaten auf. (Kgl. Konsistorium Brandenburg, Specialia Bendelin, ebda.).

12 Paul Schoen, Das evangelische Kirchenrecht in Preußen. Berlin, 1903. (= ND, Aalen, 1967), Bd. II, S. 211, Fußnote 5.

13 Superintendent Poppenburg berichtete dem Kgl. Konsistorium am 4. September 1865, daß den Gemeinden von Kötzlin und Bendelin der präsentierte Kandidat Albert Hindenberg nicht genehm sei. (Kgl. Konsistorium-Brandenburg, Specialia Bendelin, ebda.)

14 Die Gemeinden gaben an, daß Hindenberg zu „kränklich" und sein „Organ zu schwach" sei. (Brief Poppenburgs an das Kgl. Konsistorium vom 4. September 1865. Kgl. Konsistorium Brandenburg, Specialia Bendelin, ebda.) Hindenberg ist auch nicht lange in der Gemeinde geblieben (bis zum 30. Juni 1868). Danach wurde er Pfarrer in Kalzig bei Züllichau.

15 Ebda.

16 Alle Vorgänge in Ebda. Poppenburg berichtete am 15. Dezember 1865, daß die Gemeinden Pfarrer Hindenberg immer noch Widerstand entgegensetzten, denn die geordnete Übergabe der Verwaltung habe immer noch nicht stattgefunden. Der Vorgänger Pfr. Seeger, der am 2. April 1866 starb, hatte aber offenbar ein heilloses Durcheinander hinterlassen, vor allem im Blick auf die Gemeindefinanzen. Vgl. Specialia Bendelin, ebda. und Visitationsbericht zur Pfarre Barenthin vom 28. März 1867. Superintendentur Kyritz, B II 9 a.

17 Evangelisches Pfarrerbuch für die Mark Brandenburg, S. 896.

lichen Berufung in das neu gegründete, selbständige Pfarramt in Barenthin hat er hier seinen Dienst versehen.[18] Todts Rückkehr in die Heimat verlief durchaus nicht problemlos, was mit dem geltenden Pfarrstellenbesetzungsrecht zusammenhing.

Die Pfarrstellenbesetzungen zur damaligen Zeit geschahen nach dem eigentümlichen „Patronatssystem"[19], einem Verfahren, über das, seit der Existenz eines evangelischen Pfarrerstandes, Gemeindevertretungen, Pfarrer und auch Kirchenbehörden beredte Klage führten. Drews sprach 1905 vom „Krebsschaden" des ganzen Standes bis in das 19. Jahrhundert hinein.[20] Das landesherrliche Kirchenregiment begründete kein allgemeines staatliches Patronat. Der Landesherr war insofern Patronatsherr als seinen Besitzungen und Domänen oder den mittels Säkularisationen, Vererbung und Kauf an den Fiskus gelangten Gütern Patronatstitel anhafteten. Das Patronat begründete Rechte und Pflichten, vor allem die Pflicht, Baulasten zu übernehmen und zum Unterhalt der Kirchengebäude beizutragen. Letztes wurde von den meisten Patronen als so lästig angesehen, daß man sich eher der — immer anachronistischer werdenden — Rechte entledigen wollte als die Pflichten zu übernehmen. So auch in unserem konkreten Fall. Der Patron war berechtigt, der Gemeinde und dem Konsistorium einen Pfarramtskandidaten zu präsentieren (sogenanntes „Präsentations- oder Vokationsrecht"), in den Gemeindevorstand einzutreten, die allgemeine (und sehr beschränkte) Aufsicht über Kirchenkasse und Kirchenbücher zu führen („cura beneficii") und schließlich für sich und seine Angehörigen einen Ehrenplatz in der Kirche zu beanspruchen.[21] Die Kritik an dem ganzen System konzentrierte sich auf die Rechte der Präsentation und die Einstellungspraxis. Der Patron war in der Auswahl des Kandidaten frei, allerdings hatte die Kirchenbehörde im Laufe des Einstellungsverfahrens ein entscheidendes Wort mitzureden. Die Patrone neigten jedenfalls dazu, einen möglichst genehmen Kandidaten auszusuchen, der die Obrigkeit uneingeschränkt unterstützte, sich nicht zu „Abkanzelungen" und drastischen Bußpredigten gegenüber der „Herrschaft" hinreißen ließ (wie es schon hier und da vorkam), den Geldbeutel nicht allzu sehr beschwerte und seinen Schäflein die christlichen Tugenden der Vaterlandsliebe, Königstreue, der Mäßigung, des Fleißes und des Gehorsams gegenüber der Obrigkeit zu vermitteln imstande war.[22]

---

18 Die Gemeindeakten für Königs-Wusterhausen konnte der Verf. nicht einsehen, sie waren im Zentralarchiv der EKU nicht aufzufinden. Todt ist jedenfalls im Kirchenbuch der Gemeinde Königs-Wusterhausen vom 17. Dezember 1865 bis zum 1. Dezember 1867 mit Taufen und Trauungen befaßt, angegeben. Für Recherchen vor Ort danke ich den Herren Fritz und Hans Brand, Berlin.

19 Beste geschichtliche Herleitung immer noch in der RE, Bd. XV, S. 14ff. Schoen, Kirchenrecht, Bd. II, S. 1ff. und Adolf Frank, Das Präsentationsrecht in der katholischen und evangelischen Kirche. Greifswald, 1912.

20 Paul Drews, Der evangelische Geistliche in der deutschen Vergangenheit. Jena, 1905, S. 40.

21 Dazu kamen noch „Kleinigkeiten" wie Anspruch auf Gedenken im Kirchengebet, Recht auf Begräbnisstätte auf dem Kirchhof, Recht auf Trauergeläut und schließlich das Recht, Hoheitszeichen des Patrons (Wappen u. ä.) in der Kirche anzubringen.

22 Carl Büchsel, der spätere Generalsuperintendent der Neumark und Lausitz, berichtete aus seinen frühen Landpredigerjahren, daß die Patrone oft im Lande umherreisten, um sich die zu ihnen passenden Kandidaten anzusehen. Die Patrone — so Büchsel — wählten oft Kandidaten, „die gerade gut sind für die, welche nicht in die Kirche gehen ..." Und er klagt: „Für jedes Amt fordert man sonst eine gewisse Qualifikation, aber die Verwaltung des Patronats wird jedem überlassen, wenn er auch ein Feind der Kirche sein sollte." (Vgl. Carl Büchsel, Erinnerungen aus dem Leben eines Landgeist-

Am Beispiel Rudolf Todts wird die herrschende Tendenz bestätigt: Natürliche Patrone der Gemeinde Barenthin waren die Rittergutsbesitzer Louis Prien aus Mesendorf (südwestlich von Pritzwalk) und (sein Schwager) Hermann Polzin aus Grube bei Wilsnack. Das Patronat war an das Rittergut Mesendorf gebunden und vererbte sich von Besitzer zu Besitzer. Das Gut, ehemals in Besitz eines alt-eingesessenen Prignitzer Adelsgeschlechtes (von Platen), wurde 1814 bereits an einen Landwirt und Industriellen, einen „Bürgerlichen" also, verkauft und gelangte am 1. Oktober 1865 in Besitz des Brauereiunternehmers Louis Prien aus Krampfer und seines Schwagers Rittergutsbesitzer Polzin. Die vormaligen adligen Besitzer hatten viele Güter in der Prignitz besessen, darunter auch 14 Anteile in der Gemarkung Barenthin, immerhin bis 1800.[23] Allerdings scheinen diese durch Verkauf oder Ablösung verloren gegangen zu sein, denn Louis Prien hatte 1867 an Barenthin nachweislich keinen wirtschaftlichen Nutzen mehr.[24]

Diese Tatsache erklärt auch die rasche Bereitschaft Priens, auf seine Rechte als Patron zugunsten des Konsistoriums zu verzichten, wenn dieses — so Prien in einem Schreiben — „die mir aus diesem Rechte erwachsenden Lasten abzunehmen sich bereit erklärt."[25] Im gleichen Schreiben hatte Prien auch einen Kandidaten präsentiert, der Barenthin allerdings nur interimistisch neben seiner Pfarrstelle in Kyritz übernehmen konnte. Die Präsentation war noch keine verbindliche Besetzung: Nach den Bestimmungen des Allgemeinen Landrechts (ALR II, 11, §§ 325 ff.) hatte sich der Kandidat zunächst der Gemeinde mit Probepredigt und Katechisation vorzustellen und wurde dann nach dem Votum der Gemeindevertretung vom Konsistorium bestätigt oder nicht. Die Kirchenbehörden waren nicht in jedem Falle an den Vorschlag des Patrons gebunden. Das Konsistorium konnte durchaus „einem an sich anstellungsfähigen, ordnungsgemäß präsentierten und auch von der Gemeinde nicht mißbilligten Kandidaten oder Geistlichen die Konfirmation versagen, wenn dieser ihm gerade für die in Betracht kommende Stelle nicht tauglich erschien."[26]

Dieser Fall trat nun ein: Das Konsistorium wies die Präsentation des Kyritzer Pfarrer Reichert für die Barenthiner Stelle mit der Begründung zurück, eine interimistische Verwaltung komme nicht mehr in Frage.[27] Doch dies scheint nur einer von vielen Einwänden gewesen zu sein. So kärglich die Dotation der Stelle auch war und so ungewiß die Zukunftsaussichten schienen, so hatten sich doch bereits zwei Bewerber für die Stelle gefunden, der eine, Pfarrer Todt, bereits vor dem Tode Pfarrers Seegers aus Bendelin.[28]

---

lichen. Hrsg. von Hermann Büchsel. Berlin, 1907, S. 68. Vgl. die Vielzahl der Belege in den Biographien und Memoiren. (Literaturverzeichnis)

23 Zum Gut Mesendorf vgl. A. Werner, Burg, Gut und Dorf Mesendorf. Pritzwalk, o J. (Prignitzer Volksbücher, H. 31).

24 Superintendent Poppenburg, Kyritz, schreibt am 26. April 1866 an das Konsistorium zu Berlin in Sachen Barenthin, daß das Patronat von Louis Prien alleine wahrgenommen würde, der allerdings nicht geneigt sei, „irgendeine Last für den Pfarrer" zu übernehmen, weil er am Ort keinerlei wirtschaftlichen Nutzen habe. (Kgl. Konsistorium Brandenburg, Specialia Barenthin, b 2, Bd. 1)

25 Schreiben Louis Priens an die Superintendentur Kyritz vom 23. Oktober 1866 (Kgl. Konsistorium Brandenburg, Specialia Barenthin, ebda.)

26 Schoen, Kirchenrecht, Bd. II, S. 82.

27 Schreiben des Kgl. Konsistoriums an Superintendent Poppenburg, Kyritz, vom 24. Juli 1867. Ebda.

28 Todt hat sich nachweislich vor dem 9. März 1866 (Pfr. Seeger starb am 2. April 1866) bei dem Patron (wahrscheinlich Polzin) beworben. Die Gemeindeverhältnisse waren ihm ja durch eigene Tätigkeit

Der andere, Reichert, hatte sich ebenfalls „eifrig beim Patron und der Gemeinde" um die Pfarre bemüht, wie Superintendent Poppenburg an das Konsistorium schrieb.[29] Poppenburg stand Reichert ablehnend gegenüber, weil er vermutete, daß dieser die Barenthiner Stelle nur aus finanziellen Gründen zu erhalten trachtete, um sein schmales Kyritzer Pastorengehalt aufzubessern.[30] Der Patron Louis Prien hielt jedoch an Reichert fest und auch der Gemeindekirchenrat erklärte sich für ihn. Das Konsistorium lehnte den Kandidaten trotz des brieflich wiederholt geäußerten Befremdens Priens ab.[31]

Der Weg für Rudolf Todt war nun frei geworden: auf einer Sitzung des Gemeindekirchenrats vom 15. Oktober 1867 präsentierte Louis Prien den Hilfsprediger Rudolf Todt aus Königs-Wusterhausen als Kandidat für die Barenthiner Pfarrstelle und erklärte sich zugleich mit der Errichtung eines „Pfarr-Etablissement" einverstanden, allerdings nur unter der Voraussetzung, daß er hierfür keinen finanziellen Beitrag zu leisten habe.[32] Prien berief (vozierte) Todt förmlich am 25. November 1867, nachdem dieser am 17. November 1867 die angeordnete Probepredigt und Katechisation mit Erfolg absolviert hatte. Superintendent Poppenburg schrieb dazu: „Die Gemeinde nimmt ihn mit großem Vertrauen auf und thut, so weit mein Urtheil reicht, wohl daran. Denn er predigt Christum, den Sohn Gottes; seine Darlegung ist einfach und klar, seine Stimme sonor und kräftig genug. Sein Wesen ist eine ungezwungene Freundlichkeit; seine Umgangsformen sind angenehm. Die Gemeinde würde es gerne sehen, wenn er schon am Weihnachtstage in ihrer Kirche predigen könnte."[33]

Am 2. Dezember 1867 bestätigte das Konsistorium kraft des ihm zustehenden Konfirmationsrechtes die Vokation Rudolf Todts zum neuen Pfarrer von Barenthin. Am 29. Dezember 1867 wurde Todt vom Superintendenten Poppenburg unter Assistenz von Todts Vater Gustav Adolf, Pfarrer in Breddin, und Todts Vetter, Pfarrer Steffens, Berlitt, in sein Amt eingeführt. Superintendent Poppenburg berichtete dem Konsistorium am 11. Februar 1868: „Der Patron und der gesamte Kirchenrath waren zugegen. Die Gemeinde war äußerst zahlreich zu diesem für sie so wichtigen Akt erschienen. Ihre alte Kirche, bei der nie, soweit die Schriften reichen, ein selbständiger Pfarrer seinen Sitz gehabt, hatte

---

gut bekannt. Von den Absichten der Superintendentur und des Konsistoriums erfuhr er von seinem Vetter, dem nach dem Tode Seegers als Pfarramtsverwalter eingesetzten Pfarrer Steffens aus Berlitt. (Briefe Todts an Steffens vom 9. März, 17. April und 3. Mai 1866. Pfarr-Archiv zu Barenthien, B I, 1: Pfarrpfründe)

29 Brief vom 17. November 1866 an das Konsistorium. (Kgl. Konsistorium Brandenburg, Specialia Barenthin, b 2, I)

30 Poppenburg schreibt nicht gerade schmeichelhaft für Reichert: „Er ist weder pünktlich noch sorgfältig und steht der Auffassung, daß das Amt allen persönlichen und Familienverhältnissen vorgehe noch ziemlich fern. Ihm ist das Einkommen und die Gunst der Leute die Hauptsache." (Brief vom 12. Februar 1867, Kgl. Konsistorium Brandenburg, Specialia Barenthin b 2, Bd. I). Verständnisvoller äußerte sich am 11. Februar 1867 der Gemeindekirchenrat der Kyritzer Gemeinde, in der Reichert seinen Dienst versah. Der GKR anerkannte die schwierige familiäre Situation des Reichert und wollte ihm durchaus zur Aufbesserung seines Gehaltes durch Übernahme der Barenthiner Stelle verhelfen. (Vgl. Protokoll des GKR Kyritz vom 11. Februar 1867. Kgl. Konsistorium Brandenburg, Specialia Barenthin, b 2, Bd. I).

31 Schreiben Priens an das Kgl. Konsistorium vom 17. April 1867. (Kgl. Konsistorium Brandenburg, Specialia Barenthin b 2, Bd. I).

32 Protokoll der Sitzung des GKR zu Barenthin vom 15. Oktober 1867. (Ebda.)

33 Schreiben Superintendent Poppenburgs vom 18. November 1867 an das Kgl. Konsistorium. (Ebda.)

zum ersten Male ihren eigenen Pfarrer erhalten. Sie war sichtbar in einer gehobenen Stimmung."[34]

Todt nahm in der Bauerngemeinde Barenthin eine fast zwölfjährige Pfarramtstätigkeit auf. In dieser Zeit begann er seine Auseinandersetzung mit der sozialen Frage und dem zeitgenössischen Sozialismus und engagierte sich in der christlich-sozialen Bewegung. Todt hat im Barenthiner Gemeindeleben neue Wege zu gehen versucht. Seine positiv-gläubige Grundhaltung wurde von der Gemeinde ohne Widerspruch akzeptiert, obwohl sie von Pfarrer Seeger einen eher rationalistischen Predigtstil gewohnt war.[35] Die vor allem in den siebziger Jahren landauf und landab von Pfarrern, Synoden, Superintendenten und Konsistorialräten beklagte Sonntagsarbeit, die der Heiligung des Sonntags entgegenstand, schien in Barenthin nicht vorgekommen zu sein[36], was gewiß nicht nur auf die relativ wohlhabende wirtschaftliche Situation der Gemeinde zurückzuführen war, sondern auch einen Vertrauensbeweis für den Pfarrer bedeutete. Todt suchte das Gemeindeleben mit Bibel- und Missionsstunden zu beleben, achtete auf regelmäßigen Gottesdienstbesuch, vor allem der Kinder, kümmerte sich intensiv um den Schulunterricht und richtete gar eine Fortbildungsschule ein, in der er und der Ortslehrer unterrichteten.[37]

Immer wieder wurden seine Predigtgabe und die Fähigkeit zur freien Rede hervorgehoben, die ihn auch zum Auftritt in öffentlichen politischen Versammlungen qualifizierten (wie in den Jahren 1877 bis 1880 häufig geschehen). Der Visitationsbericht von 1874 rühmte „seine lebendige und aus Gottes Wort geschöpfte und ins praktische Leben greifende Predigt"[38] und attestierte ihm ausdrücklich die „Gabe der Rede."[39] „Seine Mußezeit", so fährt der Bericht fort „benutzt er zu fleißigen Studien. Namentlich hat er sich seit einigen Jahren mit der sozialen Politik beschäftigt, und die Frucht zeigt sich teils in einigen schriftlichen Arbeiten, z. B. in einer neun Bogen starken Erzählung, welche der Berliner Traktatverein zum Druck angenommen hat, oder verschiedenen Artikeln in einzelnen Zeitschriften, teils in der Gründung einer Fortbildungsschule in seiner Gemeinde, in welcher er und der Lehrer Bohm . . . den Unterricht erteilten und an welcher sogar ein paar verheiratete Glieder der Gemeinde teilnehmen."[40]

---

34 Schreiben Superintendent Poppenburgs an das Kgl. Konsistorium vom 11. Februar 1868. (Ebda.)

35 Visitationsbericht vom 12. Juli 1871. (Superintendentur Kyritz, Specialia B II b)

36 Visitationsbericht vom 28. März 1867. (Ebda., B II 9 a)

37 Visitationsbericht vom 15. Mai 1874. (Ebda., 9 B II b)

38 Ebda.

39 Ebda. Leider sind keine Predigten überliefert, so daß wir auf Rekonstruktionen aus seinen übrigen Schriften angewiesen sind. Für Todt ist die persönliche Entscheidung für Christus und das Zeugnis von seinem Liebeswerk am Kreuz die Voraussetzung für alle theologische Erkenntnis. Diesem Grundsatz — so Todt — müsse auch die Predigt folgen. In seiner Schrift „Über die Ursachen der Unkirchlichkeit" (1883) unterstreicht Todt die Bedeutung der „gläubigen Predigt", die er als die für seine Zeit beherrschende Predigtweise rühmt. Die Predigt solle kein „rhetorisches Kunststück" sein, „an dem der Zuhörer schließlich mehr aesthetischen Genuß als Erbauung hat, sondern ein lebendiges warmes Zeugnis von der Gnade Gottes aus einem Herzen, das sie an sich selber erfahren hat. So wird sie ein Aufleuchten sein des Geistes und der Liebe aus dem Herzen des Predigers, und muß damit zugleich zu einem Hineinleuchten werden in die Herzen der Hörer mit der guten heiligen und gnädigen Botschaft." (UK, S. 14 f. und S. 62 f.) Die Predigt solle zugleich „drastisch-volkstümlich", „frisch und lebendig" sein und müsse auch „auf die materielle und soziale Lage des Volkes Bezug nehmen." (RDS, S. 500)

40 Ebda.

Bald nach der Berufung in die Barenthiner Gemeinde hat Todt geheiratet: eine Schwester seiner Schwägerin, Marie Arndt, Tochter des Pfarrers Ferdinand Arndt aus Waltersdorf, die er, wie Seils vermutet, „sicher im Hause seines Bruders Karl Friedrich kennengelernt" hatte.[41] Die Hochzeit fand am 24. März 1868 in Dransee, Kreis Wittschock, dem Pfarrort seines Bruders statt. Rudolf Todt und seine junge Frau Marie bezogen in Barenthin zunächst eine enge Mietwohnung bis 1872 das Pfarrhaus eingeweiht werden konnte. Zu diesem Zeitpunkt hatte Todt zwei Söhne. Eine Tochter, im Dezember 1868 geboren, starb nach wenigen Wochen.[42]

Bis zu diesem Zeitpunkt läßt der Lebenslauf Todts von seiner späteren öffentlichkeitswirksamen sozialpolitischen Tätigkeit in der christlich-sozialen Bewegung noch nichts erahnen. Jedoch schon Anfang der siebziger Jahre muß Todt ein intensives Literatur- und Zeitschriftenstudium zur sozialen Frage und zum Sozialismus begonnen haben. Seit 1871 las er die sozialdemokratische Zeitschrift „Der Volksstaat", das Organ der Bebel / Liebknecht'schen „Sozialdemokratischen Arbeiterpartei", und setzte sich kritisch mit vielen Artikel auseinander.[43] Schon die intensive selbständige Lektüre sozialdemokratischer Zeitschriften[44] stempelte Todt innerhalb der protestantischen Theologenschaft zum Außenseiter. Insbesondere die populäre Sozialismusdefinition Carl Boruttaus aus dem „Volksstaat"[45] hat ihn zum Widerspruch und zur Auseinandersetzung in der Öffentlichkeit gereizt. Auch auf dem Gebiet der Monographien aus sozialistischen Kreisen zeigte sich Todt belesener als die Mehrzahl seiner Amtskollegen.[46] Er war bemüht, den Sozialismus als universalgeschichtliche Erscheinung zu verstehen und verweilte nicht ausschließlich bei der deutschen Spielart. Die Beschlüsse der Internationalen Arbeiterkongresse waren für ihn daher von außerordentlicher Bedeutung.[47] Der deutsche Sozialismus präsentierte sich Todt vornehmlich in der Form des Lassalleanismus, da die Rezeption des Marxismus in der deutschen Sozialdemokratie erst nach 1878 begann. Todt kannte aber „Das Kapital" (1867) von Karl Marx und zitierte daraus häufig zustimmend. So sprach er von Marx' ökonomischen „höchst scharfsinnigen und interessanten Analysen und Deductionen". Wer für die These von der „Ausbeutung des Menschen durch den Menschen" einen „Beweis" wünsche, so Todt, der lese im „Kapital".[48]

Inwieweit Todt „Das Kapital" wirklich insgesamt im Original gelesen hat, ist schwer zu entscheiden. Lassalles Schriften scheint er dagegen originaliter verarbeitet zu haben. Seine Kenntnisse des frühen Sozialismus bezog er aus der Sekundärliteratur.[49] Lange

---

41 Seils, Die Bedeutung Rudolf Todts, S. 232. Marie Arndt stammte aus der Familie des Pfarrers Ferdinand Valentin Arndt, seit 1833 Pfarrer zu Waltersdorf. Die vier Töchter verheirateten sich mit Theologen. Sohn Friedrich, einer von dreien, wurde als „Krüppelpfarrer von Volmarstein" bekannt. Vgl. dazu: Johanna Arndt, Der Krüppelpfarrer von Volmarstein. Witten, 1928.

42 Barenthiner Kirchenbuch.

43 RDS, S. 53.

44 Vgl. die im Literaturverzeichnis angegebenen, von Todt nachweislich regelmäßig gelesenen sozialistischen Periodika.

45 Volksstaat, Nr. 89, 1. November 1871.

46 Vgl. die im Literaturverzeichnis angegebenen, von Todt gelesenen sozialistischen Monographien.

47 RDS, S. 135 ff.; S. 212 ff.

48 RDS, S. 280.

49 Todt hat vornehmlich Roschers, „Geschichte der Nationalökonomie" und Rossbachs, „Geschichte der Gesellschaft" benutzt. Letztes Monumentalwerk galt zur Zeit Todts in gebildeten Kreisen als Standardwerk. Vgl. im Literaturverzeichnis zum zeitgenössischen Schrifttum.

bevor er sich daran machte, sein aufsehenerregendes Buch über den „Radikalen deutschen Socialismus" zu schreiben, war er in der sozialtheoretischen und sozialpolitischen Literatur seiner Zeit zu Hause. Seine Literaturkenntnisse waren unter Berücksichtigung seiner pfarramtlichen Abgeschiedenheit und Pflichten beachtlich, selbst wenn man in Rechnung stellt, daß es auf seiner Pfarre in Barentin sehr ruhige Zeiten gab, die zum Selbststudium geradezu prädestinierten. So war er bestens präpariert, um mit eigenen Schriften an die Öffentlichkeit zu treten.

Nachweislich seit 1872 äußerte sich Todt in pseudonym erschienen Flugschriften und einzelnen Zeitschriftenartikeln in der kirchlichen Presse.[50] Seine Sozialismusanalyse entsprang durchaus eigenen Antrieben, obwohl die besondere Fragestellung seines Hauptwerkes auf die berühmte Anregung in Stoeckers „Neuer Evangelischer Kirchenzeitung" zurückging. Die NEKZ schrieb im November 1873: „Warum fehlt es noch immer an einer Darstellung der socialen Anschauungen des Neuen Testamentes? So viele Broschüren von Geistlichen behandeln die sociale Frage, und nicht immer mit der nöthigen volkswirtschaftlichen Kenntniß, von einem ihnen fremden Standpunkt; keine untersucht sie im Geiste Christi. Eine solche Schrift würde unendlich segensreich sein; sie wäre für die Theologen gleichsam der Compaß in der Sturmflut der socialen Gegenwart."[51] Todt bekannte später in seinem Hauptwerk: „Die Frage ging mir durchs Herz."[52]

Todt hat sich Ende 1873, Anfang 1874 mit dem ihm eigenen Fleiß an die Arbeit gemacht, wobei ihm die Bekanntschaft und seit 1874 auch Zusammenarbeit mit dem Schriftsteller und leitenden Redakteur der „Berliner Revue", *Rudolf Meyer (1839–1899)* unschätzbare Dienste leistete.[53] Meyer war ein sozialkonservativer Reformer mit scharfem Blick für die realen wirtschaftlichen Mißstände und sozialen Ungleichheiten, dabei entschieden monarchistisch und nicht frei von Illusionen über die politischen Lösungsmöglichkeiten der sozialen Frage. Er hatte dem liberalen „Manchesterthum", wie die zeitgenössische Formel für die liberale Wirtschaftstheorien lautete, radikalen Kampf angesagt, befürwortete die staatliche Intervention in das Wirtschafts- und Sozialleben zugunsten der berechtigten Forderungen der Arbeiterschaft, der er mit seinem monumentalen Hauptwerk „Der Emanzipationskampf des vierten Standes" ein Denkmal setzte.[54] Todt hat dieses Buch gut gekannt und zitierte wiederholt zustimmend die Thesen Rudolf Meyers, zuerst in einem Artikel von 1875 in der „Evangelischen Kirchenzeitung".[55] Wir werden später sehen, wie eng sich Todt an die sozialkonservative Programmatik anschloß. Er war auch, wie er selbst eingestand, Mitglied der von Meyer ins Leben gerufenen „Sozialkonservativen Partei" geworden, ohne über den Zeitpunkt des

---

50 Siehe im Literaturverzeichnis die in der Reihenfolge ihres Erscheinens aufgeführten Titel.
51 NEKZ, Nr. 46, 15. November 1873, Sp. 531.
52 RDS, S. 1.
53 Vgl. dazu Adalbert Hahn, Die Berliner Revue. Beitrag zur Geschichte der Konservativen Partei zwischen 1855 und 1875. Berlin, 1934. (= ND Vaduz 1965) S. 254. Wie Meyer berichtete, führten er und Todt einen lebhaften Briefwechsel miteinander. Hahn, S. 295, Anm. 181.
54 Rudolf Meyer, Der Emancipationskampf des vierten Standes. (Volksausgabe, Berlin, 1874) in der 2. Auflage, 2 Bde. (1875 und 1882) (= ND Aalen, 1966); vgl. zu Meyer Abschnitt 5.2.2.
55 EKZ, Nr. 51, 26. Juni 1875. Todt hat auch die Bibliothek Meyers benutzen dürfen, ohne die er sein Buch nicht hätte schreiben können. Vgl. Heinrich Hermelink, Das Christentum in der Menschheitsgeschichte. Bd. III. Tübingen, 1955, S. 276. Meyer, Emanzipationskampf, Bd. I, S. 95.

Eintritts Mitteilung zu machen.[56] Meyers Aktivitäten wurden jäh unterbrochen als er wegen Beleidigung des Reichskanzlers Bismarck in seinem polemischen Buch „Politische Gründer und die Corruption in Deutschland" zu eineinhalb Jahren Gefängnis verurteilt wurde und die Emigration der Haft vorzog.[57] Mitte April 1877 veröffentlichte Todt dann sein Buch: „Der radikale deutsche Socialismus und die christliche Gesellschaft. Versuch einer Darstellung des socialen Gehaltes von Christenthum und der socialen Aufgaben der christlichen Gesellschaft auf Grund einer Untersuchung des Neuen Testamentes". Das Buch erschien im Verlag E. Rust in Wittenberg.

Am 27. April 1877 wurde es vom „Evangelisch-Kirchlichen Anzeiger" als Neuveröffentlichung kurz vorgestellt: „Eine zeitgemäße Schrift, hervorgegangen aus den gegenwärtigen Zeitverhältnissen und veranlaßt durch die gemachte Bemerkung, daß bis hier die sociale Seite des Christenthums noch nicht eingehend erforscht worden ist. Der Verfasser weist die Unmöglichkeit der Lösung der socialen Frage von der Seite des Judenthums und Muhamedanismus nach, geht dann auf den radikalen Socialismus und insbesondere den deutschen, seine Principien und Consequenzen näher ein, entwickelt dann die aus den socialen Lehren des Neuen Testamentes die für die Besitzenden, Besitzlosen und den Staat sich ergebenden Aufgaben und zeichnet zuletzt die Stellung der Kirche zu dem radikalen deutschen Socialismus. Bibliotheken, Nationalökonomen und Geistlichen zur gründlichen Orientierung wohl zu empfehlen."[58]

Das Buch machte Todt in Kürze zum gefragten Gesprächspartner für die an der sozialen Frage interessierten nationalökonomischen Kreise (die „Kathedersozialisten") und die evangelische Geistlichkeit, die mit Sorge das Anwachsen der sozialdemokratischen Bewegung seit den Wahlen vom 10. Januar 1877 registriert hatte. Zum ersten Mal äußerte sich hier ein evangelischer Pastor, der ein „positives Christentum" predigte[59], ausführlich und mit einer Fülle biblischer Belege zum zeitgenössischen Sozialismus. Ein evangelischer Theologe ging „fast dreißig Jahre nach dem Auftreten eines revolutionären Sozialismus in der bürgerlichen Revolution 1848 und ein Jahrzehnt nach der Gründung der ersten sozialistischen Arbeiterpartei" daran, „durch intensives Studium der sozialen Frage und der mächtigen Strömung des Sozialismus der Kirche schon verlorenen Boden wiederzugewinnen."[60] Dieses Unternehmen elektrisierte die Zeitgenossen Todts in einer Weise, die er selbst wohl kaum für möglich gehalten hat. Schon 1878 war eine Neuauflage des Werkes (bei R. Herrosé, Wittenberg) notwendig; Pastoralkonferenzen, Kongresse der Inneren Mission, Synoden und Kirchenleitungen diskutierten die Todt'schen Thesen, in der kirchlichen Presse und der theologischen Literatur entbrannte eine heftige Debatte um das Für und Wider der Christlich-Sozialen Bewegung. Die Erregung der Monate von Sommer 1877 bis zum „heißen Herbst" 1878 (der Verabschiedung des

---

56 RDS, S. 454. Zur Entstehung dieser Gruppierung siehe Meyer, Emanzipationskampf, Bd. I, S. 27 ff. und Abschnitt 5.2.

57 Das Buch erschien in Leipzig, 1877. Todt nimmt auf diesen Vorfall Bezug, wenn er im RDS, S. 414 schreibt: „Sie (die Konservativen, J. K.) haben gute Rathgeber gehabt, die conserviren wollten nicht durch Reaction, sondern durch Reform. Der einzig wahre Conservatismus heut — aber diese guten Freunde sind in den Bann gethan."

58 Evangelisch-Kirchlicher Anzeiger, Nr. 17, 27. April 1877.

59 So Todts eigene Formulierung, RDS, S. 431.

60 Brakelmann, Kirche und Sozialismus, S. 136.

Sozialistengesetzes) vermögen selbst dröge Quellentexte aus der kirchlichen Presse und den Akten zu vermitteln. Bismarck, dem das Todt'sche Werk als „eines der schlimmsten Erzeugnisse der neueren sozialistischen Literatur" erschien und der politisierende Pastoren mit geradezu eiferndem Haß verfolgte, hatte bereits Überlegungen angestellt, den „Radikalen deutschen Socialismus" im Zuge der allgemeinen Sozialistenhatz verbieten zu lassen.[61] Kurz nach der Publikation des „Radikalen deutschen Socialismus" ließ Todt, motiviert durch die Kritik seines Buches in der konservativen „Kreuz-Zeitung", ein kleines Schriftchen folgen, um die Notwendigkeit sozialwissenschaftlicher Studien für einen Theologen zu unterstreichen.[62]

In den Jahren 1877 bis 1880 stand Todt mit beiden Beinen im politischen Geschäft, oder, in zeitgenössischer Terminologie, im „Strudel der Parteileidenschaften". Am *5. Dezember 1877* gründete er gemeinsam mit *Hofprediger Adolf Stoecker* und einigen sozialkonservativen Gesinnungsfreunden den *„Centralverein für Socialreform auf religiös und constitutionell-monarchischer Grundlage"*, ein, wie die „Allgemeine Evangelisch-Lutherische Kirchenzeitung" hoffte, „wohlerwogenes und ernstgemeintes Werk", was durch die Namen Todt und Stoecker verbürgt sei.[63]

Der Verein sollte in erster Linie nichts anderes darstellen als ein Diskussionsforum für die Vorbereitung sozialer Reformen nach sozialkonservativen Ideen. In diesem Sinne begann man mit der Arbeit und öffnete das wöchentlich erscheinende Organ des Vereins, den *„Staats-Socialist"*, unterschiedlichen Meinungen. Hervorragende Vertreter der Nationalökonomie, so etwa Adolf Wagner und Albert Schäffle, arbeiteten in der Folgezeit am „Staats-Socialist" mit. Gleich in der ersten Nummer erschien ein programmatischer Artikel aus der Feder Wagners mit dem Titel „Was ist Socialismus", in dem er Einblick in seine staatssozialistische Ideenwelt gab.[64]

Bald stellten sich die ersten Schwierigkeiten ein: der Verein war, darin der Gruppe der Kathedersozialisten vergleichbar, zu heterogen, sein fast ausschließlich, esoterischer Charakter behagte einer Reihe politischer Aktivisten, allen voran dem Hofprediger Stoecker, nicht. Namentlich ihn drängte es in die Arena der praktischen Politik. Am 28. Mai 1878 verließ er endgültig den Verein, nachdem er schon am 5. Januar 1878 seine *„Christlich-Soziale Arbeiterpartei"* gegründet hatte[65] und seitdem eine Reihe von Abgrenzungsproblemen zwischen dem „Centralverein" und der Stoecker'schen Partei das Verhältnis des Landpfarrers aus Barenthin zu dem Hofprediger ernsthaft belastet hatten. Der Verein hielt sich bis 1881, bei schwindender Mitgliedschaft, mehr schlecht als recht über Wasser und wurde dann in die Christlich-Soziale Partei (die seit Januar 1881 so hieß) übernommen.

Rudolf Todt, der seit Dezember 1878 als Chefredakteur und Herausgeber des „Staats-Socialist" verantwortlich zeichnete[66], hat diese Entwicklung mit Sorge gesehen. Im Laufe

61 Walter Frank, Hofprediger Adolf Stoecker und die christlich-soziale Bewegung. Hamburg, 1935², S. 40.
62 Der innere Zusammenhang und die notwendige Verbindung zwischen dem Studium der Theologie und dem Studium der Socialwissenschaften. Eberswalde, 1877.
63 AELKZ, Nr. 52, 28. Dezember 1877, Sp. 1232.
64 Staats-Socialist, 1. Jg., Nr. 1, 20. Dezember 1877, S. 2f.
65 Staats-Socialist, 1. Jg., Nr. 23, 1. Juni 1878.
66 Staats-Socialist, 1. Jg., Nr. 50, 7. Dezember 1878.

des Jahres 1880 zog er sich von allen verlegerischen, redaktionellen und praktisch-politischen Aktivitäten zurück.[67] Fortan widmete er sich ganz seinen Amtsgeschäften. 1883 erschien nochmals eine kleine Schrift von ihm mit dem Titel *Die Ursachen der Unkirchlichkeit und ihre Abhilfe*", die, wie Seils treffend feststellt, „nur noch wenig von seinen sozialpolitischen Gedanken verrät."[68]

Seit November 1880 war Todt Inhaber der ersten Pfarrstelle an der Reformierten St. Johannis-Kirche in Brandenburg an der Havel.[69] Todt hatte sich am 16. März 1880 förmlich um diese (zum 1. Mai 1880 freiwerdende) Stelle beim Konsistorium beworben, da es sich um eine Stelle königlichen Patronats handelte.[70] Das Konsistorium nahm die Bewerbung positiv auf und präsentierte Pfarrer Todt der Superintendentur und der Gemeinde im Juli 1880. Nachdem auch die Königliche Regierung zu Potsdam mit der Vokation Todts einverstanden war, hielt er am 8. August 1880 in der St. Johannis-Kirche seine Probepredigt und Katechisation. Darüber berichtete Superintendent Kollberg wenig später: „... habe ... ich ehrerbietigst zu berichten, daß ich den für die erste Predigerstelle an hiesiger französischer deutsch-reformierter Johannis-Kirche designierten Pfarrer Todt bei der betreffenden Kirchengemeinde gestern, den 8. August, vorschriftsmäßig zur Katechisation aufgestellt und die Gemeinde zur Äußerung darüber aufgefodert habe. Pfarrer Todt predigte über Römer 1 v. 16 und katechisierte über die zweite Bitte so schriftgemäß wie praktisch; ein Einspruch ist nicht erfolgt, auch keine Frist zu späterer Erklärung ist verlangt worden."[71] Todt war angenommen. Weder hier noch später beim Wechsel in das Superintendentenamt haben ihm seine sozialpolitischen Aktivitäten geschadet. Am 14. November 1880 erfolgte seine Einführung ins Amt.[72]

Er hat seinen Dienst sehr zur Zufriedenheit der Gemeinde und der Kirchenbehörden versehen. Eine besondere Gabe der Predigt und des freundlichen Umganges mit Menschen werden ihm auch in Brandenburg wiederholt bescheinigt. Er hatte in Barenthin unter Beweis gestellt, daß er Menschen führen, Streit schlichten und immer neue Anregungen für die Gemeindearbeit zu geben imstande war. So betraute ihn das Konsistorium nach Rücksprache mit der Kgl. Regierung zu Potsdam seit November 1883 mit einem Teil der Amtsgeschäfte der Superintendentur, darunter die Kreisschulinspek-

---

67 Staats-Socialist, 2. Jg., Nr. 50, 13. Dezember 1879.

68 Seils, Die Bedeutung Rudolf Todts, S. 239.

69 Kgl. Konsistorium Brandenburg, Specialia Barenthin b 2, Bd. 1. Ins Barenthiner Pfarramt folgte ihm sein Bruder Karl Friedrich, der die Gemeinde bis 1901 betreute. (Vgl. Evangelisches Pfarrerbuch, Bd. II, S. 104.)

70 Schreiben des Konsistoriums vom 10. Juli 1880 an den Superintendenten von Brandenburg-Stadt, Kollberg. (Vgl. Superintendentur Neustadt-Brandenburg, Specialia III O 2, Bd. II.) Der bisherige Inhaber dieser Stelle, Pfarrer Drohs, war zum Reiseagenten der Inneren Mission berufen worden: Brief Pfr. Drohs vom 6. März 1880 an das Konsistorium. Der Vorgänger Todts scheint ein besonders staatstreuer und obrigkeitlich gesinnter Mann gewesen zu sein, denn er erhielt am 22. März den „Roten-Adler"-Orden. (Ebda. und EOK-Generalia, EO V, 21, Bd. II.)

71 Schreiben Superintendent Kollbergs an das Konsistorium vom 9. August 1880. (Ebda.) Seils, Die Bedeutung Rudolf Todts, S. 239, zitiert ein Schreiben Todts vom 28. Juli 1880 in dem dieser als Text für die Probepredigt Markus 12, 41–44, das Gleichnis vom Scherflein der armen Witwe, vorgeschlagen hatte. Kollberg, so Seils, befürchtete vielleicht eine zu „soziale Predigt". Der Vorgang bleibt offen. Der Verf. hat das von Seils erwähnte Schreiben nicht finden können.

72 Schreiben des Presbyteriums der St. Johannis-Gemeinde vom 1. Dezember 1880 an das Konsistorium. Ebda.

tion.[73] Seit 1884 verwaltete Todt für den erkrankten Superintendenten Kollberg die gesamte Superintendentur. Im Januar 1885 wurde Todt nach einem förmlichen Ernennungsverfahren Superintendent der Diözese Altstadt-Brandenburg.

Die im Zusammenhang mit dem Ernennungsverfahren zwischen Konsistorium, Evangelischem Oberkirchenrat und Königlicher Regierung ausgetauschten Schreiben geben vor allem Aufschluß über die Beurteilung der sozialpolitischen Aktivitäten Todts und seiner kirchlichen Amtsführung durch die leitenden Kirchenbehörden. Darin wird übereinstimmend festgestellt, daß Todt ein „Geistlicher von schönen Gaben der Predigt und der Seelsorge und von großem und demüthigem Pflichteifer" sei.[74] Ihm wird eine „hervorragende ephorale Begabung" bescheinigt, die in einem, nicht näher spezifizierten Konfliktfall, offenbar besonders deutlich hervorgetreten sei.[75] In bezug auf die sozialen Aktivitäten Todts stellte das Konsistorium fest: „Die rege Betheiligung an den Problemen des christlichen Socialismus, durch welche er anfangs als einer der Führer dieser Bewegung erscheinen konnte, hat ihn der umsichtigen und hingebenden Wahrnehmung seiner Amtspflichten niemals entfremdet und trug von Anfang an den Charakter, ohne alle Beimischung außerkirchlicher Motive, aus lebhaftem christlichen Mitgefühl für die Noth der Brüder geboren und mit einem intensiven Interesse für wissenschaftliche, spezifisch theologische Fundamentierung der bez. kirchlichen Aufgaben verbunden zu sein. So haben auch seine hierauf bezüglichen Schriften und Bestrebungen der herzlichen und allgemeinen Achtung des Mannes in seinem Amte und in seinem Privatleben niemals Abbruch gethan."[76]

Am 29. Dezember 1884 absolvierte Todt das seit 1799 für Superintendenten vorgeschriebene „Ephoral-Kolloquium" vor dem Konsistorium.[77] Das Protokoll dieses „colloquium pro ephoratu" bestätigte die Einschätzungen des Konsistoriums. Todt, der „durch schriftstellerische Thätigkeit längst einen geachteten Namen" besitze, habe bei der Exegese von 2. Korinther, 3. Kapitel (das paulinische Verhältnis von Altem und Neuem Bund) durchaus „die wichtigsten Gedanken des Textes und ihre dialektische Begründung" entwickelt und bewiesen, daß er „theologisches Wissen und Formentechnik genug habe, um ein Ephoralamt auf die unterstellte Geistlichkeit mit Erfolg zu führen.[78] Günstiger noch schien der Eindruck von Todts Ephoralpredigt am 28. Dezember 1884 im Domkandidatenstift gewesen zu sein, die Kögel, ein streng konservativer Generalsuperintendent, positiv beurteilte.[79] Alles in allem zeigte sich, daß Todt sowohl

---

73 Schreiben des EOK an das Kgl. Staatsministerium und das Ministerium der geistlichen p. Angelegenheiten. (EOK-Akten, Superintendentur Brandenburg, II. 4. VII, 204)
74 Schreiben des Kgl. Konsistoriums an den EOK vom 20. Januar 1885. Ebda. 205.
75 Es handelte sich dabei um einen Konflikt bei einer Pfarrstellenbesetzung zu St. Katharinen. Die Gemeinde nahm hier entschieden gegen den vom Konsistorium vozierten Kandidaten Stellung. (Superintendentur Altstadt-Brandenburg, Specialia III 02, Bd. II)
76 Schreiben des Kgl. Konsistoriums an den EOK vom 18. April 1885. (EOK-Akten, Superintendentur Brandenburg, Specialia, II. 4. VII. 212-213.)
77 Instruktion vom 12. Februar 1799. Diese Regelung wurde nicht überall angewendet und durch Erlaß am 17. Januar 1894 aufgehoben.
78 Bericht über das mit dem Pfarrer Todt in Brandenburg abgehaltene colloquium pro ephoratu vom 29. Dezember 1884. (EOK-Akten, Superintendentur Brandenburg, Specialia, II. 4. VII., 209–211)
79 Ebda.

kirchenpolitisch als auch in seiner Amtsführung für das Kirchenregiment in der „Ära Kögel" zu keinerlei Beanstandungen Anlaß gab.

Lange Zeit hat er seine Superintendentur nicht mehr führen können: Am *14. Oktober 1887 starb Rudolf Immanuel Traugott Todt* „ganz plötzlich und unerwartet in Folge eines Herzschlages."[80] Er hinterließ seine Frau mit fünf noch unmündigen Kindern im Alter zwischen acht und siebzehn Jahren.

Die „Deutsche Evangelische Kirchenzeitung", Nachfolger der Stoecker'schen „Neuen Evangelischen" und Hausblatt der christlich-sozialen Bewegung im kirchlichen Raum, kommentierte seinen Tod so: „Der am 14. Oktober so plötzlich erfolgte Heimgang des Superintendenten Todt hat hier die allergrößte Teilnahme hervorgerufen. Die evangelische Kirche verliert in ihm einen der wenigen Schriftsteller, die ihren Fleiß dem Studium der sozialen Frage und ihre Sympathie den arbeitenden Klassen zuwandten. Sein Buch ‚Der radikale deutsche Sozialismus und die christliche Gesellschaft' war ein Erstlingswerk und ebenso mit den Reizen wie mit den Mängeln eines solchen behaftet. Aber es soll dem Vollendeten unvergessen bleiben, daß er zum ersten Male versucht, in einem durchgeführten Werk den Sozialismus unter dem christlichen Standpunkte zu begreifen und zu erklären. Todt's Buch war trotz seiner Fehler, ja zum Teil durch dieselben ein bahnbrechender Anfang zur Anerkennung eines christlichen Sozialismus. Wenn er allzusehr von den sozialistischen Theorien ausging und die Bibel danach zuschnitt, anstatt von den Schriftgedanken auszugehen und danach den Sozialismus zu beurteilen, so sind wir gewiß, daß Todt, wenn ihm eine neue Bearbeitung seines Werkes vergönnt gewesen wäre, vieles daran mit seinem reiferen Verständnis geändert und gebessert hätte. Es ist eine Schwäche unserer Kirche, daß er dazu keinen Raum fand. Anstatt ihn zu weiteren Forschungen und Arbeiten auf diesem Gebiet zu ermuntern, wo die Entscheidung der Gegenwart und der Zukunft liegt, machte man ihn zum Königlich Preußischen Superintendenten, womit seine christlich-soziale Laufbahn abgeschlossen war. Wer wird sein Lebenswerk fortsetzen? Die katholische Kirche hat eine Menge Schriftsteller, welche die Sozialwissenschaften vom Standpunkte der Kirche aus bearbeiten; wir haben keinen einzigen. Todt's Gedächtnis aber wird in Segen bleiben bei allen, die in einem gesunden christlichen Socialismus die Lösung der Rätsel unserer Zeit erblicken."[81]

Der Nachruf faßte Stärken und Schwächen des Todt'schen Werkes aus zeitgenössischer Sicht insgesamt treffend zusammen, und einige der damaligen Aussagen können auch heute noch als richtig akzeptiert werden. Den Kardinalfehler Todts; die mangelnde Vermittlung von Theorie und Praxis und das Verkennen der wirklichen gesellschaftlichen Herrschaftsverhältnisse und Machtinteressen, konnte das Stoecker'sche Hofblatt natürlich nicht entdecken. Überspitzt ist sicherlich auch die Behauptung, daß Todts Wechsel ins Superintendentenamt seiner christlich-sozialen Laufbahn ein Ende gesetzt habe. Todts Aktivitäten auf diesem Gebiet waren bereits im Laufe des Jahres 1880 ganz in den Hintergrund getreten. Auch hätte einen Mann wie Todt das Superintendentenamt nicht an der Fortführung sozialtheoretischer Forschungen und sozialpolitischer Aktivitäten hindern können.

---

80 Aus der Anzeige des Presbyteriums der Deutsch-französischen reformierten St. Johannis-Gemeinde an das Kgl. Konsistorium. (AEK Brandenburg, Specialia III, O 2, Bd. 1)

81 Deutsche-Evangelische Kirchenzeitung, Nr. 43, 22. Oktober 1887, S. 349 f. Siehe auch die Notiz in der AELKZ, Nr. 42, 21. Oktober 1887 und der EKZ, Nr. 44, 29. Oktober 1887.

3 Lebenswelten I:

Rudolf Todts gesellschaftliches und kirchliches Umfeld in Land und Stadt 1868–1887

3.1 Ländliche Wirtschafts- und Sozialstrukturen und Politik in der Ostprignitz zur Zeit Rudolf Todts

Rudolf Todts erster pfarramtlicher Wirkungskreis war eine ländliche Region: Der Kreis Ostprignitz in der 1815 neugebildeten preußischen Provinz Brandenburg, Regierungsbezirk Potsdam. Es ist das dörfliche Leben, das seinen frühen Entwicklungsgang prägte. 1868 wurde er Pfarrer in dem ostprignitzschen Dorf Barenthin und mußte sich auf die besonderen bäuerlichen Lebensweisen und Denkstrukturen einlassen. Die provinzielle Enge hat ihn nicht daran gehindert, nationalökonomische Literatur und sozialistisches Schrifttum zu studieren. Seine pfarramtlichen Pflichten ließen ihm Zeit zum Selbststudium.

Barenthin war eines der zahlreichen charakteristischen Straßendörfer der Prignitz, einer Landschaft, die sowohl von ihrer äußeren Gestalt als auch ihrer Bodenbeschaffenheit aus betrachtet große Gegensätze aufwies: unfruchtbarer Flugsandboden und Heidelandschaften (bei Wittstock, Perleberg, Havelberg und Wilsnack) wechselten mit ertragreichen Lehmböden, insbesondere in den Flußniederungen. In der Ostprignitz überwog der Sandboden. Die Bauern bauten vornehmlich Roggen und Hafer in Fruchtwechselwirtschaft an, seltener Weizen, Kartoffeln und Zuckerrüben. Um 1890 begann im Bereich des Garten- und Gemüseanbaus ein starker Aufschwung. Schon immer bedeutend war der weit über die Grenzen der Prignitz bekannte Obstanbau.[1]

Als Rudolf Todt 1868 seine ländliche Pfarre in Barenthin übernahm, fand er eine seit der sogenannten „Bauernbefreiung"[2] erheblich veränderte dörfliche Sozialstruktur vor. Im Zuge der preußischen Reformen 1807–1811 (und 1816, 1850) hatte die Aufhebung der Gutsuntertänigkeit, die Beseitigung der feudalen Lasten und Dienste sowie die Verleihung des freien Besitzes an die Bauern zu einer größeren Mobilität beim Bodeneigentum und zu intensiveren, kapitalistischen Bewirtschaftungsmethoden geführt, die höhere Erträge versprachen und aufgrund der ausländischen Konkurrenz auch notwendig waren. Die von den spannfähigen Bauern (ein Gespann = ein Pferdegespann) gefor-

---

1 Vgl. die Landschaftsbeschreibungen bei: Friedrich Seeger, Kleine Chronik der Prignitz. Perleberg, 1894, S. 10 ff. Eduard Zache, Die Landschaften der Provinz Brandenburg. Stuttgart, 1904, S. 54 ff.; Bilder aus der Geschichte der Prignitz. Hrsg. von der Heimatkundlichen Arbeitsgemeinschaft im Lehrerverein. Wittenberg, 1925, S. 183 ff.

2 Vgl. zum Begriff Christoph Dipper, Die Bauernbefreiung in Deutschland 1790–1850. Stuttgart/Berlin/Köln/Mainz, 1980, S. 9 ff. sowie sein neuester Forschungsbericht: Die Bauernbefreiung in Deutschland. In: Geschichte in Wissenschaft und Unterricht (GWU) Heft 1/1992, S. 16 ff. Der Begriff stammt von dem liberalen Agrarhistoriker G. F. Knapp. Überblick bei Thomas Nipperdey, Deutsche Geschichte. 1800–1866. Bürgerwelt und starker Staat. München, 1987, S. 145 ff.

derte Ablösung der feudalen Lasten und Dienste in Gestalt von Geldabfindungen und Landabtretungen führte nicht − entgegen den Intentionen der Reformer − zu einer Stärkung des „freien Bauerntums", sondern begünstigte die neu entstehende Rittergutsbesitzerklasse aus altem Landadel und „neureichem" Bürgertum. Die Rittergutsbesitzer konnten ihre Güter auf Kosten der spannfähigen Bauern und Kleinstellenbesitzer nicht unerheblich arrondieren.[3]

Besonders in der Provinz Brandenburg zeichnete sich bis 1867 eine Konzentration von Rittergütern ab (mit Ausnahme des Kreises Ostprignitz[4]), die aber nicht im Widerspruch zu einer absoluten und prozentualen leichten Abnahme des Anteils der Rittergüter am Landbesitz seit 1816 stand.[5] Die neue Rittergutsbesitzerklasse[6] war nicht nur ökonomisch zur machttragenden Elite auf dem Lande aufgestiegen, sondern behauptete letztlich bis in die zwanziger Jahre des 20. Jahrhunderts eine politische Machtstellung. Zwar wurden 1849 die patrimoniale Gerichtsbarkeit und die feudalen Jagdrechte beseitigt, 1872 die patrimoniale Polizeigewalt durch die Kreisordnung (und später 1891 die Landgemeindeordnung) eingeschränkt, dennoch blieben die nach der Zählung von 1896 16.058 preußischen Gutsbezirke noch bis 1927 selbständige Kommunal- und Ortspolizeibezirke, in denen der Gutsbesitzer in einer Person Amts- und Wahlvorsteher, Träger von Polizeigewalt und Richter in eigener Sache blieb.[7] Treffend urteilte Max Weber 1894 in einer seiner berühmten Enquêten zur Landarbeiterfrage: „Die ostelbischen Güter sind keineswegs nur Wirtschaftseinheiten, sondern lokale politische Herrschaftszentren."[8] Zu beachten ist auch, daß die berühmt-berüchtigte preußische Gesindeordnung (in Gestalt des „Dienstpflichtgesetzes" von 1854), die dem Gutsbesitzer drakonische Strafmaßnahmen gegenüber seinen kontraktlich verbundenen Arbeitern erlaubte, bis zum November 1918 in Kraft blieb.[9]

---

3 Diese Tatsache gehört zu den gesicherten Ergebnissen der sozial- und wirtschaftshistorischen Forschung der letzten Jahrzehnte. Vgl. dazu: Hanna Schissler, Zur Sozialgeschichte und historischen Bedeutung der agrarischen Elite in Preußen. In: Preußen im Rückblick. Hrsg. von H. J. Puhle und H. U. Wehler. Göttingen, 1980, S. 103 ff. Dieselbe, Preußische Agrargesellschaft im Wandel. Göttingen, 1978. Die Mehrzahl der sehr großen Güter (über 1000 ha) blieben in der Hand des alten oder neuen Adels. Der bürgerliche Einfluß hatte unterhalb dieser Größenordnung aber erheblich zugenommen. 1856 waren von insgesamt 12.339 Rittergütern nur noch 7023 in adliger Hand. Vgl. dazu: Francis L. Carsten, Der preußische Adel und seine Stellung in Staat und Gesellschaft bis 1945. In: H. U. Wehler (Hrsg.) Europäischer Adel 1750−1950. Göttingen, 1990, S. 115 f.

4 Rudolf Berthold, Der sozialökonomische Differenzierungsprozeß in der Provinz Brandenburg während der industriellen Revolution (1816−1878/82). In: Jahrbuch für Wirtschaftsgeschichte. Berlin, 1974, II, S. 21. (I. f. Berthold I)

5 Rudolf Berthold, Die Veränderungen im Bodeneigentum und in der Zahl der Bauernstellen, der Kleinstellen und der Rittergüter in den preußischen Provinzen Sachsen, Brandenburg und Pommern während der Durchführung der Agrarreformen des 19. Jahrhunderts. In: Jahrbuch für Wirtschaftsgeschichte. Berlin (DDR), 1978. Sonderband, S. 79 (i. f. Berthold II): „Die Rittergüter waren vom Stellenanteil mit 1,6 im Jahre 1816 und 1,2 im Jahre 1867 eine unbedeutende Größe, jedoch durch ihren enormen Landbesitz die entscheidende Potenz im Dorfe."

6 Vgl. dazu die klassische Arbeit Hans Rosenberg, Die Pseudodemokratisierung der Rittergutsbesitzerklasse. In: Hans Rosenberg, Probleme der Sozialgeschichte. Frankfurt / Main, 1969, S. 7 ff.

7 Zahlen bei Hans-Jürgen Puhle, Politische Agrarbewegungen in kapitalistischen Industriegesellschaften. Göttingen, 1975, S. 45.

8 Max Weber, Entwicklungstendenzen in der Lage der ostelbischen Landarbeiter (1894) In: Gesammelte Aufsätze zur Sozial- und Wirtschaftsgeschichte. Tübingen, 1924, S. 471.

9 Vgl. Klaus Tenfelde, Ländliches Gesinde in Preußen. Gesinderecht und Gesindestatistik 1810−

Die Sozialstruktur der ländlichen Regionen in der Provinz Brandenburg war aufgrund der verschiedenen Wege zur Ablösung feudaler Lasten und Dienste, der unterschiedlichen Rechtsformen des Bodeneigentums und der jeweiligen besonderen Wirtschaftsweise höchst differenziert. Rudolf Todts „Kirchenschäflein" setzten sich aus *Bauern (Voll-, Halb- und Viertelbauern), Kossäten* und einer breiten Gruppe *unterbäuerlicher Existenzen* zusammen, die von den Zeitgenossen als *Büdner, Kätner, Häusler, Einlieger, Insten* oder (mit dem teilweise zutreffenden Sammelbegriff) *„Gutstagelöhner"* bezeichnet wurden.[10] Die ausgeprägte Gliederung der ländlichen bevölkerung in Bauern, Kossäten und unterbäuerliche Schichten erschwerte die Herausbildung eines einheitlichen Lagebewußtseins oder gar einer „Klassensolidarität". Das paternalistische Herrschaftssystem der Rittergutsbesitzerklasse wurde dadurch verstärkt.[11]

Ein (Voll-)Bauer in der Ostprignitz besaß nach der endgültigen Regulierung nach 1850 in der Regel 15 bis 20 ha. Über größere Wirtschaften verfügten — abgesehen von den Rittergutsbesitzern — nur die wenigen Freibauern (sogenannte „Frei- oder Lehnschulzen") ohne ehemals ablösungspflichtige feudale Lasten und Dienste.[12] Unter günstigen Umständen konnte eine Wirtschaft zwischen 1,25 und 7,5 ha eine auskömmliche Existenz bieten. Was unter 1,25 ha lag, war nicht selbständig überlebensfähig. Besitzer solcher Stellen waren auf einen geregelten Nebenverdienst im Dorfhandwerk, bei den Vollbauern oder auf Rittergütern angewiesen. Um 1858 betrug die durchschnittliche Größe einer spannfähigen Bauernwirtschaft 40 ha. Die Kleinstellenbesitzer, die — gekoppelt mit Rittergütern — in der Ostprignitz besonders häufig vorkamen, besaßen in der Regel zwischen 0,1 bis 1,5 ha.[13] In der Prignitz waren bis Mitte des 19. Jahrhunderts Landabtretungen und Regulierungen weitgehend abgeschlossen, nicht aber die Ablösung der

---

1861. In: AfS, 19. Jg. (1979), S. 189 ff. Umfassender Überblick zur Gesindeproblematik: Jürgen Kocka, Arbeitsverhältnisse und Arbeiterexistenzen. Grundlagen der Klassenbildung im 19. Jahrhundert. Bonn, 1990, S. 112 ff.

10 Vgl. dazu als Standardwerk Kocka, Arbeitsverhältnisse und Arbeiterexistenzen; Für die Zeit um 1800: Derselbe, Weder Stand noch Klasse. Unterschichten um 1800. Bonn, 1990, S. 81 ff. Überblick bei Thomas Nipperdey, Deutsche Geschichte. 1866—1918. Bd. I, Arbeitswelt und Bürgergeist. München, 1990, S. 192 ff. Vgl. die Differenzierungen in dem „klassischen Werk zur Bauernbefreiung von Georg F. Knapp, Die Bauernbefreiung und der Ursprung der Landarbeiter in den älteren Theilen Preußens, 2 Bde. (1887) München/Leipzig, 1927², S. 16 ff.; Von älteren Arbeiten auch: Theodor Frhr. von der Goltz, Geschichte der deutschen Landwirtschaft, Bd. 2, Stuttgart—Berlin 1903 (ND Aalen, 1963). Derselbe, Die ländliche Arbeiterklasse und der preußische Staat (1893) ND Frankfurt/Main, 1968. Überblicke bei Friedrich-Wilhelm Henning, Landwirtschaft und ländliche Gesellschaft in Deutschland. Bd. 2: 1750—1976. Paderborn, 1978.

11 Max Weber brachte 1893 diese Ausgangslage in den ländlichen Bezirken auf den Begriff: „Ein Instmann, ein Arbeiterpächter, ein Häusler, ein Büdner, ein besitzloser Tagelöhner und ein Wanderarbeiter — alle diese Kategorien können auf einem Gut vorkommen — diese Leute können keine drei Schritte zusammengehen, ohne daß ihre Interessen auseinanderlaufen, und es ist nicht möglich, derartige verschiedene Interessengruppen nach Analogie etwa der Gewerkvereine zu organisieren." (Max Weber, Die ländliche Arbeitsverfassung. In: Gesammelte Aufsätze zur Sozial- und Wirtschaftsgeschichte, S. 461.) Vgl. ferner: Kocka, Arbeitsverhältnisse, S. 211 ff. Robert M. Berdahl, Preußischer Adel: Paternalismus als Herrschaftssystem. In: Preußen im Rückblick, S. 123 ff.; Klaus Spies, Gutsherr und Untertan in der Mittelmark Brandenburg zu Beginn der Bauernbefreiung. Berlin, 1972.

12 Berthold I, S. 16.

13 Ebda.

feudalen Lasten durch Geldzahlungen, da die Agrarkrise in den zwanziger Jahren erheblichen Kapitalmangel hervorgerufen hatte. Anfang der siebziger Jahre nahm dann die Geldablösung einen neuen Aufschwung. Insgesamt kann für die Prignitz festgehalten werden, daß die meisten Bauern ihre Regulierung über Geldzahlungen bewerkstelligten, also weniger als anderswo Land abtraten.[14] So ist Schultze zuzustimmen, der feststellt: „Im großen und ganzen hat sich der alte bäuerliche Besitz mehr als anderen Kreisen der Provinz Brandenburg erhalten, das gilt besonders für größeren Besitz. Die Fernlage der Großstädte hat deren ungünstige Einwirkung und die in ihrer Nähe vielfach eingetretene Landflucht eingeschränkt."[15]

Immerhin betrug ja der Anteil der spannfähigen Bauernwirtschaften im Jahre 1867 noch gute 35 %. Das ein einigermaßen potenter Bauernstand auch nach den Agrarreformen erhalten blieb, kann auch auf die Herausbildung einer „großbäuerlichen Schicht, die wirtschaftlich stark genug war, um sich zu Anfang des 19. Jahrhunderts rasch abzulösen", zurückzuführen sein, die bereits im 17. und 18. Jahrhundert entstand.[16] Sprichwörtlich war für die Prignitz die große Bodenständigkeit der Bauern und der alten Adelsgeschlechter, derer von Gans, Karstedt, Klitzing, Platen, Möllendorf, Grävenitz, Wartenberg und schließlich Winterfeld; die letzten verfügten wohl über den größten Prignitz'schen Besitz mit 11 Gütern und 21.323 Morgen.[17] Auch hielt sich die Verschuldung der freien Bauernwirtschaften in Grenzen.[18]

Eine eigentümliche und traditionsreiche Bevölkerungsgruppe in den ländlichen Bezirken der Provinz Brandenburg bildeten die sogenannten „Kossäten" oder „Kotsassen". Ihr Name wurde von den Niederländern im 12. Jahrhundert in die Mark Brandenburg gebracht und setzte sich hier durch. Kossäten verfügten über Gartenland (Wördenland) außerhalb der Gewannflur (der bäuerlichen Hufenschläge) und besaßen kein Spannvieh. Ursprünglich waren sie als Handdienstleistende für einen Bauernhof vorgesehen. An jeden Bauernhof angelehnt sollte eine Kossätenkate errichtet werden. Die Stellung der Kossäten war in den einzelnen Regionen der Mark Brandenburg so verschieden, daß sich kein einheitliches Bild zeichnen läßt. Eine Reihe von ihnen rückte durch Erwerb von Hufenland (z. T. durch Übertragung durch den Grundherrn) zu Bauern auf, ohne daß die alte Bezeichnung und die alten Trennungen von den Bauern damit aufgehoben waren. Andere verloren auch ihr Gartenland und sanken in die Kategorien der ländlichen Arbeiter ab. „Zwischen Bauern und Kossäten bestand von jeher eine strenge soziale Trennung. Die Bauern als Besitzer eines stattlichen Hofes mit

---

14 Bilder aus der Geschichte der Prignitz, S. 184.

15 Johannes Schultze, Die Prignitz. Aus der Geschichte einer märkischen Landschaft. Köln / Graz, 1956. S. 299.

16 Liselott Enders, Die Prignitz. Einführung in die Geschichte ihrer Dörfer. In: Märkische Heimat, 6. Jg. (1962), H.1., S. 8.

17 Schultze, Prignitz, S. 300.

18 Vgl. zum Ganzen: Puhle, Agrarbewegungen, S. 44 ff. und Nipperdey, Deutsche Geschichte, I, S. 201 ff. Freiherr von Canstein, Generalsekretär des landwirtschaftlichen Provinzialvereins der Mark Brandenburg und Niederlausitz, spricht in seiner Untersuchung von 1882 von einer „nicht unbedeutenden Wohlhabenheit" des Bauernstandes in der Prignitz, da selbst der kleinere Besitzer selten mehr als ein Drittel der reellen Werte als Hypothekenlast auf seinen Ländereien liegen hatte. Vgl. Frhr. v. Canstein, Von den bäuerlichen Erwerbs- und Wohlstandsverhältnissen in der Mark Brandenburg. In: Landwirtschaftliche Jahrbücher XII, Supplement Bd. I, 1883, S. 49.

Zugvieh, Hufenland und Anteil an Gemeindeland bildeten einen besonderen Stand. Noch im 19. Jahrhundert galt die Verbindung mit einer Kossätentochter für den Bauer als Mißheirat."[19]

Kossäten galten gemeinhin als *„Kleinstellenbesitzer"*, d. h. als Besitzer von Haus und Gartenland. Andere Bezeichnungen für Kleinstellenbesitzer sind *Häusler, Büdner, Eigenkätner*.[20] Kleinstellen hatten sich im Zuge der preußischen Agrarreformen absolut und prozentual erheblich vermehrt[21], eine Entwicklung, die sich in den siebziger Jahren vor allem durch weitere Parzellierung und Dismembration („Güterschlächterei") verstärkte. Kleinstellenbesitzer mußten, um wirtschaftlich überleben zu können, einen Nebenverdienst auf Rittergütern, Vollbauernhöfen oder auch im Dorfhandwerk suchen. Ihre wirtschaftliche und soziale Lage war nicht so rosig, sie besaßen insgesamt keinen höheren Lebensstandard als die Industriearbeiterschaft in den Städten.[22] Für Rudolf Todts erste Gemeinde Barenthin ist die Existenz von Kossäten verbürgt, einer wird als Mitglied der Gemeindevertretung genannt.[23]

Eine präzise Abgrenzung zu den verschiedenen Kategorien von ländlichen Arbeitern, auf die Rudolf Todt in seinem pfarramtlichen Wirkungskreis stieß, ist in vielen Fällen nur schwer möglich. Die zeitgenössische Begrifflichkeit erschwert klare Differenzierungen, da mit derselben Bezeichnung (Büdner, Kätner, Einlieger, Gutstagelöhner) unterschiedliche Rechtsqualitäten und Tätigkeitsmerkmale gemeint sein können. Wie dem auch sei: Die agrarwirtschaftliche Entwicklung in den siebziger und achtziger Jahren verstärkte die Tendenzen zur ländlichen Lohnarbeit erheblich und erhöhte die Zahl derer, die zu unterbäuerlichen Schichten gerechnet werden müssen.[24] Die wirtschaftliche und soziale Lage der ländlichen Lohnarbeiter war überaus prekär. Max Weber sprach von einem „kartoffelessenden Proletariat".[25] Die Landarbeiterlöhne blieben zwischen 1870 und 1914 um ca. 15 % hinter den Industriearbeiterlöhnen zurück.[26]

---

19 Johannes Schultze, Die Mark Brandenburg. Bd. V. Berlin, 1969, S. 153.

20 Vgl. Kocka, Weder Stand noch Klasse, S. 87 ff.; Derselbe, Arbeitsverhältnisse, S. 184 ff. Von der älteren Literatur immer noch nützlich: Theodor Frhr. von der Goltz, Die ländliche Arbeiterklasse und der preußische Staat (1893) ND, Frankfurt/Main, 1968, S. 45 ff.; Derselbe, Geschichte der deutschen Landwirtschaft, Bd. II, Stuttgart/Berlin, 1903 (ND Aalen, 1963), S. 197 ff.

21 Zwischen 1816 und 1878 ging der Anteil der spannfähigen Bauernstellen um 17 % zurück, zwischen 1816 und 1867 erhöhte sich der Anteil der Kleinstellen von 43,6 % auf 60,6 %. Vgl. Berthold II, S. 79 ff.

22 Henning, Landwirtschaft und ländliche Gesellschaft, S. 153 f. Kocka, Arbeitsverhältnisse, S. 190. Das Dorfhandwerk bot Nebenbeschäftigungsmöglichkeiten. In der Prignitz werden vor allem Büdner als gleichzeitige Dorfhandwerker genannt. Dies ist auch für Rudolf Todts Pfarre Barenthin verbürgt. Als Gemeindevertreter wird ein „Zimmergesell und Eigentümer" genannt. (Kgl. Konsistorium Berlin-Brandenburg, Specialia Barenthin).

23 Königliches Konsistorium Berlin-Brandenburg, Specialia Barenthin B 2, Bd. I. (Gemeindekirchenraths-Sitzung vom 15. 10. 1867).

24 Schon um 1800 gehörten in Deutschland rd. 25 % zur unterbäuerlichen Schicht, in der Mark Brandenburg 33 %. Vgl. Dipper, Bauernbefreiung, S. 135; ferner Kocka, Weder Stand noch Klasse, S. 83 ff. Vgl. v. a. die treffende Zusammenfassung neuester Forschungen bei Kocka, Arbeitsverhältnisse, S. 211 ff.

25 Weber, Ländliche Arbeitsverfassung, S. 449 f.

26 Henning, Landwirtschaft und ländliche Gesellschaft, S. 151; Kocka, Arbeitsverhältnisse, S. 172 ff. Noch Mitte der siebziger Jahre betrug die Naturalentlohnung in Brandenburg 28 % des Gesamtlohnes. Vgl. Jürgen Kocka, Lohnarbeit und Klassenbildung. Bonn, 1983, S. 82; dies und die verschie-

Instabilität bestimmte die Lebenslage der Landarbeiter ebenso wie die ihrer proletarischen Klassengenossen in den Städten. Frauen und Kinderarbeit gehörten zu den Selbstverständlichkeiten ländlichen Daseins.[27] All dies – verbunden mit schlechten Wohnverhältnissen, überlangen Arbeitszeiten (insbesondere zur Erntezeit), unzureichender Ernährung und gefährdeter Gesundheit[28] – erhöhte die Neigung, in die Städte abzuwandern. Für den Kreis Ostprignitz kamen in erster Linie die Städte der Prignitz selbst, sodann der Großraum Berlin in Frage. Die große Ost-West-Fernwanderung, jene „größte Massenbewegung in der deutschen Geschichte"[29], betraf eher die Provinzen Ost- und Westpreußen, Posen und Schlesien. Zur Zeit Rudolf Todts, vor allem in der Phase der industriellen Depression, beschränkte sich die Abwanderung auf die ländliche Überschußbevölkerung. Von einer besorgniserregenden „Arbeiternot" wird man zwischen 1874 und 1885 nicht sprechen können.[30] Politisch blieb die Ostprignitz zu Lebzeiten Todts fest in konservativer Hand, eine für das flache Land in der Mark Brandenburg, ja für das gesamte östliche Preußen typische Konstellation: „Die Stärke der Konservativen beruhte auf ihrer engen Verknüpfung mit der in den Agrargebieten des

---

denen Kategorien ländlicher Arbeiter (zusammengefaßt bei Kocka, Arbeitsverhältnisse, S. 149 ff.) wird man bei der Analyse der Lohnentwicklung auf dem Lande berücksichtigen müssen.

27 Vgl. allgemein zum Leben auf dem Lande: Ingeborg Weber-Kellermann, Landleben im 19. Jahrhundert. München, 1988[2]. Albert Ilien/Utz Jeggle, Leben auf dem Dorfe. Opladen, 1978. The German Peasantry. Conflict and Community in Rural Society from the Eighteenth to the Twentieth Century. Ed. by Richard Evans and W. R. Lee. London/Sydney, 1986. Zum Landarbeiterleben allgemein als bester Überblick immer noch Kocka, Arbeitsverhältnisse.
Für die uns interessierende Region existieren keine neueren Studien zum Landarbeiterleben. Die dem Verfasser bekannten Regionalstudien beziehen sich auf den Raum Magdeburg, sind aber wohl auch für andere Gegenden im Grundsatz als typisch anzusehen: Hans-Jürgen Rach, Zu den Wohnverhältnissen der kontraktgebundenen Landarbeiter im östlichen Teil Brandenburgs im 19. Jahrhundert. In: Kultur und Lebensweise des Proletariats. Kulturhistorisch-volkskundliche Studien und Materialien. Hrsg. von W. Jacobeit / U. Mohrmann. Berlin (DDR), 1973, S. 159 ff. Derselbe, Bauernhaus, Landarbeiterkaten und Schnitterkaserne. Berlin (DDR), 1974. Vgl. die einschlägigen Kapitel in den ausgezeichneten Studien von Hainer Plaul, Landarbeiterleben im 19. Jahrhundert. Eine volkskundliche Untersuchung über Veränderungen zur Lebensweise der einheimischen Landarbeiterschaft in den Dörfern der Magdeburger Börde unter den Bedingungen der Herausbildung und Konsolidierung des Kapitalismus in der Landwirtschaft. Berlin (DDR), 1979. Ferner: Kocka, Lohnarbeit und Klassenbildung, S. 78 ff. J.J. Rach / B. Weißel, Bauern und Landarbeiter im Kapitalismus in der Magdeburger Börde. Zur Geschichte des dörflichen Alltags von Ausgang des 18. bis zum Beginn des 20. Jahrhunderts. Berlin (DDR), 1982. Neben den klassischen Arbeiten von Max Weber sehr aufschlußreich die zeitgenössischen Studien: Heinrich Szagunn, Die landwirtschaftlichen Arbeiterverhältnisse in der Provinz Brandenburg im Jahre 1905. Berlin, 1910, und Walther von Altrock, Die Veränderungen auf dem landwirtschaftlichen Arbeitsmarkte der Provinz Brandenburg in den letzten Jahrzehnten. Prenzlau, 1906.

28 Vgl. vor allem die zeitgenössischen Erhebungen: Die geschlechtlich-sittlichen Verhältnisse der evangelischen Landbewohner im Deutschen Reiche, dargestellt auf Grund der von der allgemeinen Konferenz der dt. Sittlichkeitsvereine veranstalteten Umfrage, Bd. 1, Ostdeutschland, Abt. 1, bearb. von H. Wittenberg und Abt. 2 bearb. von E. Hückstädt, Leipzig, 1895.

29 Wolfgang Köllmann, Bevölkerung in der industriellen Revolution. Göttingen, 1974, S. 37.

30 Vgl. den materialreichen und mit zahlreicher weiterführender Literatur versehenen Aufsatz von Klaus Saul, Um die konservative Struktur Ostelbiens. Agrarische Interessen, Staatsverwaltung und ländliche Arbeiternot. In: Deutscher Konservatismus im 19. und 20. Jahrhundert. Festschrift für Fritz Fischer zum 75. Geburtstag und zum 50. Doktorjubiläum. Hrsg. von Dirk Stegmann / Bernd-Jürgen Wendt / Peter-Christian Witt, Bonn, 1983, S. 129 ff.

ostelbischen Preußens und in Mecklenburg gesellschaftlich, ökonomisch und politisch tonangebenden Schicht der oft adligen Großgrundbesitzer. Von diesen waren auch die lokalen Pfarrer der protestantischen Kirchen des östlichen Preußens weitgehend abhängig."[31] Die Organisation der Wahlen vereitelte fast jeden Versuch von nichtkonservativen Kandidaten, auch nur im Wahlkreis bekannt zu werden, ganz abgesehen von der Chance, später auch gewählt zu werden. Hellmuth von Gerlach, Wanderer zwischen Junkertum und politischer Linken, hat uns geradezu klassische Schilderungen übelster Wahlmanipulationen im „Junkerland" hinterlassen.[32]

Die konkreten Ergebnisse im Wahlkreis Ostprignitz, der die Städte Wittstock, Pritzwalk und Kyritz einschloß, bestätigen dies: Hier siegten seit 1867 (noch für den Reichstag des Norddeutschen Bundes) die konservativen Kandidaten, entweder für die Konservative Partei (ab 1876 Deutschkonservative Partei) oder die Reichspartei (Reichs- und Freikonservative Partei).[33] Nur im Jahre 1874 konnte sich der Nationalliberale Hermann Rasche gegen seinen konservativen Gegner von der Reichspartei durchsetzen. Die Liberalen (als Deutsche Fortschrittspartei) erreichten zwar respektable Ergebnisse, blieben aber stets zweiter Sieger. Die Sozialdemokratie erreichte erst 1890 ganze 27 Stimmen (!) stieg dann aber ab 1893 sprunghaft in der Wählergunst: 1893 = 1.330 und 1903 = 1.835 Stimmen.[34]

Etwas anders waren die Verhältnisse im Wahlkreis Westhavelland-Brandenburg a. d. Havel gelagert. In diesem überwiegend städtisch strukturierten Wahlkreis (Verhältnis städtische Bevölkerung zu ländlicher 75.613 : 37.277) setzten sich seit 1871 mit zwei Ausnahmen (1878 und Nachwahl 1893) die Liberalen (Fortschritt/Freisinn/Liberale Vereinigung/Nationalliberale) durch und verwiesen die Konservativen auf den zweiten Platz. Die Sozialdemokratie war hier bereits 1871 mit 1.602 Stimmen vertreten und steigerte sich bis 1903 auf 11.228 Stimmen.[35]

---

31 Gerhard A. Ritter, Die deutschen Parteien 1830−1914. Parteien und Gesellschaft im konstitutionellen Regierungssystem. Göttingen, 1986, S. 76. Vgl. die Übersichten und Tabellen, S. 78, S. 82. Ferner: Thomas Nipperdey, Die Organisation der deutschen Parteien vor 1918. Düsseldorf, 1961. S. 241 ff. Hubertus Fischer, Konservatismus von unten. Wahlen im ländlichen Preußen 1849/52. Organisation, Agitation, Manipulation. In: Deutscher Konservatismus im 19. und 20. Jahrhundert, S. 59 ff.

32 Hellmut von Gerlach, Von Rechts nach Links. (1937) Frankfurt/Main, 1987, S. 29 ff.

33 Fritz Specht / Paul Schwabe, Die Reichstagswahlen von 1867 bis 1907. Eine Statistik der Reichstagswahlen nebst den Programmen der Parteien und einem Verzeichnis der gewählten Abgeordneten. 2. durch einen Nachtrag erg. Auflage, Berlin, 1908.

34 Ebda., S. 30 f.

35 Ebda., S. 35.

3.2 Kirchliche Verhältnisse, bäuerliche Religiosität und Rudolf Todts Situation als Landpfarrer

Rudolf Todts Gemeinde Barenthin gehörte kirchenverwaltungsmäßig zum Kirchenkreis Kyritz in der Provinz Brandenburg, einer fast vollständig protestantischen Region.[36] In Kyritz war der Sitz der für Barenthin zuständigen Superintendentur.[37] Die Gemeinde unterschied sich in ihrer sozialen Zusammensetzung nicht vom Durchschnitt ostprignitz'scher Dörfer. Unterhalb einer Gruppe wohlhabender Bauern gab es Kossäten, danach Kleinstellenbesitzer (in den Akten immer „kleine Eigenthümer" oder nur „Eigenthümer" genannt), Tagelöhner und Landarbeiter in geringer Zahl. Dorfhandwerker runden das Bild ab.[38] Aus einer Umfrage des Provinzialausschusses der Inneren Mission in der Provinz Brandenburg aus dem Jahre 1893 — sechs Jahre nach Rudolf Todts Tode — gewinnen wir eine auch für die siebziger Jahre treffende Beschreibung der sozialen Verhältnisse in der Umgebungvon Kyritz (Barenthin war ca. 11—15 km vom Kyritz entfernt). „Die Bevölkerung der Synode Kyritz (Kreis Ost-Prignitz) setzt sich zusammen aus Bauern, Tagelöhner und kleinen Handwerkern, sofern wir nur auf die handarbeitenden Klassen unser Augenmerk richten. Fabrikarbeiter gibt es in den Städten Kyritz, Wittstock und Pasewalk, doch fallen diese bei ihrer relativ geringen Zahl nicht ins Gewicht."[39] Barenthin wird vom Superintendenten des Kirchenkreises Kyritz als „ansehnliches Dorf mit zahlreichen ausgebauten Gehöften" und einer „wohlhabenden Bauerngemeinde" beschrieben, in der viele „actus ministeriales" vorkommen.[40] Die Gemeinde werde „von einem sehr wohlhabenden Bauernstande" dominiert, der gewohnt sei, „selbständig zu handeln, da ein Rittergut im Dorfe nicht existiert und da der entfernt wohnende Patron der Gemeinde möglichst freie Hand gelassen hat."[41]

Der Visitationsbericht vom März 1867 nennt 586 Seelen als Dorfbewohner und schlüsselt die Sozialstruktur des Dorfes auf: 8 Zweihüfner, 1 eineinhalb-Hüfner, 10 Einhüfner, 5 Kossäten, 62 Eigenthümer, 14 Gewerbetreibende, 3 Krugwirte, 8 Tagelöhner und 6 Altsitzer[42] — eine wirtschaftlich sehr solide Bauerngemeinde, in der die wohlhabenden Bauern (Zwei- und Einhüfner) politisch und im kirchlichen Raume den Ton angaben.[43] Der Dorf- und Kreisschulze Andreas Drensch (oder Dreusch) — Einhüfner —

36 1880 waren 2,1 Mio. der 2,2 Mio. Einwohner Protestanten, 50.913 Katholiken und 12.296 Juden. Vgl. Mitteilungen aus den deutschen evangelischen Landeskirchen. Jg. 1880 ff. Stuttgart, 1883, S. 2 f. Nahezu 100 % evangelisch war Rudolf Todts Gemeinde Barenthin.
37 Vgl. die nützliche Beschreibung der Kirchenkreise und Gemeinden der Provinz Brandenburg bei: Die evangelische Kirche der Kurmark. Eine Zusammenstellung aller kurmärkischen Kirchenkreise. Berlin, 1932.
38 Provinzialakten der Inneren Mission Berlin-Brandenburg, 1893, ADW, BP I, 354. Kgl. Konsistorium der Provinz Brandenburg, Specialia Barenthin, b. 2, Bd. 1. Akten Superintendentur Kyritz Specialia B II 5, B II 9a, B II 9b.
39 Provinzialakten der Inneren Mission Berlin-Brandenburg, 1893. ADW, BP I, 354. Für die ostprignitz'schen Gemeinden Dahlhausen und Vehlow werden „Bauern, kleine Eigenthümer, Tagelöhner, Gutstagelöhner und Kossäthen" genannt.
40 Schreiben Superintendent Poppenburg vom 26. 4. 1866 und 17. 11. 1866 an das Kgl. Konsistorium zu Berlin. (Kgl. Konsistorium, Brandenburg, Specialia Barenthin, Nr. 5174 und o. Nr.)
41 Visitationsbericht vom 28. März 1867. Akten Sup. Kyritz. Specialia, B II 9a.
42 Statistische Notizen zum Visitationsbericht, ebda.
43 Ebda. und Kgl. Konsistorium Brandenburg, Specialia Barenthin.

war zugleich Vorsitzender des Gemeindekirchenrates, Schulvorsteher und Miglied der Kreissynode. Ein Vertreter des Gemeindekirchenrates wird als „Eigenthümer" und „Zimmergesell" bezeichnet, gehörte also eher zum „Mittelstand" des Dorfes. Die niederen sozialen Schichten traten Todt in Gestalt der kleinen Eigentümer und der Kossäten entgegen.

Superintendent Poppenburg charakterisierte die politische Haltung der Gemeinde als konservativ und hob das insgesamt harmonisch-friedliche Dorfleben hervor: „Die Gemeinde gilt als tüchtig und zuverlässig. Sie hat sich in der langen Zeit der politischen Wirren (gemeint ist die 1848er Revolution und die Jahre danach, J. K.) mehr als viele andere Bauerngemeinden eine konservative Haltung bewahrt und ist stets bereit, sich den gesetzlichen Ordnungen und den Bestimmungen der Behörden zu unterwerfen ... Wüstes Krugleben, rohe Tanzvergnügen finden keinen Anklang, Prozeßsucht, Lust an Hader und Streit lieben sie nicht. Sie leben ruhig und friedlich nebeneinander."[44]

Obwohl Poppenburg aufgrund der Wohnsituation der Dorfbevölkerung — etwa ein Viertel lebte „draußen auf der Feldmark in zerstreut liegenden Gehöften"[45] — die Probleme bei der seelsorgerlichen Betreuung erkannte, führte er Klage über den mangelnden kirchlichen Sinn der Gemeinde: Die Jugend sei „geistlich vernachlässigt" und somit den „Verlockungen des Lebens preisgegeben", man halte keine Hausandachten mehr und habe auch „das gemeinsame Gebet beiseite geworfen", die Gemeinde sei insgesamt „gleichgültig gegen den Herrn geworden."[46] Diese Gleichgültigkeit zeige sich besonders dann, wenn von den Bauern finanzielle Leistungen für die Pfarre gefordert würden. Trotz wirtschaftlichen Reichtums bringe die Gemeinde nur „unbedeutende Leistungen für die kirchlichen Institute" auf und würde eher auf eine eigenständige Pfarrstelle verzichten als für die neue Pfarre Lasten zu übernehmen.[47] Diese Lage bewog den Superintendenten nach anfänglichem Zögern eine Neubesetzung so rasch wie möglich zu erstreben, obwohl dem neuzuberufenen Pfarrer keine leichte Aufgabe übertragen werde.

Todt hat der schwierige Beginn in Barenthin offenbar wenig ausgemacht. Nach Antritt seiner Pfarrstelle äußerte er sich sehr zufrieden. Gewiß war er froh, in seiner alten Heimat eine Pfarrstelle erhalten zu haben, obwohl diese anfangs hinsichtlich der Einkünfte und der Wohnverhältnisse mehr als kärglich ausgestattet war.[48] Baren-

---

44 Visitationsbericht, 28. März 1867. Ebda.
45 Schreiben Superintendent Poppenburg vom 12. Februar 1867 an das Kgl. Konsistorium zu Berlin, Kgl. Konsistorium Brandenburg, Specialia Barenthin.
46 Visitationsbericht, 28. März 1867.
47 Schreiben Schreiben Superintendent Poppenburgs vom 26. 4. 1866 und 17. 11. 1866 an das Kgl. Konsistorium zu Berlin. Kgl. Konsistorium Brandenburg, Ebda. Die Kollekten für das Jahr 1866 bezeichnete Poppenburg als „geradezu dürftig". Visitationsbericht, März 1867. Ebda.
48 Superintendent Poppenburg schrieb nach der Amtseinführung des jungen Pfarrers Todt (am 29. 12. 1867) an das Kgl. Konsistorium zu Berlin: „Herr Todt hat eine sehr enge Mietswohnung bezogen, fühlt sich aber in derselben äußerst glücklich ... Ich habe kaum je einen jungen ... Pfarrer getroffen, der so, wie er, mit seinem Lose zufrieden gewesen." (Brief vom 11. 2. 1868, Kgl. Konsistorium Brandenburg, ebda. Erst 1869 konnte ein Grundstück zum Pfarrhausbau erworben werden. 1872 wurde das Pfarrhaus feierlich bei einem Missionsfest eingeweiht. Superintendent Krätschell bezeichnete es als „eines der schönsten der Prignitz ... in welchem das Todtsche Ehepaar ... es den Gästen gemütlich zu machen versteht." (Visitationsbericht vom Mai 1874. Pfarr-Archiv zu Barenthin B I, 1, Pfarrpfründe 1853−1872.)

thin war keine „fette Pfründe" nach den zu Todts Zeiten geltenden Maßstäben. Noch gab es keine geregelte Pfarrerbesoldung – sie sollte in Preußen erst 1898 beginnen[49] – und noch bestanden große wirtschaftliche Differenzen zwischen den Pfarreinkommen, je nachdem ob der Amtsinhaber magere oder fette Pfründe antraf.[50] Es konnte sein, daß – so eine zeitgenössische Schilderung – alte und junge Pastoren „ganz wirr durcheinander... in nächster Nähe beieinander Pfründen von 6.000 bis 10.000 Mark und 2.000 bis 3.000 Mark" besaßen. „Der eine leidet Not, der andere lebt im Überfluß, der eine macht Schulden, der andere sammelt Kapitalien. Besonders grell treten solche Unterschiede hervor, wenn an einem Ort mehrere Geistliche in so verschiedenen Gehaltsstellungen zusammen leben, besonders wenn der geringer dotierte der ältere ist – eine besondere Gabe gehört dazu, da, das amtsbrüderliche Einvernehmen nicht leiden zu lassen."[51] Obwohl die Pfarrvermögensverhältnisse in der Provinz Brandenburg günstig waren und bei gerechter Verteilung zu einer auskömmlichen Versorgung aller Pastoren getaugt hätten[52], blieb es bis 1898 bei empörenden Ungleichheiten, die noch verschärft wurden, als durch Säkularisationen, Separationen und Ablösungen die Wirtschaftserträge der einzelnen Pfründen zurückgingen und bei Neuverpachtungen erheblichen Schwankungen der wirtschaftlichen Konjunktur ausgesetzt waren. Hinzu kam der Fortfall der Stolgebühren im Zusammenhang mit der Zivilstandsgesetzgebung 1874. Für viele Landpastoren waren nicht die geringen Einkünfte ein Problem, sondern vor allem auch die Unregelmäßigkeit ihres Einganges und ihre Zusammensetzung. In vielen Fällen galt sogar noch das Prinzip der Naturalentlohnung.[53]

---

49 Vgl. zum Ganzen: Artikel „Pfarreinkommen". In: RGG, 1. Auflage, 1913, Bd. IV, Sp. 1423; Schoen, Ev. Kirchenrecht, II, S. 138 ff.

50 Beste Darstellung bei Markus Flaischlen, Suum Cuique. Ein Wort über Pfarrerbesoldung in der evangelischen Landeskirche Preußens. Wittenberg, 1892. Siehe ferner: A. Frohne, Ein Reform des Pfarramts, besonders in den östlichen Provinzen derselben. Berlin, 1892.
Viele Beispiele bei Bernhard Gründler, Die Lage der Geistlichen eine „Notlage". Berlin, 1895², S. 15 ff. Vgl. ferner: Pastor Bode, Wider das Pfründensystem in der Landeskirche. Ein Beitrag zur Lösung der Pfarrbesoldungsfrage. In: Kirchliche Monatsschrift, 1. Jg., 1882, S. 371 ff. Siehe auch die aufschlußreiche Artikelserie in der Evangelischen Kirchenzeitung von Dr. Meuss, Die Ungunst der Gegenwart für den Stand der evangelischen Geistlichen. EKZ Nr. 49, 6.12.1879, No. 50, 13.12.1879, No. 51, 20.12.1879.

51 Flaischlen, Suum Cuique, S. 8 f.

52 In der Provinz Brandenburg betrug nach den Berechnungen von Frohne 1882 der durchschnittliche Jahresertrag einer Pfarrstelle 3.500 Mark (ohne Abzug der Pfründenabgaben). Nach einer Berechnung von 1894 hatten dagegen 66 % der 8.900 Pfarrer in der preußischen Landeskirche ein Einkommen unter 3.600 Mark, 34 % lagen darüber.

53 Die mit der Naturalentlohnung verbundenen Schwierigkeiten und Peinlichkeiten schildert Martin Schian für die Pfarre seines Vaters in den fünfziger Jahren: „Damals hatten noch Naturaleinnahmen, wie ein Deputat Roggen, ein Deputat Holz, zwanzig Kloben Flachs, Wochengeld und Beichtgeld eine bedeutende Rolle gespielt. Meine Mutter erzählte oft, wie die dienstbaren Geister der Pfarrfamilien mit einer Karre oder anderen Transportmitteln auf die eingepfarrten Dörfer fahren mußten, um dieses Deputat zu holen. Auch bestanden bis in die zweite Hälfte des 19. Jahrhunderts gewisse Opfer als Gehaltsteile. Die Pfarrfrau mußte, wenn sie zur Hochzeit geladen war, mit sehr peinlichen Gefühlen miterleben, wie der Kirchendiener bei der Trauung die Teilnehmer mit zwei Tellern ‚absammelte'; der eine ‚für den Pastor', der andere, für den Kantor'." Schian, Kirchliche Erinnerungen eines Schlesiers. Görlitz, 1940, S. 2. Theologieprofessor Martin Kähler erinnert sich freudig an die Zeit der Naturalentlohnung: „Dann kamen die Tage, wo die Konfirmandengänse den Hof belebten oder die jungen Hähnchen in ihren Häuschen krähten; wo die berüchtigten Schweins-

Der junge Landpastor Todt hatte es vergleichsweise noch gut getroffen: Zur mater vagans Barenthin gehörten Pfarrländereien, die verpachtet waren. Todt mußte sich also nicht wie viele seiner Amtskollegen um die Bewirtschaftung des Pfarrackers kümmern, allerdings wurde ein Teil des jährlichen Pfarreinkommens, gemäß Beschluß des Konsistoriums, der Superintendentur und schließlich des Gemeindekirchenrats von Barenthin, für Erwerb eines Grundstückes und Bau eines eigenen Pfarrhauses zurückgelegt.[54] Nach Angaben in den Visitationsberichten von 1871 und 1880 erhielt Pfarrer Todt abzüglich der Aufwendungen für den Pfarrhausbaufonds (der nach Bau des Pfarrhauses 1872 als Reparaturfonds weiterbestand) ein jährliches Einkommen um 2.600 Mark[55], eine Summe, die für eine Familie mit vier Kindern und den mit dem Pfarramt verbundenen standesgemäßen Pflichten kärglich war.[56] Todt hat sich aber nie über seine wirtschaftliche Lage beklagt.

Die lange Vakanz der Pfarre Barenthin erklärt sich zweifellos auch durch die derart geringen Einkünfte der Pfründe, daß sie einen Pfarrer mit Familie nicht ernähren konnten. Superintendent Poppenburg aus Kyritz bezifferte die Einkünfte 1866 auf 320 Taler im Jahr, eine in der Tat erbärmliche Summe.[57] Erst nach Verpachtung der Pfarrländereien kam ein immer noch sehr niedriges Pfarreinkommen von rd. 900 Talern (= 2.700 Mark) zustande, da Todt von den Gesamteinkünften (1.300 Talern) noch 400 für den Pfarrhausbaufonds abgeben mußte. Von den übrig gebliebenen 900 Talern mußte dann noch eine Mietwohnung bestritten werden. Dennoch wagten Superintendentur und Konsistorium die Begründung einer eigenständigen Pfarre, wohl weil sie auch darauf hofften, daß die torffreien Wiesen der Pfarrgrundstücke wachsenden Ertrag abwerfen könnten.

Mit der ihm anvertrauten Bauerngemeinde hat Todt keine Schwierigkeiten gehabt. Die bäuerliche Religiosität war Todt vertraut, seinen Predigten wird Einfallsreichtum, bilderreiche Sprache und eine positiv-gläubige Grundhaltung bescheinigt. Er war ein Landpastor, der die Fehler und Gebrechen, die Höhen und Tiefen seiner „Schäfchen" sehr gut kannte. Ihm war klar, daß das Landleben keine „Idylle" und die Bauern keine

---

köpfe ohne Backe und Ohr und die Würste eingeliefert wurden. Es war noch die goldne Zeit der Naturalabgaben und ihrer Unverwertbarkeit, außer durch Aufessen oder Verschenken." Martin Kähler, Theologe und Christ. Berlin, 1926, S. 23 ff.

54 Der gesamte Vorgang der Neubesetzung der mater vagans Barenthin, der Neuverpachtung der Pfarrländereien im Februar 1867, Ankauf eines Grundstückes zum Pfarrhausbau und Bau desselben läßt sich anhand der vorliegenden Konsistorial- und Ephoralakten gut rekonstruieren. Vgl. Kgl. Konsistorium Brandenburg, Specialia Barenthin b. 2, Bd. 1, Akten Superintendentur Kyritz, Specialia B II 5,9a und 9b; Pfarr-Archiv Barenthin B I, 1, Pfarrpfründe 1853−1872.

55 Visitationsberichte 1871 bis 1880; Akten Sup. Kyritz, Specialia B II 9a.

56 Der Brandenburger Pfarrer Bernhard Gründler widmete eine luzide Studie dem Nachweis, daß ein Mindestgehalt von 1.800 Mark (vom 1. bis 5. Dienstjahr) für eine „standesgemäße Lebensführung" nicht reiche. Zur standesgemäßen Lebensführung gehörte seiner Meinung nach die Beschaffung notwendiger Fachliteratur, Erfüllung von Herbergspflicht und „Aufwendungen für Fuhrwerk" zwecks Bestreitung von Reisen „zu weitergehenden Zwecken der Belehrung und Anregung" ebenso wie die Ermöglichung eines höheren Schulbesuches für die Pfarrerskinder. Dies alles sei selbst mit einem Jahreseinkommen von 2.700 bis 3.000 Mark nicht zu schaffen. Vgl. Gründler, Die Lage der Geistlichen, S. 1f.

57 Schreiben Superintendent Poppenburgs an das Kgl. Konsistorium zu Berlin vom 3. April 1866. Kgl. Konsistorium Brandenburg, Specialia Barenthin. B 2, Bd. I, 4140)

„arkadischen Schäfer" waren. Er wußte, daß es unmöglich war, „im Handumdrehen das Reich Gottes in einem Dorf aufrichten zu können."[58]

Die Religion galt dem Bauern als einerseits von seinem Leben weit entfernt: hoch und „heilig", für den „etikettemäßigen" Gebrauch in Gottesdienst und Studierstube des Pfarrers bestimmt, andererseits als etwas zur natürlichen Lebensordnung dazugehörig und aus einer Gesellschaft nicht fortzudenken. Landpastor Gebhardt − dem wir eine zeitgenössische systematische und detaillierte Studie über die sozialen und religiösen Verhältnisse auf dem Lande verdanken[59] − schreibt, daß ihm die Bauern stets „mit der praktischen Erwägung" entgegengetreten seien, „daß es ja doch ohne Religion nicht gehe, weil mit ihr Obrigkeit, Sicherheit des Lebens und des Eigentums, überhaupt alles Menschliche aufhören müßte."[60] Religion sei den Bauern vor allem „Gefühlsreligion" und gelte als Inbegriff des sittlich guten Handelns. Erklärte atheistische Strömungen finde man praktisch nicht. Da der Bauer − so Gebhardt − nur wenig über Religion rede, gelte ihm das praktische Befolgen der kirchlichen Wert- und Einstellungsmuster als Ausdruck der Bewährung kirchlichen und religiösen Sinnes.

Paul Gerade, ebenfalls Landpastor, zeichnet die bäuerliche Religiosität als veräußerlicht, obgleich geprägt von sehr naiver Bibelgläubigkeit und Frömmigkeit. Der Bauer lasse sich von einem schlichten „do ut des-Prinzip" leiten: „Der Bauer braucht gutes Wetter, Schutz und Schirm bei seiner Arbeit. Das verlangt er von seinem Gott. Daß andere Leute noch etwas anderes brauchen vom lieben Gott, das mag ja sein, aber ihn kümmert das nicht..."[61] So fromm der Bauer auf der einen Seite sei, so abergläubisch sei er auf der anderen: „Dieser Aberglaube ist das eigentliche Element des Bauern, in dem er lebt und webt. Hier sind seine heimischen Penaten, mit denen er in allen wichtigen Dingen Zwiesprache hält; auf deren Kundgebungen er sorgfältig achtet, und wären es Hund und Katze. Das bißchen Christentum ist nur Schminke."[62] Den biblizistisch orientierten Glauben des Bauern könne man nicht durch „abstrakt-theoretische" und dogmatische Lehrpredigten ins Wanken bringen, der Bauer wolle sich erbauen und sei höchst ungnädig, wenn ihm diese Erwartung (auf die er als ein gutes Recht poche) enttäuscht werde. Liberale Pfarrer hätten es auf dem Lande überaus schwer; ihre herablassende „bürokratisch, autoritative, staatsbeamtliche Attitüde" sei das größte Hindernis für ein gedeihliches Auskommen mit der Landbevölkerung.[63]

Das Verhältnis zum Pfarrer war trotz mancher Ausnahmen durchweg von großem Respekt und Anerkennung seiner geistlichen Autorität geprägt. Viel weniger wurde der Pfarrer als Landwirt (wo er noch seine eigenen Pfründe bewirtschaftete) anerkannt, hier

---

58 Hermann Gebhardt, Zur bäuerlichen Glaubens- und Sittenlehre. Erweiterter Konferenzvortrag von einem thüringischen Landpfarrer. Gotha, 1885, S. 40. Vgl. dazu allgemein den Artikel „Volksfrömmigkeit" im RGG, 1. Auflage Tübingen, 1913, Sp. 1726−45. Von der älteren Literatur auch noch: Georg Schreiber, Deutsche Bauernfrömmigkeit. Düsseldorf, 1937. Sehr instruktiv die Einführung von W. Schieder in: Wolfgang Schieder (Hrsg.) Volksreligiosität in der modernen Sozialgeschichte. Göttingen, 1986, S. 7 ff.

59 Gebhardt, Zur bäuerlichen Glaubens- und Sittenlehre, ebda.

60 Ebda., S. 15.

61 Paul Gerade, Meine Erlebnisse und Beobachtungen als Dorfpastor. (1883−1893) Eine Handreichung für Kandidaten und junge Geistliche. Magdeburg, 1895, S. 23.

62 Ebda., S. 27.

63 Gebhardt, Zur bäuerlichen Glaubens- und Sittenlehre, S. 57.

sah der Bauer oft mit Mißtrauen, aber auch Schadenfreude die Bemühungen des geistlichen Landmannes, außerhalb seines „Standes" Fuß zu fassen. In allen anderen Fragen der Ethik — von der Kindererziehung bis zur Sexualität — galt der Pfarrer als offizieller Vertreter des geltenden kirchlichen Wert- und Normensystems und wurde auch (mitunter zähneknirschend) als soziale Kontroll- und Überwachungsinstanz akzeptiert. Eine zu persönliche „Abkanzelung" am Sonntag wurde allerdings sehr übel aufgenommen und mit Fernbleiben vom Gottesdienst und Redereien über den Pastor hinter dem Rücken „sanktioniert".

Die allseits unbestrittene Geltung kirchlicher Werte und Normen im Bereich der individuellen Ethik verhinderte nicht ein ständig zunehmendes praktisches Abweichen von den Regeln. Gebhardt und Gerade geben dafür eine Fülle von Beispielen, die sicher typisch sind und aus anderen Quellen gestützt werden.[64] Die Klagen der Landpastoren über eheliche Untreue,[65] vorehelichen Geschlechtsverkehr und „Mußheiraten", Wirtshausleben und Alkoholismus, „Sonntagsentheiligung" durch unangemessene „Vergnügungen" oder Arbeit, Vernachlässigung der Kinder und Jugendlichen oder Überforderung derselben mit Feldarbeit, rücksichtsloses Gewinnstreben gepaart mit gezielten Betrügereien, sind Legion. Sie charakterisieren mit kräftigen Farben das Bild ländlicher Verhältnisse, die alles andere als „ländlich-sittlich" waren und nicht als vermeintlich naturharmonisches wirtschafts- und sozialfriedliches Gegenbild zur „verrotteten" materialistischen Großstadtkultur taugten.[66]

Die Ursachen für die beklagten Abweichungen vom kirchlichen Wert- und Normensystem erblickten die Pastoren in den seltensten Fällen in den sich wandelnden sozialen und wirtschaftlichen Verhältnissen, sondern machten durchweg die Abkehr von der christlichen Religion dafür verantwortlich. Diese Abkehr sei aber wiederum bewirkt

---

64 Vgl. die Zeugnisse bei Plaul, Landarbeiterleben im 19. Jahrhundert, S. 298 ff. und bei Weber-Kellermann, Landleben im 19. Jahrhundert, S. 178 ff.

65 Im Visitationsbericht vom März 1867 über Barenthin klagt Superintendent Poppenburg: „An Sünden gegen das 6. Gebot fehlt es nicht. Im Jahre 1866 (war) unter den vier getrauten Bräuten eine Jungfrau, unter den in diesem Jahr geborenen 19 Kindern waren drei uneheliche . . . Der sechste Teil der Geburten sind also unehelich, ein Verhältnis, das immer schon traurig genug ist." Visitationsbericht, 28. März 1867, Akten Sup. Kyritz, Specialia B II 9a.

66 Gebhardt, Zur bäuerlichen Glaubens- und Sittenlehre, v. a. S. 138 ff.; 195 ff.; 227 ff.; 263 ff.; Gerade, Erlebnisse und Beobachtungen, S. 33 ff.; 76 ff.; 93 ff.; Eine Fundgrube sind die im Literaturverzeichnis aufgeführten Zeugnisse: insbes. Carl Büchsel „Erinnerungen eines Landgeistlichen". Als ein sehr gutes Beispiel für eine knappe drastische Darstellung der sozialen und religiösen Verhältnisse auf dem Lande soll hier die Schrift von Friedrich Arndt genannt werden, der als Pfarrer der Landgemeinde Volmarstein (Westfalen) seine Beobachtungen machte. Arndt ist der Schwager Rudolf Todts und verleugnet den Einfluß, den dessen sozialpolitische Anschauungen auf ihn genommen haben, nicht. (Die sozialen Zustände auf dem flachen Lande und die innere Mission. Leipzig, 1889.) Todts sozialpolitische Ansichten werden vor allem deutlich in: F. Arndt, Reich und Arm im Lichte des neuen Testaments. Leipzig, 1889. Arndt widmet diese Schrift „Dem Gedächtnis meines theuren heimgegangenen Schwagers Rudolf Todt, weiland Superintendent in Brandenburg a. d. Havel in treuer Liebe über das Grab hinaus . . ." Vgl. dazu ferner: I. Eckert, Probleme und Aufgaben des ländlichen Pfarramtes. Berlin, 1910. Eine nach den Quellen erzählte, geradezu liebevolle Schilderung des Lebens eines Landpredigers in Meyenburg, sein Streit mit Gemeinde, Patron und Kirchenbehörden bietet Hans-Dietrich Loock „Und pißten ihm in den Schuh." Aus dem Leben des Landpredigers Carl Christian Friedrich Schulze (1792—1846) in: Jahrbuch für Berlin-Brandenburgische Kirchengeschichte, 55. Jg. (1985), S. 199 ff.

durch das „Gift" des materialistischen liberalen Zeitgeistes und der zum Klassenhaß auf-stachelnden sozialdemokratischen Agitation.[67] Gerade hierin — in der Abweichung von einem konservativen Deutungsstereotyp — unterscheidet sich Rudolf Todt wohltuend von seinen Amtskollegen.

Die pfarramtliche Betreuung seiner Gemeinde hat Todt trotz gesundheitlicher Probleme[68] und der verstreuten Wohnlage der Dorfbevölkerung nicht überfordert, wenn man bedenkt, daß er seit Anfang der siebziger Jahre ein intensives Literaturstudium begonnen hatte, Bildungsveranstaltungen im Dorf organisierte, eine kleine Volksbiblio-thek aufbaute, Flugschriften verfaßte und schließlich 1877 sein Buch über den radikalen deutschen Sozialismus publizierte. Häufige Abwesenheiten von seiner Pfarre sind ver-bürgt[69], da er in Berlin wissenschaftlich arbeiten mußte und später als Vorstandsmitglied des von ihm gegründeten „Centralverein für Socialreform" in Brandenburg a. d. Havel politische Werbearbeit entfaltete. Seine Gemeinde hat die literarischen und politischen Aktivitäten nicht als störend wahrgenommen; nach Erscheinen seines Buches war man gewiß stolz auf den „berühmten" märkischen Landpfarrer.[70] Landpastor Gebhardt be-richtet, daß „seine" Bauern der „geistigen" Arbeit des Pastors mit großem Respekt be-gegneten und stets Ehrfurcht vor den Gaben des „klugen Mannes" bezeigten, obgleich ihnen die geistige Tätigkeit nicht als „Arbeit" in ihrem manuell-handwerklichen Ver-ständnis galt.[71]

3.3 Wirtschaftliche und soziale Entwicklungen in den siebziger und achtziger Jahren: Die soziale Frage als Arbeiterfrage und Rudolf Todts städtisches Pfarramt in Brandenburg a. d. Havel

Todt hat in einer wirtschafts- und sozialpolitisch entscheidungsdichten Phase die so-ziale Frage[72] als Arbeiterfrage und Herausforderung für die Kirche thematisiert. Das Proletariat in seiner ländlichen und städtischen Gestalt trat ihm nur ausschnittsweise und rudimentär vor Augen. Seine von bürgerlicher Nationalökonomie und sozialisti-

---

67 Vgl. die bei Rainer Marbach, Säkularisierung und sozialer Wandel im 19. Jahrhundert. Die Stellung von Geistlichen zu Entkirchlichung und Entchristlichung in einem Bezirk der hannoverschen Landeskirche. Göttingen, 1978, S. 125 ff. und S. 131 ff. aufgeführten Zeugnisse. Ferner: Plaul, Land-arbeiterleben im 19. Jahrhundert, S. 298 ff. und die vom Verband der deutschen Sittlichkeitsvereine 1892/93 und dem Evangelisch-Sozialen Kongreß (ebenfalls zu diesem Zeitpunkt) vorgenommenen Enquêten.
68 Im Visitationsbericht vom 12. Juli 1871 wird von einem „Fußleiden" Todts gesprochen, im Visi-tationsbericht vom Juli 1880 heißt es, daß Todt seit seiner „frühesten Jugend auf dem rechten Bein lahmt". Akten Sup. Kyritz, B II 9 B, Kirchen- und Schulvisitationen.
69 Vgl. Martin Seils, Die Bedeutung Rudolf Todts, S. 239, Anmerkung 71.
70 Dies wird auch durch die Visitationsberichte der Superintendentur Kyritz in Barenthin belegt.
71 Gebhardt, Zur bäuerlichen Glaubens- und Sittenlehre, S. 262 ff.
72 In Deutschland kommt die Bezeichnung „soziale Frage" um 1848 auf, zum ersten Mal wahrschein-lich von Karl Biedermann in seinen „Vorlesungen" benutzt. (Karl Biedermann, Vorlesungen über Socialismus und sociale Fragen. Leipzig, 1847.) Bis in die sechziger Jahre dominierte eine weite Fassung der sozialen Frage: der Pauperismus und die Krise des Handwerks waren ebenso damit

scher Sozialkritik geprägten theoretischen Analysen der kapitalistischen Gesellschaft zielen vor allem auf die sozialen Folgen der Industrialisierung[73], die er als kapitalistische Modernisierung begreift, ökonomisch und politisch vom Liberalismus getragen und forciert. Ihm sagt er kompromißlos den Kampf an.

Todt ist als evangelischer Pfarrer Zeitzeuge eines zunächst bemerkenswerten Wirtschaftsaufschwunges seit den fünfziger Jahren: Im Durchschnitt wuchs das Nettoinlandsprodukt (in Preisen von 1913) zwischen 1850 und 1913 um 2,6 % jährlich; im Zeitraum von 1872 bis 1913 um 2,8 %. Überdurchschnittliche Wachstumsraten wiesen die Jahre 1855−57, 1863−65, 1870−74 und 1886−90 aus, während depressive Entwicklungen die Jahre 1857−59, 1865−67 und 1874−80 prägten.[74] Dieser Wirtschaftsaufschwung − in erster Linie auf steigende Arbeitsproduktivität und eine „trendmäßige Konstanz der Kapitalproduktivität"[75] zurückführbar − steigerte sich in den Jahren nach dem deutsch-französischen Krieg 1870/71 zu einem gewaltigen Aufwärtstrend. 4,2 Mio. Goldmark aus französischen Kriegskonstributionen − die bis zu 60 % in die deutsche Wirtschaft flossen[76] − stimulierten die Produktion, vor allem in Schwerindustrie und Bauwirtschaft. Die Investitionstätigkeit kulminierte 1873 im sogenannten *„Gründungsfieber"*[77]: Die Investitionen stiegen 1869−1974 um das Vierfache[78], Aktiengesellschaften

---

gemeint wie die soziale Not der sich allmählich entfaltenden Fabrikarbeiterschaft. In den siebziger und achtziger Jahren wird die „soziale Frage" auf die „Arbeiterfrage" zugespitzt und verengt. Vgl. dazu: Eckart Pankoke, Sociale Bewegung − Sociale Frage − Sociale Politik, Stuttgart, 1970. Derselbe, Die Arbeiterfrage. Frankfurt/Main, 1990. Die soziale Frage. Neuere Studien zur Lage der Fabrikarbeiter in den Frühphasen der Industrialisierung. Hrsg. und eingeleitet von Wolfram Fischer und Georg Bajor. Stuttgart, 1967, S. 7f.

73 „Industrialisierung" wird hier als komplexer Strukturwandel in technologischer, sozialökonomischer, politischer und kultureller Hinsicht verstanden. Vgl. zur Problemgeschichte: Otto Büsch, Industrialisierung und Geschichtswissenschaft. Berlin, 1969. Folgende Darstellungen bemühen sich um Integration der genannten Wandlungsaspekte: Knut Borchardt, Die industrielle Revolution in Deutschland. München, 1972. Derselbe, Die industrielle Revolution in Deutschland 1750−1914. In: Europäische Wirtschaftsgeschichte. 4. Bd. Stuttgart / New York, 1985, S. 135 ff. Friedrich-Wilhelm Henning, Die Industrialisierung in Deutschland 1800−1914, Paderborn, 1989[7]. Hubert Kiesewetter, Industrielle Revolution in Deutschland 1815−1914. Frankfurt/Main, 1989. Wolfram Fischer, Wirtschaft und Gesellschaft im Zeitalter der Industrialisierung. Göttingen, 1972. Derselbe, Deutschland 1850−1914. In: Derselbe (Hrsg.) Handbuch der europäischen Wirtschafts- und Sozialgeschichte. Bd. 5. Stuttgart, 1985, S. 357 ff. Eric Hobsbawm, Die Blütezeit des Kapitals. München, 1977. Theodore S. Hamerow, Restoration, Revolution, Reaction. Economics and Politics in Germany 1815−1871, Princeton, 1972[2]. Hans-Ulrich Wehler, Deutsche Gesellschaftsgeschichte. 2. Bd. München, 1987. Nipperdey, Deutsche Geschichte 1800−1866, S. 178 ff. Hans Pohl, Wirtschafts- und Sozialgeschichtliche Grundzüge der Epoche 1870−1914. In: Derselbe (Hrsg.) Sozialgeschichtliche Probleme in der Zeit der Hochindustrialisierung (1870−1914) Paderborn, 1979, v. a. S. 15 f.

74 Vgl. Walther G. Hoffmann / Franz Grumbach / Helmut Hesse, Das Wachstum der deutschen Wirtschaft seit der Mitte des 19. Jahrhunderts. Berlin, 1965, S. 13 f.; S. 205, S. 454 ff. Vgl. ferner: Nipperdey, Deutsche Geschichte I, S. 268 ff.; Hans Jaeger, Geschichte der Wirtschaftsordnung in Deutschland. Frankfurt/Main, 1988, S. 91 ff.; Borchardt, Die industrielle Revolution in Deutschland 1750−1914, S. 165 ff. Allgemeiner guter Überblick: Richard H. Tilly, Vom Zollverein zum Industriestaat. Die wirtschaftlich-soziale Entwicklung Deutschlands 1834 bis 1914. München, 1990.

75 Pohl, Wirtschafts- und sozialgeschichtliche Grundzüge, S. 17.

76 Nipperdey, Deutsche Geschichte I, S. 283 und Henning, Industrialisierung, S. 207.

77 Vgl. dazu Günter Ogger, Die Gründerjahre. Als der Kapitalismus noch jung und verwegen war. München, 1982. Sehr illustrativ die Zeugnisse bei Annemarie Lange, Berlin zur Zeit Bebels und

schossen wie Pilze aus dem Boden, und das Aktienkapital erhöhte sich von 1869 bis 1873 von 431 Mio. Goldmark auf 1,1 Mrd.![79] Dabei handelte es sich in Preußen um Aktiengesellschaften, die vorwiegend in den Wirtschaftsbereichen Banken, Eisenbahn, Bau- und Immobilien investierten. Schwindelunternehmen wurden neben seriösen Etablissements gegründet, Spekulationen wetteiferten mit dem Ernst unternehmerischer Innovationsbereitschaft.

Die Herrlichkeit dauerte nicht lange. Sehr schnell trat — schon im Frühjahr 1873 — eine Stagnationsperiode ein: der sogenannte „Gründerkrach". Eine Flut pessimistischer nationalökonomischer und politischer Analysen und Prognosen in wissenschaftlichem und parteipolitischem Schrifttum überschwemmte die Öffentlichkeit[80], konservative und sozialistische Sozialkritik rückten in ihrer Schuldzuweisung gegenüber dem „manchesterlichen Kapitalismus" als dem Hauptverantwortlichen der Krise erstaunlich nahe. Diese Phase der depressiven Wirtschaftsentwicklung findet in Todts Kapitalismuskritik einen deutlichen Niederschlag.

Für die wirtschaftsgeschichtliche Entwicklungsetappe 1873 bis 1896 wurde in der konjunkturtheoretisch orientierten wirtschaftshistorischen Forschung der Begriff *„Große Depression"* geprägt.[81] Wir sprechen von „Großer Depression" ausdrücklich nicht als einer Phase langanhaltender zyklischer Depression oder einem „Minuswachstum", sondern bezeichnen sie als eine „Verlangsamung der Aufwärtsbewegung", wodurch die langfristige Aufwärtsentwicklung sowohl in Bezug auf den Gesamtumfang der Industrieerzeugung als auch der Reallöhne bis 1896 (und danach in verstärkten Tempo) nicht beeinträchtigt wurde.[82] Allerdings — und dies macht den Stellenwert der Krise evident — bedurfte es während der Trendperiode 1873 bis 1896 besonderer, innovativer Anstrengungen, war ein hohes „Maß an Umstellungsfähigkeit, Einfallsreichtum, Mut und schöp-

---

Bismarcks. Zwischen Reichsgründung und Jahrhundertwende. Berlin, 1972, S. 189 ff. Kiesewetter, Industrielle Revolution, S 76 ff.

78 Dies bedeutete eine Investitionsquote von über 14 %. Vgl. Nipperdey, Deutsche Geschichte I, S. 284.

79 Ebda. Zwischen 1870 und 1873 wurden 857 Aktiengesellschaften gegründet, deren Aktienkapital größer war als das aller bis 1870 in Preußen tätigen Aktiengesellschaften. Vgl. Tilly, Vom Zollverein zum Industriestaat, S. 80. Vgl. auch: Jürgen Kuczynski, Die Geschichte der Lage der Arbeiter unter dem Kapitalismus. Bd. 3. Berlin, 1962, S. 11 ff.

80 Vgl. v. a. Adolf Berliner, Die wirtschaftliche Krisis, ihre Ursachen und ihre Entwicklung. Hannover, 1878. Erhard Hübinger, Die deutsche Wirtschaftskrise von 1873. Berlin, 1905.

81 Hans Rosenbergs Hypothese von der „Großen Depression" 1873 − 1879, die er auf die von Nikolai Kondratieff und Artur Spiethoff entwickelte „Theorie der langen Wellen der Konjunktur" stützt, ist bis heute sehr kontrovers diskutiert worden. Vgl. Rosenberg, Große Depression, S. 1 und S. 25 ff. Nikolai Kondratieff, Die langen Wellen der Konjunktur. In: Archiv für Sozialwissenschaften und Sozialpolitik, Bd. 56, 1926, S. 573 ff. Artur Spiethoff, Die wirtschaftlichen Wechsellagen, 2 Bde., Tübingen, 1955. Kritisch, den Forschungsstand referierend: Karl-Erich Born, Wirtschafts- und Sozialgeschichte des Deutschen Kaiserreiches (1867 − 1914). Wiesbaden, 1985, S. 107 f. Volker Hentschel, Wirtschaft und Wirtschaftspolitik im wilhelminischen Deutschland. Organisierter Kapitalismus und Interventionsstaat. Stuttgart, 1978, S. 205 ff. Nipperdey, Deutsche Geschichte I, S. 284. Borchardt, Die industrielle Revolution in Deutschland 1750 − 1914, S. 167 ff. Kiesewetter, Industrielle Revolution, S. 87. Tilly, Vom Zollverein zum Industriestaat, S. 78 ff. Reinhard Spree, Wachstumstrends und Konjunkturzyklen in der deutschen Wirtschaft. 1820 − 1913. Göttingen, 1978. Kritisch zusammenfassend: S. B. Saul, The Myth of Great Depression 1873 − 1896. London, 1969.

82 Rosenberg, Große Depression, S. 28.

ferischer Energie" erforderlich.[83] So läßt sich die „Große Depression" als Trendperiode mit einem gebremsten wirtschaftlichen Wachstum kennzeichnen, die mit einschneidenden Veränderungen im Volumen und der Struktur der deutschen Wirtschaft verbunden war.

Die jährliche Zuwachsrate in der gesamten Industrieproduktion sank im Zeitraum 1872 bis 1890 auf 3 % gegenüber einer Wachstumsrate zwischen 1866 und 1872 und zwischen 1890 und 1913 von 4,5 %.[84] Die „klassischen Leitsektoren" der deutschen Industrie seit Einsetzen der „Industriellen Revolution — Eisenerzeugung, Bergbau, Eisenbahnbau — „erschlafften allmählich in ihrer Dynamik";[85] der Preisverfall im Bereich der Investitionsgüterindustrie nahm einen schnellen Verlauf, Investitionsneigung und Kapitalbildung gingen zurück, und Kapitalverzinsung sowie Gewinnausschüttung bei Aktiengesellschaften bewegten sich in stetigem Abwärtstrend.[86] Schätzungen zufolge sank die Gesamtentwicklung der Produktion zwischen 1873 und 1875 um 2,5 % und stagnierte bis 1879.[87] Besonders drastisch war der Preisverfall in der Produktionsgüterindustrie. Er gab der „Großen Depression" ihren eigentümlichen Charakter und spiegelte sich im Krisenbewußtsein der Öffentlichkeit — vornehmlich der kleinen Gewerbetreibenden und Handwerker — greifbar wieder.[88]

Die wirtschaftliche Situation der Jahre 1873 ff. wurde noch dadurch verschärft, daß zu dem industriellen Stockungsprozeß eine strukturelle Agrarkrise kam, die seit 1876 zu bemerken war. Auch sie war in erster Linie an einem empfindlichen Rückgang der Agrarpreise im Weltmaßstab abzulesen. Die deutschen Agrarpreise sanken vornehmlich aufgrund der internationalen Getreidekonkurrenz (USA, Rußland) bis 1885 um ca. 20 %, der Weizenpreis von 221 (1880) auf 157 Mark pro Tonne (1886).[89] Hohe Verschuldung, zu unterschiedliche Betriebsgrößen, überhöhte Gewinnerwartungen und mangelnde Vertrautheit im Umgang mit rationeller Betriebsführung verhinderten eine schnelle strukturelle Anpassung der deutschen Landwirtschaft an die internationalen Herausforderungen. Statt dessen gelang es vornehmlich den ostelbischen Großagrariern, den Schutz der einheimischen Getreideproduktion zu einem „nationalen Anliegen" zu machen und — später im Verein mit der Schwerindustrie (Rittergut und Hochofen) — staatliche Schutzzölle durchzusetzen.[90]

Das Ende der Krise hat Rudolf Todt nicht mehr erlebt. Sechs Jahre nach seinem Tode — setzte ein neuer Konjunkturaufschwung ein: Deutschland entwickelte sich mit Hilfe der neuen „Cycle Leaders" — Elektroindustrie, Maschinenbau und chemische

---

83 Ebda., S. 29.

84 Vgl. dazu die entsprechenden Kapitel bei Rosenberg und auch die materialreiche Übersicht bei Hans-Ulrich Wehler, Bismarck und der Imperialismus. Köln, 1972³, S. 43 ff. Born, Wirtschafts- und Sozialgeschichte, S. 119 ff.

85 Wehler, Deutsches Kaiserreich, S. 43.

86 Rosenberg, Große Depression, S. 43.

87 Hans Mottek, Die Gründerkrise. In: Jahrbuch für Wirtschaftsgeschichte. T. I, Berlin 1966, S. 91 f.

88 Rosenberg, Große Depression, S. 55 ff, S. 88 ff.

89 Wehler, Deutsches Kaiserreich, S. 45. Henning, Landwirtschaft und ländliche Gesellschaft, S. 113 ff. Born, Wirtschafts- und Sozialgeschichte, S. 27 ff. Nipperdey, Deutsche Geschichte I, S. 203 ff.

90 Vgl. dazu: Gerhard Kempter, Agrarprotektionismus. Landwirtschaftliche Schutzzollpolitik im Deutschen Reich von 1879 bis 1914. Frankfurt/Main-New York, 1985. Henning, Landwirtschaft und ländliche Gesellschaft, S. 120 ff.

Industrie[91] — zum „klassischen Land des ‚Organisierten Kapitalismus'[92] auf dem Kontinent mit allen bekannten Eigentümlichkeiten: der Rationalisierung der Produktion und der Konzentration von Industriebetrieben, der gesteigerten Arbeitseffizienz durch ein strammes hierarchisch-militärisches Reglement in den Fabriken und eine am Leitbild des preußischen Beamten orientierte Angestelltenschaft in den Kontoren."[93] Kartelle entstanden, Konzerne wuchsen aus dem Boden, Syndikate schlossen sich zusammen, so etwa 1893 das ‚Rheinisch-Westfälische Kohlensyndikat', das 87% der Förderung im Ruhrgebiet kontrollierte.[94] Den Sprung vom Agrarstaat zum Industriestaat hat Todt gleichwohl noch wahrnehmen können, und seine Analyse des Sozialismus in Deutschland reflektiert diese Entwicklungen sehr genau.

Vor dem Hintergrund der Entwicklung des Kapitalismus in Deutschland beschäftigt sich Rudolf Todt in erster Linie mit den sozialen Konsequenzen für die ständig anwachsende Zahl von Lohnarbeitern. Die Arbeiterklasse erscheint ihm als kompakter Block mit einheitlichen sozialen Interessen und politischen Präferenzen für die Sozialdemokratie. Neuere sozialgeschichtliche Studien zeigen uns heute, daß die Arbeiterklasse zur Zeit Todts „weder eine amorphe Masse noch homogene Klasse"[95] war, erhebliche Binnendifferenzierungen bestanden und ein einheitliches Klassenbewußtsein sich erst allmählich herausbildete.[96] Im Zeitraum des Lebens und Wirkens Rudolf Todts wird dieser Vorgang schon mit bemerkenswerter Ereignisdichte sichtbar. Die kollektive Erfahrung sozialer und politischer Unterdrückung in dem „von oben" gegründeten Deutschen Kaiserreich, gipfelnd im Sozialistengesetz von 1878, bewirkte eine rasche Festigung von Gruppensolidarität und Klassenbewußtsein. Die Binnendifferenzierungen verblaßten allmählich vor den gegen alle politischen Emanzipationsbestrebungen der Arbeiter gerichteten Repressionen des preußisch-deutschen Obrigkeitsstaates.

Die politische Unterdrückung der Arbeiterschaft und das dadurch begünstigte Zusammenrücken in gemeinsamen politischen Organisationen bildete nur einen Teil des umfassenden Klassenbildungsprozesses. Die Arbeiterschaft erfuhr in den siebziger Jahren in immer bewußterem Maße die Charakteristika proletarischer Existenz und deutete sie politisch als kollektive Unterdrückung ihrer Klasse: Marktabhängigkeit,

---

91 Hentschel, Wirtschaft und Wirtschaftspolitik, S. 212. Kiesewetter, Industrielle Revolution, S. 204 ff. Born, Wirtschafts- und Sozialgeschichte, S. 45 ff.

92 Hans-Ulrich Wehler, Der Aufstieg des Organisierten Kapitalismus und Interventionsstaates in Deutschland. In: Organisierter Kapitalismus. Voraussetzungn und Anfänge. Hrsg. von Heinrich-August Winkler. Göttingen, 1974, S. 36 ff. Jaeger, Geschichte der Wirtschaftsordnung in Deutschland, S. 107 ff. Kritisch dazu: Hentschel, Wirtschaft und Wirtschaftspolitik, S. 9 ff.

93 Martin Greschat, Das Zeitalter der Industriellen Revolution. Das Christentum vor der Moderne. Stuttgart/Berlin/Köln/Mainz, 1980, S. 155.

94 Vgl. allgemein: Fritz Blaich, Kartell- und Monopolpolitik im kaiserlichen Deutschland. Düsseldorf, 1973. Tilly, Vom Zollverein zum Industriestaat, S. 87 ff. Nipperdey, Deutsche Geschichte I, S. 244 f. Ferner: Jürgen Kocka, Unternehmer in der deutschen Industrialisierung. Göttingen, 1975, S. 88 ff.

95 Dieter Langewiesche / Klaus Schönhoven, Arbeiter in Deutschland. Studien zur Lebensweise der Arbeiterschaft im Zeitalter der Industrialisierung. Königstein, 1980, S. 15.

96 Vgl. zum Forschungsstand im internationalen Vergleich: Arbeiter und Arbeiterbewegung im Vergleich. Hrsg. von Klaus Tenfelde. München, 1986. Kocka, Lohnarbeit und Klassenbildung. Derselbe, Arbeitsverhältnisse, v. a. S. 211 und 474 ff. Als Standardwerk wird für viele Jahre gelten: Gerhard A. Ritter / Klaus Tenfelde, Arbeiter im Deutschen Kaiserreich 1871—1914. Bonn, 1992, hier: S. 111 ff. Knapper Überblick bei Nipperdey, Deutsche Geschichte I, S. 291 ff.

Fremdbestimmung der Arbeit, unsichere und unvorhersehbare Zukunftschancen, Knappheit und Armut, Ghettoisierung in elenden Wohnquartieren und soziale Abgrenzung gegenüber den verschiedenen Gruppen des Bürgertums galten nicht mehr als „Schicksal" in einem nicht steuerbaren soziökonomischen Umbruch, sondern als gewollt produzierte Ausgrenzungs- und Unterdrückungsstrategie der Kapitalisten und des feudal-aristokratischen Obrigkeitsstaates.

So vollzog sich in den siebziger Jahren ein Prozeß der „Binnenhomogenisierung und Außenabgrenzung"[97], der „trotz Fortbestehens tiefer Trennungslinien innerhalb der Arbeiterschaft (...) so etwas wie einen Berufe und Gruppen übergreifenden Erfahrungs- und Kommunikationszusammenhang" herstellte[98] und die Entwicklung eines arbeiterspezifischen Klassenbewußtseins förderte: Zum „Schmelztiegel" der Arbeiter „wurde vor allem der industrielle Zentralort, die Fabrik: hier lernten sie miteinander zu arbeiten und sich aneinander zu orientieren, als ‚Kollegen' mit gleichen oder ähnlichen Arbeits- und Lebensbedingungen."[99] In den sechziger Jahren begannen sich die Arbeiter zu einer politischen Bewegung zu formieren, die die harten Fakten des proletarischen Schicksals nicht mehr nur sozialkritisch reflektierte und sich auf unmittelbare, praktische materielle Forderungen zur „Aufbesserung" der Lage der Arbeiter beschränkte, sondern die sich als „aufgeklärt" und auf der Höhe des allgemeinen gesellschaftlichen Fortschritts stehend begriff und als politische Bewegung und Partei die Grundlagen kapitalistischer Herrschaft attackierte.[100] Der Sozialismus als Idee, herausgewachsen aus den antikapitalistisch-frühsozialistischen Theorien des Vormärz, von Marx und — mit erheblich größerem Erfolg — von Lassalle geschichtsphilosophisch fundiert und dem positivistisch-naturwissenschaftlichen „Geist der Zeit" versehen, „ergreift die Massen" (Marx) und wurde zu ihrem Hoffnungssymbol: „Proletarier aller Länder vereinigt euch!"

Rudolf Todt war Kind dieser Lebensumstände, er erlebte — staunend, wie seine Schriften ausweisen — den Siegeszug einer Idee, die der Arbeiterklasse politische Orientierung und soziale Identität verlieh, ja an die mit der Inbrunst religiöser Überzeugung „geglaubt" wurde. Er erlebte den Aufstieg der Arbeiterklasse als politischer Partei. Todt

---

97 Hans-Ulrich Wehler, Bürger, Arbeiter und das Problem der Klassenbildung 1800—1870. Deutschland im internationalen Vergleich. In: Arbeiter und Bürger im 19. Jahrhundert. Varianten ihres Verhältnisses im europäischen Vergleich. Hrsg. von Jürgen Kocka. München, 1986, S. 21. Vgl. auch Kocka, Arbeitsverhältnisse, S. 373 ff. und 507 ff. und Ritter / Tenfelde, Arbeiter im Deutschen Kaiserreich, S. 111 ff.

98 Kocka, Lohnarbeit und Klassenbildung, S. 152.

99 Die Arbeiter. Lebensformen, Alltag und Kultur von der Frühindustrialisierung bis zum „Wirtschaftswunder". Hrsgg. von Wolfgang Ruppert, München, 1986, S. 23. Der Band ist ein Standardwerk, obwohl ein Kapitel zu Arbeiter, Religion und Kirchen fehlt. Dies findet sich in der Arbeit von Ritter / Tenfelde, Arbeiter im Deutschen Kaiserreich, S. 747 ff. Vgl. ferner: Werner Conze / Ulrich Engelhardt (Hrsg.) Arbeiter im Industrialisierungsprozeß. Herkunft, Lage, Verhalten. Stuttgart, 1979. Dieselben, Arbeiterexistenz im 19. Jahrhundert. Lebensstandard und Lebensgestaltung deutscher Arbeiter und Handwerker, Stuttgart, 1981. Viel Material enthalten auch: Kuczynski, Geschichte der Lage der Arbeiter unter dem Kapitalismus, Bde. 2 und 3.

100 Vgl. als allgemeiner Überblick: Nipperdey, Deutsche Geschichte I, S. 319 ff. Ruppert, Die Arbeiter, S. 392 ff. Vgl. anstelle vieler Einzelbelege den Überblick bei Helga Grebing, die auch den Forschungs-stand präsentiert: Helga Grebing, Arbeiterbewegung. Sozialer Protest und kollektive Interessenvertretung bis 1914. München, 1985. Ritter / Tenfelde, Arbeiter im Deutschen Kaiserreich, v. a. S. 679 ff.

wurde klar, daß die Lösung der sozialen Frage ohne die Sozialdemokratie nicht möglich war. Und er begann sich intensiv mit der politischen Arbeiterbewegung zu befassen.

Die Frage stellte sich, ob und in welchem Umfang der wackere Pfarrer aus der Ostprignitz die wirkliche Arbeiterklasse gekannt hat. In seinem Hauptwerk entwickelte er keine sozialgeschichtlichen Analysen und es scheint so, als ob seine Beschäftigung mit der Arbeiterklasse eine vorwiegend theoretische gewesen ist. Und doch konnte ein sozialtheoretisch und sozialpolitisch engagierter Mann wie Todt an den praktischen Nöten des Proletariats in seinem konkreten Lebensumfeld nicht vorbeigehen. In Barenthin, seiner ersten Pfarrstelle, gab es – wie überall in der Ostprignitz – Ziegeleien.[101] Todt muß die gedrückte Lage der Ziegelei-Arbeiter also gekannt haben.[102] Gerade ihre seelsorgerliche Betreuung war besonders schwer, da ihre Mobilität (Wanderarbeiter!) hoch war.

Als Rudolf Todt im Jahre 1880 die Pfarrstelle an der reformierten St. Johannisgemeinde in Brandenburg an der Havel übernahm – eine Stelle, die ihm auch keine Reichtümer einbrachte[103] – wurde er mit dem städtischen Proletariat einer expandierenden Industriestadt konfrontiert. Auch hier wird seine theoretische Beschäftigung mit der sozialen Frage und der Lage der Arbeiterklasse praktische Vertiefung erfahren haben. Brandenburg entwickelte sich seit Anfang der siebziger Jahre zu einem von Berliner Fabrikanten wegen des relativ geringen Lohnniveaus geschätzten Industriestandort. 1875 lebten in Brandenburg 27.371 Personen, einschließlich der Militärangehörigen der Garnison.[104] Jahrzehnte hatte ein florierendes Tuchmachergewerbe das Bild der Stadt geprägt. Ende der sechziger Jahre begann die Krise der Brandenburgischen Tuchindustrie, u. a. auch durch Importbeschränkungen für Brandenburger Tuche in die USA.

---

101 Historisches Ortslexikon Brandenburg, T. 1, S. 13 f. Die Herstellung von Ziegeln hatte in Brandenburg eine lange Tradition. Zu Zeiten Todts herrschte noch die personalintensive Handstrichfertigung der Ziegel vor, eine Produktionsart, die den Arbeitern schwere körperliche Anstrengungen abverlangte. Siehe zur Ziegelei-Industrie in Brandenburg: Schultze, Die Prignitz, S. 293 ff. Friedel / Mielke (Hrsg.), Landeskunde der Provinz Brandenburg, S. 407 ff. J. Hagemann, Die Ziegelindustrie in Havelberg im Spiegel der Zeit. In: Elb-Havelland, 1961, 2, S. 14 ff.

102 Die Verhältnisse in der Ziegelindustrie „ragten als Relikt frühkapitalistischer Ausbeutungsverhältnisse in die Gesellschaft der Hochindustrialisierung" hinein und schienen die sozialistische Kapitalismuskritik zu bestätigen. Vgl. Ulrich Herbert, Geschichte der Ausländerbeschäftigung in Deutschland 1880 bis 1980. Berlin-Bonn, 1986, S. 62 ff. In der brandenburgischen Ziegelindustrie wurden bis in das 20. Jahrhundert hinein, Jugendliche beschäftigt. Vgl. zum Ganzen: Paul Franke, Die Lage der industriellen Arbeiter und die Wirkungen der Arbeiterschutzgesetzgebung in der Provinz Brandenburg. Staatswiss. Diss. Tübingen, 1902, bes. S. 13 ff.; S. 52 ff. und S. 87.

103 Die Stelle war mit einem Grundgehalt von 2.400 Mark (bei freier Wohnung) ausgestattet. (Schreiben des Presbyteriums der St. Johannis-Gemeinde zu Brandenburg an das Kgl. Konsistorium zu Berlin vom 1. April 1880. Akten Superintendentur Neustadt-Brandenburg, Specialia III, O, 2 Bd. II.) Hinzu kam vermutlich noch eine Entschädigung für Vakanzpredigten für die 2. und 3. Pfarrstelle. (Schreiben des Presbyteriums der St. Johannis-Gemeinde zu Brandenburg an das Kgl. Konsistorium vom 1. Dezember 1880. Ebda.) Auch die spätere Superintendentur hat ihn nicht wesentlich besser gestellt. Materielle Basis blieb die Pfarrpfründe nebst Verwaltungsentschädigungen und Funktionszulagen. Vgl. Schoen, Kirchenrecht I, S. 270.

104 Otto Jork, Brandenburg in der Vergangenheit und Gegenwart. Ein Wegweiser durch die Stadt und ihre Altertümer. Brandenburg, 1880. Brandenburg war zu 90 % evangelisch. Exakte Zahlen fehlen. Es gab nur eine katholische Kirche und zwei katholische Priester. (Jork, ebda., S. 5).

In drei Jahren mußten die Tuchmacher ihre Produktion um die Hälfte einschränken, Seidenwirker und Tuchmacher wurden entlassen, Fabrikanten verlegten ihre Produktion. Die sozialen Spannungen entluden sich in einem heftigen Lohnkampf der Tuchmacher im Herbst 1871.[105] Nach der Gewerbezählung im Deutschen Reich 1875 arbeiteten nur noch 905 Personen in der Tuchmacherei, nur noch 326 in der Seidenindustrie. 1865 hatte es dagegen noch 160 Webereien mit 2.750 Erwerbstätigen gegeben.[106]

Die Gründerkrise 1873 ff. hat den industriellen Aufschwung der Stadt aufgrund eines strukturellen Wandels der Industrie nicht aufhalten können. Ende der siebziger, Anfang der achtziger Jahre erlebte Brandenburg eine stürmische Entwicklung: In den Vordergrund traten nun die „Korbwagenfabrikation, Stärkezucker- und Syrupfabrikation, Goldleisten- und Fournierschneiderei, Eisengießerei, Nähmaschinen-und Handschuhfabrik und Baumwollspinnerei."[107] Das traditionelle und weiter modernisierte Ziegeleigewerbe in der Umgebung der Stadt und die Eisenindustrie sicherten „Jahrzehnte lohnenden Absatz."[108] Das Bild der Stadt wurde bald von expandierenden großen Werken geprägt, die nach der Jahrhundertwende mehrere tausend Arbeiter beschäftigten. Hier seien nur die wichtigsten genannt, die in der Zeit Todts ihre Produktion beschleunigten: 1871 wurden die „Brennabor-Werke" der Gebr. Reichstein gegründet, eine Kinderwagenfabrik mit anfangs 15 Arbeitern.[109] In den achtziger Jahren kamen weitere Produktionszweige dazu: Fahrräder, dann 1903 Motorräder und Pkw. Konkurrenz entstand den Brennaborwerken in den neunziger Jahren durch Gründung weiterer Fahrradfabriken. Zu einer großen Fabrik wuchs auch die 1874 von J. Krüger gegründete Eisengießerei und Maschinenfabrik heran. Im Juni 1874 zählte sie 100 Arbeiter.[110] Dazu kamen in der Zeit Todts eine Blechspielwarenfabrik, kleinere Tuchfabriken, Kammgarn- und Jutespinnereien, Lederfabriken und holzverarbeitende Industrie, so daß er „vor Ort" die Lebenslage des industriellen Proletariats studieren konnte.

Im Schatten der Garnision galt Brandenburg selbst in den stürmischen Jahren der 1848er Revolution als königstreue und ruhige Stadt. Die Verlegung des preußischen Landtages nach Brandenburg im November 1848 kam nicht von ungefähr. In den sechziger Jahren setzte sich in der Kommunalpolitik liberaler Geist durch, so daß der preußische Innenminister Graf Friedrich zu Eulenberg von der „wohlorganisierten Demokratie" in Brandenburg sprach, der man ein konservatives Gegengewicht verordnen müsse.[111]

Seit 1848 gab es erste Versuche der Arbeiter, sich zu organisieren. Frühes Resultat dieser Bemühungen war die Gründung eines Arbeiter-Spar- und Unterstützungsverein

105 Otto Tschirch, Geschichte der Kur- und Hauptstadt Brandenburg a.d. Havel. Berlin, 1928/29, Bd. II, S. 313 ff.
106 Tschirch, Brandenburg, Bd. II, S. 325.
107 Jork, Brandenburg, S. 14.
108 Tschirch, Brandenburg, Bd. II, S. 326.
109 Franz Hirschfeld, Die 500jährige Hohenzollern-Jubelfeier in Brandenburg a.d. Havel. Brandenburg, o.J. (1912), S. 53.
110 Hirschfeld, 500jährige, S. 56.
    Todt konnte den Fabrikanten J. Krüger schon Mitte 1877 für seine sozialpolitischen Ziele gewinnen. J. Krüger wurde später Gründungsmitglied des „Centralvereins für Socialreform".
111 Tschirch, Brandenburg II, S. 309.

im Jahre 1848.[112] 1865 wurde ein Arbeiterverein gegründet, der noch ganz im Banne der bürgerlich-liberalen Bildungsidee stand und nicht mehr als ein „Bildungsverein" sein wollte.[113] Von den schon gewerkschaftlich organisierten Zigarrenmachern wurde 1868 ein Mitgliederkreis für den „Allgemeinen Deutschen Arbeiterverein" (ADAV) gewonnen.[114]

Während des Sozialistengesetzes hatten die Brandenburger Sozialdemokraten harte Verfolgungen zu erleiden. Versammlungen waren im Brandenburger Stadtgebiet nicht mehr möglich, da die Wirte unter polizeilichem Druck ihre Säle vor den Sozialdemokraten verschlossen. Dennoch gelang es der Sozialdemokratie außerhalb Brandenburgs in den Wäldern des Neustädter Forsts oder in der Umgebung der Dörfer Schmerzke, Paterdamm, Rietz und Neuendorf geheime Versammlungen abzuhalten und Landagitation zu betreiben. Im Oktober 1884 sprengten Arbeiter eine Wahlversammlung der Nationalliberalen, was zu heftigen und brutalen Zusammenstößen mit Polizei und Militär führte. Es gab zahlreiche Verletzte, neun Arbeiter wurden verhaftet.[115] Dieser Vorgang war nicht nur Stadtgespräch, sondern erregte die Gemüter weit über Brandenburg hinaus. Dies wird Todt ebenfalls genau registriert haben. Trotz wachsender Anhängerschaft gelang es der Sozialdemokratie erst 1896, sechs Vertreter in da Stadtparlament zu bringen.

Schon bevor Todt 1880 nach Brandenburg kam, existierte hier ein „Lokalverein für Socialreform", der die Ziele des von Todt 1877 gegründeten „Centralvereins" vertrat. Am 4. März 1878 hatten ihn als Lokalverein des Berliner „Centralvereins" der Tischlermeister Barthelmeus, Pfarrer Drohs (dessen Pfarrstelle Todt später übernahm) Gymnasiallehrer Lange, Fabrikant Metzenthin, Tuchmachermeister Seiler, Lederfabrikant Bernhard Spitta und Buchbindermeister Zander gegründet. Die erste öffentliche Versammlung fand am 19. März mit einer Beteiligung von etwa 150 Personen statt.

Neben einigen der oben genannten Gründungsmitgliedern wurde auch der Fabrikant Joachim Krüger (bereits Vorstandsmitglied des Centralvereins in Berlin) in den Vorstand gewählt.[116] Der Verein erlebte seine Höhepunkte im Frühjahr und Sommer des Jahres 1878: Im April hielt Stoecker vor 2.000 Personen eine vielbeachtete Rede. Dies blieb auch die einzige öffentliche Großveranstaltung. Der Verein erreichte rd. 160 Mitglieder und stagnierte dann — wie die Mitgliedschaft des Centralvereins insgesamt. Der Vorstand des Centralverein bescheinigte ihm aber im Mai 1879, daß er „unter den selbständigen lokalen socialen Reform-Vereinen... den ersten Platz" einnehme, „sowohl an Größe wie an Rührigkeit."[117]

---

112 Jork, Brandenburg, S. 13.
113 Alfred Zeitz, Zur Geschichte der Arbeiterbewegung der Stadt Brandenburg vor dem Ersten Weltkrieg. Potsdam, 1965, S. 8. Zum Ganzen: Karl Birker, Die deutschen Arbeiterbildungsvereine 1840−1870. Berlin, 1973. Toni Offermann, Arbeiterbewegung und liberales Bürgertum 1850−1863. Bonn-Bad Godesberg, 1979.
114 Zeitz, Zur Geschichte, S. 8.
115 Ebda., S. 9.
116 Siehe dazu: Staats-Socialist, 2. Jg., Nr. 17, 26. April 1879, S. 133 ff.
117 Staats-Socialist, 2. Jg., Nr. 18, 3. Mai 1879, S. 138.

4 Lebenswelten II:
Kirche im Staat, Kirche vor der sozialen Frage und dem Sozialismus

4.1 „Thron und Altar": Zur wirtschaftlichen, sozialen und politischen Bedeutung des protestantischen Staatskirchensystems vor 1914

Das *„konservative Defensivbündnis von ‚Thron und Altar'"*[1] bildet den religions- und kirchengeschichtlich bedeutsamen Bedingungsrahmen für Denken und politisches Engagement des Landpfarrers Rudolf Todt. Die staatskirchenrechtlichen Aspekte kirchlicher Existenz im Kaiserreich[2] sollen uns nur knapp beschäftigen. Wichtiger − im Blick auf Rudolf Todts Leben und Werk − ist uns die soziale und ökonomische Verfassung der evangelischen Landeskirchen sowie die politische Kultur des deutschen Protestantismus in den siebziger und achtziger Jahren.[3]

Was ist das nun eigentlich, Kirche im 19. Jh.? „Die" einheitliche evangelische Kirche gab es nicht, und ebenso wird man kirchenamtliche Worte, getragen vom breiten Konsens einer mündigen Mitgliedergemeinde, vermissen. „Die" evangelische Kirche in Deutschland − das waren 39 evangelische Landeskirchen, getrennt nach konfessionsspezifischen Merkmalen in „unierte"[4], reformierte und lutherische. Bis heute ist das Territorialkirchentum in seiner Grundstruktur erhalten geblieben, ergänzt um konfessionelle Dachverbände und einen alle Landeskirchen umfassenden „Bund" − der EKD.[5]

---

1 Jacke, Kirche zwischen Monarchie und Republik, S. 19.
2 Neben den allgemeinen Kirchengeschichten zur Neuzeit vgl. v. a. die im Literaturverzeichnis angegebenen Arbeiten von Hermelink, Kantzenbach, Kupisch, Schnabel, Besier, Huber/Huber, Goebell und Zillessen. Von der älteren, zeitgenössischen Literatur noch heranzuziehen sind Hintze, Seeberg, Sehling, Friedberg, Schoen, Rieker und vor allem Foerster.
3 Das in neueren Darstellungen zur Geschichte des protestantischen Staatskirchentums verwendete Archivmaterial müßte einmal unter dezidiert sozialhistorischen Fragestellungen eingesehen werden. Ansätze bei Klaus Erich Pollmann, Landesherrliches Kirchenregiment und soziale Frage. Der evangelische Oberkirchenrat der altpreußischen Landeskirche und die sozialpolitische Bewegung der Geistlichen nach 1890. Berlin-New York, 1973. Der Versuch einer integrativen Gesamtdarstellung bei John E. Groh, Nineteenth Century German Protestantism. The Church as a Social Model. Washington D. C., 1982. Groh gelingt es hier und da, sozialgeschichtliche Aspekte fruchtbar mit verfassungsgeschichtlichen und politikgeschichtlichen Momenten zu verbinden. E. I. Kouri, Der Deutsche Protestantismus und die soziale Frage 1870−1919, bietet zwar eine gute Aufarbeitung der einschlägigen Literatur, vermag aber auch keine neuen Erkenntnisse beizusteuern. Überblick bei Nipperdey, Deutsche Geschichte I, S. 468 ff.
4 Die „Union" war ein auf Betreiben des preußischen Königs Friedrich Wilhelm III. 1817 herbeigeführter Zusammenschluß von lutherischen und reformierten Gemeinden. Vgl. zur „Union" und zu den Auseinandersetzungen um die landesherrlich dekretierte Liturgiereform („Agende", 1822): Walter Elliger, Die evangelische Kirche der Union. Witten, 1967. Grundlegend auch Foerster, Entstehung der preußischen Landeskirche; Hermelink, Christentum Bd. I, S. 309 ff.
5 Erwin Fahlbusch, Kirchenkunde der Gegenwart. Stuttgart/Berlin/Köln/Mainz, 1979., S. 112 ff.

Die evangelischen Landeskirchen waren Territorialkirchentümer mit gemischten Kirchenverfassungen (presbyterial-synodal-konsistorial) und dem Landesherrn an der Spitze, der gemeinhin in der Sprache episkopalistischer Tradition als „summus episcopus" (= oberster Bischof) bezeichnet wurde. Kraft seiner staatlichen Kirchenhoheit verwaltete er die äußeren Kirchensachen („iura circa sacra"), die der zeitgenössischen Theorie des Landeskirchentums zufolge aber nicht aus der Staatsgewalt hervorgegangen, sondern dem Landesherrn in einem historischen Akt von der Kirche als fremdes Amt übertragen worden waren.[6] Das landesherrliche Kirchenregiment sollte — so die herrschende kirchenoffizielle Theorie (und Ideologie!) — nicht als „Herrscheramt" verstanden werden, sondern als „ein Dienst... der von dem vornehmsten Gliede der Kirche zur Ehre Gottes durch Schutz und Fürsorge geleistet werde."[7]

Die angedeutete dienende Funktion der Staatsgewalt blieb graue Theorie und frommer Wunsch reformeifriger Kirchenglieder. In der Praxis gestalteten sich die Staat-Kirche Beziehungen eher nach dem Grundsatz des „do ut des", wobei der Monarch — gestützt auf seinen kirchenregimentlichen Apparat — in der Regel am längeren Hebel saß. Die liberale Forderung einer Trennung von Staat und Kirche hatte zwar 1848/49 in die Verfassung der Frankfurter Nationalversammlung Eingang gefunden[8] und wurde für Preußen durch die revidierte Verfassung vom 31. Januar 1850 im Prinzip bestätigt, stand aber letztlich — noch im Verfassungstext mit Einschränkungen versehen — nur auf dem Papier. Die im Art. 15 der revidierten Verfassung ausgesprochene Garantie der Selbständigkeit der Religionsgesellschaften[9] glaubte der preußische König für die evangelische Kirche durch die Bildung einer eigenständigen kirchlichen Behörde eingelöst zu haben: Am 29. Juni 1850 wurde durch Kabinettsordre die „Abteilung des Ministeriums der geistlichen Angelegenheiten für die inneren evangelischen Kirchensachen" auf-

---

6 Auf die von der Reformation ausgehende Entstehung und Entwicklung des landesherrlichen Kirchenregiments und die verschiedenen Theorien des Landeskirchentums (episkopalistische, kollegialistische, territorialistische) kann hier nicht eingegangen werden. Vgl. Hans-Walter Krumwiede, Zur Entstehung des landesherrlichen Kirchenregiments. Göttingen, 1967. vgl. auch Karl Holl, Luther und das landesherrliche Kirchenregiment. In: Aufsätze zur Kirchengeschichte I, Tübingen, 1923, S. 326ff. Gustav Meier, Über die Entstehung und den Begriff des landesherrlichen Kirchenregiments. Göttingen, 1890.

7 Hintze, Epochen, S. 113.

8 „Artikel V (Glaubens- und Gewissensfreiheit)
§ 144. Jeder Deutsche hat volle Glaubens- und Gewissensfreiheit. Niemand ist verpflichtet, seine religiöse Überzeugung zu offenbaren.
§ 146. Durch das religiöse Bekenntnis wird der Genuß der bürgerlichen und staatsbürgerlichen Rechte weder bedingt noch beschränkt. Den staatsbürgerlichen Pflichten darf dasselbe keinen Abbruch tun.
§ 147. Jede Religionsgesellschaft ordnet und verwaltet ihre Angelegenheiten selbständig, bleibt aber den allgemeinen Staatsgesetzen unterworfen. Keine Religionsgesellschaft genießt vor andern Vorrecht durch den Staat; es besteht fernerhin keine Staatskirche. Neue Religionsgesellschaften dürfen sich bilden; einer Anerkennung ihres Bekenntnisses durch den Staat bedarf es nicht."

9 „Artikel 15. Die evangelische und die römisch-katholische Kirche so wie jede andere Religionsgesellschaft, ordnet und verwaltet ihre Angelegenheiten selbständig und bleibt im Besitz und Genuß der für ihre Kultus-, Unterrichts- und Wohltätigkeitszwecke bestimmten Anstalten, Stiftungen und Fonds." Zit. n. Ernst Rudolf Huber / Wolfgang Huber, Staat und Kirche im 19. und 20. Jahrhundert. Dokumente zur Geschichte des deutschen Staatskirchenrechts. Bd. II, Berlin, 1976, S. 37.

gelöst und durch den „Evangelischen Oberkirchen-Rath" (EOK) ersetzt.[10] Der landeskirchlichen Theorie zufolge war damit die Entwicklung der Kirche zu einem handlungs-
und vermögensfähigen Selbstverwaltungskörper[11] eingeleitet, mithin ein neues Kapitel
in der Selbstverfassung der Kirche begonnen worden. Der König übte – so die Theorie –
das Kirchenregiment nicht in seiner Eigenschaft als Inhaber der Staatsgewalt aus, sondern als vornehmstes Glied der Kirche („praecipuum membrum ecclesiae").[12] Zweifellos nahm sich der Artikel 15 und die Bildung des EOK verglichen mit dem Territorial-
system des aufgeklärten Absolutismus[13] als „erster Schritt zur Lösung der Kirche von der
Staatsregierung aus"[14], aber in der Praxis erwies sich der EOK als verlängerter Arm des
landesherrlichen Kirchenregiments trotz formaler Selbständigkeit.

Der Evangelische Oberkirchenrat war eine vom König berufene Behörde ohne jede
innerkirchliche Legitimation. Der Ausdruck „Honoratiorengremium" trifft Geist und
Zusammensetzung dieses Kollegiums am besten: Seine 13 Mitglieder waren Juristen
und Theologen; an der Spitze amtete ein Präsident (ein Jurist aus der hohen Staatsbürokratie) und ein Vizepräsident (in der Regel ein Theologe). Ursprünglich noch als Provi-
sorium bis zum Zeitpunkt der Konstituierung einer allgemeinen preußischen Kirchenfassung gedacht[15], wurde der EOK eine dauerhafte Einrichtung für die Durchsetzung
der politischen Prärogativen des preußischen Obrigkeitsstaates.[16]

Mit der Einsetzung der EOK hatte sich der autoritär-behördenkirchliche Charakter
des deutschen Protestantismus verstärkt. Im Gegensatz zu den im staatlichen Bereich
vollzogenen konstitutionellen Einschränkungen monarchischer Regierungsgewalt (Verfassungsbildung, Volksvertretungen) erreichte der preußische Staat durch die Bildung
des EOK „die volle Unabhängigkeit des königlichen Kirchenregiments von jeder Einwirkung des Parlaments."[17] Auf kirchlichem Gebiet befestigte sich ein System, das
ohne Übertreibung als „kirchlicher Spätabsolutismus" bezeichnet werden kann.[18] Der
Kirchenrechtler Emil Friedberg, Zeitgenosse und kluger Beobachter der staatskirchenrechtlichen Entwicklungen, schrieb über diese Phase: „Der Landesherr regierte jetzt den
Staat konstitutionell, die Kirche absolut, wobei man sich für die Bezeichnung dieser
letzteren Gewalt der Terminologie des Episkopalsystems bediente. Diese Loslösung der

---

10 Vgl. Walter Wendland, Die Entstehung des Evangelischen Oberkirchenrats. In: Jahrbuch für Berlin-
   Brandenburgische Kirchengeschichte, 28. Jg. (1933), S. 3 ff. Hundert Jahre Evangelischer Oberkirchenrat der Altpreußischen Union. Berlin, 1950.
11 Vgl. dazu: Johannes Niedner, Die Ausgaben des preußischen Staats für die evangelische Landeskirche der älteren Provinzen. (In: Kirchenrechtliche Abhandlungen, hrsg. von Ulrich Stutz, H. 13/
   14. Stuttgart, 1904.) S. 315 f.
12 Vgl. Elliger, Evangelische Kirche der Union, S. 79 und die Lit. in Anm. 2.
13 Im „Allgemeinen Preußischen Landrecht" (1794) wird die „Kirchengesellschaft" darauf verpflichtet,
   „ihren Mitgliedern Ehrfurcht gegen die Gottheit, Gehorsam gegen die Gesetze, Treue gegen den
   Staat und sittlich gute Gesinnungen gegen ihre Mitbürger einzuflößen. (§ 13) zit. b. Huber/Huber,
   Staat und Kirche, Bd. I, S. 4.
14 Karl Heussi, Kompendium der Kirchengeschichte, 13. Auflage, Tübingen, 1971, S. 457.
15 Vgl. Ressort-Reglement für die evangelische Kirchenverwaltung vom 29. Juni 1850. (Huber/Huber,
   Staat und Kirche, Bd. II, S. 316 ff.)
16 Vgl. die Arbeit von Pollmann, Landesherrliches Kirchenregiment.
17 Ernst-Rudolf Huber, Deutsche Verfassungsgeschichte seit 1789. Bd. IV. Stuttgart/Berlin/Köln/
   Mainz, 1970², S. 837.
18 Ebda.

Kirchengewalt von der Staatsgewalt gewann denn auch den Ausdruck, daß für die Ausübung der ersteren eigene kollegiale Kirchenbehörden geschaffen wurden und nur die Wahrnehmung der staatlichen Hoheitsrechte den Staatsbehörden überlassen blieb."[19]

Für die „äußeren Kirchensachen" blieb weiterhin das Kultusministerium zuständig, das in einer Reihe von Angelegenheiten zur Kooperation mit dem Evangelischen Oberkirchenrat verpflichtet war und dadurch mehrfach in Kompetenzstreitigkeiten hineingeriet. Insgesamt läßt sich am Beispiel des EOK der von sozialdemokratischer und linksliberaler Seite oft geäußerte Vorwurf erhärten, daß die Kirche mit ihren Behörden als „schwarze Polizei" des Obrigkeitsstaates überaus glatt funktionierte. Aus der Durchsicht der Akten des EOK bis 1914 lassen sich eine Fülle von Beispielen zusammentragen, in welchem Maße der kirchliche Behördenapparat als quasi-polizeiliches Organ gegen die „glaubenslose Sozialdemokratie" eingesetzt wurde.[20]

In den behördenkirchlichen Apparat wurde schließlich auch das „Kirchenvolk" organisch eingegliedert. Es sollte weniger seine eigenen Interessen wahrnehmen und echte Gemeindekirche — wie sie schon Friedrich Schleiermacher 1808 in seinem berühmten Verfassungsvorschlag gefordert hatte — repräsentieren, sondern das Kirchenregiment in Erfüllung seiner Aufgaben unterstützen. Der schrittweise Einbau von presbyterialen und synodalen Elementen in den staatskirchlichen Behördenorganismus erfolgte mit größerem Nachdruck erst in den sechziger und siebziger Jahren als mit der „Neuen Ära" und den „liberalen" Anfangsjahren des deutschen Kaiserreiches ein günstigeres politisches Klima für die Stärkung des Laienelementes entstand. Vor 1848 gab es zwar erste Ansätze zur Bildung von Gemeindevertretungen und Synoden (Kreis- und Provinzialsynoden)[21], doch blieben letztere reine Pfarrerkonferenzen ohne Beteiligung von Laien. Auch die ersten Presbyterien (die z. T. bald wieder rückgängig gemacht wurden) waren nicht mehr als „ein Verein von Ortspatron und Ortsgeistlichem."[22] Nur die berühmte „Rheinisch-Westfälische Kirchenordnung" von 1835 enthielt Bestimmungen, die das Laienelement dauerhaft sicherten.[23] Weitere Versuche, die Synodalbewegung zu verstärken bzw. wiederzubeleben, scheiterten an den Widerständen von konservativer Orthodoxie und preußischer Monarchie. Das „tolle Jahr" 1848 hatte in den Augen der staatlichen und kirchlichen Reaktion alle presbyterialen und synodalen Bestrebungen als „demokratisch" und daher „revolutionär" diskreditiert. Dem preußischen König und der konservativen Fronde um den christlichen „Staatsphilosophen" Friedrich Julius Stahl und den Herausgeber der „Evangelischen Kirchenzeitung" Ernst-Wilhelm Hengstenberg erschien der synodale Gedanke „ein Pendant zur parlamentarischen Demokratie zu sein, durch den der contrat social und somit ein Element der Revolution in die Kirche eindringe."[24] Lange Zeit konnte sich ein „weltoffenes kirchliches Selbstbewußt-

19 Emil Friedberg, Lehrbuch des katholischen und evangelischen Kirchenrechts. 6. verm. u. verb. Auflage, Leipzig, 1909, S. 105 f.
20 Akten des EOK zu Berlin, Generalia II—XII. Vgl. auch Pollmann, Landesherrliches Kirchenregiment, und Günter Brakelmann, Kirche, soziale Frage und Sozialismus. Bd. 1: Kirchenleitungen und Synoden über soziale Frage und Sozialismus 1871—1914. Gütersloh, 1977, S. 10 ff.
21 Kabinettsordre Kg. Friedrich-Wilhelm III. betr. die Verbesserung der evangelischen Kirchenfassung in Preußen vom 27. 5. 1816. Huber/Huber, Staat und Kirche I, S. 574 ff.
22 Thadden, Kirche im Schatten des Staates? In: Preußen im Rückblick, S. 160.
23 Wortlaut in Huber/Huber, Staat und Kirche I, S. 600 ff.
24 Hans-Joachim Schoeps, Preußen. Geschichte eines Staates. Frankfurt/Main-Berlin, 1975, S. 194.

sein"[25] durch die mangelnde Einbeziehung von Laien nicht entfalten, obwohl – wie sich später zeigte – die Beteiligung von Laien keineswegs stets die progressiven Kräfte begünstigte, sondern oftmals den Geist der konservativen „Positiven Union" (einer kirchenpolitischen Partei, vgl. weiter unten) noch verstärkte.

1860 ordnete Prinzregent Wilhelm, der spätere Kaiser Wilhelm I., die Einrichtung von Presbyterien für die gesamte preußische Monarchie an und schrieb in mehreren Erlassen zwischen 1861 und 1864 die Bildung von Kreissynoden für alle östlichen Provinzen vor.[26] 1869 kam qua Kabinettsordre die Bildung von Provinzialsynoden zustande. Die dann schließlich zur Zeit des Wirkens Rudolf Todts in den Jahren 1873 bis 1876 abgeschlossene Verfassungsgebung in der evangelischen Kirche[27] zielte darauf, die Synoden als Hilfsorgane des Kirchenregiments zu instrumentalisieren. Die Entfaltung eines lebendigen gemeindekirchlichen Lebens war über diese Vertretungskörperschaften kaum zu erreichen: Das rigorose Repräsentationssystem (Kreissynoden wählen die Mitglieder der Provinzialsynoden und diese wiederum eine Reihe der Mitglieder der Generalsynode) und die soziale Zusammensetzung der Synoden (in der Generalsynode dominierten eindeutig die Feudalaristokratie und hohe Staatsbürokratie[28]) erschwerten eine ernsthafte und kontinuierliche Interessenvertretung des „gemeinen Mannes" in der Kirche. Auch tagten die Synoden in viel zu großen Abständen, als daß sie zu echter Kontrolle der Kirchenregierungen getaugt hätten.

Das evangelische Landeskirchentum präsentierte sich als „geschlossene Gesellschaft": eine exklusive Pastoren-, Theologen- und Behördenkirche, bedacht auf die Sicherung ihrer institutionellen Existenz und vielfach unberührt von den wirklichen sozialen und politischen Gärungsprozessen an der „Basis". Die Lektüre der Lebensbeschreibungen von Mitgliedern der hohen kirchlichen Bürokratie (EOK, Generalsuperintendenten, Theologieprofessoren, Hofpredigern) und gewöhnlichen Pfarrern[29] bestätigt, daß die Pfarrerschaft und Kirchenbürokratie sich als das eigentliche „Herz" der Kirche betrachteten und in elitärer Arroganz eine „pfarrständische Eigenwelt" aufbauten, „deren eigener Jargon und eigene Lebensform die Kommunikation mit den Gemeindemitgliedern und damit eine ganze Reihe wichtiger Aufgaben massiv" behinderten.[30] Sozialhistorisch betrachtet war die evangelische Kirche zur Zeit Rudolf Todts

---

25 Thadden, Kirche im Schatten des Staates, S. 161.
26 Zum Ganzen, Hermelink, Christentum Bd. III, S. 144 ff.; E. R. Huber, Deutsche Verfassungsgeschichte, Bd. IV, S. 845 ff.
27 Kirchengemeinde- und Synodalordnung für die Provinzen Preußen, Brandenburg, Pommern, Posen, Schlesien und Sachsen vom 10. September 1873 (dekretierte die Einsetzung von „Gemeinde-Kirchenräthen", Kreis- und Provinzialsynoden). Ein weiteres Gesetz bekräftigte die Verfügungsrechte der kirchlichen Vertretungsorgane vor allem in vermögensrechtlicher Hinsicht (25. Mai 1874) und am 20. Januar 1876 wurde das kirchliche Gesetzgebungswerk mit dem Erlaß einer „Generalsynodalordnung für die evangelische Landeskirche der acht älteren Provinzen der Monarchie" abgeschlossen. Vgl. Huber/Huber, Staat und Kirche, Bd. II, S. 932 ff.
28 Pollmann, Landesherrliches Kirchenregiment, S. 51 ff.
29 An erster Stelle immer noch zu nennen die Erinnerungen von Carl Büchsel, Landpfarrer und Hofprediger. Vgl. zum gesamten Komplex die im Literaturverzeichnis angegebenen Pfarrermemoiren und Biographien.
30 Karl-Wilhelm Dahm, Beruf: Pfarrer. Empirische Aspekte zur Funktion von Kirche und Religion in unserer Gesellschaft. München, 1974³, S. 89.

in der Haupttendenz eine bürgerlich-aristokratische Kirche.[31] Das kirchenleitende Führungspersonal[32] rekrutierte sich vor allem aus gehobenem Bürgertum und wenig Adel, die Pfarrerschaft repräsentierte gehobenes, mittleres und kleines Bürgertum, wenig Bauernschaft, von Adel und Arbeiterklasse ganz zu schweigen.[33]

Gestützt wurde die Kirche vor allem vom Adel, dem Kleinbürgertum in den Städten und den ländlichen Unterschichten. Bis auf wenige temporäre und regionale Ausnahmen – vor allem einem deutlichen Stadt-Land-Gefälle – war die explizite Kirchlichkeit in den preußischen Provinzen nicht ernsthaft gefährdet[34], so sehr viele Pfarrer

---

31 Vgl. den anregenden Aufsatz von Hans-Dietrich Loock, Bürgerliche Kirche. Zur Verständigung über einen historischen Begriff. In: Jahrbuch für Berlin-Brandenburgische Kirchengeschichte, 49. Jg., 1974, S. 42 ff.

32 Vgl. v. a. Robert M. Bigler, The Social Status and Political Role of the Protestant Clergy in Pre-March Prussia. In: Sozialgeschichte heute. Festschrift für Hans Rosenberg. Hrsgg. von Hans-Ulrich Wehler. Göttingen, 1974, S. 175 ff. Derselbe, The Politics of German Protestantism. The Rise of the Protestant Church Elite in Prussia 1815–1848. University of California Press, 1972.

33 Die Quellenlage zur Herkunftsgeschichte des Pfarrerstandes im 19. Jahrhundert ist lückenhaft und spärlich. Seit 1822 stellte das Preußische Statistische Büro alle drei Jahre eine Kirchentabelle zusammen, die Angaben auch zu den Pfarrern enthielt. Seit 1830 kennen wir Zahlen zur quantitativen Entwicklung des Theologiestudiums in Deutschland. Die uns bekannten sozialstatistischen Angaben faßt zuverlässig zusammen: Sigrid Bormann-Heischkeil, Die soziale Herkunft der Pfarrer und ihrer Ehefrauen. In: Greiffenhagen, Das evangelische Pfarrhaus, S. 149 ff. Danach kamen rd. 60 % der Pfarrer im 19. Jahrhundert aus „höheren Schichten" (Pfarrer, höhere Beamte, Präzeptoren, Hochschullehrer, Lehrer, Ärzte, Apotheker, Offiziere, Kaufleute und Gutsbesitzer), 39 % aus „mittleren Schichten" (niedere Beamte, Bürgermeister, Lehrer niederer Schulen, Musiker, Chirurgen, Angestellte, Handwerker, Wirte, kleine Gewerbetreibende, Bauern, Weingärtner) und nur 1 % aus „unteren Schichten" (Arbeiter und niedere Bedienstete).
Weitere Angaben bei Karl-Wilhelm Dahm, Zur Sozialgeschichte des Pfarrerberufs. In: Derselbe, Beruf: Pfarrer, S. 11 ff. bes. S. 80 ff. Ferner: Oliver Janz, Zwischen Amt und Profession. Die evangelische Pfarrerschaft im 19. Jahrhundert. In: Hannes Siegrist (Hg.) Bürgerliche Berufe. Göttingen, 1988, bes. S. 181 ff.
Unter Bezugnahme auf Untersuchungen des Altkatholiken J. Fr. v. Schulte berichtet Hermann Werdermann (Der evangelische Pfarrer in Geschichte und Gegenwart. Leipzig, 1925, S. 122), daß von 439 berühmten Vertretern des Pfarrerstandes im 19. Jahrhundert allein 319 aus Pfarrersfamilien kamen, gefolgt von Juristen, Ärzten und Lehrern. Für Hessen-Darmstadt berichtet Wilhelm Baur (Das evangelische Pfarrhaus. Bremen, 1884, S. 132): Von 1838 bis 1868 legten 520 Kandidaten die zweite Prüfung ab. Von diesen waren 173, also ein Drittel, Pastorensöhne. 100 stammten von Beamten, 97 von Lehrern, 88 von Bürgern und Bauern, 19 von Kaufleuten, 11 von Ärzten und Apothekern, 2 von Offizieren.
Vgl. allgemein zum Pfarrerstand: Paul Drews, Der evangelische Geistliche in der deutschen Vergangenheit; Christian Homrichhausen, Evangelische Pfarrer in Deutschland. In: Bildungsbürgertum im 19. Jahrhundert. T. 1. Hrsg. von Werner Conze und Jürgen Kocka. Stuttgart, 1985, S. 248 ff. Hans-Ulrich Wehler, Deutsche Gesellschaftsgeschichte, Bd. 2, S. 460 f.

34 Unter „Kirchlichkeit" wird hier verstanden: Beteiligung an Gottesdienst und Abendmahl, Beteiligung an den Kasualien (Taufe, Konfirmation, Trauung, etc.), Häuslich-religiös-kirchliche Sitten (Tischgebet, Morgen- und Abendandachten, Beachtung der Feiertage, religiöse Unterweisung der Kinder), christliche Lebenshaltung in Ehe und Familie.
Guter Überblick zur Problemgeschichte kirchlicher Statistik: Lucian Hölscher, Möglichkeiten und Grenzen der statistischen Erfassung kirchlicher Bindungen. In: Seelsorge und Diakonie in Berlin. Hrsg. von Kaspar Elm und Hans-Dietrich Loock. Berlin/New York, 1990, S. 39 ff. Vgl. auch: Derselbe, Weltgericht oder Revolution. Stuttgart, 1989. S. 140 ff.
Nach Mitteilungen von Karl Themel sank die Zahl der Taufen im Zeitraum von 1873–1875 von 32.073 auf 19.291, die Zahl der Trauungen von 11.531 auf nur 2.647. Vgl. Karl Themel, Die Mitglieder

auch über „Entkirchlichung", „Entchristlichung" und vermeintliche „Entsittlichung" klagen mochten.[35] Ihre Gravamina signalisierten aber sehr deutlich die Verunsicherung eines angefochtenen und heftig kritisierten Berufsstandes, der seine Position in den Prozessen des sozialen Wandels erst neu bestimmen mußte.[36]

Die wirtschaftliche Abhängigkeit der Kirche vom Staat war trotz eigener kirchenregimentlicher Organe und Selbständigkeitsbestrebungen in der zweiten Hälfte des 19. Jahrhunderts weitaus größer als zu Beginn des Jahrhunderts, dem Höhepunkt des territorialistischen Kirchenwesens.[37] In dem Maße wie die preußischen Reformen[38] das Entstehen einer bürgerlichen Gesellschaft begünstigten, mußte die Kirche ein neues Selbstverständnis zu entwickeln beginnen und ihre Rolle in einer bürgerlich werdenden Gesellschaft reflektieren. Der Prozeß der Selbstreflexion war dabei entscheidend von den ökonomischen, sozialen und politischen Umwälzungen der industriellen Revolution geprägt.

Der Fortgang der Säkularisierung[39] warf nicht nur Fragen nach der wirtschaftlichen Existenz von Kirche auf, sondern die Veränderungen der Gesellschaftsordnung (Landflucht, Verstädterung, Bauernbefreiung etc.) beeinflußten zudem Größe und Sozialstruktur der Gemeinden zum Nachteil einer materiell lebensfähigen kirchlichen Versorgung nachhaltig. Die Selbständigkeitsbestrebungen der evangelischen Landeskirchen in der ersten Hälfte des 19. Jahrhunderts[40] haben — wie in der kirchengeschichtlichen

---

und die Leitung des Berliner Konsistoriums von 1816 bis 1900. II. Teil. In: Jahrbuch für Berlin-Brandenburgische Kirchengeschichte, Jg. 43 (1968), S. 55 ff. Vgl. auch die Angaben bei Paul Pieper, Kirchliche Statistik Deutschlands, Tübingen/Leipzig, 1900², S. 210 ff., der für Berlin 1876—1880 ein Tiefstand der Taufen von 75,2% ermittelt (1886—1890 = 87,5%) und für die Trauungen 1876—1880 nur 35,8% (1886—1890 = 63,42%!). Die Provinz Brandenburg blieb von diesen Tendenzen weitgehend unberührt, auch von der im Gefolge der antikirchlichen Agitation des Sozialdemokraten Johann Most 1878 in Berlin beobachteten kurzzeitigen „Austrittswelle".

35 Vgl. dazu v.a. Marbach, Säkularisierung und sozialer Wandel.

36 Vgl. v.a. Homrichhausen, Evangelische Pfarrer; sowie Janz, Amt und Profession.

37 Der Territorialismus war ein System staatlicher Kirchenhoheit in der die dem Schutz des Landesherren anbefohlene Kirche mehr und mehr staatlicher Bevormundung und Aufsicht unterworfen wurde. Pfarrer wurden zu Staatsbeamten und hatten die königlichen Befehle, meist Armenpflege und Schulaufsicht betreffend, auszuführen. Die aus den Visitationskommissionen zur Neuordnung des reformatorischen Kirchenwesens hervorgegangenen Konsistorien entwickelten sich zu straffen bürokratischen Beamtengremien, „geleitet nach Maßgaben und Observanzen fürstlicher Kabinettspolitik". (Erik Wolf, Ordnung der Kirche, Lehr- und Handbuch des Kirchenrechts auf ökumenischer Basis. Frankfurt/Main, 1961, S. 382) Höhepunkt eines veräußerlichten landesherrlichen Kirchenwesens stellten die Bestimmungen des preußischen Allgemeinen Landrechts von 1794 dar, in denen die Kirchen in kollegialistischer Terminologie als „Kirchengesellschaften" und „privilegierte Corporationen" ganz den Staatszielen untergeordnet wurden.

38 1807/1808 wurden im preußischen Staatsverband die Provinzialkonsistorien aufgehoben und ihre Befugnisse sogenannten „Geistlichen und Schuldeputationen" bei den Regierungen übertragen. An die Stelle des für die Kirchen königlichen Patronats zuständigen Oberkonsistoriums — trat eine weltliche Behörde: die „Abteilung für Kultus- und öffentlichen Unterricht" des Innenministeriums. Vgl. Huber/Huber, Staat und Kirche I, S. 54 ff.

39 Vgl. die bekannten Bestimmungen des § 35 Reichsdeputationshauptschluß vom 25. Februar 1803 und das preußische Edikt vom 30. Oktober 1810 über die „Einziehung sämtlicher geistlicher Güter in der Monarchie". Vgl. zum Ganzen: Niedner, Die Ausgaben des preußischen Staates, S. 134 ff.

40 Gemeint sind damit alle theologisch, ekklesiologisch, kirchenrechtlich oder kirchenpolitisch motivierten Bestrebungen, die Kirchen in ihrem bekenntnismäßigen und organisatorischen Zusammen-

Literatur mitunter einseitig dargestellt – nicht nur theologische, ekklesiologische kirchenrechtliche, kirchenpolitische oder sozialethische Gründe, sondern sind entscheidend auch von der Furcht um das ökonomische Überleben in einem säkularisierten Staat, einer bürgerlichen Gesellschaft, geprägt. Wovon sollte Kirche leben, wenn Säkularisationen Kirchengut enteigneten, Bauernbefreiung und Separationen Pachterträge minderten, Naturalabgaben in Geldzahlungen umgewandelt wurden und diese den Schwankungen der Konjunktur unterlagen oder wenn Pfarrländereien durch Landflucht gänzlich unbewirtschaftet blieben, ganz zu schweigen von dem zunehmenden Unmut der ländlichen Bevölkerung über Offertorien, Zehnte und Stolgebühren. Die Kirche stand nun einmal bis zur Hälfte des 19. Jahrhunderts auf dem Boden eines durch geringe Staatsleistungen ergänzten Pfründen- und Gebührenwesens. So drängte der „Besitzverlust... die Kirche" dazu, „sich um neue Grundlagen der Eigenständigkeit zu bemühen und jedenfalls verstärkt über die Frage nachzudenken, was in dieser Hinsicht Sache des Staates bzw. der Kirche sein sollte."[41]

In dem Maße wie der Finanzbedarf der Kirche durch die Folgen der Industrialisierung stieg und krasse kirchliche Versorgungsdefizite – insbesondere in neuen städtischen Ballungszentren – zu Tage traten, die Einkünfte aus den Kirchenvermögen längst nicht mehr zur Versorgung der Pfarrer ausreichten und schließlich in den neunziger Jahren die Stolgebühren[42] nebst anderen Abgaben[43] schrittweise fortfielen, sah sich der Staat zu einer Politik dauerhafter finanzieller Unterstützung genötigt. Die Tätigkeit der Kirche wurde – wie Niedner richtig formuliert – „als solche anerkannt, deren Wahrnehmung auch im staatlichen Interesse liegt, deren Wegfall im staatlichen Interesse verhindert werden muß, ja die der Staat selbst wieder in die Hand nehmen müßte, wenn die Kirche ihre Aufgabe versäumte."[44]

---

halt zu stärken, die ursprünglichen Intentionen von Kirche als der „congregatio vere confidorum" zur Geltung zu bringen und ihre Selbständigkeit gegenüber dem Staat zu betonen. Als Beispiele können genannt werden: Schleiermachers Verfassungsvorschlag vom September 1808, das Gutachten der aufgeklärten Konsistorialräte Sack, Hanstein und Ribbeck 1815, die Diskussionen auf den 1843/44 wiederbelebten Provinzialsynoden und der außerordentlichen Generalsynode 1846 in Preußen sowie die Debatten der Deutschen Evangelischen Kirchenkonferenzen 1852–1855. Vgl. zum Ganzen Foerster, Landeskirche. Siehe auch: Pollmann, Landesherrliches Kirchenregiment, S. 137 ff.

41 Thadden, Kirche im Schatten des Staates, S. 158.

42 Stolgebühren (auch: Akzidentien, Casualien, Stolien, Stolrechte oder Stoltaxen genannt) waren feste Beiträge für kirchliche Amtshandlungen wie Taufen, Trauungen, Beerdigungen, die der Pfarrer erhielt. Als Konsequenz der Zivilstandsgesetzgebung vom 6.2.1875 wurden sie in einzelnen Ländern bald abgeschafft, in Preußen endgültig durch ein Kirchengesetz vom 28.6.1892. Für Beerdigungen hielt sich die Sitte der Abgabe aber noch wesentlich länger. Es ist auch heute noch durchaus üblich, dem Pfarrer einen Geldbetrag für gemeindliche oder karitative Zwecke zur Verfügung zu stellen (sog. „schwarze Kassen"). Der durch den Fortfall der Stolgebühren bedingte Einnahmeausfall wurde durch staatliche Zuschüsse ausgeglichen. Vgl. dazu: Schoen, Evangelisches Kirchenrecht, Bd. II, S. 555 ff. „Stolgebühren" in RE, Bd. XIX, S. 67 ff.

43 Zu den anderen Abgaben älteren Rechts zählten die sogenannten „Zehnten" und Offertorien", alles Abgaben, die im Laufe des 19. Jahrhundert z. T. in Geldzahlungen umgewandelt wurden (wie bei den Zehnten durch Gesetz aus dem Jahre 1872) oder ganz einschließen. Vgl. Schoen, Kirchenrecht II, S. 561 ff.

44 Niedner, Ausgaben, S. 316.

Materiell konnte sich die Kirche durchaus auf den Staat verlassen: Der Staatshaushalt des preußischen Staates wies in dem Abschnitt „C. Staatsverwaltungsausgaben IX, Ministerium der geistlichen Unterrichts-, Kultus- und Medizinalangelegenheiten" in den Kapiteln 111 bis 113 sowie 118 bis 124 für das Jahr 1903 rd. 10 Millionen Goldmark an Aufwendungen für kirchliche Zwecke aus[45], zehn Jahre später waren jene Ausgaben auf rd. 27 Millionen Goldmark angewachsen.[46] Davon wurden die Pfarrer besoldet, die Kirchenorganisation samt Bürokratie alimentiert, die Kirchenbauten erhalten (bzw. Neubauten finanziert), Pensionen, Stipendien, Witwen- und Waisenunterstützungen gewährt sowie Ausgaben für Kultus- und Unterrichtszwecke bestritten.

Die großzügigen Staatsleistungen blieben stets unter staatlicher Kontrolle – trotz des inzwischen ausgebauten Kirchen-Behördenapparats. Die im Zusammenhang mit den Beratungen um die Generalsynodalordnung 1876 oftmals von kirchlicher Seite erhobene Forderung nach einer jährlich festen Staatsdotation, deren Verwendung allein die Kirche bestimmen solle, erfuhr seitens der Staatsregierung stets freundliche, aber bestimmte Ablehnung. Nach der Jahrhundertwende verstummten solche Forderungen auch. Namentlich die enge Verknüpfung von Staatsinteressen und kirchlichem Eigeninteresse, die durch reichhaltige finanzielle Unterstützung dokumentiert wurde, führte die subtilen kirchen- und staatsrechtlichen Differenzierungen zwischen Staat und Kirche ad absurdum. Der Staat wollte seine Zuwendungen zwar als subsidiäre verstanden wissen, um einen kirchlichen Rechtsanspruch zu wehren, hatte sich aber längst in gewohnheitsrechtliche Bindungen begeben.

4.2 Zur politischen Kultur des protestantischen Staatskirchensystems

Die politische Kultur des deutschen Protestantismus ist nachhaltig durch die Revolution von 1848[47] geprägt worden. Das „Entscheidungsjahr 1848"[48] zeigte konzentriert die Schwächen des deutschen Protestantismus und seiner Pfarrerschaft:

---

45 Niedner, Ausgaben, S. 4 ff.
46 E. Foerster, Staatsaufwendungen für kirchliche Zwecke, RGG (1. Auflage, 1913) Bd. V, Sp. 871.
47 Eine neuere Gesamtdarstellung der Haltung der evangelischen Kirche zur Revolution fehlt. Man muß immer noch zurückgreifen auf Walter Delius, Die Evangelische Kirche in der Revolution 1848. Berlin, 1948. Martin Schmidt, Die Bedeutung des Jahres 1848 für die evangelische Kirchengeschichte. In: Zeichen der Zeit (2), 1948, S. 307 ff. und 408 ff. Anette Kuhn, Die Kirche im Ringen mit dem Sozialismus 1803–1848. München, 1965.
    Übersichtliche Zusammenfassungen in: Greschat, Das Zeitalter der Industriellen Revolution, S. 123 ff. Groh, Nineteenth Century German Protestantism, S. 225 ff. William Oswald Shanahan, Der Protestantismus vor der sozialen Frage, München, 1962. S. 225 ff. Eine Reihe von neueren, sehr hilfreichen Aufsätzen in: Pietismus und Neuzeit. Ein Jahrbuch zur Geschichte des neuen Protestantismus, i. A. der Historischen Kommission zur Erforschung des Pietismus hrsg. von Martin Brecht u. a. Bd. 5, Schwerpunkt: Die evangelische Kirchen und die Revolution von 1848. Göttingen, 1979.
48 Karl Kupisch, Vom Pietismus zum Kommunismus. Berlin, 1953, S. 108.

— die defensive, gesellschaftspolitisch defizitäre, theologische Analyse demokratischer, republikanischer und konstitutioneller Denkströmungen und die Schwäche liberal-aufgeklärter Kritik am System der Restauration und des Feudalstaates;

— das Übergewicht konservativ-ordnungstheologischer Positionen in Staats- und Verfassungsverständnis sowie in der Beurteilung sozialer, ökonomischer und kultureller Wandlungsprozesse;

— das Ungenügen in der Analyse der Herkunftsgründe der sozialen Frage und des Sozialismus als Idee und Bewegung;

— die Unfähigkeit trotz drohender fortschreitender Säkularisierung von Staat und Gesellschaft (Trennung von Staat und Kirche im Verfassungsentwurf der Frankfurter Paulskirchenversammlung) zu einer über landeskirchlichen Partikularismus und theologisch-konfessionalistische Grenzen reichenden Einheit ("Kirchenbundsfrage") zu finden.

Die Revolution von 1848 wurde für den größten Teil protestantischer Theologen auf Kathedern und Kanzeln zum traumatischen Erlebnis.[49] Mit Ausnahme einzelner rationalistisch und liberal orientierter Theologen und Laien, die in der Revolution Chancen zur Liberalisierung von Staat, Kirche und Gesellschaft erblickten[50], reagierte die Majorität der Theologen schwankend, verwirrt und mit schroffer Ablehnung. Eindeutige politisch qualifizierte Beurteilungen der Revolution wurden dadurch erschwert, daß sich in ihr "so verschiedenartige Strömungen wie konstitutionell-liberale, radikal-demokratische, sozial-reformerische und national-idealistische"[51] mischten und im geschichtlichen Ablauf eine sozialrevolutionär-proletarische sich lautstark artikulierte. Die Haltung der konservativen und liberal-vermittlungstheologisch ausgerichteten Theologen[52] ist ebensowenig einheitlich gewesen wie die innerhalb des lutherischen, unierten oder reformierten Lagers.[53] Schon Ernst Schubert konstantierte in seiner Arbeit über evange-

---

49 Vgl. dazu die Fülle der Zeugnisse bei Ernst Schubert, Die evangelische Predigt im Revolutionsjahr 1848. Ein Beitrag zur Geschichte der Predigt wie zum Problem der Zeitpredigt. Gießen, 1913. S. 5 ff.

50 Zwei Studien haben diesen lange vernachlässigten Aspekt vormärzlichen religiösen Protestes und Bejahung der Revolution vorbildlich analysiert und dokumentiert: Jörn Brederlow, "Lichtfreunde" und "Freie Gemeinden". Religiöser Protest und Freiheitsbewegung im Vormärz und in der Revolution von 1848/49. München, 1976. Für den katholischen Bereich: Friedrich-Wilhelm Graf, Die Politisierung des religiösen Bewußtseins. Die bürgerlichen Religionsparteien im deutschen Vormärz: Das Beispiel des Deutschkatholizismus. Stuttgart, 1978. Vgl. ferner: Hans Rosenberg, Theologischer Rationalismus und vormärzlicher Liberalismus. In: Derselbe, Politische Denkströmungen im deutschen Vormärz, Göttingen, 1972, S. 18 ff. Walter Bredendiek, Zum Engagement progressiver Theologen in der bürgerlichen Revolution von 1848. In: Tradition und Verpflichtung. Hrsg. vom Sekretariat des Hauptvorstandes der CDU. Berlin, 1973, S. 22 ff. Eberhard Amelung, Die demokratischen Bewegungen des Jahres 1848 im Urteil der protestantischen Theologie. Diss. Marburg, 1954. Groh, Nineteenth Century German Protestantism, S. 225 ff.

51 Kantzenbach, Christentum in der Gesellschaft, Bd. 2, S. 311.

52 Vgl. zur Vermittlungstheologie: Stephan / Schmidt, Geschichte der evangelischen Theologie, S. 228 ff. Martin Kähler, Geschichte der protestantischen Dogmatik im 19. Jh. Hrsgg. von Ernst Kähler. München, 1962. S. 93 und S. 140 ff. Flückiger / Anz, Theologie und Philosophie, S. 44 ff. Hirsch, Geschichte der neuen evangelischen Theologie, Bd. V, S. 364 ff. R. Holte, Die Vermittlungstheologie, Uppsala, 1965.

53 Beispiele für tiefgehende Differenzen im lutherischen Lager zeigt F. W. Kantzenbach, v. a. für Johannes Chr. von Hofmann und Adolf Harleß: Politische Probleme im Spiegel der Beurteilung

lische Predigt im Revolutionsjahr eine „grelle Disharmonie" der Standpunkte: „Die heute leider allgemein verbreitete Anschauung, der konservative Politiker und der orthodoxe Theologe auf der anderen Seite seien notwendigerweise Brüder, findet in den Predigten von 1848 keine hinreichende Begründung."[54] Die Theologie determinierte also keinesfalls die politische Haltung und umgekehrt. Wir haben es dagegen mit einer komplizierten Motivstruktur zu tun, die bis heute noch nicht befriedigend quellenmäßig aufgearbeitet worden ist.

Quer durch alle Lager traten zwei grundlegende Denkweisen als dominierend hervor:

— Ablehnung des gewaltsamen Aufbegehrens der Revolutionäre gegen die „legitime", „gottgewollte" monarchische Herrschaftsordnung.
— Sorge um den Bestand der Kirche und die „Christlichkeit" des Staates und verstärkte Anstrengungen um Einigung des Protestantismus in einem „Kirchenbund" oder gar einer „Nationalkirche".

Die revolutionären Märzereignisse deutete man nicht nur als illegitimen politischen Aufstand gegen die Obrigkeit von Gottes Gnaden, sondern als Kampf der „Kinder der Finsternis" gegen das Reich Gottes und die von Gott dem Menschen vorgegebenen Schöpfungsordnungen: monarchischer Staat, Ständegesellschaft, Ehe, Familie und Eigentum.

Der Magdeburger Oberlandesgerichtspräsident Ernst Ludwig von Gerlach (1795 — 1877), Berater des preußischen König Friedrich Wilhelm IV., Mitglied der berühmtberüchtigten konservativen „Kamarilla" und Mitbegründer der konservativen Partei[55], legte den Teilnehmern des ersten deutschen Kirchentages[56] am 22. September 1848 eine Erklärung vor („Zeugnis gegen die Revolution"), die an Deutlichkeit nichts zu wünschen übrig ließ. Darin wurde die Befürchtung geäußert, daß in den „Stürmen des entfesselten Fleisches... Volksvertreter und Staatsmänner" danach trachteten „die Nation zu entweihen, ihre völlige Gleichgültigkeit gegen alles, was Glaube und Religion heißt, zu proklamieren, und ihr, als Nation, jedes Bekenntnis und jede Anbetung Gottes zu verbieten."[57] Dagegen sollte die Kirche bekennen, „daß alle Obrigkeit von Ihm als der höch-

---

lutherischer Theologen des 19. Jahrhunderts. In: Derselbe, Gestalten und Typen des Neuluthertums. Gütersloh, 1968, S. 222 ff.

54 Schubert, Evangelische Predigt, S. 146.

55 Zu Gerlach, vgl. immer noch unübertroffen: Hans-Joachim Schoeps, Das andere Preußen. 5. neubearb. Auflage, Berlin, 1981, S. 1 ff. Ferner zu den preußischen Konservativen allgemein: Alfred Martin, Weltanschauliche Motive im altkonservativen Denken. In: Gerd-Klaus Kaltenbrunner (Hrsg.) Konservatismus in Europa, Freiburg, 1972, S. 139 ff. Hans-Joachim Schoeps, Die preußischen Konservativen. Ebda. S. 181 ff. Karl Buchheim, Geschichte der christlichen Parteien in Deutschland. München, 1953. Oscar Stillich, Die politischen Parteien in Deutschland. Bd. 1: Die Konservativen. Leipzig, 1908. Wilhelm Ribhegge, Konservative Politik in Deutschland. Von der französischen Revolution bis zur Gegenwart. Darmstadt, 1989, S. 66 ff. Kurt Lenk, Deutscher Konservatismus, Frankfurt/Main-New York, 1989, S. 71 ff.

56 Zum ersten deutschen evangelischen Kirchentag vgl. den Artikel „Kirchentag" in RE, Bd. II, S. 476 ff. Shanahan, Protestantismus, S. 236. Joachim Cochlovius, Bekenntnis und Einheit der Kirche im deutschen Protestantismus 1840—1850. Gütersloh, 1980, S. 174 ff.

57 Verhandlungen der Wittenberger Versammlung für Gründung eines deutschen evangelischen Kirchenbundes im September 1848. Nach Beschluß und im Auftrag derselben veröffentlicht durch ihren Schriftführer Dr. Kling. Berlin, 1848, S. 46.

sten Obrigkeit verordnet und mit einem Strahl und Abglanz Seiner Majestät begabt ist, zur Handhabung Seines heiligen Gesetzes in der Menschheit und wie der Apostel lehrt, zur ‚Rache über die Uebelthäter und zum Lob der Frommen.'"[58] Obgleich die „große Mehrzahl"[59] der Versammlung der Erklärung inhaltlich ohne weiteres zustimmen konnte, unterblieb aus opportunistischen Gründen eine förmliche Verabschiedung.[60]

Es war die „Denkart von 1789" — wie Friedrich-Julius Stahl (1802–1861) schrieb[61], die man leidenschaftlich ablehnte und bekämpfte: „Die Philosophie der rationalistischen Aufklärung, der Grundgedanke der allgemeinen Menschenrechte wie die Forderungen nach Demokratie und Republik — dieses Gemisch aus neuzeitlicher atheistischer Philosophie und Naturrechtslehre, aus politischer Anthropologie und parlamentarisch-demokratischen Ordnungsvorstellungen" traf „auf den härtesten religiös-weltanschaulichen Widerstand des evangelischen Kirchentums…"[62] Die Revolution galt — nach den Worten Stahls — als die „äußerste Sünde auf politischem Gebiete"[63], als totaler Aufstand der menschlichen Werkgerechtigkeit, weil sie sich gegen die historisch gewachsenen, bewährten und deshalb allein legitimen und gottgefälligen Ordnungen wende und die „Emanzipation" des Menschen verkünde. Denn: wer sich selbst helfen kann, dem kann Gott nicht mehr helfen.

Ein personalistisch-heilsgeschichtlich strukturiertes Obrigkeits- und Staatsverständnis determinierte den Vorstellungskreis der Konservativen: Legitime Obrigkeit von Gottes Gnaden kann nur *eine Person* sein, nicht aber eine *„Konstitution"*, wobei die konstitutionelle Monarchie nicht gänzlich verworfen wurde.[64] „Christlich" ist ein Staat, wenn die Obrigkeit ihr Dasein als Ausdruck des göttlichen Gestaltungs- und Ordnungswillen begreift und die Untertanen sich in Ehrfurcht vor dem göttlichen Walten der obrigkeitlichen Gewalt von Gottes Gnaden freiwillig unterordnen. Das Christentum schlingt sein einigendes Band um Obrigkeit und Untertanen. Die Obrigkeit muß ihre Pflichten dem gemeinen Wohl gegenüber erkennen, Gerechtigkeit üben und auch soziale Fürsorge leisten, während die Untertanen — fleißig und arbeitsam — der Obrigkeit

---

58 Ebda.

59 Ebda., S. 47.

60 Obgleich dem Kirchentag eine Reihe prominenter konfessionalistisch orientierter Lutheraner (u. a. Adolf Harleß, Führungsfigur des süddeutschen konfessionellen Luthertums) fernblieben, darf man deren Zustimmung mit voraussetzen, denn ihr Fernbleiben hatte ausschließlich bekenntnismäßige Gründe. Haupteinwand gegen eine förmliche Verabschiedung der Erklärung war ihr politisch demonstrativer Charakter. Die Kirchenvertreter befürchteten eine deutliche Schwächung ihrer Position in den Gemeinden. Und das bezog sich mit Sicherheit nicht nur auf das geistig-weltanschauliche Gebiet!

61 Friedrich-Julius Stahl, Die gegenwärtigen Parteien in Staat und Kirche. 29 akademische Vorlesungen. Berlin, 1863. (2. Vorlesung)

62 Günter Brakelmann, Kirche und Arbeiterbewegung: Evangelische Kirche und Arbeiterbewegung. In: Derselbe, Kirche in Konflikten ihrer Zeit, S. 53.

63 EKZ, Nr. 22, 17. März 1852, Sp. 198.

64 Gerlach und Stahl traten im Gegensatz zu manchen konservativen Zeitgenossen frühzeitig für einen „ständischen Konstitutionalismus" ein. Vgl. Schoeps, Das andere Preußen, S. 29. Zum Problem der konstitutionellen Monarchie im 19. Jahrhundert vgl. Ernst-Wolfgang Böckenförde, Der Verfassungstyp der deutschen konstitutionellen Monarchie im 19. Jahrhundert. In: Moderne deutsche Verfassungsgeschichte. Herausgegeben von E. W. Böckenförde. 2. veränderte Auflage, Königstein/Ts., 1981, S. 146 ff. Dieter Grosser, Vom monarchischen Konstitutionalismus zur parlamentarischen Demokratie. Den Haag, 1970.

den nötigen Gehorsam schulden. Allein die christliche Sittenlehre kann Fundament des Staates sein, den Stahl in einer widersprüchlichen Mischung lutherischer und Schelling'-scher Staatsauffassung[65] als „sittliches Reich" kennzeichnet, in dem göttliche Fügung und Ordnungswille sowie menschliche freie Gestaltungskraft verbunden sind. Der Staat als sittliches Reich findet nach Stahl im Erbkönigtum seine bestimmte göttliche Legitimation: Das erbliche Königtum „ist eingesetzt, damit eine Herrschaft über den Menschen bestehe, persönlich, in sich einig, in sich gegründet, die sich nicht gegeben, dadurch erhaben und majestätisch über ihnen, mächtig, sie in Ordnung zu halten und zu lenken, heilig, sie mit Ehrfurcht zu erfüllen."[66]

Im König von Gottes Gnaden verkörpert sich die „Ursprünglichkeit und Erhabenheit der Herrschaft"[67], er ist die persönliche Autorität, die jeder Staat braucht, um seiner Aufgabe, das sittliche Reich zu verwirklichen, gerecht zu werden.[68] Revolution und Demokratie mit ihrer Forderung nach Menschenrechten und Volkssouveränität werden als Resultate rationalistischen Geistes verdammt. Die Demokratie, wie sie sich im Gefolge der „Denkart von 1789" entfaltet hatte, war — so Stahl — die „absolute Offenbarung des Princips der Revolution: die vollständige Emancipation des Menschen von der höheren Macht über ihm, der Titanenkampf gegen gottgesetzte Ordnung unter Menschen, unter dem glänzenden Schein einer Erhebung des Menschengeschlechts, eines Reichs der allgemeinen Menschenliebe."[69]

Gegen die von der Revolution und der Demokratie verkündete „absolute Emancipation des Menschen von der göttlichen Offenbarung und göttlich-menschlichen historischen Ordnung"[70] steht Stahls Staatsideal: das Erbkönigtum von Gottes Gnaden, geschichtlich geworden, bewährt, daher legitim, von erhabener Persönlichkeit und Dauer, ein Rechtsstaat, der zu Nutz und Frommen seiner Untertanen das gemeine Wohl verwirklicht. Die Bestimmung des Gemeinwohls unterliegt ausdrücklich nicht einem demokratischen Konsensverfahren, weil die in rationalistischen Fesseln gefangene „allgemeine vernünftige Sittlichkeit"[71] dazu nicht fähig sei. Es bedarf dagegen der Fundierung des Staates auf der „bestimmten positiv geoffenbarten Religion."[72]

---

65 Vgl. dazu v. a. Dieter Grosser, Grundlagen und Struktur der Staatslehre F. J. Stahls. Köln/Opladen, 1863, S. 31 ff. und bes. S. 44 ff. Zu Stahls Staats- und Revolutionstheorie, ferner: E. Fahlbusch, Die Lehre von der Revolution bei F. J. Stahl. Diss. Göttingen, 1954. Zu den Menschenrechten: Gottfried Hütter, Die Beurteilung der Menschenrechte bei Richard Rothe und Friedrich Julius Stahl. Frankfurt/Main-Bern, 1976. Zu Rezeption und Wirkungsgeschichte der Theorien Stahls: Hans-Jürgen Wiegand, Das Vermächtnis Friedrich-Julius Stahls. Ein Beitrag zur Geschichte konservativen Rechts- und Ordnungsdenkens. Königstein, 1980. Wilhelm Füssl, Professor in der Politik. Friedrich-Julius Stahl (1802—1861) Göttingen, 1988.

66 Friedrich-Julius Stahl, Die Philosophie des Rechts. 2 Bde. (ND der 5. unveränd. Auflage, Tübingen, 1878) 6. Auflage Darmstadt, 1963, hier: Bd. 2, II, S. 236.

67 Ebda.

68 Vgl. zum Begriff des „sittlichen Reiches" ebda., S. 3 ff. und Grosser, Grundlagen, S. 54 ff.

69 Stahl, Die gegenwärtigen Parteien, S. 195.

70 Stahl, Philosophie des Rechts, Bd. 2, II, s. Vorrede z. 2 Auflage, S. XIII.

71 Stahl, Die gegenwärtigen Parteien, S. 315.

72 Ebda. Siehe auch Stahls programmatische Schrift „Der christliche Staat und sein Verhältnis zu Deismus und Judentum. Berlin, 1847, sowie seine und Gerlachs Ausführungen auf dem zweiten Kirchentag in Wittenberg 1849. Vgl. Verhandlungen der zweiten Wittenberger Versammlung für Gründung eines Deutschen evangelischen Kirchenbundes im September 1849. Nach Beschluß und Auftrag derselben veröffentlicht durch ihren Schriftführer Dr. Weiß. Berlin, 1849, S. 12 ff.

Dieser konservativen Fassung des christlichen Staates[73] in den Kategorien der Stahl'-schen „Theologie des preußischen Hochkirchentums"[74] standen liberale Protestanten und Vermittlungstheologen nicht grundsätzlich ablehnend gegenüber. Auch sie waren von der göttlichen Bestimmung des Staates überzeugt. Die Gegensätze entzündeten sich an der Frage nach dem Verhältnis von Obrigkeit und Untertanen, Staat und Volk, dem „Problem des Charismas der Staatsgewalt und der Rechtfertigung der Souveränität" sowie der Frage „nach einem Recht der Revolution von oben und unten."[75]

Diese Fragen wurden damals leidenschaftlich diskutiert, und wir treffen schon Mitte des 19. Jahrhunderts die grundsätzlichen Argumentationslinien von konservativ bis liberal an, die bis in die Gegenwart christliche Staatsethik prägten. Anschaulich wird dies in dem Briefwechsel der Brüder Franz und Willibald Beyschlag, die die stürmischen Jahre als Theologiestudenten in Bonn und Berlin erlebten und in ihrer Heimatstadt Frankfurt am Main unmittelbare Eindrücke von der tagenden Nationalversammlung erfuhren. Willibald, der spätere Gründer des streng antikatholischen „Evangelischen Bundes" und der „Mittelpartei"[76], plädierte als der ältere und konservativere für das erbliche Königtum und „die von dem Volkswillen unabhängige Autorität der Obrigkeit."[77] „Wir standen beide", so schreibt Willibald Beyschlag rückblickend, „unbedenklich auf dem Ausgangspunkte, daß alle Obrigkeit von Gott sei, aber über die Tragweite dieses Satzes gingen unsere Ansichten einstweilen ziemlich auseinander."[78] Franz trat eher im Sinne liberaler und vermittlungstheologischer Argumentation für die Ausgestaltung der konkreten Ordnung durch den Volkswillen ein und näherte sich dem Grundsatz der Volkssouveränität, während Willibald das Königtum als ein „von Gott geordnetes unverletzliches Amt" ansah, „das die Macht haben müsse, die in ihm liegenden Pflichten frei zu erfüllen."[79]

Gewissermaßen kirchenamtlich wurde die hier erwähnte brüderliche Kontroverse auf dem dritten Kirchentag 1850 in Stuttgart ausgetragen, wo Friedrich-Julius Stahl als Vertreter der konservativen und der Theologieprofessor *Isaak August Dorner*[80] als Repräsentant der Vermittlungstheologie gegeneinander auftraten. Referate und Diskussionen vermitteln ein lebendiges Bild der dmaligen Debatten und sind zugleich paradigmatisch für den Standort des deutschen Protestantismus in Staatstheorie und Sozialethik im 19. Jahrhundert. Dorner vertrat hier folgende Grundsätze:

---

73 Vgl. die Zusammenfassung der verschiedenen Interpretationen des christlichen Staates bei Trutz Rendtorff, Christentum. In: GG, Bd. 1, S. 801 ff.

74 Martin Greiffenhagen, Die Aktualität Preußens. Frankfurt/Main, 1981, S. 23.

75 Joachim Rohlfes, Staat, Nation und Evangelische Kirche im Zeitalter der deutschen Einigung 1848–1871. In: GWU H. 10, 1958, S. 599.

76 Zu den kirchlichen Parteien siehe Pollmann, Landesherrliches Kirchenregiment, S. 54 ff. (Mittelpartei, S. 60)

77 Willibald Beyschlag, Aus dem Leben eines Frühvollendeten. Des evangelischen Pfarrers Franz Beyschlag. Ein christliches Lebensbild aus den früheren Zeiten des Jahrhunderts. 7. Auflage, Halle, 1895, S. 165.

78 Ebda.

79 Ebda., S. 166.

80 Zu Dorner vgl. den Artikel „Dorner" in der RE, Bd. II. (Zu allen biographischen Angaben vgl. die bis jetzt vorliegenden Lieferungen des Bibliographisch-Biographischen Kirchenlexikons. Hrsgg. von F. W. Bautz. Hamm, 1975).

- der von Römer 13, 1-7 geforderte Gehorsam gegenüber der Obrigkeit gilt nicht einer *Person,* sondern der gottgewollten *Ordnung* und dem gottverliehenen *Recht;*[81]
- der Staat ist nur *eine* ursprüngliche Gottesordnung unter anderen (Ehe, Familie etc.);
- der Apostel Paulus schreibt „keineswegs eine bestimmte Staatsverfassung oder Vertheilung der Regierungsgewalten vor. Das Christenthum kann leben und blühen in den verschiedensten Staatsformen."[82]
- Es ist Christenpflicht, namentlich für die Geistlichen, eine *Verfassung* als „preiswürdiges sittliches Gut" anzunehmen und zu verteidigen, die die Idee der Gerechtigkeit materiell und formell verkörpert und geeignet ist, Anarchie, Revolution und Absolutismus abzuwehren.[83]
- Wo die göttlichen Ordnungen von der Staatsmacht willkürlich mißbraucht, ja aufgehoben werden, gilt die „clausula petri" Apg. 5, 29: „man muß Gott mehr gehorchen als den Menschen." In einem solchen Fall „kann nach Umständen Widerstand, verschieden in Art und Maaß nach Verschiedenheit der Verhältnisse, nicht bloß berechtigt, sondern Pflicht werden."[84]
- Die Geistlichen sollen am politischen Leben ihres Staates und Volkes lebhaften Anteil nehmen, sich auch politisch engagieren, müssen sich aber sehr davor hüten, „daß sie nicht die politischen Parteirichtungen unmittelbar auch in kirchliche umsetzen und umgekehrt."[85]

Mit dem letzten Gedanken ist ein Grundproblem im Verhältnis Pfarrer und Politik angesprochen, das zu Rudolf Todts Zeiten, in den Jahren seiner aktiven politischen Bestätigung, allzeit gegenwärtig war. Hier geht es zunächst um die Dimensionen des Obrigkeitsverständnisses im Protestantismus und der Pfarrerschaft. Gegen Dorner macht nun Friedrich Julius Stahl geltend, daß „allein Subjekt der Gewalt und Objekt des Gehorsams... nicht die Ordnungen (sind), sondern die Person."[86] Er begründet dies mit der ebenso simplen wie einleuchtenden Erkenntnis, daß nur eine „reale Macht" herrschen könne, „nicht aber die unlebendige Regel".[87] Sein Persönlichkeitsbegriff verbietet es ihm, eine vom Volkswillen gestaltete Ordnung und die daraus konstituierten Institutionen als „Obrigkeit" im Sinne von Römer 13 anzusehen. Auch er — der konservative Staatsphilosoph! — sieht zumindest *theoretisch* die Möglichkeit des totalen Mißbrauchs der Macht gegen eine zu Recht bestehende Verfassung und will daher kein vollständiges Revolutionsverbot erlassen. Gleichwohl warnt er dringend davor, einen christlichen Grundsatz von der „Erlaubtheit der Revolution aufzustellen"[88], da die Voraussetzungen

---

81 „Für die Regierten aber ist... nicht gesagt, daß ihre Unterwerfung zunächst den Personen der Regierenden gelten soll, sondern in den Personen den Ordnungen, Autoritäten oder Obrigkeiten." In: Die Verhandlungen der dritten Versammlung für Gründung eines Deutschen evangelischen Kirchenbundes. I. Auftrag des engern und weitern Ausschusses veröffentlicht durch G. B. Lechler. Berlin, 1850, S. 34.
82 Ebda., S. 37.
83 Ebda., S. 38.
84 Ebda., S. 39.
85 Ebda., S. 44.
86 Ebda., S. 44.
87 Ebda., S. 53.
88 Ebda.

für einen christlich gebotenen Widerstand „zu individuell" seien, als daß man allgemeine Regeln aufstellen könnte.[89]

Stahls Position hat sich letztlich in Verbindung mit national- und kulturprotestantischen Einflüssen für die protestantische Staatstheorie bis 1918 als bestimmend erwiesen. Konfessionelles Luthertum und liberale Theologie[90] haben gleichermaßen Luthers Theologumenon von den zwei „Regimenten" der Herrschaftsweise Gottes[91] adaptiert und dogmatisiert. Mit *Christoph Ernst Luthardts* (1823 – 1902) Ethik beginnt die Entwicklung einer zeitgenössischen „Zwei-Reiche-Lehre"[92], die vor 1914 durch die Denkfigur der „Eigengesetzlichkeit des Politischen" eine verhängnisvolle Ausprägung gewinnt. Im evangelisch-sozialen Lager wurde der späte Friedrich Naumann ihr herausragender Mentor.[93]

Von derartigen Interpretationen ist Rudolf Todt unberührt geblieben, denn ihm ging es ja gerade um die Konkretion des sozialen Gehaltes des Evangeliums in den wirtschaftlichen und politischen Strukturen der „Welt". Er verleugnet seine Wertschätzung der Theologie und Ethik Albrecht Ritschls nicht, der darum bemüht war, „im Rahmen einer Drei-Reiche-Lehre die menschliche Rechtsgemeinschaft als Vorstufe der sittlichen Gemeinschaft und diese als Voraussetzung des Reich-Gottes zu bestimmen."[94]

Doch gleichgültig welcher Stellenwert dem Politischen *theologisch* eingeräumt wurde, muß man festhalten, daß trotz vermittlungstheologischer und liberaler Kritik an konfes-

---

89 Ebda., S. 54.

90 Zu Einordnung der liberalen Theologie in die Theologiegeschichte ihrer Zeit und zu ihren politischen Optionen. Vgl. Hans-Joachim Birkner, „Liberale Theologie". In: Kirchen und Liberalismus im 19. Jahrhundert. Hrsg. v. Martin Schmidt / Georg Schwaiger. Göttingen, 1976. S. 33 ff.

91 Zur Entstehungsgeschichte und Struktur der sogenannten „Zwei-Reiche-Lehre" unübertroffen: Ulrich Duchrow, Christenheit und Weltverantwortung. Traditionsgeschichte und systematische Struktur der Zwei-Reiche-Lehre. Stuttgart, 1983². Ferner zum Forschungsstand: Reich Gottes und Welt. Die Lehre Luthers von den zwei Reichen. Hrsg. von Heinz-Horst Schrey. Darmstadt, 1969. Sehr anregend zur sozialethischen Diskussion: Martin Honecker, Zweireichelehre und Sozialethik. In: Derselbe, Sozialethik zwischen Tradition und Vernunft. Tübingen, 1977, S. 173 ff. Derselbe, Zweireichelehre. Stichwort im ESL. Christofer Frey, Die Ethik des Protestantismus von der Reformation bis zur Gegenwart. Gütersloh, 1989, S. 31 ff. und S. 125 ff.

92 Vgl. dazu: Umdeutungen der Zweireichelehre Luthers im 19. Jahrhundert. Hrsg. von Ulrich Duchrow u. a. Gütersloh, 1975, S. 29 ff. Vgl. zur zeitgenössischen Diskussion auch auf die ältere Literatur. Sehr informativ und seinerseits eine Fundgrube für Ideologiekritik: Julius Köstlin, Staat, Recht und Kirche in der evangelischen Ethik. In: Theologische Studien und Kritiken, 50. Jg., 1877, H. 1, S. 93 ff., H. 2, S. 217 ff.

93 Vgl. zum späten Naumann v. a. Jürgen Christ, Staat und Staatsraison bei Friedrich Naumann. Heidelberg, 1969. Werner Conze, Friedrich Naumann. Grundlagen und Ansatz seiner Politik in der nationalsozialen Zeit. (1895 – 1903). In: Schicksalswege deutscher Vergangenheit. Hrsg. von Walter Hubatsch. Düsseldorf, 1950, S. 355 ff. Dieter Düding, Der Nationalsoziale Verein. Der gescheiterte Versuch einer parteipolitischen Synthese von Nationalismus, Sozialismus und Liberalismus. München/Wien, 1972. Ingrid Engel, Gottesverständnis und sozialpolitisches Handeln. Eine Untersuchung zu Friedrich Naumann, Göttingen, 1972. John E. Groh, Friedrich Naumann, From Christian Socialist to Social Darwinist. In: Journal of Church and State XVIII, 1975, S. 24 ff. Andreas Lindt, Friedrich Naumann und Max Weber. Theologie und Soziologie im wilhelminischen Deutschland. München, 1973.

94 Umdeutungen der Zweireichelehre, S. 39.

sionalistisch-konservativen Positionen im Staats- und Verfassungsverständnis[95] sich sowohl im preußischen Verfassungskonflikt 1862 – 1866 als auch nach der Reichsgründung 1871 die Ungebrochenheit des konservativen Paradigma zeigte: Zwar unterstrichen die vermittlungstheologischen und liberalen Richtungen die Bindungen der gottbegnadeten Obrigkeit an Recht und Gesetz und betonten die dienende Funktion der christlichen Obrigkeit; zwar hielten auch sie konstitutionelle Formen staatlicher Organisation für christlich legitime Obrigkeit, der Gehorsam schuldig sei; andererseits waren sie mit ihren konservativen Mitbrüdern einig in der Ablehnung von Revolution, Volkssouveränität und Demokratie, wobei die politische Krise um Schleswig-Holstein und der dänische Krieg 1864 für viele Pfarrer in den Herzogtümern erneut das Problem des Obrigkeitsgehorsams (in der Eidfrage) aufgeworfen hatte. Und dennoch: der kirchliche Liberalismus machte im Gefolge der Bismarckschen „Revolution von oben" 1864 – 1871 seinen Frieden mit dem preußischen Obrigkeitsstaat und gab sich mit kirchenpolitischem Terraingewinn[96] zufrieden. Der Protestantenverein, gegründet 1863[97], war ein sichtbares Zeichen dafür, daß der kirchliche Liberalismus mit dem politischen Liberalismus weitgehend das Streben nach nationaler Einheit teilte und auf Fortschritte in der Verfassungsfrage verzichtete.[98]

Nach der „äußeren" Reichsgründung[99], die vom deutschen Protestantismus – bis auf wenige Ausnahmen unter den süddeutschen Konfessionalisten und einigen norddeutschen Unionsgegnern – als Sieg des protestantischen Deutschtums begrüßt wurde[100], standen in den folgenden Jahren Probleme der inneren Konsolidierung des Reiches im Vordergrund. Große Depression, Gründerkrach, Kulturkampf, Sozialversicherung und Sozialistengesetz wurden zu Marksteinen der Herausforderung und Bewährung des deutschen Protestantismus und der Pfarrerschaft. Allgemein übereinstimmend wurden

---

95 Siehe Horst Zilleßen, Protestantismus und politische Form. Gütersloh, 1971, S. 85 ff. und Groh, Nineteenth century German Protestantism, S. 338 ff.

96 Vgl. die kirchliche Synodalbewegung in den außenpolitischen Ländern: Schaffung von presbyterial-synodalen Verfassungsordnungen in Baden (1861), Hamburg (1870), Württemberg und Sachsen (1868), schließlich das synodale Verfassungswerk in Preußen 1873 – 1876 und die Einheits- und Selbständigkeitsbestrebungen seit 1871, v. a. die berühmte „Oktoberversammlung" 1871.

97 Vgl. zum Protestantenverein den instruktiven Artikel im Lexikon zur Parteiengeschichte. Die bürgerlichen und kleinbürgerlichen Parteien und Verbände in Deutschland (1789 – 1945). Hrsg. von Dieter Fricke, Bd. 2, Köln, 1984, S. 251 ff.

98 Vgl. den instruktiven Aufsatz von Walter Bußmann, Zur Geschichte des deutschen Liberalismus im 19. Jahrhundert. In: Probleme der Reichsgründungszeit, S. 85 ff. Allgemein: Heinrich A. Winkler, Liberalismus und Antiliberalismus. Studien zur politischen Sozialgeschichte des 19. und 20. Jahrhunderts. Göttingen, 1976. James J. Sheehan, Der deutsche Liberalismus von den Anfängen im 18. Jahrhundert bis zum Ersten Weltkrieg 1770 – 1914. München, 1983. Lothar Gall (Hrsg.), Liberalismus. Köln, 1976. Dieter Langewiesche, Liberalismus in Deutschland. Frankfurt/Main, 1988.

99 Beste Zusammenfassung des aktuellen Forschungsstandes bei Michael Stürmer, Die Reichsgründung. Deutscher Nationalstaat und europäisches Gleichgewicht im Zeitalter Bismarcks. München, 1984. Ferner immer noch unverzichtbar: Böhme, Probleme der Reichsgründungszeit; Reichsgründung 1870/71. Tatsachen, Kontroversen, Interpretationen, hrsgg. von Theodor Schieder und Ernst Deuerlein. Stuttgart, 1970. Franz Herre, Anno 70/71. Köln/Berlin, 1970.

100 Siehe die Kontroverse um den Krieg 1870/71 im deutschen Protestantismus: Günter Brakelmann, Der Krieg 1870/71 und die Reichsgründung im Urteil des Protestantismus. In: Kirche in Konflikten, S. 92 ff. Ernst Bammel, Die Reichsgründung und der deutsche Protestantismus, Erlangen, 1973, bes. S. 5 ff. und 14 ff. Groh, Nineteenth Century German Protestantism, S. 369 ff.

Kaiser und neues Reich als Fügungen Gottes interpretiert. Gottes weises Geschichtshandeln habe sich — so der fast unisone Tenor — wunderbar am deutschen Volke erzeigt. Die Niederlage Frankreichs sei zugleich die Niederlage der revolutionären Prinzipien von 1789, sie bedeutete den Sieg des „Gottesgnadentums deutscher Obrigkeiten" und des „gegliederten Volksorganismus deutschen Lebens"[101] gegen französischen Diesseitsgeist, plebiszitären Cäsarismus und Mammonismus. Die Geschichte ist das Weltgericht über den „modernen Säkularismus schlechthin."[102] Das neue deutsche Reich erschien protestantischer Publizistik und Theologie auf Kanzeln und Kathedern als die Inkarnation göttlichen Heilshandelns im Leben des deutschen Volkes. Pfarrer Adolf Stoecker, Hofprediger zu Berlin seit 1874, schrieb an den Verleger Brockhaus nach der Kaiserproklamation zu Versailles am 18. Januar 1871: „Das heilige evangelische Reich deutscher Nation vollendet sich... in dem Sinne erkennen wir die Spur Gottes von 1517 bis 1871."[103]

Um die „Spur Gottes" im Bewußtsein der am Krieg beteiligten Akteure sichtbar zu machen, hatten 62 ordentliche Militärpfarrer und 80 Reservisten im siegreichen preußisch-deutschen Heer gegen den „Erbfeind" Dienst getan, unter ihnen so prominente Vertreter wie der spätere langjährige Hofprediger Emil Frommel (1829—1896).[104] Sie segneten die deutschen Waffen und unterstrichen mit ihrem Einsatz die „Gott-mit-uns"-Überzeugung der meisten Zeitgenossen.[105] Hofprediger Bernhard Rogge (1831—1919) hatte das deutsche Kaiserreich in Versailles feierlich eingesegnet und die Vorsehung Gottes gerühmt.[106]

Rogges theologische Weihe des neuen deutschen Reiches „war der Anfang einer politischen Hoftheologie, die künftig Deutschtum, Monarchie und reformatorisches Christentum in einem Atemzug nannte und zum Idealbild der deutschen Einheit erklärte. Das ,Gott-mit-uns' war prägnanter Ausdruck dieses protestantischen Nationalgeistes und gehörte seitdem zum unverlierbaren Traditionsgut der christlich-deutschen Sendungsidee."[107] Luther wurde zum nationalen Heros umgedeutet (Lutherfeierlichkeiten 1883!) und die Ehrung seines Lebens- und Werkes zu prononciertem Antikatholizismus instrumentalisiert.[108] So galt der Sieg der deutschen Waffen 1870/71 zugleich und ein Sieg über die römisch-katholischen Herrschaftsansprüche und ein Triumph des „evangelischen Kaisertums".[109]

---

101 Brakelmann, Der Krieg 1870/71, S. 110.
102 Ebda., S. 111.
103 Zit. nach: Frank, Stoecker, S. 27/28.
104 Groh, Nineteenth Century German Protestantism, S. 379 f.
105 Vgl. v. a. Hammer, Deutsche Kriegstheologie (1870—1918) München, 1971, S. 15 f. Siehe auch Wolfgang Huber, Kirche und Öffentlichkeit. Stuttgart, 1973, S. 140 ff.
106 Siehe die Beschreibung der Krönungsfeierlichkeiten bei Bernhard Rogge, Bei der Garde 1870/71. Berlin, 1912, S. 96 ff. Derselbe, Aus sieben Jahrzehnten, Erinnerungen aus meinem Leben. Hannover / Berlin, 1897. Bd. II, S. 233 ff.
107 Wolfgang Tilgner, Volk, Nation und Vaterland im protestantischen Denken zwischen Kaiserreich und Nationalsozialismus (ca. 1870—1933). In: Horst Zilleßen (Hrsg.) Volk-Nation-Vaterland. Gütersloh, 1979, S. 138.
108 Siehe die Beteiligung der evangelischen Kirche am Kulturkampf und die Gründung des „Evangelischen Bundes" 1886. Zum Evangelischen Bund siehe Fricke, Lexikon zur Parteiengeschichte, Bd. 2, S. 580 ff.
109 Vgl. Bammel, Reichsgründung, S. 12 ff.

Das Interesse vieler Pfarrer konzentrierte sich in den Jahren des sozialpolitischen Engagements Pfarrer Rudolf Todts mit Leidenschaft auf die kirchliche Verfassungsfrage im neuen Reich. Es ging um den Neubau der Kirche im geeinten deutschen Reich, und viele Hoffnungen waren auf eine selbständige, bei Beachtung herkömmlicher Bekenntnisunterschiede, einige evangelische Nationalkirche gerichtet.[110] Das deutsche Reich sollte mit einer einigen Kirche zugleich die Voraussetzung für die Erneuerung religiösen Sinnes gewinnen und den Bedrohungen durch das „innere Paris" − d. h. den von Liberalen und Sozialdemokraten vertretenen Ideen der Freiheit, Gleichheit und Brüderlichkeit − mit Nachdruck entgegentreten. Der Protestantismus sollte zum entschiedenen Bollwerk gegen Liberalismus, Materialismus, Freigeist, Demokratie und Sozialismus werden, ohne den Anschluß an die „moderne Kulturentwicklung zu verlieren − wie man im kulturprotestantischen Lager zu formulieren pflegte.[111] Dazu gehörte auch in verstärktem Maße die Berücksichtigung der sozialen Frage, die − wie der Ökonom und „Staatssozialist" Hans von Scheel 1871 schrieb − „heutzutage in Literatur und Gespräch so unzählige Male" wiedertöne, „daß es wohl Pflicht jedes Gebildeten ist, sich über das Wesen der socialen Frage Rechenschaft zu geben oder sich wenigstens über dieselbe orientieren zu lassen."[112]

Trotz „Innerer Mission", den stadtmissionarischen und christlich-sozialen Bemühungen Stoeckers, trotz Rudolf Todts „Centralverein für Socialreform" gelang es nicht, die evangelische Kirche im gleichen Maße wie die katholische zur breiten Entfaltung einer sozialen Reformbewegung zu drängen. Die evangelisch-sozialen Bestrebungen fielen weit hinter ihr katholisch-soziales Pendant zurück − kein anderer als Todt hat dies so schmerzlich bedauert. Erst nach 1890 nahm − angeregt durch die „Februarerlasse" Kaiser Wilhelms II − die Aktivität der evangelische Kirche, in Sonderheit ihrer Pastoren − sprunghaft zu.[113]

Doch sowohl den Pfarrern, die um eine kirchliche Antwort auf die soziale Frage bemüht waren als auch jenen, die engagiert für eine kirchliche Einigung über alle Bekenntnisgrenzen hinweg fochten, war kein durchschlagender Erfolg beschieden. Die kirchlichen Einigungsbestrebungen scheiterten am Widerstand Bismarcks, der landesherrlichen Kirchenregimente und ihrer Behörden ebenso wie an den nicht auszuräumenden Streitigkeiten zwischen Unierten, konfessionellen Lutheranern, orthodoxen und liberalen Protestanten.[114] Der „Kulturkampf" der siebziger Jahre[115] traf die evange-

---

110 Siehe die entsprechenden Abschnitte bei Pollmann, Landesherrliches Kirchenregiment, S. 137 ff. Gerhard Besier, Preußische Kirchenpolitik in der Bismarckära. Berlin/New York, 1980, S. 245 ff. Derselbe, Religion · Nation · Kultur. Die Geschichte der christlichen Kirchen in den gesellschaftlichen Umbrüchen des 19. Jahrhunderts. Neukirchen-Vluyn, 1992, S. 13 ff; S. 62 ff. und S. 85 ff. Einen guten Überblick in der älteren Literatur bietet: Friedrich-Michael Schiele, Die kirchliche Einigung des Evangelischen Deutschland im 19. Jahrhundert. Tübingen, 1908, bes. S. 45 ff. Vgl. auch: W. Elliger (Hrsg.) Die Evangelische Kirche der Union, S. 93 ff. Vgl. auch Georg Ris, Der „Kirchliche Konstitutionalismus". Tübingen, 1988.
111 Siehe die Zusammenfassung der Attribute des „französischen" Geistes bei Brakelmann, Der Krieg 1870/71, S. 108 f.
112 Hans von Scheel, Theorie der socialen Frage. Jena, 1871, S. 1.
113 Siehe zum Ganzen Pollmann, Landesherrliches Kirchenregiment, S. 158 ff.
114 Bammel, Reichsgründung, S. 37 ff. Groh, Nineteenth Century German Protestantism, S. 389 ff.
115 Immer noch Standardwerk: Erich Schmidt-Volkmar, Der Kulturkampf in Deutschland 1871−1890.

lische Kirche fast noch härter als die katholische, weil sie – gebunden im Summepiskopat des preußischen Staatskirchentums – die staatlichen Maßnahmen zur Beschränkung kirchlicher Freiheiten (Zivilstand, Schulaufsicht etc.) noch empfindlicher spüren mußte. Bismarcks Kirchenpolitik zeigte, daß er nicht gewillt war, neben dem katholischen Zentrum und dem Episkopat noch eine protestantische Nationalkirche nebst parteipolitischer Repräsentation als pressure-group[116] zu dulden. Politisierende Pastoren waren ihm schon immer ein Greuel, sie sollten sich seiner Meinung nach auf das seelsorgerlich-karitative Gebiet beschränken und ihre Finger von der „hohen Politik" lassen.

Die politische Betätigung von Pfarrern war ohnehin seit vielen Jahren innerhalb und außerhalb der Kirche Gegenstand erbitterter Diskussionen, vor allem seit der Beteiligung von Pfarrern an den revolutionären Bewegungen der Jahre 1848/49 und dem preußischen Verfassungskonflikt 1862 ff. Der Stuttgarter Kirchentag behandelte das Thema schon als gesonderten Tagungsordnungspunkt, wobei die Frage nach der Legitimation des Widerstandes schleswig-holsteinischer Pfarrer gegen die dänische Obrigkeit der Ausgangspunkt war.[117] Der Kirchentag mochte sich zwar nicht zur Anerkennung der Rechtmäßigkeit des priesterlichen Widerstandes aufschwingen (wie Dorner gefordert hatte), war aber offenkundig mit Stahls Votum einverstanden, „daß politischer Indifferentismus dem Christen nicht gezieme, am allerwenigsten in dieser Zeit."[118] Bei Stahl wird das eigentümliche Politikverständnis der Konservativen, welches in den Erlassen und öffentlichen „Kundgebungen" kirchenleitender Organe stereotyp wiederkehrt, deutlich: Der Christ, namentlich der Geistliche, ist dann zur politischen Rede und Tat aufgerufen, wenn die Christlichkeit des Staates selbst in Frage gestellt ist; ja die „Beteiligung an den politischen Dingen" ist „gar nicht einmal ein weltliches Geschäft... Der Kampf um die Erhaltung dieser Gottesordnung ist ein Kreuzzug; aber ein Kreuzzug lauterer Art."[119]

Die theokratische Komponente dieses Politikverständnisses ist unübersehbar: Politik und christliche Offenbarung werden im Kampf um das sittliche Reich auf Erden identisch. Politisches Handeln zielt in erster Linie auf das Erhalten und Befestigen der christlichen Lebensordnungen, bedeutet immer wieder die Bekräftigung monarchischer Herrschaft. Darüber hinaus hat der Geistliche offenbar keinen christlich legitimierten „Beruf" zum politischen Urteil und Handeln, schon gar nicht für eine Veränderung der politischen Verhältnisse. Das Verändernwollen ohne die Berücksichtigung der Legiti-

Göttingen, 1962. Zum Forschungsproblem: Rudolf Morsey, Probleme der Kulturkampfforschung. In: Historisches Jahrbuch, Bd. 38, 1964, S. 213 ff. Derselbe, Der Kulturkampf. In: Der soziale und politische Katholizismus. Entwicklungslinien in Deutschland. 1803–1963. Hrsg. von Anton Rauscher, Bd. 1, München, 1981, S. 72 ff. (dort weitere Lit.) Von der älteren Forschung noch benutzbar: Johannes Kißling, Geschichte des Kulturkampfes im Deutschen Reiche. 3 Bde. Freiburg, 1911–1916. Sehr lesenswert immer noch, weil aus liberaler Sicht kritisch und faktenreich, die Darstellung von Johannes Ziekursch, Politische Geschichte des neuen deutschen Kaiserreiches. Bd. 2, S. 217 ff.

116 Vgl. v. a. Besier, Preußische Kirchenpolitik, S. 463 ff., siehe auch: Otto Baumgarten, Bismarcks Stellung zu Religion und Kirche, zumeist nach eigenen Äußerungen dargestellt. Tübingen, 1900, S. 60 ff.

117 Siehe v. a. Walter Göbell, Kirche und Geistlichkeit zwischen Revolution und Legitimität in der schleswig-holsteinischen Erhebung 1848/49. In: Pietismus und Neuzeit, S. 84 ff.

118 Verhandlungen Kirchentag, 1850, S. 55.

119 Ebda.

tät göttlicher Schöpfungsordnungen ist ja gerade die „Sünde der Zeit" (Stahl). Der Pfarrer nimmt in seiner seelsorgerlichen Funktion Teil am Ausbau des sittlichen Reiches, doch soll er nicht kraft seines Amtes für politische Parteirichtungen werben oder gar gegen die Obrigkeit Front machen.

In diese Richtung geht auch ein erstmals im Januar 1863 veröffentlichter Erlaß des EOK, den er im November 1877 aus gegebenem Anlaß erneut herausgibt. Hier begegnen und paradigmatisch alle Stereotypen konservativ-christlichen Politikverständnisses. Anlaß war die Beteiligung von Geistlichen an der nationalen Bewegung in der Schleswig-Holstein Frage, die auf ihrem Höhepunkt im Dezember 1863 immer deutlichere anti-preußische Positionen zu erkennen gab.[120] Hinzu kam das Engagement einzelner liberaler Pfarrer im Verfassungskonflikt zugunsten der liberalen Kammermajorität. Prominenteste Beispiele aus den Reihen prononciert konfessioneller Lutheraner sind hier Heinrich Wilhelm Josias Thiersch (1817—1855)[121] und Johannes Chr. von Hofmann (1810—1877), der die Stahl'sche Theorie vom christlichen Staat als „Lüge" verwarf und für die bayrische Fortschrittspartei ein Landtagsmandat wahrnahm.[122]

Doch dies waren Ausnahmen. Der Evangelische Oberkirchenrat fürchtet in dem Erlaß von 1863 nicht nur eine „unevangelische Vermischung" der staatlichen und kirchlichen „Gebiete"[123] und weist es weit von sich, aus dem Evangelium die „Lösung konkreter politischer Fragen" zu entnehmen, sondern er stellt sich ganz entschieden auf die Seite der legitimen Obrigkeit. Dies ist „seine" Politik, obgleich er sich dabei ganz unpolitisch und neutral dünkt. Der EOK thematisiert zu Recht das bis heute aktuelle Problem einer „Theologisierung" von Politik und der Überhöhung parteipolitischer Gegensätze zu religiösen Antagonismen, er macht durchaus zutreffend auf die Gefahr einer gesetzlichen Interpretation des Evangeliums aufmerksam, es gelingt ihm aber nicht, die stets eingeforderte Offenheit des Evangeliums gegenüber konkreten politischen Fragen wirklich zu ertragen und sie vor allem auch gegenüber der Obrigkeit geltend zu machen. Eine kritische Sicht von Römer 13, etwa im Sinne der Interpretation Dorners auf dem Kirchentag 1850, bleibt völlig außerhalb des Denkvermögens der konservativen Konsistorialräte. Der EOK unterstreicht stattdessen, daß der Pfarrer bei aller gebotenen Zurückhaltung in politicis „nicht versäumen" dürfe, das, „was das Evangelium über die bürgerliche Ordnung deutlich lehrt, den Gehorsam gegen die Obrigkeit und gegen das Gesetz, aus dem Worte Gottes zu begründen und einzuschärfen."[124] Es bedurfte kaum der Mahnungen des EOK, um die evangelischen Pfarrer an ihre Pflichten gegenüber der gottgesetzten Obrigkeit zu erinnern, die meisten „hingen … dem Wilhelminischen Staat und seiner Obrigkeit in gläubiger Verehrung und bedingungsloser Treue an, sanktionier-

---

120 Siehe dazu u. a. Deutsche Demokraten 1830—1945. Die nichtproletarischen Kräfte in der deutschen Geschichte. Von einem Autorenkollektiv unter Leitung von Dieter Fricke. Berlin (DDR), 1982. (2. durchges. Auflage) S. 48 ff. Gesamtdarstellung bei H. J. Daebel, Die Schleswig-Holstein Bewegung in Deutschland 1863/64. Diss. Köln, 1969.
121 Zu Thiersch, siehe Kantzenbach, Gestalten und Typen des Neuluthertums, S. 233 ff.
122 Kantzenbach, ebda., S. 243 ff. Vgl. ferner die noch unübertroffene Biographie von Paul Wapler, Johannes von Hofmann. Ein Beitrag zur Geschichte der theologischen Grundprobleme der kirchlichen und politischen Bewegungen des 19. Jahrhunderts. Leipzig, 1914.
123 Der Erlaß ist abgedruckt bei Brakelmann, Kirche, soziale Frage und Sozialismus, S. 66 ff., hier: S. 67.
124 Ebda., S. 71.

ten... was er von ihnen forderte, sei es die Einsegnung der Waffen, sei es der Kampf gegen die ‚gottlose' Sozialdemokratie"...[125] So wie das landesherrliche Kirchenregiment sich den protestantischen Pfarrer vorstellte: fromm, königstreu und vaterlandsliebend – so war er auch meistens, obgleich jede vorgestellte Idylle[126] täuscht. Gleichwohl sahen viele Pfarrer den eigenen Berufsstand in dem Maße in eine Krise geraten, wie die allgemeine gesellschaftliche Entwicklung der Kirche ihren exklusiven Anspruch auf Sinngebung und Lebensdeutung streitig machte. Zu einem immer größeren Problem wurde das Verhältnis der Kirche zur modernen Naturwissenschaft und den christentumskritischen Forschungen aus geschichtswissenschaftlicher und theologischer Sicht. Eine vom Schriftsteller Theodor Kappstein 1906 durchgeführte Umfrage mit dem bezeichnenden Titel „Bedürfen wir des Pfarrers noch?" spiegelt drastisch die Infragestellung des herkömmlichen Pfarrerbildes. Der Pfarrer als weiser Patriarch, Garant von Sitte und Moral, Mittler von Bildung und Erzieher zur Lebenstüchtigkeit war nicht mehr gefragt. Gewünscht war der den Bildungsinteressen des aufgeklärten Bürgertums entgegenkommende Priester, zugleich aber auch der gemütvolle Zeremonienmeister, der den bürgerlichen Alltag feierlich zu verschönen imstande war.[127]

Die christlich-soziale Bewegung der Jahre 1877/78 hat die Diskussion um den Stellenwert des Politischen für das geistliche Amt tief aufgewühlt. Quer durch alle kirchenpolitischen Lager zog sich der Streit um Verpflichtung und Grenzen der Kirche als Institution und des geistlichen Amtes in der politischen Öffentlichkeit. Davon wird im Zusammenhang mit Todts Sozialismusanalyse und den Aktivitäten seines „Centralvereins für Socialreform" zu reden sein.

4.3 „Was tun wir gegen die glaubenslose Sozialdemokratie?" Die Kirche und der Sozialismus

Die ideenpolitische und praktische Bewegung des Sozialismus in Deutschland hatte mit der Vereinigung der beiden, 1863 und 1869 gegründeten Arbeiterparteien zur „Sozialistischen Arbeiterpartei Deutschlands" 1875 einen ersten organisatorischen und programmatischen Höhepunkt erreicht. Die Kirche konnte nicht an der Tatsache vorbeisehen, daß sich in Deutschland die sozialistische Sozialkritik dauerhaft institutionalisiert hatte und auf dem Wege war, immer größere Teile der Arbeiterklasse zu überzeugen. Die Reaktionen der Kirche zielten in ihrer Haupttendenz auf geistig-weltanschauliche Abwehr, ja entschiedenen „Geisteskampf", politische Ausgrenzung durch enge Kooperation mit der monarchischen Staatsgewalt sowie schließlich auf sozialkaritativ-sozialreformerisches Werben um jene Arbeiter, die vom „roten Bazillus" noch nicht angesteckt schienen.

---

125 Dahm, Beruf: Pfarrer, S. 14.
126 So z. B. bei Baur, Das evangelische Pfarrhaus.
127 Theodor Kappstein, Bedürfen wir des Pfarrers noch? Ergebnis einer Rundfrage. Leipzig / Berlin, 1906.

Schon vor 1848 waren Sozialismus und Kommunismus in protestantischer Theologie und Kirche pejorativ besetzt.[128] Erst recht nach der Revolution von 1848 werden sie als Ausgeburten antichristlichen, materialistisch-atheistischen Geistes stigmatisiert, wobei zwischen Sozialismus und Kommunismus selten unterschieden wurde.[129] Sozialisten und Kommunisten gehören zu der Species obrigkeitsverneinender, republikanisch-demokratischer Aufrührer; indes sind sie schlimmer noch als die bürgerlich-liberalen Umstürzler. Wollen jene wenigstens das naturrechtlich anerkannte private Eigentum als hohes Gut bewahren, so negieren Kommunisten und Sozialisten auch dieses noch. Dies war und blieb bis weit in die achtziger Jahre die herrschende Meinung im deutschen Protestantismus.

Friedrich Julius Stahl bringt diese konservativen Stereotypen gewissermaßen auf den Begriff, wenn er 1863 schreibt, daß „Kommunismus und Socialismus... nur die Spielarten eines und desselben Systems" seien, die „fast unmerklich ineinander übergehen." Beide sind für ihn die notwendigen Ergebnisse der Revolution: „Der Socialismus ist das letzte Stadium der Revolution. Sie muß nach Notwendigkeit mit ihm enden. Sie wird, wie man überall gesehen, nach der Konsequenz ihres eigenen Prinzips fortgedrängt vom Liberalismus zum Demokratismus, vom Demokratismus zum Sozialismus."[130] Sozialismus und Kommunismus stellen die „Emancipation des Fleisches dar", die „Feier des Triumphs menschlicher Lust über die Sitte und das Gebot Gottes".[131]

Die hier vorgenommene „Diabolisierung des Sozialismus diente der ideologischen Offensive gegenüber der als Einheit verstandenen revolutionären Bewegung insgesamt"[132] und versperrte der protestantischen Kirche für Jahrzehnte den Weg zur Arbeiterbewegung und der von ihr adaptierten Sozialkritik an der kapitalistischen Gesellschaft und den Herrschaftsstrukturen im Kaiserreich. Wenige Ausnahmen bestätigen die Regel:[133] Insbesondere der Schöpfer der „Inneren Mission" Wichern hat 1848 noch unter dem Eindruck des Revolutionsgeschehens und auch nicht frei von der „Katastrophenpsychose, die damals alle konservativen Gemüter befiel"[134], den Versuch unternommen, einen *„christlichen Sozialismus"* gegen den aufklärerisch-umstürzlerischen Sozialismus zu setzen: „Es gibt einen christlichen Sozialismus, von dem der französische nur eine Karikatur ist. In der bisherigen christlichen Assoziation zu praktischen

---

128 Vgl. dazu v. a. die Zusammenstellung bei Friedrich Mahling, Kirchliche Stimmen zur Arbeiterbewegung von 1839−1862. In: Neue kirchliche Zeitschrift, Jg. 33, H. 2/3, 1992. Derselbe, Das religiöse und antireligiöse Moment in der ersten deutschen Arbeiterbewegung (von ca. 1840−1860). In: Festschrift für A. Harnack. Tübingen, 1921.
129 Vgl. allgemein zur Begriffsgeschichte: Wolfgang Schieder, Sozialismus. In: GG, Bd. 5, S. 923 ff. Derselbe, Kommunismus. In: Ebda., Bd. 3, S. 455 ff. Vgl. ferner: Detlef Lehnert, Sozialismus. In: Lexikon des Sozialismus. Hrsg. von Thomas Meyer, Karl-Heinz Klär, Susanne Miller, Klaus Novy und Heinz Timmermann. Köln, 1986, S. 561. Hans Müller, Ursprung und Geschichte des Wortes „Sozialismus". Hannover, 1967.
130 F. J. Stahl, Die gegenwärtigen Parteien, S. 208; S. 273.
131 Ebda., S. 270 f.
132 Schieder, Sozialismus, S. 976.
133 Z. B. Heinrich Merz, Armuth und Christentum. Bilder und Winke zum christlichen Communismus und Socialismus. Stuttgart / Tübingen, 1849, bes. S. 88 ff.
134 Karl Kupisch, Das Jahrhundert des Sozialismus und die Kirche, S. 51.

Zwecken aller Art hat der christliche Sozialismus seine Arbeit bereits begonnen, wie wir allezeit verkündet haben."[135]

Wichern reduziert Sozialismus auf die Übung praktischer Nächstenliebe im christlichen Sinne und Bewährung des Gemeinsinns in christlichen Assoziationen. Der „wahre, christliche" Sozialismus wird letztlich mit christlicher Ethik identisch: Alle Werke der Barmherzigkeit („christliche Liebesthätigkeit") und die Tätigkeiten der „Inneren Mission" sind somit als recht verstandener Sozialismus zu bezeichnen. Wichern hat solche Ideen nicht systematisch weiter verfolgt, schließlich bleibt auch er der Fronde der konservativen Kirchenmänner verpflichtet, die im aufklärerischen Sozialismus und Kommunismus nur Abfall von Gott und Aufstand der sündigen Gelüste erblickten.[136] Der Kommunismus tritt gleichsam in das Vakuum ein, das die Revolution durch ihre antichristliche Propaganda in den Herzen und Hirnen der Proletarier hinterlassen hat. Der Kommunismus vertieft die soziale Kluft zwischen arm und reich, er reißt erst Gräben auf, er verschärft durch maßlose soziale und wirtschaftliche Forderungen die sozialen Konflikte, ja er negiert die gesamte christliche Lebensordnung. Er ist der Geist des Antichrist; wörtlich heißt es dazu: „Diese antichristliche Bewegung hat sich scharf und klar zugespitzt und ihre praktischen letzten Ausläufer in dem Kommunismus gefunden (…). Der Kommunismus, der, sei es mit der Kälte des Hohns oder mit der Wut des Fanatikers oder der Glätte des Heuchlers, nicht bloß das Christentum von sich wirft, sondern auch den Rest des Glaubens im Heidentum für den noch zu vertilgenden Rest der menschenverderbenden ‚Unsittlichkeit' erklärt, hat den durch jene Sünden im Volke bereiteten Boden erst instinktmäßig und dann planmäßig genutzt, um die Macht der sich widerstrebendsten Leidenschaften zum Kriege gegeneinander aus dem Abgrund der von Gott verlassenen Selbstsucht heraufzubeschwören und so das Gesamtleben des Volkes zu zerklüften. Er ist die Systematisierung der sündlichen Gelüste, der diese mit all ihren dem Fleische schmeichelnden Folgen Gott gegenüber zu rechtfertigen wagt, und dann mit der ganzen Wucht der Gott- und Sittenlosigkeit den Ruin der alten Menschheit versucht, um eine angeblich neue, bessere Welt zu schaffen (…)."[137]

---

135 J. H. Wichern, Die Revolution und die innere Mission (1848), in: Sämtliche Werke, Bd. 1, S. 130.

136 Wicherns Kenntnisse über Sozialismus/Kommunismus waren zwar spärlich und aus zweiter Hand, reichten aber doch weit über den Informationsstand des durchschnittlichen Theologen hinaus. Wichern nennt ausdrücklich den Bluntschli-Bericht als Quelle, Schriften von Weitling und Wilhelm Marrs Buch „Das junge Deutschland in der Schweiz. Ein Beitrag zur Geschichte der geheimen Verbindungen unserer Tage. Leipzig, 1846. Er hat auch Engels' Schrift „Die Lage der arbeitenden Klasse in England" (1844/45) gekannt. Von den englischen und französischen Frühsozialisten wußte er nur aus zweiter Hand. Die religiösen Dimensionen des frühen Sozialismus hat er offenbar überhaupt nicht zur Kenntnis genommen. Er war sicherlich nicht, „einer der wenigen Kenner des damals noch unterirdisch und in Geheimbünden sich äußernden Kommunismus" wie in der älteren Literatur vermutet. (Ernst Benz, Wichern und der Sozialismus, Stuttgart, 1949, S. 11). Auch ist es vermessen zu sagen, Wichern sei „der erste Theologe, der mit dem Kommunismus zu reden versuchte." (Hans-Volker Herntrich, Im Feuer der Kritik. Johann Hinrich, Wichern und der Sozialismus. Hamburg, 1969. Vorwort) Brakelmann, Kirche und Sozialismus, S. 103 f. Martin Gerhardt, Ein Jahrhundert Innere Mission. Die Geschichte des Centralausschusses für die innere Mission der Deutschen evangelischen Kirche. 2. Bde. Gütersloh, 1948, hier: S. 50 ff.

137 Johann Hinrich Wichern, Die innere Mission der deutschen evangelischen Kirche. Eine Denkschrift an die deutsche Nation (1849). In: Sämtliche Werke, Bd. 1, S. 255 ff.; vgl. auch seine Schriften: Der Kommunismus und die Hilfe gegen ihn, ebda., S. 133 ff.; Proletarier und Kirche, ebda., S. 137 ff.

Wichern theologisiert und anthropologisiert die ökonomischen, sozialen und politischen Krisenphänomene seiner Zeit. Er führt sie im Kern auf die „verderbte" anthropologische Grundbefindlichkeit der Menschen, ihren Abfall von Gott und dem damit verbundenen Verlust moralischer Normen und an positiver Obrigkeitsgesinnung zurück. Er bietet in seinen gesellschaftsanalytischen Betrachtungen und sozialkaritativen Programmvorschlägen letztlich eine eingeengte geschichtstheologische Schau[138], indem die wirtschaftlichen und sozialen Konflikte und die politische Zerrissenheit der Zeit auf den universalen Geisteskampf zwischen dem Reich Gottes und dem Reich der Finsternis reduziert werden. Das Reich Gottes ist etwas Kommendes, gewissermaßen sich eigendynamisch Entwickelndes. Der Mensch, der, verführt von den Ideen der Aufklärung, im Namen der Autonomie und Selbstbestimmung den Geschichtsprozeß in Richtung auf mehr individuelle Freiheit und soziale Gleichheit zu beeinflussen sucht, frevelt gegen Gottes Ordnungen.[139]

Dagegen macht Wichern geltend, daß erst die gläubige Anerkennung der Ordnungen Gottes, der Gehorsam gegenüber seinen Geboten, die die Weltordnung (Obrigkeit!) betreffen, zur Lösung der sozialen Frage beitragen kann. Obwohl Wichern im Gegensatz zu dem Gros seiner Amtskollegen die neue Qualität der sozialen Frage erkannt hat und sehr genau weiß, daß die beobachteten sozialen Probleme nicht allein mit den Mitteln herkömmlicher Armenpflege zu bewältigen sind, setzt er dennoch fast ausschließlich auf ein Programm umfassender Evangelisierung und Re-Christianisierung des Volkes durch Taten christlicher Liebe im umfassenden Sinne („Innere Mission") und Ausgrenzung der vermeintlichen Volksverführer: der aufklärerischen Liberalen, Republikaner, Demokraten, Sozialisten und Kommunisten. Die Einsicht in die Notwendigkeit einer strukturellen sozialpolitischen Reform und die Anerkennung der Berechtigung sozialistischer Sozialkritik blieben ihm verschlossen.

Wichern zeigt uns, daß der Standort des deutschen Protestantismus in bezug auf Sozialismus und soziale Frage zwischen 1848 und 1871 im wesentlichen unverändert

---

138 Vgl. zu Wicherns Biographie besonders die knappe und präzise Darstellung von Helmut Talazko, Johann Hinrich Wichern. In: Martin Greschat (Hrsg.), Die neueste Zeit II. Stuttgart/Berlin/Köln/Mainz, 1985, S. 44 ff. (= Gestalten der Kirchengeschichte, Bd. 9, 2). Ferner: Günter Brakelmann, Johann Hinrich Wichern. In: Protestantische Profile: Lebensbilder aus 5 Jahrhunderten. Hrsg. von Klaus Schröder / Dieter Kleinmann. Königstein/Ts., 1983, S. 239 ff. Immer noch unentbehrlich ist die ältere Literatur: Martin Gerhardt, Johann Hinrich Wichern. Ein Lebensbild, 3. Bde., Gütersloh, 1927–31. Friedrich Oldenberg, Johann Hinrich Wichern. 2 Bde., Hamburg, 1887. Vgl. allgemein zu Wicherns Theologie und Sozialethik: Brakelmann, Kirche und Sozialismus, v. a. S. 35 ff. und 64 ff. Derselbe, Die soziale Frage des 19. Jahrhunderts, S. 119 ff. Greschat, Das Zeitalter der industriellen Revolution, S. 129 ff. Shanahan, Protestantismus, S. 83 ff. Kouri, Der Deutsche Protestantismus und die soziale Frage 1870 – 1919, S. 82 ff. John Calvin Fout, Protestant Christian Socialism in Germany 1848 – 1896. Wichern, Stoecker, Naumann – The Search For A New Social Ethic. Phil. Diss. Minnesota, 1969, S. 9 ff. Groh, Nineteenth Century German Protestantism, S. 309 ff. Sorg, Marxismus und Protestantismus, S. 68 ff. Bredendiek, Christliche Sozialreformer, S. 143 ff. Olaf Meyer „Politische" und „Gesellschaftliche" Diakonie in der neueren theologischen Diskussion. Göttingen, 1974, S. 55 ff. Gerhard Wehr, Herausforderung der Liebe. Johann Hinrich Wichern und die Innere Mission, Metzingen / Stuttgart, 1983. Vgl. auch die Beiträge von Beyreuther u. a. zu Wichern in dem von Theodor Schober, dem langjährigen Direktor des Diakonischen Werkes herausgegebenen Sammelband: Gesellschaft als Wirkungsfeld der Diakonie. Stuttgart, 1981.
139 Vgl. dazu v. a. Rolf Kramer, Nation und Theologie bei Johann Hinrich Wichern. Hamburg, 1959.

bleibt. Seine berühmte Rede auf der kirchlichen Oktoberversammlung vom 10. bis 12. Oktober 1871 belegt[140], daß sich seine Ansichten in der Zwischenzeit nicht verändert haben. Eine kontinuierliche und einigermaßen ausführliche Beschäftigung mit der weiteren Entwicklung sozialistischer Programmatik und Bewegung hat nicht stattgefunden[141], obwohl der Sozialismus im Jahre 1871 gegenüber 1848 eine andere Gestalt gewonnen hatte.

Wicherns Haltung wurde durch die inzwischen eingetretenen Entwicklungen kaum tangiert: Obwohl die internationale Arbeiterbewegung noch zahlenmäßig klein war und weder ideologisch noch politisch-strategisch zu einer die bürgerlich-feudalistischen Staaten in Europa gefährdenden Kraft herangewachsen war, beschwor Wichern in seiner Oktober-Rede die Gefahren des internationalen Sozialismus: „Die Internationale ist eine Gesellschaft des Krieges und des Hasses, sie hat zur Grundlage den Atheismus und den Kommunismus, zum Ziel die Vernichtung des Kapitals und derjenigen, welche es besitzen, als Mittel die brutale Gewalt des großen Haufens, die alles zerdrücken soll, was zu widerstehen versucht. Ihre Verhaltensregeln sind die Negation aller Prinzipien auf welchen die Zivilisation beruht."[142] Zum Beleg seiner Thesen zieht Wichern wiederholt die Ereignisse des Pariser Kommuneaufstands 1871[143] heran. Die Schrecken der Kommune werden breit ausgemalt, um an ihnen zu exemplifizieren, daß es sich nicht nur um ein einzelnes Ereignis, einen revolutionären „Exzeß", gehandelt habe, sondern gleichsam um die notwendige Konsequenz sozialistischer und kommunistischer Prinzipien. Anarchismus, Sozialismus, Kommunismus, Republik und Demokratie werden erneut unterschiedslos zu Hauptfeinden des christlichen Abendlandes stilisiert. Wicherns Rede ist ein klassisches Dokument deutsch-konservativer Christlichkeit: in ihre finden sich nahezu alle Elemente konservativ-christlichen Geschichtsverständnisses, theologischer Anthropologie und ethischer Theorie, die bis weit in das 20. Jahrhundert hinein zum Grundbestand protestantischer Geisteskultur gehörten:[144]

— Die Gegenwart wird als Kampfplatz des Streites zwischen den Elementen des Reiches Gottes und des Reiches der Welt, des Reiches Christi und dem Reich des Satans interpretiert.

---

140 Die Verhandlungen der kirchlichen Oktoberversammlung in Berlin vom 10. bis 12. Oktober 1871. Berlin, 1872. Die Rede mit dem Titel „Die Mitarbeit der Kirche an den sozialen Aufgaben der Gegenwart" ist auch abgedruckt in: Sämtliche Werke, Bd. III/2, S. 192 ff.

141 Dies muß im Gegensatz zu Beyreuther behauptet werden, der meint, daß Wichern „ein sorgfältiger und aufmerksamer Beobachter der aufkommenden und sich immer besser solidarisierenden und organisierenden Arbeiterbewegung nicht nur in Deutschland geblieben ist." Erich Beyreuther, Wicherns Kommunismuskritik. In: Schober (Hrsg.) Gesellschaft als Wirkungsfeld der Diakonie, S. 56; siehe auch Brakelmann, Kirche und Sozialismus, S. 97.

142 Wichern, Die Mitarbeit der Kirche, Sämtliche Werke, Bd. III/2, S. 193 f.

143 Vgl. dazu als Standardwerk Heinz-Gerhard Haupt / Karin Hausen, Die Pariser Kommune. Frankfurt/Main-New York, 1979.

144 Lutz Voigt nennt in seiner lesenswerten Dissertation für den Zeitraum 1891 – 1914 stereotype kirchliche Sprachmuster, die sich ohne weiteres auch auf die Zeit davor übertragen lassen. Die Sozialdemokratie wird stereotyp mit dem Vorwurf der Konspiration (oder des Umsturzes), der Irrlehre und moralische Verkommenheit sowie der Herstellung eines politischen und wirtschaftlichen Chaos belegt. Lutz Voigt, Schichtspezifische Struktur und ideologische Funktion stereotyper kirchlicher Sprachmuster, dargestellt an der Auseinandersetzung der evangelischen Kirche mit der SPD nach dem Erfurter Programm. Geistes- und Sozialwiss. Diss. Karlsruhe, 1974, S. 97 ff.

— Staat, Kirche, Familie, Eigentum, Ehe, Arbeit und christliche Sekundärtugenden stehen als Bollwerk im Kampf gegen die Mächte der Finsternis: Materialismus, Sozialismus, Atheismus, Kommunismus, Republikanismus, Demokratismus, Liberalismus.

— Gegen die sozialistisch-kommunistische Emanzipationsbewegung hilft nur die Predigt des Evangeliums, Diakonie, Innere Mission und politische Ausgrenzung der Volksverführer. Das deutsche Reich von 1871 — der deutsche Nationalstaat — wird als günstiger Kampfboden für diesen durchaus mit materiellen Mitteln geführten Geisteskampf begrüßt.

— Ein anthropologischer Pessimismus verhindert es, über eine ausschließlich individualethisch begründete Karitas hinaus auch die wirtschaftlichen, sozialen und politischen Herrschaftsstrukturen als Verursacher materiellen und geistigen Elends ins Auge zu fassen und deren schrittweise Veränderung zu erstreben.

— Ein ordnungstheologisch fixiertes Gesellschaftsbild erschwert die Begründung einer sozialethischen Theorie und Praxis der gesellschaftlichen Veränderung.
Ordnungen gelten im neulutherischen Sinne als „Notordnungen" gegen die menschliche Sünde und ihre auch sozialen Folgen. Ordnungen entspringen der neulutherischen Ordnungstheologie zufolge (z.B. bei Vilmar, Harleß, Kliefoth u.a.)[145] dem unmittelbaren Schöpfungswillen Gottes. Sie enthalten eine geschichtlich unwandelbare Substanz — die Stiftung Gottes — und sind daher nicht rational hinterfragbar und veränderbar. Die im Namen der „Autonomie" des Menschen angetretene neuzeitliche Emanzipationsbewegung — unter welchen Begriffen sie sich auch verberge — ist Aufstand nicht nur gegen obrigkeitsstaatliche Rechtsordnungen sondern gegen Gott.

— Eine Prüfung der christlichen und religiösen Strömungen im frühen Sozialismus v. a. in Frankreich und England findet nicht statt. Auch Weitlings christlicher Liebeskommunismus wird im Original nicht wahrgenommen. (Dies ändert sich erst in den siebziger Jahren.)

Nicht nur Wichern und seine Freunde aus dem konservativen (unionistischen und lutherisch-konfessionellen) Lager betrachteten die deutsche Sozialdemokratie als Inkarnation und reinste Abbildung sozialistischer und kommunistischer Theorien[146], sondern auch die Liberalen des Protestantenvereins und der Mittelpartei.[147] Die Sozialdemokratie wurde nicht ganz zu Unrecht mit dem bürgerlichen philosophischen Materialismus und Atheismus der Feuerbach, Ruge, Bauer, Vogt, Moleschott, Büchner und Häckel identifiziert, da ihre Hauptvertreter und Sprecher in Wort und Schrift ideologische Nähe

---

145 Vgl. dazu: Heinz-Horst Schrey, Einführung in die evangelische Soziallehre. Darmstadt, 1973, S. 72 ff. Walter Kreck, Grundfragen christlicher Ethik. München, 1979², S. 304 ff. Rolf Schäfer, Ordnung, Ordnungstheologie. In: ESL, Sp. 969 ff. Huber, Kirche und Öffentlichkeit, S. 84 ff. Yorick Spiegel, Hinwegzunehmen die Lasten der Beladenen. Einführung in die Sozialethik 1, München, 1979, S. 189 ff.

146 Vgl. dazu u. a. als charakteristisches Beispiel diverse Artikel aus der evangelischen Kirchenzeitung der siebziger Jahre, etwa EKZ, Nr. 101, 6. Juni 1877, Sp. 897.

147 Eine kritische Gesamtdarstellung der Haltung der evangelischen Kirche zum Sozialismus und zur sozialen Frage in dem Zeitraum 1848—1870 fehlt vollständig. Vgl. am ehesten noch: Zilleßen, Protestantismus und politische Form; Dorothee Barthels, Die kirchenpolitischen Gruppen Norddeutschlands in ihrer Stellung zur sozialen Frage; EKZ, Nr. 101, 6. 6. 1877.

zu den Genannten erkennen ließen.[148] Und ihre politischen und wirtschaftlichen Forderungen galten im mildesten Fall als „unpraktisch", was soviel wie „utopisch" heißen sollte. Die Angriffe kirchlicher Behörden und der Theologen an Kathedern und auf Kanzeln richteten sich in erster Linie gegen die Sozialdemokratie als „Weltanschauungspartei". Man unterstellte ihr totalitäre Absichten: eine neue Religion solle gegründet werden und an die Stelle des alten geheiligten Gottesglaubens treten. „Arbeit" heiße die neue Religion, und Sozialismus sei ihr „Heiland". Man fürchtet die Sozialdemokratie geradezu als Verderber der Nation und weiß — im Blick auf die Pariser Kommune — die irrationale und hypertrophe Sozialistenfurcht noch anzustacheln.[149]

Nur von sozialkonservativer und „kathedersozialistischer" Seite wurden Mitte der siebziger Jahre andere Töne laut. Dem atheistischen „unpraktischen" Sozialismus der Sozialdemokratie, den Wichern als „Pseudosozialismus" bezeichnet hatte[150], stellten Nationalökonomen wie Adolf Wagner, politische Schriftsteller wie Rudolf Meyer und Theologen wie der Landpfarrer aus Barenthin, Rudolf Todt, einen gewissermaßen „geläuterten" christlichen Sozialismusbegriff entgegen. Sozialismus wurde mit der von sozialen Ideen geleiteten staatlichen Intervention und Reform der achtziger Jahre in Verbindung gebracht, etwa im Sinne der Kaiserlichen Botschaft vom 17. November 1881. Der „Staatssozialismus" der Regierung Bismarck hatte den Schrecken für eine Weile gemindert, der dem Begriff Sozialismus anhaftete. Sozialismus erhielt eine sehr weite und allgemeine Fassung: So plädierte der Nationalökonom und „Kathedersozialist" *Adolf Held* dafür, als Sozialisten denjenigen gelten zu lassen, „der über sociale Organisation und Ordnung Vorschläge macht".[151] Sozialdemokratie und Sozialismus werden dagegen scharf voneinander abgesetzt.[152]

Ähnlich argumentierte *Eugen Jäger,* dessen Buch zu seinen Lebzeiten leider zu wenig Beachtung fand.[153] Er definiert als Sozialismus „jedes System und jede Anschauungsweise, welche der natürlichen Socialordnung, der natürlichen Organisation der Gesellschaft widerspricht. Alles was die Beziehungen des Menschen zu seines Gleichen und zur Erde anders gestalten will, als sie in der natürlichen Ordnung der Dinge sich gestalten würden, ist Socialismus.[154] Die „natürliche Socialordnung" ist für Jäger nicht umstandslos identisch mit den herrschenden wirtschaftlichen, sozialen und politischen

---

148 Vgl. den Abschnitt über die Sozialdemokratie weiter unten Teil 13.5.

149 Vgl. dazu Werner Pöls, Sozialistenfrage und Revolutionsfurcht in ihrem Zusammenhang mit den angeblichen Staatsstreichplänen Bismarcks. Lübeck/Hamburg, 1960. S. 25 und v. a. S. 65 ff.

150 Wichern, Die Mitarbeit der Kirche, S. 201: „Was im heute gewöhnlichen Sprachgebrauch sozial und Sozialismus heißt, ist deswegen nichts als eine Aftergestalt, ist der Pseudosozialismus, der jenen Namen usurpiert, damit aber nur die Wahrheit und seinen grundstürzenden Irrtum anerkennend."

151 Adolf Held, Die deutsche Arbeiterpresse der Gegenwart. Leipzig, 1873, S. 15.

152 Vgl. in seinem Buch: Sozialismus, Sozialdemokratie und Sozialpolitik. Leipzig, 1878, S. 38.

153 Eugen Jäger, Der moderne Socialismus. Karl Marx, die Internationale Arbeiter-Association, Lassalle und die deutschen Socialisten. Berlin, 1873. Jägers Buch besticht im Gegensatz zu den üblichen Produkten antisozialistischer Agitation durch breite, quellenorientierte und faire Darstellung der sozialistischen Theorien und Bewegungen. Besonders hervorzuheben ist die richtig erkannte Bedeutung von Marx für die Internationale und die Besprechung seines „Kapital" (S. 3 – 106). Bemerkenswert auch die Übersicht zur Entwicklung sozialistischer Parteien in anderen Ländern Europas (S. 113 – 234).

154 Ebda., S. XIII / XIV.

Verhältnissen, gleichwohl gibt es „Fundamente für das sociale Leben", welche „in der Natur des Menschen und der Gesellschaft gegeben sind". Zu diesen Fundamenten zählt er die Anerkennung einer Autorität, die das gesellschaftliche Leben organisiert, die Ehe und das Privateigentum.[155] Der zeitgenössische Sozialismus erscheint demgegenüber als extremer, willkürlicher und geschichtswidriger Eingriff in natürliche Lebensgesetze, obwohl Jäger die relative Berechtigung der sozialistischen Eigentumskritik einräumt. Das „innerste Wesen des modernen Socialismus" aber liege in seinem „Abfall von der Autorität". Und: „Dieser Quelle entspringt die principielle Hinneigung zur politischen Revolution, die Vernichtung der Ehe und die Leugnung des Privateigenthums."[156] Bei allem Verständnis für den Sozialismus und erstaunlicher Fähigkeit zur Differenzierung münden Jägers Ausführungen dennoch in die üblichen konservativen Stereotypen aus.

Zu bemerkenswerten Einsichten kommt auch der Bischof von Seeland, *Hans L. Martensen,* in seinem vielbeachteten Buch *„Socialismus und Christenthum".*[157] Todt hat das Buch gelesen und einige der Gedanken Martensens aufgenommen und zugespitzt.[158] Martensen kennt nicht nur die Schrift von Engels über die Lage der arbeitenden Klasse in England, sondern auch die der liberalen Nationalökonomen (u. a. Adam Smith) und setzt sich lebhaft mit den Theorien des sogenannten „Manchesterthums" auseinander.[159] Er bekundet viel Verständnis für die Lage des Industrieproletariats und geißelt den „einseitigen Individualismus" der liberalen Theorien. Ebenso kritisch wendet er sich gegen den „utopischen und revolutionären Sozialismus", der in gleicher Weise einseitig die Idee der sozialen Gleichheit der individuellen Freiheit überordne.[160] Als „revolutionären Sozialismus" kennzeichnet er diejenigen Ideen, „die unmittelbar ins Leben eingeführt und verwirklicht werden sollen."[161] Der „reine Communismus" verlange „eine fortgesetzte gleiche Vertheilung aller materiellen Güter, die vollständige Aufhebung des Eigenthums- und Erbrechtes. Der Socialismus in der speciellen Partei-Bedeutung des Wortes verlangt zwar nicht ausdrücklich die Aufhebung des Privatbesitzes und Erbrechtes, wenn beide auch in Wirklichkeit erschüttert und abgeschwächt werden. Er verlangt aber die Aufhebung aller privaten Arbeitsthätigkeit."[162]

---

155 Ebda., S. 467.

156 Ebda., S. 472.

157 Hans Lassen Martensen, Socialismus und Christenthum. Ein Bruchstück aus der speciellen Ethik. Gotha, 1875.

158 RDS, S. 7; Martensens Buch geht weit über das hinaus, was in der zeitgenössischen theologischen Literatur gesellschaftsanalytisch dargestellt und praktisch-politisch gefolgert wurde. Insofern scheint das Urteil Brakelmanns etwas überspitzt, der konstatiert: „Uns ist kein Buch, keine nennenswerte Abhandlung zwischen Wagners Rede auf der Oktoberversammlung von 1871 und dem ersten Erscheinen von Rudolf Todts Buch über den radikalen Sozialismus, die über die alten von Wichern gesteckten Fronten hinausgehen, bekannt." (Brakelmann, Kirche und Sozialismus, S. 134.) Vgl. ferner: Hermann Brandt, Gotteserkenntnis und Weltentfremdung. Der Weg der spekulativen Theologie Hans Lassen Martensens. Göttingen, 1971. Was für Martensen gesagt werden muß, gilt eo ipso in noch stärkerem Maße für die Sozialkonservativen um Rudolf Meyer. Vgl. dazu weiter unten Teil 5.2.

159 Martensen, Socialismus, S. 26 ff.

160 Ebda., S. 31 ff. Er bringt den utopischen Sozialismus bezeichnenderweise in eine direkte Verbindung zu Thomas Morus „Utopia", deren weitschweifige und skurrile Ideen er breit schildert. (S. 32 ff.)

161 Ebda., S. 37.

162 Ebda., S. 38.

Martensen kennt auch die religiösen Ansätze im frühen Sozialismus[163] und resümiert schließlich die relative Berechtigung der revolutionären sozialistischen Ideen[164], vergißt aber nicht zu konstatieren, daß der „revolutionäre Socialismus in den großen Irrthum" verfalle, das Gleichheitsprinzip im Sinne völliger Eliminierung der menschlichen Individualität mißzuverstehen.[165] Seine Vorwürfe an die Adresse des revolutionären Sozialismus nehmen vieles von dem vorweg, das Todt später analytisch schärfer faßt. Der Sozialismus, so Martensen, löse durch die Abschaffung des Privateigentums zugleich die Familie auf und huldige einem gänzlich unrealistischen – weil mit der Sünde des Menschen nicht rechnenden – anthropologischen Optimismus.[166]

Gegen diesen wirklichkeitsfremden Sozialismus stellt Martensen nun den „ethischen" oder „christlichen" Socialismus: „Der ethische, durch das Christenthum bestimmte Socialismus berücksichtigt die Zustände und Verhältnisse, wie diese unter den jetzigen irdischen Bedingungen einmal gegeben sind. Er ist *conservativ*, läßt sich zwar auf Reformen und Umbildungen, nicht aber auf Umwälzungen ein, weshalb er denn das Recht des Privatbesitzes nebst dem Erbrechte, und hiermit auch das den Corporationen, Stiftungen und Institutionen zustehende Eigenthumsrecht anerkennt, welches aber gerade die Gelüste des revolutionären Socialismus stets in besonderem Maße herausgefordert hat."[167] Der christliche Sozialismus sei aber „auch individualistisch, in der echten Bedeutung dieses Wortes" und erkenne deshalb das „Gesetz der Solidarität" an, das der Gesellschaft die Pflicht auferlege, für jedes Individuum zu sorgen. Der christliche Sozialismus ziele auf die „Herstellung eines gesellschaftlichen Zustandes, bei welchem jedes Individuum, welches arbeiten will, auch wirklich sein tägliches Brot gewinnen könne."[168] *Dieser* Sozialismus will dem arbeitenden Menschen dazu verhelfen, ein wirkliches Familienleben zu führen, möchte ihm gesichertes Auskommen bei Krankheit und im Alter verschaffen.

Martensen setzt vor allem auf die Arbeiter-Assoziation und die Staatshilfe. Er befürwortet Selbsthilfeorganisationen, die nach einem Prinzip organisiert sein sollen, „was seinem Wesen nach etwa den Zünften und Corporationen der Vorzeit entspricht, Genossenschaften, welche ungeachtet aller ihrer, freilich zu beseitigenden, Auswüchse zu ihrer Zeit eine so wohlthuende Bedeutung gehabt haben für die sittliche Existenz und Haltung des Volkes."[169] Er tritt für staatlich regulierte, von Zeit zu Zeit tariflich geänderte Arbeitslöhne ein und sieht hier einen Weg zu einem eigentlichen „Arbeitsrecht". Es gehe generell um eine Begrenzung der „Herrschaft des Capitals, des Geldes, der Plutokratie."[170] Die Arbeiter sollten die Fürsorge und Hilfe des Staates für ihre Assoziationen annehmen. Diese Hilfe zur Selbsthilfe könne ihnen aber nur gewährt werden, wenn sie sich von ihrem Materialismus lösten. Sie müßten „der verderblichen, alle Sittlichkeit untergrabenen Vorstellung... entsagen, daß der Mensch nur eine irdische, keine über-

163 Ebda., S. 39.
164 Ebda.
165 Ebda., S. 44 f.
166 Ebda., S. 46.
167 Ebda., S. 47.
168 Ebda.
169 Ebda., S. 53.
170 Ebda., S. 54.

irdische Bestimmung habe, und daß der ganze Lebenszweck in nichts anderem, als nur darin bestehe, eine möglichst große Summe sinnlicher Genüsse in dieser kurzen Spanne Zeit zu erjagen."[171]

Martensen fordert – und dies ist eine bis heute aktuelle Position – die ethische Reflexion des Systems maschineller Produktion: Es dürfe nicht dahin kommen, daß der Mensch seine „Arbeit aus bloßer Zwangspflicht verrichte oder lediglich als das Mittel, seinen Lebensunterhalt zu finden", sondern es müsse auch möglich sein, an einen Fortschritt „in Beherrschung der Natur" zu glauben, der die beklagenswerten Begleitumstände industrieller Produktion ausschließe.[172]

Martensen ist mit seinem Buch dem Parteisozialismus seiner Zeit weit entgegengekommen. Die prinzipielle Berechtigung der sozialistischen Forderungen werden anerkannt, nur der Atheismus und Materialismus der Sozialdemokratie verworfen. Todt hat von diesen Gedanken durchaus profitiert und sie theologisch tiefergehend entfaltet: Der „christliche Sozialismus", die „christliche Gesellschaft" wurde bei ihm die eigentliche Alternative zum atheistisch-sozialdemokratischen Sozialismusverständnis.

Eine mindestens ebenso differenzierte und streckenweise gar von Sympathie getragene Darstellung des zeitgenössischen Sozialismus gibt auch *Gerhard Uhlhorn,* Oberkirchenrat und Hofprediger der evangelisch-lutherischen Landeskirche Hannovers, zugleich Abt zu Loccum. Uhlhorn widerspricht der Polemik gegen den Sozialismus, dieser sei in erster Linie christentumsfeindlich: „Ein solches Verdict würde ich doch als zu rasch gefällt ansehen."[173] Er begegnet den üblichen Vorwürfen an die Adresse des Sozialismus (Atheismus, Auflösung von Ehe, Familie und Privateigentum) mit dem Gegenvorwurf, es gebe unter den „Vertretern der heute herrschenden wirtschaftlichen Prinzipien ... leider auch genug, die ausgesprochene Christenthumsfeindschaft zur Schau tragen."[174] Wer gegen den Sozialismus undifferenziert polemisiere, beweise nur, daß er ihn nicht kenne: „Sie fechten gegen Windmühlen und sollten sich doch nicht wundern, wenn die Sozialisten darüber lachen oder daraus die Vorstellung gewinnen, daß man in böswilliger Weise sie nicht verstehen will und dadurch natürlich noch mehr erbittert werden. Ich kann nicht dringlich genug bitten, eine solche Polemik doch gänzlich aufzugeben. Sie ist nicht bloß unfruchtbar, sie ist unserer Sache im höchsten Maße gefährlich und verderblich.[175] Das „eigentliche Prinzip" des Sozialismus beschreibt Uhlhorn so: „Ersetzung des Privatkapitals durch Collectivkapital, oder etwas ausführlicher: Ersetzung der heutigen Produktionsweise, wonach ein Einzelner oder mehrere Einzelne, die im Besitz des nöthigen Kapitals, der erforderlichen Produktionsmittel sind, als Unternehmer produziren, und dann dem Arbeiter nur der Arbeitslohn, dem Unternehmer aber der ganze Mehrwerth des gewonnenen Produkts als Unternehmergewinn zufällt, durch eine Produktionsweise, wonach die Gesellschaft als solche im Besitz sämtlicher Produktionsmittel produzirt, und dann das gewonnene Produkt selbst nach dem Maße der geleisteten Arbeit unter die Gesellschaft vertheilt wird."[176]

---

171 Ebda., S. 56.
172 Ebda., S. 59.
173 Gerhard Uhlhorn, Socialismus und Christenthum. In: Derselbe, Vermischte Vorträge über kirchliches Leben und Vergangenheit und der Gegenwart. Stuttgart, 1875, S. 354.
174 Ebda.
175 Ebda., S. 356.
176 Ebda., S. 357.

Uhlhorn läßt in seiner Darstellung erkennen, daß er sich mit der ökonomischen Theorie Lassalles wirklich auseinandergesetzt hat. Er vermag auch in einem historischen Exkurs den Unterschied zwischen der vorindustriellen und der kapitalistischen Produktionsweise plausibel herauszuarbeiten. Der Sozialismus gilt ihm in erster Linie als ökonomisches Prinzip.[177] Seine Schilderung des sozialistischen Zukunftsstaates beruht offensichtlich auf frühsozialistischen Quellen und der einen oder anderen Andeutung in der zeitgenössischen sozialistischen Presse. Er kommt zu dem überraschenden Ergebnis, „daß hier Manches liegt, was dem Christenthum entschieden näher steht, als der Kapitalismus der Gegenwart."[178] Der Sozialismus habe dem „atomistischen" Kapitalismus und der ihn theoretisch begründeten „Manchester-Schule" gezeigt, „daß ethische Faktoren mitwirken."[179]

Uhlhorn ist ein entschiedener Verfechter der lutherischen Zwei-Reiche-Lehre und verweist darauf, daß das Christentum zur Beurteilung des Sozialismus als einer nationalökonomischen Theorie gar keine Kriterien biete. Rudolf Todts These, daß aus dem Evangelium auch für das Wirtschaftsleben „Maximen" zu folgern sind, hat Uhlhorn stark befremdet und zum Widerspruch gereizt. Er verficht dagegen die Position, daß über die Richtigkeit oder Falschheit des Socialismus die Nationalökonomie zu entscheiden habe, indes „nicht die Glaubenslehre und die Theologie. So wenig der Herr uns Vorschriften gegeben hat über die beste Staatsform, so wenig auch über die beste Form der Produktion und Consumtion... Ich glaube, man soll sich doch ernstlich hüten, zu thun, als gehöre zum rechten Glauben auch die Zustimmung zu irgend einem nationalökonomischen Prinzip, und als wäre jemand schon deßhalb kein Christ, weil er andere nationalökonomische Prinzipien für richtig und heilsam hält."[180] Obwohl Uhlhorn im sozialistischen Zukunftsstaat individuelle Freiheit zugunsten geplanter Zwangswirtschaft stark gefährdet sieht, urteilt er resümierend: „Bei ruhiger Erwägung kann man nicht sagen, daß das socialistische Princip an sich und in jeder möglichen Verwirklichung dem Christenthum widerspricht und die christliche Cultur ausschließt."[181] Das ist ein für die Zeit sicherlich erstaunliches Fazit eines konservativen Lutheraners, der im übrigen zum Verhältnis von Glaube und Politik, Politik und Kirchen Thesen formuliert, die in der sozialethischen Diskussion heute noch aktuell sind.

Sein streng antikatholischer Standort läßt ihn bei allen institutionellen Anstrengungen der Kirche im Blick auf die „soziale Frage" die „katholische Werkgerechtigkeit" wittern.[182] In der Verbindung von „Rom" und dem „Sozialismus" sieht er ungeheure Gefahren für die Freiheit der protestantischen Christenmenschen erwachsen. Ein „christlicher Sozialismus" ist für ihn der Gipfel theologischer Vermessenheit. Die Kirche könne und solle die soziale Frage nicht lösen. Dies sei eine ganz und gar unevangelische Haltung: „Wie die Produktion und Consumtion geregelt werden soll, das lasse ich die

---

177 Ebda., S. 367.
178 Ebda., S. 369.
179 Ebda., S. 370.
180 Ebda.
181 Ebda., S. 378.
182 Siehe dazu seine Schrift: Katholizismus und Protestantismus gegenüber der sozialen Frage. 2. Auflage. Göttingen, 1887: „Wer da meint, daß die Kirche auch der sozialen Frage gegenüber eine andere Aufgabe habe als Predigt und Seelsorge, der ist auf dem Römischen Irrwege." (S. 35).

bestimmen, die Gott dazu gesetzt hat."[183] Er zieht sich ganz auf die Predigt des Evangeliums und die Taten barmherziger Liebe zurück. Dies sei die eigentliche Aufgabe der Kirche. Es ist typisch für diese Art konservativ-lutherischer Argumentation, daß einerseits vor dem Eingriff der Kirche in ein fremdes „Amt" gewarnt wird (und dazu gehört die Beurteilung des Sozialismus vom nationalökonomischen Standpunkt aus), andererseits durchaus Wirkungen der Kirche in die Welt hinein gefordert werden; denn das Christentum „will auch das Leben der Menschheit beeinflussen und neu gestalten in Familie und Volk, in Kunst und Wissenschaft, im Verkehr der Völker miteinander."[184] Welche politischen und sozialen Konsequenzen die Predigt des Evangeliums aber nach sich ziehen muß – dies wird nicht mehr von Uhlhorn und seinen Freunden bedacht. Der soziale Gehalt des Evangeliums wird auf die Ebene der ethischen Motivation beschränkt: Das Wort Gottes soll „jedermann die sittliche Kraft darreichen, deren er bedarf, um seinen irdischen Beruf auf dem ihn angewiesenen Lebensgebiete zu erfüllen."[185]

Die von Uhlhorn letztlich aufgeworfene Frage lautet: Enthält das Evangelium „materiale" ethische Prinzipien, die in konkrete Handlungsanweisungen für Wirtschaft, Politik, soziales Leben und Kultur ausmünden können oder beschränkt es sich auf die Herstellung eines neuen Sinnhorizontes, der Motivation und Handlungsenergie des Christen bestimmt und aus dem heraus die ethischen Normative nach Auseinandersetzung mit den zeitgenössischen Wissenschaften vernünftig zu folgern sind? Geht es um „materielle Werteethik" oder „autonome Moral"?[186]

Rudolf Todt hat zu seiner Zeit versucht, diese ethische Kontroverse zugunsten „christlicher Maximen" im Blick auf politische und soziale Fragen zu entscheiden. Sein Versuch ist widersprüchlich und anfechtbar geraten, dennoch hat er ein Konzept biblischer Materialethik verfochten, das die ethische Diskussion sehr befruchtet hat. Auf hohem Niveau wurden die von Todt formulierten methodischen Prinzipien in den Diskussionen der religiösen Sozialisten der Weimarer Republik kontrovers verhandelt.

Die Rede vom Sozialismus bleibt in den gesamten achtziger Jahren ambivalent: Einerseits gelten die vertrauten Verdammungsformeln der 1848er Konterrevolution und Reaktionszeit, andererseits werden Elemente der sozialistischen Gesellschaftsanalyse und Kritik als partiell berechtigt anerkannt. Sozialismus bewegt sich im Spannungsfeld zwischen christlich motiviertem, sozialkonservativ gestütztem „Sozialismus" und den weltanschaulichen Herausforderungen der atheistischen Sozialdemokratie. Dabei ist aber zu berücksichtigen, daß eine Diskussion über Sozialismus und Sozialdemokratie in der angedeuteten Richtung vorwiegend in akademischen Zirkeln stattfand. Der Alltagssprachgebrauch und die administrativ-polizeiliche Wahrnehmung sozialistischer Ideen und Bewegungen gingen nicht über die bekannten vorurteilsbehafteten Verwerfungen

---

183 Uhlhorn, Socialismus und Christenthum, S. 380.
184 Ebda., S. 371.
185 Ebda., S. 380.
186 Vgl. dazu: Handbuch der christlichen Ethik. Bd. 1. Hrsg. von Anselm Hertz, Wilhelm Korff, Trutz Rendtorff, Hermann Ringeling. Freiburg-Basel-Wien, 1978, bes. S. 199 ff. und 213 ff. Vgl. ferner: Schrey, Einführung in die evangelische Soziallehre, S. 21 ff. Martin Honecker, Das Recht des Menschen. Einführung in die evangelische Sozialethik. S. 21 ff. Jean-Pierre Wils / Dietmar Mieth, Grundbegriffe der christlichen Ethik. Paderborn / München / Wien / Zürich, 1992.

hinaus. Spätestens mit dem Abbruch des „Neuen Kurses" Wilhelms II. und dem Beginn neuer antisozialistischer Repression („Umsturzvorlage", 1894)[187] standen auch die Kathedersozialisten und sogar führende Vertreter des „Evangelisch-Sozialen Kongresses" (gegründet 1890) in dem Verdacht sozialdemokratischer Neigungen.[188] Sozialismus war als nationalökonomischer Fachterminus oder als Ausdruck idealer — auch christlicher! — Bestrebungen gegen die fortschreitende Perhorreszierung der Sozialdemokratie nicht länger zu halten.

Für Kirchenbürokratie, Theologen und die breite Masse des treuen Kirchenvolkes wurden nicht Rudolf Todts differenzierende Bemühungen um den Sozialismus bedeutsam, sondern eher die Invektiven aus der Feder des Pfarrers Richard Schuster[189] oder die hemmungslose Agitation des „Christlichen Zeitschriftenvereins", der — gegründet 1880 — unter wohlwollender materieller und geistiger Förderung der preußischen Staatsbehörden Tausende von antisozialistischen Traktätchen und Broschüren unters Volk brachte.[190]

Namentlich Schusters Schrift war in Theologenkreisen sehr populär. Über die von ihm mitgeteilten Fakten hinaus hatte wohl kaum ein Theologe sozialistische Theorien und Zielvorstellungen erfaßt, sie bildeten gleichsam das „Basiswissen", das zum Urteil über die sozialdemokratische Bewegung zu befähigen schien. Daß Schuster dabei nur einige Jahrgänge des „Neuen Sozialdemokrat" und des „Volksstaat" ausgewertet hatte, galt nicht als kritikwürdig. Schusters Buch war eine systematische Anthologie sozialdemokratischer Äußerungen zu fast allen Fragen des gesellschaftlichen Lebens und zeigte durchaus — trotz schmaler Quellenbasis — die eklektische Ideenwelt der frühen Sozialdemokratie, wobei Schuster darum bemüht war, die das bürgerlich-christliche Publikum erschreckenden Äußerungen gebührend hervortreten zu lassen.

Das „Eigenthümliche" an der Sozialdemokratie sei ihr „principieller Gegensatz zur bestehenden Gesellschaftsform und Ordnung und der feste Vorsatz, mit allem Bestehenden in Staat, Gesellschaft, Kirche und Familie gründlich aufzuräumen und auf der Basis völliger Gleichheit eine neue Gesellschaftsform zu schaffen."[191] Die Hauptangriffspunkte Schusters, die von anderen aufgenommen wurden und in offiziellen Verlaut-

187 Vgl. dazu: Klaus Saul, Der Staat und die „Mächte des Umsturzes". Ein Beitrag zu den Methoden antisozialistischer Repression und Agitation vom Scheitern des Sozialistengesetzes bis zur Jahrhundertwende. In: AfS, Bd. 12, 1972, S. 293 ff.

188 Adolf Wagner trug Mitte der neunziger Jahre eine erbitterte Fehde mit dem „König von Saarabien", Frhr. von Stumm, aus, der ihn und andere Nationalökonomen als Sozialdemokrat und Anarchist bezeichnet hatte. Vgl. Adolf Wagner, Über Sozialismus, Sozialdemokratie, Katheder & Staatssozialismus". Berlin, 1895. Siehe zum Ganzen: Manfred Schick, Kulturprotestantismus und soziale Frage. Tübingen, 1970.

189 Richard Schuster, Die Sozialdemokratie. Nach ihrem Wesen und ihrer Agitation quellenmäßig dargestellt. Stuttgart, 1876². Schuster war Reiseagent der Inneren Mission und hatte sich als solcher mehrfach in großen sozialdemokratischen Volksversammlungen der Diskussion gestellt (siehe sein Vorwort).

190 Vgl. dazu: Saul, Der Staat, S. 332 ff. Joachim Dietrich (Hrsg.), Dienet einander! Geschichte des Evangelischen Vereins für kirchliche Zwecke in Berlin von 1848 – 1898. Berlin, 1898. Ferner: Vom Senfkorn zum Baume, Geschichte der ersten 25 Jahre des Christlichen Zeitschriftenvereins in Berlin. Berlin, 1905.

191 Schuster, Sozialdemokratie, S. 63.

barungen der Kirchenleitungen, Kirchenregierungen, Synoden und Pfarrkonvente stereotyp wiederkehrten, seien hier zusammenfassend aufgelistet. Die Sozialdemokratie

- verhetze Arbeiter und stachele zum Klassenhaß auf (S. 175 f.);
- treibe zur gewaltsamen Revolution (S. 165 ff.);
- kämpfe gegen das Privateigentum und für einen Kommunismus des Genusses (S. 87 ff.);
- sehe einseitig als Ursache für alle „socialen Nothstände" nur gesellschaftliche Faktoren (S. 79 f.);
- vertrete einen sittenwidrigen und verbohrten Atheismus und Materialismus (S. 188 ff.);
- wolle die Religion gewaltsam aus dem Leben der Menschen eliminieren (S. 188 ff.);
- löse alle sittlichen Ordnungen (Ehe, Familie) auf (S. 229 ff.);
- agitiere in quasi-religiöser Form für den sozialistischen Zukunftsstaat: „Wenn die Social-Demokratie ihre Zukunftsbilder zeichnet, dann schwingt sie sich auf zu einer Art religiöser Begeisterung und redet auch gerne in Ausdrücken, die sonst nur für die Wahrheiten und Hoffnungen des religiösen Glaubens gebraucht zu werden pflegen. Der Socialismus wird zur Religion der seine Lehre als ‚Evangelium der Neuzeit'... verkündigt, und von seinen Bekennern den Glauben an seine seligmachende Kraft fordert." (S. 239)

Schusters Ausführungen machen deutlich, welche Bewußtseinsschranken auf seiten der meisten Theologen eine unvoreingenommene Betrachtung der sozialistischen Theorien erschwerten. Wenn es so ist, wie Schuster postuliert, daß „eine jede sociale Ordnung... als Produkt der reinsten menschlichen Willkür" erscheint, solange nicht der Nachweis erbracht worden sei, daß „ihre Prinzipien in religiösen und daher ewigen, weil göttlichen Prinzipien wurzeln"[192], dann darf es mit den Befürwortern nichtchristlicher Sozialordnungsvorstellungen keine Koexistenz geben. Wenn „Gottesordnungen" zu „Naturgesetzen für das sociale Leben" stilisiert werden, wird das typische konservative Geschichtsverständnis im Gefolge F. J. Stahls überdeutlich. Von hieraus ist weder Verständnis noch Kooperation mit sozialistischen Ordnungsvorstellungen möglich. Weil die Sozialdemokratie von diesen Ordnungen Gottes nichts halte, sie gleichwohl erkenne, wie verhaftet die Arbeiter der Religion noch seien, müsse erst – so Schuster – „der Fels auf welchem unsere sociale Ordnung ruht... zerbröckelt werden, ehe es gelingen kann, diese selbst zu zertrümmern."[193] Alle Versuche der Sozialdemokratie, sich mit der Religion positiv auseinanderzusetzen, ja sogar Jesus von Nazareth für eine sozialistische Theorie der gesellschaftlichen Veränderung zu reklamieren, werden von Schuster als „religiöse Heuchelei" abgetan.[194]

Rudolf Todt hat die Schustersche Polemik sehr wohl gekannt und verurteilt: „Wohin soll aber solche Polemik führen, die nur Schwarz in Schwarz malt?"[195], fragte er und zeigte auf, daß Schusters eigentlicher Fehler darin liege, keine ernsthafte Widerlegung

---

192 Ebda., S. 190.
193 Ebda., S. 192.
194 Ebda., S. 193.
195 RDS, S. 322.

der Irrtümer der Sozialdemokratie zu versuchen, sondern nur „an die der socialistischen entgegengesetzte Gesinnung" zu appelieren.[196] Es komme dagegen darauf an, die Fehler und Irrtümer der Sozialdemokratie konkret und im einzelnen nachzuweisen. Jede andere Strategie führe dazu, die Reihen der sozialdemokratischen Anhänger noch fester zu schließen, da diese sich mit Recht von den Verläumdungen" distanzieren könnten. Auch seien dadurch die kirchlichen Bemühungen um eine positive Sozialreform auf höchste gefährdet, denn angesichts des von Schuster beschriebenen sozialdemokratischen Gruselkabinetts würde in der Kirche nur die Unterstützung der „Repressivmaßregeln der Bourgeoisie"[197] forciert werden.

Todts Verdienst ist es gerade, von der Theologie aus das ernsthafte Studium der sozialistischen Theorien, ausgehend von ihren philosophischen Hauptvertretern bis zur Parteipresse, angeregt zu haben. Todt bleibt ja nicht − wie Schuster − bei den Parteisozialisten und der oft polemischen Sprache sozialdemokratischer Parteipresse stehen, sondern versucht die Wirkungsgeschichte und aktuelle Entwicklung des Sozialismus zu erschließen. Die Polemiken vom Schlage Schusters konnten ein solches Unternehmen nur behindern, deshalb machte er entschieden gegen Schusters Methoden Front, obgleich er durchaus die fleißige Kompilationsarbeit des Reiseagenten der Inneren Mission anzuerkennen weiß.[198]

An vorderster Front der antisozialistischen Propaganda war auch die Wichern'sche „Innere Mission" beteiligt.[199] Friedrich S. Oldenberg, leitender Redakteur der „Fliegenden Blätter", dem Organ des „Centralausschusses der Inneren Mission", baute die Zeitschrift seit Anfang der siebziger Jahre zu „einem Kampfblatt gegen die Sozialdemokratie"[200] aus. Seit 1872 berichteten die „Fliegenden Blätter" in regelmäßigen Abständen über Sozialdemokratie, Sozialismus und soziale Frage, wobei mit Vorliebe aus der sozialdemokratischen Presse jene Themen ausgewählt wurden, die bei den Vertretern bürgerlich-christlicher Geisteskultur allerdings helles Entsetzen hervorrufen mußten; z. B. die „Sozialdemokratie und die Weibergemeinschaft"[201], bezeichnenderweise unter dem Rubrum „Sittenlosigkeit in Berlin" veröffentlicht, „Sozialdemokratische Poesie und Prosa"[202], wo genüßlich aus sozialdemokratischen Liederbüchern revolutionäre Gesänge zitiert und die Tendenzen zur gewaltsamen Umwälzung beschworen werden. Der Atheismus der Sozialdemokratie ist stets das Hauptangriffsziel: „Der Sozialismus kann keinen Gott ertragen, weil die Anerkennung irgendwelcher Ordnungen als von Gott gewollter, alle seine Rechnungen durchkreuzt. Er kann keinen Gott ertragen, weil ihm mit einem Gott der Unterschied zwischen Gut und Böse, der ihm unacceptabel ist, gegeben wäre. Er wäre gelähmt und dienstuntüchtig, wenn er ein Princip statuirte, welches die Anerkennung von väterlichem Recht, von Familienrecht, von obrigkeitlichem Recht in sich schließt. Er wäre geliefert, wenn er die Gottesidee tolerirte, mit der consequent

---

196 Ebda.
197 Ebda., S. 323.
198 Ebda., S. 321.
199 Vgl. zur Entwicklung der Inneren Mission und ihrer Stellung zur christlich-sozialen Bewegung den Abschnitt 13.4.
200 Erich Beyreuther, Geschichte der Diakonie und inneren Mission in der Neuzeit. 3. erw. Auflage, Göttingen, 1983, S. 130.
201 Fliegende Blätter (FB), 29. Serie, 1872, S. 88 ff.
202 Ebda., S. 136 f.; S. 161, 193, 225 ff.

die Berechtigung der Persönlichkeit, die Heiligkeit der Ehe und vor allem das Recht des Eigenthums gegeben wäre. Weil es diese Kategorien nicht geben darf, darf es keinen Gott geben. Socialismus und Atheismus sind Zwillinge."[203]

In Schreckensbildern werden die revolutionären Lehren der Sozialdemokratie gegeißelt[204] und mit der Terrorherrschaft der Jakobiner in Verbindung gebracht.[205] Die Sozialdemokratie erscheint als bloßer Nutznießer der wirtschaftlichen Krisensituation, die im übrigen nicht geleugnet wird. Indes: Die „Frechheit" und der „Irrgeist" der Sozialdemokratie zögen die verblendeten Arbeitermassen eher an als das sie sie abstießen.[206] Ehe und Familie seien durch die sozialdemokratische Propaganda aufs höchste gefährdet, was unter Hinweis auf die Stellung der Sozialdemokraten zum Zivilstandsgesetz von 1874 bewiesen werden soll.[207]

So finden sich bis 1887 — dem Todesjahr Rudolf Todts — in schöner Regelmäßigkeit derartige Polemiken, die das Unternehmen „Innere Mission" bei den Arbeitern und ihren sozialistischen Theoretikern nicht beliebter machen.[208] Zwischentöne und differenziertere Stellungnahmen sollen hier nicht verschwiegen werden: Auf einer südwestdeutschen Konferenz für Innere Mission im Jahre 1872 hielt Prediger Walter aus Karlsruhe ein vielbeachtetes Referat, in dem er die relative Berechtigung des Sozialismus hervorhob; der Sozialismus sei „der als ein besonders volkswirtschaftspolitisches System auftretende Versuch, den auf dem Gebiete der Volkswirtschaft zum Bewußtsein gekommenen Widerspruch der gesellschaftlichen und individuellen Interessen zu beseitigen."[209] Der Sozialismus sei abzulehnen, insofern er sich mit einer „materialistischen und atheistischen Weltanschauung" verbinde; „sofern er aber die freie, allseitige Entfaltung der menschlichen Persönlichkeit und die Herstellung eines sittlichen Verhältnisses zwischen den entzweiten Ständen als sein Ziel verfolgt, hat er seine Berechtigung".[210] Gegen den Sozialismus der Sozialdemokratie stellt Walter den „wahren Sozialismus", das Christentum in seiner Gesamtheit, das dazu berufen sei, „nicht sowohl durch direkte Bekämpfung falscher Socialgestaltungen, als vielmehr durch allmälige Befreiung des gesellschaftlichen Zustandes von den socialen Sünden, Irrthümern und Uebeln und durch Pflanzung der wahren socialen Gesinnung den Socialismus zu überwinden."[211] Hier liege die eigentliche Aufgabe der Inneren Mission und der evangelischen Kirche in allen ihren Lebensäußerungen.

Solche Stimmen blieben aber doch weitgehend isoliert. Schon auf der gleichen Konferenz wußten der uns schon bekannte Pfarrer Richard Schuster und Redakteur Fried-

---

203 FB, 30. Serie, No. 6, 1873, S. 166.
204 FB, 30. Serie, 1873, No. 4, S. 101 ff.
205 Ebda., S. 104 ff.
206 FB, 31. Serie, 1874, No. 2, S. 33 ff.
207 Ebda., S. 198 ff.
208 Vgl. v.a.: FB, 33. Serie, No. 1, 1876, S. 88 ff.; No. 2, S. 48 ff.; No. 11, S. 333 ff.; 34. Serie, No. 4, 1877, S. 109 ff.; No. 7, S. 217 ff.; 35. Serie, No. 3, 1878, S. 98/99, No. 5, S. 165 ff., No. 6, S. 186 ff., No. 10, S. 320 ff.; FB, 36. Serie, 1879, No. 1, S. 1 ff.; 43.Serie, 1886, S. 200, 231, 311; FB, Serie 44, No. 7, 1887, S. 207 ff., S. 225 ff. Vgl. zum Ganzen: Friedrich Mahling, Die innere Mission. Bd. 1. Gütersloh, 1937, S. 205 ff.
209 FB, 29. Serie, 1872, No. 6, S. 179.
210 Ebda.
211 Ebda., S. 180.

rich S. Oldenberg die Gewichte zurechtzurücken, indem sie die „alle Wahrheit und Sittlichkeit mit Füßen tretenden und den Bestand der Kirche, des Staates und der Gesellschaft auf's tiefste gefährdenden Doctrinen der Socialdemocratie"[212] gebührend verurteilten.

Komprimiert finden sich alle schon bei Schuster breit kompilierten Verwerfungsurteile gegenüber der Sozialdemokratie in einem Vortrag von Pastor E. Marpe vor der Märkischen Pastoral-Konferenz zu Hagen am 18. Juni 1874.[213] Marpe machte sich immerhin die Mühe, die Theorien von Lassalle und Marx über die Arbeit als dem alleinigen wertschaffenden Faktor zu untersuchen und arbeitete dabei eine eigenartige „Widerlegung" heraus. Das eigentlich wertschaffende Moment der Arbeit sei der *Zweck* der Arbeit und diesen setzten nicht die Arbeiter, sondern ausschließlich der Fabrikherr: „der Fabrikherr und nur dieser allein, und nicht seine Arbeiter sind Schöpfer des Zweckes. Er allein giebt der Fabrik den Zweck, dem jeder Mitwirkende seinen Willen unterordnen muß... der Fabrikherr ist der Schöpfer des Zweckes, und damit derjenige, der die Arbeit erst zu werthschaffender Arbeit macht."[214] Es liegt auf der Hand, daß mit derartigen christlichen Herr-im-Hause Positionen bei den sozialdemokratischen Arbeitern keine Sympathie zu gewinnen war, mochte Marpe auch an anderer Stelle die Tatsache der „Ausbeutung des Arbeiters durch das Capital" nicht leugnen[215] und höhere Löhne fordern. Seine Schlußfolgerung ist typisch für die generelle Haltung der Inneren Mission in diesem Zeitraum: Die Kirche solle stets von neuem die Nächstenliebe predigen und „mehr und mehr die Werke der Inneren Mission treiben". „In der Erfüllung dieser Forderung liegt die Lösung der socialen Frage."[216]

Auch die Reichs-Kongresse der Inneren Mission lassen keine substanziell abweichenden Stellungnahmen erkennen als die hier bereits referierten. Im Gefolge der Wichern'schen Abrechnung mit dem Internationalen Sozialismus auf der kirchlichen Oktoberversammlung wurde auf den Kongressen der Inneren Mission, besonders in Bielefeld 1877 und Magdeburg 1878, die Haltung der Inneren Mission zur Sozialdemokratie diskutiert und das „rothe Gespenst" als der „Schrecken unseres Geschlechts"[217] beschworen. In einer Reihe von sozialen Fragen konstatierten die Kongresse Übereinstimmung mit den Sozialdemokraten: das ungerechte Verhältnis von Kapital und Arbeit, die Sonntagsfrage, Aufhebung der Frauen- und Kinderarbeit, der Normalarbeitstag, Verbesserung der Arbeits- und Wohnverhältnisse, bessere Sicherung des Arbeiters vor Krankheit, Invalidität und Alter u. v. m. Zu einem gemeinsamen Handeln, das vor allem in der Sonntagsfrage möglich gewesen wäre, konnte man sich indes nicht aufraffen. Die Sozialdemokratie blieb allen „scheinbaren Anknüpfungspunkten" zum Trotz[218] der entscheidende

---

212 Ebda., S. 181.
213 E. Marpe, Die Stellung der Socialdemocratie zu Kirche, Staat und Gesellschaft. In: FB, 32. Serie, 1875, No. 5, S. 133 ff., No. 6, S. 165 ff.
214 Ebda., S. 172.
215 Ebda., S. 174.
216 Ebda., S. 175.
217 Referat von Pastor Schröter, Berlin, zur Frage: „Welche Stellung haben die Vereine für innere Mission der Socialdemocratie gegenüber einzunehmen?" In: Verhandlungen der Conferenz für innere Mission. XIV. Congreß für innere Mission vom 4.–7. September 1877. Veröffentlicht vom Centralausschuß für Innere Mission. Hamburg, 1877, S. 35 ff.
218 Ebda., S. 39.

ideologische Gegner: „Das Christenthum und die Socialdemokratie, wie sie zur Zeit in Deutschland in Erscheinung tritt, stehen einander... nach ihrem ganzen Wesen, nach dem Grund, auf dem sie ruhen, nach dem Ziel, das sie principiell erstreben, nach den Mitteln, die sie anwenden, als die zwei entgegengesetztesten Weltanschauungen gegenüber von denen die der Socialdemokratie als Emancipation des Fleisches, vollendeter Egoismus und Weltseligkeit bezeichnet werden kann, während das Christenthum Kreuzigung des Fleiches, Selbstverleugnung und Ueberwindung der Welt fordert."[219] Hiermit waren die Fronten bezeichnet und drastischer konnte der Gegensatz auch nicht ausgesprochen werden.

Wir ersparen uns, hier weitere Zeugnisse des „Weltanschauungskampfes" im 19. Jahrhundert aufzuführen[220], denn die zitierten sind typisch — und nicht nur für den Zeitraum der Aktivität Pfarrer Rudolf Todts! Der deutsche Protestantismus fand weder auf die drängenden sozialen Fragen noch gegenüber der Sozialdemokratie eine zeitadäquate Antwort. Um eine solche bemühte sich der bis 1877 ganz unbekannte Landpfarrer aus Barenthin. Seine Analysen und Reformvorschläge waren seit 1877 Gegenstand von Diskussionen und Kontroversen auf Synoden, in Kirchenleitungen und Kirchenregierungen, auf Kanzeln und Kathedern und in großem Maße in der kirchlichen Presse. Ob Pfarrer Todt eine zeitadäquate Antwort gelungen ist, sollen die nächsten Abschnitte erweisen.

---

219 Ebda., S. 48.
220 Über die Haltung der offiziellen Organe und Kirchenbehörden vgl. weiter unten, Abschnitt 13.3.

5 Lebenswelten III:
Rudolf Todts theologisch-philosophische und sozialkonservative Ideenwelt

5.1 Rudolf Todts theologische und philosophische Reflexionen und seine kirchenpolitischen Präferenzen

Rudolf Todt hat die theologischen Entwicklungen seiner Zeit aufmerksam beobachtet und sich bemüht, auf dem laufenden zu bleiben und Neues zu lernen. Es ist jedoch nicht vermessen, eine im Studium erworbene Grundrichtung seines theologischen Denkens anzunehmen, die, ergänzt um zeitgenössische philosophische Einsichten, Zeit seines Lebens prägend und handlungsorientierend blieb. Todt war im damaligen Sinne „Bibeltheologe". Stärkste Impulse erhielt er vom „Biblizisten" der Hallenser Universität A. Tholuck. Sein drängendes Bemühen um den Nachweis des sozialen Gehaltes des Evangeliums zeigt seine bibeltheologische Grundschulung: Das Wort von der Offenbarung Christi muß hinein in die Welt, das Evangelium soll sich bewähren, nicht nur im persönlichen Leben, sondern gerade in den sozialen und wirtschaftlichen Verhältnissen der Menschen. Das Evangelium enthält sittliche Maximen, die zu entdecken und in die Wirklichkeit der Welt umzusetzen, dem Christen als Aufgabe immer neu gestellt ist. Das soziale Christentum alleine sei imstande, die drängenden sozialen und wirtschaftlichen Krisen der Zeit zu bewältigen.

Todt setzt sich nicht ohne Grund mit Judentum und Islam auseinander; indem die vermeintliche „Unfähigkeit" anderer Religionen zur Lösung der sozialen Frage nachgewiesen wird, soll das Evangelium in seiner praktischen sozialen Bedeutung um so strahlender erscheinen. Todt reduziert das Christentum nicht auf allgemein-abstrakte sittliche Maßstäbe, sondern er will gerade die konkreten „Maximen" herausarbeiten, um die moralisch-ethische Orientierungsfunktion des Neuen Testaments zu belegen: Das Neue Testament, das Wort von der frohen Botschaft, soll sich in der Gegenwart „materialisieren", die Todt als zerrissen, ihres Sinnes für das soziale, politische und geistige Leben beraubt ansieht, es ist eine Zeit tiefer geistiger Krisen, in der dem Volke alte Maßstäbe verloren gegangen und neue noch nicht gefunden sind. Die Atomisierung des Menschen in einer erbarmungslos anwachsenden Maschinerie kapitalistischer Produktion und die gnadenlose Konkurrenz der Produktionsmittelbesitzer und der Arbeitskraftanbieter sind für ihn Zeichen dieser Krise.

Die Zeit bedarf einer neuen christlichen Antwort, einer neuen Ethik, die sich nicht in „Innerer Mission" erschöpft, sondern reale, geistig und materiell verändernde Wirkungen entfaltet. Todts Ringen um eine neue christliche Ethik in der Auseinandersetzung mit dem zeitgenössischen Sozialismus ist das Hauptmotiv seiner Beschäftigung mit der sozialen Frage.

In diesem Abschnitt soll es um diejenigen theologischen und philosophischen Erkenntnisse gehen, die Todts Arbeiten nachhaltig beeinflußt haben: direkt oder indirekt. Wo steht Rudolf Todt im „Geisteskampf" der Jahre 1878 bis 1885, der Zeit seiner angestrengtesten geistig-politischen Aktivität?

Todt folgt als Theologe in erster Linie dem schon erwähnten „Biblizisten" und „Erweckungstheologen" August Tholuck. Seine ihm stets bescheinigte „positiv-gläubige" Christlichkeit bedeutete zweierlei: das Festhalten an der Maßgeblichkeit geschichtlicher Überlieferung und die Rückkehr zur reformatorischen Theologie in der Fronstellung gegen den Rationalismus. Seine Predigt folgte pietistisch-erweckten Vorlagen: Auslegung des Wortes, Ruf zur Buße und Umkehr, Verkündigung der Erlösung durch Christi Leiden und Sterben am Kreuz. Wie Tholuck ist Todt kein großer Systematiker, er nimmt das „Wort" als die Botschaft vom biblischen Christus auf. Die historisch-kritischen Ansätze seiner Zeit haben ihn nicht angefochten. Unbefangen folgert er „ethische Maximen" aus dem Neuen Testament, die dem Christen als Richtschnur in den aktuellen ökonomischen, sozialen, politischen und geistigen Kämpfen dienen sollen.

Die theologische Kritik an Todts Werk hat sich dann auch immer wieder an dem zweifellos zu geringen Reflexionsniveau der systematischen und historisch-kritischen Fragestellungen entzündet. Es ist schwer zu beurteilen, in welchem Umfang und in welcher Tiefe sich Todt mit der Philosophie seiner Zeit beschäftigt hat.[1] Nur in seiner Spätschrift über die „Ursachen der Unkirchlichkeit" nennt er explizit seine philosophischen Vorbilder. Als „streitbare Bundesgenossen der Kirche gegen den naturwissenschaftlichen Materialismus"[2] hebt er lobend *Friedrich Wilhelm Joseph Schelling (1775—1854)* und *Rudolf Hermann Lotze (1817—1881)* hervor: „Sie stellen dem Christenthum das Zeugniß aus, daß es keine Wissenschaft, welches es auch sei, wenn sie nur ehrlich und wahrheitsliebend verfährt und nicht so unwissenschaftlich ist, Hypothesen für Resultate auszugeben, zu scheuen braucht."[3] Todt sieht bei beiden Denkern die Differenzen zwischen Christentum, Naturwissenschaften und Philosophie als aufgehoben an. Schellings „positive (Spät-)Philosophie", welche die „innere Möglichkeit der Offenbarung wissenschaftlich nachweisen"[4] will und Lotzes (Wert-)Philosophie entsprechen voll und ganz der Wahrheits- und Wirklichkeitsauffassung Todts: „Es kann nur eine Wahrheit, nur eine rechte Metaphysik geben, nicht zwei — eine christliche und eine naturwissenschaftliche oder philosophische — und Schelling wie Lotze führen uns zu dieser Wahrheit des Christentums durch ihre Systeme."[5] Namentlich Lotzes populäre Philosophie[6] mußte

---

1 Im Visitationsbericht vom 14. Juni 1877 heißt es, daß Todt „seine Muße" auf das „Studium theologischer und philosophischer Schriften" wende. Namentlich beschäftige er sich „mit Trendelenburgs Naturrecht und Schellings positiver Philosophie". (Superintendentur Kyritz, Specialia B II 9 b)
2 Todt, UK, S. 74.
3 Ebda., S. 75.
4 Ebda., S. 74.
5 Ebda., S. 75.
6 Siehe zu Lotze als knappe Einführung die instruktiven Artikel in: Enzyklopädie und Wissenschaftstheorie. Hrsg. von J. Mittelstraß. Mannheim / Wien / Zürich, 1984. Bd. 2 und der Encyclopedia of Philosophy. Vol. V, ed. by Paul Edwards. London / New York, 1967, S. 87 ff. Ferner: Herbert Schnädelbach, Philosophie in Deutschland 1831—1933. Frankfurt / Main, 1983, S. 206 ff. Gerhard Lehmann, Geschichte der nachkantischen Philosophie. Berlin, 1931, S. 139 ff. Emmerich Coreth /

Todt besonders attraktiv erscheinen, bezeichnete sie doch sehr genau die Grund-konflikte, in die ein gebildeter theologisch-philosophischer Kopf wie Todt angesichts des rasanten Aufschwunges von Naturwissenschaft und Technik und der Expansion der verschiedenen Typen des philosophischen Materialismus[7] hineingeraten mußte. Es waren die Spannungen zwischen Vernunft und Gefühl, Wissenschaft und Religion, naturwissenschaftlich-empirischer Tatsachenerkenntnis und geisteswissenschaftlicher Werterkenntnis.

Die Versöhnung dieser Gegensätze erschien vielen philosophisch gebildeten Zeitgenossen als drängende Gegenwartsaufgabe. So schrieb Hugo Sommer 1875 in den „Preußischen Jahrbüchern": „Keine Zeit drängt wie die Gegenwart auf Einheit in Wissen und Glauben, wenigstens auf Vereinbarkeit beider; niemals waren je zuvor die höchsten Lebensgüter, jene unabweisbaren Anforderungen des Gemüths, welche unserem und allem Dasein erst Farbe und Leben verleihen, in der Werthschätzung der Zeitgenossen abhängiger von dem Grade der Einsicht ihrer wissenschaftlichen Begründung in der thatsächlich beobachteten Wirklichkeit, und dieses Abhängigkeitsverhältnis erscheint tief begründet und gerechtfertigt durch den ganzen Entwicklungsgang des geistigen Lebens der Gegenwart und jüngsten Vergangenheit."[8]

Rudolf Hermann Lotze bot Lösungsvorschläge an, die einleuchtend erschienen; er akzeptierte von einer mechanistischen Naturauffassung aus die empirischen Wissenschaften als notwendige und exakte Instrumente zur Analyse der sinnlich-erfahrbaren Welt. Von der Welt des kausal-mechanistischen Naturzusammenhanges gänzlich unterschieden aber ist jene Welt der „Werte", die im „Guten" und sinnlich-erfahrbaren, wahrhaft glücklichen Leben der Menschen ihren schrittweise erreichbaren Kulminationspunkt finden soll. Lotzes „metaphysischer Idealismus" hebt vor allem auf die ethischen und ästhetischen Bedürfnisse des Menschen ab, die über bloße empirische Tatsachenerkenntnis der positiven Wissenschaften und materialistischer Philosophie hinausgreifen.

„Sinn" schaffen können nur „Werte", kann nur Ethik als „Werte-Ethik"[9], in deren Dienst letztlich die beobachtbaren Kausalstrukturen stehen. Die weltanschaulichen Ansprüche der Welterklärung durch den philosophischen Materialismus weist Lotze ener-

---

Peter Ehlen / Josef Schmidt, Philosophie des 19. Jahrhunderts. Stuttgart/Berlin/Köln/Mainz, 1984. Hermann Lübbe, Politische Philosophie in Deutschland. München, 1963.

7 Zum Materialismus des 19. Jahrhundert immer noch lesenswert die zeitgenössische Kritik von Friedrich-Albert Lange, Geschichte des Materialismus (1866) 2 Bde. Hrsg. und eingel. von Alfred Schmidt. Frankfurt / Main, 1974. Hier: Bd. 2, S. 587 ff. Neben den vielen sehr instruktiven Lexikon-Artikeln in philosophischen und theologischen Nachschlagewerken vgl. v. a. Schnädelbach, Philosophie 1831—1933, S. 88 ff. Lübbe, Politische Philosophie, S. 124 ff. Frederick Gregory, Scientific Materialism in Nineteenth Century Germany. Dordrecht / Boston, 1977. Johann Fischl, Materialismus und Positivismus der Gegenwart. Graz / Wien, 1953. Vogt / Moleschott / Büchner, Schriften zum kleinbürgerlichen Materialismus in Deutschland. Hrsg. und eingel. von Dieter Wittich. 2 Bde. Berlin (DDR), 1971 Ernst Bloch, Das Materialismusproblem. Seine Geschichte und Substanz. (1936/37) Frankfurt/Main, 1972. Zur geistigen Orientierung des Bürgertums vgl. vor allem: Fritz Bolle, Darwinismus und Zeitgeist. In: Zeitgeist im Wandel: Das wilhelminische Zeitalter. Hrsg. von H. J. Schoeps. Stuttgart, 1967, S. 235 ff.

8 Hugo Sommer, Die Lotzesche Philosophie und ihre Bedeutung für das geistige Leben der Gegenwart. In: Preußische Jahrbücher, 36. Band (1875), S. 282.

9 Vgl. den Artikel „Wert, Werte-Ethik" im ESL, Sp. 1423 ff.

gisch zurück. Die mechanische Naturerkenntnis sei zwar unverzichtbar, weil sie die Natur den menschlichen Zwecken verfügbar mache, aber der eigentliche Schlüssel für die Sinnhaftigkeit der Welt der realen Formen und Strukturen seien die Werte. Ob Todt den metaphysischen Idealismus Lotzes tatsächlich in seinen grundlegenden Aussagen über den „lebendigen persönlichen Geist Gottes", der als „Allbeseeler" die Welt persönlicher Geister, des Guten und der Güter geschaffen habe, voll rezipiert hat, ist nicht zu entscheiden.[10] Für Todt bot die antimaterialistische und antideterministische Werte-Ethik die entscheidende Erkenntnis, daß Theologen die Existenz Gottes nicht krampfhaft auf dem Felde naturwissenschaftlich-empiristischer Argumentation zu beweisen versuchen sollten (wie 1854/55 im berühmten „Materialismusstreit" geschehen[11]), sondern die empirischen Wissenschaften von ihren Prämissen aus zu bewerten — als auf empirische Tatsachenfeststellung begrenzt. Darüber hinaus eröffne sich dann das eigentliche Feld philosophischer Erkenntnis, die schließlich beim „lebendigen, persönlichen, überseienden und doch immanenten" Gott anlange.[12]

Todts Begriff von der Freiheit des Menschen zum sittlich guten Handeln findet bei Lotze philosophische Bestätigung. Todt konstatiert: „Es steht... die freie Person der freien und ebenso der freie geistbegabte Mensch der unfreien, gebundenen, geistentbehrenden Materie gegenüber.[13] Und: „Von Naturgesetzen kann nirgends die Rede sein, wo der freie Wille des Menschen Gesetze macht, Ordnungen schafft, Sitten und Observanzen bildet."[14]

Lotzes „optimistische Ethik der wagenden Tat"[15], verbunden mit ihrem Frontalangriff auf die „materialistisch-naturwissenschaftliche Popularphilosophie"[16] war so recht nach dem Herzen eines Theologen, der nach philosophischen Bundesgenossen zur Begründung eines christlich-ethischen Aktivismus bei gleichzeitiger Hochschätzung der empirischen Wissenschaften Ausschau hielt. Das Motto des am 5. April 1886 vom Hallenser Theologieprofessor Willibald Beyschlag (1823–1900) gegründeten „Evangelischen Bundes" war ganz im Sinne Todts: „Nicht weltflüchtig, auch nicht weltsüchtig, aber welttüchtig."[17]

In diesem Zusammenhang muß auch der wohl einflußreichste Theologe in der 2. Hälfte des 19. Jahrhunderts genannt werden: *Albrecht Benjamin Ritschl (1822–1889).*[18]

---

10 Vgl. v. a. die sehr populäre Studie Lotzes „Mikrokosmos, Ideen zur Naturgeschichte und Geschichte der Menschheit. Versuch einer Anthropologie." 3 Bde. 1856 ff.
11 Vgl. dazu Hirsch, Evangelische Theologie, Bd. V, S. 583 ff. Gregory, Scientific Materialism, S. 72 ff. Artikel „Materialismus" in: GG, Bd. 3, S. 1008.
12 Todt, UK, S. 74.
13 RDS, S. 78.
14 RDS, S. 513.
15 Johann Fischl, Idealismus, Realismus und Existenzialismus der Gegenwart. Graz/Wien/Köln, 1954, S. 97.
16 Ausdrücklich warb Todt im „Staats-Socialist" für einen entschiedenen geistigen Kampf gegen den platten Materialismus und förderte den Abdruck einer popularisierten Darstellung von Lotzes „Mikrokosmos". Vgl. Staats-Socialist, No. 41, 5. Oktober 1878; No. 42, 12. Oktober 1878; No. 44, 26. Oktober 1878; No. 47, 16. November 1878. Dies setzt sich auch in den folgenden Jahrgängen fort.
17 Zit. b. Kantzenbach, Christentum, S. 363. Vgl. auch: Walter Fleischmann-Bisten / Heiner Grote, Protestanten auf dem Wege. Geschichte des Evangelischen Bundes. Göttingen, 1986.
18 Vgl. dazu die immer noch grundlegenden Ausführungen in der RE, Bd. 17, S. 22 ff. Ferner als Standardlektüre: Hermann Timm, Theorie und Praxis in der Theologie Albrecht Ritschls und Wil-

Es ist anzunehmen, daß Todt seine Schriften[19] gekannt hat, obwohl die eigentlichen schulbildenden Wirkungen der Theologie Ritschls erst ab Mitte der siebziger Jahre anzusetzen sind.[20] Ein theologischer Aktivist im Pfarramt wie Todt wird an Ritschl nicht vorbeigekommen sein, zumal letzter ein Kollege des von Todt verehrten Lotze an der Göttinger Universität war. Und in der Tat ergänzen sich Lotzes philosophisches System und Ritschls Kulturprotestantismus in entscheidenden Punkten.

Ritschl entfaltet den Begriff des Reiches Gottes[21] als die zentrale Kategorie seiner Theologie: „Das Christentum aber ist in erster Linie auf den Endzweck des Reiches Gottes gegründet."[22] In einer geometrischen Figur beschreibt Ritschl seine Auffassung vom Christentum: Es ist eine Ellipse mit zwei beherrschenden Brennpunkten − dem Reich Gottes als Endzweck des Willen Gottes und der Erlösung und Rechtfertigung des einzelnen. Reich Gottes meint in *dogmatischer* Betrachtung, daß es Gottes Ziel mit der Welt ist, ein Reich zu schaffen, in dem sein Wille und seine Liebe vollkommen herrschen. Reich Gottes ist die vollkommene Gemeinschaft der Menschen mit Gott durch Jesus Christus. *Ethisch* gesehen bezeichnet Reich Gottes die gemeinschaftliche Aufgabe, welche durch die Christen zu verwirklichen ist: „Es vollzieht sich in den sittlichen Akten, die in der konkreten Selbsterfahrung innerhalb der Gemeinde gegeben sind."[23] Reich Gottes meint als ethischer Begriff das „höchste Gut", durchdrungen von der Liebe Gottes als Grundmotiv. Die menschlichen Gemeinschaften (Ehe, Familie, Beruf, Staat) sind an der „Aufgabe", das Reich Gottes zu verwirklichen, mitbeteiligt. Besondere Bedeutung erfährt dabei die Bewährung des einzelnen im *Beruf*: „Durch die Arbeit im Beruf und durch den Erwerb des sittlichen Charakters entsteht ein sittliches Lebenswerk, das einerseits für sich selber ein Ganzes ist, andererseits ein Glied im Reich Gottes als dem umfassenden Ganzen bildet."[24] In der Bewährung im Beruf wird zeichenhaft ein Stück der Liebe Gottes und Christi zu den Menschen sichtbar; hier geschieht wahre „Reich-Gottes-Arbeit". Der Beruf des einzelnen ist aber nur Teil eines sittlichen Ganzen, Teil der menschlichen Gemeinschaften auf dem Wege zum Reich Gottes.

Der eigentliche Sinn von Sündenvergebung, Rechtfertigung und Versöhnung ist dann auch die Ermöglichung der sittlichen Bewährung im Alltag. Dies geschieht eben

helm Hermanns. Gütersloh, 1967, Hans-Otto Wölber, Dogma und Ethos. Christentum und Humanismus von Ritschl bis Troeltsch. Gütersloh, 1950. Rolf Schäfer, Ritschl. Grundlinien eines fast verschollenen dogmatischen Systems. Tübingen, 1968. James Richmond, Albrecht Ritschl. Eine neue Bewertung. Göttingen, 1982. Barth, Die protestantische Theologie, S. 564 ff. Kantzenbach, Programme der Theologie, S. 104 ff. Schick, Kulturprotestantismus, S. 15 ff. Karl H. Neufeld, Albrecht B. Ritschl, in: Klassiker der Theologie. Hrsg. von Heinrich Fries und Georg Kretschmar. Bd. II. München, 1983, S. 208 ff. Groh, Nineteenth Century German Protestantism, S. 422 ff. Manuel Zelger, Modernisierte Gemeindetheologie. Albrecht Ritschl (1822−1889). In: Friedrich-Wilhelm Graf (Hrsg.) Profile des neuzeitlichen Protestantismus. Band 2: Kaiserreich, T. 1. Gütersloh, 1992, S. 182 ff.
19 V. a. Die christliche Lehre von der Rechtfertigung und Versöhnung. Bde. I−III. Bonn, 1870−74. Und: Unterricht in der christlichen Religion. Bonn, 1875.
20 RE, Bd. 17, S. 26.
21 Vgl. dazu: Christian Walter, Typen des Reich-Gottes-Verständnisses im 19. Jahrhundert. München, 1961.
22 Ritschl, Rechtfertigung und Versöhnung, Bd. III, 1874, S. 271.
23 Schäfer, Ritschl, S. 117.
24 Ebda., S. 125.

vorzugsweise in der Berufsarbeit, ganz im Sinne eines traditionellen lutherischen Berufsverständnisses. Der christliche Beruf ist es, die sittlichen Gemeinschaftsformen in konkreter täglicher Bewährung weiterzuentwickeln und zu höheren Kulturformen zu führen. Damit ist der Gedanke der Geschichtlichkeit und der Evolution des Christentums unterstrichen und die Anerkennung kultureller Einflüsse ausgesprochen. So wird „Kultur" zum Gegenstand der Theologie und der christlichen Praxis.

Diese Gedanken mögen Todt als theologische Ergänzung zu seiner Wertschätzung der Lotzeschen Philosophie nützlich gewesen sein: Reich Gottes als Ort der Bewährung des Christen in der Welt, als sittliches Lebensideal und „Endzweck" des christlichen Glaubens; Reich Gottes als Ermöglichung und Rechtfertigung praktischen Tuns angesichts der Heilsbedürftigkeit einer gefallenen Schöpfung. Ritschls Theorie blieb trotz aller Betonung des Sozialen für die Entfaltung einer „materiellen Sozialethik... erschreckend unfruchtbar"[25], bedeutete aber für Todt eine zusätzliche Hilfe bei der Ablehnung von Gottesbeweisen und der Legitimierung von Werturteilen im religiösen Erkennen: seine Unterscheidung zwischen „dem theoretischen Erkennen, das sich in Seinsurteilen vollzieht und dem religiösen Erkennen, das sich in Werturteilen vollzieht", die er in enger Anlehnung an seinen Göttinger Kollegen Lotze entwickelt, befreit den christlichen Glauben einerseits „von dem Ballast metaphysischer Lehren und Dogmen" und schafft andererseits die Möglichkeit, „Aussagen des christlichen Glaubens gegenüber dem naturwissenschaftlichen Denken zu verteidigen."[26]

Wenden wir uns nun Todts kirchenpolitischen Orientierungen zu: Rudolf Todt hat sich kirchenpolitisch durchaus engagiert, wenn auch nicht in dem hitzigen Maße wie viele seiner Amtskollegen. Zur Zeit der Abfassung seines Hauptwerkes befehdeten sich konservativ-unionistische, lutherisch-konfessionelle und liberal-protestantische Kirchenparteien vor allem in Fragen der Kirchenverfassung, wobei es insbesondere um die Selbständigkeit der Kirche gegenüber dem landesherrlichen Kirchenregiment, die Funktion des Bekenntnisses und die Kirchenzucht sowie den Einfluß der Kirche auf die Schule ging. Für Todt waren diese Diskussionen zwar notwendig, aber sekundär gegenüber der Herausforderung auf sozialem Felde: „Das soziale Gebiet muß heute der Boden werden, auf dem sich alle kirchlichen Parteien die Hand reichen und die selbstverleugnende Liebe lernen, die ihnen so oft fehlt."[27]

Todt hatte mit seiner Mahnung zur gegenseitigen Akzeptanz einen in der Tat wunden Punkt getroffen, denn die Auseinandersetzungen nahmen Formen an, die selbst in den politisch-parlamentarischen Körperschaften keineswegs zum Alltag gehörten. Die Schärfe der Kontroversen zeigte, wie zerklüftet und von tiefen ideologischen Gegensätzen durchzogen, sich der deutsche Protestantismus im Reichsgründungsjahrzehnt darstellte. Auch hier läßt sich erneut die These von dem einheitlichen „Thron- und Altar-Block" eindrucksvoll widerlegen.

Todt gehörte nachweislich der 1876 gegründeten *Positiven Union"* an, einer kirchlichen Vereinigung, die den Unionsgedanken mit den Kompetenzen des landesherr-

---

25 Schick, Kulturprotestantismus, S. 19.
26 Handbuch der Dogmen- und Theologiengeschichte. Hrsg. von Carl Andresen. Gütersloh, 1984. Bd. 3, S. 207.
27 RDS, S. 507.

lichen Kirchenregiments verband und die unbedingte Verpflichtung der Geistlichen auf unantastbare Fundamente des Glaubens betonte.[28] Die „Positive Union" unterschied sich von der ihr theologisch nahestehenden „Landeskirchlichen Evangelischen Vereinigung" (sogenannte „Mittelpartei", gegründet 1873) vor allem durch ihr entschiedenes Eintreten für das „Ideal kirchlicher Selbständigkeit"[29] und ihre strengere Auffassung hinsichtlich der kirchlichen Bekenntnisdisziplin. Das Programm vom Juni 1876 fordert neben einer bekenntnismäßigen Qualifikation für „alle Stufen der presbyterialen und synodalen Ordnung" die „geordnete kirchliche Zucht... gegen die Verächter kirchlicher Lehre, Ordnung und Sitte."[30] Ende der siebziger Jahre gewann die „Positive Union" großen Einfluß auf den EOK und Teile des Staatsbeamtentums. Entscheidenden Anteil daran hatten die Hofprediger Rudolf Kögel (Hofprediger seit 1863) und Adolf Stoecker (seit 1874) so daß man in den achtziger Jahren von einer „Hofpredigerpartei" zu sprechen begann.[31]

Daß Todt mit der „Positiven Union" sympathisierte, ja offensichtlich im Jahre 1877 Mitglied wurde, verwundert insofern nicht, als die anderen „Kirchenparteien" hinsichtlich der sozialen Frage wenig Interesse und Engagement zeigten.[32] In erster Linie galt das für den Protestantenverein. Stoecker dagegen repräsentierte für Todt den Prototyp des sozialkonservativen, positiv-gläubigen Aktivisten, der auf allen Gebieten des geistig-geistlichen und politischen Kampfes mit einem gewaltigen Programm der Evangelisierung und sozialpolitischen Reformen für die Versöhnung der „zerklüfteten" Gesellschaftsklassen eintrat. Das kirchliche Verfassungswerk 1873−1876 hat Todt ebenso wie die Mehrzahl der „Positiven" begrüßt, allerdings nicht ohne kritische Anmerkungen, vor allem hinsichtlich der Mitsprache staatlicher Behörden bei der Besetzung höherer Kirchenfunktionen. Hier zeichneten sich Konflikte ab, die zu erheblichen Störungen des ansonsten schiedlich-friedlichen Verhältnisses zwischen „Thron und Altar" führen sollten.

---

28 Vgl. dazu die informative, obgleich sehr tendenziöse Darstellung des Magdeburger Generalsuperintendenten Leopold Schultze, einem Mitbegründer der Positiven Union. Die Schrift erschien anonym. Leopold Schultze, Die Partei der Positiven Union, ihr Ursprung und ihre Ziele. Halle, 1878. Todt wird 1877 als Mitglied genannt. (NEKZ, No. 16, 21.4.1877)

29 Pollmann, Landesherrliches Kirchenregiment, S. 62. Das Programm der Mittelpartei bei Kupisch, Quellen, S. 54 f. Siehe auch die Erinnerungen von Willibald Beyschlag, Aus meinem Leben, Bd. II, S. 369 ff.

30 Schultze, Die Partei der Positiven Union, S. 17.

31 Vgl. dazu die Arbeit von Thomas Buske, Thron und Altar. Die Rolle der Berliner Hofprediger im Zeitalter des Wilhelminismus. Neustadt a. d. Aisch, 1970.

32 Vgl. zur Stellung der Positiven Union zur sozialen Frage: Dorothee Barthels, Die kirchenpolitischen Gruppen Norddeutschlands in ihrer Stellung zur sozialen Frage von 1870 und 1890, S. 102 ff.

5.2 Sozialkonservative Traditionen und staatliche Sozialreform im Kaiserreich in den siebziger und achtziger Jahren

5.2.1 Sozialkonservative Grundideen

„Was ist ein Social-Conservativer", fragt Todt rhetorisch und gibt sogleich eine Antwort darauf: „Er ist liberaler als die Liberalen und conservativer als die Conservativen; das Erstere, weil er dem Arbeiter in Wirklichkeit mehr geben will als der Liberale mit seinen Phrasen je versprochen hat, — das Andere, weil er mehr zu conserviren glaubt als der Conservative, welcher durch sein egoistisches Widerstreben gegen Reformen der Revolution ebenso in die Hände arbeitet wie der Liberale durch seine reformbedürftige Interessengesetzgebung."[33]

Todt billigt den Sozialkonservativen „unbestritten die eingehendste und umfassendste Kenntnis und das tiefste Verständnis" für die soziale Frage zu. Das „Konservative" in ihrem Parteinamen zeige, „daß sie den zerstörenden radikalen sozialistischen Elementen gegenüber conserviren wollen."[34] In der Tat hat Todt hier ganz richtige Momente der Differenz von Liberalismus und Konservatismus in der Beantwortung der sozialen Frage erkannt, obwohl uns seine Einschätzung natürlich nicht befriedigen kann.

Todt ist ein von „kathedersozialistischen, staatssozialistischen, sozialliberalen und sozialkonservativen Einflüssen" geprägter Theologe[35] mit starken Sympathien für die Gesellschaftsanalyse und das Staatsverständnis Ferdinand Lassalles. Es ist unmöglich, *eindeutige* Gewichtungen der auf Todt einwirkenden nationalökonomisch-philosophischen Theorienansätze und sozialpolitischen Ideen derart vorzunehmen, daß exklusiv direkte Abhängigkeiten von der einen oder anderen Richtung bestimmt werden könnten. Todt ist in nationalökonomisch-analytischer und sozialpolitisch-programmatischer Hinsicht Eklektiker. Als Theologe und Sozialethiker geht es ihm um theologisch begründete Verbindungen von sozialistischer Kapitalismuskritik und sozialkonservativer Programmatik zur Lösung der sozialen Frage.

Neben den Theoretikern der deutschen Sozialdemokratie, Lassalle und Marx, schließt Todt in seiner Kapitalismusanalyse an sozialkonservative Traditionen an, wie sie sich bis weit in die fünfziger und sechziger Jahre des 19. Jahrhunderts zurückverfolgen lassen und noch mit *Lorenz von Steins* Theorie des „sozialen Königtums" verbunden sind.[36] Sowohl in gesellschaftskritischer Analyse als auch im Blick auf seine sozialpolitischen Leitideen steht Todt ohne Zweifel in einer — eo ipso nicht bruchlosen! — Traditionsreihe mit den sozialkonservativen Ideen und Konzeptionen eines Hermann

---

33 RDS, S. 454.
34 RDS, S. 41 f.
35 Brakelmann, Kirche und Sozialismus, S. 139, vermag keine „eindeutigen Zuordnungen" feststellen.
36 Vgl. zu Stein v. a. Dirk Blasius / Eckardt Pankoke (Hrsg.) Lorenz von Stein. Darmstadt, 1977, bes. S. 120 ff. Ferner: Dirk Blasius, Lorenz von Steins Lehre vom Königtum der sozialen Reform und ihre verfassungspolitischen Grundlagen. In: Der Staat, 10, 1971, S. 33 ff. Ernst Forsthoff (Hrsg.) Lorenz von Stein. Gesellschaft — Staat — Recht. Berlin, 1972.

Wagener (und den Kreis um die „Berliner Revue"), Rudolf Meyer und Adolf Wagner. Wagner kann als der „staatssozialistische", primär auf Todts *volkswirtschaftliche* Überzeugungen einwirkende, Impuls genannt werden, während Rudolf Meyer ihm die *programmatischen* Grundsätze der Sozialkonservativen nahe brachte, zu deren „Partei" Todt sich rechnete.[37] Beide, Wagner und Meyer, waren ihrerseits von einzelnen Vertretern der sogenannten „älteren historischen Schule" der Nationalökonomie (1843–1870)[38] wie z. B. Wilhelm G. F. Roscher (1817–1894) beeinflußt[39] und fußten in ganz herausragender Weise auf dem Werk des Nationalökonoms und Schriftstellers Carl Rodbertus-Jagetzow (1805–1875), der sich einer typologisierenden Einordnung weitgehend entzieht. Sehr richtig stellt Brakelmann fest: „Durch Wagner und Meyer trifft Todt auf den Mann, der als Vater des Staatssozialismus der große Anreger und Befruchter der gesamten antiliberalistischen Bewegung ist, Karl Rodbertus."[40]

Zu den sogenannten „Kathedersozialisten" nahm Todt in seinem „Radikalen Deutschen Sozialismus" zwar nur beiläufig Stellung[41], gleichwohl darf man annehmen, daß er von den volkwirtschaftlichen Erkenntnissen und sozialpolitischen Konzeptionen der „jüngeren Schule der Nationalökonomie"[42] wußte und sich damit auseinandergesetzt

---

37 RDS, S. 454; Eine formelle Parteiorganisation der Sozialkonservativen hat es bis 1872 nicht gegeben. Am 14. Mai 1872 wurde das Programm der „Monarchisch-Nationalen Partei" als Proklamation der konservativen Fraktion des Reichstages veröffentlicht. Die Vorgänge um die Parteigründung sind nicht ganz geklärt. Der anfänglich starke Einfluß von Hermann Wagener, Rudolf Meyer und Carl Rodbertus war im veröffentlichten Programm nur noch rudimentär zu erkennen. Meyer hatte auch vorgeschlagen, die Partei „Sozialkonservative" zu nennen. Es ist anzunehmen, daß Todt mit „Partei" eher die sozialkonservative Reflexionsgemeinschaft um Meyer und Wagner meinte, obwohl er das Programm der Monarchisch-Nationalen Partei im Grundsatz bejahen konnte. Vgl. dazu: Meyer, Emancipationskampf I, S. 427 f. Schoeps, Das andere Preußen, S. 220.

38 Harald Winkel, Die deutsche Nationalökonomie im 19. Jahrhundert. Darmstadt, 1977, S. 92 ff.

39 Roschers Versuch, „Zusammenhänge zwischen den ethischen und politsch-ökonomischen Erscheinungen festzustellen" (Winkel, Nationalökonomie, S. 94) haben ihn sicherlich beeindruckt.

40 Brakelmann, Kirche und Sozialismus, S. 124. Rodbertus verschaffte Todt wichtige Erkenntnisse auf dem Gebiet der Agrarreform. Beste Arbeit zu Rodbertus immer noch die alte Darstellung von Erich Thier, Rodbertus, Lassalle, Adolph Wagner. Ein Beitrag zur Theorie und Geschichte des deutschen Staatssozialismus. Leipzig, 1930. Guter allgemeiner Überblick: Siegfried Wendt, Rodbertus. In: HdSW, Bd. 9, S. 21 ff. Dort weitere, auch biographische Literatur. Vgl. ferner: Wilfried Gottschalck, Carl Rodbertus – ein konservativer Vorläufer des wissenschaftlichen Sozialismus. In: Geschichte der sozialen Ideen, S. 57 ff. Ludwig Storch, Carl Rodbertus und Adolph Wagner als Staatssozialisten. Phil. Diss. Gießen, 1930.

41 Todt spricht davon, daß sich „unter den jüngeren Gelehrten" der Nationalökonomie „schon jetzt eine ethische Auffassung und Behandlung Bahn" breche. RDS, S. 9.

42 Winkel, Nationalökonomie, S. 101 ff. Vgl. ferner zum „Verein für Sozialpolitik": Vom Bruch, Weder Kommunismus noch Kapitalismus, S. 72 ff. und S. 122 ff. Franz Boese, Geschichte des Vereins für Sozialpolitik. Berlin, 1939. Else Conrad, Der Verein für Socialpolitik und seine Wirksamkeit auf dem Gebiet der gewerblichen Arbeiterfrage. Jena, 1906. Hans Gehrig, Die Begründung des Prinzips der Sozialreform. Jena, 1914. Irmela Gorges, Sozialforschung in Deutschland 1872–1914. Gesellschaftliche Einflüsse auf Themen und Methodenwahl des Vereins für Socialpolitik. Königstein/Ts., 1980. David Lindenlaub, Richtungskämpfe im Verein für Sozialpolitik. 2 Bde. Wiesbaden, 1967. Albert Müssiggang, Die soziale Frage in der historischen Schule der deutschen Nationalökonomie. Tübingen, 1968. Marie-Louise Plessen, Die Wirksamkeit des Vereins für Sozialpolitik von 1872–1890. Studien zum Katheder- und Staatssozialismus. Berlin, 1975. Fritz Völkerling, Der deutsche Kathedersozialismus. Berlin, 1959. Gerhard Wittrock, Die Kathedersozialisten bis zur Eisenacher Versammlung 1872. In: Historische Studien, H. 350, Berlin, 1939.

hat. Namentlich Adolph Wagner galt als Exponent der „staatssozialistischen Strömung" dieser Gruppe und war an der Gründung des „Vereins für Socialpolitik" 1872 maßgeblich beteiligt.[43] Der Ausdruck: „Kathedersozialismus", ist *weniger* als eine begriffliche Hilfs-konstruktion für eine heterogene Gruppe von Nationalökonomen, er ist bekanntlich — wie Wagner 1912 richtig formulierte — „ein spöttelnder Sammelname, der von unseren Gegnern aufgebracht worden ist, um alle Gegner des freiwirtschaftlichen Systems zu-sammenzufassen."[44]

Daher ist es schon etwas gewagt, wenn Brakelmann von einem „System des Kather-sozialismus" spricht[45] und sich dabei nur auf Gustav Schmoller und Adolf Wagner stützt. Mit Karl-Erich Born ist dagegen festzuhalten: „Die Kathedersozialisten bildeten keine wissenschaftliche Schule; nach ihrer philosophischen und methodologischen Grundlage gehörten sie vielmehr durchaus verschiedenen Richtungen an. Sie standen auch nicht der gleichen politischen Partei nahe. Die politische Grundhaltung war bei ihnen vom Konservatismus (Wagner, Schönberg) bis zum linken Flügel des Liberalismus (Bren-tano) differenziert, ohne daß sie eine feste Bindung an eine bestimmte Partei suchten. Grundsätzlich wollten sie über den Parteien stehen. Nicht einmal in ihrem sozialrefor-mistischen Engagement bildeten die Kathedersozialisten eine geschlossene Gruppe mit einem gemeinsamen sozialpolitischen Programm, weshalb man auch nicht von einem ‚Kathedersozialismus' im Sinne einer Bewegung oder Richtung sprechen kann."[46] Ihre Gemeinsamkeiten lassen sich auf die Negation der liberalen Wirtschaftsdoktrin, die Bejahung der sozialen Reform und die Forderung nach staatlichen Eingriffen in die Wirtschaft reduzieren. Weitere wichtige Übereinstimmungen sieht Hans-Jürgen Scheler in der Thematisierung der wirtschaftlichen *Macht* als eines Faktors des Wirtschafts-lebens und in der Entfaltung ethischer Prinzipien zum Ausgleich bestehender Macht-unterschiede.[47]

Der Kathedersozialismus erkannte die Gefährdung des inneren Friedens im deut-schen Kaiserreich durch die ungelöste und sich zuspitzende soziale Frage und strebte danach, mit umfassenden sozialen Reformen (vom Arbeitsvertrag bis zur Unterneh-mensverfassung und staatlichen Sozialversicherung) das wachsende Proletariat mit dem monarchischen Obrigkeitsstaat auszusöhnen. Dabei näherten sich die herausragenden Exponenten des Kathedersozialismus wie Gustav Schmoller, Lujo Brentano und Gustav Schönberg in einzelnen Aspekten der Wirtschafts- und Sozialkritik durchaus sozial-demokratischen Vorstellungen, während die Unterschiede vornehmlich auf politischem Gebiet lagen.

Auf Todt hat sicherlich die vorzugsweise vonn Schmoller formulierte *ethische* Sicht-

---

43 Vgl. dazu den informativen Artikel von G. Müller im Lexikon zur Parteiengeschichte, Bd. 4, S. 304 ff.
44 Adolph Wagner, Die Strömungen in der Sozialpolitik und der Katheder- und Staatssozialismus. Berlin, 1912, S. 4. Der Begriff ist 1871 von dem liberalen Ökonomen Heinrich Bernhard Oppen-heim geprägt worden. Vgl. dazu derselbe, Der Kathedersozialismus, Berlin, 1972, bes. S. 33 ff.
45 Brakelmann, Kirche und Sozialismus im 19. Jahrhundert, S. 124 f.
46 Karl-Erich Born, Kathedersozialisten. In: HWW, Bd. 4, S. 463. Vgl. auch die treffende Charakteri-sierung der Kathedersozialisten durch Adolph Wagner, Strömungen in der Sozialpolitik, S. 13 f.
47 Hans-Jürgen Scheler, Kathedersozialismus und wirtschaftliche Macht. Wirtschaftswiss. Diss. Berlin, 1973, S. 25 ff.

weise der Volkswirtschaft Eindruck gemacht. Schmoller unterstrich die Bedeutung moralischer und ethischer Faktoren in der Bewegung und Ordnung des Wirtschaftslebens. Nicht abstrakte, „naturgesetzliche" Abläufe beherrschten seiner Meinung nach das Wirtschaftsgeschehen, sondern die ethischen Entscheidungen der Menschen selbst. Ökonomie und Ethik dürften nicht getrennt werden. Die Wirtschaft gelte nicht als eigengesetzliches System, dessen „Gesetze" sich durch abstrakte, deduktive Logik erschließen lassen (wie die klassische Theorie behauptet hatte!), sondern sie sei Teil der von Menschen geschaffenen „Welt der Kultur" (Schmoller): „Die volkswirtschaftliche Organisation jedes Volkes ist nichts anderes als die ... wirtschaftliche Lebensordnung, sie findet ihren wesentlichsten Ausdruck in den ethischen Regeln, in den wirtschaftlichen Sitten und in den wirtschaftlichen Rechten jedes Volkes."[48]

Somit seien „Organisationsfragen der Volkswirtschaft ... nicht bloß Fragen der Technik, nicht bloß durch natürliche mechanisch wirkende Potenzen beherrscht, sondern es sind ebenso Fragen des psychologischen Trieblebens, Fragen der Sitte und des Rechts, Fragen der ethischen Lebensordnung. Darum gibt es keine Naturordnungen der Volkswirtschaft ... darum ist es auch weiterhin falsch, die wirtschaftlichen Handlungen in ihren Folgen als sittlich indifferent zu bezeichnen. Jede bestimmte volkswirtschaftliche Organisation hat nicht bloß den Zweck, Güter zu produzieren, sondern zugleich den, das Gefäß, die erzeugende Ursache, der Anhalt für die Erzeugung der moralischen Faktoren zu sein, ohne welche die Gesellschaft nicht leben kann."[49]

Dies waren Aussagen, mit denen Todt sich ohne weiteres identifizieren konnte. Auch stimmte er der Eigentumskritik der Kathedersozialisten zu. Das „Eigentum", so erklärte Schmoller, „ist kein absolutes; der Wert des Eigentums ist immer mehr Folge der Gesellschaft als Verdienst des Einzelnen; jeder Einzelne ist der Gesellschaft und dem Staat tausendfach verpflichtet, daß sein Eigentum nur denkbar ist mit weit gehenden Pflichten und Lasten gegen das Ganze."[50] Und ebenso begrüßenswert mußte ihm die kathedersozialistische Funktionsbestimmung des Staates bei dem zu vollbringenden großen sozialen Reformwerk erscheinen. Schmoller weist dem Staat in seiner Eröffnungsrede zur Begründung des Vereins für Sozialpolitik eine herausragende Rolle zu: „Sie (die Kathedersozialisten, J. K.) kommen überein in einer Auffassung des Staates, die gleich weit von der naturrechtlichen Verherrlichung des Individuums und seiner Willkür, wie von der absolutistischen Theorie einer alles verschlingenden Staatsgewalt ist. Indem sie den Staat in den Fluß des historischen Werdens stellen, geben sie zu, daß seine Aufgabe je nach den Kulturverhältnissen bald engere, bald weitere sind; niemals aber betrachten sie ihn, wie das Naturrecht und die Manchesterschule, als ein notwendiges, möglichst zu beschränkendes Übel; immer ist ihnen der Staat das großartigste sittliche Institut zur Erziehung des Menschengeschlechts. Aufrichtig dem konstitutionellen System ergeben, wollen sie doch nicht eine wechselnde Klassenherrschaft der verschiedenen einander bekämpfenden wirtschaftlichen Klassen; sie wollen eine starke Staatsgewalt, welche,

---

48 Gustav Schmoller, Über einige Grundfragen des Rechts und der Volkswirtschaft. In: Derselbe, Über einige Grundfragen der Socialpolitik und der Volkswirtschaftslehre. Leipzig, 1898, S. 48. Vgl. so ähnlich Todt, RDS, S. 397.
49 Ebda., S. 54.
50 Gustav Schmoller, Zur Geschichte der deutschen Kleingewerbe im 19. Jahrhundert. Halle, 1870, S. 686.

über den egoistischen Klasseninteressen stehend, die Gesetze gebe, mit gerechter Hand die Verwaltung leite, die Schwachen schütze, die unteren Klassen hebe."[51] Und im Gründungsaufruf des Vereins für Socialpolitik vom 31. Mai 1873 hieß es: „Wir sind der Überzeugung, daß das unbeschränkte Walten teilweise entgegengesetzter und ungleich starker Einzelinteressen das Wohl der Gesamtheit nicht verbürgt, daß vielmehr die Forderungen des Gemeinsinns und der Humanität auch im wirtschaftlichen Leben ihre Geltung behaupten müssen, und daß das wohlerwogene Eingreifen des Staates zum Schutz der berechtigten Interessen aller Beteiligter zeitig wachzurufen ist. Diese staatliche Fürsorge sehen wir nicht als Notbehelf oder als unvermeidliches Übel an, sondern als Erfüllung einer der höchsten Aufgaben unserer Zeit und unserer Nation."[52]

Mit Schmollers Versuch, zwischen dem extremen Individualismus der „Manchester-Schule" und dem materialistisch-kollektivistischen Sozialismus einen dritten Weg — den der Revolutionsvermeidung durch Sozialreform bei Aufrechterhaltung der konstitutionellen Monarchie — zu bestimmen, konnte Todt durchaus einverstanden sein. Die „doppelte Stoßrichtung gegen sozialreaktionäres Manchestertum und sozialrevolutionären Sozialismus"[53] war ja sein eigenes politisches Anliegen.

Die politischen Ansichten, namentlich Brentanos, deckten sich jedoch nicht mit denen Todts, denn Todt war im Blick auf die Rolle des Staates eher etatistisch eingestellt, während Brentano und seine Freunde viel mehr Sympathien für die freie Selbsthilfe und das Genossenschaftswesen erkennen ließen. Überhaupt sind die Begriffe „liberal" und „konservativ" in diesem Zusammenhang nur sinnvoll, wenn sie „das Maß sozialpolitischen Handelns" bezeichnen, „das die einzelnen Kathedersozialisten dem Staat zubilligten. Je mehr die Sozialreformer die staatliche Intervention zur Hebung des sozialen Niveaus der unteren Klassen forderten, umso konservativer, je mehr Bedeutung sie der Selbständigkeit der betroffenen Bevölkerungsschichten selbst bei ihrer Emanzipationsbewegung zumaßen, um so liberaler sind ihre sozialpolitischen Vorstellungen zu nennen."[54]

Brentano steht nach dieser Lesart auf dem liberal-linken Flügel der Kathedersozialisten, während Schmoller und Wagner eher dem konservativ-rechten zuzuordnen sind. Todt jedenfalls orientierte sich so stark an Wagner und Meyer, daß ihm das kathedersozialistische Unternehmen als halbherzig-liberales Unterfangen erscheinen mußte, den gröbsten Auswüchsen des Manchestertums zu wehren, ohne eine wirklich durchgreifende Sozialreform von Staats wegen in Angriff zu nehmen.[55] Umgekehrt machten Schmoller und Brentano keinen Hehl aus ihrer Distanz zu den pointiert etatistischen Sozialkonservativen, deren Sache Rudolf Meyer auf dem Gründungskongreß des Ver-

---

51 Gustav Schmoller, Rede zur Eröffnung der Besprechung über die sociale Frage in Eisenach den 6. Oktober 1872. In: Derselbe, Zur Social- und Gewerbepolitik, S. 9.
52 Zit. nach Boese, Geschichte des Vereins für Sozialpolitik, S. 248.
53 Lindenlaub, Richtungskämpfe im Verein für Sozialpolitik, S. 5.
54 Ebda., S. 85.
55 Im „Staats-Socialist" übte Otto Dievisch herbe Kritik an den Kathedersozialisten, die nach ihrer anfänglichen „Opposition gegen das Manchesterthum" 1872 sehr bald „in den Hafen des gemeinsamen Bourgeoisinteresses" zurückgekehrt seien und von denen der Centralverein nicht mehr viel erwarten könne. Es steht außer Zweifel, daß dieser Leitartikel Todts Auffassungen voll entsprach. Vgl. Staats-Socialist, 2. Jg., Nr. 19, 10. Mai 1879.

eins für Sozialpolitik so vehement verfochten hatte, allerdings ohne Erfolg.[56] Die Sozial-konservativen versuchten dann auch schnell eigene Wege zu gehen.

Es ist nicht ganz leicht, auf knappem Raum ein gleichermaßen sozialtheoretisches wie praktisch-politisch orientiertes Profil der sozialkonservativen Gruppen in Preußen-Deutschland zu zeichnen, denn die Geschichte des deutschen Konservatismus im 19. Jahrhundert ist längst noch nicht befriedigend aufgearbeitet, vor allem nicht für die Zeit von 1850 bis 1870.[57] Wir beschränken uns daher i. f. auf den Versuch, einige zentrale Ideenkreise des deutschen Sozialkonservatismus darzulegen, und orientieren uns dazu eng an den unmittelbaren Gewährsleuten Rudolf Todts. Gab es für die Konservativen nach 1848 in Geschichtsauffassung, Staats- und Gesellschaftstheorie auch gemeinsame Prinzipien, die wir schlagwortartig als Christentum plus Monarchie plus organische Gesellschaftsauffassung bezeichnen wollen[58], so gingen ihre Auffassungen in Fragen der positiven Verfassungsordnung (allgemeines Wahlrecht, Parlamentarismus) des Verhält-nisses von „ererbten Rechten" und sozialen Pflichten, der Bürokratie, der Rolle des Staates, der materiellen „Interessenpolitik" sowie der „neuen Geldwirtschaft" (Kapitalis-mus benannt) weit auseinander. Zur Zerreißprobe wurde schließlich die Bismarcksche Reichspolitik 1862—1866[59] und seine Innenpolitik bis 1872. Sie führte den endgültigen Bruch der sogenannten „Alt-Konservativen" mit dem Kanzler herbei und spaltete die Konservativen in mehrere partei-politische Gruppen. 1876 wurde mit Gründung der Deutschkonservativen Partei eine Organisation geschaffen, die die deutsche Reichs-gründung — das Werk Bismarcks also! — und die Reichsverfassung bejahte, ohne da-bei ihren betont preußischen Charakter aufzugeben. Reichspolitik wurde von Bis-marck künftig unter konservativen und nicht mehr (national-)liberalen Vorzeichen be-trieben.[60]

In den fünfziger Jahren des 19. Jahrhunderts fanden die sozialkonservativen Gruppen mit *Hermann Wagener (1815—1889)*[61] einen kompetenten und eloquenten Wortführer,

---

56 Hahn, Berliner Revue, S. 245 f. Siehe auch den Bericht H. Wagners an Bismarck. In: Hundert Jahre conservative Politik, S. 268 ff. R Meyer beklagte die mangelnde Unterstützung durch die Konser-vativen auf dem Kongreß mit den Worten: „Sie hatten ihre Muttersprache vergessen". (Emancipa-tionskampf I, 377)

57 Vgl. neben den Arbeiten von Hahn und Schoeps v. a. die im Literatur-Verzeichnis angegebenen Arbeiten von Behnen, Berdahl, Müller, Schüddekopf, Vierhaus, Ribhegge, Lenk. Vgl. auch: Klaus Hornung, Der Sozialkonservatismus im deutschen Staats- und Gesellschaftsdenken. In: Aus Politik- und Zeitgeschichte. Beilage zur Wochenzeitung Das Parlament. B 9-10/1990. 23. Februar 1990. Von der älteren Literatur noch: Herberger, Femerling, Neumann, Ritter und Stillich.

58 Eine klassische Beschreibung dieser Prinzipien finden wir in Hermann Wageners „Staats- und Gesellschaftslexikon" von 1859. Vgl. v. a. die im Band 1 angesprochenen Themen in der Einleitung und dem Stichwort „ABC, politisches", S. 17 ff.

59 Vgl. v. a. Ritter, Die preußischen Konservativen, S. 99 ff. Schüddekopf, Deutsche Innenpolitik, S. 52 ff.

60 Hans Booms, Die Deutsch-Konservative Partei. Düsseldorf, 1954. Edgar Hartwig, Konservative Partei. In: Lexikon zur Parteiengeschichte, S. 283 ff. Ribhegge, Konservative Politik, S. 105 ff.

61 Beste Monographie immer noch die Arbeit von Wolfgang Saile, Hermann Wagener und sein Ver-hältnis zu Bismarck. Ein Beitrag zur Geschichte des konservativen Sozialismus. Tübingen, 1958. Vgl. auch: Siegfried Christoph, Hermann Wagener als Sozialpolitiker. Masch. Diss. Erlangen, 1950. Hans-Joachim Schoeps, Hermann Wagener. Ein konservativer Sozialist. Ein Beitrag zur Ideengeschichte des Sozialismus. In: Zeitschrift für Religions- und Geistesgeschichte 8, 1956, S. 193 ff.

der jedoch innerhalb der Konservativen Partei nicht unumstritten war. Wagener, von 1848 bis 1853 Chefredakteur der reaktionären „Neuen Preußischen Zeitung" (auch „Kreuzzeitung" genannt) und späterer enger Mitarbeiter Bismarcks im Staatsministerium (von 1866–1873), prägte viele Jahre lang entscheidend das sozialtheoretische und sozialpolitische Profil der sozialkonservativen Gruppen um die am 1. April 1855 gegründete Zeitschrift „Berliner Revue".[62] Mit Recht nennt ihn Schoeps einen der „klügsten Sozialdiagnostiker seiner Generation."[63]

Es bleibt sein Verdienst, Zeit seines Lebens die Konservative Partei auf den Weg zur staatlichen Sozialpolitik gedrängt zu haben, weil er klar erkannte, daß angesichts der gesellschaftlichen Strukturveränderungen der Weg zurück zu vorindustriellen, altständisch-patriarchalischen Idealen keine Lösung der sozialen Frage erwarten ließ. Konservatismus sei, so Wagener, ohne den Willen zur Veränderung und zum sozialen Fortschritt — im Sinne sozialer Reform — eine höchst einseitige Angelegenheit. Die „tiefere Bedeutung des Wortes conservativ" liege nicht darin, erklärte er 1861, „zu begreifen und erfassen ob man überhaupt conserviren will, sondern nur darin, was man zu conserviren gedenkt, aus welchen Motiven und zu welchen Zwecken ... Der rechte und ächte Begriff und Gegensatz von conservativ ist deshalb auch keineswegs die Neigung, dies oder jenes Detail zu erhalten oder zu beseitigen, diese oder jene neue Organisation in das Leben zu rufen oder zu hindern, sondern vielmehr der Kampf für und gegen die rechte, besonders die geistige Grundlage des Bestehenden."[64]

Ohne eine realpolitische, gleichwohl die konservativen Prinzipien aufrechterhaltende Staatspolitik, ließe sich die drohende Revolution des anwachsenden Proletariats nicht abwenden. Die soziale Reform allein könne bewirken, die Arbeiterschaft als „vierten Stand" in die überkommenen monarchisch-obrigkeitsstaatlichen Ordnungen einzugliedern. Sozialpolitik bedeute Staatspolitik; sie sei nicht in erster Linie aus Motiven christlicher Barmherzigkeit zu konstituieren, sondern als eine politische Notwendigkeit aus Staatsräson, sollte der soziale Krieg verhindert werden.

In einem Promemoria an Bismarck aus dem Jahre 1873 erklärte Wagener in wünschenswerter Deutlichkeit, es gelte „um jeden Preis zu verhindern, dass die arbeitende Bevölkerung nicht zu *einer* großen, compacten, oppositionellen Masse sich zusammenschliesst, und die weitere Entwicklung der socialen Frage und respective die Reform der betreffenden Gesetzgebung und Institutionen mit den beherrschenden Elementen und den Fundamental-Einrichtungen des preussischen Staates und respective des Deutschen Reiches in Verbindung und respective in Einklang zu setzen."[65] Da in der Arbeiterschaft trotz sozialdemokratischer Agitation noch „staatliche Reminiscenzen" und „nationale Sympathien" lebendig seien (für deren Fortbestehen Wagener an anderer Stelle Lassalles Einfluß lobt), müsse man rasch die soziale Gesetzgebung fortentwickeln.[66]

---

62 Siehe Hahn, Berliner Revue.
63 Schoeps, Das andere Preußen, S. 203.
64 Staats- und Gesellschaftslexikon, Artikel „Conservativ", Bd. 5, 1861, S. 541 f. Vgl. auch H. Wageners Memorandum an R. Meyer 1873. „Was heißt conservativ sein?" In: Hundert Jahre conservativer Politik, S. 237 ff.
65 H. Wageners Promemoria an Fürst Bismarck von 1873. In: Hundert Jahre conservative Politik, S. 251.
66 Ebda.

In einer Fülle von Reden, Denkschriften, Eingaben, Zeitschriftenaufsätzen (in der „Kreuzzeitung" und der „Berliner Revue"), Lexikonartikeln und Monographien hatte Wagener bis dato seine positiven sozialkonservativen Reformziele und konkreten Vorhaben dargelegt. Das Auftreten Ferdinand Lassalles und die ersten selbständigen Regungen der politischen Arbeiterbewegungen nach der Reaktionszeit haben dabei wie ein Katalysator gewirkt.[67] Wagener hoffte auf die enge Verbindung eines monarchisch und preußisch-deutsch gesinnten Arbeiterstandes, organisiert in korporativen Berufsverbänden, mit dem Obrigkeitsstaat gegen den zersetzenden, „atomisierenden" Einfluß des wirtschaftlichen und politischen Liberalismus: „Die Lösung muss überall in derjenigen Weise bewirkt werden, dass die Verbindung des ‚vierten Standes' mit dem Staats-Interesse und der Staatsgewalt erhalten und wo dieselbe verloren gegangen ist, wieder hergestellt werde."[68]

Wagener war weit entfernt davon, der Arbeiterschaft eine eigenständige, selbstbestimmte politische Rolle zuzugestehen; das allgemeine Wahlrecht akzeptierte er nach langem Zögern nur in einer korporativ-ständischen Variante.[69] Er stellte sich aber auf den Boden der inzwischen eingetretenen wirtschaftlichen Strukturveränderungen und sah keinen Weg zurück in vorindustrielle Zeiten. Sein Engagement zielte in doppelter Stoßrichtung gegen das liberale Manchestertum und die sozialrevolutionäre Agitation Lassalles. Das sozialkonservative Programm erschien ihm als der einzig gangbare „dritte Weg" zwischen dem „atomisierenden" Liberalismus und dem „kollektivistischen", gleichmacherischen Sozialismus. Mit Hilfe des sozialkonservativen Programms sollte aus Arbeitern, Handwerkern und Bauern eine neue Massenbasis für Monarchie und Sozialreform gewonnen und der Sozialdemokratie Anhänger abspenstig gemacht werden.

Wagener war stets bemüht, für die Konservativen eine politische Partei zu konstituieren, die man in heutiger Begrifflichkeit am ehesten mit dem Typus „Volkspartei" charakterisieren könnte. Schon der von ihm mitinitiierte „Preußische Volksverein"[70] von 1861 verschaffte den Sozialkonservativen einen Achtungserfolg unter Handwerkern und im Kleinbürgertum, obwohl erstere im Volksverein primär eine *materielle* Interessenvertretung sahen und nicht unbedingt politisch-konzeptionell konservative Prinzipien vertraten.[71] Die Gründung der „Monarchisch-Nationalen Partei" vom 14. Mai 1872 stellte einen weiteren Versuch dar, die Konservativen auf sozialpolitischen Kurs zu zwingen und im Terrain der deutschen Sozialdemokratie zu wildern.

Wagener hatte schon Ende 1869 die Konservative Partei für unfähig erklärt, eine zeit-

---

67 Saile, Hermann Wagener, S. 79 ff. Ein bedeutendes Dokument der sozialkonservativen Anschauungen Wageners *vor* 1862 sind die 1856 von ihm formulierten „Grundsätze konservativer Politik", in denen er eine den Zeitverhältnissen entsprechende Umorientierung von einer liberalen Wirtschaftspolitik zu sozialkonservativer Gestaltung der wirtschaftlichen Verhältnisse empfahl, da das wirtschaftliche Leben die „Grundlage" sei, „aus welchem ein geordnetes Social-, Cultur- und Staatsleben sich hervorbildet." Zit. bei Felix Salomon, Die deutschen Parteiprogramme, H. 1 (1844–1871). Leipzig / Berlin, 1907, S. 37.
68 Promemoria 1873. In: Hundert Jahre, S. 253.
69 Hahn, Berliner Revue, S. 122 ff. Saile, Hermann Wagener, S. 87 ff.
70 Vgl. v. a. Hans Herz, Preußischer Volksverein. In: Lexikon zur Parteiengeschichte, Bd. 3, S. 599 ff.
71 Hahn, Berliner Revue, S. 93 f.

gemäße Lösung der sozialen Frage anbieten zu können[72], und unternahm seit 1870 neue Anstrengungen zur Schaffung einer regierungstreuen und sozialkonservativen Reformpartei. Viel Erfolg war ihm im Verein mit seinem treuen Mitarbeiter Rudolf Meyer, der seit 1866 von einer sozialkonservativen Partei träumte[73], nicht beschieden. Auch Carl Rodbertus hatte sich anfangs mit seinem großen Namen für das zarte Pflänzchen eingesetzt[74], zog sich aber bald nach Wageners erstem Programmentwurf (vom März 1872) von dem Unternehmen zurück.[75] Rodbertus, Wagener, Meyer und mit ihm eine Reihe sozialkonservativer Gefolgsleute in der Konservativen Partei waren darin einig, daß die Konservative Partei unter den Losungen „monarchisch, national und sozial" rekonstruiert werden müsse. Das monarchische Prinzip sei mit dem nationalen untrennbar verbunden, und die einige, nationale Kaisergewalt müsse sodann die Bewältigung der sozialen Frage ernsthaft erstreben. Entschieden trat Wagener gegen partikularistische, parlamentarische und natürlich sozialdemokratische Bestrebungen auf, welche die „monarchische Kaisergewalt wieder zu zerreißen" drohten.[76] Es gelte gleichermaßen gegen die „schwarze, die rothe und die goldene (Kapitalisten-Internationale)" zu kämpfen.[77]

Ausgesprochen zurückhaltend äußerte sich Wagener zu konkreten positiven Sozialreformvorschlägen, wohl wissend, daß jede Konkretion angesichts der Zerstrittenheit in der Konservativen Partei den Keim zu neuerlicher Entzweiung in sich barg. So blieben schließlich nur die Forderungen nach einer allgemeinen Sozialenquête und einem Arbeitsamt übrig.[78]

Rudolf Todts Sympathien für die Sozialkonservativen rührten zu einem Gutteil aus deren besonderen Betonung der eigenständigen Rolle der Kirche im sozialen Reformwerk. Im Gegensatz zu vielen anderen Passagen des Wagener'schen Programm-Entwurfes für die Monarchisch-Nationale Partei wurde die Akzentuierung der besonderen Rolle der Kirchen fast wörtlich in das am 14. Mai 1872 publizierte Parteiprogramm übernommen. Es heißt dort: „Für die Lösung der sozialen Frage ist endlich selbstredend die Mitwirkung der Kirche von hervorragender Bedeutung. — Hier ist der evangelischen sowohl wie der katholischen ein weites Arbeitsfeld eröffnet und von letzterer bereits eifrig in den Bereich ihrer Tätigkeit gezogen. Die evangelische Kirche aber wird dem Staate erst dann in vollem Maße Handreichungen zu tun vermögen, wenn ihr die verheißene Selbständigkeit gewährt und sie dadurch in den Stand gesetzt und genötigt sein wird, sich auf sich selbst und die ihr innewohnenden geistigen und geistlichen Kräfte zu stützen."[79] Dies waren Sätze, die Todt vollständig unterschreiben konnte und die in seinem „Radikalen Deutschen Sozialismus" näher ausgeführt werden.

---

72 „Die Partei hat abgedankt" schrieb er in einer anonymen Broschüre 1869 mit dem Titel „Die Zukunftspartei", vgl. Saile, H. Wagener, S. 109.

73 Hahn, Berliner Revue, S. 227.

74 Ebda.

75 Vgl. den ersten Programmentwurf Wageners vom 22. März 1872. In: Hermann Wagener, Aus Rodbertus' Nachlaß. Minden i. Westfalen, 1886, S. 5 ff.

76 Ebda., S. 6.

77 Ebda., S. 7. Rodbertus betonte die Gefahren, die der Staatsgewalt vor allem durch das Bankkapital drohten, in seiner Replik auf Wageners Entwurf noch erheblich schärfer und befürwortete eine Verstaatlichung des gesamten Bankwesens und der Eisenbahn. Ebda., S. 9.

78 Ebda., S. 7.

79 Programm der Monarchisch-Nationalen Reichstagspartei vom 14. Mai 1872. In: Treue, Deutsche Parteiprogramme, S. 74.

Die Hoffnungen, die Rodbertus, Wagener und Meyer mit der Rekonstruktion der Konservativen Partei auf sozialkonservativer Basis verbanden, wurden indes arg enttäuscht. Der von der konservativen Reichstagsfraktion am 14. Mai 1872 veröffentlichte Programm-Text atmete keineswegs den kraftvollen Geist einer umfassenden Sozialreform. Der Wagener'sche Entwurf war stark zusammengestrichen und gekürzt worden, so daß die ursprünglichen Anliegen der Sozialkonservativen nur noch sehr gedämpft zum Ausdruck kamen. Zur sozialen Frage wird ausgeführt, daß diese „mit der Stärkung der monarchischen Gewalt und mit der nationalen Entwicklung" zusammenhänge und eine Lösung nur mittels der gleichmäßigen „Rücksichtnahme auf die Interessen aller Berufs- und Erwerbszweige" zu erreichen sei.[80] Dabei seien „die Staatsidee und das öffentliche Wohl gegenüber der individuellen Freiheit und dem egoistischen Interesse entschiedener zur Geltung zu bringen."[81] Ferner gelte es, alle „sozialen Bestrebungen" zu bekämpfen, „welche sich nicht auf der Basis der gegenwärtigen Staats- und Gesellschaftsordnung oder im Gegensatz gegen die Nationalität vollziehen wollen. Die Arbeiterbewegung insbesondere erfordert das Eingreifen der Staatsgewalt, um die Geltendmachung berechtigter Interessen des Arbeiterstandes in gesetzliche Bahnen zu lenken. Hierzu bedarf es staatlicher Fürsorge für diejenigen Einrichtungen und korporativen Bildungen, welche geeignet sind, die materielle und geistige Lage des Arbeiterstandes zu sichern und zu fördern — sowie der Schaffung staatlicher Organe, welche die Verhütung und Schlichtung der Streitigkeiten zwischen Arbeitnehmer und Arbeitgeber auf friedlichem Wege sich zur Aufgabe machen."[82]

Die spätere Bismarck'sche Politik mit „Zuckerbrot und Peitsche" deutet sich in diesen Sätzen schon an. Immerhin ist ein Teil des sozialkonservativen Credos (berechtigte Interessen der Arbeiter, staatliche Fürsorge, korporative Organisationen und wirtschaftsfriedliche Konfliktregelung) noch erhalten geblieben. Es war aber typisch für Geist und Haltung der konservativen Reichstagsfraktion in den stürmischen ersten Monaten des Jahres 1872, daß das Wort „sozial" aus dem Parteinamen gestrichen wurde. Einer großen Zahl konservativer Parteigänger war letztlich das eigene (materielle) Hemd näher als der Rock. Der innerkonservative Streit um das Schulaufsichtsgesetz, die Kreisordnung und die Bismarck'sche Kulturkampfpolitik sowie der Widerstand der süddeutschen Konservativen gegen das vermeintlich zu „preußische" Programm, vereitelten schließlich die von den Sozialkonservativen herbeigesehnte Einheitsfront für die Sozialreform.

Mitte der siebziger Jahre war der sozialkonservative Einfluß in der Öffentlichkeit, in Parlament und Regierung deutlich geschwunden. Der erzwungene Rücktritt und schließliche tiefe Fall des Kanzlerberaters Hermann Wagener im Jahre 1873[83] bedeutete eine Zäsur, obwohl Wagener für Bismarck weiterhin gutachterlich tätig blieb.[84] Wageners Sturz bedeutete das Ende der „Berliner Revue". Am 31. 12. 1873 stellte sie

---

80 Ebda.
81 Ebda.
82 Ebda.
83 Der liberale Reichtagsabgeordnete Eduard Lasker hatte im Januar 1873 in zwei aufsehenerregenden Reichstagsreden Hermann Wagener der Gründungsspekulation bezichtigt und die Öffentlichkeit gegen ihn aufgebracht. Vgl. Saile, Wagener, S. 114.
84 Vgl. dazu v. a. die von Rudolf Meyer in „Hundert Jahre conservativer Politik" präsentierten Dokumente, S. 237 ff.

ihr Erscheinen ein. Hinzu kamen die endgültige Abweisung der sozialkonservativen Programmvorschläge auf dem Kongreß der Kathedersozialisten 1875 und die Selbstisolierung Rudolf Meyers mit seiner berühmten Anti-Bismarck-Schrift 1877: „Politische Gründer und die Korruption in Deutschland".

Nach dem Ausscheiden der wichtigsten Führungsfiguren im sozialkonservativen Lager schien die endgültige politische Niederlage nur noch eine Frage der Zeit zu sein. Auch das Programm der im Juli 1876 gegründeten Deutschkonservativen Partei ließ wenig Hoffnungen auf Verwirklichung genuin sozialkonservativer Programmpunkte zu. Der Gründungsaufruf der Deutschkonservativen Partei vom 7. Juni 1876 verlangte „gegenüber der schrankenlosen Freiheit nach liberaler Theorie" eine „im Erwerbs- und Verkehrsleben... geordnete wirtschaftliche Freiheit".[85] Die Gesetzgebung solle „gleichmäßig" die Interessen aller Erwerbstätigen, von Industrie, Handwerk und Grundbesitz berücksichtigen und zugleich den „Bevorzugungen" des „großen Geldkapitals" wehren, was man u. a. mit Hilfe einer Revision der liberalen Gewerbeordnung zu erreichen hoffte.[86] Natürlich fehlte auch nicht die scharfe Kampfansage an die Sozialdemokratie: „Wir erachten es für Pflicht, den Ausschreitungen der sozialistischen Irrlehren entgegenzutreten, welche einen wachsenden Teil unseres Volkes in feindseligen Gegensatz zu der gesamten bestehenden Ordnung bringen."[87]

Innerhalb der Deutschkonservativen Partei war die Behandlung der sozialen Frage ebenso umstritten wie im konservativen Lager insgesamt. Hier setzt auch die deutliche Kritik Todts an den programmatischen Vorstellungen der Konservativen an. Er geht scharf mit den Programmaussagen der Agrarier, der Deutschkonservativen und Freikonservativen ins Gericht, weil er zu erkennen meint, daß mit der gebotenen Mischung von Allgemeinplätzen und antisozialistischer Polemik kein realistisches soziales Reformprogramm zu gewinnen ist. Seiner Meinung nach besitzen die konservativen Programme zwei Hauptmängel: Sie seien einmal „zu allgemein gehalten" und entbehrten schließlich eines „gründlichen Studiums und deshalb auch richtigen Verständnisses des Socialismus. Hieraus folge wieder eine unverzeihliche Unterschätzung der socialistischen Bewegung."[88] Den Konservativen stünden ihre egoistischen „Parteiinteressen" näher als das „Gesamtwohl", und so neigten sie dazu, bei ihrer Forderung einer „gleichmäßigen Berücksichtigung aller Erwerbsthätigen" bei der Gesetzgebung die Arbeiter zu vergessen: „Es klingt, als ob die Arbeiter gar nicht zum Staatsganzen gehörten."[89] Der Arbeiter werde von den Konservativen nur insoweit zur Kenntnis genommen „als er von den sozialistischen Irrlehren berührt wird."[90] Und anstatt diese Irrlehren in der geistigen und reformpolitischen Auseinandersetzung zu überwinden, begnügten sie sich mit der bloßen Bekämpfung der „Ausschreitungen". Der Sozialismus reduziere sich für sie auf das „Product von Agitatoren."[91]

---

85 Gründungsaufruf der Deutschkonservativen Partei vom 7. Juni 1876. In: Treue, Parteiprogramme, S. 75.
86 Ebda.
87 Ebda.
88 RDS, S. 448 f.
89 Ebda., S. 450.
90 Ebda., S. 451.
91 Ebda., S. 452. Vgl. auch die scharfe Kritik an den Konservativen im „Staats-Socialist", Nr. 46. 9. November 1878, wo er deren mangelnden „Corpsgeist" und „Solidarität" beklagt.

Zum Zeitpunkt der Abfassung seines „Radikalen deutschen Sozialismus" weiß Todt, daß die ursprünglichen Sozialreformziele Hermann Wageners an der politischen Verfassung der konservativen Parteien erst einmal gescheitert sind. Wageners reformpolitische Hoffnungen auf eine Einschränkung der Macht des sogenannten „Geldkapitals" mit Hilfe gezielter Mittelstandspolitik, Arbeiterschutzgesetzgebung, Miteigentum und korporativen Berufsverbänden sowie seine organisationspolitischen Absichten, mit einer sozialkonservativen Massenpartei zum Ausgleich der Klassenunterschiede beizutragen, hatten keine entscheidende Resonanz bei den konservativen Parteien, dem Parlament, der Regierung und in maßgeblichen Wirtschaftskreisen gefunden.[92]

In diese Zeiten sozialpolitischer „Dürre" tritt die christlich-soziale Bewegung Stoeckers und Todts an, um das sozialkonservative Erbe erneut fruchtbar zu machen und im Geiste christlich fundierter Sozialpolitik zu radikalisieren. Stoecker wagte einen neuen Versuch der Gründung einer konservativen Sammlungspartei unter christlichem Vorzeichen zur Zersprengung des kompakten sozialdemokratischen Lagers, und Todt appellierte an die „Besitzenden", den Sozialismus als ernste Anfrage an die sozialen Verpflichtungen einer christlichen Gesellschaft zu begreifen und an einem umfassenden Programm christlicher Sozialreform mitzuwirken.

Bevor wir uns mit den unmittelbaren und zweifellos wichtigsten Lehrern Todts in Sozialtheorie und Sozialpolitik, Adolf Wagner und Rudolf Meyer, befassen, sollen die bedeutungsvollsten Ideenkreise der sozialkonservativen Tradition resümiert werden. Diese idealtypische Beschreibung verfolgt den forschungspraktischen Nutzen, die Einordnung Todts in diese Tradition und seine ergänzenden, ggf. abweichenden Auffassungen plausibel zu machen.

In einem sehr allgemeinen Sinn können die Sozialkonservativen dem von Klaus Epstein konzipierten Typus des „Reformkonservativen" zugeordnet werden.[93] Die Notwendigkeit sozialer Reformen wird von ihnen in doppelter Weise begründet: aus ideellen Motiven (religiöse Anschauungen, philosophische Einsichten) und/oder praktisch-politischen Beweggründen („Staatsräson"). In einem eigentümlichen Mischungsverhältnis treten „gesinnungsethische" und „verantwortungsethische" Argumentationsfiguren zusammen.[94] Wenden wir diese Unterscheidung retrospektiv auf die führenden Personen des deutschen Sozialkonservatismus an, so können Rodbertus und Wagener am ehesten zu den „Verantwortungsethikern" gezählt werden, während Meyer, Wagener und Todt stärker den „Gesinnungsethikern" zuzurechnen sind.

Einig sind die Sozialkonservativen darin, daß die auftretenden wirtschaftlichen und sozialen Probleme sich nicht auf den Mangel an sittlichen oder religiösen Überzeugungen reduzieren lassen. Die Konsequenz aus dieser Einsicht ist das Eingeständnis, daß die bloße „Gesinnungsreform" nicht ausreicht, sondern unabweisbar durch eine

---

92 In konzentriertester Form finden wir Wageners soziales Reformprogramm in seinem Promemoria an Bismarck vom 19. Oktober 1862. Abgedruckt bei Saile, Wagener, S. 135 ff.

93 Klaus Epstein, Die Ursprünge des Konservatismus in Deutschland. Frankfurt/Main-Berlin-Wien, 1967, S. 21 ff.

94 Vgl. die berühmte Unterscheidung von Max Weber in seinem Vortrag „Politik als Beruf" 1918/1919. In: Max Weber, Gesammelte Politische Schriften, hrsgg. von Johannes Winckelmann. 4. Auflage Tübingen, 1980, S. 551 ff.

„Zuständereform" ergänzt werden muß. Gegen die Rechtfertigung der herrschenden Verhältnisse durch liberale Wirtschaftsdoktrinen oder ihre totale Negation durch sozialistisch-revolutionäre Sozialkritik stellen die Sozialkonservativen das Ideal der schrittweisen, friedlichen Reform. Dazu muß aktive Gesellschaftspolitik betrieben werden: Ein altkonservativ-quietistisches Politikideal, das Gottes Ordnungen z. T. bis in die konkreten gesellschaftlichen Institutionen der Gegenwart als „vorgegebene" Ordnungen begriff, die zu ändern einen illegitimen Eingriff in Gottes Willen bedeutete, wird korrigiert und durch ein Paradigma aktiver Politikgestaltung aus den erwähnten ethischen Grundmotiven ersetzt.[95]

„Gesellschaft" und „Staat" erscheinen nicht mehr nur umstandslos — wie noch in der Stahl'schen Dogmatik — als Gottes Ordnungen, sondern differenzierter als Träger göttlicher Ordnungsideen, wobei die Formen wechseln können. Es ist geradezu die sittliche Aufgabe des Politikers, über die gesellschaftlichen und staatlichen Institutionen nachzudenken, die dem göttlichen Ordnungswillen am meisten analog sind.

Vor diesem Hintergrund sollen i. f. weitere Ideenkreise der Sozialkonservativen ausdifferenziert werden. Die Sozialkonservativen vertraten

— einen mit bisweilen kulturpessimistischer Zivilisationskritik verbundenen *Anti-Kapitalismus,* der, soziologisch betrachtet, auch klassenegoistisch-materiell fundiert sein konnte.[96] „Capital" und „Capitalismus" galten als Ausdrücke egoistisch-materieller „Geldwirthschaft", eng mit dem mittelalterlichen Vorwurf des „Wuchers" verbunden. Erst zu Todts Zeiten wurden die stark moralistischen Antikapitalismus-Positionen zugunsten ökonomisch begründeter korrigiert und ergänzt. (So bei Adolf Wagner) Kapitalismus wurde als Herrschaftsverhältnis analysiert, und die Kritik richtete sich zentral gegen das Fehlen sozialer Verpflichtungen des Kapitals gegenüber den Arbeitern. Nicht *daß* Profit gemacht wurde, stand in Rede, sondern seine klassenegoistische Verteilung.

— eine damit eng verknüpfte *antiliberale Grundhaltung,* was sich sowohl auf die liberalen Wirtschaftsdoktrinen im Gefolge Adam Smith' als auch auf den politischen Liberalismus bezog. Der Liberalismus galt als Hauptfeind. „Manchesterthum" war das perhorreszierende Epitheton, das in der politischen Semantik der Sozialkonservativen stereotyp wiederkehrte. „Manchesterthum" stand für hemmungslose Ausbeutung des aus alten vorindustriellen Solidargemeinschaften herausgerissenen und „atomisirten" Menschen. „Laisser-aller", „Laisser-passer", „Le monde va lui-même" bildeten die schauerlichen Parolen jenes universalen Individualisierungsvorganges.

---

95 Eine Geschichte des deutschen Sozialkonservatismus existiert bis heute nicht. Als Vorläufer und Anreger sozialkonservativer Ideen sind zu nennen: V. Lavergne-Peguilhen (1801–1870), der gegen die Stahl'sche Ordnungstheologie die Eigengesetzlichkeit des Staates und die Gesetzmäßigkeit gesellschaftlicher Entwicklungen behauptete, Julius Glaser (1817–1885), der nur der Staatsidee göttlichen Ursprung zubilligte und die Arbeiterfrage als politische Frage staatlicher Kompetenz zuwies und schließlich Hermann Roesler (1834–1894), der die Auffassungen der Sozialkonservativen erstmalig systematisch zusammenfaßte, dem Eigentum einen „sozialen Gehalt" attestierte und für die Entwicklung eines besonderen Arbeitsrechtes eintrat. Vgl. zum Ganzen die informativen Zusammenfassungen bei Hahn, Berliner Revue, S. 22 ff.; 189 ff.; Als Überblick zu den sozialreformerischen Positionen der Sozialkonservativen v. Bruch, Weder Kommunismus noch Kapitalismus, S. 61 ff.
96 Diese Tatsache kritisierte Wagener immer besonders scharf.

Mit der Kritik an den liberalen Wirtschaftsdoktrinen und den politischen Zielvorstellungen des Liberalismus verbanden sich Klagen über die fortschreitende „Rationalisierung" und „Säkularisierung" von Gesellschaft, in denen man „Entsittlichungstendenzen" am Werke sah.

Allerdings gaben sich die Sozialkonservativen nicht mit der bloßen Feststellung dieses Zustandes zufrieden, sondern begriffen Säkularisierung auch als produktive Chance, die wertvermittelnde und handlungsorientierende Funktion des Christentums wieder herzustellen. Insofern bedeutete jede Reform der Zustände auch Reform der „Gesinnungen". Hier hat die Betonung der Rolle der Kirche ihren programmlogischen Platz.

— Ein Grundmodell sozialer Organisation in *ständeartigen Korporationen* und *„Assoziationen"*[97] in pointiert antiliberaler, anti-sozialdemokratischer Absicht. Aus der organologischen Gesellschaftsauffassung folgte das Ideal einer organisch gegliederten Gesellschaft, in der die Arbeiterschaft unter obrigkeitlicher Leitung zu festen zunftähnlichen Gliederungen zusammentreten sollte. Die Bandbreite der konkreten Vorschläge war groß. Sie reichten von einer gezielten Mittelstands- und Handwerkerpolitik bis zu einer spezifischen Agrarpolitik („innere Kolonisation"). Es ging um die Schaffung staatserhaltender, obrigkeitsbejahender Stände. Freie Gewerkschaften entsprachen nicht diesen Vorstellungen und wurden abgelehnt.

— Eine auf die *Sozialpflichtigkeit des Eigentums* konzentrierte Eigentumstheorie. Eigentum gilt als Ausdruck persönlicher Würde, als Teil des Menschseins und darf nicht als Mittel zur Unterdrückung oder Ausbeutung anderer eingesetzt werden. Persönliche Eigentumsbildung soll zu einem menschenwürdigen Leben helfen: Angestrebt werden bestimmte Formen des „Miteigentums" (Wagener) und ein am Produktivitätsfortschritt orientierter gerechter Lohn (Rodbertus' Rententheorie). Wo sich die Verstaatlichung privatwirtschaftlicher Sektoren ökonomisch effektiv, sozial gerecht und konfliktregulierend im Sinne der Pazifizierung sozialer Protestpotentiale erweist, ist sie unbedingt anzustreben (so bei Rodbertus).

— Eine *Staatsauffassung,* die dem monarchischen Obrigkeitsstaat die Rolle des *sozialen Schiedsrichters* zwischen den Klassen und Ständen zuerkennt und von einem „sozialen Königtum" die Berücksichtigung der Interessen des „vierten Standes" (Meyer) erwartet. Der Staat müsse in das Wirtschaftsleben immer dann eingreifen, wenn durch die wirtschaftlichen Verhältnisse die persönliche Würde der Standesmitglieder und deren Zusammenhalt gefährdet seien. Sozialreform sei in erster Linie Aufgabe des Staates und seiner Organe. Der Staat müsse stets dort für seine Untertanen Partei ergreifen, wo die wirtschaftliche Macht des Geldkapitals in persönliche Unterdrückung und politische Macht umschlage.

---

97 Hier sind in erster Linie die Pionier-Arbeiten des evangelischen Sozialreformers Viktor Aimée Hubers (1800–1869) zur genossenschaftlichen Organisation („Assoziationen") zu nennen. Huber hatte sich schon 1852 von den Konservativen getrennt, enttäuscht von der Zurückhaltung gegenüber seinen in ein sozialpolitisches Konzept eingeordneten Assoziationsideen. Vgl. zu Huber v. a. Sabine Hindelang, Konservatismus und soziale Frage. Viktor Aimée Hubers Beitrag zum sozialkonservativen Denken. Frankfurt/Main, 1983. Ferner: Ingwer Paulsen, Viktor Aimée Huber als Sozialpolitiker. Berlin, 1956². Siehe auch die knappe Zusammenfassung bei Brakelmann, Die soziale Frage, S. 241 ff.

Mit diesen Vorstellungen setzten sich die Sozialkonservativen zwischen alle Stühle. Die Drei-Fronten-Stellung gegen Liberalismus, Sozialdemokratie und (Alt-)Konservatismus wurde zum Charakteristikum ihres politischen Kampfes: „Den Liberalen und Konservativen waren sie zu egalitär, den Sozialisten zu monarchistisch und staatsgläubig eingestellt."[98]

5.2.2 Das staatssozialistische Programm: Adolf Wagner und Rudolf Meyer

Adolf Wagner (1835—1917), geboren in Erlangen, war seit 1870 Professor für Staatswissenschaften und Nationalökonomie in Berlin und trat erstmalig auf der kirchlichen Oktoberversammlung 1871 mit seinen sozialpolitischen Vorstellungen in die Öffentlichkeit.[99] Er war maßgeblich beteiligt an der Gründung des Vereins für Socialpolitik, zog sich aber spätestens 1877 aus dem Verein zurück, nachdem seine „staatssozialistischen" Anschauungen dort keinen Beifall fanden. Wenig später ist er als freier Mitarbeiter an der von Todt inaugurierten Zeitschrift „Der Staatssocialist" beteiligt und verfaßt in der ersten Nummer einen programmatischen Grundsatzartikel mit dem bezeichnenden Titel „Was ist Socialismus?"[100]. Die Auseinandersetzung mit der liberalen Ökonomie und dem System des „wissenschaftlichen Socialismus" (von ihm auch „extremer Socialismus" genannt) beschäftigt ihn in den nächsten Jahren intensiv und verdichtet sich in den achtziger Jahren zu einem System, das er „Staatssocialismus" nennt. Wagner billigt ausdrücklich das Programm der 1878 gegründeten Stoecker'schen „Christlich Sozialen Arbeiterpartei" und tritt ihr 1881 bei. Von 1882 bis 1885 ist er Vertreter der Konservativen im preußischen Abgeordnetenhaus, seit 1910 im Herrenhaus. Nach seiner Trennung von Adolf Stoecker hat er noch lange Zeit im Evangelisch-Sozialen Kongreß mitgearbeitet.

Das in der Schrift „Finanzwissenschaft und Staatssozialismus" (1887) formulierte staatssozialistische Programm Wagners hat Todt nicht gekannt, allerdings konnte er auf frühere Äußerungen Wagners wie in seiner „Grundlegung der politischen Oekonomie" (1. Auflage, 1876) und in einer Reihe von Zeitschriftenaufsätzen zurückgreifen[101], die Wagners staatssozialistisches Programm bereits in Umrissen erahnen lassen. Wagners Rede zur sozialen Frage auf der „Oktoberversammlung" 1871 sei hier besondere Auf-

---

98 Johann Baptist Müller, Der deutsche Sozialkonservatismus. In: Konservatismus. Hrsgg. von Hans-Gerd Schumann. Köln, 1974. S. 209 ff.
99 Adolf Wagner, Rede zur sozialen Frage. Aus: Verhandlungen der kirchlichen Oktoberversammlung in Berlin vom 10.—12. Oktober 1871. Berlin, 1872, S. 127 ff. Zu Wagner immer noch beste Arbeiten: Martin Heilmann, Adolph Wagner — Ein deutscher Nationalökonom im Urteil seiner Zeit. Frankfurt/Main-New York, 1980. Heinrich Rubner (Hrsg.), Adolph Wagner. Briefe, Dokumente, Augenzeugenberichte 1851—1917. Berlin, 1978.
(Anmerkung: Die zeitgenössische Schreibweise schwankt zwischen „Adolph" und „Adolf" Wagner.)
100 Adolph Wagner, Was ist Socialismus? In: Staats-Socialist, Nr. 1, 20. Dezember 1877.
101 Adolph Wagner, Finanzwissenschaft und Staatssozialismus (1887) hrsgg. von August Skalweit. Frankfurt/Main, 1948. Derselbe, Grundlegung der politischen Oekonomie: Theil 1, Grundlagen der Volkswirtschaft (2 Halbde.) 3. Auflage, Berlin, 1892. (Zitiert als Grundlegung I). Todt empfahl die Lektüre der „Grundlegung" den Lesern des „Staats-Socialist" dringend. Staats-Socialist, 1. Jg., Nr. 16, 13. April 1878, S. 187.

merksamkeit zugewandt, weil Todt sie gekannt und mit verarbeitet hat.[102] Der Standpunkt Wagners mußte ihm von größtem Interesse sein, da dieser ja unmittelbar an das berühmte Referat Wicherns anschloß, der zuvor die Positionen eines seit 1848 im wesentlichen unverändert gebliebenen konservativen Patriarchalismus formuliert hatte.

Todt hat zunächst von Wagners Neufassung der Nationalökonomie als einer „ethischen Wissenschaft"[103] profitiert, womit gemeint war, daß die Nationalökonomie als eine Wissenschaft betrachtet werden solle, die nicht nur „mit der Erforschung des natürlichen Werdens und Seins der wirtschaftlichen Vorgänge" befaßt sei, sondern das „ethische Seinsollen" ebenso berücksichtigen müsse.[104] „Entgegen dem sittlichen Indifferentismus im Gebiete der wirthschaftlichen Handlungen müssen wir hier verlangen, daß wieder ethische Grundsätze zur Geltung kommen."[105]

Todt hat ferner die von Wagner vertretene These von der Bedeutung des Staates für die soziale Reform unterstützt und den „Staatssozialismus" als prinzipielle Grundlegung seiner Sozialreform anerkannt. Wagner formuliert 1871 noch zurückhaltend und moderat, die spätere Systematisierung seiner Ideen zum Staatssozialismus ist erst in Ansätzen erkennbar.

Der Staat soll – so Wagner – vermittelnd zwischen die von liberaler Seite ausschließlich geforderte „Selbsthilfe" und die von sozialistischer Seite favorisierte „Staatshilfe" treten. Wagner ist hier noch ganz um Ausgleich und Vermittlung bemüht, während seit Mitte der achtziger Jahre ein stärker etatistischer Zug seine Überlegungen prägt.

1871 gilt für Wagner die Maxime: staatliche Intervention ja – aber ohne Schematismus: „Eine einfache Regel läßt sich aber nicht geben, vielmehr ist von Fall zu Fall nach den concreten Verhältnissen zu prüfen und zu entscheiden, ob und wie der Staat dazwischen treten soll oder nicht."[106] Allerdings gibt es für Wagner auch schon 1871 wirtschaftliche und soziale Fehlentwicklungen, die das Eingreifen des Staates zwingend erforderlich machen: Es sind die Zustände in den Fabriken mit ihren erschreckenden Erscheinungen von Kinder- und Frauenarbeit, überlangen Arbeitszeiten und fehlender Arbeitssicherheit. Hier ist der Staat aufgerufen, eine durchgreifende und wirksame Fabrikgesetzgebung zu schaffen, da dem Übel durch Appelle an die christliche Nächstenliebe der Unternehmer nicht zu steuern ist: „Nein, verbergen wir es uns nicht: erst die weitgreifende Staatsintervention, erst das Gesetz und der Zwang des Staates haben hier die simpelsten Pflichten der Menschlichkeit und des Christenthums zur Geltung gebracht. Und mit Recht haben danach nicht blos die Arbeiter, sondern die besseren Unternehmer selbst verlangt. Das öffentliche Gewissen ist endlich wieder erweckt worden."[107]

Diese forsche Argumentation ist in Wagners Rede von 1871 jedoch die Ausnahme: wir finden häufig eine eher appellative Haltung, der sich auch Rudolf Todt bei der Darstellung seiner positiven Reformziele befleißigt. Wagner erklärt wiederholt, daß sich die

---

102 Vgl. RDS, S. 171, wo Todt Wagner zustimmend in der Frage der historischen Veränderung des Eigentumsbegriffes zitiert.
103 Wagner, Rede zur sozialen Frage, S. 129.
104 Ebda., S. 131.
105 Ebda., S. 132.
106 Ebda., S. 136.
107 Ebda., S. 158.

Reichen und Besitzenden ihrer sittlichen Verpflichtungen den Armen gegenüber entsinnen und den Staat zur sozialen Reformarbeit nötigen sollten: „Namentlich hängt es so häufig von dem eigenen freien sittlichen Wollen der höheren Classen ab, daß der Staat rechtzeitig die Bahn der Reformen betrete, weil ihn diese Classen dazu drängen."[108]

Aus sittlicher Verpflichtung aber auch aus kluger Berechnung der politischen Verhältnisse heraus müßten die Besitzenden in der sozialen Frage einen kooperationsbereiten Standort einnehmen: „Da gebietet es denn schon die Klugheit und das eigene Interesse, wiederum aber, behaupte ich, ebenso sehr die sittliche Pflicht der höheren Classen, die Berechtigung der Klagen unbefangen zu prüfen und innerhalb unseres Wirthschaftssystems diesen Klagen nach Möglichkeit durch Beseitigung oder Einschränkung der Uebelstände den Boden zu entziehen."[109]

Wagner tritt ebenso wie später Todt ganz entschieden für die „unbefangene Prüfung der socialistischen Kritik und die Anerkennung des in den socialistischen Forderungen enthaltenen richtigen Kerns als unumgängliche Aufgabe und Pflicht der höheren Classen und des Staats"[110] ein. Das gegenwärtige kapitalistische Wirtschaftssystem hält er „neben seinen unläugbaren großartigen Vortheilen für die Steigerung der Güterproduction" für die Ursache der bestehenden und sich immer weiter vergrößernden Vermögens- und Einkommensungleichheiten.[111]

Wagner will das kapitalistische System (wie alle seine sozialkonservativen Mitstreiter) nicht einfach abschaffen. Seine Reformvorschläge zielen auf einen dritten Weg zwischen Kapitalismus und dem „extremen Sozialismus", es ist ein Weg der Vermittlung zwischen „Individualismus" und „Socialismus": das ganze heißt dann „Staatssocialismus".[112] „Der eigentliche Staatssocialismus", so erklärt Wagner, „ist … wie der ökonomische Individualismus und Socialismus, eine eigene geschlossene ökonomische Doctrin und ein System der Wirtschaftspolitik. Er nimmt bewusst und mit bestimmten Tendenzen und Zielpuncten und gewollten Folgen eine vermittelnde Stellung in Theorie und Praxis der Volkswirthschaft zwischen jenen beiden, dem Individualismus und Socialismus, ein … Der Staatssocialismus unterscheidet sich hiervon indessen als Doctrin und Wirtschaftspolitik dadurch, dass er principiell dem Socialismus entgegenkommt, weil er dessen Kritik theilweise für berechtigt und dessen Forderungen in bezug auf die Eigenthumsordnung theilweise für erfüllbar und die Erfüllung für erwünscht hält. Insoweit entfernt er sich auch principiell vom Individualismus. Aber andererseits hält er gegenüber jenen Forderungen des Socialismus wieder eine principielle Schranke inne, weil er eine principielle Berechtigung und Nothwendigkeit auch des Individualismus und zwar im Gemeinschaftsinteresse anerkennt. Nur einen schrankenlosen Individualismus, nicht einen nach socialen Rücksichten einzuschränkenden, verwirft er."[113]

---

108 Ebda., S. 137.
109 Ebda., S. 138.
110 Ebda.
111 Ebda.
112 Woldemar Koch definiert Staatssozialismus treffend als „jene sozialpolitische Richtung des neunzehnten und frühen zwanzigsten Jahrhunderts, welche die sozialen Probleme mit spezifisch sozialistischen Mitteln: Verstaatlichungen und Kommunalisierungen lösen wollte, diese Lösung aber innerhalb des bestehenden Staates und seiner Regierungsform, d. h., in der ausdrücklich bejahten konstitutionellen Monarchie, wünschte." In: HWW, Bd. 7 (1978), S. 200.
113 Wagner, Grundlegung I, S. 58.

Der Staatssozialismus Wagners versucht, die Extreme des Individualismus und Sozialismus auszuschließen: Durch den schrankenlosen Individualismus der Manchester-Schule sieht Wagner die Gleichheit der am Wirtschaftsgeschehen Beteiligten als gefährdet an, wohingegen der Sozialismus mit seiner Forderung nach Abschaffung des Privateigentums an den Produktionsmitteln und einer alles kontrollierenden staatlichen Planung die Freiheit der Individuen bedrohe: „Leidet unter dem ökonomischen Individualismus gewiss die Gleichheit, so unter dem Socialismus die Freiheit. Beides schlimm, aber das Schlimmere wohl doch das letztere. Zwischen beiden Gefahren gilt es ... einen Mittelweg zu finden und in der Praxis zu wählen."[114] Der Kapitalismus, respektive das ihm zugrundeliegende Menschenbild der liberalen Wirtschaftsdoktrinen, entspreche ebensowenig der Wirklichkeit wie die optimistische „Hypostasierung der altruistischen Triebfedern menschlichen Handelns" durch den Sozialismus.[115]

Wagner anerkennt die wissenschaftliche Leistung der Klassiker des wissenschaftlichen Sozialismus vor allem, weil durch sie die historische Bedingtheit ökonomischer Strukturen und Eigentumsordnungen erstmals deutlich herausgearbeitet und die Abhängigkeit des Rechts, der Volkswirtschaft aber auch der Kultur und Politik durch materielle (Produktions-) Faktoren dargestellt worden sei.[116] Die „besondere Leistung" des wissenschaftlichen Sozialismus sei zudem „der Nachweis des beherrschenden Einflusses der Privateigenthumsordnung, speciell des Privateigenthums ‚an den sachlichen Produktionsmitteln' (Boden, Kapital) auf die Gestaltung der Production und die Vertheilung des Productionsertrags, zumal bei Wegfall aller Beschränkungen der Verfügungsbefugnisse des Privateigenthümers im System der freien Concurrenz."[117] Wagner geht mit dem wissenschaftlichen Sozialismus darin konform, daß das Privateigentum an Produktionsmitteln keine natürliche ökonomische Gegebenheit, keine „absolute" ökonomische Kategorie sei — wie die liberalen Ökonomen suggerierten — sondern eine historisch-rechtliche Kategorie, veränderlich und durch Wirtschaftspolitik fortschreitend veränderbar. Wirtschaftliche und soziale Reformen dürften daher nicht unter Hinweis auf die vermeintliche „Heiligkeit" oder „Unverletzbarkeit" des Privateigentums verhindert werden. Eigentumsordnungen sind nicht ewig, sondern sie sollen ökonomischen und sittlichen Zwecken dienen, die sich im Laufe der Geschichte wandeln. So kann es durchaus zweckmäßig und daher prinzipiell auch vertretbar sein, „eine wesentliche Beschränkung des Eigentumsrechtes an Produktionsmitteln" vorzunehmen.[118]

Gibt es auch in der Analyse der privatkapitalistischen Wirtschaftsordnung und den sozialistischen Forderungen nach Einschränkung der privaten Verfügungsgewalt über Produktionsmittel eine Reihe von Übereinstimmungen, so weicht Wagners staatssozialistische Konzeption im Blick auf das Menschenbild und die konkreten Transformationsstrategien erheblich vom „klassischen" Sozialismus ab. Wagner hält — ausgehend von seiner Bestimmung der primär egoistischen Motivstruktur der wirtschaftlich handelnden Subjekte[119] — die Erwartungen des Sozialismus, es könne aus altruistischen Gemein-

---

114 Ebda., S. 24.
115 Heilmann, Adolph Wagner, S. 43.
116 Wagner, Grundlegung I, S. 37.
117 Ebda., S. 12.
118 Vgl. zum Ganzen Wagner, Grundlegung II, S. 546 f.
119 Wagner nennt vier „egoistische Leitmotive": 1. „Streben nach dem eigenen wirthschaftlichen Vor-

schaftsmotiven eine völlig neue Wirtschaftsordnung geschaffen werden, für illusionär. Die „Doctrin" des Sozialismus, daß der Mensch „in psychischer, sittlicher wie physischer Hinsicht ausschließlich das Product ererbter Eigenschaften und der äusseren, d. h. in letzter Linie der wirthschaftlichen Umstände und Einflüsse sei" und daß mit der grundlegenden Umgestaltung der Verhältnisse ein „wesensanderer, mit anderen Trieben, Motiven, Wünschen, Bestrebungen" ausgestatteter Mensch entstehe, weist Wagner als anthropologischen Grundirrtum zurück.[120] Die Einführung einer neuen materiellen Produktionsweise und Wirtschaftsordnung stoße nicht nur von der ökonomisch-technischen Seite aus betrachtet auf schwierige Organisationsprobleme, sondern sei auch aus psychologischen Gründen nicht per Dekret einzuführen. Die Menschen besäßen eine „im Wesentlichen bestimmt gegebene, wesensunveränderliche psychische wie physische Natur mit im Ganzen typischem Triebleben, im Ganzen typischem Bestimmtwerden durch die gleichen Motive."[121] Weil der Sozialismus alle anderen Wirkfaktoren auf das Leben der Menschen, darunter „Volksanlage" und „Religion" ignoriere oder ihre Selbständigkeit leugne, könne er zu keinem realistischen Konzept der ökonomischen Strukturveränderung gelangen.[122]

Wagner setzt dagegen eine Anthropologie, die mit der Fehlerhaftigkeit, dem Egoismus und der Sünde des Menschen (im biblischen Sinne) rechnet, gleichwohl aber auch „unegoistische" Motive anerkennt. Der Mensch habe sehr wohl die Chance, an seinem Egoismus zu arbeiten und ihn zugunsten höherer sittlicher Werte der Gemeinschaft zurückzudrängen und seine Kräfte in den Dienst des Ganzen zu stellen. Dabei helfen ihm die christlichen Ethik und der Kant'sche kategorische Imperativ; von der sozialen Ebene aus betrachtet sind es staatliche Institutionen, die zwischen Individual- und Sozialinteressen treten und das egoistisch-individualistische Interesse mit staatlicher Zwangsgewalt zu dem ethisch höher bewerteten Gemeinschaftssinn nötigen.[123]

Nicht nur das Menschenbild und die Überschätzung der materiellen Faktoren verhindern nach Wagner einen wirklichen Erfolg der sozialistischen Wirtschaftstheorien in der Praxis, sondern auch die fehlende Rücksichtnahme auf die Lernbarrieren der

---

theil und Furcht vor eigener wirthschaftlicher Noth. 2. Furcht vor Strafe und Hoffnung auf Anerkennung. 3. Ehrgefühl, Geltungsstreben und Furcht vor Schande und Missachtung. 4. Drang zur Bethätigung und Freude am Thatigsein, auch an der Arbeit als solcher, und an den Arbeitsergebnissen als solchen sowie Furcht vor den Folgen der Unthätigkeit (Passivität); als „unegoistisches Leitmotiv" nennt er: 5. „Trieb des inneren Gebots zum sittlichen Handelns, Drang des Pflichtgefühls und Furcht vor dem eigenen inneren Tadel (vor Gewissensbissen)." Grundlegung I, S. 115.

120 Ebda., S. 10.
121 Wagner, Grundlegung I, S. 15.
122 Ebda., S. 38.
123 Zum theologisch-philosophischen Hintergrund des Wagner'schen Staatssozialismus vgl. v. a. Schick, Kulturprotestantismus und soziale Frage, S. 49 ff.; Wagner geht davon aus, „dass nach aller äusserer geschichtlicher Beobachtung und aller innerer Selbstprüfung gerade die bösen egoistischen Triebe unserer Natur durch Arbeiten an sich selbst, eines Jeden an seinem Theil, durch Insich-gehen und Selbstzucht, durch Hören auf die Stimme des Gewissens bekämpft werden; sodann: dass religiöser Glaube an eine höhere Autorität, an Gott, an dessen Allwissenheit dessen Allmacht, dessen Hilfe im Kampfe mit den egoistischen Trieben, dessen Ge- und Verbote, auch dessen Gerechtigkeit und Strafgewalt hier die grösste Unterstützung der besseren und selbstsicheren Motive leistet. Das ist eine psychologische und historische Erfahrungssache ersten Rangs." Wagner, Grundlegung I, S. 132.

Menschen, die durch Traditionen, Verhaftetsein an das Althergebrachte, Furcht vor plötzlichen gewaltsamen Systemveränderungen und Angst vor dem ganz „Anderen" entstehen. Der „neue Optimismus gegenüber dem neu Werdenden und zu Erstreben-den"[124], den Wagner durchaus als etwas „Grosses" und „Begeisterndes"[125] würdigt, unterschätze aber „die Schwierigkeit, eine unter einem anderen Wirthschaftssystem aufgewachsene, unter dessen geistiger und sittlicher Athmosphäre im Denken, Trachten, Fühlen in ihrer Motivation auch auf wirthschaftlichem Gebiete so und so gewordene Bevölkerung nun in ein ganz andres Wirthschaftssystem hinüberzuführen, für welches dieselbe mit ihrer einmal historisch ererbten und entwickelten Motivation gar nicht passt."[126]

Hinzu komme das Fehlen einer eigentlichen Transformationsstrategie: Die sozialistischen Theorien beschränkten sich darauf, dieselben in dogmatischer Form zu verkünden, wobei die Epigonen von Marx, Engels, Lassalle (und sogar Rodbertus) in der Gefahr stehen, zu einer „Schule", ja „einer verschulten Sekte", zu verkommen. Unter ihren Händen (Wagner meint die sozialdemokratischen Parteitheoretiker) werde der Sozialismus von einer Wissenschaft zur „Glaubenslehre", zum „Dogma".[127] Der Sozialdemokratie fehle „jeder klare Gedanke, wie denn das neue Wirthschaftssystem zuerst eingeführt und endgültig durchgeführt und erhalten werden soll. Selbst die Führer äußern sich darüber in den vagsten Ausdrücken. Der Trost der Meisten, daß sich das Weitere ‚schon finden werde', wenn nur erst einmal die bestehende Ordnung umgestürzt sei — die gewöhnliche Argumentation hirnverbrannter Revolutionsphantasten — enthält den Verzicht selbst auf die vagste Idee."[128]

Wagner hat, wie kaum ein Nationalökonom vor ihm, den Sozialismus als Wirtschaftstheorie ehrlich gewürdigt. Das zeigen alleine seine Bemühungen um zutreffende Definitionen des Sozialismus, die um vieles präziser sind als die Rudolf Todts, der von ihnen profitierte.[129]

---

124 Wagner, Grundlegung I, S. 10.
125 Ebda., S. 125.
126 Ebda., S. 128.
127 Ebda., S. 39.
128 Wagner, Rede über die soziale Frage, S. 141. Der Atheismus der Sozialdemokratie spielte für einen Empiriker und Theoretiker der Nationalökonomie wie Wagner keine entscheidende Rolle.
129 Wagner definiert Sozialismus als „ein dem heutigen entgegengesetztes System der wirthschaftlichen Rechtsordnung, wo die sachlichen Produktionsmittel, d. h. Grund und Boden und Kapital nicht, wie jetzt meistens, im Privateigenthum einzelner privater Mitglieder (physischer und juristischer privatrechtlicher Personen, wie Erwerbsgesellschaften) der Gesellschaft, sondern im öffentlichen oder Gesamteigenthum der Gesellschaft oder (Volks-)Gemeinschaft selbst, bez. ihrer Vertreter sich befinden: wo daher nicht die privaten, auf Gewinn (Kapital- und Unternehmergewinn) berechneten Unternehmungen und nach den Bedingungen des Arbeitsvertrags bezahlte Lohnarbeiter sich gegenüberstehen und je unter einander selbst wieder concurriren; wo nicht die Production eine von den einzelnen Unternehmern nach individuellem Ermessen des Bedarfs bestimmte, daher im Ganzen regellose, vom Gang der Speculation und dem Einfluss der Conjunctur abhängige ist, die Vertheilung des Productionsertrags aber nach dem Zufall des ‚Gesetzes von Angebot und Nachfrage' erfolgt, sondern wo die Production planmässig nach dem vorher ermittelten und veranschlagten Bedarf der Consumenten von Oben aus geregelt, grossentheils in genossenschaftlicher Weise, oder in Staats-, Communalanstalten u. dergl. m. ausgeführt und ihr Ertrag in, der Annahme nach gerechterer und zweckmässigerer Art, als gegenwärtig mittelst des Gesetzes von Angebot und Nachfrage und mittelst der ‚Lohnabfindungsverträge' unter die Produ-

Gegen den „extremen Sozialismus" setzt Wagner sein System des Staatssozialismus. Der Staat rückt als aktiver Faktor der Sozialreform in den Mittelpunkt seiner Überlegungen. Wagner ist davon überzeugt, daß in seiner Gegenwart eine neue Epoche angebrochen sei, die er die „soziale" nennt. Im Unterschied zu den vorangegangenen Geschichtsepochen, die Wagner je nach dem Anteil staatlicher Tätigkeit an der gesamtgesellschaftlichen Entwicklung nacheinander als die „ständisch-patrimoniale", „absolutistische" und „staatsbürgerliche" bezeichnet[130], bestehe das neue der sozialen Epoche darin, daß „in ihr bestimmte ‚soziale Ideen' hinsichtlich der volkswirtschaftlichen Produktions- und Verteilungsordnung und der davon in erster Linie mitbedingten ökonomischen und demgemäß sozialen Lage der Bevölkerung zur Herrschaft kommen; zuerst in der öffentlichen Meinung, dann im öffentlichen Recht und soweit notwendig, selbst im Privatrecht, das aber in dieser Epoche seines rein privaten Charakters zum Teil entkleidet und von gesellschaftlichen, daher von öffentlich-rechtlichen Gesichtspunkten durchdrungen wird."[131] Der Staatssozialismus sei vielleicht „das beste Mittel..., einer solchen ‚sozialen' Epoche zum vollen Durchbruch auf dem Wege der Reform zu verhelfen."[132] Die Entwicklung zur sozialen Epoche gewinnt für Wagner den Charakter einer gesellschaftlichen Tendenz, die empirisch zu belegen ist.[133] In immer stärkerem Maße greife der Staat in das gesellschaftliche Leben ein, immer mehr bislang private Dienstleistungen werden von ihm übernommen, immer mehr private Lebensbezirke seiner reglementierenden Kraft unterworfen. Diese „Entwicklungstendenz" bezeichnet Wagner als das „Gesetz der wachsenden Ausdehnung der ‚öffentlichen' bez. der Staatsthätigkeiten bei fortschreitenden Culturvölkern".[134] Der Staat, den Wagner vor allem durch die „organischen" Zwecke: „Rechts- und Machtzweck" sowie „Cultur- und Wohlfahrtszweck"[135] charakterisiert sieht, muß in der Epoche der sozialen Ideen aufgrund der Gefährdung immer größerer Teile der Bevölkerung durch privatwirtschaftliche Machtzusammenballung in der Industrie und der Landwirtschaft[136] und der immer größer werdenden Kluft zwischen den Klassen, zugunsten der benachteiligten Bevölkerungsgruppen in das wirtschaftliche Geschehen regulierend eingreifen. Es geht — wie Wagner schon in seiner Rede zur sozialen Frage 1871 proklamierte — um eine soziale Reform durch den Staat, die „eine Verschiebung der Einkommen und der Consumtionskräfte von Oben nach Unten" zum Hauptziel hat.[137] Der Staat bedient sich dazu des staatssozialistischen Systems. Staatssozialismus meint „eine zielbewußte, regulierend in das Wirtschaftsleben eingreifende, soweit es möglich und zweckmäßig den ‚Sozialismus' durch die Mittel des

---

centen (Arbeiter) vertheilt wird, ‚autoritativ', nach Regulirungsprincipien, über welche freilich auch im Socialismus noch eine Einmüthigkeit erreicht ist (Bedürfniss, Leistung, andere Momente, Combination davon, s. o. § 264)." Wagner, Grundlegung I, S. 755. Eine fast wortgleiche Definition gibt Wagner in seinem Artikel in der ersten Nummer des Staats-Socialist.
130 Adolph Wagner, Finanzwissenschaft und Staatssozialismus (1887), S. 14 ff.
131 Ebda., S. 12 f.
132 Ebda.
133 Vgl. dazu Wagner, Grundlegung I, S. 225 ff.
134 Ebda., S. 884 und S. 892 ff.
135 Ebda., S. 885 ff. Vgl. dazu: Volker Müller, Staatstätigkeit in den Staatstheorien des 19. Jahrhunderts. Opladen, 1991, S. 351 ff.
136 Wagner, Finanzwissenschaft, S. 38 ff.
137 Wagner, Rede zur sozialen Frage, S. 151.

bestehenden, historisch überkommenen ‚Staat' — durch Gesetzgebung, Verwaltung, Finanz- und besonders Steuerwesen — zur Durchführung bringende ‚positive' Staatspolitik ...“[138]

Bereits in seiner Rede zur sozialen Frage macht Wagner eine Reihe von konkreten Vorschlägen zu staatssozialistischen Interventionen: sie betreffen die Fabrikgesetzgebung, Arbeiterkammern als Organe des Interessenausgleichs zwischen Arbeitgebern und Arbeitern unter staatlicher Kontrolle, Sozialversicherung, Gewinnbeteiligung, Arbeitszeitregelungen, Lohnfindungssystem (Minimal-Lohn plus Lohnerhöhungen) und Steuerreform.[139]

Staatliche Interventionen und Verstaatlichungen privatwirtschaftlicher Sektoren werden von Wagner zwar notwendig und im Blick auf den „Macht- und Rechtszweck" des Staates auch für unabdingbar gehalten, sie werden jedoch nicht dogmatisch zur Erreichung des sozialen Reformzieles: Umverteilung der Einkommen von oben nach unten, vorausgesetzt. Über die Fragen: wieviel Staat ist im Wirtschaftsprozeß und der Verteilungspolitik nötig?, wieviel Privatwirtschaft ist möglich?, wird nach Opportunitätsgesichtspunkten entschieden. Verstaatlichungen sind kein Selbstzweck, sondern Mittel zum Zweck der Verbesserung der materiellen Lage der benachteiligten Bevölkerungsgruppen. Die gemeinwirtschaftlichen Sektoren sollen die Funktion eines „Correctivdienstes" übernehmen, nicht die privatwirtschaftlich organisierten Bereiche vollständig ersetzen, wie es im Prinzip der „extreme Socialismus" fordere.[140] Ein Teil des Wagnerschen staatssozialistischen Programms wurde Bestandteil des Grundsatzprogramms der Stoecker'schen „Christlich-Sozialen Arbeiterpartei" vom Januar 1878, was Wagner mit Genugtuung vermerkte.[141]

In seiner „Finanzwissenschaft" hat Wagner eine knappe Charakterisierung seiner staatssozialistischen Programmforderungen vorgenommen, die im Kern schon alle vorher bekannt waren. Wir stellen hier resümierend und in geraffter Form zusammenfassend seine Vorstellungen vor:[142]

1. „Eine bessere Produktionsordnung, durch welche vor allem ein geregelter Gang der Produktion statt des heutigen ganz regellosen herbeigeführt wird."

Wagner denkt hier in erster Linie an eine antispekulative Konjunkturpolitik, Lohnsteigerung zur Erhöhung der Kaufkraft, Arbeitszeitbeschränkungen, Verbot der Kinderarbeit und Einschränkung der Frauenarbeit, Sozialversicherung, Anerkennung von Selbsthilfe und Genossenschaftswesen.

---

138 Wagner, Finanzwissenschaft, S. 50, Anm. 1; vgl. auch Wagner, Die Strömungen in der Sozialpolitik, S. 18 ff.

139 Wagner, Rede zur sozialen Frage, S. 146 ff. Wagner anerkennt ausdrücklich die Selbsthilfeorganisationen der Arbeiter wie Gewerkvereine, Koalitionen, Streiks und internationale Verbindungen als eine Art Notwehrorganisationen. Es seien die „Kriegsmittel der Arbeiter im Concurrenzkampfe. Solange nicht bessere Mittel, die Lage der Arbeiter zu heben, gefunden sind, kann man den letzteren ehrlicher Weise scheint mir nicht ernstlich den Gebrauch dieser Mittel abrathen." Ebda., S. 145.

140 Wagner, Grundlegung I, S. 851 und S. 885 ff.

141 Adolf Wagner, Zu dem national-ökonomischen Theil des Programmentwurfs für die christlich-soziale Arbeiterpartei. In: Staats-Socialist, 1. Jg., Nr. 6, 3. Februar 1878.

142 Wagner, Finanzwissenschaft, S. 42 ff.; vgl. auch die sprachlich etwas unglückliche Zusammenfassung bei Heilmann; Wagner, S. 25 ff.

2. „Einrichtung der Finanzwirtschaften so, daß ein größerer Teil des Nationaleinkommens, welcher jetzt als Rente, Zins, Unternehmergewinn, Konjunkturgewinn der boden- und kapitalbesitzenden und Privatunternehmungen betreibenden Klasse zufällt, in die Kanäle der öffentlichen Kassen (des ‚Fiskus‘) geleitet wird."

Wagner strebt mit diesen Aussagen Verstaatlichungen („Verkommunalisierungen") überall da an, wo ihm dies technisch und ökonomisch effektiv zu sein scheint, wo die Tendenz zum Großbetrieb und zur monopolistischen Wettbewerbsverzerrung am stärksten ausgeprägt ist. Er nennt hier vor allem das „Kommunikations- und Transportwesen" (Eisenbahnen), Bank- und Versicherungswesen sowie kommunale Einrichtungen. Außerdem müsse die öffentliche Hand mit entsprechenden Finanzmitteln ausgestattet sein, um alle Leistungen für die Bürger erbringen zu können, inklusive der Fürsorge für die öffentlich Bediensteten. Dies soll mit Hilfe zunehmender Besteuerung und eines ausgedehnten Gebührenwesens erreicht werden.

3. „Einrichtung der Besteuerung so, daß die letztere neben ihrer direkten Aufgabe, die Mittel zur Kostendeckung des Bedarfs der öffentlichen Finanzwirtschaften zu liefern, eine nicht minder wichtige zweite indirekte und wiederum doppelte Aufgabe möglichst passend löst: einmal, in die Verteilung des Einkommens und Vermögens der Privatwirtschaften, wie dieselbe das Produkt des freien wirtschaftlichen Verkehrs — durch das Medium der Warenpreis-, Lohn-, Zins-, Pachtpreis-, Mietpreis-, Rentenbildung usw. — ist, regulierend in der Richtung einer Ausgleichung der Härten, Unbilligkeiten, übermäßigen Begünstigungen der in diesem Verkehr sich ergebenden Verteilung einzugreifen."

Wagner strebt eine Steuerpolitik an, die wirkliche Umverteilungseffekte erzielen soll und die reglementierend in den privaten Konsum der einzelnen eingreift. Er erblickt in seiner Steuerpolitik, eine geradezu volkspädagogische Aufgabe im „Interesse einer wirklichen sittlichen und sozialen Hebung" des Volkes. In der von der „christlich-sozialen Arbeiterpartei" erhobenen Forderung nach einer „progressiven Einkommensteuer" haben Wagners Absichten beeindruckenden praktisch-politischen Niederschlag gefunden.

Bei alledem ist zu bedenken: Wagner bleibt konservativer Anhänger der konstitutionellen Monarchie. Eine wie auch immer geartete Volksregierung oder auch nur ein parlamentarisches System wäre ihm widersinnig erschienen. Sein Staatsverständnis ist autoritär und bürokratisch, ein „eigenartiges Compositum organischer Staatslehre, Resten lutherischer politischer Theologie und einem guten Teil selbstbewußten Rationalismus", wie Manfred Schick richtig bemerkt.[143] Wagner ist zutiefst davon überzeugt, daß der monarchische Staat kompetent genug ist, die notwendigen sozialökonomischen Strategien und — damit verbunden — organisatorisch-institutionellen Voraussetzungen zur Steuerung des Wirtschaftsprozesses in einem industrialisierten Land zu entwickeln und zur Verfügung zu stellen: „Nur eine starke, geschichtlich gefestigte, vom Volksbewußtsein getragene, über den streitenden Parteien stehende Staatsgewalt, daher in unseren Ländern vor allem ein starkes Königtum, das in friedericanischen und josefi-

---

143 Schick, Kulturprotestantismus und soziale Frage, S. 57.

nischen Traditionen seine Aufgabe als ‚soziales Königtum' erfaßt, kann überhaupt das staatssozialistische Programm praktisch aufnehmen und durchführen und damit dasjenige vom Sozialismus überhaupt, was theoretisch haltbar, ethisch wie ökonomisch, sozialpolitisch und politisch wünschenswert und praktisch durchführbar erscheint."[144]

Es besteht kein Zweifel: nicht nur das Pathos und das Bekenntnis zum sozialen Königtum haben Rudolf Todt an Adolf Wagner fasziniert, sondern auch und gerade seine Bemühungen um unvoreingenommene Prüfung der sozialistischen Theorien und die aus diesen Auseinandersetzungen erwachsenen Grundlinien eines staatssozialistischen Programms. Der „Centralverein für Socialreform" bekannte sich jedenfalls klar und deutlich zum Staatssozialismus als programmatische Grundlage und drückte dies im Titel des Zentralorgans aus.

In *Rudolph Hermann Meyer (1839 – 1899)* begegnet uns der Mann, von dem Rudolf Todt unmittelbar die sozialkonservative Programmatik übernommen hat. Meyers Schriften, seine Hinweise auf die Literatur zur sozialen Frage, die er zum großen Teil privat besaß (Todt benutzte nachweislich seine Bibliothek)[145], waren für Todt von größter Bedeutung. Meyer war ein sozialkonservativer Wanderer zwischen allen Fronten: Mit den Konservativen wegen deren Zurückhaltung in der sozialen Frage überworfen, mit Bismarck seit 1877 verfeindet, von ihm verfolgt und ins Exil getrieben, Gegner der Sozialdemokratie, wegen ihres Republikanismus, vermeintlichen Revolutionarismus und Atheismus, zugleich aber publizistisch für sie als Agrarexperte tätig.[146]

Meyer hatte als engster Wagener-Schüler die *„Berliner Revue"* von 1867 bis 1873 redigiert und nach dem Sturz seines Lehrers versucht, den Kreis der Sozialkonservativen durch die Herausgabe einer neuen Zeitschrift („Socialpolitische Flugbätter") zusammenzuhalten.[147] Unermüdlich blieb er um eine Sammlung der sozialkonservativen Kräfte bemüht; letztendlich scheiterte sein Unternehmen. Lange Zeit hatte er auf Bismarck gehofft und in ihm die politisch entscheidende Kraft für eine Sozialrefom aus sozialkonservativem Geist gesehen. Durchaus richtig erkannte er — wie wir im Rückblick wissen — die taktischen Varianten in Bismarcks Sozialpolitik und wandte sich enttäuscht von ihm ab. Die Enttäuschung steigerte sich bis zum offenen Haß, und Meyer attackierte ihn in seiner Schrift *„Politische Gründer und die Korruption in Deutschland"* als Gründungs-

---

144 Wagner, Finanzwissenschaft, S. 46; Die Bezugnahme auf „friederizianische Traditionen" war bei Staatssozialisten nicht selten. In extremer Ausweitung des Begriffes definiert Moritz Ströll Staatssozialismus als die „Verkörperung des alten preußischen Staatsgedankens, welcher eingedenk seiner kraftvollen Haltung in allen wirtschaftlichen Dingen und in Anpassung an die veränderten Erfordernisse der Gegenwart seine sieghafte Entfaltung und Uebertragung auf das junge deutsche Reich mit ebenso viel Glück als Nachdruck anstrebt." (Die staatssozialistische Bewegung, Leipzig, 1885, S. 1.) Vgl. auch ähnliche Aussagen bei der insgesamt durchaus informativen Arbeit von Ludwig Storch, Karl Rodbertus und Adolph Wagner als Staatssozialisten, S. 1ff.

145 Vgl. Meyers Literaturbesprechungen zur sozialen Frage: Rudolph Meyer, Die neueste Literatur zur socialen Frage. Erste und zweite Abtheilung. Berlin, 1873.

146 Meyer hat in der „Neuen Zeit" eine Reihe von Artikeln dazu verfaßt: Rudolph Meyer, Sozialpolitische Bedeutung der Getreide-Elevatoren. In: NZ, Jg. 10, 1891/92. Derselbe, Zur Frage der Verstaatlichung des Getreidehandels. Ebda., Derselbe, Noch einiges über den landwirtschaftlichen Grossbetrieb. NZ, Jg. 11, 1892/93. Derselbe, Das nahende Ende des landwirtschaftlichen Grossbetriebs. Ebda., Derselbe, Der Agrarier Not und Glück. NZ, Jg. 12, 1893/94.

147 Vgl. Hahn, Berliner Revue, S. 243. Meyers Initiative scheiterte. Über sieben Nummern ist das Blatt nicht hinausgekommen.

schwindler und Spekulant: „Es gibt keinen Minister irgendeines europäischen Staates, der in so freundschaftlichen Beziehungen zu einem Upstart des Geldprotzentums stände, wie der Fürst Bismarck zu seinem Hausjuden Bleichröder. Man würde Unrecht haben, wenn man sagen wollte, daß unser Zeitalter, unser Land so faul und korrumpiert sei wie das Frankreich Ludwigs des Fünfzehnten. Aber das wollen wir sagen und dafür wollen wir einstehen, daß die Korruption unerhörte Dimensionen angenommen hat in Deutschland, seit das System Bismarck daselbst herrscht. (…) Nachweisbar ist, daß der Fürst Bismarck die Verantwortlichkeit für diese unerhörte Mißwirtschaft nicht von seinen Schultern auf andere Schultern abladen kann oder will." (…)[148]

Dieser forsche Angriff brachte Meyer eine Beleidigungsklage von Bismarck ein; er wurde schließlich zu eineinhalb Jahren Gefängnis verurteilt und zog die Emigration der Haft vor. 18 Jahre lang mußte er Deutschland fern bleiben. Wahrscheinlich erst 1896 ist Meyer zurückgekehrt, obwohl Bismarck, „der ja auch ein großer Hasser war"[149], noch 1888 einen Ausweisungsbefehl erwirkt hatte, falls Meyer jemals deutschen Boden beträte. Doch daran hielt sich 1896 keiner mehr. In der Zeit der Emigration wechselte Meyer seinen Wohnsitz häufig. Die ersten und letzten aktiven Jahre verbrachte er in Österreich und stand in engstem Kontakt zu den dortigen Christlich-Konservativen und dem Vogelsang-Kreis. Er versuchte sich in Kanada mit großem Erfolg als Landwirt und vervollkommnete seine agrarwirtschaftlichen Kenntnisse derart, daß er nach der Rückkehr in die Donaumonarchie betriebswirtschaftlicher Berater adliger Großgrundbesitzer wurde. Er führte eine ausgedehnte Korrespondenz mit prominenten Theoretikern und Parteiführern der deutschen Sozialdemokratie. U. a. machte er in London die Bekanntschaft mit Marx und Engels, die seine Kenntnisse auf agrarwirtschaftlichem Feld wohl zu schätzen wußten.[150] Seine letzten Lebensjahre verbrachte er in Dessau, wo er im Hause eines Wagener Sohnes am 16. 1. 1899 verstarb.

Meyer und Rudolf Todt sind in demselben Jahr (1839) geboren, sie sind Zeitgenossen und Gesinnungsfreunde. Mit Hochachtung spricht Todt vom sozialkonservativen Programm und Rudolf Meyer: „Haben wir nun auf evangelischer Seite nicht ein eben so klares, aber noch umfassenderes und eingehenderes Programm aufzuweisen als die Katholiken? Wir können, Gott lob! antworten: Ja, wir haben ein solches. Es ist das socialkonservative Programm, dessen ausführliche Entwickelung unternommen zu haben, das Verdienst des schon mehrfach citirten Dr. Rudolf Meyer ist. Wir nehmen hier noch einmal Anlass auf den ‚Emancipationskampf' desselben hinzuweisen, weil zum social-politischen Verständnis unserer Zeit dies Buch ganz unentbehrlich ist."[151]

Rudolf Meyer „hat sich zeitlebens als ein sozial- und antikapitalistisch orientierter Konservativer gefühlt, aber seine Gesinnungsgenossen, die ihn sogar aus der Partei aus-

---

148 Rudolph Meyer, Politische Gründer, S. 201 f. Wagner hatte Meyer dringend vor einer solchen Publikation gewarnt. (Vgl. Rudolph Meyer, Der Kapitalismus fin de sièclè. Leipzig, 1894, S. 259).
149 Schoeps, Meyer, S. 337.
150 Meyer hat Marx und Engels zweifellos mit den Arbeiten von Rodbertus bekanntgemacht. Beide anerkannten stets die wissenschaftliche Leistung des sozialkonservativen Gutsbesitzers. Engels äußerte sich sehr freundlich über Meyer und dieser war häufig bei Engels zu Gast. Vgl. Eduard Bernstein, Erinnerungen eines Sozialisten. 1. Bd.: Aus den Jahren meines Exils. 2. Auflage, Berlin 1918, S. 212.
151 RDS, S. 454.

geschlossen haben, (...) sahen in ihm meistens nur einen verkappten Sozialdemokraten."[152]

Die Drei-Fronten-Stellung des deutschen Sozialkonservatismus mußte Rudolf Meyer persönlich besonders schmerzhaft erfahren. Wir wollen i. f. sein Verständnis von Konservatismus, seine Auffassung vom Charakter der sozialen Frage, seine Stellung zur Sozialdemokratie und sein sozialkonservatives Programm behandeln, insofern es für Todt von ausschlaggebender Bedeutung war: Meyer hat in der „Berliner Revue" und in seiner großen Monographie „Der Emancipationskampf des vierten Standes" (1874) nahezu einen politischen Kreuzzug gegen den wirtschaftlichen und politischen Liberalismus geführt. Das Manchestertum befinde sich − so Meyer − seit Anfang der siebziger Jahre in der Defensive, bedrängt „von seinem Kinde, dem Socialismus, der kühn die Consequenzen der liberalen Principien zieht"[153], und erflehe die Hilfe des Staates, den man vorher erbittert erkämpft habe. Heute „conservativ" zu sein, bedeute drei Fragen zu stellen: „a. was ist da, was erhalten werden kann oder soll? b. was ist der Erhaltung werth? c. durch welche Mittel und Wege ist die Erhaltung möglich?"[154]

Meyer beantwortet diese Frage im Sinne eines aufgeklärten Reformkonservatismus: Da es „in der Politik keinen absoluten Stillstand" gebe, könne ein Konservativer nicht für die bloße Erhaltung des Status Quo eintreten[155], wenn unter Status Quo die Verdrängung wirtschaftlich selbständiger Existenzen durch das Großkapital, die Monopolisierung der Produktion in wenigen Händen und das alte patriarchalische Verhältnis zu verstehen sei. Genaugenommen seien diejenigen, die sich der Anti-Reform verschrieben hätten, nicht Konservative, sondern „Reactionäre". Sie betrieben „nicht eine Erhaltungs-, sondern eine Restaurationspolitik".[156] Meyers Konservatismus ist eine Synthese aus Bewahren und Reformieren: „Aus diesem Grunde setzt sich auch der sogenannte Conservatismus aus einem Doppelten zusammen, nämlich das Erhalten und Beseitigen, und erst diese beiden Momente zusammengenommen vermögen den richtigen Begriff des Conservatismus zu construiren, weshalb man auch, kurz ausgedrückt, sagen könnte: Der richtige Conservatismus ist der, welcher das Wahre erhalten resp. restauriren und das Falsche beseitigen resp. eine falsche Entwickelung in richtige Bahnen leiten will, dadurch spitzt sich aber die Frage dahin zu: was in dem gegenwärtigen status quo das Wahre und Falsche und was in der zeitigen Entwickelung als der richtige und welcher als der unrichtige Weg bezeichnet werden muß."[157]

Meyer ist der geschichtsoptimistischen Ansicht, daß die wahren konservativen Strukturen, Einrichtungen und Ideen lebendig bleiben durch Veränderung. Veränderung heißt, daß das Konservative „seiner Negation und Vernichtung" widerstrebe, es mit „Jugendkraft und Energie" um Anerkennung kämpfen müsse[158] und nur dadurch dem gesellschaftlichen Fortschritt diene. Meyer meint, hier eine gewisse Zwangsläufigkeit der geschichtlichen Entwicklung entdeckt zu haben: Er ist ein Reformkonservativer mit

---

152 Schoeps, Meyer, S. 339.
153 Rudolph Meyer, Was heißt conservativ sein? Reform oder Restauration? Berlin, 1873, S. 4.
154 Ebda.
155 Ebda., S. 6.
156 Ebda., S. 7.
157 Ebda., S. 8.
158 Ebda.

einem fortschritts-optimistischen Geschichtsverständnis. Das Konservative werde sich nur durchsetzen, wenn es die integrierende Energie aufbringe, den neuen Ideen und Forderungen auf staatlichem, kirchlichem und sozialem Gebiete Rechnung zu tragen. Dies gelte in erster Linie gegenüber der Arbeiterbewegung: „Es ist der vierte Stand, der aus dem Vorzimmer in den Salon will, und der hineingelangen wird. Oeffnen wir ihm die Thür und reichen wir ihm den Arm, so wird er bescheiden und artig eintreten und sich neben uns setzen — schlagen wir sie ihm vor der Nase zu, so wird er ihre Füllungen einschlagen, wird uns selbst zum Fenster hinauswerfen und das ganze Haus in seinen alleinigen Besitz nehmen.“[159]

Die z. T. in Begriffen der Pathologie von konservativer Seite vorgetragene Kritik an der sozialistischen Arbeiterbewegung („krank“, „irrsinnig“) weist Meyer ausdrücklich zurück. Er betrachtet seine Zeit dagegen als eine notwendige Periode der Krise, des Übergangs zu einer neuen Gesellschaftsordnung: „Ich kann also unsere heutige Zeit nicht für krank halten, sondern ich halte sie für die Periode eines beginnenden Kampfes zweier Gesellschaftsklassen gegeneinander. Dieser Kampf aber ist ein unvermeidlicher, durch die Entwickelung der menschlichen Gesellschaft nach einer bestimmten Richtung hin erzeugter und zu ihrer weiteren Entwickelung nach einem bestimmten Culturziele hin, also Gott gewollten Ziele, nothwendiger. Aus diesem Kampfe nun wird sich eine neue Gesellschaftsordnung entwickeln, und zwar nicht in diesem oder in jenem Lande, sondern in allen Culturstaaten.“[160]

Die Zeiten der alten Stände und des Patriarchalismus erklärt Meyer für beendet, weniger aus Gründen der Wünschbarkeit und des Prinzips als eher aufgrund der inzwischen eingetretenen wirtschaftlichen Strukturveränderungen, die ein persönliches Verhältnis des Arbeitgebers zum Arbeiter, des Grundherrn zum landlosen Landarbeiter unmöglich machten: „Mit dem patriarchalischen Königthum ist unwiederbringlich auch das patriarchalische Arbeitgeberthum und ebenso das patriarchalische Consistorialthum zu Grabe getragen, und es ist nur ein Symptom unheilbarer Kurzsichtigkeit, wenn die Wortführer von der sogenannten conservativen Richtung immer wieder derartige Restaurations-Versuche als spezifische Heilmittel anpreisen.“[161]

Der gegenwärtige Zustand der konservativen Gruppierungen und Parteien lasse die Zukunft allerdings düster erscheinen. Meyer formuliert seine Erbitterung über diese Kurzsichtigkeit der Konservativen mit drastischen Worten: „Die Herren können sich die Idee nicht klar machen, dass sich seit 1848 eine gewaltige sociale Revolution in Deutschland vollzogen hat. Aus dem Ackerbaustaat hat sich der Industriestaat entwickelt, das sagt Alles! Diesen Uebergang merken jene Herren eben nicht. Sie stecken mit allen ihren Gedanken und Ideen eben so tief im Ackerbau- und Zunftstaat, wie ihre Gefühle sehr erklärlicher Weise demselben gehören.“[162]

Wie die meisten seiner sozialkonservativen Gesinnungsfreunde tritt Meyer für das allgemeine Wahlrecht ein, entschiedener als Rudolf Todt, der, obwohl im Prinzip mit Meyer d'accord, glaubte, noch eine Zeit der „Reife“ für die breite Masse abwarten zu

---

159 Ebda., S. 2.
160 Meyer, Emancipationskampf I, S. 3.
161 Meyer, Was heißt conservativ sein?, S. 19.
162 Meyer, Emancipationskampf I, S. 377.

müssen. Meyer sieht dagegen sehr klar die politische Integrationswirkung und pädagogische Leistung des allgemeinen Wahlrechts: „Das allgemeine Wahlrecht ermöglicht den zu Standes- und politischem Bewusstsein gekommenen Mitgliedern des vierten Standes, proportional zu dem Wachsen diese Bewusstwerdens eine wachsende Einfluss in den Parlamenten zu gewinnen. Dadurch wird es möglich, dass eine Ausgleichung der Interessen der verschiedenen Gesellschaftsklassen auf gesetzmässigem Boden und friedlichem Wege erfolgt. Ein Resultat, das jeder Patriot wünschen muß."[163] Meyer legt sich nicht prinzipiell auf das allgemeine Wahlrecht fest, sondern hält es in der gegebenen gesellschaftlichen Situation für das bestmögliche politische Entscheidungsverfahren. Für die Zukunft erhofft er sich eine korporative Ordnung des Wirtschaftslebens, die „möglicherweise zur Grundlage eines anderen Wahlsystems"[164] werden könne.

Meyer definiert im Anschluß an Hans von Scheel die soziale Frage treffend als das Problem der Synchronisierung von liberalen Prinzipien (Freiheit und Gleichheit) und der wirtschaftlichen Entwicklung, die auf klassenspezifische Verengung universalistisch gemeinter liberaler Ideen hinausläuft. Es geht um den „sozialen Inhalt" der politischen Freiheit und Gleichheit: „Wie bringen wir die Bewegung unserer volkswirthschaftlichen Entwickelung in Einklang mit dem Ideal der Freiheit und Gleichheit, das wir im Wirthschaftsrecht verwirklicht haben?"[165]

Sozialismus wird in scharfer Abgrenzung vom Kommunismus, den Meyer in Anlehnung an ältere konservative Positionen als gleichmacherische revolutionäre Umsturzidee charakterisiert, als „Streben nach Reform"[166] definiert: „Der Communismus geht von dem Gedanken aus, dass alle Menschen ihrem Wesen nach gleich sind, und in Folge dessen das gleiche Recht auf den Lebensgenuss, denselben Antheil an den materiellen und ideellen Gütern haben sollen. Der vulgäre Sprachgebrauch versteht unter Communismus die Herstellung eines Urzustandes der Menschheit. (…) Der Socialismus dagegen ist das Streben nach Reform der wirthschaftlichen Zusammensetzung der Gesellschaft gemäss einem zum Bewusstsein gekommenen Zeitideale. Er anerkennt also die Gesellschaft, den Staat, die Familie. Er fusst auf unserer vieltausendjährigen Cultur und will keine ihrer Errungenschaften preisgeben."[167]

In diesem Sinne versteht er die Gruppe der Sozialkonservativen auch als konservative Sozialisten. Die Unterschiede zur Sozialdemokratie und die Ziele der Konservativen beschreibt er so: „Der Unterschied zwischen den conservativen Socialisten und den kirchlichen Socialisten einerseits und den demokratischen Socialisten, vulgo Socialdemokraten, andererseits liegt bloss in dem beliebten oder gewünschten modus procedendi der communistischen Socialdemokraten, und solche sind die von 1882 fast alle, allerdings auch im Ziele. Erstere wünschen eine ruhige, unblutige Reform, welche aus der Initiative der jetzt herrschenden Autoritäten: Staat (Regierungsgewalt), Kirche, besitzende Klassen hervorgehen und die Mithilfe des vierten Standes benutzen, denselben also gleichsam für eine für ihn bessere Zukunft erziehen soll. Sie wollen conserviren, was bei Befriedigung der berechtigten und auf die Dauer nicht ablehnbaren Forderun-

---

163 Ebda., S. 380.
164 Ebda., S. 381.
165 Ebda., S. 7.
166 Ebda., S. 8.
167 Ebda., S. 13.

gen des vierten Standes sich conserviren lässt, sie wollen dabei alle wahrhaft guten Errungenschaften der Cultur bewahren und friedlich einen neue Wirthschaftsordnung inauguriren, sie beabsichtigen die Schonung der ‚erworbenen Rechte‘, aber deren Weiterbildung, deren Reform. Die Socialdemokraten dagegen hoffen von solcher Initiative ‚von Oben‘ nichts. Und leider haben sie dazu guten Grund, weil die vereinzelten Anstrengungen der conservativen Socialisten bis jetzt erfolglos geblieben sind. So also bestreben sich die Socialdemokraten, das Volk in Masse, den vierten Stand selbst, in den Kampf hineinzuziehen und lediglich durch dessen eigene Kraft eine Abänderung der jetzigen Wirthschaftsordnung herbeizuführen."[168]

In knappester Fassung lautet Meyers politisches Credo, dem er in seiner Hauptschrift schon im Titel Ausdruck verleiht: „Die Emanzipation des vierten Standes von der Herrschaft des Capitals halte ich für unvermeidlich und erstrebenswerth. Ich halte sie für herstellbar durch conservative Reformen und wünsche sie so, nicht durch Revolution herbeigeführt."[169]

Der Sozialismus sei schließlich in der Monarchie besser zu verwirklichen als in einer Republik: „In der Monarchie kann sogar der Socialismus, aufgefaßt als eine solche Staatsordnung, in welcher eine Klasse nicht die andere ökonomisch beherrscht, sondern das ganze Volk gleichmäßig zum Erwerb der Mittel zu Bildung und Lebensgenuß berechtigt ist, und die Unterschiede in der Erlangung dieser Mittel nicht auf überkommene Rechtstiteln, sondern auf individueller Fähigkeit, Thätigkeit und Tüchtigkeit beruhen, viel stabiler seien, denn der Thron ist dem individuellen Ehrgeiz unzugänglicher, dieser Achillesferse der Republiken, und eine festbegründete Dynastie ist eher im Stande, eine starke Regierung durchzuführen, als ein gewählter Präsident. Ja, die Wahlpräsidentenschaft ruft sogar Parteien hervor und führt zur politischen Herrschaft einer Partei, die natürlich für sich sofort ökonomische Vortheile sucht — wie das in Amerika der Fall ist. Der Monarch dagegen steht mächtig über den Parteien und darf, will er wahrhaft Monarch bleiben, sogar nicht die Herrschaft einer Partei dulden. Der Socialismus, als die Negation der ökonomisch-politischen Klassen- oder Parteienherrschaft, ist also mit der Monarchie sehr wohl vereinbar, wie denn die Monarchie im Sclaven-, Feudal- und Bourgeoisstaate existirt hat und existirt. Dies wußte Lassalle und danach handelte er."[170]

Meyer bestimmte den Sozialismus von seinem Ursprungsimpuls, seinem Kern aus als prinzipiell christlich. Jesus Christus ist für ihn der „erste internationale Socialist und bis heute auch der grösseste…" Es ist seine Überzeugung, „dass jeder ernste Socialismus im Christenthum wurzelt und Tendenzen verfolgt, die in der christlichen Religion begründet liegen. Man streife nur die Schlacken ab, welche fanatische Menschen um die socialen Theorien gelegt haben, und man trifft auf einen rein christlichen Kern."[171] Gleichheit und Freiheit, soziales Engagement und Solidarität seien auf christlichem Boden erwachsen. Die Sozialdemokratie sei eigentlich eine religiös motivierte Be-

---

168 Ebda., S. 8 f.
169 Ebda., S. 12.
170 Meyer, Die bedrohliche Entwickelung des Socialismus und die Lehre Lassalles. Berlin, 1873, S. 2 f.
171 Meyer, Emanzipationskampf I, S. 14.

wegung, lege man ihren Kern frei (Lassalle: „Die Arbeiter sind der Fels auf welchem ich die Kirche der Gegenwart baue"). Wenn das Christentum nicht mehr Träger der fortschrittlichen Sozialideen sei, so müsse der Sozialismus es daran erinnern.

Die zeitgenössische Sozialdemokratie wird von Meyer als vom Geist der marxistischen Ideen durchsetzt dargestellt[172], und dies schon *vor* 1875. Seiner Meinung nach gewönnen die radikalen, internationalistisch-republikanischen Elemente *dort* immer mehr an Boden, wo sie besonders heftig von Polizei und Staatsanwalt verfolgt würden.[173] Den Einfluß Lassalles sieht er als nur noch verschwindend an; und auch deshalb befürchtet er eine unheilvolle Entwicklung zu revolutionären Zuständen. Wie wir heute wissen, war die Sorge gänzlich unbegründet. Der vielbeschworene Atheismus der Sozialdemokratie beschäftigt Meyer nicht sonderlich. Die vorhandene „Irreligiosität" vermag er auch fast nur bei den „Eisenachern" zu erkennen, während die Lassalleaner sich schon aufgrund ihrer katholischen Anhängerschaft am Niederrhein mit antireligiöser Propaganda zurückhielten. Die Sozialdemokratie Bebels und Liebknechts fordere auch nicht den Kirchenaustritt, sondern empfehle ihn nur.[174]

Lassalle galt Meyer als größter Hoffnungsträger seiner eigenen Idee einer Verbindung des vierten Standes mit dem sozialen Königtum. Er ist der Überzeugung, daß Lassalle die soziale Reform mit dem Ziele Gleichberechtigung „auch im monarchischen Staate für durchführbar" und im nationalen Rahmen für machbar gehalten hat.[175] So könne man Lassalle „mit vollem Rechte einen conservativen Sozialisten nennen. Ohne Revolution, ohne Blutvergießen, ohne Umsturz des Thrones, wollte er eine ökonomische Umwälzung durch gesetzgeberische Reformen vollziehen, welche − vielleicht später − sich sonst gewaltsam vollziehen wird."[176]

Der „nationale Sozialismus" Lassalles sei aber gegenwärtig auf dem Wege, dem „internationalen" zu unterliegen, und daran trage auch die Regierung durch ihre Passivität auf sozialem Gebiet ein großes Maß an Schuld. Meyers Hoffnungen auf Lassalles Werk, „eine dynastische und nationale socialistische Arbeiterpartei" zu schaffen[177], haben sich angesichts der aktuellen Entwicklungen zerschlagen. Aber Lassalle genießt nicht nur als vermeintlicher Vorkämpfer für Monarchie, nationalen Sozialismus und staatliche Sozialreform seine besondere Sympathie. Es sind auch die ökonomischen Lehren, die Meyer als für im Kern zutreffend beschreibt.[178] Das „eherne" Lohngesetz hält Meyer für einen „seit Menschen Altern" unbestrittenen Grundsatz der Nationalökonomie, gegen den nur die liberale Bourgeoisie „losbrach".[179] Lassalles Annahmen und Schlußfolgerungen werden nun − mit einer für unseren heutigen Kenntnisstand −

---

172 Von Marx spricht Meyer schon 1874 mit größter Hochachtung. Emancipationskampf I, S. 84 f.
173 Rudolph Meyer, Die Wirkung der Maßregelungen der Socialdemokratie. In: Social-politische Flugblätter, No. 4−7, 1874. Meyer schildert dort mit Bedauern die Maßnahmen der „Ära Tessendorf" und resümiert: „Der Feldzug der Polizei und Staatsanwalt gegen die Socialdemokratie darf ... als definitiv mißlungen angesehen werden." S. 18.
174 Meyer, Emancipationskampf I, S. 259 ff.
175 Meyer, Die bedrohliche Entwickelung, S. 1.
176 Ebda., S. 4.
177 Ebda., S. 7.
178 Vgl. seine breite Darstellung in: Die bedrohliche Entwickelung, S. 23 ff.; Emancipationskampf I, S. 79 ff. und S. 220 ff.
179 Meyer, die bedrohliche Entwickelung, S. 27.

wunderlich-naiven Argumentation vollständig übernommen und für zutreffend erklärt, wobei Meyer sie mit Rodbertus'schen Elementen garniert.

Die Kathedersozialisten hält Meyer für „wohlgesinnte, ehrliche Männer", aber „schwache Socialmusikanten"[180], weil sie die Wirklichkeit der kapitalistischen Konkurrenz nicht zur Kenntnis nähmen. Zwar ehre es sie die Unternehmer zu einem sittlich gerechten Verhalten gegenüber den Arbeitern anhalten zu wollen, indes würden die Unternehmer mit einer solchen ethischen Grundhaltung als Geschäftsleute scheitern: „Das ist nun Alles sehr schön, aber die Kathedersocialisten sehen selbst ein, dass dies fromme Wünsche bleiben werden, da die humanen Fabrikanten durch die Concurrenz der Inhumanen die Ethik dem Geschäft werden unterordnen müssen, und da soll denn der Staat hie und da nach dem Rechten sehen."[181]

Meyer bietet als konstruktive Alternative zur aktuellen wirtschaftlichen und sozialen Misere Grundzüge eines sozialkonservativen Programms an, das sich stark an Rodbertus' Wirtschaft- und Sozialtheorie anlehnt[182] und die Lassalle'sche Grundidee der Lösung der sozialen Frage durch Schaffung von Produktivassoziationen mit Staatskredit zu integrieren versucht. Das politische Ideal Meyers ist das soziale Königtum als neutraler, privilegienfreier Schiedsrichter über den Klassen, der staatsinterventionistische „Sozialstaat" mit umfassender Wirtschaftsplanung und Verteilung des Nationaleinkommens nach Maßgabe der geleisteten Arbeit für das Ganze.

Da nach Rodbertus' Auffassung der Kern der sozialen Frage in der ungleichen Verteilung eines auf ständigem Produktivitätsfortschritt basierenden wachsenden Nationaleinkommens besteht, soll die Lösung nach Rodbertus'scher Lesart (und Meyers Interpretation) im Ausgleich zwischen den Klassen der Kapitalisten, Grundbesitzer und Land- und Industriearbeiter erfolgen. Der Gegensatz von Kapital und Arbeit muß und soll in dem Maße vermindert werden, wie das Proletariat zum „vierten Stand" wird und – mit spezifischen Rechten ausgestattet – den anderen Ständen gleichberechtigt gegenüber tritt. Es gilt also die Standwerdung des städtischen und ländlichen Proletariats zu erreichen; denn: „Der Stand der Land- und Industriearbeiter ist den Industriellen und Grundbesitzern gegenüber ein besonderer Stand."[183] Meyer beschreibt nicht näher – im Gegensatz zu Rodbertus – wie denn der ökonomische Ausgleich zwischen den Klassen politisch durchgesetzt werden soll. Immerhin nennt er als ein Mittel das Besteuerungsrecht, obwohl er von der politischen Durchsetzbarkeit angesichts der realen Machtverhältnisse nicht gerade überzeugt ist. Er hofft aber auf eine Einheitsfront von Grundbesitzern und Arbeitern in den Parlamenten, damit beide zusammen „dem Capitalisten die nöthigen Concessionen abpressen können"[184], eine Annahme, die sich als trügerisch erwies.

Ein System von Rechten soll jedem Stand seine Rolle und Funktion im Staatsganzen zuweisen. Das „Capitalistenrecht"[185] soll zwar das Erbeigentum anerkennen, es muß jedoch dem Staat das Recht eingeräumt werden, „das Eigenthum aus Capitalnutzung zu

---

180 Meyer, Emancipationskampf I, S. 216.
181 Ebda., S. 217.
182 Vgl. seine breite Darlegung der Rodbertus'schen Theorie: Emancipationskampf I, S. 57ff.
183 Meyer, Emancipationskampf I, S. 385.
184 Ebda., S. 391.
185 Ebda.

reguliren, sein Maximum zu finxieren..." Dazu sollen die „Wuchergesetze im weitesten Sinn" wieder eingeführt werden, d. h. der Staat soll den Zinsgewinn durch Kapitalnutzung drastisch beschneiden.[186] Die Wuchergesetze sollen „ein ganzes System von Gesetzen bilden, „welches den Zweck hat, jedes Capital, das nicht in der Hand des Eigenthümers arbeitet, auf einen bestimmten Zinsgenuss zu beschränken."[187]

Den Grundbesitzern, die Meyer in besonders prekärer Lage erblickt (Überschuldung), will Meyer durch das Rodbertus'sche Rentensystem helfen.[188] Von besonderem Interesse sind für uns Meyers Vorschläge für ein modernes Arbeiter- oder Arbeitsrecht. Auch hier zeigt er sich als gelehriger Schüler Rodbertus'. Sehr originell ist das alles nicht; auch liest es sich streckenweise sehr unsystematisch und bloß kompiliert. Dies macht die Lektüre der Meyer'schen Fleißarbeit mitunter sehr mühselig, worin auch der Grund liegen mag, daß Meyers Schrift zu seinen Lebzeiten nicht die große Popularität erreichte, die sein Autor erwartet hatte.

Ohne im Einzelnen auf Meyers Vorschläge einzugehen, seien i. f. die Grundsätze seines sozialkonservativen Arbeitsrechts genannt: Meyer läßt keinen Zweifel daran, daß er am Privateigentum an Kapital und Grundbesitz festhalten will, allerdings müsse der Staat die Verpflichtung erkennen, dem „Arbeiterstand ein Minimum des Einkommens, d. h. des Lohnes, zu garantiren."[189] Dem Staat weist Meyer umfassende produktive und distributive Funktionen zu, wobei er ausdrücklich einen Mittelweg zwischen der sozialdemokratischen Volksstaat-Konzeption mit allumfassender staatlicher Planung und der liberalen „Nachtwächter-Staat"-Idee anstrebt. Der Staat solle als Arbeitgeber für seine Beamten und Arbeiter sorgen, durch soziale Leistungen beispielgebend auf die Privatindustrie wirken[190] und zugleich eine Reihe positiver Arbeitsrechtsnormen schaffen: eine Reichsbehörde, die sich mit Gesetzgebungs-Vorbereitung und Enqueten befaßt; ein Arbeitsamt; Arbeitsgesetzgebung (mit Inspektorenwesen); Normal-Fabrikordnung; Normal-Arbeitstag.

Für die Landarbeiter hält Meyer ein Programm der Umwandlung des landlosen Proletariats in „kleine Grundbesitzer"[191] bereit, in der festen Überzeugung, mit Hilfe dieses „Bauern-Conservatismus"[192] nicht nur die Anhänglichkeit der landarbeitenden Massen an die Monarchie zu stärken, sondern auch eine Interessen-Identität zwischen Klein- und Großgrundbesitz herzustellen. Für die Industriearbeiter empfiehlt Meyer — nachdem er seinen alten Ideen von den „Innungen der Zukunft" (Vereinigungen von Arbeitern und Arbeitgebern) den Abschied gegeben hat[193], Gewerkvereine unter staatlicher Aufsicht, ausgestattet mit Korporationsrechten und nach Berufszweigen organisiert. Ein umfassendes obligatorisches Kassenunterstützungswesen soll die Arbeiter vor den Folgen von Krankheit, Invalidität und Alter schützen, wobei Arbeiter und Arbeitgeber

---

186 Meyer, Emancipationskampf I, S. 392.
187 Ebda., S. 403.
188 Rudolph Meyer, Die ländliche Arbeiterfrage in Deutschland. Socialismus. Auswanderung. Mittel gegen beide. Berlin, o. J.
189 Meyer, Emancipationskampf I, S. 406.
190 Ebda., S. 413.
191 Ebda., S. 417.
192 Ebda., S. 422.
193 Ebda.

gleichviel Sozialbeiträge leisten sollen.[194] Meyer weiß, daß alle seine Reformideen den Gegensatz zwischen Kapital und Arbeit nicht plötzlich aus der Welt schaffen werden. Er ist aber optimistisch, daß er dadurch „in gewisse Grenzen eingeengt" werde: „Der Capitalgewinn hat in sehr vielen Fällen eine unübersteigliche Grenze und der Lohn wird durch schon die Staatsconcurrenz auf einer gewissen Höhe gehalten. Die ungemessene Reichthums-Accumulation ist eingeschränkt, das Massenelend unmöglich gemacht. Dies dürfte Alles sein, was man vorläufig erreichen kann."[195]

In der zweiten Auflage seines Werkes 1882 nimmt Meyer Bezug auf das Todt/Stoeker'sche Unternehmen, das er umstandslos den „Staatssocialisten" zuordnet. Er habe die evangelische Geistlichkeit schon 1873 oder 1874 zur sozialen Aktivität analog der „katholisch-socialen Thätigkeit" ermuntert. Nachdem Todts Buch erschienen und die Zeitschrift „Der Staats-Socialist" begründet war, hätten „jene Geistlichen" ihr „Actionsprogramm... Punkt für Punkt" aus dem Schlußkapitel des „Emancipationskampf" entlehnt — „natürlich ohne Quellenangabe und sogar mit einem später corrigirten Fehler, aus dem hervorging, dass sie mein Programm nicht einmal verstanden hatten. Nachdem sie so, à la Max Stirner, mein geistiges Eigenthum in ihren Besitz gebracht, hatten sie die Naivität, mich zur Mitarbeit an ihrem Blatte aufzufordern und um Zusendung aller meiner Schriften zu bitten, jedenfalls zu eben solcher Aneignung. Da sie mit jenem Programm auch noch Unfug stifteten, als seine Voraussetzungen längst nicht mehr bestanden, zog ich es 1879 durch unterzeichnete Erklärung in den Christlich-sozialen Blättern zurück. Die Staatssocialisten, zu denen A. Wagner überging, zogen erst ein paar Renegaten aus der Socialdemokratie an sich, vermehrten dann ihr Programm um jede neue Idee, die der Reichskanzler auf wirthschaftlichem Gebiete fasste, wurden ganz und gar seine gehorsamsten Diener, seine Leute par excellence, und beschäftigten sich schliesslich mit Antisemitismus. Todt hat sich von der Gesellschaft auch bereits zurückgezogen, von denen sich nur sagen lässt: Selig sind, die da geistig arm sind! Sie sind das, was die Socialdemokraten das Lumpenproletariat unter den Socialisten nennen würden."[196]

Meyers Empörung ist zum großen Teil von seiner enttäuschten Eitelkeit motiviert, daß er nicht zumindest als geistiger Co-Autor des sozialkonservativen Programms im „Staats-Socialist" genannt wurde. Rudolf Todt ließ ihm die Gerechtigkeit widerfahren, die er verdiente, indem er ihn in seinem „Radikalen deutschen Sozialismus" namentlich oft erwähnte.[197] Interessant und wichtig ist auch die Zurückhaltung Meyers gegenüber dem antisemitischen Treiben Stoeckers und seiner Gefolgsleute. Meyer hatte schon sehr früh erkannt, daß der Radau-Antisemitismus seit 1881 den reformpolitischen Zielen der Sozialkonservativen nur abträglich sein konnte. An der Gründung des „Centralvereins für Socialreform" hat er sich offenkundig aktiv beteiligt;[198] der von Bismarck angestrengte Beleidigungsprozeß hat dann alle weiteren Aktivitäten abrupt unterbrochen.

---

194 Ebda., S. 423.
195 Ebda., S. 425.
196 Ebda., S. 95 f.
197 RDS, S. 454 ff.
198 Vgl. Dieter Fricke, Central-Verein für Social-Reform. In: Lexikon zur Parteiengeschichte, Bd. 1, S. 431 ff.

5.2.3 Sozialkonservatismus und staatliche Sozialreform

Für Rudolf Todt war die Einbringung des ersten Entwurfes zu einem Unfallversicherungsgesetz am 15. Januar 1881 in den Bundesrat der Auftakt zu der lange geforderten sozialpolitischen Intervention des Staates. Er hoffte auf eine neue Qualität staatlicher Sozialreform, wie sie sich in der Begründung des Gesetzentwurfes auszudrücken schien.[199] Todts „Staats-Socialist" charakterisierte den Gesetzentwurf pathetisch als „dem staatssozialistischen Glaubensbekenntnisse des Fürsten Bismarck" entstammend und attestierte ihm „wahrhaft weltgeschichtliche Bedeutung".[200] Allerhöchsten Segen erhielten die sozialpolitischen Absichten Bismarcks durch die berühmte Kaiserliche Botschaft vom 17. November 1881, in der es hieß, daß die „Heilung der sozialen Schäden nicht ausschließlich im Wege der Repression sozialdemokratischer Ausschreitungen, sondern gleichmäßig auf dem der positiven Förderung des Wohles der Arbeiter zu suchen sein werde."[201] Todt und seine staatssozialistischen Gesinnungsfreunde mochten glauben, daß Bismarck endlich zum „Staats-Sozialismus"[202] bekehrt sei und eine umfassende staatliche Sozialreform zur Lösung der sozialen Frage anstrebe.

Sie täuschten sich — wie viele der Zeitgenossen und späterer Betrachter — über die Vielschichtigkeit der Motive Bismarcks und die Einflüsse, die aus den Lagern der organisierten Wirtschaftsinteressen und der Politik auf die staatliche Sozialreform wirkten. Keineswegs war die Sozialversicherungsgesetzgebung der achtziger Jahre das einsame Werk Bismarcks, bei aller Würdigung der Rolle der Persönlichkeit in der Geschichte. In einem größeren ideengeschichtlich-konzeptionellen Zusammenhang kommt seinen zeitweiligen Beratern *Hermann Wagener* (bis 1873) und vor allem *Theodor Lohmann* (bis 1883) große Bedeutung zu, obwohl die in erster Linie auf Stabilisierung des Status Quo gerichteten staats-politischen Zielsetzungen Bismarcks[203] im Widerspruch zu ihren

---

199 Text in: Quellen zur deutschen Wirtschafts- und Sozialgeschichte von der Reichsgründung bis zum Ersten Weltkrieg. Hrsg. von Walter Steitz. Darmstadt, 1985, S. 116 ff.

200 Staats-Socialist, 4. Jg., Nr. 4, 24. Januar 1881.

201 Bismarck hatte für Wilhelm I. den Text vorbereitet und sorgfältig redigiert. Text, Vorgeschichte und Kommentar: Florian Tennstedt. Vorgeschichte und Entstehung der Kaiserlichen Botschaft vom 17. November 1881. In: ZfS, Jg. 27, H. 11/12, 1981, S. 663 ff. (hier: S. 732).
Seltsamerweise findet sich im „Staats-Socialist" erst am 12. Dezember 1881 ein Hinweis auf die Kaiserliche Botschaft und das durch einen Bericht über die letzte Freitagsversammlung der Christlich-Socialen Partei, bei der Hofprediger Stoecker über die Kaiserliche Botschaft referierte. (Staats-Socialist, 4. Jg., Nr. 50, 12. Dezember 1881.

202 Im Juni 1881 äußerte Bismarck in einem Gespräch mit Moritz Busch, daß sich der „Staatssozialismus" schon „durchpauken" werde. (Otto von Bismarck, Die Gesammelten Werke (Friedrichsruher Ausgabe) Bde. 1 – 15. Berlin, 1924 – 1935, hier: GW, Bd. VIII, S. 419. In seiner Reichstagsrede vom 12. Juni 1881 etikettierte er die Maßnahmen des preußischen Staates seit den Stein-Hardenberg'schen Reformen — d. h. gewissermaßen jede staatsintervenierende Tätigkeit — als „sozialistisch": „Sozialistisch sind viele der Maßregeln, die wir getroffen haben und etwas mehr Sozialismus wird sich der Staat bei unserem Reiche angewöhnen müssen." (GW Bd. XII, S. 360) Vgl. auch Reichstagsrede vom 15. März 1884. (GW Bd. XIII, S. 422 ff.)

203 Vgl. zu Bismarcks sozialpolitischen Ideen und Motiven: Hans Rothfels, Prinzipienfragen der Bismarck'schen Sozialpolitik. In: Derselbe, Bismarck. Vorträge und Abhandlungen. Stuttgart/Berlin/Köln/Mainz. 1970, S. 166 ff. Heinrich Heffter, Bismarcks Sozialpolitik. In: AfS, Bd. 3, 1963, S. 141 ff. Walter Vogel, Bismarcks Arbeiterversicherung. Braunschweig, 1951. Lothar Gall, Bismarck. Der

christlich-sozialen Überzeugungen und gesellschaftlichen Analysen der sozialen Frage standen. Beide gingen davon aus, daß „jeder Versuch der Verständigung und Ausgleichung mit den arbeitenden Klassen durchaus aussichtslos ist, solange man sich nicht auf den Standpunkt vollkommener politischer und socialer Gleichberechtigung stellt."[204]

Lohmann hatte schon in den siebziger Jahren wiederholt eine Reihe von Ideen und Konzeptionen zur Lösung zur sozialen Frage vorgetragen, die im preußischen Handelsministerium zu Gesetzentwürfen verdichtet wurden und im Reichstag durchaus auf eine Mehrheit rechnen konnten.[205] Bei Bismarck dagegen fanden Lohmanns Pläne und die sozialpolitischen Vorstellungen der Sozialkonservativen nur sehr bedingt Gehör. Die von großindustriellen Kreisen stereotyp vorgetragene Sorge, daß eine, wie von den Sozialkonservativen und Sozialdemokraten geforderte, moderne Arbeiterschutzgesetzgebung die Konkurrenzfähigkeit der deutschen Wirtschaft beeinträchtigte, teilte Bismarck uneingeschränkt. Die von Lohmann angeregte enge Verbindung von Arbeiterschutz, Versicherung und organisierter Interessenvertretung der Arbeiterschaft ging ihm viel zu weit. Natürlich war ihm klar, daß die soziale Frage dringender gesetzgeberischer Aktivitäten bedurfte, wollten Monarch und Reichsregierung nicht soziale Unruhen und das Anwachsen der Sozialdemokratie riskieren. Die „innere Reichsgründung" sollte vollendet werden, und dazu gehörte die Integration der Arbeiterschaft in den monarchisch-nationalen Obrigkeitsstaat. Das Sozialistengesetz vom 21. Oktober 1878 war die „Kriegserklärung" an die Adresse der Sozialdemokratie[206] und die Sozialreform sollte die Arbeiterschaft befrieden. Diese oft populär als Politik mit „Zuckerbrot und Peitsche" bezeichnete Strategie Bismarcks erwies sich zwar im Blick auf die Repression der Sozialdemokratie als völliger Fehlschlag, hat aber doch, indem der Einstieg in den modernen Sozial- und Wohlfahrtsstaat eingeleitet wurde, zur Integration der Arbeiterschaft und ihrer Organisationen in den deutschen Nationalstaat beigetragen.[207]

weiße Revolutionär. Frankfurt/Main-Berlin-Wien, 1980[4], S. 604 ff. Ernst Engelberg, Bismarck. Das Reich in der Mitte Europas. Berlin, 1990, S. 379 ff.

204 Hermann Wageners Promemoria an Fürst Bismarck von 1873. In: Rudolf Meyer, Hundert Jahre, S. 252. Auch Lohmann hatte das Kernproblem der sozialen Frage „in dem Drange nach wirklicher Rechtsgleichheit" erkannt. Vgl. dazu: Hans Rothfels, Theodor Lohmann und die Kampfjahre der staatlichen Sozialpolitik. Nach ungedruckten Quellen. Berlin, 1927, S. 74.

205 Vgl. zum Ganzen: Lothar Machtan, Prolegomena für eine neue wissenschaftliche Diskussion über die (Be-)Gründung des deutschen Sozialstaats im 19. Jahrhundert. In: 1999. Zeitschrift für Sozialgeschichte des 20. und 21. Jahrhunderts, 2/1992, S. 54 ff. und v. a. S. 64 ff.

206 Wolfgang Pack, Das parlamentarische Ringen um das Sozialistengesetz Bismarcks 1878–1890. Düsseldorf, 1961. Werner Pöls, Sozialistenfrage und Revolutionsfurcht; Michael Stürmer, Konservatismus und Revolution in Bismarcks Politik. In: Derselbe (Hrsg.) Das kaiserliche Deutschland, S. 143 ff. Das Sozialistengesetz. 1878–1890. Illustrierte Geschichte des Kampfes der Arbeiterklasse gegen das Ausnahmegesetz. Berlin, 1980. Dieter Döring / Otto-Ernst Kempen (Hrsg.) Sozialistengesetz, Arbeiterbewegung und Demokratie. Köln, 1979.

207 Knapper Überblick bei Nipperdey I, S. 335 ff. Gerhard A. Ritter, Der Sozialstaat. Entstehung und Entwicklung im internationalen Vergleich. München, 1989. Volker Hentschel, Geschichte der deutschen Sozialpolitik 1880–1890. Frankfurt/Main, 1983, S. 11 ff. Florian Tennstedt, Sozialgeschichte der Sozialpolitik in Deutschland. Göttingen, 1981, S. 135 ff. Hans-Günter Hockerts, Hundert Jahre Sozialversicherung in Deutschland. Ein Bericht über die neuere Forschung. In: HZ, Bd. 237, 1983, S. 361 ff.

Die von Bismarck inaugurierte Sozialversicherungsgesetzgebung[208] verankerte vier — im Prinzip bis heute tragende — Ordnungsprinzipien. Es sind dies: „Das Prinzip der Versicherung, die Beiträge von den Begünstigten einfordert und Anspruchsrechte auf Leistungen begründet; die Verbindung von staatlichem Zwang und sozialer Selbstverwaltung; der Grundsatz, daß Sozialleistungen nach Maßgabe rechtlich normierter Anspruchsursachen und nicht nach Maßgabe individuell bestimmbarer Leistungszwecke bemessen werden, und (...) die organisatorische Vielfalt.“[209] Der Arbeiterschutz, der an den Ursachen und Entstehungsbedingungen industrieller Risikoproduktion ansetzte, wurde dagegen in den siebziger und achtziger Jahren vernachlässigt.[210]

Es bestand kein Zweifel daran, daß Bismarck an präventiven Modellen der Risikovermeidung nicht interessiert war und stattdessen die Arbeiter in Rentenempfänger des Staates verwandeln wollte: Wenn man — so Bismarck in einer Reichstagsrede — „100.000 kleine Rentner“ schaffe, „die vom Reiche ihre Renten beziehen“, so werde eine neue „Anhänglichkeit“ an die Regierung — wie das Beispiel Frankreich lehre — das Ergebnis sein.[211] So wurde in Deutschland zwischen 1882 und 1890 im Unterschied zu anderen europäischen Staaten ein „an patriarchalischen und autoritativen Leitbildern orientiertes kompensatorisches System der sozialen Arbeiterversicherung unter Verdrängung einer primär-präventiven Sozialpolitik institutionalisiert.“[212] So gering der Kreis der Versicherten anfangs auch war und so kärglich die Versicherungsleistungen auch ausfielen — die staatliche Sozialversicherung bewährte sich. Die soziale und wirtschaftliche Situation der Arbeiter und ihrer Familien verbesserte sich langsam, ohne daß die prinzipiellen Gefährdungen durch Krankheit und Invalidität aufgehoben wurden.[213]

Rudolf Todt hat sich direkt zu den Anfängen der Bismarck'schen Sozialversicherung nicht geäußert, jedenfalls liegen uns keine Zeugnisse vor. Doch lassen es seine programmatische Nähe zu Adolf Wagner und den anderen sozialkonservativ-staatssozialistischen Protagonisten einer sozialpolitischen Interventionspolitik als sicher er-

---

208 Krankenversicherungsgesetz (15. Juni 1883), Unfallversicherungsgesetz (6. Juli 1884) und Alters- und Invalidenversicherungsgesetz (22. Juni 1889). Vgl. zu den Einzelheiten: Gerhard A. Ritter, Sozialversicherung in Deutschland und England. Entstehung und Grundzüge im Vergleich. München, 1983. Albin Gladen, Geschichte der Sozialpolitik in Deutschland. Wiesbaden, 1974, S. 58 ff. Vogel, Bismarcks Arbeiterversicherung, S. 131 ff. Friedrich Kleis, Geschichte der sozialen Versicherung in Deutschland. (1928) ND, Berlin/Bonn, 1981.

209 Hentschel, Geschichte der deutschen Sozialpolitik, S. 12 f.

210 Florian Tennstedt, Vom Proleten zum Industriearbeiter. Arbeiterbewegung und Sozialpolitik in Deutschland 1800—1914. Köln, 1983, S. 543 ff. Derselbe, Sozialgeschichte der Sozialpolitik, S. 165 ff. und S. 190 ff. Ritter/Tenfelde, Arbeiter im Kaiserreich, S. 372 ff.

211 Reichstagsrede vom 18. Mai 1889. GW, Bd. XIII, S. 403. Am 21. Januar 1881 hatte Bismarck im Gespräch mit dem Schriftsteller Moritz Busch geäußert: „Wer eine Pension hat für sein Alter, der ist viel zufriedener und leichter zu behandeln, als wer drauf keine Aussicht hat.“ In: Otto von Bismarck, Gespräche. Hrsg. von W. Andreas. 3 Bde. Bremen, 1963—1965, hier: Bd. II, S. 337.

212 Lothar Machtan / Hans-Jörg von Berlepsch, Vorsorge oder Ausgleich — oder beides? Prinzipienfragen staatlicher Sozialpolitik im Deutschen Kaiserreich. In: ZfS, 32. Jg., H. 5, 1986, S. 261.

213 Zu den Wirkungen vgl. v. a. Ritter / Tenfelde, Arbeiter im Kaiserreich, S. 702 ff. Ritter, Sozialversicherung, S. 62 ff. Gladen, Geschichte der Sozialpolitik, S. 71 ff. Tennstedt, Vom Proleten zum Industriearbeiter, S. 423 ff.

scheinen, daß er dem staatlichen Versicherungszwang und der Selbstverwaltung zugestimmt hätte.[214]

Die hochfliegenden Ideen, Pläne, Konzeptionen und praktischen Forderungen der deutschen Sozialkonservativen wurden vor 1914 in nur sehr begrenztem Maße Teil der staatlichen Sozialpolitik. Ihre Impulse wirkten jedoch fort, in besonderem Maße im 1890 gegründeten „Evangelisch-Sozialen Kongreß"[215], dem „Verein für Sozialpolitik" und der „Gesellschaft für Soziale Reform".[216] Die Sozialkonservativen haben nicht unwesentlich dazu beigetragen, daß die Beschäftigung mit der sozialen Frage in den von Todt besonders angesprochenen Kreisen der „Gebildeten" nach 1890 deutlich stärker wurde. 1894 sprach der Publizist Carl Jentzsch bereits vom „Sozialismus der Gebildeten"[217], und in der protestantischen Kirche glaubten Zeitgenossen einen besonderen „Pastorensozialismus" heranreifen zu sehen.[218]

---

214 Adolf Wagner hatte sich 1881 dafür ausgesprochen, das Versicherungswesen „aus der privatwirth-schaftlichen in die gemeinwirthschaftliche Organisationsform, aus der wesentlich privat-rechtlichen in die öffentlich-rechtlich Stellung" überzuführen. Adolf Wagner, Der Staat und das Versicherungswesen. Principielle Erörterungen über die Frage der gemeinwirthschaftlichen oder privatwirthschaftlichen Organisationen dieses wirthschaftlichen Gebietes im Allgemeinen. In: Zeitschrift für die gesammte Staatswissenschaft. Bd. 37, Jg. 1881, S. 106.
215 Siehe v. a. die bei V. Bruch, Weder Kommunismus noch Kapitalismus, S. 117 ff. angegebene Literatur. Ferner: Klaus Heienbrok / Hartmut Przybylski / Franz Segbers, Protestantische Wirtschaftsethik und Reform des Kapitalismus. 100 Jahre Evangelisch-Sozialer Kongreß. Bochum, 1991.
216 Vgl. dazu V. Bruch, Weder Kommunismus noch Kapitalismus, S. 117 und die dazu angegebene Literaur.
217 V. Bruch, Weder Kommunismus noch Kapitalismus, S. 112 ff.
218 Pollmann, Landesherrliches Kirchenregiment und soziale Frage, S. 73 ff. und S. 158 ff.

6. Rudolf Todts Versuch einer Verbindung von Christentum und Sozialismus in seinem Werk „Der Radikale Deutsche Socialismus"

6.1 Ansatz und Methode

Mit einem aufrüttelnden Satz leitet Todt sein Hauptwerk ein: *„Wer die sociale Frage verstehen und zu ihrer Lösung beitragen will, muß in der Rechten die Nationalökonomie, in der Linken die wissenschaftliche Literatur der Sozialisten und vor sich aufgeschlagen das Neue Testament haben."*[1]

Wir werden von Anfang an mit Todts Bestreben konfrontiert, die soziale Frage im interdisziplinären Zusammenwirken von Theologie, Nationalökonomie und sozialistischer Theorie einer Lösung zuzuführen. Erst der kombinierte Einsatz der genannten Disziplinen besitzt für ihn erkenntnisfördernden Wert: „Fehlt einer dieser drei Factoren, so fällt die Lösung schief aus. Die drei gehören eng zusammen. Die Nationalökonomie lehrt uns den wirthschaftlichen Bau des Volksleibes begreifen, sie ist der Anatom; der Socialismus und das Neue Testament öffnen uns die Augen über die physischen und psychischen Leiden desselben, sie sind die Pathologen, aber auch zugleich die Therapeuten, jeder in seiner besonderen Eigenart."[2]

In Sonderheit ist aber der Theologe auf den Plan gerufen, denn die Nationalökonomen und Sozialisten verbuchen bereits einen erheblichen Vorsprung, haben sie sich doch schon mit „einer Fluth von wissenschaftlichen Arbeiten, gelehrten und populären Styles, von Broschüren, Flugschriften, Vorträgen und Artikeln" zu Worte gemeldet.[3] Was aber tut die Theologie, was die Kirche?

Die Kirche und die Theologie haben sich darauf beschränkt, den eigenen Acker zu bestellen, d.h. sich eher um Fragen ihres Bestandes (Kirchenverfassung, innertheologische Dispute) gekümmert, statt sich der allgegenwärtigen sozialen Frage zuzuwenden. Wenn es überhaupt zu einer Behandlung der sozialen Frage kam, dann geschah dies nur „anstandshalber" namentlich durch die kirchliche Presse und zudem unter einer verengten dogmatisch theologischen und individualethischen Perspektive, indem die Kirche den sozialen Gebrechen allein mit der Predigt des Evangeliums und karitativer Einzelfallhilfe beizukommen suchte. Damit hatte sich die Kirche der Bewältigung der sozialen Frage nicht genähert. Das zentrale Thema sollte sich für die evangelische Kirche ganz anders stellen: Hat das Neue Testament auch etwas zu den wirtschaftlichen und sozialen Verhältnissen zu sagen, unter denen Menschen Not leiden, und gibt es im Neuen Testament „Maximen", nach denen eine Reform des gesellschaftlichen Lebens

---

1 Rudolf Todt, Der radikale deutsche Socialismus und die christliche Gesellschaft. Versuch einer Darstellung des socialen Gehaltes des Christenthums und der socialen Aufgaben der christlichen Gesellschaft auf Grund einer Untersuchung des Neuen Testamentes. 2. Auflage, Wittenberg, 1878, S. 1
2 Ebda.
3 Ebda.

stattfinden könne? Todt bejaht dies mit Nachdruck: „Unseres Erachtens gibt es solche *Maximen,* aus denen sich praktisch anwendbare Consequenzen für die Reform unseres gesellschaftlichen Lebens ziehen lassen. Es kommt eben darauf an, das Neue Testament endlich auch mal mit anderen als grammatischen, exegetischen und dogmatischen Augen anzusehen, oder es nur als Codex der Privatmoral zu betrachten. Es gilt, den social geschärften, ja den socialpolitischen Blick auf das Evangelium zu lenken und fragen, ob es nicht auch Licht werfe auf unsere wirthschaftlichen Zustände nicht bloss, sondern auch auf die socialen."[4]

Gewiß bleibe das Neue Testament die „Urkunde von der Geschichte der Offenbarung der göttlichen Gnade in Christo" und enthalte keine „nationalökonomischen Grundbegriffe"[5], aber es gehe, doch über eine bloße Privatmoral oder religiöse Erbauung hinaus. Selbst derjenige, der das Christentum von seinen übergeschichtlichen Glaubenswahrheiten zu reinigen wünsche und allein die im Gebot der Nächstenliebe ausgesprochene Humanität festhalten wolle, müsse sich fragen: „Wie richten wir nun unsere wirthschaftlichen und gesellschaftlichen Zustände diesen höchsten religiösen und moralischen Anforderungen des Christentums möglichst adäquat ein? Wie proklamieren wir, wenn wir auch die religiöse Forderung, an eine ewige Bestimmung des Menschen zu glauben, noch fallen lassen, doch das Gebot der Nächstenliebe, das uns der einzige vernünftige Kern des Christentums zu sein scheint, in unseren wirthschaftlichen und socialen Einrichtungen und Ordnungen?"[6] Dazu bedarf es einer „öffentlichen Sittlichkeit", die in solchen Gesetzen zum Ausdruck kommt, die vom christlichen Geist der Liebe durchdrungen sind.[7]

Eine solche Aufgabe kann aber nur mit dem entsprechenden methodischen und sachlichen Rüstzeug bewältigt werden. Dazu ist es erforderlich, den „sozialen Inhalt" des Neuen Testamentes zu erforschen und offenzulegen[8], was bisher von kirchlicher Seite versäumt worden ist. Die gewonnenen Resultate müssen sodann mit den Erkenntnissen der Nationalökonomie und den sozialistischen Theorien konfrontiert werden. Todt schlägt dafür folgendes Arbeitsverfahren vor, das er auch konsequent in seiner Schrift einhält:

— Darstellung des deutschen Sozialismus „wie er sich uns in dem Programm der vereinigten socialdemokratischen Arbeiterparteien unseres Vaterlandes abspiegelt."[9]
— Konfrontation der sozialistischen Programmatik mit den sozialen Inhalten des Neuen Testamentes.
— Formulierung christlich-ethischer Grundsätze von den Aufgaben des Staates, der Besitzenden und Besitzlosen in der gegenwärtigen Situation.
— Kennzeichnung der Aufgabenstellung für die Kirche vor dem Hintergrund der herausgearbeiteten Schwerpunkte.

Der soziale Gehalt des Evangeliums soll mittels Prüfung einzelner Bibelverse erarbeitet werden, indem zunächst das „allgemeine soziale Prinzip" aus der betreffenden Textstelle

---

4 Ebda., S. 5.
5 Ebda.
6 Ebda., S. 6.
7 Ebda.
8 Ebda., S. 7.
9 Ebda.

gefiltert wird, daran sich eine Untersuchung knüpft, die die Auswirkung des Prinzipes auf die damaligen wirtschaftlichen und sozialen Verhältnisse untersucht und schließlich die Nutzanwendung für „unsere heutigen socialen Gestaltungen" konkludiert wird.[10] Wir halten fest, daß Todt schon vom Ansatz her die damals übliche theologische Betrachtungsweise verläßt. Die soziale Frage ist für ihn a) nur unter Einsatz der Nationalökonomie, der sozialistischen Theorien und der Theologie lösbar und b) enthält das Neue Testament „soziale Anschauungen", die auch in „concrete Urteile und Vorschriften" für die Gestaltung der wirtschaftlichen und sozialen Verhältnisse münden: „Aber wir behaupten eben, daß das N. T. nicht nur allgemeine Grundsätze aufstellt, sondern daß bei genauerer Forschung sich auch wirkliche positive, konkrete Urteile und Vorschriften aus demselben für die Lösung der sozialen Fragen ableiten lassen. Diesen Nachweis zu führen, ist die Aufgabe der vorliegenden Blätter. Sie wollen den socialen Inhalt des Neuen Testamentes darstellen."[11]

An diesen kühnen Thesen sollte sich die kirchliche und politische Öffentlichkeit besonders stoßen. Sie wurden zum Gegenstand heftiger Pro und Contra Debatten.

6.2 Sozialismus und Soziale Frage

Über den Sozialismus läßt sich nach Auffassung von Todt nur sinnvoll im Zusammenhang mit der sozialen Frage reden, denn der Sozialismus ist eine historisch gewachsene Antwort auf die soziale Frage.

Mit Nachdruck kritisiert Todt die bisherige Behandlung des Sozialismus in der wissenschaftlichen Literatur und der innerkirchlichen Diskussion. Der Sozialismus, „diese grossartige Bewegung der neuesten Zeit", werde immer noch populär als „Produkt einiger weniger intelligenten, begabten Egoisten" begriffen[12], die mit Hilfe der von ihnen aufgehetzten Massen selbst die Hebel der Macht ergreifen wollen. Dagegen spricht Todt dem Sozialismus zunächst historische Existenzberechtigung zu, wenn er ihn als Antwort auf die soziale Frage versteht. Was aber ist die „soziale Frage"? Es handelt sich nicht nur um eine Frage, sondern um einen „Complex" von Fragen, die sich allgemein in der Problemstellung zusammenfassen lassen, wie unter den gegebenen wirtschaftlichen und sozialen Bedingungen die Wirtschafts und Sozialordnung beschaffen sein solle. Die soziale Frage gehe von einem Ideal aus und frage nach der Gestalt der Wirklichkeit bzw. danach, wie sich die Wirklichkeit zum Ideal verhalte. Eine soziale Frage sei dann gegeben, wenn ein Widerspruch zwischen Ideal und Wirklichkeit aufbreche. Der Sozialismus reflektiere diese Problematik: Dort, wo versucht werde, den Widerspruch zwischen Ideal und Wirklichkeit zu erhellen, da finde sich der Sozialismus. Der Sozialismus ist demnach „das Streben, den mit lebhaftem Bewußtsein empfundenen Widerspruch der heutigen realen wirthschaftlichen Zusammensetzung der Gesellschaft mit dem gewissen Bevölkerungsteilen vorschwebenden Ideale derselben durch eine neue Wirthschafts-

---

10 Ebda., S. 8.
11 Ebda., S. 6.
12 Ebda., S. 41.

und Societätsordnung zu lösen."[13] Anders formuliert: wer den Widerspruch zwischen Ideal und Wirklichkeit als drückend empfindet und sich aktiv unter Beachtung ethischer Maximen für die Auflösung des Widerspruchs einsetzt, ist ein Sozialist.

Todt nimmt nicht für sich in Anspruch, diese allgemein-abstrakte Definition selbst aufgestellt zu haben.[14] Er entlehnt sie der Schrift des Kathedersozialisten Hans von Scheel, „Theorie der socialen Frage" von 1871. Von Scheel hatte sie darin definiert als „den zum Bewußtsein gekommenen Widerspruch der volkswirtschaftlichen Entwicklung mit als ideal vorschwebenden und im politischen Leben sich verwirklichenden gesellschaftlichen Entwicklungsprincip der Freiheit und Gleichheit."[15] In dieser weiten Sozialismus-Fassung zählen dann sowohl Sozialdemokraten als auch Kathedersozialisten, Katholisch-Christlich-Soziale, Sozialkonservative und Evangelisch-Soziale zu den Sozialisten: „Alle sind Arten der allgemeinen Gattung Socialist."[16]

6.3 Das Neue Testament und der Sozialismus

Das Neue Testament steht dem so definierten Sozialismus durchaus nicht feindlich gegenüber. Der konstatierte Widerspruch zwischen Ideal und Wirklichkeit finde sich nämlich im Neuen Testament als Grundmotiv: „Das ganze Neue Testament ebenso wie das alte ist ein einziges fortlaufendes grosses Zeugnis von diesem Widerspruche, der zwischen Ideal und Wirklichkeit obwaltet."[17]

Das Neue Testament zeige in vielfältiger Weise den Widerspruch auf, indem es z. B. von dem „alten und neuen Menschen", den „Kindern des Lichts und der Finsternis" und dem Leben „im Fleisch" und „im Geist" spreche.[18] Der Widerspruch zwischen Ideal und Wirklichkeit offenbare sich in der Sprache des Neuen Testamentes als Widerspruch zwischen göttlicher Bestimmung und menschlicher Realisation. Aber nicht nur im Verhältnis Gott und Mensch trete der Widerspruch zutage, das Neue Testament halte auch eine Kritik der realen wirtschaftlichen Zustände bereit, „weil es nicht bloß das Verhältnis des Menschen zu sich selbst oder zu Gott allein" umfaßt, sondern „ebenso dasjenige des Menschen zum anderen Menschen, zum Nächsten."[19]

Daher könne vom Standpunkt des Neuen Testamentes aus, dem Sozialismus „in seinem innersten Wesen die Berechtigung" nicht versagt werden, ja es sei geradezu so, daß „jeder strebsame Christ eine socialistische Ader in sich trägt" und jeder Sozialist mag er die offizielle Kirche noch so vehement ablehnen „ein unbewußtes Christentum" lebt.[20]

---

13 Ebda., S. 43.
14 Ebda., S. 44.
15 von Scheel, Theorie der sozialen Frage, S. 16.
16 RDS, S. 42; vgl. auch Meyer, Emancipationskampf, Bd. I, S. 8.
17 RDS, S. 44.
18 Ebda., S. 44 f.
19 Ebda., S. 46
20 Ebda., S. 47.

Mit diesen provozierenden und den Paradigmata konservativen Geschichtsdenkens entgegenstehenden Sätzen zieht Todt in besonderer Weise Kritik auf sich: Der Sozialismus wird als geschichtlich legitime, ethisch begründete Bewegung aufgefaßt, die alle einzelnen „socialen Fragen" durch Begründung einer neuen Wirtschafts und Sozialordnung überwinden will. Das Neue Testament strebe in anderer Weise ebenfalls nach universaler Heilung der zwischen Gott und Mensch sowie den Menschen untereinander entstandenen Unversöhnlichkeiten und Widersprüchen. Sozialisten und Christen ziehen an einem Strang, der Christ, weil er sich der göttlichen Bestimmung verpflichtet weiß und die Heillosigkeit des Menschen ohne Gott beklagt, und der Sozialist, weil er den Zielwert einer neuen Humanität gegenüber den gesellschaftlichen Destruktionskräften (Klassenspaltung und Ausbeutung) politisch umsetzen will.

Todt hat damit ein Grundprinzip seiner theologischen Methode angesprochen: er hält Christentum und Sozialismus für aufeinander bezogen und ist bestrebt, neben allen philosophischen und politischen Differenzen, doch Entsprechungen zwischen beiden im einzelnen nachzuweisen. Wir werden sein *Analogie-Prinzip*[21] im Verlauf unserer Analyse weiter entfalten.

6.4 Die besondere Gestalt des „Radikalen Deutschen Socialismus"

Todt arbeitet nunmehr die besonderen Strukturmerkmale des deutschen Sozialismus heraus. Er folgt ganz dem schon ausgesprochenen Ziel, den deutschen Sozialismus in seiner praktisch-politischen Wirksamkeit und Programmatik zu erfassen, und bezieht sich auf die politische und wirtschaftliche Zielvorstellung der 1875 gegründeten Sozialistischen Arbeiterpartei Deutschlands mit ihrem „Gothaer Programm".

Der deutsche Sozialismus besitzt für Todt einen eigentümlich eklektischen Charakter. Er hat mit dem älteren Kommunismus und Sozialismus wenig zu tun, sondern stellt eine Läuterung und wissenschaftliche Systematisierung der frühen sozialistischen Lehren dar.[22] Todt sieht im deutschen Sozialismus verschiedene tragende Momente: Er sei „sozialdemokratisch", weil er die soziale Reform nur in Verbindung mit der politischen anstrebe, er besitze wissenschaftlich-philosophischen Charakter, weil er abstrakter Philosophie den Abschied gebe und empirisch-wissenschaftliche Kenntnisse zielbewußt für die gesellschaftliche Neuordnung einsetzen will und er sei schließlich auch religiös, wenn auch überwiegend in dem negativen Sinne einer Beschäftigung mit der Religion zum Zwecke ihrer Bekämpfung.[23]

Der deutsche Sozialismus „erstrebt ein dreifaches Ziel: Auf staatlichem Gebiet den Republikanismus, auf wirthschaftlich-socialen den Communismus; auf religiösem den Atheismus."[24] Als Wurzel des deutschen Sozialismus erkennt Todt den „Communis-

---

21 Vgl. dazu Brakelmann, Kirche und Sozialismus. S. 172 ff.
22 Todt läßt an dieser Stelle einige Definitionen von Rossbach, Roscher von Stein und Périn Revue passieren. RDS, S. 48 ff.
23 Ebda., S. 51 f.
24 Ebda., S. 53.

mus". In ihm wird der Widerspruch zwischen Ideal und Wirklichkeit gleichsam „materialisiert", d. h. von der Beschaffenheit der materiellen Verhältnisse aus betrachtet. Zum ersten Mal stoßen wir jetzt auf gesellschaftsanalytische Elemente in dem Werk Todts, die er im Zusammenhang mit dem Kommunismus als einer Art „Wirtschaftstheorie" der vorfindlichen kapitalistischen Gesellschaft einfügt. Wir werden darauf später gesondert eingehen und begnügen uns hier mit dieser Feststellung.

Was erstrebt nun der Kommunismus auf wirtschaftlichem und sozialem Gebiete, um den konstatierten gesellschaftlichen Widersprüchen zu begegnen? Ausgehend von seinem Grundsatze, daß alles „materielle, moralische und geistige Übel seinen Ursprung in den äußeren Verhältnissen, in der materiellen Lage des Menschen habe"[25] suche der Kommunismus die Gründe des gesellschaftlichen Elends in dem Institut des Privateigentums an Arbeitsmitteln und an Grund und Boden. Die Vorstellungen des Kommunismus gehen dahin, das Privateigentum an den Produktionsmitteln abzuschaffen und auf den Staat, einen wahren „Volksstaat", zu übertragen. Die Behandlung der bisherigen Eigentümer richtet sich ganz nach deren Verhalten gegenüber den kommunistischen Maßnahmen. Die Produktion der lebensnotwendigen Güter soll auf der Ebene eines breit gefächerten Genossenschaftswesens stattfinden, so daß die Arbeiter zugleich die Unternehmer sind und den „vollen Ertrag" ihrer Arbeit erhalten, abzüglich der Kosten für die Kassen der Genossenschaften und des Volksstaates. Dieser Lohn oder Ertrag werde jedwede Existenznot endgültig verbannen. Steuern fallen fort, die Kosten für die Erziehung der Kinder trägt die Gesamtheit, und es gebe auch keine Ausgaben für etwaige Militärzwecke, da anstelle des stehenden Heeres eine „Volkswehr" trete. Darüber hinaus werden militärische Verwicklungen ohnehin ganz aufhören, da im Zuge der Expansion des Kommunismus eine allgemeine Völkerverbrüderung stattfinde. Lebensmittel und sonstige Verbrauchsgüter werden den Bewohnern des Volksstaates aus Magazinen zu ungleich billigeren Preisen als unter den herrschenden kapitalistischen Produktionsverhältnissen verkauft.

Die Bildung soll obligatorisch sein, unentgeltlich und gleich für alle. Eine unterschiedliche Art der Arbeit sei nach wie vor unvermeidlich, da es Begabte und Minderbegabte weiterhin geben werde, jedoch besitzen die Begabten keinerlei Anspruch auf höhere Bezahlung, da „ihr Bildungsgang ihnen keine besonderen Kosten vor den Anderen verursacht hat."[26] Kopf und Handarbeit sind auch im kommunistischen System getrennt, dennoch ist die gesellschaftliche Bewertung die gleiche. Amüsant wirkt die Bemerkung Todts, die Kommunisten strebten an, Gelehrten und Künstlern statt höherer Entlohnung auf antike Weise mittels eines „Lorbeerkranzes" die Ehre zu erweisen.[27]

Mit der neuen Gesellschaftsform entfällt auch eine der wesentlichsten Stützen des bisher herrschenden kapitalistischen Systems: das Erbrecht. Erhalten bleiben soll entgegen allen abenteuerlichen Behauptungen die Institution der Ehe. Todt legt auf diesen Punkt deshalb besonderen Wert, weil hier die antisozialistische Propaganda vorzugsweise anzusetzen pflegte, um den Sozialismus moralisch zu disqualifizieren. Todt nimmt die Sozialisten vor derartigen Anwürfen nachdrücklich in Schutz und hebt ihre mora-

---

25 Ebda., S. 56.
26 Ebda., S. 57.
27 Ebda.

lische Integrität hervor.[28] Daß ein Sozialist die Ehe nicht als „heilige Institution" betrachte, sei bei dem vorherrschenden prinzipiellen Atheismus kaum verwunderlich und dürfe nicht den Vorwurf sittlicher Minderwertigkeit nach sich ziehen.[29]

Man fragt sich unwillkürlich, warum Todt seinen Lesern eine so breite und z. T. detaillierte Schilderung der kommunistischen Zukunftshoffnungen darbietet.[30] Er folgt hier schlicht seiner Maxime, daß, wer den Sozialismus/Kommunismus kritisiere, sich die „Mühe nicht verdrießen lassen" dürfe, „ihn gründlich kennen zu lernen."[31] Vordringlich ist also die sachliche Information, der Todt vorbildlich — ohne die sonst vielfach üblichen antisozialistischen Spitzen — nachkommt. Ferner kann man vermuten, daß Todt nicht ohne ein gewisses Behagen an der Entfaltung konkreter Utopien so verfährt. Die Utopie einer Gesellschaft von freien und gleichen Individuen ohne politische Herrschaft und wirtschaftlicher Ausbeutung besaß für ihn zweifellos etwas Faszinierendes.[32]

So grotesk auch manche einzelne Linienführung in dem kommunistischen Zukunftsgemälde erscheinen mag: das hinter diesen „Phantasien" verborgene Sehnen nach einer heilen Welt lohnt festgehalten zu werden. Genau hier liegt für Todt der Kern des Kommunismus: Der Kommunismus reagiere auf eine Welt voll Unversöhnlichkeit, des erbarmungslosen Konkurrenzkampfes und der Vereinzelung. Die Lösung kann nur eine neue, von der Selbstsucht des einzelnen befreite, Gemeinschaft bieten, in der die Menschen einander solidarisch begegnen: „Die Menschen sind durch ihre Selbstsucht und die daraus mit Notwendigkeit sich ergebende gegenseitige Feindseligkeit unglücklich. Sie können nur durch die Solidarität der Interessen wieder glücklich werden. Also streben wir nach einem Gesellschaftszustand, in dem diese Solidarität herrscht."[33]

Der „Radikale Deutsche Socialismus" erstrebe jedoch nicht nur eine neue Solidarität auf der materiellen und wirtschaftlichen Ebene: Ihm entspreche im staatlichen Bereich der Republikanismus. Der freie „Volksstaat" der Sozialisten soll eine Republik sein, die Volkssouveränität ihr konstituierendes Merkmal, gewählt und bestimmt nach den Grundsätzen des allgemeinen, gleichen und direkten Wahlrechtes. Jede obrigkeitliche Lenkung der Geschicke eines Volkes, von Gottes oder des Kapitals Gnaden, wird für immer eliminiert.[34]

Auf religiösem Gebiete behaupte der „Radikale Deutsche Socialismus" schließlich den Atheismus. Für Todt ist klar, daß er damit ein Kernproblem im Verhältnis von Christentum und Sozialismus angesprochen hat. Der Atheismus der Sozialdemokratie steht ihm als „anerkanntes Faktum" vor Augen, so daß er nur wenige erläuternde Be-

---

28 Todt lobt in diesem Zusammenhang besonders die sittliche Strenge der sozialistischen Presse, die ganz im Gegensatz zu ihren bürgerlichen Konkurrenten „keine unsittlichen Inserate und Annoncen" aufnehme. RDS, S. 60.

29 Ebda.

30 Die Prinzipien des kommunistischen Zukunftsstaates wiederholt Todt an anderer Stelle und schließt daran eine noch konkretere Darstellung, wobei er sich stets auf einen Artikel im „Vorboten" stützt. Vgl. RDS, S. 215 ff.

31 Ebda., S. 214.

32 Vgl. die folgende Formulierung, die sich unmittelbar an die Zukunftsschlilderungen anschließt: „Welche Phantasie! fragen wir. Warum aber nicht? Wenn alles Lebendige, was da kreucht und fleugt, aus einem Urbrei entstanden ist nach der neueren Weisheit, warum sollen nach der neuesten nicht schliesslich alle Menschen einander ähnlich werden, wie ein Ei dem andern?" Vgl. RDS, S. 62.

33 Ebda.

34 Ebda., S. 72 ff.

merkungen daran wendet.[35] Er kommt im Gegensatz zu der Mehrzahl seiner konservativen Amtskollegen zu einer völlig abweichenden Bewertung des Atheismus: Auf Seiten der meisten evangelischen Theologen dominierten Abscheu und Entsetzen über die materialistischen, antichristlichen Lehren der Sozialdemokratie, und man arbeitete beflissen daran, das durch Aufklärung, naturwissenschaftliche Methoden und historisch-kritische Forschung erschütterte christliche Lehrgebäude vor dem Einsturz zu bewahren. Einfache Gemüter begnügten sich damit, die Kulturleistungen der christlichen Religion zu beschwören und den Materialismus der Auflösung von Sitte und Ordnung zu verdächtigen, während differenzierter Denkende versuchten, ihren materialistischen Gegner auf seinem eigenen Felde zu treffen, was nicht selten mit herben Niederlagen endete.[36]

Es zeichnet Todt aus, daß er keinen dieser Wege beschritt. Der Atheismus gehört für ihn nicht zum „Wesen" des Sozialismus.[37] Das Ziel der Sozialdemokratie sei nicht der Kampf gegen die Religion als solche. Der Sozialdemokratie gehe es primär um eine neue Wirtschafts und Gesellschaftsordnung und nicht um eine Auseinandersetzung mit geistigen Mächten, so sehr sie auch den weltanschaulich-ideologischen Kampf betonen mochte. Mit Bedacht weist Todt darauf hin, daß sowohl die älteren deutschen als auch die französischen Sozialisten auf dem Christentum fußten. Bei den neueren französischen Sozialisten lasse sich zumindest eine Entlehnung wesentlicher Begriffe aus der christlichen Lehre konstatieren.[38] Insbesondere habe „die deutsche socialistische Bewegung der Reformationszeit... einen durchweg religiösen, speziell biblischen Hintergrund" gehabt[39], wobei er auf die 12 Artikel der Bauernschaft, die Wiedertäufer, Sebastian Franck und andere „kommunistische Sekten" verweist.

Religiöse Elemente zeigten sich auch bei Wilhelm Weitling, der „seinen krassen Communismus à la Bakunin 1843 in seinem ‚Evangelium des armen Sünders' ebenfalls durch eine communistische Auslegung der Evangelien als richtig zu beweisen" suchte.[40] Am Beispiel der älteren französischen Sozialisten bemüht sich Todt schließlich, seine These zu erhärten, daß die Vorläufer des gegenwärtigen Sozialismus „nirgends... mit dem Atheismus" verbunden waren.[41]

Ausführlich kommen Henri de St. Simon (1760–1825), Félicité de Lamennais (1782–1854) und Philippe Joseph Buchez (1796–1865) zu Wort.[42] Todt schildert sie als vorbildliche Sozialisten, die aus dem Geiste christlicher Liebe eine Neuordnung der Gesellschaft anstrebten, ja die brennend daran glaubten, daß nur die innere Umgestaltung des Menschen im Sinne des Evangeliums dauerhafte und gerechte Ordnungen zu schaffen imstande sei. Die Prinzipien christlicher Nächstenliebe und Brüderlichkeit seien stets die Antriebskraft für ihre Leistung gewesen. In ihnen zeige sich die mögliche Analogie von christlicher Liebesethik und den Forderungen der französischen Revolution nach

---

35 Ebda., S. 80 ff. und vgl. den Abschnitt 12.5.
36 Siehe u. a. den Abschnitt 5.1.
37 RDS, S. 82.
38 Ebda.
39 Ebda.
40 Ebda., S. 83.
41 Ebda., S. 83.
42 Ebda., S. 83 ff.

„Freiheit, Gleichheit und Brüderlich steht ihm keit." Die deutschen Sozialisten vertrauten dagegen allein auf die Macht der Vernunft. Gleichwohl: Der Atheismus ist „nur ein Accidens des deutschen Socialismus, das seine Erklärung ebensowohl in blossen Nützlichkeitsrücksichten als in der materialistischen Zeitströmung findet."[43]

Todt interpretiert treffend die sozialdemokratische Zielvorstellung, die allein auf eine neue Wirtschafts und Gesellschaftsordnung gerichtet sei. Die Religion, namentlich das Christentum, könne bei einem solchen Unternehmen nur hinderlich sein, predige sie doch leidenden Gehorsam und williges Ertragen aller Ungerechtigkeiten. Ebenso korrekt erfaßt Todt den Eklektizismus der sozialdemokratischen Religionskritik. Die „allgemeine materialistische Zeitströmung" habe auch die Sozialdemokratie in ihren Bann geschlagen und es sei nicht erstaunlich, wenn Sozialisten Feuerbach, Darwin und Buckle zu Anwälten ihrer Theorie machten.[44] Der Materialismus sei jedoch für den Sozialismus lediglich ein „willkommenes Complement" zur Stützung der eigenen Thesen, nicht aber eine unausweichliche Konsequenz seiner Theorie: „Unsere radikalen deutschen Socialisten sind Atheisten geworden, weil sie eben zuerst Socialisten waren. Nicht der Socialismus entspringt mit Notwendigkeit aus dem Materialismus, wohl aber ist der letztere dem ersteren eine willkommene Zugabe und Hilfe."[45]

Die „Religion-ist-Privatsache"-Formel des Gothaer Programms interpretiert Todt als bloße Taktik: „Es ist dieser Satz, ganz liberal-fortschrittlich klingend, nur ein Aushängeschild für die Partei."[46] Insbesondere die Rücksichtnahme „auf das Gros der ländlichen Arbeiter, welche im Allgemeinen noch an der Gottesfurcht festhalten, und die das nächste Objekt der sozialistischen Propaganda bilden"[47], gebiete eine gewisse Zurückhaltung bei der Agitation gegen die Religion. Ausdruck dieser Grundhaltung sei die Privatsache-Formel. Todt kommt der Sozialdemokratie sogar noch so weit entgegen, daß er die Rede von der Religion als Privatsache im Sinne der evangelischen Freiheit zur persönlichen Glaubensentscheidung interpretiert[48] und ihr eine Wendung als Programmsatz für religiöse Freiheit gibt. Dieser Gedanke ist später von dem „Vater des Revisionismus" Eduard Bernstein sehr deutlich als Programmforderung formuliert worden.[49]

Scharf geht Todt mit der Heuchelei der Liberalen ins Gericht: Während diese einerseits für sich das Recht in Anspruch nehmen, die Religion als solche für fortschrittshemmend zu erklären und mit ihr zu brechen, können sie sich andererseits keine Gesellschaftsordnung ohne Religion vorstellen; denn für die Masse des Volkes erfülle die Religion immer noch sinnstiftende und damit domestizierende Funktionen, und daher müsse es auch weiter Religion geben. Religionslosigkeit im Staate führe unausweichlich zu Auflösung und Chaos. Besonders deutlich komme diese bornierte Liberalen-Mentalität, die den „Gebildeten" die Freiheit an nichts zu glauben zuspricht, den „ungebilde-

---

43 Ebda., S. 95, S. 399 f.
44 Ebda., S. 97 ff.
45 Ebda.
46 Ebda., S. 82.
47 Ebda.
48 „Der Glaube ist nichts als ein Akt des freien persönlichen Willens." RDS, S. 126. Todt nennt als Beleg die Bibelstellen Johannes 11, 40; Lukas 14, 1624; Johannes 3, 18; Korinther 10, 27; 1. Korinther 7, 23, 1. Korinther 10, 28-29; Und schließlich formuliert er: „Unevangelisch... ist dieser Satz von dem privaten Charakter des Glaubens nicht zu nennen." RDS, S. 128.
49 Vgl. weiter unten Abschnitt 13.5.

ten", ärmeren Klassen aber die Religion verordnet, bei Heinrich von Treitschke zum Ausdruck.

Dieser hatte 1874 in den Preußischen Jahrbüchern eine Aufsatzserie unter dem Titel „Der Socialismus und seine Gönner" verfaßt, in der er mit unversöhnlicher Härte sowohl die sozialen Reformbewegungen aus liberalen Kreisen (die „Kathedersocialisten") als auch die sozialdemokratisch orientierte Arbeiterbewegung attackierte.[50] Die sozialdemokratische Forderung nach mehr Gleichheit im wirtschaftlichen und politischen Leben wies er empört als bloß von „Neid" und „Gier" bestimmt zurück, ja die gesellschaftliche Ungleichheit und die „aristokratische Ordnung" seien die unabdingbaren Voraussetzungen für eine friedliche wirtschaftliche und politische Entwicklung der Nation: „Die Millionen müssen ackern und schmieden und hebeln, damit einige Tausende forschen, malen und regieren können. Umsonst versucht der Socialismus durch leeres Wutgeschrei diese harte Erkenntnis aus der Welt zu schaffen."[51] Die niederen Stände sollten sich willig in ihr Los schicken und bei Bewahrung ihrer natürlichen tiefen Religiosität dem Motto „Bete und Arbeite!" folgen.[52]

Mehr noch als über diese „Apologie der socialen Ungleichheit"[53] erregt sich Todt über die zynische Instrumentalisierung der Religion zum Volksberuhigungs-Mittel. Der Kritik an den Liberalen, wie sie Joseph Dietzgen vorgetragen hatte, stimmt Todt ausdrücklich zu: Die Liberalen hätten am wenigsten das Recht, über die „glaubens- und religionslose Socialdemokratie" herzuziehen, wo sie selbst, durch und durch von materialistischer Diesseitsphilosophie geprägt, die Religion zum bloßen Herrschaftsmittel degradierten.[54]

6.5 Republikanismus und das Neue Testament

Die Analyse des Verhältnisses der neutestamentlichen Lehren zum Sozialismus hatte für Todt keinen Widerspruch ergeben. In einem ersten konkreten Zugriff stellte er sodann die Merkmale des „Radikalen deutschen Socialismus" heraus und kam zu dem Schluß, daß Republikanismus, Kommunismus und Atheismus konstituierende Bestandteile dieses Sozialismus seien. In seinem Buch untersucht Todt die Position des Neuen Testamentes zu den Bestandteilen des „Radikalen deutschen Socialismus" jeweils im Anschluß an die Einzeldarstellung. Wir folgen hier einem anderen Verfahren und diskutieren die von Todt aufbereiteten Ergebnisse im Zusammenhang.

50 Heinrich von Treitschke, Der Sozialismus und seine Gönner. In: Preußische Jahrbücher, 34. Bd., 1874, S. 68 ff. und 248 ff.
51 Ebda., S. 82.
52 Ebda., S. 99.
53 James Sheehan, Der deutsche Liberalismus. München, 1983, S. 185; vgl. auch Dieter Langewiesche, Liberalismus in Deutschland, S. 133 ff.; Ferner Brakelmann, Kirche und Sozialismus, S. 121.
54 RDS, S. 101 ff.; Todt nennt neben Treitschke noch die liberalen Reichstagsabgeordneten Duncker und von Virchow.

Es ist Todts Verdienst, den Stellenwert des Politischen für den Sozialismus von evangelischer Seite wohl zum ersten Mal richtig eingeschätzt zu haben. Er unterstreicht, daß der „Radikale Deutsche Socialismus" eine Behebung der sozialen Frage nur im Kontext einer neuen politischen Organisation für sinnvoll hält. Die für die soziale und wirtschaftliche Verfassung eines künftigen Sozialismus adäquate staatliche Organisationsform aber sei die Republik.

Welche Erkenntnisse lassen sich nun aus dem Neuen Testament zum Problem der Staatsorganisation gewinnen? Todt wendet sich dagegen, aus dem Neuen Testament „bestimmte Aussprüche oder Vorschriften über die politische Gestaltung eines Gemeinwesens" abzuleiten:[55] „Das neue Testament hat ebenso wenig etwas gegen die Monarchie wie gegen die Republik anzuführen. Es spricht nur von dem Ursprung und Zweck der Obrigkeit und der Stellung der Untertanen zu ihr."[56]

Er wehrt sich ausdrücklich gegen eine Begründung der Monarchie aus dem Neuen Testament. Das unendliche Reich Gottes mit Gott als dem allmächtigen Herrn an der Spitze lasse sich nicht ungebrochen auf irdische Verhältnisse projizieren.[57] Keine irdische Gestaltung politischer Staatsverfassung könne zum Reich Gottes in *direkte* Analogie gesetzt werden. Wir merken, wie Todt aus dem konservativen theologisch-legitimistischen Denken seiner Zeitgenossen zumindest theoretisch-differenzierend heraustritt. Ein Gottesgnadentum, wie es in der legitimistischen Staatslehre Stahls zum Tragen kommt, muß ihm gar als Vergewaltigung der christlichen Botschaft vom Reich Gottes erscheinen. Keiner politischen Ordnung eigne unmittelbare göttlich-unantastbare Qualität und kein Monarch dürfe sich in falsch verstandenem Legitimismus auf die „Monarchie Gottes" berufen. Todt pointiert sehr scharf die Rolle des Menschen als *cooperator dei* und freier Mitarbeiter Gottes. Die Freiheit des Christenmenschen bestehe gerade darin, unter dem Anspruch Gottes die ihm von Gott bereitgestellte Schöpfung mit Leben zu erfüllen. Das Neue Testament stelle ausdrücklich die Welt und das Miteinander der Menschen dem menschlichen Gestaltungswillen anheim. Der Christ wisse sich zur Freiheit in der Ordnung Gottes berufen, und das bedeute für ihn, „alle irdischen Verhältnisse, Ordnungen und Einrichtungen dem inneren Gemeinschaftsleben, das er mit Gott führen will, analog zu gestalten."[58]

Die skizzierte Grundauffassung impliziert konsequent ein besonderes Verständnis des evangelischen Redens von der weltlichen Staatsgewalt, die das Neue Testament mit dem Begriff der „Obrigkeit" kennzeichnet. (Römer 13, 1-7; 1. Petrus 2, 13-17); Todt versteht unter „Obrigkeit" keine konkrete Institution politischer Gewalt, sondern betont die dahinterstehende göttliche Intention, das strukturgebende göttliche Prinzip. Obrigkeit im neutestamentlichen Sinne erscheint ihm als eine Chiffre für den göttlichen Ordnungs- und Gestaltungswillen: „Ihr Zweck ist also der, die Gerechtigkeit Gottes auf Erden zu vertreten, soweit diese Aufgabe von sündigen, dem Irrthum verfallenen Menschen gelöst werden kann, und damit die irdische Wohlfahrt der Staatsangehörigen zu schützen und zu pflegen."[59]

---

55 RDS, S. 74.
56 Ebda., S. 75, S. 398: Das Neue Testament habe „keine bestimmte Staatsform vorgeschrieben".
57 Ebda.
58 Ebda., S. 79.
59 Ebda., S. 76; Vgl. auch Ebda., S. 391: „Die Obrigkeit als gesetzgebende Macht, ist nicht mehr etwas

Die konkrete Ausformung des göttlichen Gestaltungswillen in bezug auf die staatliche Organisation bleibe dem Menschen übertragen, wobei der gläubige Christ dieser Aufforderung in den Dimensionen der göttlichen Offenbarung gerecht zu werden bemüht sei. Bei diesem Unternehmen sei er nicht alleine gelassen, sondern erfahre Leitung und Führung. Es seien ihm Richtlinien geschenkt, Rahmenbedingungen vorgegeben, an denen er sich orientieren könne. Als „Muster" und „Abbild" für die geeignete Staatsform gilt Todt die christliche Gemeinschaft, wie sie sich in der empirischen Kirche manifestiert. Aus ihrer Verfassung gewinnt er die maßgeblichen Gestaltungskriterien für das öffentlich-staatliche Leben.

Für Todt bedeutet dies konkret, daß die Republik der gemeinschaftlich-christlichen Lebensform am nächsten kommt, denn sie sei eine Vereinigung in freier Selbstbestimmung.[60] Die sozialistische Idee der Republik besitze daher „nichts dem Geist des Neuen Testamentes Widerstreitendes."[61]

Obwohl Todt die Vorzüge der Republik für ein brüderlich-freiheitliches Zusammenleben der Menschen kennt und die christliche Gemeinschaft ausdrücklich als Analogon gelten läßt, ist er selbst nie Republikaner gewesen. Stets hat er einen monarchisch-konstitutionellen Standpunkt vertreten. Sein „Centralverein für Sozialreform" wurde auf „constitutionell-monarchischer Grundlage" gegründet[62] und behauptete bis zu seiner Auflösung eine streng monarchische Richtung. Todt konnte sich eine soziale Reform nur unter der Ägide einer Monarchie, vorzugsweise dem „erlauchten Geschlecht der Hohenzollern" vorstellen.[63]

Hier blieb er ganz im konservativen Denken befangen[64], obwohl er wie Rudolf Meyer[65] auf ein „sociales Königtum" hoffte, das schon Lorenz von Stein zum Medium der Verwirklichung seiner sozialreformerischen Vorschläge erhoben hatte. Das deutsche Volk schien ihm nicht den für eine Republik nötigen Reifegrad zu besitzen, deshalb hofft Todt einseitig auf das „Heil von oben".[66]

---

vom Volk Abgelöstes, über demselben Schwebendes, sich Selbst nur Lebendes, sondern sie besteht im constitutionellen Staate aus der Zusammensetzung von Fürst und Volksvertretung."

60 RDS, S. 75.
61 Ebda., S. 80
62 Vgl. dazu den Gründungsaufruf des „Centralvereins" vom 5. Dezember 1877. Berlin, 1877, S. 1 und Anlagen.
63 RDS, S. 483.
64 Die monarchische Gesinnung Todts stand außer Frage. Dennoch scheint sie in der Öffentlichkeit aufgrund seiner positiv-republikanischen Äußerungen im RDS in Zweifel gezogen worden zu sein. Das geht aus einer Notiz der Redaktion des *Staats-Socialist* hervor, die Todts Monarchismus gegenüber angeblich republikanischen Elementen meint verteidigen zu müssen. Vgl. Staats-Socialist, 1. Jg., Nr. 46 vom 9. November 1878.
65 Siehe dazu weiter unten Abschnitt 12.2.
66 RDS, S. 483.

6.6 Kommunismus und Neues Testament

Todt hält das Wesen des Kommunismus in drei Kernsätzen fest: „Die Anerkennung des Unglücks oder Übels unter den Menschen... Die Zurückführung desselben auf die Selbstsucht der Menschen... Das Heilmittel aller aus der Selbstsucht entsprungenen Übel der Menschen ist die Solidarität ihrer Interessen."[67]

Diese Kernsätze beleuchtet Todt vom Neuen Testament aus und kommt zu dem Schluß, daß der Kommunismus vom Christentum durchaus nicht zu bekämpfen sei, denn der Sozialist bleibe in seinem kommunistischen Bestreben trotz verwerflicher Methoden zur Einführung seines Systems „in der göttlichen Wahrheit".[68]

Im einzelnen begründet Todt sein Urteil folgendermaßen: Der erste Kernsatz, daß es Unglück und Elend im Zusammenleben der Menschen gebe, finde sich als „Grundton" in der Heiligen Schrift. Die Tatsache, daß die Ursache solcher Zustände in der Selbstsucht der Menschen wurzele, ausgedrückt im zweiten Kernsatz, erkenne das Neue Testament ebenfalls an, indem es, einer mehr indirekten Beweisführung folgend, die Liebe als konstitutives Merkmal wahrhaft menschlichen Zusammenlebens hervorhebe.[69] Warum Todt zur Erhärtung dieser These eine ex-negativo Argumentation wählt, ist nicht evident, denn gerade zum Thema des menschlichen Egoismus als der „Ursünde" ließen sich doch direkte, geradezu unerschöpfliche, Beispiele anführen. Todts besonderes Interesse gilt dem dritten Kernsatz, der das kommunistische Heilmittel für die konstatierten Defizite im menschlichen Zusammenleben angibt: die Solidarität der Interessen. Todt bejaht vom Neuen Testament aus die Solidarität als Grundprinzip brüderlich-christlichen Zusammenlebens. Er beschreitet auch hier erneut verschlungene Pfade zur Begründung[70], kommt aber dann zu dem Resümee: „Die Solidarität der Interessen ist ein echt neutestamentlicher, evangelischer Begriff."[71]

Im Zentrum seiner Begründung einer Analogie von Christentum und Kommunismus steht jedoch der Begriff von Gemeinde. Schon im großen Gebet der Christenheit, dem „Vater Unser", deute sich die Gestalt der Gemeinde als solidarischer Lebensgemeinschaft, einer Familie vergleichbar, an. Das Motto „Einer für alle und Alle für Einen" sei gut neutestamentlich, obgleich es in der Predigt der gegenwärtigen Kirche fast völlig hinter der einseitigen Betonung des Dogmas von der Rechtfertigung aus Gnaden verschwunden sei: „Unsere heutige christliche Gesellschaft – das ist ihr charakteristisches Kennzeichen – betont die Solidarität der Sünde und Schuld und vernachlässigt darüber die Predigt der solidarischen Leibesnothdurft und -Nahrung. Sie hätte ein Recht dazu, wenn der Herr gelehrt hätte: *Mein* täglich Brot gib *mir* heute."[72]

---

67 Ebda., S. 63 u. 65.
68 Ebda., S. 65.
69 Er belegt dies u. a. mit der wohl „klassischen" Bibelstelle aus 1. Korinther 13 ff. Vgl. ebda., S. 64.
70 So z. B. wenn das Dogma der Trinität als Abbild für die menschliche Solidarität gelten soll unter Berufung auf den katholischen Nationalökonom Périn oder Paulus die Heidenmission deshalb aufgenommen haben soll, weil er von der „Solidarität der geistlichen Interessen aller Menschen" durchdrungen wurde. RDS, S. 66 f.
71 RDS, S. 67.
72 Ebda., S. 68.

Der Charakter der Gemeinde als solidarischer Lebensgemeinschaft habe sich zur Zeit Jesu darin gezeigt, daß die Jünger eine gemeinsame Kasse zur Bestreitung der gemeinschaftlichen Bedürfnisse besaßen. Jesus billigte also nicht nur ausdrücklich das Prinzip des gemeinschaftlichen Besitzes, sondern praktizierte es. Die gemeinsame Kasse diente auch nicht ausschließlich den Jüngern zum Erhalt ihrer Existenz, sondern wurde auch eingesetzt, um den Bedürftigen zu geben, die außerhalb der Jünger Jesu standen. Aus dem Beispiel der Jüngerschaft folge für jede christliche Gemeinschaft, „sei sie nun eine Commune oder der Staat, einerseits solche gemeinschaftliche Kassen zu bilden und daraus eine solidarische Armenpflege zu üben, andererseits aber dies Princip noch zu erweitern und, falls Notstände (allgemeine Calamitäten, z. B. Überschwemmungen) eintreten, welche über den Kreis und die Kräfte der einzelnen Communen hinausgehen, mit der ganzen christlichen Gemeinschaft (Staatsfiskus) einzutreten".[73]

Das gemeinschaftliche Leben der frühen Christenheit bezeichnet Todt wiederholt als „praktischen Kommunismus" oder „Urkommunismus" und versucht die neutestamentlichen Analogien mit einer Fülle von Bibelzitaten herzustellen.[74] Das urgemeindliche Leben gilt ihm als deutlicher Hinweis auf eine Befolgung kommunistischer Prinzipien: „Einer strebte für alle und Alle für Einen. In diesem Streben aber war sie (die Urgemeinde, Anm. d. Verf.) communistisch wie unsere heutigen Socialisten es sind."[75]

Todts Kritik gegen das Prinzip von der Solidarität der Interessen richtet sich ausschließlich gegen die „sozialistische Ausführung", weil zur Herbeiführung einer solidarischen Lebensgemeinschaft Zwang und Gewalt zur Anwendung kommen sollen. Hier fehle dem Sozialisten die brüderliche, christliche Liebe, denn er wolle die Solidarität der Interessen nur aus Eigennutz erreichen, weil sie dem persönlichen Wohl am meisten Vorteil bringe.[76]

Trotzdem bejaht er die „Kerngedanken" der kommunistischen Bestrebungen im „Radikalen deutschen Sozialismus" und faßt seine Ergebnisse mit markigen Sätzen zusammen: „Es ist also höchst verkehrt, wenn der Communismus als solcher schon als eine Ausgeburt der Hölle perhorrescirt und in Wort und Schrift bekämpft wird. Man schlägt sich dadurch ins eigene Angesicht und schneidet sich in das eigene Fleisch. Jeder Stand, jeder Erwerbszeig, jeder Verein irgend welches gesellligen, ästhetischen, wirthschaftlichen oder politischen Inhaltes, ist eine solidarische Interessenvertretung. Geistliche Lehrer, Aerzte, Juristen, Künstler, Beamte sind unter sich solidarisch verbunden, ebenso sind es die Arbeiter durch ihre materiellen, moralischen und geistigen Interessen. Aber der Socialist, wie das Neue Testament wollen diese Solidarität nicht auf einen einzelnen Stand oder eine bestimmte Klasse bloss angewandt wissen, sondern auf alle Stände oder genauer auf alle Individuen ein und desselben Volksganzen".[77]

---

73 Ebda., S. 69.
74 Ebda., S. 69 ff. (Anmerkungen)
75 Ebda., S. 70.
76 Ebda.
77 Ebda., S. 71.

7 Die Prinzipien des „Radikalen Deutschen Socialismus" aus neutestamentlicher Sicht

Wir hatten Todts allgemeines Verständnis des „Radikalen Deutschen Socialismus" in den vorausgegangenen Abschnitten behandelt und waren zu dem Resultat gelangt, daß er Christentum und Sozialismus in eigentümlicher Weise aufeinander bezogen sieht. Todt verwendet dafür den Begriff der „Analogie". Sein Hauptwerk basiert auf einer Methode des „Analogieschemas", und er versucht in akribisch durchgeführten Detailanalysen stets neue Gleichungen von Christentum und Sozialismus zu finden. Sein Bemühen geht konkret dahin, die neutestamentlichen Analogien zu den − in fünf Kernaussagen zusammengefaßten − „Principien" des „Radikalen Deutschen Socialismus" darzulegen. Wir folgen seinem Weg, wobei wir uns auf die wesentlichen Resultate beschränken und die oft weitschweifigen ökonomischen und soziologischen Erläuterungen nur am Rande behandeln.

7.1 Freiheit, Gleichheit, Brüderlichkeit

Die „Trias" Freiheit, Gleichheit, Brüderlichkeit[1] entstammt der Begriffswelt des aufgeklärten Bürgertums und wurde zum „Schiboleth" der ersten französischen Revolution.[2] In ihr drückte sich die „Standwerdung" des Bürgertums aus, das mit neuem Selbstbewußtsein die Fesseln des feudalen Königtums sprengte und seine Herrschaft errichtete. Die Sozialisten fühlten sich als legitime Rechtsnachfolger des Bürgertums und drängten auf neue Begriffsinhalte, da die bürgerliche Herrschaft unter der Parole von Freiheit, Gleichheit und Brüderlichkeit die Emanzipationsforderungen des sich sukzessiv konstituierenden „vierten Standes" ignorierte. Das Ziel der Sozialisten ist Freiheit und Gleichheit; die Brüderlichkeit der Weg dorthin. Die Gleichheit ist die Begründung der Freiheit: die Menschen sollen frei sein, weil sie von Natur aus gleich sind. Die Menschen sind als Exemplare der Gattung „Mensch" einander vom Ursprung her gleich. Der gegenwärtige Zustand zeige jedoch Ungleichheiten auf allen gesellschaftlichen Gebieten, bewirkt durch „ungerechte ökonomische und politische Verhältnisse, welche auf die natürliche Gleichheit eine störende Rückwirkung übten; es gibt Reiche und Arme und zwar in einem so schroffen Gegensatz, daß die der Armuth Verfallenen oft kein menschenwürdiges Dasein mehr führen können."[3] Im Anschluß an Lassalles „Arbeiterprogramm" (1862) entfaltet Todt die Geschichte der universalen Gleichheitsidee, die fortschreitende partikularistische, klassenegoistische Einschränkungen erfuhr. Die Folgen

---

1 Vgl. zum folgenden Abschnitt: RDS, S. 105 ff.
2 Ebda., S. 106.
3 Ebda., S. 111.

der französischen „Bourgeoisie-Revolution" 1789 wurden in der ersten Hälfte des 19. Jahrhunderts sichtbar: „Die Freiheit, Gleichheit und Brüderlichkeit war auf halbem Wege stehen geblieben; sie war nicht bis auf die Grundlagen der Gesellschaft hinuntergedrungen."[4]

Die zu beobachtende Kluft zwischen Reich und Arm widerspreche der natürlichen Gleichheit unter den Menschen und müsse daher durch gesellschaftspolitische Maßnahmen überbrückt und schließlich abgeschafft werden. Gesellschaftliche Gleichheit sei aber primär eine Frage des gleichen Anteils an den gemeinschaftlich innerhalb einer Volkswirtschaft erarbeiteten Produkten, deshalb gebühre der Forderung nach ökonomischer Gleichheit der absolute Vorrang. Daraus ergeben sich dann weitere Konsequenzen, wie z. B. die politischen Gleichheitspostulate, konkretisiert etwa in dem Wunsch nach wirksameren Rechten auf dem Gebiet von allgemeinen, freien und gleichen Wahlen. Die Sozialisten fordern ferner die Freiheit auf allen Gebieten: Freiheit ist unteilbar, sie verwirklicht sich nur in gleichzeitiger ökonomischer, politischer und religiöser Freiheit. Die gegenwärtigen kapitalistischen Produktionsverhältnisse lassen solche Freiheiten nicht zu, weil die Arbeiterklasse unter dem Diktat der Kapitalisten steht, die das Monopol an Arbeitsmitteln sowie an Grund und Boden besitzen. Tiefgreifende Änderungen können hier nur auf der Basis der Verwandlung von Arbeitsmitteln in das Gemeingut der Gesellschaft und einer genossenschaftlichen Produktion geschaffen werden.[5]

Eine auf diese Weise hergestellte ökonomische Freiheit schließe dann natürlicherweise die politische Freiheit mit ein, denn wenn jeder Anteil am Arbeitsertrag besitze, könne ihm nicht mehr als Besitzlosem das Recht verweigert werden, „an der Regierung und Gesetzgebung durch seine Abstimmung zu participieren."[6]

Die Ziele von Freiheit und Gleichheit werden schließlich auf dem Wege der Brüderlichkeit erreicht. Obwohl der Sozialist „Übel" und „Verbrechen" vordringlich in der gesellschaftlichen Verfassung begründet sehe, erkenne er doch ebenso auch die „Selbstsucht" des Menschen als einen bestimmenden Faktor an. Es bedürfe daher einer moralischen Kraft, eines ethischen Impulses, um den Menschen zum Kampf gegen solche Verhältnisse zu stimulieren. Sozialisten müßten daher „Philantropen" sein, die, ausgehend von einer Idee allgemeiner „Verbrüderung", selbstlos für die Verwirklichung des Zukunftsstaates stritten.[7]

Todts neutestamentliche Exegese läßt nun die sozialistischen Begriffe „Freiheit, Gleichheit, Brüderlichkeit" in neuem Glanze erstrahlen:[8] Sie sind — von ihrem „blutigrevolutionären Inhalte (losgelöst) ... die ewig göttlichen Ideen, von Gott selbst dem in die tiefste Selbstsucht, Knechtschaft und das schmerzlichste Elend versunkenen Menschengeschlechte offenbart. Sie wollen nicht bloß das Verhältnis des sündigen Men-

---

4 Ebda., S. 110.
5 Todt zitiert hier die entsprechenden Passagen aus dem „Gothaer Programm" der Sozialistischen Arbeiterpartei Deutschlands. RDS, S. 113.
6 Ebda., S. 112.
7 Ebda., S. 113.
8 „Erst das Christentum hat diese drei Begriffe der Freiheit, Gleichheit und Brüderlichkeit in ihrer vollen Tiefe und Wahrheit aufgestellt; der Sozialismus dagegen hat sie wieder verflacht." RDS, S. 116

schen zu Gott bestimmen, sondern auch das Verhalten der Menschen untereinander beleuchten und ordnen."[9]

Das Neue Testament behaupte und proklamiere ausdrücklich die physische und moralische Gleichheit der Menschen. Alle Menschen seien Sünder vor Gott, aus seiner Gemeinschaft herausgetreten und somit gleichermaßen der rettenden Gnade Gottes bedürftig. Vor Gott sei kein Ansehen der Person, und keiner dünke sich besser als der andere. Zwar blieben wohl die „natürlichen Unterschiede der Begabung, des Alters und der Geschlechter bestehen, aber die künstlichen Unterschiede werden durch ihn (Jesus Christus, J. K.), falls sie der Selbstsucht und dem Hochmut dienen sollen, aufgehoben."[10]

Todts Rede von den „künstlichen" und „natürlichen" Unterschieden signalisiert, daß er zu einem in der konservativen Theologie und Ethik weit verbreiteten Stereotyp auf Distanz geht: Die schöpfungsmäßige Ungleichheit bedinge auch alle anderen gesellschaftlichen Ungleichheiten und Unterschiede. „Naturgemäß" müsse es danach Arme und Reiche geben. Eine Sozialreform, die auf Ausgleich der Unterschiede zwischen arm und reich ziele, sei daher unsinnig und widergöttlich. Gegen eine solche Auffassung macht Todt entschieden Front: Das Neue Testament verkündige die „physische, moralische und religiöse Gleichheit aller Menschheit, d. h. die leiblich-organische, die Gleichheit in der Sünde und vor der Gnade."[11]

Das Neue Testament fordere im Zusammenleben der Menschen nicht das Unmögliche: die Aufhebung natürlicher Unterschiede. Wohl aber verneine es „Klassengeist" und den „Particularismus der höheren Lebensfreuden"[12], denn die Universalität des Evangeliums lasse keinen Raum für die Abschließung der Klassen gegeneinander oder gar der Herrschaft der einen über die andere. Das Neue Testament postuliere deshalb auch eine Umsetzung der prinzipiellen Gleichheitsforderung in das praktische Leben, ob es sich nun um die ökonomische oder politische Sphäre handele.

Aus dem Geist der brüderlichen Liebe solle der Christ stets auf Ausgleich der Unterschiede drängen wie es schon in der Urgemeinde geschehen sei. Erneut erblickt Todt in der Methode zur Durchsetzung politischer und sozialer Forderungen den gravierenden Unterschied zwischen Christentum und Sozialismus. Der Sozialismus wolle mit Zwang erreichen, was das Christentum auf friedlichem Wege, ohne neue Gewaltopfer zu hinterlassen, anstrebe. Einem zwanghaften Vorgehen stehe „das Wort Gottes direkt entgegen."[13]

Ferner stehe das Evangelium auf seiten der Freiheit, weil der Mensch Ebenbild Gottes sei: „Ist der Mensch das Ebenbild Gottes, so ist er auch frei nach seinem Willen, wie das Urbild als absoluter, höchster Geist zugleich höchste Freiheit ist."[14] Die indivi-

---

9 RDS, S. 115.
10 Ebda., S. 117; Zum Beleg führt Todt die bekannten Bibelstellen Apostelgeschichte 10, 34-35; Römer 2, 11; 1. Korinther 3, 8 und Galater 3, 28 an.
11 RDS, S. 117.
12 Ebda., S. 118.
13 Ebda., S. 119.
14 Ebda.; Todt verweist auf die Problematik des Verhältnisses von persönlicher Willensfreiheit und Rücksichtnahme auf die Interessen der Nächsten: 1. Kor. 10, 23; 2. Kor., 9, 7; Philemon 14; Offenbarung 22, 11; 1. Kor. 7, 35; 1. Kor. 8, 9; Gal. 5, 13; 1. Petrus 2, 16.

duelle Freiheit finde ihre Schranke da, wo der Nächste in seinem Freiheitsraum bedrängt werde, und deshalb bejahe der Christ die Obrigkeit als ausgleichende Instanz zwischen den verschiedenen Freiheitsinteressen. Die Freiheit des Willens müsse sich aber auch in der materiellen Freiheit, d. h. der ökonomischen Befreiung der Arbeit, manifestieren.

Unter Verweis auf den Philemon-Brief zeigt Todt, daß das Evangelium einen Geist der inneren Erneuerung schafft, der vor gesellschaftlichen Verhältnissen und Institutionen der Knechtschaft nicht halt macht. Der Apostel Paulus sendet den entlaufenen Sklaven Onesimus zwar zu seinem Herrn Philemon zurück und dokumentiert somit, daß er sich nicht für befugt hält, auf die Abschaffung des Institutes der Sklaverei zu drängen: „Wohl aber verkündet er und vertheidigt er Grundsätze, bei deren recht- und gleichmäßiger Anwendung die Sklaverei alles Harte und Unchristliche verliert und zuletzt unvermeidlich abgeschafft wird, ohne darum revolutionär in die verschiedenen Ordnungen und Classen des gesellschaftlichen Lebens einzugreifen ... Denn wo der christliche Geist energisch die innere Erneuerung vollzog und die evangelischen Grundsätze der Gottesebenbildlichkeit und Gleichheit in Christo und vor dem Vater für alle Menschen zur Anerkennung brachte, da ist auch die Sklaverei abgeschafft. Der gesunde christliche Geist, wo er in einer Nation zur Herrschaft gelangt ist, stößt von selbst diesen schmachvollen Auswuchs der heidnischen Vernichtung der gottesebenbildlichen Persönlichkeit aus."[15]

Auslegungsgeschichtlich betrachtet, stellt sich Todt energisch auf die Seite derer, die aus der durch Christus gewirkten gleichen Freiheit im Geiste notwendige materielle Wirkungen (die Gleichheit in den sozialen Ordnungen) schlußfolgern.[16] So wie das Christentum gegen die Sklaverei als auch gegen mittelalterliche Formen der ökonomischen Knechtschaft Partei ergriffen habe, so müsse es nun auch die moderne Form der Sklaverei — die kapitalistische Ausbeutung — verurteilen.

Zum Abschluß der Erörterungen über den neutestamentlichen Freiheitsbegriff verdeutlicht Todt den engen Zusammenhang der Freiheit von „Sünde und Gesetzesknechtschaft" und der leiblich-materiellen Freiheit. Voraussetzung für eine wahrhaft freie Existenz ist für Todt die Annahme des in Jesus Christus geschehenen Rettungswerkes. Hier denkt er ganz in den Bahnen lutherischer Rechtfertigungslehre. Aber schon die Folgerungen aus dem rettenden Ereignis in Jesus Christus heben ihn über die üblichen theologischen Denkschemata hinaus: „Und involviert die eigene Freiheit von den Fesseln der Sünde durch Christum nicht auch, daß der Nächste frei werde und frei bleibe von den Fesseln, in die ihn meine Selbstsucht gebracht hat, — daß eine Klasse frei werde von der Knechtschaft der sündigen wirtschaftlichen Ausbeutung und politischen Vergewaltigung, in die sie eine andere Klasse schlagen will? Bedingt sie also nicht die ökonomische und politische Freiheit?"[17]

---

15 RDS, S. 122 f.

16 Die Auslegung des Philemon-Briefes ist in der christlichen Tradition sehr umstritten. Fordert Paulus zur materiellen Abschaffung der Sklaverei auf oder insistiert er nur auf die „Freiheit des Geistes"? Vgl. zur Auslegungsgeschichte: Peter Stuhlmacher, Der Brief an Philemon. Zürich/Köln 1975. (bes. S. 46 ff. zum Sklaverei-Problem) und S. 58 ff. zur Auslegungsgeschichte im 19. Jahrhundert.

17 RDS, S. 129.

Wir schließen unsere Betrachtung des ersten Prinzips des „Radikalen deutschen Sozialismus" mit dem Begriff der Brüderlichkeit, ab, wie ihn Todt neutestamentlich exegesiert und gegen den sozialistischen Begriffsinhalt stellt. Für die Sozialisten sei die Brüderlichkeit eine moralische Kraft zur Erreichung des Zieles: Freiheit und Gleichheit. Die Notwendigkeit einer moralischen Grundlegung des politischen Kampfes sei leicht einzusehen: Weil die kollektive Anstrengung dem einzelnen zum Schluß ein begehrenswertes Ziel in Aussicht stelle, mithin der Gemeinsinn dem Individuum den größten Vorteil biete, deshalb müsse man sich „brüderlich" zusammenschließen. Todt folgert daraus: „Der Sozialist liebt also im Grunde aus Selbstsucht. Er borgt sich den Begriff der brüderlichen Liebe vom Christenthum; aber unter seinen Händen wird derselbe sofort seines schönsten Merkmales beraubt. Dieses ist nicht die einfache Selbstverleugnung, das Zurückdrängen des selbstischen Interesses, sondern die Selbsthingabe an den Anderen und für den Anderen."[18]

Wahre Brüderlichkeit finde sich nur im Christentum; das Neue Testament kenne die Gotteskindschaft, welche zugleich die Brüderlichkeit aller Menschen impliziere. Gott wurde dem Menschen Bruder, und so muß sich die Bruderliebe auch in allen anderen Lebensbereichen auswirken: „Muß sie sich nicht bethätigen durch die werkthätige, helfende, schützende Liebe Eines gegen den Anderen, des Stärkeren gegen den Schwachen, des Hohen gegen den Niederen, des Reichen gegen den Armen? Muß sie nicht der Nerv jeglicher Gesetzgebung sein, sowohl auf politischem wie wirtschaftlichem Gebiete? Ja, muß sich diese brüderliche Liebe nicht endlich auch darin in einem Volk erweisen, daß alle diejenigen, welche an der Güterproduction für die Gesammtheit arbeiten und den sogenannten Nationalwohlstand hevorbringen, nun auch einen etsprechenden Antheil an der Güterconsumtion, an diesem Product ihres Schaffens, dem Nationalwohlstand erhalten?"[19]

7.2 Privateigentum oder Gesamteigentum?

Entscheidender Bestandteil der sozialistischen Gesellschaftskritik ist die Kritik der bürgerlich-kapitalistischen Eigentumsverfassung, sowohl im Bereich der industriellen Produktion als auch auf dem flachen Lande, wo die ehemals feudalen Großgrundbesitzer längst zu kapitalistischen Produktionsmethoden übergegangen waren. Todt läßt zunächst die Sozialisten selbst zu Wort kommen und zitiert mit Sorgfalt die entsprechenden Passagen aus dem Gothaer Programm sowie aus den Beschlüssen der Internationalen Arbeiterassoziation auf den Kongressen in Brüssel (1868) und Basel (1869). Die Interpretation der Beschlüsse entnimmt er Liebknechts Schrift „Zur Grund und Bodenfrage".[20] Die wichtigsten Ergebnisse der Liebknecht'schen Untersuchung stellt Todt sachlich und ohne die — im bürgerlich-liberalen und konservativen Lager verbreiteten — antisozialistischen Phrasen heraus: Rechtshistorisch betrachtet unterlag das Eigentum

---

18 Ebda., S. 130.
19 Ebda., S. 132.
20 Ebda., S. 135 ff.; Ebda., S. 138 ff.

stets wechselnden Formen. Von einem unwandelbaren Eigentumsprinzip könne daher nicht gesprochen werden. Die historische Betrachtung liefere darüber hinaus den Beweis, daß zu unterschiedlichen Zeiten die Verwandlung des Privateigentums in gemeinschaftliches Eigentum eine ökonomische Notwendigkeit gewesen sei, um eine bessere und rationellere Bewirtschaftung des Landes zu gewährleisten. Das Gesamteigentum an Grund und Boden besitze ferner eine eminente politische Funktion, indem es die Herrschaft der Eigentümer über die Nichteigentümer ausschließe und damit eine Gemeinschaftsschädlichkeit verhindere. Die historische Betrachtung zeige, daß der Staat bewußt das Prinzip der Sozialpflichtigkeit des Eigentums über die private Nutzung immer dann gestellt habe, wenn der Gemeinschaft unübersehbare Gefahren durch den Mißbrauch der privaten Verfügungsgewalt entstanden seien.

Todt schließt sich im großen und ganzen der Argumentation Liebknechts an, verwirft aber — was nicht verwunderlich ist — dessen These, daß der Protestantismus die Religion des Privateigentums geworden sei.[21] Er erhärtet die Thesen Liebknechts vom historisch wandelbaren Charakter des Eigentums, indem er die Auffassungen verschiedener bürgerlicher Nationalökonomen im Zusammenhang diskutiert. Sodann wendet er sich der Frage zu, auf welche Weise das Privateigentum jenen angeblich unantastbaren Charakter gewonnen habe, so daß die Kritik an ihm a priori als anarchistisch perhorresziert werden konnte. Entscheidend ist für Todt hier die besondere rechtliche Fassung, der juristische Ausdruck des Privateigentums im Erbrecht, das auf römische Quellen zurückgehe. Liebknecht habe diese Tatsache auch deutlich herausgestellt. Man brauche aber „kein Socialist zu sein..., um die bestehenden Erbschaftsordnungen mit kritischen Augen zu betrachten."[22]

Am römischen Recht entzündet sich die scharfe Kritik Todts der gegenwärtigen Eigentumsverfassung. Mit dem großen Rechtsgelehrten *Rudolf von Ihering*[23] ist Todt der Auffassung, daß das römische Recht auf dem Gedanken der Autonomie des Individuums beruhe. Der „Grundzug" des römischen Wesens aber sei „die Selbstsucht", ja eine Art „disziplinierter Egoismus"[24], der schwerlich mit den Interessen der Gemeinschaft zu harmonisieren sei. Dagegen stellt Todt das germanische Recht, das „Ausfluß des Sittengesetzes" und mithin „göttlichen Ursprungs"[25] sei. In dem gegenwärtigen Gesellschaftszustand, der die Interessen der Privateigentümer stets dem gemeinschaftlichen Interesse überordne, sei eine Rückkehr zum Recht der Ahnen geboten, das den Gemeinsinn und das brüderliche Miteinander betone.[26] Wenn nun aufgrund solcher Überlegungen die Reformbedürftigkeit des gesamten modernen Rechtes konstatiert werden müsse, so „können wir auch nicht vor Entsetzen erblassen über die Forderungen des

---

21 Ebda., S. 168 ff.

22 Ebda., S. 174; Todt läßt hier eine Reihe von Autoritäten Revue passieren von Hugo Grotius bis Adolf Wagner. Ebda., S. 170 ff.

23 Rudolf von Ihering (1818 – 1892) hat mit seiner Kritik des römischen Rechts und seinem naturalistischen Ansatz stark auf Rechtsphilosophie und -wissenschaft gewirkt. Todt benutzte sein Werk: Geist des römischen Rechts auf den verschiedenen Stufen seiner Entwicklung. T. I, 1 + 2, Leipzig, 1852 – 58;

24 RDS, S. 175 (Zitat aus Ihering)

25 Ebda.

26 Ebda.

Sozialismus, dies Recht ganz aufzuheben und an seine Stelle ein anderes, neues zu setzen."[27]

Todts neutestamentliche Exegese zum Problem des Eigentums zeigt uns eine ausgewogene Analyse, die zwischen den Polen einer individuell-idealistischen und urkommunistisch-materiellen Interpretation liegt: Das Neue Testament beschränke sich weder auf die „Vertikale" im Verhältnis Gottes zum Menschen noch stelle es eine „Wirtschaftstheorie" auf.[28] Das Neue Testament verurteile an verschiedenen Stellen das Schätzesammeln, den Mammonsgeist und die Übervorteilung des Armen durch den Reichen, enthalte aber keine konkreten Vorschriften zu einer Gestaltung des Wirtschaftslebens. Die Sendung Jesu war singulär: Wenn Jesus sich zu Fragen des Eigentums und der Produktion äußerte, so geschah dies pragmatisch, von den tatsächlichen Verhältnissen ausgehend, und diente der Verdeutlichung seiner Sendung: die Versöhnung des Menschen mit Gott.

Paulus lehnte jeden Eingriff in die positive Eigentumsordnung ab (Römer 8, 18, 35-38), da er ganz in der Erwartung des baldigen Kommens Christi stand und die irdischen Verhältnisse für ihn den Charakter des rasch Vergänglichen trugen. Die berühmten Passagen in der Apostelgeschichte[29], aus denen Sozialisten gern einen „Urkommunismus" deduzierten, deuteten indes nicht auf solche Schlußfolgerungen hin. Todt belegt seine Thesen mit akribischer Sorgfalt, wobei aber manche Interpretation zu exegetischer Akrobatik gesteigert wird.[30]

Nach allem Für und Wider kommt Todt zu dem Schluß, daß es neben dem fortbestehenden Privateigentum „doch auch keimartig die Idee der Verwandlung des Privateigentums an Grund und Boden, wenn auch nicht in Gesammteigentum, so doch in ein gewisses partielles Gemeinschaftseigenthum" gab und man daher vom Neuen Testament aus „die sozialistische Idee der Verwandlung des Privateigentums an Grund und Boden in Gesamteigenthum" nicht für „verbrecherisch" oder „satanisch" erklären könne.[31]

Das heißt konkret:

a) Das Neue Testament kennt keine historisch unwandelbare, angeblich ewig-göttliche Eigentumsordnung. Es stellt keine Prinzipien über eine „christliche" Eigentumsverfassung auf.

b) Die Mitte des Neuen Testamentes bildet das von Jesus Christus ausgesprochene *Liebesgebot*. Danach bemißt sich der Charakter einer gegebenen Eigentumsordnung. Der Christ wird jeweils immer neu nach der dem Menschen dienenden Eigentumsverfassung fragen und sich von Christi Liebesethik leiten lassen.

---

27 Ebda., S. 176.

28 Ebda., S. 185.

29 Apg. 2, 42-47; 4, 32-36.

30 Vgl. zum Beispiel: Todts Auslegung von Apg. 4, 32 (RDS, S. 188 ff.) wirkt nicht überzeugend belegt. Zum Beleg des Bestehens von Privateigentum in den frühen christlichen Gemeinden lassen sich – weit überzeugendere – Belege anführen; z. B. Apg. 18, 8 spricht von einem Synagogen-Vorsteher Crispus, der ohne Zweifel zur Oberschicht gehörte und sein Privateigentum behielt. Die Apg. erwähnt weitere vornehme Mitglieder der Gemeinde in 18, 7 und 18, 2 + 3. Ferner ist bekannt, wie energisch Paulus gegen Differenzen zwischen arm und reich in der korinthischen Gemeinde auftreten mußte; 1. Kor. 11, 20-21; Dem Verf. scheinen Todts Schlußfolgerungen historisch korrekt zu sein, nur ist der Beleg unzureichend.

31 RDS, S. 191 bzw. 193.

c) Privateigentum oder Kollektiveigentum sind vom Menschen zu verantwortende Eigentumskategorien. Das Neue Testament kennt — wie die Beispiele des urgemeindlichen Lebens erweisen — beide Formen. Christi Gebot legitimiert beide Eigentumsverfassungen, wenn sie dem Zusammenleben der Menschen nützlich sind: „Das Neue Testament respectirt durchweg die menschliche Freiheit, auch in der Art und Weise, wie sich der Mensch auf der Erde und in der Welt äusserlich einrichten will. Es setzt der menschlichen Freiheit nur eine Schranke, nämlich die Liebe Gottes über Alles und die Liebe zum Nächsten wie zu uns selbst. Ist diese innere Lebensbedingung vorhanden, dann acceptirt das Evangelium jede Form des Eigenthums, sei es das Privateigethum an Grund und Boden, sei es das Gesamtheitseigenthum im socialistischen Sinne. Keine Form kann dann absolut schädlich für das Einzel- wie Gesammtwohl sein."[32]

Norma normans bleibt das im Neuen Testament ausgesprochene Liebesgebot. Todt gewinnt von einem solchen Standpunkt aus eine ganz andere Freiheit in der Beurteilung sozial-ökonomischer Strukturen als viele seiner konservativen Amtskollegen. Hier liegt seine eigentliche Originalität. Auf diese Weise kann er auch die sozialistische Ideenwelt vorbehaltloser und vorurteilsfreier prüfen, ohne den Sozialismus a priori als historisch illegitim verwerfen zu müssen.

Im Blick auf die Eigentumsfrage geht es ihm um das zentrale Problem: cui bono? Wem dient die jeweilige Eigentumsverfassung? *Danach* trifft er seine Entscheidungen, bewußt einkalkulierend, daß das Neue Testament nur Rahmenbedingungen setzt, die vom Menschen in freier Entscheidung ausgefüllt werden müssen. Dies geschieht in der Weise einer Herstellung von *Analogien;* zwischen dem Neuen Testament und der gesellschaftlichen Wirklichkeit. Das sich für Todt dabei ausgerechnet der Sozialismus als analogie- und dialogfähig erwies, war das Anstößige für die evangelisch-konservative Theologenschaft seiner Zeit. Todt billigt die Republik als eine mögliche Form der staatlichen Organisation und er sieht in der christlichen Gemeinde eine Entsprechung, ja er erblickt im Gemeinschaftseigentum an den Produktionsmitteln einen tiefen, sittlichen Gehalt.[33]

7.3 Die gesellschaftliche Organisation der Arbeit: Produktiv-assoziationen, „voller Arbeitsertrag" und Genossenschaftsstaat

Wenn Todt im folgenden zu langwierigen, oft ermüdenden Ausführungen anhebt, so können wir ein besonderes Interesse an dem System der gesellschaftlichen Arbeit vermuten. Seine Anthropologie zielt auf den Menschen, als einem vor allem arbeitenden Wesen. Höchste Aufmerksamkeit gilt daher der Sphäre von Arbeit und Produktion. An den Anfang unserer Rekapitulation der Todtschen Gedankengänge stellen wir somit eine kurze Erläuterung seines Arbeitsbegriffes, den er im Zusammenhang mit dem „vollen Arbeitsertrag" diskutiert.

---

32 Ebda., S. 193.
33 Ebda.

7.3.1 Todts Arbeitsbegriff

Todt versteht Arbeit als diejenige „selbstbewußte Thätigkeit", die den Menschen aus dem Tierreich als einzigartig heraushebt: „Nur der Mensch kann wahrhaft arbeiten, weil er sich seiner selbst bewußt ist und Selbstbestimmung hat, d. h. weiß, was und wozu er es thut ... Arbeit ist also selbstbewusste Thätigkeit."[34] Geistige und körperliche Arbeit gehören eng zusammen. Arbeit ist immer teleologisch zu fassen, d. h. eine Tätigkeit ist nur „Arbeit" zu nennen, wenn sie auf das Ziel, die Hervorbringung eines Zweckes, gerichtet ist. Somit kommt Todt zu folgender Definition: „Arbeit ist selbstbewußt, mit Mühe verbundene körperliche und geistige Thätigkeit zum Zwecke der Hervorbringung irgend eines Gutes."[35]

Die Arbeit konstituiert den Menschen erst als Menschen: „Die menschliche Arbeit ist ... die Auswirkung des ganzen Menschen, der Mensch selbst."[36] Arbeit heißt Selbstverwirklichung, Zu-Sich-Kommen, ja Menschwerdung des Menschen. Sie gehört zum Bereich der sittlichen Persönlichkeit und wird von Gott her beglaubigt und geheiligt. Dieser Arbeitsbegriff kommt der materialistisch-anthropozentrischen Sicht der menschlichen Arbeit, wie sie Marx in seinen Frühschriften entfaltet hat[37] und wie sie in der sozialistischen Theorietradition weitergetragen wurde, sehr nahe. Todt diskutiert den möglichen Gegensatz zwischen einer primär spiritualistisch-schöpfungsmäßigen Sicht des Menschen und seiner Arbeit und der materialistischen Grundauffassung nicht explizit. Er ist mit seinem wirklichkeitsnahen, materialistisch orientierten Arbeitsbegriff jedoch weit über die herkömmliche ethisch-theologische Auffassung vom Menschen als dem von Gott geschaffenen Geistwesen hinausgegangen. Treffend schreibt Brakelmann: „Für ihn gibt es nicht mehr den Menschen an sich, über den theologisch reflektiert werden kann und über den theologische Aussagen gemacht werden können, sondern nur den wirklichen Menschen, der in seinem faktischen Sein durch die Wirklichkeit seiner Arbeit in der Welt bestimmt ist. Der arbeitende Mensch rückt hier in den Mittelpunkt theologischer Reflexion. Todts theologisches Denken ist bemüht, den Menschen als ein in gesellschaftlicher Kommunikation stehendes ens sociale zu fassen."[38]

So liegt es auf der Hand, daß Todt den gesellschaftlichen Bedingungen besondere Aufmerksamkeit widmet, denen menschliche Arbeit unterliegt, in denen der Mensch sich bewähren muß. Er stößt auf die kapitalistische Gesellschaftsordnung und konstatiert, daß diese die menschliche Arbeit zur Ware degradiere, die sittliche Würde und den höheren Zweck der Arbeit in ihr Gegenteil verkehre. Arbeit sei zu einem bloßen Instrument der nackten Existenzsicherung herabgesunken. Darin ist Todt mit den Sozialisten einig. Aus dem „Kapital" zitiert er lange Passagen, die die Marx'sche Mehrwert-Theorie

---

34 RDS, S. 276.
35 Ebda., S. 277; S. 26.
36 Vgl. auch S. 28, wo Todt Arbeit als „das Sich-Auswirken des ganzen Menschen nach seiner leiblichen und seelischen Doppelnatur" bezeichnet. Arbeit sei „des Menschen Ehre und Würde", ja „der Mensch selbst."
37 Vgl. dazu bes. Karl Marx, Nationalökonomie und Philosophie. (Ökonomisch-philosophische Manuskripte) MEW-Ergänzungsbd. I, S. 512 ff. und Marx, Das Kapital I. MEW Bd. 23, S. 192 ff. Vgl. den Artikel „Arbeit" im Kritischen Wörterbuch des Marxismus, Bd. 1, Berlin 1983. S. 81 ff. und im Lexikon des Sozialismus. Köln, 1986. S. 33 ff.
38 Brakelmann, Kirche und Sozialismus, S. 220.

zum Gegenstand haben, und kommt zu dem Ergebnis, daß die These von der „Ausbeutung des Menschen durch den Menschen" vollständig der Wirklichkeit der gegenwärtigen Gesellschaft entspreche.[39] Die „Wahrheit der sozialistischen Anklage"[40] habe Marx überzeugend nachgewiesen.[41]

Die Änderung solcher Verhältnisse ist sein erklärtes Ziel und unter diesem Aspekt wendet er sich dem Problem zu, wie denn die gesellschaftliche Organisation der Arbeit beschaffen sein müsse, um der menschlichen Arbeit Adel und Würde zurückzugeben. Solche Prämissen bilden die Ausgangsbasis seiner Auseinandersetzung mit den sozialistischen Konzeptionen zur Befreiung der Arbeit.

7.3.2 Produktivassoziationen

Das sozialistische Prinzip der genossenschaftlichen Produktion ergibt sich für Todt logisch aus den beiden voraufgegangenen, denn sowohl gemeinschaftliches Eigentum als auch politische Partizipation im Rahmen einer freien Republik erfordern gleichgeartete Regelungsmechanismen im ökonomischen Bereich. Dies sollen die von Lassalle erstmals popularisierten „Produktivassoziationen" leisten.[42]

Todt faßt die Grundgedanken Lassalles knapp zusammen und belegt sie mit einer Fülle von Originalzitaten. Ähnlich ausführlich kommen die Erläuterungen des letzten Präsidenten des ADAV vor dem Vereinigungsparteitag 1875, Wilhelm Hasenclever, zu Wort.[43] Wir beschränken uns hier auf die wesentlichen Resultate:
— In den Produktivassoziationen (PA) ist der Gegensatz zwischen Kapital und Arbeit aufgehoben.
— Der Staat soll zur Gründung von PA den Arbeitern Geld (Kapital) vorstrecken.
— Eigentum der Arbeiter ist der von ihnen in den PA erzeugte Wert.
— Aus den PA soll sich schließlich die allgemeine Organisation der Arbeit, der „genossenschaftliche Staat" entwickeln.

Die Produktivassoziationen sollen nicht wie bessere Hilfskassen funktionieren, denn deren unmittelbare Subsidiarfunktion sei außerordentlich begrenzt und biete keinen Ansatz zur allmählichen Überwindung des kapitalistischen Systems.

Todt sieht sehr wohl mit Hasenclever die Probleme, die jene neue genossenschaftliche Produktionsweise im Prozeß ihrer schrittweisen Einführung mit sich bringen würde. Es gelte „einmal die capitalistische Privatindustrie zu besiegen, sodann alle Arbeiter für die Gleichheit und das Zusammenwirken empfänglich zu machen."[44] Hasenclever erkennt bereits, und Todt sekundiert ihm verständnisvoll, die Schwierigkeiten, die innerhalb der Arbeiterschaft selbst zu bekämpfen seien: Herstellung von Lohngerechtigkeit für eine heterogene soziale Gruppe vor dem Hintergrund des Kampfes

---

39 RDS, S. 278 und S. 286.
40 Ebda., S. 279.
41 Ebda., S. 280 ff.
42 Mit Recht weist Todt auf die lange Tradition der Forderungen nach Produktivassoziationen in der Arbeiterbewegung hin. (RDS, S. 196 ff.)
43 Ebda., S. 203 ff.
44 Ebda., S. 204.

gegen die kapitalistische Produktion. Dennoch kommt Todt nach Abwägen des Für und Wider von Produktivassoziationen zu der Schlußfolgerung, daß „im großen Maßstabe geschaffene Produktivassoziationen der Privatindustrie entschieden im Concurrenzkampfe überlegen sind, sodaß sie die letztere zwingen, gegen eine Entschädigung, Ablösung oder Rente sich in Produktivassoziationen umzuwandeln, und daß ferner die Produktivassoziationen innerlich eine neue Austauschmethode entwickeln, die auf Organisation und Taxation beruht, statt auf planloser Speculation und auf Kauf, wie die heutige Gesellschaft. Indem also die Produktivassoziationen mehr und mehr die ganze Production einschließen, veändern sie die moderne Gesellschaft von Grund aus zur socialistischen.“[45]

Todt weiß natürlich wie umstritten die Konzeptionen Lassalles in der damaligen deutschen Arbeiterbewegung waren und macht auf jene Interessengegensätze aufmerksam. Das Gothaer Programm bezeichnet er als eine „Kombination der Marx'schen und Lassalle'schen Ideen“[46] wobei ihm die Vorstellungen Lassalles aufgrund der einzuschlagenden Wege und Mittel weitaus sympathischer sind.[47]

In richtiger Einschätzung der politischen Kräfteverhältnisse mißt er der Marxschen Position eine geringere Bedeutung zu, eine Tatsache, die er durch Hinweise auf die Beschlüsse der „Internationale“ zu belegen versucht, in denen durchweg auf die Notwendigkeit der Bildung von Gewerksgenossenschaften hingewiesen wird. Fraglich bleibt, ob die Beschlüsse der „Internationalen Arbeiterassoziation“ tatsächlich auf die Errichtung von PA zielten. Die vagen Formulierungen lassen keinen eindeutigen Schluß zu. Anzunehmen ist jedoch eher der Gedanke von politischen Interessenvereinigungen der Arbeiter zur Durchsetzung sozialer und politischer Forderungen. Produktivassoziationen auf der Basis staatlicher Hilfe („Staatskredit“) zu verlangen, wäre für die von Marx inspirierte Internationale eine Unmöglichkeit gewesen. Marx hat ja an diesem Programmpunkt der SDAP dann auch scharfe Kritik geübt.[48]

Für Todt ist die Konzeption einer genossenschaftlichen Vereinigung der Arbeiter zum Zwecke gemeinsamer Produktion und Konsumtion ökonomisch sinnvoll und in praxi verifiziert: „. . . es kann . . . unmöglich noch heute Jemand die Assoziation für etwas Unvernünftiges oder Verderbliches erklären.“[49]

Die genossenschaftliche Arbeit sei die „Kehrseite der Arbeitsteilung“, denn die fortschreitende Maschinisierung habe auch zugleich den Boden für die Entstehung von PA bereitet. Die Maschine erzeuge sozusagen mit „ethischer Notwendigkeit“ die Einrichtung von Genossenschaften.[50] In der neutestamentlichen Exegese gewinnt die christliche Gemeinde — wie schon an anderen Stellen — die Funktion einer Analogie zur Assoziation.[51] Todt faßt die Gemeinde als einen „Leibesorganismus“, der sich herkunftsmäßig

---

45 Ebda., S. 209.
46 Ebda., S. 213.
47 Ebda., S. 210 ff.
48 Vgl. dazu: Karl Marx, Randglossen zum Programm der deutschen Arbeiterpartei. MEW Bd. 19, S. 13 ff.
49 RDS, S. 228.
50 Ebda. Die Funktion der Maschine im System des Kapitalismus erläutert Todt am „Kapital“ von Karl Marx. MEW Bd. 23; Ebda.
51 RDS, S. 242 ff.

natürlich von der säkularen Assoziation unterscheide, dennoch die gleichen Merkmale, gemeinsame Tätigkeit, gemeinsames Ziel, einheitliche Leitung, und Solidarität der Interessen aufweise: „Indem ... das Neue Testament das christliche Gemeindeleben mittelst des Bildes des menschlichen Leibes auf das Prinzip der Genossenschaft hinweiset, erkennt es das letztere überhaupt als solches in seiner vollen natürlichen und moralischen Berechtigung an."[52]

Die gegenwärtige kapitalistische Organisation der Produktion verdiene aus der Sicht des Neuen Testamentes scharfe Kritik: Sie folge ausschließlich den Maximen höherer Rentabilität und gesteigerten Profits, nicht aber der „Erbauung des Ganzen in allen seinen Gliedern."[53] Daher erkläre sich das Neue Testament ausdrücklich gegen die kapitalistische Produktion und ihre unausweichlichen Folgen: Klassenherrschaft und Klassenknechtschaft. Das Neue Testament billige dagegen den Gedanken der sozialistischen Produktionsassoziationen, weil letztere den Zielen christlich-gemeinschaftlichen Lebens viel näher komme: „Hier soll keine einseitige Schätzung der Glieder stattfinden, sondern das Gesammtwohl für die ganze Wirksamkeit der Genossenschaft maßgebend werden. Hier soll das Product der Thätigkeit genau wie bei dem normalen Leibesorganismus nicht dem einen oder anderen Gliede oder dem leitenden Geiste in hervorragender Weise zufließen, sondern die ganze Genossenschaft soll in harmonischer und gerechter Vertheilung an der Frucht der Arbeit participieren."[54]

Wenn wir die eingangs angesprochenen anthropologischen Prämissen Todts auf den Assoziationsgedanken anwenden, so liegt der Schluß nahe, daß für ihn erst die Assoziation dem einzelnen Menschen die Wesensverwirklichung als Mensch ermöglicht. Der assoziierte Mensch produziert und konsumiert in Freiheit, er ist gleichermaßen um das individuelle wie das allgemeine Wohl besorgt. In der Assoziation findet die Befreiung zu sich selbst und zum anderen hin statt. Ausbeutung und Knechtschaft gehören der Vergangenheit an. Parallelisieren wir diesen Gedanken mit den Aussagen von Marx über den Menschen in der kommunistischen Gesellschaft, so halten wir mit Brakelmann fest: „Der kommunistische Mensch bei Marx ist der assoziierte, sozialistische Mensch bei Todt ... Die grundsätzliche Sozialität des Menschen ist für Marx in seinem Kommunismusbegriff wie für Todt in seinem Sozialismusbegriff der Nerv aller menschlichen Emanzipationsbewegung im Zeitaler des Manchestertums."[55] Die Wirksamkeit der Assoziation macht Todt jedoch von ihrer christlichen Fundierung abhängig. Wahrhafte Freiheit erlange der Mensch in der Assoziation erst, wenn auch seine Befreiung von Sünde und Schuld Wirklichkeit geworden ist. Hier liegt schon der Ansatz zu einer generellen Kritik am sozialistischen Menschenbild und der sozialistischen Gesellschaftstheorie: Diese können so lange nicht zur vollen Entfaltung kommen bis der christliche Geist sie bestimme.

---

52 Ebda., S. 244; Vgl. die biblischen Belegstellen, die auf Gemeinde als „Leib" verweisen: Römer 12, 4 + 5, 1. Kor. 12, 7-27; Epheser 4, 10; Kolosser 2, 19; 2. Korinther 8, 14.
53 Ebda., S. 245.
54 Ebda.
55 Brakelmann, Kirche und Sozialismus, S. 199.

7.3.3 Der „volle Arbeitsertrag" und der Genossenschaftsstaat

Die Richtigkeit der Lassalle'schen Analysen steht für Todt auch im Blick auf das sogenannte „eherne Lohngesetz" und den daraus folgenden „vollen Arbeitsertrag" fest. Rufen wir uns Lassalles Gedanken zunächst ins Gedächtnis zurück: Im „Offenen Antwortschreiben"[56] entwickelt Lassalle die Theorie des Existenzlohnes, wonach der „durchschnittliche Arbeitslohn immer auf den notwendigen Lebensunterhalt reduziert bleibt, der in einem Volk gewohnheitsmäßig zur Fristung der Existenz und der Fortpflanzung erforderlich ist. Dies ist der Punkt, um welchen der wirkliche Tageslohn in Pendelschwingungen jederzeit herum gravitiert, ohne sich jemals lange weder über denselben zu erheben, noch unter denselben herunterfallen zu können..."[57]

Die ökonomisch-theoretischen Unzulänglichkeiten der Lassalleschen Analyse sind bekannt, wir brauchen sie hier nicht zu wiederholen.[58] Uns interessiert ausschließlich Todts Bewertung der Analyse vom „ehernen Lohngesetz". Er verteidigt ausdrücklich die Gültigkeit des „ehernen Lohngesetzes", zunächst mit Lassalle gegen seine bürgerlichen Kritiker[59] und schließlich auch gegen die Kritik aus dem protestantischen Raum.[60]

Er wiederholt die schon einmal getroffene Feststellung, daß in der Volkswirtschaft zwar nicht mechanische, naturgesetzliche, vom Menschen unbeeinflußbare, Kräfte am Werke seien, das „eherne Lohngesetz" jedoch den Charakter eines „socialen Gesetzes" besitze und mit „Wirkungen eines Naturgesetzes" auftrete.[61] Ihn interessiert offensichtlich weniger die nationalökonomisch-theoretische Seite der Lassalle'schen These, als die nach seiner Meinung gravierenden sozialen Folgen. Gewiß liegt hier bei Todt eine Schwäche in der Bewertung nationalökonomischer Grundsachverhalte. So stellt er Lassalles „Ehernes Lohngesetz" unvermittelt neben die Marx'sche Werttheorie, die er für „scharfsinnig und interessant" hält[62] und durchaus zutreffend rezipiert, ohne sie (wahrscheinlich) ganz verstanden zu haben. Auf theoretische Spitzfindigkeiten kommt es ihm auch gar nicht an: Ihm genügt die Feststellung, daß die Arbeit in eine Ware verwandelt worden ist und wie jede andere auf dem Markt feilgeboten wird.

Die soziale und moralische Kehrseite des Kapitalismus ist Todt Empörungsgrund genug, und er meint, die ökonomisch-theoretische Unanfechtbarkeit der Lassalle'schen und Marx'schen Analysen mit Hilfe von Originalzitaten und unter Nennung bürgerlicher und sozialistischer Gewährsmänner hinreichend dargelegt zu haben. Die ökonomischen Analysen des Sozialismus sind für ihn so gefestigt, daß ein Kampf gegen denselben, vom Boden bürgerlicher Nationalökonomie aus geführt, kaum Aussicht auf Erfolg

---

56 Offenes Antwortschreiben an das Central-Comité zur Berufung eines Allgemeinen Deutschen Arbeiterkongresses zu Leipzig 1863.
57 Hier zit. n. Ferdinand Lassalle, Aus seinen Reden und Schriften, mit e. Einl. v. E. Winkler. Wien-Köln-Stuttgart-Zürich, 1964. S. 111 f.
58 Vgl. als knappen Überblick den Artikel zur Lohntheorie des Sozialismus In: HWW, Bd. V, S. 79 ff.
59 RDS, S. 269 ff.; S. 301 ff.; Lassalles „Beweisführung" sei als „vollkommen gelungen zu betrachten und auch jetzt noch, obwohl immer wieder versucht wird, das eherne Lohngesetz als falsch zu beweisen, ist es unwiderlegt geblieben." (S. 268)
60 RDS, S. 269 ff.
61 Ebda., S. 271.
62 Ebda., S. 280.

verspräche: „Wir behaupten aber, daß sich der Socialismus vom nationalökonomischen Standpunkte aus nie mit Erfolg wird bekämpfen lassen, weil die Socialisten eben gründlichere Nationalökonomen sind als die meisten derer, welche sich auf dem Gebiet der Volkswirthschaft orientirt glauben."[63]

Wenn das „eherne Lohngesetz" stimme, dann seien auch die sozialistischen Forderungen nach dem „vollen Arbeitsertrag" korrekt: Schwierigkeiten sieht Todt nur bei der konkreten Bewertung der in den Assoziationen geleisteten Arbeit, die erst das Recht auf den „vollen Arbeitsertrag" verbürgt. Die hierzu von den Sozialisten formulierten Lösungsvorschläge hält er indes für durchaus akzeptabel.[64]

Das Neue Testament könne das „eherne Lohngesetz" nur als „einen Bundesgenossen für sein eigenes Streben nach Nächstenliebe und Gerechtigkeit willkommen heißen"[65], denn indem Jesus jeden Arbeiter seines Lohnes für wert erachte[66], wolle er gleichzeitig hervorheben, daß jeder ein Recht auf eine menschenwürdige Existenz besitze. Das Neue Testament trete für den „vollen Arbeitsertrag" ein, weil erst jener eine menschenwürdige Existenz gewährleiste. „Es ist klar, daß das Neue Testament entschieden für den vollen Arbeitsertrag im Sinne der einfachen Humanität, des menschenwürdigen Daseins, eintritt. Auf die nationalökonomische Fassung kann es sich selbstverständlich nicht einlassen, ebensowenig wie auf eine Theorie des Werthes."[67]

Neuralgischer Punkt in dem sozialistischen Zukunftsprogramm ist für Todt jedoch der „Genossenschaftsstaat". Hier formuliert er seine stärksten Vorbehalte, obgleich er das ökonomische Prinzip bejaht und gegen liberale Kritiker verteidigt.[68] Er hält den Genossenschaftsstaat aber aus „psychologischen" und „moralischen" Gründen für nicht realisierbar. Diese Kritik wird zum Kern seiner Gesamtkritik am „Radikalen deutschen Sozialismus".

Als *Zwischenbilanz* halten wir fest: Todt hält die Prinzipien des „Radikalen deutschen Sozialismus" ökonomisch für unanfechtbar. Er entdeckt in ihnen weitere Analogien zu neutestamentlichen Grundaussagen: die Prinzipien von Freiheit, Gleichheit, Brüderlichkeit als die „ewig-göttlichen Ideen", das Prinzip der Assoziation als Entsprechung christlich-gemeinschaftlichen Zusammenlebens und schließlich den „vollen Arbeitsertrag" als Ausdruck der christlichen Forderung nach dem gerechten, menschenwürdigen Lohn. Die sozialistischen Zielvorstellungen, die in der Konzeption eines Genossenschaftsstaates gipfeln, hält er immerhin für diskussionswürdig, d. h. prinzipiell auch für dialogfähig. Alles in allem bestehen die Grundprinzipien des „Radikalen deutschen Sozialismus" vor der Kritik des Neuen Testamentes: „Mit Ausnahme des Atheismus, der event. in Aussicht genommenen Zwangsmassregeln bei Einführung des Volksstaates und der Verheissungen auf Herstellung wahrer Glückseligkeit unter den Menschen läßt sich vom Standpunkt des Evangeliums gegen die socialistische Theorie nichts einwen-

---

63 Ebda., S. 305.
64 Ebda., S. 290 ff. (Hier zitiert er den „Neuen Sozial-Demokraten", Nr. 15, 1875).
65 Ebda., S. 307.
66 Ebda., S. 318. Todt zitiert Matth. 10, 9 + 10, Lukas 10, 4 und 5-7.
67 Ebda., S. 319, vgl. auch S. 406.
68 Es waren dies die üblichen, gegen alle *planerischen* und *steuernden* Elemente im Genossenschaftsstaat gerichteten Argumente: z. B. seien persönliche Freiheit, natürlicher Leistungsdrang und reibungslose Versorgung der Bevölkerung mit Konsumgütern gefährdet.

den. Ihre Grundprincipien bestehen nicht nur vor der Kritik des Neuen Testaments, sondern enthalten geradezu evangelische, göttliche Wahrheiten; ihre Anklagen gegen die heutige Gesellschaftsordnung sind größtenteils begründet, ihre Forderungen berechtigt."[69]

---

69 RDS, S. 408.

8 Gesellschaftsanalytische Elemente im Werk Rudolf Todts und die Begründung der Notwendigkeit sozialwissenschaftlicher Studien

Rudolf Todt hat uns keine ausgefeilte Gesellschaftsanalyse hinterlassen. Es geht ihm primär um die Analyse des — zunächst ideengeschichtlich gefaßten — Sozialismus und dann natürlich auch um die gesellschaftsanalytischen Elemente in diesem System. Todt ist „kein irgendwie ursprünglicher Denker gewesen"[1], denn er bildet keine neuen nationalökonomischen Begriffe oder formuliert neue sozialwissenschaftliche Theorieansätze. Seine starke Anlehnung an die staatssozialistische Gesellschaftskritik und die sozialkonservative Programmatik Rudolf Meyers läßt sich überall in seinem Hauptwerk feststellen. Wir wollen einige der verstreuten Aussagen zur Gesellschaftsanalyse im Zusammenhang darstellen.

8.1 Die kapitalistische Gesellschaft

Todt gelangt von einer moralistischen sozialethischen Beurteilung der liberalen Wirtschaftsdoktrinen und des kapitalistischen Systems zur Anerkennung der Analysen von Marx und bejaht in dessen Sinne auch den spezifischen „Systemcharakter" des Kapitalismus. Nach dieser Analyse war eine bloß individualethische Lösung der sozialen Frage, etwa im Sinne einer christlichen Konversion einzelner Mitglieder der herrschenden Klassen, unmöglich (wie es verstärkt die katholisch-soziale Richtung seit 1880 proklamierte); Todt schlußfolgert: Die Wirklichkeit der kapitalistischen Gesellschaft zeige sich in einer „doppelten Tendenz": Zum einen wachse das Privateigenthum sowohl an Geldkapital wie an Grund und Boden in den Händen einer Minorität von schon Besitzenden„ zum anderen nehme jener Bevölkerungsteil zu, der „bis zur gänzlichen Besitzlosigkeit" verarme. So erhebe sich „eine tiefe Kluft zwischen Reich und Arm" bei gleichzeitigem Verschwinden des Mittelstandes, der „von der Großindustrie ... allmählig immer weiter in die Reihen der besitzlosen Arbeither, des Proletariats, zurückgedrängt" werde.[2]

Die Folgen dieser Entwicklung vermag Todt plastisch zu schildern: Die breite Masse des Volkes sehe sich einer ständigen Bedrohung durch Armut und Hunger gegenüber. Die akute Existenzunsicherheit führe unausweichlich zu „moralischer Verrohung" und geistiger Abstumpfung[3], ein geordnetes Familienleben sei nicht mehr gewährleistet, Erziehung und Schulausbildung würden vernachläßigt. Der Arbeiter sei der schrankenlosen Willkür der Unternehmer ausgesetzt und müsse seine Arbeitskraft nach den libe-

---

1 Seils, Die Bedeutung, S. 244.
2 RDS, S. 54 und S. 178.
3 Ebda., S. 54.

ralen Prinzipien von Angebot und Nachfrage auf dem Arbeitsmarkt meistbietend verkaufen. Die sogenannte wirtschaftliche Freiheit sei „in Ausbeuterei übergegangen, welche ihre Opfer nach Millionen zählt."[4]

Der moderne Arbeiter habe nur die Wahl „hier oder dort die eiserne Abhängigkeit vom Capital zu tragen."[5] Die menschliche Arbeit sei zur Ware degradiert, deren Preis (Lohn) sich nach der Spekulation der Kapitalisten richte und der oft genug unter das Existenzminimum sinke.[6] Zur Unsicherheit des Arbeitsplatzes gesellten sich unmenschliche Arbeitsbedingungen: Abstumpfende mechanische Tätigkeit, ungenügende Sicherheitsvorkehrungen an den Maschinen und gesundheitsschädliche Räumlichkeiten. Ebenso katastrophal zeigten sich die Wohnverhältnisse des Proletariats, das seine knapp bemessene Freizeit, die zur Wiederherstellung der Arbeitskraft, dem einzigen Kapital des Arbeiters, dienen solle, in lichtlosen und beengten Mietskasernen verbringen müsse.[7] Besonders scharfe Kritik übt Todt an den unzureichenden gesetzlichen Beschränkungen der Frauen- und Kinderarbeit.[8]

Diesem traurigen Bild stehen nun geradezu empörende Erscheinungen protzig zur Schau getragenen Reichtums gegenüber, welche eine berechtigte Verbitterung in den Reihen der Arbeiterklasse hervorriefen. Ursache solcher Verhältnisse sei das „Manchestertum", die liberale Wirtschaftstheorie, mit ihrem Credo von „Laisser-faire" und „Laisser-passer". Todt erweist sich einmal mehr als entschiedener Gegner des Wirtschaftsliberalismus, indem er die Spekulation und den „Börsenschwindel" der Kapitalisten, dieser „modernen Raubritter", beißender Kritik unterzieht. Die Forderungen der Manchestertheorie nach „unbedingter Gewerbefreiheit, Handelsfreiheit und Freizügigkeit" mündeten in ihrer schrankenlosen Ausführung notwendig in eine erbarmungslose Konkurrenz, ja einen „Krieg aller gegen alle"[9], den nur der wirtschaftlich Starke und Vermögende erfolgreich bestehen könne: „Die schrankenlose Concurrenz als Kampf um das Dasein erdrückt den wirthschaftlich Schwachen, den Unvermögenden... Die Starken, mit ihrem Raube beladen, haben sich gelagert in den Sonnenstrahlen der Concurrenz und preisen die Manchesterdoctrin als den Stein der Weisen; die Schwachen und Augebeuteten bluten aus tausend und abertausend Wunden, die umso schmerzlicher brennen, als die gewährten politischen Freiheiten ihnen sagen: Es könnte anders sein!"[10]

In Übereinstimmung mit den staats- und kathedersozialistischen Theorien begreift Todt die Wirtschaft nicht als ein Feld von ehernen Naturgesetzlichkeiten, sondern als Bedingungsrahmen für ethisch verantwortete menschliche Entscheidungen. Hier sind mit freiem Willen begabte Menschen am Werk, eine Tatsache, die sich mittels historischer Analyse der wechselnden Wirtschaftsformen zweifelsfrei nachweisen ließe.[11] Die kapitalistische Produktionsweise folge nicht „ökonomischen Naturgesetzen, die von Zeit

---

4 Ebda., S. 230.
5 Ebda.
6 Ebda., S. 273 ff; Todt verweist auf Matthäus 20, 1-16 (Gleichnis vom gerechten Weinbergbesitzer.) Schon das Neue Testament kenne Arbeitskraft als „Ware" auf dem Arbeitsmarkt. RDS, S. 309 f.
7 Ebda., S. 375 ff., S. 384 ff.
8 Ebda., S. 366 ff.
9 Ebda., S. 283.
10 Ebda., S. 230.
11 Ebda., S. 271 f.

zu Zeit mit ‚elementarer Notwendigkeit' über das Volksleben hereinbrechen wie die Sturmfluten über die Küstenstriche"[12], sondern sie sei Ausdruck einer spezifischen historischen Entwicklung der abendländischen Gesellschaft. Die kapitalistische Produktionsweise habe das „sittliche Band, welches die Menschheit verknüpfen soll", kaltblütig zerrissen[13], die Gesellschaft sei in unzählige Sozialatome zersplittert, jeder suche den höchstmöglichen individuellen Profit auf Kosten anderer zu erzielen. Leben unter den Bedingungen kapitalistischer Ökonomie sei Leben ohne Mitmenschlichkeit und Solidarität. Klassenkampf und Klassenhaß seien die unausweichlichen Folgen dieses Zustandes.

So sieht Todt in der kapitalistischen Gesellschaftsstruktur einen entscheidenden Faktor der Destruktion von Menschlichkeit und Brüderlichkeit. Eine solidarische Lebensgemeinschaft — wie sie sowohl vom Sozialismus als auch vom Christentum angestrebt werde — sei unter solchen Bedingungen nicht zu verwirklichen.

Hier liegt vielleicht das größte Verdienst Rudolf Todts: er hat vom theologischen Standpunkt aus in eine von bürgerlichen Nationalökonomen und sozialistischen Theoretikern bestimmte Debatte eingegriffen und den Blick der Kirche auf die realen sozialökonomischen Verhältnisse zu lenken versucht. Er hat die dehumanisierenden Folgen der kapitalistischen Ökonomie seiner Zeit erkannt und darum gerungen, sie im Lichte der sozialethischen Normen des Neuen Testamentes als veränderungsbedürftig zu erweisen, wobei er von der biblischen Wahrheit der von ihm herausgearbeiteten sozialethischen Anschauungen des Neuen Testamentes überzeugt war.

8.2 Die Notwendigkeit der Sozialwissenschaften für die Theologie

Schon der erste Satz in Todts Hauptwerk führte uns zu seinem besonderen Verständnis in der Analyse der sozialen Frage. Todt befürwortet, so stellten wir fest, eine interdisziplinäre Zusammenarbeit von Theologie, Ökonomie und sozialistischer Theorie. Er läßt es nun nicht bei der bloßen Forderung bewenden, sondern macht konkrete Vorschläge zur Verwirklichung seines Forschungsziels. Eine unbedingte Notwendigkeit ist für ihn als Theologen das Studium der „Socialwissenschaften". Er vermag sein eigenes Defizit an originaler Fähigkeit zur sozialwissenschaftlichen Gesellschaftsanalyse offenherzig einzugestehen[14] und möchte künftigen Theologen zu einem besseren Verständnis des „Volkslebens" verhelfen. Schon im „Radikalen deutschen Socialismus" weist er verschiedentlich auf die Notwendigkeit sozialwissenschaftlicher Studien hin.[15]

In einer zusätzlichen kleinen Schrift beleuchtet er die angesprochene Thematik ausführlich.[16] Wir wollen i. f. die Grundzüge seiner Argumentation nachzeichnen: Religion, Volkswirtschaft (Nationalökonomie), Staat und Recht gelten Todt als die bestimmenden

---

12 IZ, S. 19.
13 RDS, S. 274.
14 Dies klingt auf den ersten Seiten des Hauptwerkes schon an. Vgl. RDS, S. 2f.
15 Ebda., S. 2f. und S. 510f.
16 Rudolf Todt, Der innere Zusammenhang und die nothwendige Verbindung zwischen dem Studium der Theologie und dem Studium der Sozialwissenschaften. Eberswalde, 1877.

Lebensmächte eines Volkes. Während die Religion als die „bestimmte Gestaltung des menschlichen Lebens, welche sich aus einem Wissen von Gott ergiebt" alle Lebensäußerungen und „Funktionen" des Menschen umfaßt[17], sind Volkswirtschaft, Staat und Recht die empirischen strukturgebenden Komponenten eines geordneten, sinnvollen menschlichen Zusammenlebens. Im Zentrum steht dabei die Volkswirtschaft, denn der Mensch ist „zunächst ein wirtschaftendes und dann erst... recht- und staatenbildendes Subjekt..."[18] Triebfeder seines Handelns ist „das Bedürfnis und zwar das materielle der Nahrung und Kleidung, der Wohnung und Feuerung, sowie der Fortpflanzung... [19]

Es sei nun die Aufgabe der Theologie, das christliche Wissen um Gott wissenschaftlich zu erforschen und lehrhaft zu vermitteln. Die Sozialwissenschaften dagegen strebten danach, „die wirthschaftliche, rechtliche und politische Gestaltung eines Volkslebens nach ihrer Wirklichkeit zu verstehen..."[20] Beide Wissenschaften blieben aber nicht bei der deskriptiven Darstellung und positiven Beschreibung dessen, was ist, stehen, sondern bemühten sich um Verwandlung der realen Wirklichkeit in einen antizipierten Idealzustand. So sei die Theologie dazu berufen, den Menschen zur Erkenntnis Gottes und dem Bewußtsein seiner ewigen Bestimmung zu führen. Ebenso die Sozialwissenschaften. Ihr Ideal liege auf wirtschaftlichem, rechtlichem und staatlichem Gebiete und ziele auf einen harmonischen Gesellschaftszustand, in dem eine „Versöhnung der Einzelinteressen mit dem Gesamtwohl" stattfinde.[21]

Die Gemeinsamkeiten beider Wissenschaften liegen: im Gegenstandsbereich (der mit freiem Willen ausgestattete Mensch); in dem Verhältnis des Einzelmenschen zum Mitmenschen und der gesellschaftlichen Gesamtsituation; in dem Bestreben, die Wirklichkeit des Menschen — individuell wie sozial — einem Idealzustand entgegen zu führen. Jede Wissenschaft ist durch Elemente der anderen ergänzungsbedürftig. Die Sozialwissenschaften benötigen die christliche Ethik, um ihr Ideal einer humanitären, harmonischen Gesellschaftsordnung verwirklichen zu können, und die Theologie ist auf die Erkenntnisse der Sozialwissenschaften angewiesen, um ihrem Auftrag, dem ganzen Menschen Heil widerfahren zu lassen, gerecht werden zu können.

Todt erkennt, daß Theologie und Kirche sich auf falschen Gleisen bewegen, wenn sie die heilmachende Botschaft des Evangeliums ausschließlich an den einzelnen richten und Sündenerkenntnis und Vergebung nur in individuellen Kategorien zu begreifen vermögen. Dagegen komme es darauf an, gerade die verkehrten Zustände und überpersönlichen Strukturen als Ursprung und Ausgang mancherlei individueller Verfehlungen zu erfassen und sich um strukturelle Veränderung zu bemühen. Das bedeutet in der Konsequenz: „Um also von Seiten der Theologie das Einzelsubject richtig in seinen Handlungsmotiven, in seiner Einzelexistenz und seinen individuellen Bestrebungen beurtheilen und theologisch behandeln zu können, ist es nothwendig, dasselbe auch in seinem wirthschaftlichen, rechtlichen und politischen Zusammenhange mit der ganzen Gesellschaft, der es angehört, zu verstehen."[22]

17 IZ, S. 4.
18 Ebda., S. 13.
19 Ebda.
20 Ebda., S. 14.
21 Ebda., S. 17.
22 Ebda., S. 18.

Todt bringt mit Emphase die Kategorie des Gesellschaftlichen in die theologische Betrachtungsweise ein. Der Mensch existiere nicht außerhalb des gesellschaftlichen Zusammenhanges, er sei ein geschichtliches und damit auch veränderungsbedürftiges wie veränderungsfähiges Wesen. Jede persönliche Bewußtseins- und Verhaltensänderung, die vom Evangelium her gefordert werde, müsse auch das gesellschaftliche Umfeld betreffen, die Institutionen ebenso wie die Personen. Das Evangelium meine den Menschen in allen seinen Lebenszügen, also auch in seiner materiellen, wirtschaftlichen Existenz. Eine „Bekehrung" der Institutionen sei ebenso erforderlich wie die des einzelnen.

Todt scheut sich nicht, um die Bedeutung gesellschaftlicher Faktoren für Theologie und Kirche zu unterstreichen, mit materialistischer Begrifflichkeit die Abhängigkeit des einzelnen von gesellschaftlichen Mächten zu umreißen: „Der Wille des Einzelnen ist häufig, ja in den allermeisten Fällen nur der Reflex, das Product jenes gesellschaftlichen Gesamtwillens."[23] Gleichwohl wirken in der Volkswirtschaft, dem Recht und dem Staate keine blinden Naturgesetze, sondern es sind die mit freiem Willen begabten Subjekte, die diesen Gebilden Ziel und Richtung geben. Doch konstituieren die einzelnen eben jenen gesellschaftlichen Zusammenhang, der wiederum auf Institutionen und den einzelnen wirkt.

Es sind aber auch praktische Erwägungen der Bekämpfung des atheistischen Sozialismus, die Todt dazu treiben, sich mit Sozialwissenschaften auseinanderzusetzen. Dies sei das Feld auf dem die Sozialisten vornehmlich zu operieren pflegten. Hier müsse man ihnen entgegentreten, und dazu seien sozialwissenschaftliche Kenntnisse schlechterdings unverzichtbarer Bestandteil einer guten Theologenausbildung. Todt schlägt dazu eine Verlängerung der Studienzeit von drei auf vier Jahre vor und befürwortet eine Streichung der Literatur- und Geschichtsprüfung. Ein sozialwissenschaftlich gebildeter Geistlicher würde für die äußeren Nöte seiner Gemeinde offener sein und den Zusammenhang zwischen „Einzelsünde und Gesellschaftssünde" realistischer erkennen.[24] Die Kirche insgesamt profitiere von solchen Theologen, denn nur indem sie die seelischen *und* leiblichen Bedürfnisse der ihr anvertrauten Menschen kenne, sei sie in der Lage „das Vertrauen nach Unten und Achtung nach Oben" neu zu erwerben und könne dann „den Weg einschlagen, der zu einer wahren Volkskirche führt."[25]

Todts Vorschläge für eine sozialwissenschaftliche Qualifikation der angehenden Pfarrer sind für seine Zeit originell, ja revolutionär. Die theologischen Fakultäten boten zum damaligen Zeitpunkt keine Möglichkeit, Sozialwissenschaften in die Theologieausbildung zu integrieren. Kein theologischer Lehrer hätte auch ernsthaft an die Vermittlung sozialwissenschaftlicher Qualifikationen gedacht. Todts Forderungen waren um 1878 kein anderes Schicksal beschieden als den Mahnungen des Priesters in der Wüste.

---

23 Ebda.
24 Ebda., S. 31.
25 Ebda., S. 31.

9 Die politischen Forderungen des „Radikalen deutschen Socialismus" und Todts sozialkonservatives Reformprogramm für Staat und Kirche

Todt untersucht am Beispiel des Gothaer Programms der Sozialistischen Arbeiterpartei die Forderungen nach Ausdehnung der politischen Rechte und Freiheiten, einer progressiven Einkommenssteuer, dem unbeschränkten Koalitionsrecht, dem Normalarbeitstag, dem Verbot von Kinder- und Frauenarbeit sowie Arbeiterschutzgesetzen, Regelung der Gefängnisarbeit und der Selbstverwaltung aller Arbeiter-, Hilfs- und Unterstützungskassen.[1] Allen diesen Forderungen kann er seine Zustimmung nicht versagen. Sie entsprechen einfach den Grundsätzen von „Gerechtigkeit, Billigkeit und Humanität" und der Staat wäre schlecht beraten, wollte er sie nicht ebenso anerkennen.[2] Todt beruft sich in seiner Beweisführung auf verschiedene − von bürgerlicher Seite vorgenommene − Enquêten zur Lage der arbeitenden Klassen und zeichnet ein erschreckendes Bild gegenwärtigen Arbeiterelends. Die praktisch-politischen Forderungen der Sozialisten sind für ihn der am wenigsten angreifbare Teil des sozialistischen Zukunftsprogramms. Nur brauche man nicht Sozialdemokrat zu sein, um solche Forderungen zu erheben.

Todt zeigt sich als ein Reform-Konservativer mit einem christlich-sozialen Gewissen. Bemerkenswert sind aber die Abschwächungen, ja faktischen Uminterpretationen, die er in dem pragmatischen Teil seines Buches an den vorangegangenen theoretischen Analysen vornimmt.

Hunderte von Seiten hatte Todt im analytischen Teil seines Werkes daran gewandt, den strukturellen Charakter der sozialen Frage darzutun. Das System der kapitalistischen Ökonomie galt für ihn erwiesenermaßen als Ursache aller gegenwärtigen Übel, der Klassenkampf zwischen dem „vierten Stand" und dem „Manchestertum" als Ausdruck jenes in der Struktur des kapitalistischen Systems gründenden Antagonismus. Die Anklagen des Sozialismus erklärte er für berechtigt, die bisherigen staatlichen Reformbemühungen für unzureichend und die sozialistischen Prinzipien für Entsprechungen christlicher Grundsätze. Nun gewinnt der Betrachter den Eindruck, als solle all dies nicht mehr gelten. Die soziale Frage wird unter der Hand zu einem sittlich-moralischen Problem, das in der Gesinnung der ökonomisch Herrschenden seine Ursache finde und sich mithin auch nur dort, auf der Ebene ethischer Appelle, beilegen ließe. Die Emanzipation der Arbeiterklasse, deren Berechtigung Todt so eloquent thematisierte, soll in die Hände anderer gelegt werden. Die Befreiung der Arbeiterklasse darf künftig nicht mehr ihr eigenes Werk, sondern soll das der herrschenden Klasse sein. Todts Maxime lautet unverhohlen: Reform von oben durch Rückkehr zum positiven Christentum! Mission statt strukturellem Wandel.

---

1 RDS, S. 344 ff.
2 Ebda., S. 395.

9.1 Der Grundsatz: Reform von oben

Todt folgt dem Grundsatz, daß die soziale Frage am besten durch ethisch-moralische Einwirkung auf die einzelnen gesellschaftlichen Gruppen gelöst wird. Wir begegnen hier einer eigentümlichen Auffassung von sittlich-moralischen Normen, spezifisch christlichen Grundsätzen und Prinzipien der praktischen Vernunft, alle ineinander verwoben und zu einem Komplex der öffentlichen „Sittlichkeit" zusammengefaßt, die das Verhalten der einzelnen gesellschaftlichen Gruppen beeinflussen soll.

Todt adressiert seine christlich-ethischen Appelle zunächst an die Gruppe der Besitzenden, weil er die soziale Reform als ein Werk „von oben" betrachtet. Die vorher von ihm konstatierten strukturellen Antagonismen im Verhältnis von Besitzenden und Besitzlosen, Unternehmern und Arbeitern, Kapital und Arbeit verschwimmen nun zu Mißhelligkeiten auf der moralisch-sittlichen Ebene der Gesinnung. Die Besitzenden müssen ihre Gesinnung ändern, um ein gedeihliches Zusammenleben von arm und reich zu ermöglichen. Mit beschwörenden Worten stellt Todt den Besitzenden die Folgen ihres „Mammonismus" vor Augen und warnt sie vor dem Ausbruch einer Revolution: Die revolutionäre Erhebung müsse zwangsläufig dann folgen, wenn die Besitzenden allen Reformvorhaben weiterhin feindlich gegenüberstünden. Der Sozialismus sei der Bußruf und das Gericht Gottes über die selbstherrliche Lebensart der Reichen.[3] Schon vom Standpunkt der „practischen Vernunft" müßten sie sich zu den notwendigen Reformen auf sozialem Gebiete herablassen, wollten sie nicht einst der Revolution zum Opfer fallen.

Aber nicht nur der Schrecken vor dem Gericht Gottes sollte sie zu einer Sinnesänderung führen: diejenigen, die sich vom christlichen Pflichtbewußtsein noch nicht emanzipiert haben, werden von Todt an ihre christliche Funktion als „Hausväter" Gottes erinnert. Welcher „Hausvater" aber beutet seinen Knecht aus und übervorteilt den Untergebenen?[4] Als *erste Reformaufgabe* für die Besitzenden formuliert Todt: „1. Daß sie ihren Eigentumsbegriff modificieren..."[5] Die Reichen sollen sich nicht als ausschließliche Eigentümer verstehen, sondern als bloße Verwalter eines Gutes, das Gott ihnen auf Zeit anvertraut habe. Gott sei der Schöpfer und Herr aller Dinge, die Menschen nur die irdischen Nutznießer und Verwalter. Für diejenigen Reichen, die dem Christentum zuneigen, gelten nach Todts Auffassung die biblischen Aussagen vom gerechten Haushalter, der einst Rechenschaft über seine Taten ablegen muß.[6] Wer aber gerecht haushalten will, der muß seinen „Brüdern, mit denen man enger zusammenlebt, die von einem mehr oder weniger abhängig sind, von seinem Überfluß aus den von Gott zur Verwaltung anvertrauten Gütern ein menschenwürdiges Dasein zu schaffen" versuchen.[7]

Auffällig an Todts appellativer Formulierung über die erste Reformaufgabe ist der Ausdruck „modificieren". Todt hatte — wie wir ausführlich darstellten — die Möglichkeit

---

3 Ebda., S. 422 ff.
4 Ebda., S. 424. Todt zitiert Lukas 17, 7-10; Galater 6, 2, 9 + 10.
5 Ebda., S. 427.
6 Ebda., S. 428.
7 Ebda., S. 429.

einer gemeinschaftlichen Eigentumsform für vom Neuen Testament aus gerechtfertigt erklärt. Leitendes Prinzip war dabei die dem Menschen dienende Funktion des Eigentums. Nun verlangt er von den Besitzenden eine „Modifizierung", d. h. er vermeidet es, das Prinzip privaten Eigentums länger in Frage zu stellen. Der Gedanke einer strukturellen Reform wird hier schon fragwürdiger. Einseitig wird den Besitzenden die Initiative zum Abgeben und Teilen ihres übermäßigen Besitzes angetragen. Todt betont zwar, daß er nur zu den *christlichen* Eigentümern spreche und nur von solchen eine Modifikation verlange, während gegenüber den „materialistischen Reichen" der bloße Appell nicht ausreichend sei und der „christliche Staat" mit Zwangsgewalt auf die Einhaltung christlicher „Eigentumsmodifikationen" achten müsse, „woran es dann seiner Zeit auch nicht fehlen wird."[8]

Bezeichnenderweise unterläßt es Todt, die Konditionen eines staatlichen Eingriffes in die private Eigentumsverfassung der bürgerlichen Gesellschaft näher zu erläutern. Auf ebenso tönernen Füßen dürften die Erwartungen stehen, die er an einen freiwilligen Gesinnungswandel, mit den entsprechenden Folgen auf sozialem Gebiet, der Besitzenden knüpft. Auf den ersten Seiten seines Buches klingt das Urteil über die Möglichkeit unternehmerischer Selbstbeschränkung auch weitaus pessimistischer.[9]

Die *zweite Reformaufgabe* der Besitzenden liegt auf gleicher Ebene: Sie besteht darin, daß die Besitzenden „2. der Arbeit ihren sittlichen Wert, ihre Ehre wiedergeben" sollen.[10] Der Arbeiter dürfe nicht länger als Ware behandelt werden, sondern soll als „Gehilfe" seines Arbeitgebers eingestuft und aufgewertet werden.[11]

Die *dritte Reformaufgabe* schließlich enthält die Forderung, daß die Besitzenden „3. wieder zum positiven Christenthum des Neuen Testamentes zurückkehren müssen."[12] Hier findet sich die Basis aller anderen Appelle. Nur das Christentum berge jene ethische Energie in sich, die zur Bewältigung der Reformaufgaben erforderlich sei. Aber noch ein weiterer Grund verweist die Besitzenden auf das positive Christentum: Die Besitzenden sollten aus Gründen der „Klugheit" und des „Selbsterhaltungstriebes" ihre „unbeschreiblich thörichte Position" der Feindschaft zum Christentum aufgeben, denn gerade das Christentum bekämpfe den Sozialismus, der auch der Feind der Besitzenden sei. Die Besitzenden sollten nun, statt in der Abwehr des Christentums mit dem Sozialismus eine „unheilige Allianz" zu bilden, das „Bollwerk des positiven christlichen Glaubens" dankbar annehmen, weil im Kampf gegen den Sozialismus „jedes Schutzmittel in Betracht gezogen und verstärkt" werden muß.[13]

Den „Besitzlosen" ruft Todt in Erinnerung, daß sie „ohne Beistand der Besitzenden und des Staates weder stehen noch gehen lernen."[14] Der sozialkonservative Patriarchalismus, den Todt hier zu erkennen gibt, versteht sich als zeitlich befristet. Zu dem Zeitpunkt der „Mündigkeit" der Besitzlosen sollen diese ihre Geschichte selbst in die Hand nehmen. Todt empfiehlt ihnen während der Übergangszeit die staatlicherseits bereitzu-

---

8 Ebda., S. 427.
9 Ebda., S. 9.
10 Ebda., S. 429.
11 Ebda., S. 430.
12 Ebda., S. 431.
13 Ebda., S. 433.
14 Ebda., S. 436 f.

stellenden „Fortbildungsschulen" zu besuchen, damit sie später ihre politischen Rechte auch adäquat nutzen können.

Unklar bleibt, wann der Zeitpunkt der Mündigkeit erreicht ist, nicht unklar ist dagegen, wer darüber befindet: die Besitzenden. Für Todt ist eine eigenständige politische Interessenvertretung der Arbeiterklasse, die um politische Macht und Einfluß ringt und die sich gegen das Votum der Besitzenden durchzusetzen versucht, eine schlichte Unmöglichkeit. Es macht ja den Hauptinhalt der Kritik Todts an der Sozialdemokratie aus, daß diese sich bewußt außerhalb der herkömmlichen Ordnungen der bürgerlichen Gesellschaft ansiedele und dem gesamten „System" eine prinzipielle Absage erteile. Soziale Reformen scheinen für ihn nur aufgrund einer harmonischen Abstimmung zwischen Besitzenden, Besitzlosen und dem Staat durchsetzbar zu sein, wobei Ständevertreter und der christliche Staat in der Sorge um das „Gesammtwohl" einander zuarbeiten. Todt fordert von den Besitzlosen die Aufgabe materialistischer Gesinnung[15], die Nutzung ihrer — durch Gesetz verbürgten — Rechte und Pflichten[16] und schließlich die „vernünftige Begründung ihrer Klagen und Forderungen."[17] In christlichem Sinne vernünftig ist dabei nur, „was sich auf das geoffenbarte Evangelium zurückführen läßt."[18] Den Besitzlosen wird zugemutet, sich vom Materialismus zu lösen, und das heißt konkret: sich der Sozialdemokratie als politischer Interessenvertretung zu entschlagen und zum „positiven Christentum", sprich: zur Einordnung in das herrschende System, zurückzukehren. Erst dann sei der Weg frei, um mit den Besitzenden und dem Staate „vernünftig" über soziale Reformmaßnahmen zu sprechen.

Es ist kaum verwunderlich, daß diese praktisch-politischen Vorschläge von der Sozialdemoratie scharf kritisiert und verworfen wurden, sosehr man im einzelnen die theoretischen Einsichten begrüßte. In der politischen Konsequenz seiner Theorien blieb Todt für die Sozialdemokratie ein gewöhnlicher Konservativer, dem noch nicht klar geworden war, daß es keinen Weg der Klassenversöhnung gab.

9.2 Die Staatsintervention oder die Reformaufgaben des Staates

Es entspricht der Orientierung Todts an den staatssozialistischen Reformkonzeptionen, daß er in das Zentrum aller Reformbestrebungen den Staat rückt. Der Staat nimmt die vornehmste Stelle aller Reformkräfte ein, weil er grundsätzlich mit einer Autorität ausgestattet ist, die über allen gesellschaftlichen Partikularinteressen steht: Der Staat erhebt sich als Sachverwalter des allgemeinen Interesses über allem engherzigen Parteienhader und allen antagonistischen Klasseninteressen: „Der Nerv der staatlichen Thätigkeit muß sich auf die möglichste Harmonie der verschieden Einzelinteressen mit der Gesammtwohlfahrt richten; er muß die stetige Verwirklichung der persönlichen Freiheit mit den wohlerworbenen Rechten anderer anstreben."[19]

---

15 RDS, S. 436: „Die erste Reformaufgabe für die Besitzlosen sehen wir darin, daß sie ihr Glück, ihr höchstes Gut nicht allein in dem irdischen Besitz und Genuß sehen, wie die Socialisten lehren..."
16 Ebda., S. 438.
17 Ebda., S. 445.
18 Ebda.
19 IZ, S. 14.

Christlich betrachtet ist der Staat eine Konstante göttlichen Ordnungswillens. Gott aber will seine Gerechtigkeit, sein Reich des Friedens und der Versöhnung unter den Menschen sichtbar aufrichten. Er will jeder Vergewaltigung seiner Geschöpfe wehren. Die Obrigkeit soll Gottes Gerechtigkeit auf Erden repräsentieren und für die äußere Wohlfahrt der Bürger sorgen. Nicht zuletzt deshalb bezeichne man den Fürsten im alten deutschen Sprachgebrauch als „Landesvater". Todt greift erneut auf den patriarchalischen Fürsorgegedanken zurück und sieht im Neuen Testament Parallelen. Das Neue Testament erkläre sich nun eindeutig für die Staatsintervention: „Das Neue Testament erklärt sich... seinen ganzen Principien nach, welche es über die Obrigkeit und die Nächstenliebe entwickelt, für die Staatsintervention gegenüber dem unsittlichen Manchesterthum."[20]

Zur Begründung verweist Todt zusätzlich auf das Vorbild der apostolischen Gemeinde zu Jerusalem, die sich „nicht nur mit Almosengeben begnügte, sondern das Übel bei der Wurzel zu ergründen und dieselbe zu beseitigen suchte."[21] Die Gemeinde schritt über die bloße individualistische Ethik der Einzelfallhilfe zu einer Intervention in das Geflecht ungerechter Strukturen fort, indem sie eine breit angelegte Armenversorgung organisierte. Diese „Gemeindeintervention" aber sei der „Prototyp der Staatsintervention."[22] Diese Argumentation wirkt ausgesprochen schief, denn die sozialen Bestrebungen der Jerusalemer Gemeinde sind wohl kaum als strukturpolitische Eingriffe in die ökonomischen Herrschaftsverhältnisse zu bezeichnen. Todt geht aber davon aus, daß schon die planerisch-organisierende Aktion eine Analogie für das Prinzip der Staatsintervention abgebe.

Wir stellten fest, daß er im Abschnitt über den Republikanismus verschiedene Staatsformen für möglich und vom Neuen Testament her für begründbar hielt. Eine reformerische Tätigkeit des Staates ist aber jetzt offensichtlich von dessen autoritativer Verfassung als patriarchalischer Wohlfahrtsstaat abhängig. Als Beleg dient Todt das Bild des „Hausvaters", der seine Kinder vor Unbesonnenheiten schützt.

Todt betont indes an anderer Stelle, daß für ihn die Zeit des „patriarchalischen Verhältnisses" vorüber sei, sowohl im staatlichen als auch im ökonomischen Bereich.[23] Wie passen diese Äußerungen zusammen? Es ist für ihn offensichtlich, daß die gegenwärtige Gesellschaft noch nicht die notwendige Reife für eine nützliche Anwendung republikanischer Freiheiten besitzt. Das allgemeine, gleiche und direkte Wahlrecht ermögliche aber allen Ständen eine politische Interessenvertretung, die ihrem gegenwärtigen Reifegrad entspreche. Ein größeres Maß an politischer Artikulationsmöglichkeit würde voraussichtlich zu verschärften egoistischen Interessenauseinandersetzungen führen, die dem Gesamtinteresse nur abträglich sein könnten. Solange diese Gefahr bestehe und solange die gesellschaftlichen Gruppen nicht „mündig" geworden seien, solange müsse es eine übergeordnete, „weise" Instanz geben, die das Gesamtinteresse unter Umständen auch mit Zwang gegen die Partikularinteressen durchzusetzen imstande sei: „Der Staat soll über den Sonderinteressen und Parteien stehen mit dem Blick väterlicher Für-

---

20 RDS, S. 315 f.
21 Ebda., S. 316; Todt zitiert dabei: Apostelgeschichte 6, 1-4.
22 Ebda.
23 Ebda., S. 460.

sorge für Alle und mit der starken Rechten der Gerechtigkeit."[24] Todt hofft dabei mit allen Sozialkonservativen einseitig auf den monarchischen Staat, in Sonderheit das „erlauchte Geschlecht der Hohenzollern": „Auf der hohenzollern'schen Interventionspolitik ruhte der Segen Gottes von jeher, und dadurch wurden sie das für unser deutsches Vaterland, was sie jetzt sind. Wir meinen: Das Heil kommt von oben!"[25]

Wenn der Staat seiner Fürsorgepflicht nun nicht gerecht wird, so besteht die Aufgabe der Christen darin, ihn unablässig an seine Pflichten zu mahnen, denn letztlich kann nur der christlich motivierte Staat dem Volk sozialen Frieden bringen und den Sozialismus wirksam bekämpfen. Die Staatsintervention des christlichen Staates ist für Todt der Kern der gesamten Sozialreform. Von seinem Eingreifen wird das gesellschaftliche „Heil" erwartet, er sorgt für gerechten Interessenausgleich und Förderung der allgemeinen Wohlfahrt.

Wir sehen die Mängel des Todtschen Staatsbegriffes klar, müssen sie aber in den zeitgeschichtlichen Kontext der Krise von 1873 und dem immer stärker werdenden Ruf nach dem starken Staat stellen. Todt kann sich dieser Zeitströmung nicht entziehen. Dennoch wäre von seinem theoretischen Ansatz aus ein anderes Verständnis vom Staat und seinen Aufgaben möglich gewesen. Wir konstatieren, daß Todt seinen theoretischen Einsichten nicht konsequent folgt. Dann nämlich hätte er den Staat als Resultante gesellschaftlicher Kräfteverhältnisse begreifen können; es wäre ihm möglich gewesen, die konkreten Machtverhältnisse zu analysieren und die Grenzen sozialer Reformpolitik im Interesse der arbeitenden Klassen zu erkennen. Er hatte ja bereits die strukturellen Ursachen der sozialen Misere klug herausgearbeitet und war zu dem Resultat gelangt, daß ohne tiefgreifende Veränderungen im ökonomischen und politischen Bereich keine Besserung der Lage zu erzielen war.

Todts Hoffnungen auf den christlichen Staat mußten an der sozialen und politischen Wirklichkeit des deutschen Kaiserreiches zerschellen. Das „soziale Königtum" der Hohenzollern war weder in der Lage noch willens die soziale Frage durch Beschränkung unternehmerischer Freiheiten und durch politische Reformen zugunsten der Arbeiterklasse zu lösen. Ein Staat von Christen, die im politischen und wirtschaftlichen Leben den Geboten christlicher Liebe folgten, dies war die Vision Todts. Obwohl er die Vorläufigkeit und Gebrochenheit aller menschlichen Gestaltungsversuche von seinem anthropologischen Pessimismus her konstatierte, hoffte er darauf, die soziale Frage auf der Ebene der Gesinnung lösen zu können. Die Rückkehr zum „positiven Christentum" erschien ihm die einzige Chance zur Überwindung der sozialen Misere zu sein. Solche Gedankengänge indizieren seinen Rückfall in eine quietistisch konservative Haltung, wie wir sie schon bei Wichern feststellten: Die Sozialreform ist wesentlich Evangelisation! Seine Einbindung in das konservative Lager verhinderte ein konsequentes Weiterdenken seiner theoretischen Einsichten. Hier waren Verständnis-Barrieren aufgerichtet, die unüberwindlich schienen.

Die „Lernfähigkeit" der Konservativen stieß an feste Grenzen; ihre organologisch-autoritäre Ideologie von natürlichen Über- und Unterordnungen blieb — trotz einiger Nuancen — ungebrochen. Wie sollte sich Todt aus diesem System lösen? Es ist ja kein

---

24 Ebda., S. 482.
25 Ebda., S. 483.

Zufall, daß die Grenzen seines Denkens in der politischen Praxis zutage traten. Der „Theoretiker" Todt konnte in der Abgeschiedenheit seiner Landpfarre konservative Denkschablonen eher abstrahierend überwinden als coram publico. Er hat seine Grenzen gespürt und die bedrückende Erfahrung gemacht, daß wohlgemeinte Ziele in der politischen Praxis zu halbherzigen Kompromissen denaturierten, er mußte erkennen, wie wenig der Boden für seine Konzeptionen im konservativen Lager bereitet war; und er sah auch, daß bei der Schärfe des Gegensatzes keine Kooperation mit der Sozialdemokratie möglich war. Er war ein scharfsinniger Realist in der Theorie und ein ehrlicher Idealist in der Praxis. In der Theorie vermochte er den konservativen Weg streckenweise hinter sich zu lassen, aber die „normative Kraft des Faktischen" zwang ihn stets zurück.

9.3 Die konkreten Forderungen

Wir hatten gesehen, daß Todt die Intervention des Staates auf sozialem Gebiet als Kern aller Reformbestrebungen begrüßte. Diese soll in Gestalt eines organischen Systems von Gesetzen[26] nach dem Prinzip des suum cuique vor sich gehen. Jeder „Stand" soll den ihm zustehenden Anteil am Volkswohlstand erhalten, d. h. es ist eine staatlich geregelte Einkommensverteilung ohne substantielle Einschränkungen persönlicher Freiheiten (Gewerbefreiheit, Freizügigkeit) anzustreben. Die staatliche Intervention muß dem Ausgleich der Interessen dienen. Da im gegenwärtigen Staate drei Hauptgruppen miteinander im Streit liegen, nämlich die *Grundbesitzer,* die *Kapitalbesitzer* und die *Arbeiter*[27], muß die soziale Reform auf ihre Versöhnung zielen. Dies geschieht in Form eines besonderen Rechtes für jede der drei Gruppen. Es wird demnach künftig ein *Grundbesitzer-, Kapitalisten-* und *Arbeiterrecht* geben.[28]

Das *„Kapitalistenrecht"* soll die Wiedereinführung von „Wuchergesetzen" im weitesten Sinne erlauben[29], dergestalt, daß eine „staatlich erzwungene Ermäßigung der Capitalnutzung eintritt" und jedes Kapital, „das nicht in der Hand seines Eigentümers arbeitet, auf einen bestimmten Zinsfuß" beschränkt wird.[30] Die *kleinen Grundbesitzer* sollen mit Hilfe eines Rentenbanksystems vor dem großen Kapital geschützt werden. Schließlich die *Arbeiter:* Sie müssen die Garantie eines Mindestlohnes erhalten und durch Steigerung ihrer Löhne am wachsenden Nationalwohlstand beteiligt werden. Die Landarbeiter sollen dazu sukzessive zu kleinen Landeigentümern gemacht werden. Für die Industriearbeiter empfiehlt Todt die Einrichtung von „Zwangskorporationen", d. h. branchenmäßig organisierten „Fachgenossenschaften"[31], die bei voller Selbstverwaltung unter staatliche Aufsicht gestellt werden.

---

26 RDS, S. 457.
27 Ebda., S. 461.
28 Ebda.
29 Ebda., S. 462.
30 Ebda., S. 466.
31 In einer Rede vor der „Christlich-Sozialen Arbeiterpartei" äußert sich Todt zu dieser Forderung besonders ausführlich. Vgl. dazu: Staats-Socialist, 1. Jg., Nr. 10, 2. 3. 1878; Nr. 11, 9. 3. 1878. Vgl. weiter unten S. 249 ff.

Weitere Forderungen sind:[32] Reform des Aktienwesen; weitgehende Verstaatlichung von Eisenbahnen, Wohnungen sowie des Bank- u. Versicherungswesens; Einführung des Normalarbeitstages; Errichtung von Gewerbegerichten und Einigungsämtern; Versicherungskassen für Krankheit, Unfall und Alter; Einrichtung einer „Reichsbehörde" zur wissenschaftlichen Untersuchung von wirtschaftlichen und sozialen Fragen; Obligatorische Fabrikinspektionen. Hinzu kommen alle weiteren Programmpunkte des „Gothaer Programms" der Sozialistischen Arbeiterpartei.

9.4 Die Aufgaben der protestantischen Kirche

Rudolf Todt schließt sein Hauptwerk mit grundsätzlichen Ausführungen zur Funktion der protestantischen Kirche im Prozess der angestrebten „großen Reformarbeit" des Jahrhunderts. Für ihn als protestantischen Pfarrer richten sich die Hoffnungen auf eine Wiedergeburt des ganzen Volkes im Geiste christlicher Ethik, denn von der inneren Gesundung des Volkes hängt es ab, ob neue Kraftreserven zur Überwindung auch der sozialen Misere mobilisiert werden können. Zu diesem Werk ist an erster Stelle die protestantische Kirche gerufen.

„Kirche" — das ist für Todt im streng dogmatischen Sinne — die „Sammlung der Gläubigen, in welcher das Evangelium richtig gelehrt und die Sacramente ordnungsmäßig verwaltet werden"[33] wie die „Confessio Augustana" definiert. Er bekennt sich zur Kirche als einer spiritualistischen Größe, einem „Ereignis", das unabhängig von der jeweiligen Form[34] überall stattfindet, wo Menschen dem Ruf des Evangeliums folgen und sich zum Lobpreis Gottes zusammenfinden.

Wie aber soll die Kirche ihre Reformarbeit ins Werk setzen, wenn sie im gesellschaftlichen Leben an den Rand gedrängt wird, für weite Kreise des Volkes nur noch die Rolle einer traditionellen Beigabe bürgerlichen Alltagslebens spielt und vom Staat höchstens ob ihres beruhigenden Einflusses auf die breite Masse geschätzt wird? Mit bewegten Worten klagt Todt in seiner Schrift über die *Ursachen der Unkirchlichkeit"* über die mangelhafte Beteiligung am kirchlichen Leben und die indifferente Gesinnung der getauften Christen. Die Gründe für diesen Zustand sind nach seinen Erläuterungen innerhalb und außerhalb der Kirche zu suchen, wobei die äußeren Ursachen ungleich schwerer wiegen. Neben dem Materialismus und den modernen Naturwissenschaften[35] seien es vor allem die „socialen Uebelstände", die entkirchlichende Wirkungen zeitigten.[36] Die kapitalistische Organisation der Arbeit habe Menschenmassen auf engem Raum zusammengepfercht und bereite den Boden für die Auflösung von Sitte und Ordnung.

---

32 Vgl. auch die Zusammenstellung bei Göhre, Die evangelisch soziale Bewegung, S. 14 f.

33 RDS, S. 485.

34 Todt, UK, S. 19: „Die Kirche als ‚Gemeinde' aller Heiligen und wahrhaft Gläubigen verträgt jede Verfassungsform und hat sie von Anfang ertragen . . . Denn der Glaube ist der Sieg, welcher die Welt überwindet, also auch alle Formen und menschliche Organisationen sich zu eigen und unterthänig machen kann."

35 UK, S. 43 ff.

36 Ebda., S. 47.

Die übermäßige Arbeitszeit, insbesondere die Sonntagsarbeit[37], habe den Proletarier mehr und mehr der Kirche entfremdet. Es sei kein Wunder, wenn derselbe nun in seiner knapp bemessenen Freizeit in „materiellen Genüssen" Entschädigung für die saure Tagesarbeit suche. Der Geist der Konkurrenz habe das Zusammengehörigkeitsgefühl der Menschen zerrissen und die „allgemeine Atomisierung der Gesellschaft" befördert.[38] Der Zwang zur Mobilität verhindere zudem ein gesundes Einwurzeln und Einleben auch in die örtlichen „kommunalen und kirchlichen Verhältnisse."[39] Todt verweist erneut ausdrücklich auf die gesellschaftlichen Ursachen der Unkirchlichkeit, ohne — wie sonst in positiv-gläubigen Kreisen üblich — allein den verstockten Einzelmenschen für die Abkehr von der Kirche verantwortlich zu machen.

Die Kirche habe diese Entwicklungen hingenommen, ohne ein genaues Studium ihrer Hintergründe aufzunehmen. Darin liege ihre Schuld und ihr Versagen. In erster Linie gilt dieses Urteil ihrer Haltung gegenüber dem „Radikalen deutschen Socialismus". Todt konstatiert zwei grundlegende kirchliche Verhaltensweisen: eine absolut feindliche und eine indifferente.[40] Beide sind gleich schlimm. Die absolute Gegnerschaft ist im höchsten Grade töricht. Die Kirche solle den Sozialismus als „Bußprediger" begrüßen, statt entsetzt die Augen vor seiner Realität zu verschließen und den „Abfall" vom Christentum zu beklagen.[41] Eile tue Not, denn schon erziele der Sozialismus in spezifisch lutherischen Gebieten die größten Zuwachsraten: „Der Socialismus tritt gerade in den evangelischen Gegenden am extensivsten und intensivsten auf, und zwar je confessioneller die Färbung derselben ist, in desto gesteigerter Potenz.[42]

Der Sozialismus zwinge die Kirche geradezu, sich an die Spitze der Bewegung zu stellen, weil nur von ihr die sittliche Erneuerung des Volkslebens ausgehen könne. Todt hatte erkannt, daß verstreute Privatinitiativen auf Basis einer „Inneren Mission" keine grundlegenden Reformen ersetzen konnten: „Die socialen Fragen müssen ihre Beantwortung systematisch finden, und diese Lösung kann nur durch eine Centralisation aller Reformkräfte geschehen ... Nur das conzentrierte Feuer aller christlichen und socialen Reformbestrebungen ist im Stande, die Eisberge einer unchristlichen, dem Gesellschaftswohl so oft feindlichen öffentlichen Meinung an Stelle der bisherigen zu schaffen."[43]

Die Kirche müsse ihre „Sauerteigkraft" spürbar werden lassen und sich als Ganze der sozialen Reformbewegung verschreiben. Dabei ging es Todt um die zentrale Frage, ob die Kirche in den alten Gleisen individueller Caritas fortfahren oder ob sie ein neues sozialethisches Leitbild zur Veränderung der gesellschaftlichen Verhältnisse entwickeln sollte. Die Kirche ist nach Todt dazu berufen, „die Augen für den sozialen Gehalt des Evangeliums zu öffnen" und an der Beantwortung der sozialen Frage mitzuarbeiten[44],

---

37 Ebda., S. 48; Zur Sonntagsarbeit vgl. auch die Ausführungen Todts im RDS, S. 335 ff. und S. 365 ff.
38 Ebda., S. 52.
39 Ebda., S. 49.
40 In UK spricht Todt von „unkirchlicher", „antikirchlicher" und „antichristlicher" Gesinnung. (UK, S. 3-5)
41 RDS, S. 486.
42 Ebda., S. 489.
43 Rudolf Todt, Gegen die Zersplitterung. Staats-Socialist, 1. Jg Nr. 15, 6. April 1878. S. 29.
44 Rudolf Todt, Zur Mitarbeit der Kirche an den socialen Aufgaben der Zeit. Staats-Socialist, 1. Jg. Nr. 25, 15. Juni 1878, S. 285.

d. h. sie muß beginnen, ihre Orientierung auf den isolierten Einzelnen und die „Einzelsünde" aufzugeben und die Integration des einzelnen in ein System ungerechter Strukturen anzuerkennen. Wenn sie dies tue, so werde sie der „Gesellschaftssünden"[45] erst richtig gewahr und könne dagegen wirkungsvoll angehen.

Der Kampf gegen die unzulänglichen Verhältnisse geschieht so, daß die Kirche von dem Geist christlicher Bruderliebe gerade in bezug „auf die wirthschaftliche und sociale Zusammensetzung des Volkes" Zeugnis ablegt. Solches sei die „Grundlage der politischen und zugleich die Bethätigung der praktischen Liebe in organisirter Form."[46] Die Kirche erfülle ihren „socialen Beruf" nur richtig, wenn sie dem Gebot der Nächstenliebe „auch in den ökonomischen und sozialen Einrichtungen" Anerkennung verschaffen kann: „Was nützt sonst das ganze Christenthum, wenn es bloß die Ewigkeit predigt und das Diesseits in den alten Bahnen verwerflicher Selbstsucht gehen läßt, ohne auch nur den Versuch zu machen, die Kraft seines Organismus zu erproben?"[47]

Wenn Christus seinen Missionsauftrag an die Gemeinde richtet und seine heilmachende Botschaft dem ganzen Menschen zueignet, so ergibt sich für Todt der zwingende Schluß, daß die Kirche ihre Arbeit als Institution „auf die Läuterung und Beseeligung der ‚Welt', nicht nur mittels der Einzelbekehrung, sondern ebenso mittels der Arbeit an der Gesammtheit, an Gesetzen, Institutionen und Systemen" orientieren müsse.[48]

Lobend hebt Todt die besonderen Anstrengungen der katholischen Kirche auf sozialem Gebiet hervor. Ihr sei es durch eine Vielzahl von katholischen Organisationen, vom Lehrlingsverein bis zum Spar- und Darlehensverein, gelungen, den sozialistischen Vormarsch zu bremsen. Beispielhafte Wirkungen erziele auch die katholische Presse, die sich frühzeitig um soziale Probleme kümmerte und in der katholischen Arbeiterschaft einen festen Abonnentenkreis fand.[49]

Auf protestantischer Seite liege hier noch vieles im Argen. Todt ruft seine Kirche zur Aktivität auf, zur theoretischen wie praktischen. Eine Doppelstrategie soll dem Sozialismus Einhalt gebieten: „Wir meinen also, die evangelische Kirche muß activ werden dem Socialismus gegenüber und zwar in ähnlicher Weise wie die katholische Kirche... Die Thätigkeit der Kirche hat aber eine zweifache Seite, eine theoretische und practische, die des Wortes durch Zeugniß, Lehre, und Tröstung, und die der werkthätigen Liebe."[50]

---

45 UK, S. 51; Zum Begriff der „Gesellschaftssünde auch: IZ, S. 22 und S. 31; Dennoch bleibt Todt dabei, daß der „Hauptgrund der Unkirchlichkeit, als ihr eigentliches Geheimniß" der „Wille des Individuums" entscheidend sei. Der Mensch sperre sich gegen das heilige Evangelium. Vgl. dazu UK, S. 59. Todt erweist sich nur einmal mehr als konsequenter Schüler Lotzes.

46 Rudolf Todt, Die Stellung der verschiedenen kirchlichen Parteien zur Frage der Betheiligung der Kirche, resp. der Geistlichen an der socialen Bewegung. Staats-Socialist, 1. Jg. Nr. 27, 29. Juni 1878, S. 309.

47 Ebda.

48 Rudolf Todt, Zu der Beteiligung der Geistlichen an der sozialen Frage. Staats-Socialist, 1. Jg. Nr. 16, 13. April 1878, S. 178.

49 Todts Sympathie mit den katholischen Christlich-Sozialen tritt hier erneut zutage. Aus Rudolf Meyers Emancipationskampf (Bd. I, S. 359 ff.) entnimmt er eine Aufstellung über die katholischen Arbeiter- u. Gesellenvereine. RDS, S. 491 (ohne Quellenangabe!)

50 RDS, S. 494.

Dazu kommt ein möglichst genaues, vorurteilsfreies Studium der sozialistischen Bewegung.

Der große Vertrauensverlust der Kirche bei den arbeitenden Klassen ist nach Todt zum großen Teil auf die einseitige Betonung der verbalen Verkündigung des Evangeliums zurückzuführen. Die Predigt siege über die werktätige Liebe.[51] Hier müsse schnellstens Abhilfe geschaffen werden, wolle die Kirche das Vertrauen der Arbeiter wieder erwerben. Sie müsse sich über allen internen Parteienhader hinweg dem sozialen Engagement widmen, ja die soziale Reform müsse zum Versöhnungsfaktor zwischen den streitenden Gruppierungen werden.[52] Todt schlägt konkret die Förderung des Vereinswesens vor, um schon jetzt den arbeitenden Klassen Hilfe zu einem menschenwürdigen Dasein angedeihen zu lassen.[53] Sein Vorbild ist wiederum das katholische Vereinswesen.[54]

Die Kirche müsse aber noch mehr tun: Sie solle in Wort und Schrift (Presse!) für die Arbeiter eintreten und den Staat und die Besitzenden an ihre Pflichten zur Fürsorge erinnern. Sie müsse dies zur Zeit und zur Unzeit tun, gleichgültig ob sie dafür Dank empfängt oder Verfolgung erfährt. Die Verkündigung des Evangeliums durch die Predigt gehöre jedoch weiter zum Zentrum der kirchlichen Existenz. Sie müsse so gestaltet werden, daß der Zuhörer tatsächlich Hilfe für seinen Alltag erfährt. So solle bekennerhaft und mutig gepredigt werden, ohne die sozialen und materiellen Probleme auszuklammern. Dogmatische Erbauungspredigten dagegen seien fehl am Platze.[55] Eine entscheidende Funktion komme dabei den Geistlichen zu. Todt entwickelt hier seine aufsehenerregenden Thesen über den inneren Zusammenhang von Nationalökonomie und Theologie, d. h. der Notwendigkeit eines sozialwissenschaftlichen Studiums für die angehenden Pfarrer.[56]

Eine sozialwissenschaftliche Ausbildung ermögliche dem Pfarrer erst die ganzheitliche Seelsorge, die dem „pastor" der Gemeinde vom Evangelium her aufgegeben sei. Er stehe den sozialen Problemen seiner Gemeinde nicht länger hilflos gegenüber und könne sich auch qualifizierter als bisher der sozialistischen Agitation entgegenstellen. Der Hirte der Gemeinde könne sich auch nicht aus den politischen Tageskämpfen heraushalten. Gegen die sozialistische Verführung müsse auch er in die politische Arena steigen und Farbe bekennen. Ausdrücklich bejaht Todt das politische Engagement der Pfarrer, ohne allerdings eine politische Partei der protestantischen Geistlichkeit zu befürworten.[57] In einem „Aufruf an die evangelische Geistlichkeit Deutschlands" fordert Todt seine Amtskollegen massiv dazu auf, dem „satanischen Atheismus" auch politisch entgegenzuwirken.[58] Mit dem Aufruf zur politischen Aktivität verbindet er eine Wer-

---

51 Ebda., S. 494 ff.; Vgl. auch UK, S. 11 ff.
52 Ebda., S. 507.
53 Ebda., S. 497 ff.
54 Ebda., S. 502 ff.
55 Ebda., S. 498 ff.; Vgl. auch UK, S. 62 f. Siehe Abschnitt 8.2.
56 Ebda., S. 510, siehe Abschnitt 8.2.
57 Ebda., S. 512: „Wir wollen nicht, daß die evangelische Geistlichkeit eine politische Partei bilde – das ist nicht ihr Beruf, – aber wohl ist es ihre Pflicht, sich ein klares, begründetes, wirthschaftliches und politisches Urtheil zu bilden."
58 In: Der Staats-Socialist, 1. Jg., Nr. 3, 13. 1. 1878, S. 22 f. Der Aufruf schließt mit den Worten: „Helfen Sie uns kämpfen für das Kreuz Jesu Christi in organisirter, systematischer Weise!"

bung für seinen „Centralverein" und die christlich-soziale Bewegung insgesamt, was auch die streckenweise aggressive Sprache erklärt. Im politischen Tageskampf war von Todts These, daß der Atheismus der Sozialdemokratie nur ein „Accidens" sei, wenig zu spüren.

Todt versteht das politische Feld nur als einen Teilaspekt des Gesamtunternehmens, gleichermaßen einen Nebenkriegsschauplatz des von ihm auch heilsgeschichtlich gedeuteten Kampfes zwischen Christentum und atheistischen Sozialismus. Zum Abschluß verweist er die kirchlichen Verfassungsorgane – vom Kirchengemeinderat bis zur Generalsynode – auf ihre Funktion, Kirche in der Öffentlichkeit glaubwürdig zu präsentieren. Gerade die oberen Körperschaften des kirchlichen Apparates besitzen eine Möglichkeit, ihre Stimme besonders publikumswirksam einzusetzen, „denn ihre Verhandlungen treten sofort durch die Presse in die große Öffentlichkeit."[59]

In der kirchlichen Verfassungsordnung selbst liegen eine Reihe von Problemen begründet, die jene beklagten Tendenzen der Unkirchlichkeit auch zu befördern imstande sind. Todt ist – dies sei hier noch einmal ausdrücklich erwähnt – grundsätzlich der Ansicht, daß die Kirche „jede Verfassungsform" vertrage.[60] So schreibt er der Einführung der Synodalverfassung und der damit errungenen Beteiligung von Laienvertretern eine „segensreiche Wirkung auf die geistliche und amtliche Regsamkeit und Energie der Geistlichen" zu, denn nichts sei dem Pfarrer gefährlicher als „der geistliche Schlendrian und die ungestörte Behaglichkeit."[61]

Dennoch berge das Wahlrecht zu den synodalen Vertretungskörperschaften auch „große Gefahren in sich. Es legt der Majorität der Gemeinde die Versuchung nahe, ihren subjektiven religiösen Standpunkt durch Wahl eines gleichgesinnten Predigers auch in das Amt zu übertragen und dasselbe so seines objektiven Lehrinhalts zu berauben. Es kann aber auch für den Bewerber der Anlaß zur Demoralisierung seines Charakters werden."[62]

Das vielfach kritisierte „erbitterte Parteigezänke" in der Kirche[63] hält Todt da, wo es auf demselben Bekenntnisgrund geschieht, für nicht schädlich, im Gegenteil sei es „ein Zeichen von Leben, wenn in allen nicht fundamentalen Dingen Parteien sich gegenüber stehen."[64] Doch dürfe der fruchtbare Streit nicht „in Parteikämpfe voll persönlicher Anfeindung und verhaltenen Zorns" ausarten.[65]

Doch entscheidend ist: Die Kirche muß über allen „Parteihader" hinweg ihre Selbständigkeit erringen und sich zusammenschließen. Dann ist Hoffnung für eine zerrissene Gesellschaft: „So wird die evangelische Kirche Vertrauen und Achtung wieder gewinnen, ihrer Predigt willigere Ohren verschaffen und an ihrem Teil den drei Reformfactoren, Staat, Besitzenden und Besitzlosen zur Lösung ihrer Aufgaben behilflich sein. So wird sie das Gewissen des Staates und als solches lebendiges Gewissen zugleich der Sauerteig desselben, welcher ihn und seine Gesetzgebung mit dem christ-

---

59 Ebda., S. 511.
60 Ebda., S. 19.
61 Ebda., S. 21.
62 Ebda., S. 21 f.
63 Ebda., S. 25.
64 Ebda.
65 Ebda., S. 26.

lichen Geiste der Gerechtigkeit und Liebe durchläutert. Denn die Sauerteigkraft des Evangeliums beschränkt sich nicht bloß auf das Herz, sondern eben weil sie die Herzen, die inneren Menschen neu macht, wird sie auch wirthschaftlich und politisch reformirend auftreten, also diejenigen wirthschaftlichen und politischen Verhältnisse, in denen der äußere Mensch sich bewegt, auf christliche Prinzipien basiren, mit christlichem Geiste der Liebe und Gerechtigkeit erfüllen."[66]

Todt faßt Kirche als heilsgeschichtliche und empirische Größe zugleich. Als heilsgeschichtliche Größe ist sie in den eschatologischen Kampf der „civitas dei" und der „civitas terrena" einbezogen. Sie verkörpert zeichenhaft ein Stück Reich Gottes, indem sie ihr inneres Leben nach den Maßstäben des Evangeliums ordnet und das äußere zu beeinflussen sucht. Sie ist reale, empirische Größe, soziologisch faßbar und in eine Gesellschaft von sozialen Konflikten und politischem Kampf gestellt. Hier hat sie sich zu verantworten und hier muß sie in die Konflikte und Antagonismen ihrer Zeit hinein. Sie bezeugt in ihrer jeweiligen Gegenwart die heilmachende Botschaft Gottes durch vielfältige Aktivitäten auf allen Gebieten des geistigen und materiellen Lebens. Sie soll zur wahren Volkskirche werden, indem sie das Volk aus seinem zerrissenen, atomisierten Zustande zum positiven Christentum zurückführt und damit auch den sozialen Frieden wiederherstellt. Und doch bleibt alles vorläufig und unfertig — solange der „alte Äon" besteht.

Die ganzheitliche Schau Todts fasziniert. Er hat wie kein anderer Theologe seiner Zeit aus der eschatologischen Dimension von Kirche radikale, sozialtheoretische und sozialpolitische Konsequenzen gezogen. Er hat das Versagen der Kirche vor den Herausforderungen der sozialen Wirklichkeit scharfsinnig erkannt und im atheistischen Sozialismus den „Stachel Gottes" gesehen, zur Mahnung und Läuterung seiner Gemeinde. Deshalb galt ihm der Sozialismus als verzerrte Wirklichkeit einer göttlichen Intention. Die Gewißheit, in der Verheißungsgeschichte Gottes zu stehen und die politisch-sozialen Kämpfe als Elemente des göttlichen Heilsplans zu erfahren — dies motivierte ihn zu seinem Tun.

---

66 RDS, S. 512.

10 Rudolf Todts Kritik am „Radikalen Deutschen Socialismus"

10.1 Soziale Revolution oder Sozialreform?

Im bürgerlich-konservativen Lager bestand in den siebziger und achtziger Jahren kein Zweifel daran, daß die deutsche Sozialdemokratie eine „revolutionäre" Partei sei, wobei unter Revolution ein plötzlicher, gewaltsamer, politischer, wirtschaftlicher und sozialer Umsturz verstanden wurde, mit dem Ziel, die bürgerlich-kapitalistische Gesellschaft zum Verschwinden zu bringen.[1] Diese sowohl im populären Sprachgebrauch als auch in der wissenschaftlichen Diskussion fast einhellige Verwendung des Begriffes Revolution und die ihm anhaftenden angstbesetzten Ressentiments prägten auch das Verhalten von Theologie und Kirche zur Sozialdemokratie, wie wir bereits herausgearbeitet hatten.

Die Sozialdemokratie hatte zu dieser Entwicklung selbst beigetragen, denn sie ließ — ohne notwendige konzeptionelle Präzisierungen mehrere Revolutionsbegriffe nebeneinander bestehen, deren man sich — je nach taktischer Ausgangslage — bediente.[2] Das Revolutionsverständnis der Sozialdemokratie schwankte zwischen „den Extrempositionen einmaliger und gewaltsamer Revolution, um eine neue Geschichtsperiode herbeizuführen, und langfristig angelegter Evolution."[3] So war es nicht verwunderlich, daß die politischen Gegner der Sozialdemokratie die Begriffe ihrerseits besetzten und für das bürgerliche Publikum ein Schreckensbild von Aufruhr und Umsturz entwarfen („Umsturzpartei"). Bismarck vermochte es erfolgreich, die sozialdemokratischen Konzeptionen der Gesellschaftsveränderung mit dem Aufstand der Pariser Kommune 1871 zu identifizieren, was umso leichter gelang, als sich führende Sozialdemokraten mit den grundlegenden Zielen der Kommunarden einverstanden erklärten. Das Gespenst einer „rothen Revolution" vermochte somit die Akzeptanz des vom Reichskanzler inaugurierten Sozialistengesetzes entscheidend zu erhöhen: Revolution, das war Aufruhr und Kampf gegen gottgesetzte Obrigkeiten, Diktatur des Pöbels und der kruden Unvernunft, nicht aber Signal, Hilferuf einer elenden, unterdrückten Klasse, die keinen anderen Ausweg mehr kannte. Die Revolution mit ihren angenommenen desorientierenden, gesellschaftszersetzenden, „anarchistischen" Begleiterscheinungen ließ beim bürgerlichen Publikum den starken Arm der Obrigkeit vertrauenswürdiger erscheinen als die Faust der Unterdrückten.

---

1 Vgl. zum Begriff „Revolution" den entsprechenden Artikel von Reinhart Koselleck in: GG, Bd. 5, S. 653 ff. Ferner: Detlef Lehnert, Revolution. In: Lexikon des Sozialismus. S. 532 ff. Theodor Schieder, Revolution. In: Sowjetsystem und demokratische Gesellschaft. Bd. 5, Sp. 692 ff.; Zur Begriffsgeschichte immer noch unentbehrlich: Karl Griewank, Der neuzeitliche Revolutionsbegriff. 2. Auflage, Frankfurt/Main, 1969.
2 Differenzierteste und sprachlich brillante Darstellung der „sozialistischen Revolutionserwartung" bis 1914 bei: Lucian Hölscher, Weltgericht oder Revolution, S. 199 ff. Überblicke auch bei Meyer, Bernsteins konstruktiver Sozialismus, S. 80 ff. und Miller, Das Problem der Freiheit, S. 107 ff.
3 Koselleck, Revolution. In: Geschichtliche Grundbegriffe. S. 756.

Wir müssen uns bei der Beurteilung der Aussagen Todts jene pejorative Besetzung des Revolutionsbegriffes und die damalige Zuordnung der Sozialdemokratie zu allen Tendenzen des Umsturzes vergegenwärtigen, wollen wir Todt historisch gerecht werden. Gemessen an den üblichen Vorurteilen gegenüber der Sozialdemokratie heben sich seine Ausführungen sehr vorteilhaft ab.

Trotzdem war er ein erklärter Konservativer, der im Vordringen der Sozialdemokratie unheilkündende Entwicklungen auf die deutsche Politik zukommen sah. Sein Kommentar zur Reichstagswahl vom 10. Januar 1877, in der die Sozialdemokratie 12 Mandate (gegenüber 2 im Jahre 1871) erreichte, liest sich z. B. wie eine schreckensreiche apokalyptische Vision:[4] Die sozialistische „Idee" war bei Licht gesehen doch etwas ganz anderes als die Sozialdemokratie! Letzte repräsentierte für ihn die atheistische und revolutionäre Verzerrung ursprünglich „reiner" Prinzipien, die Macht der Verführung unwissender Massen, das absolute revolutionäre Prinzip: „...der deutsche Socialismus erstrebt eine totale, gewaltige Revolution auf allen ideellen und materiellen Gebieten des menschlichen Lebens. Er zieht alle Lebensmächte in den Kreis seiner Neubildung: Staat, Kirche, wirthschaftliches Leben, sociale Ordnungen, Wissenschaft."[5]

Todt erkennt sehr genau den politischen Charakter aller vergangenen und gegenwärtigen Revolutionsbestrebungen. Und perhorresziert sie nicht von vornherein als blinde Mächte des Umsturzes und der Gewalt, die Freude an der Zerstörung entwickeln. Revolutionen sind politische Aktionen, „welche die alten Privilegien und Fesseln der einzelnen Stände beseitigen und sprengen, welche die alten Begriffe von Ordnung und Recht zerstören und dafür neue aufstellen und sofort praktisch ausführen." Trotz der hier zutage tretenden rationalen Beurteilung politischer Revolutionen, kann sich Todt dem Gedanken der Verführung nicht vollends entziehen: So ist es vornehmlich die politische Intelligenz, die dem „stumpfsinnigen Proletarier" durch „blendende Versprechungen politischer Freiheit (schmeichelt)" und den „socialistischen Zündstoff, der in der wirthschaftlichen Zerklüftung von Reich und Arm überall liegt, zur Flamme" entfacht.[6]

Ein weiterer Grund, sich gegen das Prinzip der Revolution auszusprechen, liegt für Todt in den Methoden der materiellen Gewalt, welche die Sozialdemokratie zur Erreichung ihrer Ziele proklamiere. Auf Gewalt und Zwang lasse sich aber keine Gesellschaft brüderlichen Zusammenlebens aufbauen, denn jeder Zwang trage den „Keim des Widerstandes" in sich, und so sei der Zeitpunkt abzusehen, an dem neuerliche Gewalttätigkeiten den einmal erreichten Status Quo zerstörten. Die Sozialisten irrten, wenn sie glaubten, daß aus der Saat der Gewalt friedliche und solidarische Verhältnisse entstünden. Wohl bekundet Todt sein tiefes Verständnis für die Unterdrückten, die — einem Ertrinkenden gleich — sich an den Strohhalm des Aufruhrs anklammerten und die negativen, zersetzenden Folgen ihrer Empörung übersähen: „In Revolutionen gleicht ... die Gesellschaft einem Ertrinkenden — es gibt für sie blos ein Gesetz: das der Selbsterhaltung."[7]

---

4 RDS, S. 384 f.; (1. Auflage 1877!) In der 2. Auflage des RDS von 1878 erweitert Todt die Schreckensmeldungen. Hier weiß er gar davon zu berichten, daß in Ottensen 8 Sozialdemokraten in der kirchlichen Gemeindevertretung (von 12 Personen insgesamt) sitzen. (RDS, 2. Auflage, 1878 S. 412 f.)
5 RDS, S. 52.
6 Ebda., S. 180.
7 Ebda., S. 165.

Die Versäumnisse der Herrschenden sind für die revolutionäre Drohung durch die Beherrschten selbst verantwortlich: „Keine Revolution von Unten, die nicht von Oben angebahnt wäre! Soll der Revolutionszunder jener gewaltigen Massen, die mit jedem Jahre noch mächtiger anschwellen, von den bisher intact gebliebenen Millionen isoliert und localisiert werden, dann müssen letztere durch energische allseitige, vom Geist christlich dienender Liebe und evangelischer Gerechtigkeit und Wahrheit getragene, Reformen gegen jenen Zunder gefeilt und gestärkt werden. Das Lockmittel des Socialismus ist die Verheissung des menschenwürdigen Daseins. Gelingt es, Reformen zu finden, die diesen berechtigten und durch das Neue Testament bestätigten Wunsch zu erfüllen im Stande sind, dann, das ist unsere Meinung bei der jetzigen Lage der Verhältnisse, ist noch ein Aufhalten im Hinabstürzen möglich, dann können die bisher unversehrten Elemente noch conservirt und die verlorenen vielleicht noch zum Theil wenigstens zur Umkehr gebracht werden."[8]

Doch dürfe es zum Äußersten gar nicht kommen. Wenn sich die ökonomisch Herrschenden und die politischen Machthaber noch besännen und den Weg der „ernsten und durchdringenden Reform" beschritten[9], könne der verheerende Ausbruch einer Revolution der enttäuschten Massen vermieden werden.

„Soziale Reform" ist das Zauberwort mit dem Todt die revolutionären Geister zu bannen sucht. Soziale Reform – dies kann die einzige Antwort auf die Herausforderungen des Sozialismus sein. Reform in allen Bereichen des gesellschaftlichen Lebens, „keine einseitige, sondern allseitige, keine halben Maßregeln, sondern ganze."[10] Alle Lebensmächte des Volkes, der Staat, die Besitzenden und Besitzlosen, die Männer der Wissenschaft und der Kirche, sollten sich zur „großen Reformarbeit unseres Jahrhunderts" zusammenschließen.[11] Der Sozialismus sei nicht mit Hilfe von „Staatsanwälten" und „Strafgesetzparagraphen" zu überwinden, sondern nur durch „bessere und gesündere Ideen".[12]

Wir verstehen, warum Todt der lassalleanisch geprägte Sozialismus realistischer und sympathischer erschien als der marxistische. Lassalle galt als Verkörperung des Prinzips der friedlichen, gewaltfreien Reform, während Marx angeblich den Weg der gewaltsamen Eroberung politischer Macht predigte. Die Theorie des Sozialismus bei Lassalle implizierte ja keineswegs revolutionäre Konsequenzen, dergestalt, daß die Arbeiterklasse in kühnem Handstreich die Kommandohöhen staatlicher Macht erstürmen sollte. Solche Konsequenzen waren nur dann angebracht, wenn sich der Staat hartnäckig gegen die ihm angetragene Hilfsfunktion (Produktivassoziationen mit Staatskredit) sperrte.[13]

Todt verstand dagegen Karl Marx als „internationalen Sozialisten" (im Gegensatz zu Lassalle, dem „nationalen"), der die Hoffnung auf eine friedliche Lösung der sozialen Frage aufgegeben habe und sich einer revolutionären Hoffnung hingebe. Dabei zitiert Todt ausgerechnet jene Rede von Marx vor dem Internationalen Arbeiterkongress

8 Ebda., 421 f.
9 Ebda., S. 338 bzw. S. 416 ff.
10 Ebda., S. 416.
11 Ebda.
12 Ebda., S. 164 und S. 416.
13 Ebda., S. 210.

1872 im Haag, wo dieser ausdrücklich auch auf *friedliche* Entwicklungsmöglichkeiten zum Sozialismus hinweist.[14]

Er stellt das atheistische Prinzip der Revolution sehr scharf gegen den christlichen Grundsatz der Reform. Es ist geradezu das Kennzeichen christlicher Nächstenliebe, sich für eine *friedliche* Veränderung der Verhältnisse einzusetzen: die Besitzenden an ihre Pflichten zu mahnen und die Besitzlosen an die Grenzen ihres berechtigten Protestes zu erinnern. Der Christ will die Reform, weil er die *innere* Voraussetzung jeder Gesellschaftsveränderung betont. Solange der Mensch in seinem Verhältnis zu Gott nicht Ordnung geschaffen habe, solange bleibe auch die Veränderung äußerer Verhältnisse Stückwerk. Jesus habe die richtige Reihenfolge vorgezeichnet: „Er will nicht von außen reformiren, sondern von Innen durch Umbildung des Herzens."[15] Diesem Gedanken folgt Todts Kritik am „Utopismus" des Sozialismus.

10.2 Utopismus und anthropologisches Defizit

Todt richtet seinen Utopismus-Vorwurf vornehmlich gegen die sozialistische Idee vom Genossenschaftsstaat, in der die „Glückseligkeit" der Menschen hergestellt sein soll. Der Genossenschaftsstaat ist jedoch die „Achillesferse, der Siegfriedsfleck des ganzen Systems.[16]

Todt motiviert seine Kritik zunächst nicht mit christlichen Grundsätzen, sondern führt „psychologische" und „moralische" Argumente ins Feld: Völlig unsinnig ist für ihn das von den Sozialisten befürwortete „Frauenwahlrecht", weil die Frau nicht für die Politik geschaffen sei, sondern „nach ihrer ganzen physisch-psychischen Anlage und Entwicklung für das Gemüthsleben und die Wirksamkeit im kleinen Kreise des Hauses und der Familie bestimmt (ist)."[17] Auch Männern vom 20. Jahre ab will er das Wahlrecht noch nicht zugestehen, da die zur Politik notwendige „Urtheilsreife erst in späteren Jahren" erlangt wird.[18] Ebenso utopisch findet er die von den Sozialisten proklamierte Aufhebung der Exklusivität von Hand- und Kopfarbeit. Schließlich könne ein „Durchschnittsmensch" nicht „tüchtiger Wissenschaftler" und „geschickter Handarbeiter" zugleich sein.[19] Aber dies sind alles Urteile, die angesichts des zeitgeschichtlichen Hintergrundes durchaus plausible Erklärungen finden und insofern nicht sonderlich ins Gewicht fallen. Schwerwiegender ist sein Vorwurf, der Sozialismus ginge von einer falschen Anthropologie aus, einem Menschenbild, das der Wirklichkeit des Menschen nicht entspreche: „Überhaupt verrathen die Herren einen großen Mangel an Kenntniß der Menschennatur. Sie haben jetzt ihre Kraft fast ausschließlich der Nationalökonomie zugewandt, und so bewandert sie in dieser Wissenschaft, ja so tüchtig sie darin sind, so un-

---

14 Ebda. Die Rede von Marx vollständig in: MEW Bd. 18, S. 160.
15 RDS, S. 184.
16 Ebda., S. 320.
17 Ebda., S. 237; Vgl. auch RDS, S. 249 ff. wo Todt die Unsinnigkeit der „Frauenemancipation" unter Hinweis auf die paulinische Gemeinde u. Familienethik „erledigt". (Epheser 5, 22 ff.)
18 Ebda., S. 237.
19 Ebda.

geschickt sind sie in der praktischen Menschenkenntniß. Denn wie alle anderen Leute zu wissen, daß die Selbstsucht die Haupttriebfeder des menschlichen Handelns ist, beweist noch keine besondere Herzenskenntniß. Sie machen ihre Berechnungen ohne den Wirth; sie bauen ihren Zukunftsbau ohne den zu fragen, der darin wohnen soll, – das menschliche Herz. An diesem Fehler der Berechnung und der Rücksichtslosigkeit wird der ganze Plan scheitern und der Bau zertrümmert werden."[20]

Die Sozialisten glaubten mit einer wahrhaft religiösen Inbrunst[21] an die Herkunft ihres Zukunftsstaates und an die letztendliche Herstellung der Glückseligkeit unter den Menschen. Die Ursachen aller psychischen und moralischen Übel versuche der Sozialist materialistisch aus den Verhältnissen der gegenwärtigen Klassengesellschaft zu erklären. Im „Volksstaat" dagegen würden – wenn die Klassenherrschaft gebrochen sei – die Menschen ohne akute Krankheiten, Siechtum, frühe Sterblichkeit usw. leben, Armut und Hunger seien für immer verbannt, ebenso das Verbrechen, weil die Wurzeln desselben, Neid, Haß und Geiz, für alle Zeiten ausgerottet seien.

Zwar schätze der Sozialismus den *Egoismus* der Menschen nicht gering, ja sehe ihn als einen grundlegenden Faktor der unmenschlichen Zustände an[22], hoffe aber, ihn mit Hilfe von Erziehung und Bildung des Volkes zum Gemeinsinn, zur Brüderlichkeit und Menschenliebe überwinden zu können, wobei Naturwissenschaften und Nationalökonomie treffliche Dienste leisten könnten.[23] Fazit: „Wir werden also im Volksstaat der Zukunft eine äußerst glückselige Gesellschaft vorfinden, die in ihrer Gesammtheit als durch und durch gesund an Leib und Seele sich dem verwunderten Beschauer präsentiren wird."[24]

Gegen diese Zukunftsvision meldet Todt nun seine grundlegenden Zweifel an: Er räumt zunächst ein, daß im Genossenschaftsstaat mannigfache Verbesserungen auf materiellem Gebiete eintreten könnten. Im Bereich des Möglichen liegen die Abschaffung von Hunger und Armut, der Sorge um Wohnung und Kleidung sowie die Herabsetzung der Sterblichkeitsziffer u. a. m. Auf sittlich-moralischem Gebiet werde vielleicht die Prostitution verschwinden. Dennoch bleibe auch im Genossenschaftsstaat der innere Mensch der gleiche: Neid, Haß und Hochmut ließen sich nicht ohne weiteres durch Veränderung der gesellschaftlichen Strukturen aus der Welt schaffen. Auch der Genossenschaftsstaat stehe vor dem Problem, neu auftretende Interessengegensätze auszugleichen. Wenn z. B. von den Sozialisten ein System der konsequenten Rotation der Ämter angestrebt werde (jährlicher Wechsel der Führungsmannschaft), so könne dies deshalb nicht funktionieren, weil die jeweils regierende Elite nur danach trachte, ihre Macht zu erhalten.[25] Der Ehrgeiz als egoistischer Trieb der Selbstbehauptung werde sich nicht durch Begründung formaler, demokratisch-republikanischer Strukturen beheben lassen, stattdessen bestehe die Gefahr neuerlichen „Partei-Cliquen- und Nepotenwesens."[26]

---

20 Ebda., S. 238.
21 Todt verweist hier mit Recht auf die in religiöser Symbolik ausgedrückten Zukunftsschilderungen und den ausufernden Lassalle-Kult. RDS, S. 324 ff.
22 Ebda., S. 327 ff.
23 Ebda., S. 327.
24 Ebda., S. 329.
25 Ebda., S. 331.
26 Ebda., S. 240.

Das Neue Testament verfahre da wurzelhafter, denn es setze stets da ein „neues Herz voraus", wo man sich anschicke, gesellschaftliche Strukturen zu verändern.[27]

Hier sind wir beim *Kern* der Kritik Todts angelangt. Sein christliches Verständnis vom Menschen als einer „natura corrupta" läßt es nicht zu, in den sozialistischen Institutionen dauerhafte und tiefgreifende Verbesserungen menschlichen Zusammenlebens zu sehen. Im Licht des Neuen Testamentes zeigt sich für ihn der menschliche Egoismus als anthropologische Konstante: Er ist der beständige „Widerstreit gegen das ewige Leben".[28] Die Bibel spreche in diesem Zusammenhang von „Sünde". Und Sünde sei nicht etwas durch die äußeren Verhältnisse Erzeugtes, „sondern sie ist etwas tief in der menschlichen Natur Wurzelndes und deshalb Angeborenes."[29] Diese Grundbefindlichkeit des Menschen ist letztlich durch menschliche Einwirkung nicht revidierbar.

Die Herstellung der Glückseligkeit unter den Menschen geschieht nach christlicher Auffassung nicht mittels Transformation sozialer und politischer Strukturen, sondern durch Brechung der Macht der Sünde und „Neugeburt des inneren Menschen" in der „Herrschaft der Gottesgemeinschaft."[30] Die volle Glückseligkeit ist erst erreicht, wenn der verlorene Sohn in die Arme seines Vaters zurückkehrt, d.h. wenn der Mensch die Gottferne überwindet und Gottes Angebot, sich seinem Herrschaftsbereich anzuvertrauen, annimmt. An dieser Stelle muß der Trennungsstrich zwischen Christentum und Sozialismus unmißverständlich gezogen werden: „Dieser will die Menschen bessern durch bessere Erkenntniß und Organisation der äußeren Ordnungen; das Neue Testament will es durch die göttliche Liebe, die allein im Stande ist, das harte selbstsüchtige Herz weich zu machen und mit Entsagung und Nächstenliebe zu erfüllen. Der Socialismus will den Menschen allein durch den Menschen auf eine sittliche Stufe erheben; das Neue Testament will das durch Gott. Der Socialismus kuriert mit dem Geist von Unten die Welt; das Neue Testament mit dem Geist von oben."[31]

Größe und Grenze des Werkes von Todt offenbaren sich nirgends klarer als hier: Er hat Verständnis, ja Zustimmung zum deutschen Sozialismus bekundet, und er hat Analogien zwischen dem Neuen Testament und den sozialistischen Prinzipien hergestellt. Das Ergebnis waren partielle Konvergenzen zwischen Christentum und Sozialismus. Nun konstatiert er Unvereinbarkeiten: Die sozialistischen Institutionen sind für ihn nicht funktionsfähig, weil der Mensch auch in ihnen ein Sünder bleibt. Sie verändern ihn nicht qualitativ. Die anthropologische Konstante obsiegt über die Strukturen. Weder die sozialistische Assoziation, über die Todt sich so lobend aussprach, noch der Genossenschaftsstaat sind „als solche" in der Lage, die Situation des Menschen grundlegend zu verändern. Die Heilung des Menschen muß aber allseitig geschehen, nach Leib, Seele und Geist. Erst der von den Sünden befreite Mensch kann sich dem Nächsten wirksam zuwenden und ihm auch in den materiellen Nöten zur Seite treten.

Die sozialistische Institution und ein sie tragender christlicher Geist — diese beiden Faktoren würden eine unüberwindliche Kampfesfront gegen alle Strukturen der Menschenverachtung und Unterdrückung bilden. Mit geradezu beschwörenden Worten setzt

---

27 Ebda., S. 248.
28 Ebda., S. 340.
29 Ebda.
30 Ebda., S. 341.
31 Ebda., S. 343 f.

sich Todt für eine koordinierte Aktion von Christentum und Sozialismus ein. Er prophezeit dem Sozialismus, daß er, wenn er „seine Prinzipien und Forderungen auf das Evangelium gründe", eine unwiderstehliche Anziehungskraft auf die „Masse der Arbeiter" und „aller anderen abhängigen Classen" ausübte.[32] Letztlich erweist sich aber das Christentum als unentbehrlich für den Neubau einer Gesellschaft des Friedens und der sozialen Gerechtigkeit.[33] Natürlich kann solches nur von einem Christentum geleistet werden, das seinen sozialen Gehalt neu entdeckt hat und zu entfalten beginnt: „Denn das Evangelium normirt nicht nur das Verhalten des Menschen zur unsichtbaren Welt, sondern auch zur sichtbaren, wie sie uns in den Nebenmenschen und in der Natur entgegentritt. Es hat die Kraft, nicht allein politische, sondern auch wirthschaftliche und sociale Uebelstände zu beseitigen."[34]

Man hat den sehr gewissen Eindruck, daß Todt an einen christlichen Staat, eine christlich geeinte Weltgesellschaft denkt, die durch Weltmission anzustreben sei. Er vergißt bei alledem nicht, den vorläufigen, endlichen Charakter aller christlich-sozialen Bemühungen um gerechte Ordnungen zu betonen. Solange der alte Äon bestehe, sei wahre Gerechtigkeit und vollkommener Friede nicht zu realisieren.[35] In moderner theologischer Terminologie würden wir in diesem Kontext von „eschatologischem Vorbehalt" sprechen.[36]

Es ist nicht ganz einfach, die massive Kritik Todts am „Radikalen deutschen Socialismus" in den Zusammenhang seiner positiven Ausführungen über den deutschen Sozialismus zu stellen. Die von Todt behauptete Notwendigkeit einer christlichen Fundierung der sozialistischen Institutionen zeigt, daß er vor den Konsequenzen seines eigenen Ansatzes zurückschreckt. Er vermag die relative Besserung der gesellschaftlichen Verhältnisse durch den Sozialismus nur dann anzuerkennen, wenn derselbe von christlichem Geist getragen und geführt wird. Bis zu diesem Urteil galt seine Argumentation dem Nachweis eines relativen christlichen Eigenwertes der sozialistischen Institutionen. Die Formalstruktur des Sozialismus repräsentiert für ihn durchaus einen relativen christlichen Wert, denn in ihm ist ein Stück praktisches Christentum verborgen, obwohl die personalen Träger des Sozialismus einen ausgeprägten Atheismus befolgen.

Sozialismus und Christentum stehen in einem Dialog- und Analogieverhältnis gegenüber, aber nirgends entdeckt Todt Identitäten. Hat er zunächst die Legitimität des Sozialismus vom christlichen Standpunkt aus anerkannt, so relativiert er sie nun gleichermaßen vom christlichen Ansatz aus: Denn funktionsfähig sind die sozialistischen Institutionen nur, wenn sie von Christen getragen und legitimiert werden. Es ist Brakelmanns Verdienst, auf diese Unausgewogenheit in Todts Denken erstmalig hingewiesen zu haben.[37]

---

32 Ebda., S. 337.

33 Vgl. RDS, S. 247f. „... nur die christliche Produktionsgenossenschaft, nicht die atheistische, nur der christliche Genossenschaftsstaat, nicht der atheistische sind im Stande, Aussicht auf dauernden Erfolg zu gewähren."

34 Ebda., S. 410.

35 Ebda., S. 342: „Daher findet die volle Glückseligkeit nicht im Diesseits, sondern im Jenseits statt."

36 Vgl. dazu u. a.: Gerhard Friedrich, Utopie und Reich Gottes. Göttingen, 1975. Helmut Gollwitzer, Die Revolution des Reiches Gottes und die Gesellschaft. In: Forderungen der Umkehr. Beiträge zur Theologie der Gesellschaft. München, 1976. S. 21ff.

37 Brakelmann, Kirche und Sozialismus, S. 201ff.

Todt bleibt der Idee einer umfassenden Christianisierung durch Missionierung der Gesellschaft verhaftet. Allein das Christentum sei imstande, die soziale Frage unter den Bedingungen des alten Äons befriedigend zu lösen. Es wäre Todt nicht möglich gewesen, theologisch einen Weg einzuschlagen, wie es einige religiöse Sozialisten in der Weimarer Republik und deren Vorläufer (Christoph Blumhardt d. J.) getan hatten: die Anerkennung säkularer Bewegungen und Institutionen als Inkarnation des gnädigen Handeln Gottes. Es lag außerhalb Todts Gesichtskreis, etwa wie Paul Tillich im Sozialismus den „Kairos" zu erkennen, jene gottgewirkte Stunde, mit der ein „theonomes Zeitalter" anbricht und alles neu wird — im persönlichen wie gesellschaftlichen Leben.[38]

Der Sozialismus galt ihm als Fingerzeig, als „Busprediger" für das Christentum, daß es sich energischer um die gesellschaftlichen Verhältnisse bekümmere, wie sie *wirklich* sind und keinen Bereich aus der Liebe zum Nächsten aussparre, nicht aber als gottgewirkte Idee der Umwälzung aller Verhältnisse, in denen der Mensch nicht mehr Mensch sein könne. Gott will nicht den Sozialismus der Sozialdemokratie: Gott will den christlichen Sozialismus, die christliche Republik, den christlichen Genossenschaftsstaat. Die Einheit in Christus verbürgt erst die Heilung aller gesellschaftlich bedingter Zerrissenheiten. Die persönliche Konversion ist unabdingbar, um der gesellschaftlichen sicheres Fundament zu verleihen. Trotz mancher Formulierungen, die an ein theologisches Modell christlich-sozialistischer „Identität" gemahnen[39], trotz seines Glaubens an die *eine* Wahrheit in Christus, die *eine* Wirklichkeit, die *eine* göttliche Liebe und die *eine* göttliche Gnade, grenzt er den Sozialismus der Sozialdemokratie wegen des Atheismus und Utopismus der Selbsterlösung im Diesseits aus dem umfassenden Erneuerungswerk der Menschheit aus. Dies gilt auch für die Frage, ob ein Christ Sozialdemokrat sein könne: „Deshalb kann der positive, auf dem Neuen Testament fußende Christ wohl die Socialisten gerecht beurtheilen, ihre berechtigten Anklagen gegen die heutige Gesellschaft beseitigen, ihre gerechten Forderungen erfüllen, von ihnen lernen und ihnen für ihre Kritik als Bußpredigern dankbar sein, aber — er kann nie selbst in ihre Reihe treten und selbst ein Socialdemokrat werden, um — ihres Atheismus willen."[40]

---

38 Vgl. Johannes Kandel, Schwarzes Kreuz auf rotem Grund. Anmerkungen zum religiösen Sozialismus in der Weimarer Republik. In Horst Heimann / Thomas Meyer (Hrsg.) Reformsozialismus und Sozialdemokratie. Berlin/Bonn, 1982. S. 59 ff.

39 Vgl. v. a. die theologischen Positionen wie sie von den „Christen für den Sozialismus" entwickelt wurden. Vgl. Dorothee Sölle / Klaus Schmidt (Hrsg.) Christentum und Sozialismus. Vom Dialog zum Bündnis. Stuttgart/Berlin/Köln/Mainz, 1974; Dieselben (Hrsg.), Christen für den Sozialismus I, Stuttgart/Berlin/Köln/Mainz, 1975. Walter Dirks / Klaus Schmidt / Martin Stankowski (Hrsg.) Christen für den Sozialismus. Stuttgart/Berlin/Köln/Mainz, 1975. Giulio Girardi, Christen für den Sozialismus — warum? Stuttgart/Berlin/Köln/Mainz, 1976. Christen für den Sozialismus. Geschichte, Theorie, Basisberichte. Münster, 1979[3].

40 RDS, S. 344. Ein Weg wie ihn Pfarrer Christoph Blumhardt d. J. und Pfarrer Paul Göhre beschritten, die 1899 bzw. 1900 in die Sozialdemokratie eintraten, wäre Todt somit nie möglich gewesen.

11 Rudolf Todt und der Antisemitismus

Mit größter Überzeugung, ja religiöser Inbrunst trägt Todt die These vor, daß nur die von christlichem Geist durchwirkte Gesellschaft, nur der von christlicher Ethik beseelte Staat („der christliche Staat und die christliche Societät") die soziale Frage wirksam lösen können. Dies bedeutete zugleich eine scharfe Abwehr religiös und politisch anders motivierter Vorschläge zur Abhilfe der drängenden Nöte.

Namentlich auf das Judentum und den Islam richten sich Todts in Sprache und Inhalt sehr drastischen Abgrenzungen. Es bedarf für den kundigen Beobachter der politischen Szenerie in den siebziger und achtziger Jahren keiner näheren Begründung, warum Todt das Thema Judentum und soziale Frage aufgreift, war doch die „neue Judenfrage" seit 1873 — wenige Jahre nach der reichseinheitlichen Gewährleistung staatsbürgerlicher Gleichstellung der Juden[1] — Gegenstand heftiger Diskussionen in der Öffentlichkeit. Eine Flut von Zeitschriftenartikeln, Flugschriftenliteratur und Monographien signalisierte öffentliche Erregung vom Handwerksgesellen bis zum Geschichtsprofessor über den vermeintlich exorbitant gestiegenen Einfluß der Juden in Wirtschaft, Wissenschaft und Politik. Die nationale Hochstimmung der ersten Jahre nach der Reichsgründung war einem allgemeinen Katzenjammer über den geistig-politischen und wirtschaftlichen Zustand des Deutschen Reiches gewichen, und die Suche nach den wahrhaft „Schuldigen" für die allgemeine Misere hatte begonnen. Ein aufmerksamer und sensibler Beobachter der Zeitsituation wie Pfarrer Todt konnte an der „Judenfrage" nicht vorbeisehen. So schickt sich Todt an, nachzuweisen, daß das Judentum zur Lösung der sozialen Frage nicht nur vollständig „unfähig" sei, sondern im Gegenteil zu Entstehung und Verschärfung des sozialen Konfliktstoffs noch beitrage. Die Begründungen, die Todt dem Leser in einem längeren Exkurs[2] bietet, weisen ohne Zweifel deutliche antisemitische Argumentationsfiguren auf.

Der Antisemitismus im Kaiserreich — der Begriff wurde 1879 im geistigen Umfeld des Schriftstellers *Wilhelm Marr* geprägt[3] — unterschied sich von der traditionellen Judenfeindschaft der früheren Jahrhunderte qualitativ durch seine komplexe Struktur: Traditionell religiöse Motive des Antijudaismus verbanden sich mit neuen Stigmatisierungen des Judentums aus wirtschaftlichen, politischen, kulturellen und völkisch-rassistischen Motiven, die in den Jahren von 1878 bis 1882 (und wieder seit 1893) zu einer ideologisch

---

1 Bundesgesetz für den Norddeutschen Bund vom 3. Juli 1869. Das Gesetz vollendete die in Preußen 1812 begonnene „Judenemanzipation". Das Bundesgesetz wurde am 16. April 1871 für das Deutsche Reich übernommen. Vgl. dazu: H. G. Adler, Die Juden in Deutschland. München, 1960. bes. S. 81 ff.; Reinhard Rürup, Judenemanzipation und bürgerliche Gesellschaft in Deutschland. In: Derselbe, Emanzipation und Antisemitismus. Göttingen, 1975. S. 11 ff.; Wanda Kampmann, Deutsche und Juden. Die Geschichte der Juden in Deutschland vom Mittelalter bis zum Beginn des Ersten Weltkriegs. Frankfurt/M., 1979. S. 206 ff.
2 RDS, S. 12 ff.
3 Reinhard Rürup, Antisemitismus — Entstehung, Funktion und Geschichte eines Begriffs. In: Derselbe, Emanzipation, S. 102. Zum Begriff v. a. Th. Nipperdey / R. Rürup, Antisemitismus. In: GG, Bd. 1, S. 129 ff.

und soziologisch von Kleinbürgertum, Mittelstand, kleiner Beamtenschaft, Klein- und Mittelbauern, Teilen des grundbesitzenden Adels und der akademischen Intelligenz geprägten dynamischen Volksbewegung zusammenflossen.[4] Diese neue Judenfeindschaft „trat auf als Bestandteil einer diffusen, konservativen oder sich konservativ wähnenden Antikonzeption, welche die von der Industrialisierung geförderte Säkularisierung aufhalten, den Liberalismus zurückdrängen und Staat wie Gesellschaft erneut an traditionellen oder retrospektiven Leitbildern ausrichten wollte."[5]

Mit politischer Unterstützung durch die Konservativen und zeitweilig auch durch das Zentrum trug die antisemitische Bewegung maßgeblich dazu bei, die antiliberale Wende der Bismarck'schen Politik zu popularisieren. Der Antisemitismus stabilisierte die Herrschaftsordnung im Kaiserreich, jene heilige Dreieinigkeit von feudalaristokratischem Obrigkeitsstaat, Bürokratie und Militär, indem er von den objektiven Ursachen der kapitalistischen Strukturkrise der siebziger Jahre ablenkte und durch Fixierung auf das „jüdische Kapital" als Sündenbock gefährliche soziale Vorurteile schürte.[6] Dabei war der Antisemitismus keineswegs bloß reaktionär. Seine besondere populistische Dynamik gewann er durch das Angebot einer neuen, völkisch-rassistisch fundierten, nationalistischen Integrationsideologie (der Kampf des „Deutschtums" gegen das „Judentum") und einer z. T. betont antikapitalistischen Polemik (z. B. in der Rede vom „jüdischen Wucher" und dem „raffenden Kapital").

In der Kennzeichnung des Judentums als des „undeutschen", „fremden Volksstammes" und in den verschiedenen Forderungen zur Eliminierung der Juden seitens einer Reihe von Antisemitenparteien war der Boden bereitet, auf dem später die schreckliche Saat des deutschen Faschismus aufgehen sollte.

Betrachten wir nun die Äußerungen Todts zur „Judenfrage" seiner Zeit, so fällt die für das antisemitische Lager so typische Vermengung richtiger ökonomischer Einsichten über die sozialen Folgen der kapitalistischen Umwälzungen und Strukturkrisen mit falschen, vorurteilsbehafteten Behauptungen über das „Wesen" des modernen Judentums auf. Diese Hypothesen halten keiner wissenschaftlichen Überprüfung stand, und dies nicht erst aufgrund des Kenntnisstandes unserer Gegenwart.[7]

---

4 Vgl. Zum Antisemitismus im Kaiserreich v. a. die Arbeiten von Rürup, Massing, Pulzer, Greive. Rengstorff / Kortzfleisch, Brakelmann / Rossowski, Berding, Strauss / Kampe, Poliakov, Klein / Losemann / Mai, Puhle und Jochmann. Von der älteren Literatur immer noch unumgänglich: Hannah Arendt, Elemente und Ursprünge totaler Herrschaft. Frankfurt am Main, 1955. Eva G. Reichmann, Flucht in den Haß. Die Ursachen der deutsche Judenkatastrophe. Frankfurt am Main, 1956. Kurt Wawrzinek, Die Entstehung der deutschen Antisemitenparteien 1873 – 1890. Berlin, 1927. S. H. Dubnow, Die neueste Geschichte des jüdischen Volkes. Berlin, 1923 (III Bde. 1789 – 1914)
5 Rudolf Lill, Zu den Anfängen des Antisemitismus im Kaiserreich. In: Saeculum, 26. Jg., Bd.2, 1975. S. 218.
6 Auf den unabweisbaren Zusammenhang zwischen Wirtschaftskrisen und der Dynamik antisemitischer Bewegungen macht Rosenberg, Große Depression, S. 95 ff. aufmerksam und bietet dafür überzeugende Belege.
7 Rürup schreibt treffend: „Die wissenschaftliche Widerlegung antisemitischer Theorien zählt heute nicht mehr zu den Aufgaben der Forschung. Soweit es einer solchen bedurfte, ist sie bereits in der unmittelbaren Auseinandersetzung im 19. und frühen 20. Jahrhundert erfolgt." (Rürup, Zur Entwicklung der modernen Antisemitismusforschung. In: Derselbe, Emanzipation und Antisemitismus, S. 122; Wobei hinzuzufügen ist: es besteht aber nach wie vor die Notwendigkeit, an diese Widerlegungen zu erinnern!

Bei Todt fließen die verschiedenen Begründungsrichtungen des modernen Antisemitismus ineinander, so daß es sehr problematisch ist, einen politisch, religiös, wirtschaftlich, kulturell oder rassisch-völkisch motivierten Antisemitismus messerscharf voneinander zu unterscheiden.[8] Todt vertritt und verbindet eine traditionell christliche Judenfeindschaft mit zugespitzt anti-talmudischer Argumentation (der Talmud als Dokument religiöser und gesellschaftlicher Intoleranz) mit politischen und ökonomischen Argumenten gegen den „jüdisch-liberalen Mammonismus" und das jüdisch organisierte „Manchestertum", welches sich anschicke, die notleidende nationale deutsche Wirtschaft vollständig zu beherrschen und das die Hauptverantwortung für die Ausbeutung des Proletariates trage. Dazu kommen völkisch-rassenantisemitische Positionen: Die Juden werden als eigene, blutsmäßig zu identifizierende Rasse dargestellt und als „parasitischer Stamm" stigmatisiert, wobei sich Todt einer biologistischen Ausdrucksweise bedient („Schmarotzerpflanzen").

Wir werden i. f. die einzelnen Argumentationsstränge näher beleuchten und versuchen, Todts praktisch-politisches Verhalten zur Berliner Bewegung 1878 bis 1882 zu bestimmen. Todt unterscheidet zunächst grundsätzlich die jüdische Bevölkerungsgruppe in Deutschland in „Orthodoxe" und „Reformjuden" und kennzeichnet beide als gleichermaßen unfähig zur Lösung der sozialen Frage, ob im „ethischen" oder „sozialistisch-nationalökonomischen Sinne."[9] Die „Orthodoxen" würden „durch ihren Talmud" daran gehindert, während die „Reformjuden" aufgrund ihrer klassenegoistisch und ökonomistisch verengten Prinzipien von Freiheit und Gleichheit kein Herz für die sozial Unterprivilegierten besäßen.

Auf religiösem Gebiet stehe der Talmud, jenes Dokument jüdischen Lebens unter der Fremdherrschaft des 3.–6. nachchristlichen Jahrhunderts, einer Zuwendung zu den unter sozialen Nöten Leidenden entgegen. Der Talmud rede zwar von Nächstenliebe, kenne sie aber in der Praxis nicht: „Der Talmud schließt die Heiden von allen Wohlthaten des Gebotes: ‚Liebe deinen Nächsten als dich selbst' aus. Wir Christen gehören aber nicht zu denjenigen, welche die noachischen Gebote halten, sondern stehen in den Augen der Juden auf gleicher Stufe mit den Götzendienern und Heiden. Wir sind also nach dem Talmud von der Nächstenliebe seitens der Juden ausgeschlossen."[10]

Todt bezieht sich hier auf ein Buch des englischen Reverend *Alexander Mc Caul,* der in seiner judenmissionarischen Schrift von 1836 den Nachweis zu führen versuchte, daß im Verhältnis des modernen Judentums zur „Religion Mosis und der Propheten" große Differenzen bestünden.[11] Todts Argumentationsweise ist von einer tiefsitzenden Aver-

---

8 Greive, Geschichte, S. 49.

9 RDS, S. 12,

10 Ebda., S. 14.

11 Alexander Mc Caul, Nethivot Olam oder der wahre Israelit. (1836) deutsch 1838, Todt zitiert nach der 3. Auflage, Frankfurt am Main, 1855. RDS, S. 14. Todt hat sicherlich auch die antijüdischen Artikel des deutschen Judenmissionars Johannes de le Roi in der NEKZ verfolgt, ohne ausdrücklich zu zitieren. De le Roi polemisierte in seiner 1871 erschienenen Schrift „Stephan Schulz. Ein Beitrag zum Verständnis der Juden und ihrer Bedeutung für das Leben der Völker." (Gotha, 1871) gegen die „zersetzenden Tendenzen des modernen Judentums." (bes. S. 183 ff.) Hier sind alle antisemitischen Ausfälle der Berliner Bewegung bereits inhaltlich formuliert. Ebenso hat Todt die Martensen'sche Ethik gekannt (1878 erschienen) in der dieser insbesondere die Reformjuden scharf verurteilte. Vgl. zum Ganzen: Hans Engelmann, Kirche am Abgrund. Adolf Stoecker und seine antijüdische Bewegung. Berlin, 1984. S. 39 ff.

sion gegen die talmudische Kasuistik geprägt. Seine Kenntnisse aus zweiter Hand wendet er eifrigst daran, darzutun, in welcher Weise der Talmud alle Nichtglaubensgenossen von der geforderten Barmherzigkeit und Nächstenliebe ausschließe. Todt verfährt dabei höchst einseitig und ungerecht, weil er andere Sentenzen, die den von ihm zitierten Belegen widersprechen, nicht benennt. An keiner Stelle erfährt der Leser etwas über den historischen Kontext, in dem die talmudischen Aussagen zum adäquaten Verständnis unbedingt zu beurteilen sind. Nirgendwo wird deutlich, in welchem Zusammenhang und vor welchem historischen Hintergrund jene rabbinischen Weisheiten aus dem Talmud zu verstehen sind, die sich kritisch gegenüber der heidnischen (spätrömischen und persischen) und christlichen (Byzanz) Umwelt abgrenzten und die den Erhalt einer spezifisch jüdischen Identität durch rituelle Vorschriften, Entwicklung eines umfassenden Strafrechts- und Zivilrechtskatalogs sowie Entfaltung eines Systems individual- und sozialethischer Aussagen zu garantieren suchten.[12]

Todt konstruiert einen scharfen Gegensatz zwischen dem Alten Testament und den talmudischen Weisheiten: Das Alte Testament breche den Stab „über unsere heutige Zeit und human sein wollende Gesellschaft ... eben — weil sie nicht human oder doch in falscher Weise es ist. Es findet sich in keinem Gesetzbuche eine solche wahrhaft humane, rücksichtsvolle, von der Bruder- und allgemeinen Menschenliebe getragene und durchdrungene Auffassung der gesellschaftlichen Verhältnisse wie im Gesetz Mosis. Da wird in Wahrheit nicht bloß brüderliche Gleichheit und Liebe gepredigt, sondern durch bis ins Einzelne gehende Bestimmungen vorgeschrieben."[13]

Nachdem Todt eine Reihe von Bestimmungen aus der mosaischen Gesetzgebung benannt hat, die zeigen sollen, wie stark der Gedanke der Nächstenliebe und der sozialen Gerechtigkeit im Alten Testament verankert ist, stellt er in geradezu verächtlicher Sprache die Aussagen des Talmud dagegen. Die Juden seien vom Gesetz Mosis abgewichen, ja das Gesetz sei dem Juden „nie zur Wirklichkeit geworden, es blieb für ihn immer nur eine ‚Chimäre‘, und sein dominierender Herzenswunsch war stets darauf gerichtet, sein rationalistisches, chimärisches mündliches Gesetz zur Herrschaft zu bringen. ‚Der Talmud, jenes Conglomerat von widergöttlichen, antimosaischen, widersinnigen, ja geradezu unsittlichen Vorschriften hat das schriftliche Gesetz überwuchert und seines heiligenden, veredelnden Einflusses beraubt."[14]

---

12 Todt hat den Talmud mit Sicherheit nicht im Original gekannt, sondern aus zweiter Hand geschöpft. Und die Quellen, auf die er sich bezog, waren von historisch-kritischer und religionswissenschaftlicher Würdigung weit entfernt. Tod stand ganz im Banne antitalmudischer christlicher Polemik. Eine sachgerechte Auseinandersetzung mit den talmudischen Schriften begannen auch erst in den achtziger Jahren die Berliner Alttestamentler Franz Delitzsch und Hermann L. Strack. Vgl. dazu den Artikel Stracks „Talmud" in der RE, Bd. 19, bes. S. 334; ferner: Hermann L. Strack, Einleitung zu Talmud und Midrasch. München, 1920. Strack hatte in den achtziger Jahren eine erbitterte Fehde mit Stoecker über dessen antitalmudische Interpretation des Kol-Nidre-Gebets. Vgl. von Oertzen, Stoecker I, S. 264ff. Zum religionsgeschichtlichen Hintergrund vgl. v.a.: Michael Avi-Yonah, Geschichte der Juden im Zeitalter des Talmud. In den Tagen von Rom und Byzanz. Berlin, 1962. Johann Maier, Geschichte der jüdischen Religion. Berlin/New York, 1972, S. 92ff. Peter Schäfer, Geschichte der Juden in der Antike. Stuttgart/Neukirchen-Vluyn, 1983, bes. S.177ff.

13 RDS, S. 31.

14 Ebda., S. 32.

Todt präsentiert eine Reihe von bekannten Vorwürfen gegen den Talmud aus der Waffenkammer christlicher antijüdischer Polemik, Vorwürfe, die Jahrzehnte später in der faschistischen Propaganda erneut auftauchen: Der Talmud kenne keine Nächstenliebe; das Gebot, dem „Fremdling" Gutes zu tun, beziehe sich nur auf den zum Judentum Übergetretenen; der Talmud rechtfertige den Betrug und den Wucher gegenüber den „Ungläubigen"; er bedrücke und bedränge die eigenen Glaubensgenossen mit schier unerfüllbaren religiösen Vorschriften und predige unversöhnlichen Haß gegen die Christen.[15]

Diese antitalmudischen Ausfälle waren zu Todts Zeiten nicht ungewöhnlich, sie erlebten im Gegenteil überaus starke Konjunktur und fügten sich in die antisemitische Ausgrenzungs-Unkultur der siebziger und achtziger Jahre ein. Zur Popularisierung dieser erwiesenermaßen unsinnigen Behauptungen[16] trugen die antitalmudischen Schriften der katholischen Theologen *August Rohling* und *Konrad Martin,* Bischof zu Paderborn, entscheidend bei.[17] Todt hat beide sicherlich gekannt, denn der Duktus seiner Argumentation entspricht im Kern den Behauptungen der beiden katholischen Theologen. Daß die antitalmudischen Angriffe von katholischer Seite kamen, hat ihre Glaubwürdigkeit für Todt eher noch bestätigt, schätzte er die katholischen Einlassungen zur sozialen Frage doch besonders hoch ein.

August Rohling hatte in seinem 1871 erschienenen Buch „Der Talmudjude" ein handliches Kompendium der „Skandalchronik" des Judentums geschaffen und verbreitete eine Fülle geradezu aberwitziger Vorwürfe an die Adresse des modernen Judentums. Von der vermeintlichen Weltherrschaftsabsicht des internationalen Judentums bis zur gemeinsten „Ritualmord"-Beschuldigung war alles vertreten.[18]

Auf ihn stützte sich die antisemitische Bewegung vom Kaiserreich bis in die Tage des deutschen Faschismus. Konrad Martin hatte 1848 — noch als Theologieprofessor in Bonn — die Schrift „Blicke ins Talmudische Judentum" verfaßt, in der er den Juden vorwarf, „förmlichen Haß gegen die Person aller Nicht-Juden" zu predigen.[19] Martins Schrift, die

---

15 Ebda., S. 13 ff.

16 Vgl. zur zeitgenössischen Auseinandersetzung vor allem das umfassende Werk von M. Lazarus, Die Ethik des Judentums. Frankfurt am Main, 1898. (bis 1904 schon fünf Auflagen!) v. a. § 170 ff. und § 286 ff. Michael Friedländer, Die jüdische Religion. Frankfurt am Main, 1922, bes. S. 245 Neuere Literatur v. a. Der babylonische Talmud. Ausgewählt, übersetzt und erklärt von Reinhold Mayer. München, 1963. Günter Stemberger, Der Talmud. Einführung — Texte — Erläuterungen. München, 1982. bes. S. 298 ff.

17 August Rohling, Der Talmudjude. Zur Beherzigung für Juden und Christen aller Stände. Münster, 1871. Rohling schöpfte — wie viele andere Antisemiten nach ihm — aus der antijüdischen Schrift Johann Jakob Eisenmengers von 1701, Entdecktes Judentum, die wegen ihres hetzerischen Inhalts mehrfach verboten wurde. Rohlings Pamphlet ist nicht viel mehr als ein Plagiat der Erkenntnisse Eisenmengers.

18 Vgl. zu Rohling v. a. Isaak A. Hellwing, Der konfessionelle Antisemitismus im 19. Jahrhundert in Österreich. Wien-Freiburg-Basel, 1972. S. 71 ff; Rohlings Buch erlebte bis 1922 immerhin 17 Auflagen und wurde in mehrere Sprachen übersetzt. Zur Zeit des Kaiserreiches war es gewissermaßen „Stammtisch-Gespräch". Vgl. zur Wirkungsgeschichte v. a. die Darstellung von Stefan Lehr, Antisemitismus — religiöse Motive im sozialen Vorurteil. München, 1974. bes. S. 33 ff. Rohlings Buch wurde schon 1881 von dem couragierten Alttestamentler und Orientalisten Franz Delitzsch als Fälschung talmudischer Aussagen entlarvt. F. Delitzsch, Rohling's Talmudjude. Leipzig, 1881. Siehe auch Dubnow, Neueste Geschichte des jüdischen Volkes, Bd. III, S. 63 ff.

19 Zit. n. Greive, Geschichte, S. 29.

in den fünfziger und sechziger Jahren nahezu vergessen war, wurde 1876 vom katholischen Theologieprofessor *Joseph Rebbert* neu herausgegeben und fand – ähnlich wie das Rohling'sche Elaborat – alsbald sehr schnelle Verbreitung.[20]

In beiden antisemitischen Pamphleten kam die antiliberale Spitze und der Versuch, die von katholischer Seite als besonders desolat empfundene Zeitsituation (Kulturkampf) auf das Wirken verschwörerisch-zersetzender Kräfte – eben das liberale Judentum in Presse, Regierung und Parlament – zurückzuführen, klassisch zum Ausdruck. Die antisemitischen Äußerungen verstärkten sich seit Mitte der siebziger Jahre in katholischen Kreisen erheblich, obgleich insgesamt gesehen die „judenfeindliche Agitation in dieser Phase vorherrschend eine protestantische Angelegenheit" war.[21] Doch wurde der Kulturkampf geradezu als ein spezifisch jüdisches Manöver gegen die Christlichkeit des deutschen Reiches betrachtet.

Todt hat diese Entwicklungen beobachtet, und nicht zuletzt wird er auch die katholische Presse verfolgt haben, wenn auch überwiegend nicht im Original, so doch in den genialen Zusammenfassungen und Inhaltsanalysen seines sozialkonservativen Mentors Rudolf Meyer.[22] Er war wie viele seiner Amtskollegen ernsthaft besorgt um die innere Einheit und geistige Identität des „heiligen evangelischen Reiches deutscher Nation" von 1871, die er durch Materialismus und Laissez-faire-Liberalismus gefährdet sah. Nur vermochte er über die bloße Analyse einer geistigen Krise hinaus auch die objektiven strukturell-ökonomischen Veränderungsprozesse zu erfassen und bemühte sich um eine Alternative zur liberal-kapitalistischen Orientierung.

Todt hält auch die „Reformjuden", d. h., jene, die bereit waren, sich zu „assimilieren" für nicht in der Lage, die soziale Frage zu lösen, weil sie angeblich zu wahrer „Internationalität" nicht taugten und einem Arbeitsbegriff huldigten, der „Werthe erzeugende Arbeit" ausschließe.[23] Auf die Reformjuden richten sich nun Todts spezifisch wirtschaftsantisemitische Angriffe: Die Juden müßten eigentlich als „Pantheisten und Materialisten bei consequentem Denken Socialisten werden"[24], alleine ihre „Race, die ihre Eigenthümlichkeit nun und nimmer verleugnet" habe, stehe dem entgegen: „Ihre Internationalität ist Raceninternationalität mit allen ihren Folgen von Hochmuth, Selbstüberhebung und Egoismus."[25]

Todt hält die Juden nicht für fähig, eine „Werthe" schaffende Arbeit zu leisten. Bewußt klammert er Tätigkeiten wie die der „Productenverteilung" und des Handels aus seinem Arbeitsbegriff aus: „Zu der eigentlich productiven, Werthe erzeugenden Arbeit, namentlich auf materiellem Gebiete, ist der Jude nun von Haus aus verdorben. Wenn er productiv wird, so ist er es nur auf intellectuellem, ästhetischem Felde. (Spinoza, Men-

---

20 Joseph Rebbert, Blicke ins Talmudische Judentum. Nach den Forschungen von Dr. Konrad Martin, Bischof von Paderborn, dem christlichen Volke enthüllt. Paderborn, 1876.

21 Greive, Geschichte, S. 67; Vgl. zum Ganzen: Jochmann, Struktur und Funktion des deutschen Antisemitismus, S. 397 ff.; Massing, Vorgeschichte, S. 14 ff. und Wawrzinek, Entstehung, S. 13 ff.; Berding, Moderner Antisemitismus, S. 87 ff. Martin Greschat, Protestantischer Antisemitismus in Wilhelminischer Zeit – Das Beispiel des Hofpredigers Adolf Stoecker. In: Brakelmann / Rossowski (Hg), Antisemitismus, S. 27 ff.

22 Vgl. Meyer, Emancipationskampf, Bd. I, S. 439 ff.

23 RDS, S. 27.

24 Ebda., S. 18.

25 Ebda., S. 19.

delssohn etc.) Fabricirt er, so besteht seine Hauptaction in der kaufmännischen Leitung des Geschäfts; das eigentlich Technische ist ihm fremd."[26]

Der Jude besitze ein „arbeitsunkräftiges Wesen"[27], schon seine „Leibesconstitution" sei „nicht auf körperliche, alle Muskeln in Bewegung setzende Arbeit eingerichtet";[28] er arbeite stets „sehr mittelmäßig und fuscherig", ja die Arbeit sei ihm, der nur auf Gewinn aus sei, „ein lästiges Anhängsel für seine eigene Person, eine reine Waare bei anderen, mit der er seinen Schacher treiben und aus der er Profit ziehen kann."[29]

Obwohl Todt die Gründe für die sozialhistorisch nachweisbare Konzentration der Juden auf spezifische ökonomische Tätigkeiten im Handel und Finanzgeschäft durchaus bekannt sind[30], begrüßt er gar noch die seit dem Mittelalter erlassenen Sondergesetze gegen die Juden: „Und wenn sie vom Mittelalter bis in die neuere Zeit durch die Gesetze der christlichen Staaten von den Zünften und Innungen wie von der Erlangung der Staatsbürgerrechte ausgeschlossen wurden, so scheint dies zwar hart und die Ursache ihres heutigen Schachertriebes zu sein, ist aber bei genauerer Betrachtung nur eine weise wirthschaftliche Massregel, hervorgegangen aus der Beobachtung ihres arbeitsunkräftigen Wesens."[31]

Es ist nur konsequent, daß Todt, wenn er die Juden als unfähig zur produktiven Arbeit abstempelt, auch behauptet, daß sie „keine Arbeitsgenossen" gebrauchen können, mithin eine Solidarität der Arbeitenden unter ihnen sich nicht entfalten könne. Da der Jude unfähig zur Zusammenarbeit mit anderen arbeitenden Menschen sei, wende er sich vorwiegend solchen Geschäften zu, „wo er allein stehen und bestehen kann, wie zu den Geschäften des Kleinhandels, der Pfandleiher, Wechsler, Commissionäre, Lieferanten, Mechaniker, Stempelschneider, Aufkäufer, Makler, Advocaten, Aerzte."[32]

Bei diesen — vom heutigen Erkenntnisstand und den Erfahrungen in der jüngsten deutschen Vergangenheit geradezu ungeheuerlichen Äußerungen — bezieht sich Todt in erster Linie auf ein judenfeindliches Buch des ehemaligen radikalen Linkshegelianers und Atheisten *Bruno Bauer* (1809–1882), das 1868 unter dem Titel „Das Judentum in der Fremde" erschienen war.[33] Bauer, inzwischen zum Konservatismus zurückgekehrt, hatte

---

26 Ebda., S. 27.
27 Ebda., S. 28.
28 Ebda., S. 27.
29 Ebda., S. 28.
30 Vgl. zum sozialgeschichtlichen Hintergrund der gruppenspezifischen Besonderheiten der jüdischen Bevölkerung im Kaiserreich v. a. Gunther Mai, Sozialgeschichtliche Bedingungen von Judentum und Antisemitismus im Kaiserreich, mit viel statistischem Material. Vgl. auch Shulamit Volkov, Jüdische Assimilation und jüdische Eigenart im Kaiserreich. In: GuG, 9. Jg. H. 3 (1983) S. 331 ff. Vgl. auch noch zur älteren Literatur Arthur Ruppin, Die Juden der Gegenwart. Eine sozialwissenschaftliche Studie. Köln/Leipzig, 1911²
31 RDS, S. 28.
32 Ebda., S. 29.
33 Bruno Bauer, Das Judentum in der Fremde. Berlin, 1868. Bauer hatte sich bekanntlich schon zur Zeit seiner radikalen, linkshegelianischen Überzeugungen zur Judenfrage geäußert, auf die Marx mit seiner berühmten Kritik „Zur Judenfrage" replizierte. (MEW, Bd. 1, S. 347 ff.) Vgl. zu Bauer v. a. Sidney Hook, From Hegel to Marx. Studies in the Intellectual Development of Karl Marx. Ann Arbor, 1962 S. 100 ff.; Leszek Kolakowski, Die Hauptströmungen des Marxismus. Bd. 1, München, 1977, S. 104 ff. Vgl. zu Bauers Entwicklung zum Redakteur des Wagener'schen „Staats- u. Gesellschaftslexikons", für das er die antisemitischen Artikel verfaßte, Hahn, Berliner Revue, S. 89 ff. Vgl. Staats- u. Gesellschaftslexikon, Bd. 10, S. 599 ff.

darin die Religion der Juden als „listige, gewaltthätige, casuistische und somit rationalistische Selbsthülfe" dargestellt und dem Judentum jedes ideale Streben abgesprochen.[34]

Todt knüpft hieran an, wobei ihm der zugespitzt atheistische Charakter der antijüdischen Polemik nichts ausgemacht zu haben scheint, wie er überhaupt bei der Wahl seiner geistig-literarischen Vorbilder recht eklektizistisch verfährt. Er tut dies wohl auch, um dem Publikum zu imponieren und an die Geisteshaltung der ihm ja vertrauten Amtskollegen anzuschließen, von denen viele dezidiert antisemitischen Positionen huldigten.[35]

Todt knüpft nicht nur an deren traditionell religiös-antijudaistische Haltung an und verstärkt wirtschafts-antisemitische Argumentationsmuster, sondern er bringt auch rassistisch-völkische Ideen ein, die − wie an ihm deutlich zu erkennen ist − „nicht bloß eine Sache ‚radikaler' Antisemiten war(en)", sondern zur geistigen Signatur der Zeit dazugehörten. Nicht nur der vielgeschmähte Stammtisch und der Pöbel der Straße beschäftigten sich mit völkischen Ideologien und trugen zu deren Verbreitung bei, sondern auch − und für das geistige Leben des Kaiserreichs mit beklemmender Wirkungsgeschichte − die akademische Intelligenz.[36]

Todt klagt die Juden lebhaft der nationalen Unzuverlässigkeit an: „Sie können sich nie zum nationalen Bewußtsein desjenigen Volkes erheben, in dessen Grenzen und Schutz sie leben.[37] Das Motiv der scharfen Entgegensetzung von „Judenthum" und „Deutschthum" tritt uns hier entgegen. Die Gründe für die „jüdische Unzuverlässigkeit" liegen nach Todts Meinung in der Rasse: „Die Rasse, das Blut, das in ihren Adern rollt, steht dem entgegen. Seitdem sie als nationales Individuum mit eigenem Grund und Boden, einzigartiger politischer Verfassung, mit eigenem Tempel und Königthum zertrümmert sind und zu existieren aufgehört haben, sie immer nur Anhängsel anderer Nationen gewesen, aber nicht etwa in der Art der demüthigen Schleppenträger, sondern in der Weise jener Schmarotzerpflanzen, welche am Mark des Baumes zehren und sich davon nähren, bis die Hand des einsichtigen Gärtners das Gewächs mit seinen tödtlichen Umschlingungen beschneidet und in die gebührenden Schranken verweist.[38]

Die Geschichte des zerstreuten Judentums beweise, so führt Todt in einem längeren Exkurs aus, daß die fremde Rasse sich überall den Verhältnissen geschickt anpasse und ihren Einfluß Schritt für Schritt in den Gastländern vergrößere: „Dieser parasitische Stamm hat nicht bloß die Bürgerrechte in christlichen germanischen Staaten erreicht,

34 Zit. b. Greive, Geschichte, S. 91.
35 Vgl. neben der in Anm. 4 genannten Literatur: Hermann Müntinga, Das Bild vom Judentum im deutschen Protestantismus. Dargestellt an den Äußerungen der Allgemeinen Evangelisch-Lutherischen Kirchenzeitung (AELKZ) zwischen 1870−1880. In: Judenfeindschaft im 19. Jahrhundert, S. 21 ff.
36 Vgl. Greive, Geschichte. S. 72 ff. Massing, Vorgeschichte, S. 96 ff. Kampmann, Deutsche und Juden, S. 293 ff. Hermann Bahr, Der Antisemitismus. Ein internationales Interview. hrsgg. von H. Greive. Königstein, 1979. Volker Losemann, Rassenideologien und antisemitische Publizistik in Deutschland im 19. u. 20. Jahrhundert. In: Judentum und Antisemitismus, S.137 ff.; Norbert Kampe, Studenten und „Judenfrage" im Deutschen Kaiserreich. Göttingen, 1988. Zusammenfassung rassistisch-völkischer Ideologien und ihrer Geschichte bei Georg L. Mosse, Ein Volk, ein Reich, ein Führer. Die völkischen Ursprünge des Nationalsozialismus. Königstein, 1979. bes. S. 99 ff., 139 ff., 205 ff.
37 RDS, S. 20.
38 Ebda.

sodass er durch die Parlamente mit regieren kann, sondern er hat sich jetzt geradezu den herrschenden Einfluß in der Presse und den gesetzgebenden Versammlungen erworben und sein eifrigstes Bestreben ist es, vermöge seines colossal wachsenden Reichtums durch diese beiden Factoren des modernen Staatslebens den Staat selbst ganz zu entchristlichen und zu dem abstracten Rechtsstaat hinaufzubilden oder christlich gesprochen herabzubilden."[39]

Fast alle herkömmlichen antijüdischen Motive fließen bei Todt ineinander: Die „nationale Unzuverlässigkeit" der Juden sei nicht nur rassisch begründet, sondern auch in ihrem ständigen Drang nach Bereicherung zu suchen. Während die Christen stets treu und ehrlich für das Vaterland kämpften, suche der Jude nur den geschäftlichen Vorteil zum Schaden der nationalen Sache. Nur eine Person nimmt Todt von diesem Verdikt aus: Ferdinand Lassalle. Von ihm wisse man, daß er kein „internationaler Socialist, sondern ein nationaler" war und nach Verwirklichung des Sozialismus innerhalb „des preussischen Staatsrahmens" gestrebt habe.[40] Dies zeichne ihn als „exceptionellen Juden" aus.[41] Man müsse ihm zugute halten, daß er „die Ehre der Arbeit zur Anerkennung gebracht" habe und „ein wirkliches Mitgefühl mit dem Arbeiterstande" hatte; indes habe auch er in typisch jüdisch-händlerischer Manier nur „zwischen den Nationalökonomen, welche den Satz gefunden, dass die Arbeit die Werthe schafft", und den Arbeitern vermittelt.[42]

Wir stoßen hier auf den schon erwähnten Tatbestand, daß im modernen Antisemitismus rassistische Elemente mit anderen Motiven zu einem Gedankenkomplex verschmelzen und es nicht leicht ist, aus diesem Begründungszusammenhang einzelne Faktoren zu isolieren und zu gewichten. Es ist auch bekannt, daß, bevor die rassenantisemitisch-völkische Bewegung erste sichtbare Spuren in der Öffentlichkeit zu hinterlassen beginnt (ca. ab 1880), rassistische Verbalattacken auf das Judentum hier und da schon stattgefunden hatten.

Wilhelm Marrs populäre antisemitische Schrift von 1879 konnte Todt bei Abfassung seines Hauptwerkes nicht gekannt haben, er hat sie später zur Kenntnis genommen.[43] Wenn er an Bauer keinen Anstoß nahm, konnte das auch für Marr gelten,

---

39 Ebda., S. 22.
40 Ebda., S. 20.
41 Ebda.
42 Ebda., S. 29. Todt teilt auch in dieser Einschätzung die Position seines Mentors Rudolf Meyer und der sozialkonservativen Fraktion in der Konservativen Partei. Die Sozialkonservativen bemühten sich weidlich, gegen die marxistische Internationale das Bild vom „nationalen Lassalle" strahlend zu entfalen. Vgl. dazu Hahn, Berliner Revue, S. 212 ff.
   Auch der Hofprediger Stoecker vermochte dem „Juden Lassalle" einige positive Züge abzugewinnen: „Immerhin ist es merkwürdig, daß dieser Jude im Unterschied von dem internationalen Marx für Deutschlands Größe eine gewisse Empfindung im Herzen trug und, während das fanatische sozialdemokratische Judentum nur Empörung und Umsturz brütete, die Parole des sozialen Königtums, also die Ordnung ausspielte." (Adolf Stoecker, Sozialdemokratie und Sozialmonarchie, 1891. In: Reden und Aufsätze. Hrsgg. v. Reinhard Seeberg. Leipzig, 1913. S. 210)
43 Vgl. Wilhelm Marr, Der Sieg des Judenthums über das Germanenthum. Vom nicht confessionellen Standpunkt aus betrachtet. Vae Victis! Bern, 1879. Vgl. zu Marr die biographisch orientierte Arbeit von Moshe Zimmermann, Wilhelm Marr. The Patriarch of Antisemitism. New York, 1986. bes. S. 70 ff.

obwohl dieser in besonders extremer Weise seinen Haß gegen alles Religiöse formulierte.[44]

Andere „Klassiker" des deutschen Antisemitismus, wie z. B. Eugen Dühring und Paul de Lagarde hat Todt bei Abfassung seines Buches nicht kennen und verarbeiten können.[45] Von Gobineaus Rassentheorie wird er gehört haben, ohne sie rezipieren zu können. Eine intensive Beschäftigung mit Gobineau setzt in Deutschland auch erst um die Jahrhundertwende ein.[46]

Ebenso liegen keine Stellungnahmen von Todt zu den radikalen Antisemiten (Ahlwardt, Böckel, Henrici, Förster, Liebermann von Sonneberg u. a. m.) und deren politischen Organisationsversuchen vor.[47] Todt war in gewisser Weise der Typus des intellektuellen Schreibtisch-Antisemiten, dem die späteren tumultuarischen Ausbrüche des aufgehetzten Kleinbürgertums aus Gründen seiner konservativen Gesinnung und bürgerlichen Wohlanständigkeit zuwider waren. Nicht zuletzt sein Verhältnis zu Stoecker wurde von dieser Frage ganz entscheidend berührt.

Zum Verständnis der Todt'schen Haltung müssen wir noch einmal seine geistig-politische Umwelt in den Jahren der Stoecker'schen sogenannten „Berliner Bewegung" betrachten: Seit Mitte der siebziger Jahre ziehen katholische Blätter, allen voran die „Germania", die „Historisch-politischen Blätter" und die „Christlich-Socialen Blätter", über das Judentum in der Sprache unverhüllten Fremdenhasses her. Es gab „kaum ein Argument, das in den achtziger Jahren geltend gemacht worden ist, das sich nicht schon in den Germania-Artikeln von 1875 fände."[48] Namentlich Todts Verwerfung der Juden als ein nicht zu produktiver Arbeit fähiger Volksstamm findet sich hier und hat Todt sicherlich inspiriert.

Der Kampf gegen den „Manchester-Liberalismus" bewegte sich — von Sozialkonservativen, Kathedersozialisten, mittelständischen Handwerkerkreisen und schutzzollheischendem Großgrundbesitz forciert — auf einen ersten Höhepunkt zu. Zum abstoßenden Symbol der „freihändlerischen" Wirtschaftspolitik und des sogenannten „Börsen- und Gründungsschwindels" wurde das jüdische Kapital gestempelt: „Der Jude wurde zur Symbolfigur der bürgerlich-kapitalistischen Konkurrenzgesellschaft — freilich nicht bei ihren Trägern, sondern bei ihren Kritikern, den bedrohten Gesellschaftsschichten auf der einen Seite, den radikalen (demokratischen oder sozialistischen) Theoretikern auf der anderen Seite. Das Bild des jüdischen ‚Wucherers' der ständischen Gesellschaft verwandelte sich in das des ‚Kapitalisten' der bürgerlichen Gesellschaft, antijüdische und antikapitalistische Ressentiments potenzierten sich gegenseitig."[49] Namentlich die

---

44 Zur Judenschrift von Marr heißt es im „Staats-Socialist": „Wie man sieht ist der Styl des Hrn. Marr etwas gepfeffert, doch bietet der sachliche Inhalt seiner Schriften Anhalt und Anregung genug, um uns noch eingehender mit denselben zu beschäftigen." (Staats-Socialist, 2. Jg., Nr. 27, 5. Juli 1879)

45 Eugen Dühring, Die Judenfrage als Racen-, Sitten- u. Kulturfrage. Karlsruhe-Leipzig, 1881. Paul de Lagarde, Deutsche Schriften. 4. Auflage, Göttingen, 1903.

46 1853—55 erschien in vier Bänden Joseph Arthur de Gobineaus „Essai sur l'inégalité des races humaines." Eine deutsche Übersetzung erschien um 1900.

47 Vgl. zum Ganzen Wawrzinek, Entstehung und sehr instruktiv der Aufsatz von Dieter Fricke, Antisemitische Parteien 1879—1894 im Lexikon zur Parteiengeschichte. Bd. 1, S. 77 ff.

48 Wawrzinek, Entstehung, S. 13.

49 Rürup, Die ‚Judenfrage' der bürgerlichen Gesellschaft und die Entstehung des modernen Antisemitismus. In: Emanzipation, S. 83.

Schriften des Journalisten und offenbar wohl selbst vom Gründungsschwindel Geschädigten, Otto Glagau, seit Mitte 1874 haben auf Todt einen tiefen Eindruck hinterlassen. Glagau gab „den Beschwerden jener Gruppen des alten Mittelstandes Ausdruck, deren wirtschaftliche und gesellschaftliche Stellung auf dem Spiel stand – der Handwerker, kleinen Gewerbetreibenden, unteren Beamten und Bauern."[50]

Das Scherbengericht, das Todt wiederholt über den Manchester-Liberalismus hält, ist bis in den Wortlaut hinein von Glagaus Schrift über den Börsen- und Gründungsschwindel in Berlin beeinflußt. Todt lobt Glagaus Buch ausdrücklich als „sehr empfehlenswerth", weil es „uns die erschreckendsten Blicke in die Tiefen des heutigen Mammonismus gewährt..."[51], und schließt sich dessen Meinung an, daß „90 Procent der Gründer und Börsianer" Juden seien: „Nicht nur in Berlin, Wien, Frankfurt am Main, nicht nur in Deutschland und Österreich-Ungarn sind die Börsianer zu neun Zehntel Juden, resp. getaufte Juden: auch an den Börsen von London und Paris dominieren die Juden, auch hier stockt an den hohen jüdischen Festtagen das Geschäft. Ich stehe aber nicht an zu behaupten: von den Gründungen der Schwindelperiode in Deutschland fallen gut 90 Prozent auf die Juden."[52]

Glagau und seine Anhänger konnten es nie verwinden, daß im Prozeß der sozialökonomischen und technologischen Modernisierung Deutschlands und unter den Bedingungen politisch-kultureller Emanzipation ein Teil der jüdischen Bevölkerung flexibler reagierte, sich angepaßt und aufgrund ihrer durch die geschichtliche Entwicklung bedingten Vorsprünge in Bildung und Mobilität es zu nicht unbeträchtlichem materiellem Reichtum und honorigen Positionen im gesellschaftlichen Leben gebracht hatte. Ihre von Sozialneid und Fremdenhaß bestimmten Ressentiments verbreiteten sie nun werbewirksam in Zeitschriften, Flugschriften und Büchern, mit Erfolg, wie an Rudolf Todt exemplifizierbar ist. Todt hatte an solchen Thesen umso weniger zu zweifeln, als Hermann Wagener, der geistige „Vater" des deutschen Sozialkonservatismus, und seine engsten geistigen Lehrer, Rudolf Meyer und Adolf Wagner, ähnliche Töne hören ließen.[53] Todt unterscheidet sich von ihnen in diesem Punkte nicht. Namentlich Adolf Wagner

---

50 Massing, Vorgeschichte, S. 9.
51 RDS, S. 26. Der Centralverein für Socialreform erwog Ende November 1879 in weitgehender Übereinstimmung mit Glagaus Auffassungen, diesem gar die Chefredaktion des „Staats-Socialist" für den ausscheidenden Rudolf Todt anzubieten. Das Projekt scheiterte nur daran, daß Glagau, offenkundig auch Mitglied des CV, bereits die Herausgabe einer eigenen Zeitschrift („Der Culturkämpfer") vereinbart hatte und sich nicht imstande sah, eine zweite verantwortlich zu leiten. Vgl. Staats-Socialist, 2. Jg. Nr. 50, 13. Dezember 1879.
52 Otto Glagau, Der Börsen- und Gründungsschwindel in Berlin, S. XXV.
53 Vgl. dazu v. a. Julius H. Schoeps, Christlicher Staat und jüdische Gleichberechtigung. Der Antisemitismus der Konservativen und der jüdische Abwehrkampf im Reaktions-Jahrzehnt in Preußen 1850–1858. In: Konservatismus. Eine Gefahr für die Freiheit? Hrsgg. von Eike Hennig / Richard Saage. München, 1983. S. 38 ff. Zur Ehre Meyers und Wageners sei angemerkt, daß beide Ende der achtziger, Anfang der neunziger Jahre von ihren antisemitischen Positionen Abstand nahmen. Wagener hielt es 1887 für einen besonderen Mangel der Christlich-Sozialen, auf die Juden einzuprügeln anstatt sich an die eigene Brust zu schlagen (Die Mängel der christlich-sozialen Bewegung. Minden, 1887. S. 6 f.) und Meyer schrieb am 12. Mai 1892 an Kautsky: „...ich bin der Ansicht, daß man schlechte Institutionen und Gesetze bekämpfen soll, nicht aber Völker, Klassen, Rassen oder Stände." (zit. bei Schoeps, Rudolph Meyer, S. 340)

war für ihn eine solche Autorität, daß die antisemitischen Spitzen des geachteten Gelehrten nur eine zusätzliche Bestätigung seiner eigenen Anschauungen bedeuteten.[54]

Die im September 1879 beginnende antisemitische Agitation seines christlich-sozialen Mitstreiters Adolf Stoecker hat Todt inhaltlich gewiß geteilt, in der Form aber abgelehnt. Stoeckers antisemitische Ausfälle, die schon in seiner ersten antijüdischen Rede am 19. September 1879 („Unsere Forderungen an das moderne Judenthum") kraß hervortraten, haben Todt eher erschreckt, wie es so vielen Konservativen ging, als sie die Saat der auch von ihnen befürworteten antijüdisch-antimanchesterlichen „Wende" aufgehen sahen. Todt lag in erster Linie an einer ruhigen und friedlichen Entwicklung der sozialen Reformbestrebungen, wozu Stoeckers tumultuarische, die Emotionen entfesselnde, Bewegung nicht paßte. Es konnte Todt nicht gleichgültig sein, wenn Stoecker die Judenfrage zuungunsten der reformtheoretischen und praktisch-politischen Arbeit maßgeblich in den Vordergrund spielte. Denn so sehr Todt die antisemitische Grundhaltung Stoeckers auch akzeptierte, so wenig erblickte er in der Judenagitation eine erstrangige politische Hilfe zur Verwirklichung des hoch gesteckten sozialen Reformprogramms. Todt schien auch klar zu sein, daß sich die antisemitische Propaganda in bloßer Negation erschöpfte und keine konstruktive Alternative auf sozialpolitischem, ökonomischem oder kulturpolitischem Felde bot. Die spätere Entwicklung der Antisemitenparteien in Deutschland hat diesen Vermutungen recht gegeben.[55] Mit konkreten Forderungen zur Begrenzung des jüdischen Einflusses in Politik, Wissenschaft und Wirtschaft hat sich Todt jedenfalls nicht abgegeben: er begnügte sich mit der sehr allgemeinen Aussage, der „überhandnehmenden Herrschaft des Judenthums einen Damm entgegenzusetzen."[56] Welcher Art dieser „Christenschutz"[57] sein sollte, darüber fehlte jede weitere Konkretion.

Schon lange bevor sich Stoecker — angefeuert vom Beifall der kleinbürgerlichen Massen in Berlin — zu immer bösartigeren Tiraden gegen das Judentum hinreißen ließ und die soziale Frage faktisch zur „Judenfrage" machte, hatte die Redaktion des Todt'schen „Staats-Socialist" eine erste Judendebatte geführt und zu einem vorläufigen Abschluß gebracht.[58]

Wie Stoecker selbst berichtet, hatte Adolph Samter, jüdischer Bankier, „Kathedersozialist" und anfänglich Mitarbeiter des „Staats-Socialist", eine antijüdische Bemerkung von ihm in einer christlichsozialen Versammlung übel genommen. Stoecker hatte dort ausgeführt, daß die gegenwärtige soziale Notlage vor allem auf das Konto der von Juden beherrschten Börse ginge. Wie nicht anders zu erwarten war, klassifizierte Stoecker diese

---

54 Vgl. dazu Hermann Bahr, Der Antisemitismus, S. 45 ff. Heilmann, Adolph Wagner, S. 74 ff.
55 Vgl. v. a. Greive, Geschichte, S. 81 ff.; Fricke, Antisemitenparteien; Massing, Vorgeschichte, S. 118 ff. Berding, Moderner Antisemitismus, S. 99 ff.
56 RDS, S. 33.
57 Ebda.
58 Vgl. Stoeckers Reden zur Judenfrage vom September 1879 an: In: Adolf Stoecker, Christlich-Sozial. Reden und Aufsätze. 2. Auflage, Berlin, 1890. S. 359 ff.; Zum Ganzen vgl. v. a. Werner Jochmann / Günter Brakelmann / Martin Geschat, Protestantismus und Politik. Werk und Wirkung Adolf Stoeckers. Hamburg, 1982. Hier ist der neueste Forschungsstand zu Stoecker verarbeitet. U. a. widerlegt Jochmann die in der Literatur immer wieder aufgewärmte These, Stoecker sei kein Rassenantisemit gewesen. (Vgl. S. 148 ff.)

Behauptung im Nachhinein als „geringfügig" und „von unbestreitbarer Wahrheit".[59] Der tief gekränkte Samter sah sich indes veranlaßt, seine Mitarbeit beim „Staats-Socialist" mit der Erklärung aufzukündigen, er habe sich offenbar über die vom „Centralverein für Socialreform" proklamierte „konfessionelle Parteilosigkeit" täuschen lassen. Demgegenüber verfolge „die von diesem Verein ins Leben gerufene ‚christlich-sociale Arbeiterpartei' nicht nur eine entschieden exclusive religiöse Richtung", sondern bekunde „eine so entschiedene Intoleranz, daß die behauptete confessionelle Parteilosigkeit des ‚Centralvereins für Socialreform' direct aufgehoben" werde.[60]

Die Redaktion des „Staats-Socialist" sah sich zu einer längeren Replik genötigt, in der Todt und seine Gesinnungsgenossen den Standpunkt Stoeckers deckten und den Vorwurf der religiösen Intoleranz mit deutlichen Worten zurückwiesen. Zudem machte man geltend, daß die Äußerungen Stoeckers über die Börse nur so aufzufassen seien, daß der „Centralverein" und die „Christlich-Sociale Arbeiterpartei" nicht „Gegner der Juden an sich", sondern lediglich des „jüdischen Börsentreibens" seien.[61] Die redaktionelle Antwort hat Samter jedenfalls nicht beruhigen können. Er stand dem „Staats-Socialist" ab sofort nicht mehr zur Verfügung.

In der Redaktion des „Staats-Socialist" und mithin im „Centralverein" gab es in der Judenfrage jedoch sehr widersprüchliche und kontroverse Meinungen. Todt scheint auch befürchtet zu haben, daß die Judenfrage zur Vertiefung der ohnehin großen Gegensätze innerhalb des heterogenen Vereins führen könnte.

Im Juli 1878 lebt die Judendebatte noch einmal heftig auf, angestoßen durch einen Artikel des katholischen Publizisten und entschiedenen Gegner einer Sondergesetzgebung gegen die Sozialdemokratie, *Constantin Frantz,* mit dem Titel: „Zur Socialistenhetze". Frantz wendet sich darin gegen eine Verfolgung der Sozialdemokratie durch Ausnahmegesetze, weil er die sozialistischen Ideen und die sozialdemokratische Bewegung nur für Symtome der „socialen Mißstände" hält, die es vordringlich zu bekämpfen gelte. Socialistenhetze nütze keiner friedlichen Sozialreform und sei überdies geeignet, die Sozialdemokratie zu stärken.[62]

Die wahren Gründe für die wirtschaftliche und soziale Misere des Deutschen Reiches sieht Frantz in dem unheilvollen Wirken der „Manchestermänner" und „Börsianer", hinter denen — man ahnt es schon — er die antideutsche „semitische Internationale" wittert, „welche durch ihre Börsenherrschaft sich bereits ganz Europa tributpflichtig gemacht" habe.[63] Der Jude, welcher im Gegensatz zum Sozialdemokraten, der „wenigstens doch noch Fleisch von unserem Fleisch" sei, „ohne einen Tropfen deutschen Blutes in seinen Adern" sich zur Herrschaft in Deutschland emporschwinge, müsse als viel gefährlicher angesehen werden: „Muß denn nicht die ganze christlich-germanische Welt, die sich einst auf den Trümmern der antiken Welt erhob, der inneren Zersetzung anheimfallen, wenn dieses semitische Element sich parasitisch in den Eingeweiden der christlichen Staatskörper einnistet, die Fasern ihrer organischen Gewebe zerfressend und ihre

---

59 Stoecker, Christlich-Sozial, S. XXXIV.
60 Staats-Socialist, 1. Jg., Nr. 8, 17. Februar 1878.
61 Ebda.
62 Vgl. S. 250.
63 Staats-Socialist, Nr. 29, 13. Juli 1978, S. 332 ff.

Lebenssäfte vergiftend. Was anders kann die Folge sein als politische und nationale Trichinose?"[64]

Die Redaktion des „Staats-Socialist" fühlte sich bemüßigt, diese Philippika nicht unkommentiert zu lassen. Wie unangenehm den aufrechten Staatssozialisten die erneut aufgeworfene Judenfrage war, geht aus der Replik hervor. Bezugnehmend auf Frantz' antisemitische Ausfälle heißt es: „Da grinst uns aus dieser Abhandlung plötzlich das Medusenhaupt der ‚Judenfrage' entgegen."[65]

Aber Antwort will man, muß man geben. Die „Judenfrage" ist nach Auffassung Todts und seiner Freunde im „Centralverein" nur „durch Beschreitung eines zweifachen Weges" zu lösen: „Einmal müssen die Juden Christen werden, und dann müssen neue volkswirtschaftliche und Soziale Ordnungen ihren Wuchertalenten die Möglichkeit der Gemeingefährlichkeit benehmen."[66] In diesem Sinne wird im „Staats-Socialist" bis zum Exitus der Zeitschrift im Frühjahr 1882 immer wieder die „Wucherfrage" besprochen.[67]

Mit der redaktionellen Antwort war die Debatte aber erst eröffnet. Als nächster meldet sich der für das Feuilleton des „Staats-Socialist" verantwortliche Publizist Gerhard von Amyntor zu Wort. Amyntor entfaltet in einem „Offenen Brief" an die Redaktion, der immerhin auf der Titelseite plaziert wird, eine bewegte Verteidigungsrede für das Judentum. Er fühle sich, so gibt er betroffen zu erkennen, in seinem „Gewissen gedrungen, ganz abgesehen von persönlichen Motiven, für das Jahrhunderte lang grausam und empörend verfolgte Judentum einzutreten und die summarischen Verurteilungen desselben, wie sie auch die Neuzeit hier und da noch dekretiert, so viel wie möglich umstoßen zu helfen."[68] Seine Argumentation geht vor allem dahin, die von Constantin Frantz den Juden unterstellte nationale Unzuverlässigkeit und Vaterlandslosigkeit zu bestreiten: „Ich bestreite auf das Entschiedenste, daß uns der Jude als Rasse, als Stamm noch gegenüber steht, und was sein religiöses Bekenntnis anbetrifft, so meine ich, daß es dem wahren Christen wohl ansteht, einen fremden Glauben duldsam zu respektiren und auch im Juden überall nur den Nächsten zu sehen, den wir nach dem Gebote unseres Herrn und Meisters zu lieben haben als wie uns selbst."[69]

Die Juden seien heute weitgehend assimiliert und hätten sich durch bedeutende Leistungen in Literatur und Musik hohe Verdienste um die deutsche Kultur erworben, sie seien treu für ihr Vaterland in den Krieg gezogen und nähmen an der öffentlichen Meinungsbildung so aktiv teil, daß bereits dieses Faktum die Ansicht widerlege, es handele sich bei ihnen um fremde Eindringlinge. Amyntor hält aber daran fest, daß Judentum als „Rasse" zu verstehen, nur fällt dies seiner Meinung nach nicht zuungunsten der Juden ins Gewicht.

Aus den Tatsache, daß ihre Glaubensüberzeugungen sie international zusammenschlössen, könne man ihnen keinen Vorwurf machen, denn schließlich gelte dieses

---

64 Ebda.
65 Ebda.
66 Ebda.
67 Vgl. neben anderen kleineren Artikeln, Staats-Socialist, 1. Jg., Nr. 53, 28. Dezember 1878; 2. Jg., Nr. 2, 11. Januar 1879 und Nr. 5, 1. Februar 1879 („Zur Wucherfrage I-III") sowie 1. Jg., Nr. 21, 24. Mai 1879, Nr. 22, 31. Mai 1879, Nr. 26, 28. Juni 1879 und Nr. 28, 12. Juli 1879 („Zur Wucherfrage I-IV").
68 Staats-Socialist, 1. Jg., Nr. 31, 27. Juli 1878.
69 Ebda.

Faktum für jede „Religionsgenossenschaft". Der Frantze'schen Logik zufolge müßte dann — so Amyntor — die bloße Zugehörigkeit zu einer weltumspannenden Religions- und Glaubensgemeinschaft bereits nationale Unzuverlässigkeit nach sich ziehen. Diese nicht ungeschickte Argumentation ergänzt Amyntor um scharfe Angriffe gegen den „rohen, ichsüchtigen Materialismus" und den „kopf- und herzlosen Mammonsdienst der auf manchesterliche Dogmen schwörenden Börsenbarone und Stockjobber", die er gleichwohl nicht pauschal dem Judentum zurechnet: „Ich halte es aber für ungerecht und unchristlich, das Judenthum als Prügelknaben für das ethische Elend der Zeit her- anzuziehen und kann mich der Thatsache nicht verschließen, daß es im Verhältnis viel mehr christliche Wucherer und erbarmungslose Halsabschneider als jüdische gibt."[70] Anstelle des Judentums gilt ihm die alles „zersetzende und zerfetzende Philosophie" von Kant, Fichte und Hegel bis zu Feuerbach, Schopenhauer und gar Hartmann als Haupt- schuldiger für die aktuelle geistige und wirtschaftliche Krise. Anders als Frantz spricht er sich entschieden dafür aus, den Kampf gegen die sozialen Mißstände mit dem Kampf gegen die „Schanderzeugnisse der sozialdemokratischen Brand- und Lügenpresse" zu verbinden und fordert den „Krieg bis aufs Messer allen den rohen Instinkten, welche die Agitation der letzten Jahre ausgelöst und in Wirksamkeit gesetzt hat."[71]

Die Redaktion befürchtete den Beginn einer uferlosen, kontroversen Judendebatte und sah den Prozess ernsthafter und ruhiger Programmarbeit dadurch stark gefährdet. Soeben war das Programm des „Centralvereins für Socialreform" veröffentlicht worden und hatte die Heterogenität des sozialkonservativen Kreises deutlich gezeigt. Der erreichte Diskussionsstand sollte nicht durch Auseinandersetzungen auf einem Neben- kriegsschauplatz wieder in Zweifel gezogen werden. So erklärte die Redaktion katego- risch: „Was die ‚Judenfrage' betrifft, so hat weder der Centralverein für Social-Reform, noch der Staatssocialist die Absicht, dieselbe zu kultivieren. In unserem Blatte ist die Diskussion darüber mit Gegenwärtigen geschlossen.

Der Amyntorsche Beitrag erschöpft diese Frage nicht. Doch ist die Zeit noch nicht erfüllt, um diese Frage überhaupt ersprießlich zu lösen, ja nur mit Nutzen zu diskutieren. Zur Zeit ist die ‚Judenhetze' gerade auch wie die ‚Gründerhetze' schädlich, weil sie dem häßlichsten und schädlichsten Charakterzuge der Menschen, dem Bedürfnisse nach ‚Sündenböcken', Vorschub leistet und eine allgemeine Gewissenserforschung und sitt- liche Wiedererneuerung vereitelt."[72]

Diese wahrhaft christliche Mahnung zur Mäßigung vertagte die Judenfrage und nahm Abstand von einer vereinsoffiziellen antisemitischen Demagogie. Das schloß nicht aus, daß der „Staats-Socialist" die antijüdische Polemik anderer Zeitschriften unter der Ru- brik „Verschiedene Mittheilungen" weiter verbreitete.[73] Andererseits fand Stoeckers berühmte erste antisemitische Rede vom 19. September 1879 im „Staats-Socialist" nicht einmal bloße Erwähnung!

Zumindest bis Ende 1879 setzte sich mit wenigen Ausnahmen[74] die publizistische

---

70 Ebda.
71 Ebda.
72 Ebda.
73 Vgl. Staats-Socialist, 2. Jg., Nr. 39, 27. September 1879.
74 Vgl. v. a. folgende Artikel: „Zur Wucher- und Judenfrage" (2. Jg., Nr. 30, 26. Juli 1879 und Nr. 32, 9. August 1879) „An des deutschen Volkes nicht verjudete Kreise" (Nr. 43, 25. Oktober 1879).

Grundauffassung Todts durch, den „Staats-Socialist" als Theorieorgan und Informationsblatt für sozialpolitische Fragen („Soziale Chronik") auf hohem Niveau zu halten, ohne der Versuchung nachzugeben, durch lautstarke antijüdische Polemik breitere Leserschichten anzusprechen. Todts Verständnis von seriösem sozialpolitischem Journalismus und seine Furcht, durch lautstarke antijüdische Propaganda Leser aus dem Kreise der sozialpolitisch interessierten höheren Geistlichkeit zu verlieren, wurde von seinen Nachfolgern nicht geteilt. Todt reagierte durchaus sensibel, den Stoecker'schen Ausfällen im „Staats-Socialist" keinen Raum zu geben, denn er wußte um die kritische Betrachtung der antijüdischen Hetze in führenden Kreisen der Berliner und Brandenburger Geistlichkeit sowie in der synodalen Öffentlichkeit. Weder Todt noch die genannten Kreise reagierten aufgrund besonderer Sympathien für das angegriffene Judentum in dieser Weise, sondern fürchteten um den inneren Frieden der evangelischen Kirche, den sie durch Stoeckers Agitation gefährdet sahen. Auch war es Todt daran gelegen, die „Besitzenden", denen er die soziale Reform besonders ans Herz legte und unter denen sich auch weitsichtige, liberal orientierte Juden befanden, nicht durch pöbelhaften Journalismus zu verschrecken. Vergleichen wir die Behandlung der „Judenfrage" in den kirchlichen Zeitschriften (allen voran der Stoecker'schen NEKZ) mit der Berichterstattung im „Staats-Socialist", so fällt die bis Ende 1879 geübte Zurückhaltung ins Auge.

Erst Anfang 1880, mit der Umwandlung des „Staats-Socialist" in ein „Organ für christlich-sociale Bestrebungen" gemäß dem Beschluß der außerordentlichen Generalversammlung des „Centralverein" vom 27. November 1879[75] nimmt der Einfluß Stoeckers und somit der antisemitischen Propaganda deutlich zu, ohne allerdings eine neue Judendebatte zu entfachen. Die antisemitischen Stoecker-Reden werden aber jetzt im Wortlaut abgedruckt[76], und in einigen Artikeln wird der Ton gegen das „zersetzende Judenthum" deutlich schärfer.[77] Die „Judenfrage" wird insgesamt, wie bei Stoecker und Todt, als ein Komplex von religiösen, sozialen, wirtschaftlichen und rassischen Faktoren betrachtet und Konsens darüber erzielt, den Einfluß des modernen Judentums „zurückzudrängen". Wie dies im einzelnen geschehen solle, wird nicht ausgeführt, was nicht verwunderlich ist, denn namentlich Stoecker vermied stets konkrete Angaben.

Immerhin schien man sich einig zu sein, die „Judenfrage.. nur dadurch zu lösen, daß die Juden Christen werden ... eine Lösungsart, zu der sich auch Stoecker wiederholt bekannt hat. Wie ist dies Resultat nun aber zu erreichen? Unseres Erachtens auf einem zweifachen Wege: 1. dadurch, daß das Christenthum die edlen Juden moralisch und reli-

---

75 Vgl. Staats-Socialist, 2. Jg., Nr. 50, 13. Dezember 1879.

76 Vgl. v. a. die großen antisemitischen Reden Stoeckers: „Die Selbstvertheidigung des modernen Judenthums in dem Geisterkampf der Gegenwart." (Staats-Socialist, 3. Jg., Nr. 7, 16. Februar 1880) „König Hiskias, die Volksschule und der Berliner Fortschritt" (Ebda. Nr. 10., 8. März 1880) „Der Kern der Judenfrage" (Ebda., Nr. 18, 3. Mai 1880) und in drei Teilen abgedruckt: „Principien, Thatsachen und Ziele in der Judenfrage" (4. Jg., Nr. 22, 30. Mai 1881; Nr. 23, 6. Juni 1881; Nr. 24, 13. Juni 1881)

77 Vgl. als Beispiele nur: „Ueber die Unfähigkeit der Juden einen Staat zu gründen" (Staats-Socialist, 3. Jg., Nr. 8, 23. Februar 1880); „Juden und Christen-Presse", Ebda., Nr. 9, 1. März 1880) „Tabaksmonopol und Judentum" (Ebda., Nr. 15, 12. April 1880) „Die Juden in der Socialdemokratie" (Ebda., Nr. 21, 24. Mai 1880) „Das Judenthum in den Ver. Staaten von Nordamerika", ein besonders gehässiges Produkt. (Ebda., Nr. 16., 19. April 1880) „Zur Verjudung" (Ebda., Nr. 22, 31. Mai 1880) „Das Programm der russisch-jüdischen Socialisten" (Ebda., Nr. 25. 21. Juni 1880.)

giös erobert, und 2. dadurch, daß der christliche Staat sociale, wirthschaftliche und geschäftliche Organisationen schafft und begünstigt, durch welche diejenigen Vortheile, welche der Geld- und Handelsjude gegenwärtig in der engeren Corps-Verbindung des internationalen Judenthums findet, werthlos werden."[78]

Ein Fazit dieses in der Literatur über Todt sehr vernachlässigten Kapitels[79] ergibt, daß Todt Elemente eines für die siebziger Jahre typischen rassistisch, ökonomisch und religiös motivierten Antisemitismus erkennen läßt, ohne den Antisemitismus für sich und seine politische Vereinsarbeit zum Programmpunkt zu erheben. Die Programme des „Centralverein für Socialreform" erwähnen die „Judenfrage" mit keinem Wort.[80]

Im Gegensatz zu Stoecker, der im Verlaufe seines christlich-sozialen Engagements immer stärker zu einem verengten Verständnis der sozialen Frage neigt und sie faktisch zur „Judenfrage" umformt, betrachtet Todt das Judenproblem im Zusammenhang seines Versuchs, Alternativen zur manchesterlichen Wirtschaftstheorie und -praxis zu entwickeln.

Die antijüdische Polemik konnte vor dem Hintergrund dieses Zieles nur kontraproduktiv sein, da sie honorige Reformkräfte, vor allem aus dem Kreise der „Besitzenden" und der evangelischen Geistlichkeit, verschreckte. Wer wie Todt von den Besitzenden entscheidende sozialpolitische Reformanstrengungen erhoffte, konnte unmöglich im Wirtshaus-Stile Stoeckers den ressentimentgeladenen und von Sozialneid erfüllten kleinbürgerlichen Massen nach dem Munde reden, ja diese zum Haß gegen die oberen Klassen aufhetzen. Todts markige Worte im „Radikalen deutschen Socialismus" über das Judentum blieben schließlich für seine praktisch-politische Arbeit folgenlos.

---

78 „Das System christlich-socialer Lokalthätigkeit und die Judenfrage" (Staats-Socialist, 3. Jg., Nr. 48, 29. November 1880)

79 Weder Brakelmann, Kirche und Sozialismus, noch Seils, Die Bedeutung Rudolf Todts, thematisieren den Antisemitismus. Brakelmann erwähnt Todts Attacke gegen die nichtchristlichen Religionen, die er „mit zeitgemäßer antisemitischer Polemik" durchsetzt sieht, hält aber eine Analyse dieser antisemitischen Passagen für entbehrlich. (Brakelmann, Kirche und Sozialismus, S. 139) Hierzu läßt sich sagen, daß die Denkfigur vom „Wucher" als Quelle des sozialen Elends in Todts nationalökonomische Überlegungen gleichwohl eingegangen ist. Und die Rede vom Wucher ist nun gerade in der antisemitischen Polemik der siebziger und achtziger Jahre sehr populär.

80 Vgl. die Gründungs-Programmatik vom Dezember 1877, das Statut, das offizielle Programm vom 1. Juni 1878 und das neue Programm des „Centralvereins" vom 21. Juni 1880.

12 Rudolf Todt und die christlich-soziale Bewegung

12.1 Rudolf Todt und Adolf Stoecker: Sozialkonservativer Theoretiker versus nationalkonservativen Agitator

Angesichts der noch immer unbefriedigenden Quellenlage[1] ist es ein schwieriges Unterfangen, das politische, theologisch-kirchliche und persönliche Verhältnis dieser zwei so verschiedenen Charaktere wie Todt und Stoecker ausreichend aufzuhellen. Wir sind weiterhin auf eine Reihe begründeter Vermutungen und Schlüsse verwiesen, die sich aus Todts und Stoeckers publizistischer Tätigkeit und ihren Aktivitäten in der Christlich-Sozialen Arbeiterpartei und dem „Centralverein für Socialreform" ergeben.

12.1.1 Adolf Stoecker: Biographische Skizze

Adolf Stoecker (1835–1909), seit 1874 Hofprediger zu Berlin, ist eine der wohl umstrittensten Gestalten der Kirchengeschichte des 19. Jahrhunderts: Er löste bei den verschiedensten politischen und kirchlichen Gruppen die widerstreitensten, gegensätzlichsten Urteile, Meinungen und Gefühle aus. Die Bandbreite der Charakterisierungen seiner Person und seines Wirkens reichen von „Hosianna" bis zu „Kreuziget ihn". Hellmut von Gerlach (1866–1935), ein vom konservativen Junker zum radikalen Demokraten Geläuterter, ehemals christlich-sozialer Antisemit und uneingeschränkter Bewunderer Stoeckers, schrieb: „Man konnte Stoecker hassen, man konnte ihn lieben, gleichgültig konnte ihm gegenüber niemand bleiben. Ein Jahrzehnt hindurch habe ich ihn geliebt."[2]

Es soll und kann in diesem Abschnitt nicht um eine allgemeine Würdigung des Werkes von Adolf Stoecker gehen[3], sondern es sollen Gemeinsamkeiten und Unterschiede der Stoecker'schen und Todt'schen Positionen zu den zentralen Bereichen Politikverständnis und Wirken in der Öffentlichkeit, Kirche und Staat sowie soziale Frage, Sozialreform und Sozialdemokratie betrachtet und dargestellt werden.

---

1 Solange der Nachlaß Adolf Stoeckers im Zentralarchiv Merseburg noch nicht vollständig ausgewertet ist, wird ein umfassendes Urteil nicht möglich sein. Der Verfasser erhielt nach jahrelangen vergeblichen Anfragen von den damaligen DDR-Behörden erst so spät die Genehmigung, den Nachlaß Stoecker einzusehen, daß aus forschungspraktischen Gründen eine Einsicht nicht mehr möglich war. Die Analyse bleibt einer späteren Arbeit zur Geschichte der Berliner Bewegung vorbehalten.
2 Hellmut von Gerlach, Von Rechts nach Links, S. 95.
3 Beste Zusammenfassung des Forschungsstandes und Würdigung Stoeckers aus heutiger Erkenntnis bei Jochmann / Brakelmann / Greschat, Protestantismus und Politik; Zu Stoeckers Antisemitismus: Engelmann, Kirche am Abgrund; Martin Greschat, Adolf Stoecker. In: Derselbe (Hrsg.) Die neueste Zeit II., Stuttgart/Berlin/Köln/Mainz, 1985. (= Gestalten der Kirchengeschichte, Bd. 9.2) Derselbe, Protestantischer Antisemitismus in Wilhelminischer Zeit – Das Beispiel des Hofpredigers Adolf Stoecker. In: Brakelmann / Rossowski (Hrsg.), Antisemitismus, S. 27 ff.; Eberhard Bethge, Adolf Stoecker und der kirchliche Antisemitismus. In: Derselbe, Am gegebenen Ort. Aufsätze und Reden 1970–1979. München, 1979. S. 202 ff.

Zuvor jedoch noch einige biographische Angaben[4] insoweit sie für das Verhältnis zu Todt und dem „Centralverein" von Bedeutung sind: Adolf Stoecker wurde am 11. Dezember 1835 in Halberstadt geboren, 4 Jahre vor seinem späteren Mitstreiter Rudolf Todt. Anders als Todt stammte Stoecker nicht aus einem Pfarrhaus: Als Sohn eines zum Wachtmeister und Gefängnisinspektor aufgestiegenen Tagelöhners prägten sich ihm frühzeitig die preußisch-deutschen Tugenden der Vaterlandsliebe, des unbedingten Gehorsams und der gottgeordneten Funktion der Obrigkeit ein. Damit verbunden war ein schlichter Bibelglaube, der ihm vom bekannten Halberstädter Domprediger Martin Hugo Lange (ein Schüler Tholucks) nahe gebracht wurde.

Fünf Jahre bevor Todt an die Universität Halle kommt, 1854, beginnt Stoecker hier in einer der Hochburgen der biblischen Theologie sein Studium. Mehr als Tholuck, den Nestor der biblischen Theologie, beeindruckt ihn später — nach seinem erzwungenen Wechsel an die Universität Berlin[5] — die Persönlichkeit Carl Immanuel Nitzschs (1787—1868), ohne daß dessen vermittlungs-theologische Ansätze bei ihm intensivere Studien ausgelöst hätten. Überhaupt scheint es so, als habe das Studium Stoeckers schon gewonnene Überzeugungen und seine Glaubensgewißheiten nur bestätigt. Glaubenszweifel sind bei ihm offenbar nie aufgetreten. Euphorisch schreibt sein späterer christlich-sozialer Gefolgsmann und Biograph, Pastor Max Braun, über den jungen Stoecker: „Was der noch nicht Zwanzigjährige an Heilserkenntnis und Erfahrung ... empfing, wurde ihm zum immer unumstößlichen Fundamente, auf dem er ein halbes Jahrhundert weiterbaute."[6]

Stoecker ist kein großer Theologe gewesen. Subtiler Wahrheitssuche, geplagt von rationalistischen Zweifeln und historisch-kritischen Einwänden, konnte er nichts abgewinnen. „Wissenschaftliche Forschung und theologisches Grübeln" lagen ihm „völlig fern" wie Kupisch treffend schreibt.[7] Für Stoecker zählt allein das kraftvolle Wort Gottes in der orthodoxen Fassung des Apostolikums, das zu verteidigen er später geradezu mili-

---

4 Für seine Biographie immer noch unentbehrlich Dietrich von Oertzen, Adolf Stoecker. Lebensbild und Zeitgeschichte. 2 Bde. Berlin, 1910. Frank, Stoecker.
5 Stoecker war eifriger Verbindungsstudent und den Vergnügungen des studentischen Lebens keineswegs abhold. Wegen einer nächtlichen Ruhestörung wurde er von der Universität relegiert, Vgl. v. Oertzen, Stoecker, I, S. 29 f.
6 Max Braun, Adolf Stoecker. (Volksausgabe) 3. Auflage, Berlin, 1912. S. 14.
7 Karl Kupisch, Adolf Stoecker. Hofprediger und Volkstribun. Berlin, 1970. S. 16. So erklärte Stoecker unmißverständlich: „Wenn die Autorität der heiligen Schrift geleugnet, die Gottheit Christi beanstandet wird, so hat unsere Kirche weder Baugrund noch Fundament. Nun ist es aber der Zustand unserer Theologie, daß die Göttlichkeit der Bibel verneint wird. Die Inspirationslehre ist aufgegeben. An die buchstäbliche Irrtumslosigkeit der gesamten heiligen Geschichte glaubt kein Theologe mehr." (In: Adolf Stoecker, Wach' auf Evangelisches Volk! Aufsätze über Kirche und Kirchenpolitik. Berlin, 1893. S. 470)
Stoecker weist der Theologie auch nur die Funktion zu, eine unumstößlich sichere Offenbarung und Wahrheit in ihrer Konsistenz und Überzeugungskraft darzutun: „Die theologische Wissenschaft soll forschend nachweisen, wie diese Wahrheit in sich eine zusammenhängende Gottes- und Weltanschauung darbietet, alle Bedürfnisse des Gemütes und des Geistes erfüllt und in dem Leben der Kirche ein beständig sich und die Menschheit erneuernde Kraft ausübt. So soll man den Beweis führen, daß das Christentum die wahre und die einzige Religion ist." (Stoecker, Einkehr (1889). In: Wach auf, S. 346)

tant auftritt.[8] Für Herrschaft und Geltung dieses Wortes setzt er Kirchenzucht und Disziplinierung ein. Ein starker, auch politischer, Aktivismus prägt ihn: Das Wort muß hinaus „in die Welt", es muß gepredigt, gelehrt und gelebt werden. Das Wort muß in allen Lebensbezügen erfahrbare Wirklichkeit werden. Ganz anders als Todt ist Stoecker in erster Linie Pragmatiker: Wo Todt die theologische Diskussion, den gelehrten Disput sucht und im „Sprechsaal" der Gebildeten nach kommunikablen Lösungen sucht, drängt es Stoecker frühzeitig in die Arena des allgemein- und kirchenpolitischen Kampfes.

Nach Ende seiner Studien in Halle und Berlin 1858/59 und „eingestimmt auf ein orthodox-konservatives Verständnis des christlichen Glaubens ... mit einer erwecklichen Note und positiv eingestellt gegenüber der preußischen Union"[9] wurde er für drei Jahre Hauslehrer beim Grafen Lambsdorff in Kurland im Baltikum. Die dort noch ungebrochen herrschenden patriarchalischen Strukturen und das gesellige Leben des Adels, in das er voll einbezogen wurde, haben Zeit seines Lebens tiefen Eindruck auf ihn hinterlassen. Im Rückblick auf diese Zeit schreibt er später: „Ich habe immer gefunden, daß das politische Verständnis eines Menschen zum Teil davon abhängt, ob er den Adel in seinem Standesbewußtsein und in seiner Lebensweise verstehen kann."[10]

Nach dieser lehrreichen Dienstzeit und einer längeren Studienreise, die ihn u. a. in die Hochburg des Katholizismus — nach Rom — führte, tritt er 1863 seine erste Pfarrstelle in Seggerde (Altmark) an und wechselt 1866 nach Hamersleben, einer Industriegemeinde in der Magdeburger Börde. Hier in dieser ausgeprägt unkirchlichen Gemeinde wird Stoecker erstmalig mit den besonderen Nöten des städtischen und ländlichen Proletariats konfrontiert. Rasch macht der neue eifrige Pastor durch unnachgiebige Kirchenzucht, Evangelisation und Diakonie auf sich aufmerksam. Doch gewann er dort zum Schluß mehr Feinde als Freunde und schied 1871 im Streit.[11] Nächste Station ist die Garnisonsstadt Metz, wohin Stoecker aufgrund seiner besonders populären Kriegsgebetsstunden in Hamersleben und seiner allwöchentlichen Kriegsberichterstattung in der „Neuen Evangelischen Kirchenzeitung" (1870) berufen wird.[12]

Die Metzer Zeit nutzt Stoecker neben einer weitgefächerten pastoralen und diakonischen Tätigkeit (Gründung eines Krankenhauses, einer Diakonissenstation, einer Herberge zur Heimat u. a.) zum Studium der sozialen Frage. Zwischen 1868 und 1874 verfaßt er eine Reihe von Artikeln für die NEKZ, deren Themen von der Entwicklung der deutschen Sozialdemokratie, der neueren national-ökonomischen Diskussion bis zu den christlichen Vorstellungen zur Arbeiterselbsthilfe (Victor Aimée Hubers „Assoziationsidee" hat es ihm besonders angetan) reichen. Den Geistlichen der Landeskirche rät er dringend zum Studium der sozialpolitischen Schriften der Gegenwart und zur Auseinandersetzung mit der Frage nach den sozialen Dimensionen des Evangeliums. In der Nr. 46 vom 15. November 1873 der NEKZ formuliert er dann jene berühmte Frage, die Todt nach dessen eigener Aussage zu seiner Schrift über den „Radikalen deutschen

---

8 Vgl. Adolf Stoecker, Das apostolische Glaubensbekenntnis. Berlin, 1892.
9 Martin Greschat, Adolf Stoecker und der deutsche Protestantismus. In: Protestantismus und Politik, S. 22/23.
10 V. Oertzen, Stoecker I, S. 35.
11 Vgl. Frank, Hofprediger Adolf Stoecker, S. 23; v. Oertzen, Stoecker I, S. 68 ff.
12 V. Oertzen, Stoecker I, S. 82 ff. Vgl. zu Stoeckers Frühzeit: Robert Stupperich, Adolf Stoeckers Anfänge. In: HZ, Bd. 202, 1966, S. 309 ff.

Socialismus" erst motiviert hat: „Warum fehlt es noch immer an einer Darstellung der sozialen Anschauungen des Neuen Testaments?"[13]

Im Rückblick auf diese Zeit kommentierte Stoecker im Jahre 1885 Todts Buch, das im April 1877 erschien, wie folgt: „Es wurde darin zum ersten Male vom evangelischen Standpunkte aus der Versuch unternommen, den sozialen Gehalt des Christentums und die sozialen Aufgaben der christlichen Gesellschaft darzustellen. Dem Buche haften, wie es bei der ersten Erörterung so schwieriger Dinge nicht anders sein kann, Mängel der Anschauung an, welche in der sozialpolitischen Diskussion von heute überwunden und verbessert sind; aber es bleibt ihm der Verdienst, in weiten Kreisen das Interesse für die soziale Frage angeregt und daselbe in energischer Weise unter den christlichen Gesichtspunkt gerückt zu haben."[14]

Wann Stoecker Todt zum ersten Mal begegnet ist, wissen wir nicht genau, es ist aber anzunehmen, daß es um 1876/77 gewesen sein muß, als Todt in der Schlußphase der Abfassung seines Buches nach engeren Kontakten zu sozialkonservativen Kreisen suchte und wahrscheinlich im Zuge seiner diakonischen und vor allem kirchenpolitischen Arbeit (in der „Positiven Union") mit Stoecker bekannt wurde. In engeren Kontakt treten sie jedenfalls im Sommer 1877 als die Pläne zur Gründung des „Centralvereins" konkrete Gestalt annehmen. Stoecker ist seit dem 1. Oktober 1874 Hofprediger zu Berlin und widmet sich in den folgenden Jahren in rastloser Arbeit dem Aufbau der Stadtmission, der Belebung der Jünglingsarbeit, der volksmissionarischen Kolportage („Pfennigpredigten") und dem kirchenpolitischen Kampf gegen alle liberalen (Protestantenverein) und vermittelnden (mittelparteilichen) Strömungen.

Energisch tritt er in den kirchlichen Neuordnungsdiskussionen um die Presbyterial-Synodalverfassung für die orthodox-konservative Richtung der Positiven Union und der „Hofprediger-Partei" Rudolf Kögels ein, eine Tatsache, die seinen Einfluß in den kirchenleitenden Organen zumindest zeitweilig festigen sollte.

Einen ersten Höhepunkt finden seine politischen Aktivitäten in den Jahren 1877/78 mit der Gründung des „Centralvereins" und der „Christlich-Sozialen Arbeiterpartei". Wenn seiner Partei bei den Reichstagswahlen 1878 auch kein Erfolg beschieden war, so entmutigte ihn das keineswegs. Die parteipolitische Arbeit und seine Tätigkeit als Landtags- und Reichstagsabgeordneter[15] war ja auch nur *ein* Instrument in dem großen Entwurf der „Rechristianisierung" des deutschen Volkes und der von ihm damit erhofften Rückführung der entchristlichten, entkirchlichten und — wie es ihm schien — mithin entsittlichten Massen zu den Werten und Normen des preußisch-deutschen Obrigkeits-

---

13 NEKZ, Nr. 46, 15. November 1873.
14 Stoecker, Christlich-Sozial, Einleitung, S. XIII.
15 Stoecker wurde 1881 für die Christlich-Soziale Arbeiterpartei erstmalig in den Wahlkreisen Siegen-Wittgenstein-Biedenkopf und Minden als Reichstagskandidat aufgestellt und gewählt. Er entschied sich für Siegen und hielt diesen Wahlkreis mit kurzen Unterbrechungen bis 1907. Dieser Wahlkreis blieb aufgrund wirtschaftlicher und soziologischer Besonderheiten (kirchenbewußte, „erweckte" Arbeiterbevölkerung mit Schollenbindung) reichsweit der einzig sichere für die CSAP. Die Partei erhielt 1912 nur 0,8 % der Stimmen. Vgl. zum Ganzen Helmut Busch, Die Stoeckerbewegung im Siegerland. Siegen, 1968. S. 36 ff. Vgl. auch die treffende Charakteristik des Wahlkreises Siegen bei August Erdmann, Die christliche Arbeiterbewegung S. 288. Seit 1879 bereits war Stoecker für die Konservative Partei in den Preußischen Landtag eingezogen (Wahlkreis Minden-, Ravensberg-, Lippe) und hielt das Landtagsmandat bis zu seinem Ausscheiden aus der Konservativen Partei 1896.

staates. Dieser Rückgewinnung der Massen diente auch seine antisemitische Agitation, die mit den sogenannten „Judenreden" im September 1879 begann. Die jetzt entstehende „antiliberale, antikapitalistische und antisemitische Sammlungsbewegung"[16] von den Zeitgenossen „Berliner Bewegung" genannt, führte Stoecker zwischen 1881 und 1885 mit gewaltigem rhetorischem Geschick und großem publizistischen Aufwand zu einem ersten Höhepunkt.[17] Es war die „Glanzzeit des Stoeckerschen Volkstribunats", wie Stoeckers Biograph Frank treffend schreibt.[18] Seine Bewegung genoß – vom „Eisernen Kanzler" abgesehen[19] – bis in höchste Hofkreise wohlwollende Beobachtung, ja ernste Sympathie (z. B. bei dem späteren Kaiser Wilhelm II. und seiner Gattin). Der antisemitische Grundton störte dabei insoweit nicht, als Stoeckers Bewegung den Einfluß der Liberalen und der Sozialdemokratie in Berlin zurückzudrängen schien. Die militanten Methoden der Agitation des Hofpredigers und sein oft maßloser Verbalradikalismus verschreckten indes viele potentielle Gesinnungsfreunde in Kirchenleitungen, Staatsämtern und Pfarrerschaft.

Nie blieb Stoecker unumstritten; er war stets für neue politische Skandale gut: eine Reihe von üblen – auch gerichtlich ausgefochtenen – Auseinandersetzungen mit Gegnern seiner politischen Aktivitäten, publizistische Pro- und Contra-Attacken, eine Flut persönlicher Verunglimpfungen, Intrigen und Beleidigungsklagen durchziehen die Jahre bis zu seiner endgültigen Entlassung aus dem Hofpredigeramt 1890.[20] Alle Mahnungen zur politischen Mäßigung hatten nichts gefruchtet. Stoeckers spätere Sammlungsbemühungen der evangelischen Christenheit im Sinne seines „Rechristianisierungs-" Konzeptes (Evangelisch-Sozialer Kongreß 1890, Kirchlich-Sozialer Bund 1897) sind mehr oder weniger deutlich gescheitert oder nahmen eine gänzlich andere Richtung.

Sein politisches Ende als Parteiführer und Agitator, äußerlich dokumentiert durch seinen Austritt aus der Konservativen Partei am 2. Februar 1896, kommentierte Kaiser Wilhelm II. in einem Telegramm an seinen ehemaligen Erzieher Georg Ernst Hinzpeter mit der ihm eigenen Häme: „Stoecker hat geendigt... Politische Pastoren sind ein Unding. Wer Christ ist, der ist auch sozial; christlich-sozial ist Unsinn und führt zur Selbstüberhebung und Unduldsamkeit, beides dem Christentum schnurstracks zuwiderlaufend. Die Herren Pastoren sollen sich um die Seelen ihrer Gemeinde kümmern, die Nächstenliebe pflegen, aber die Politik aus dem Spiele lassen, dieweil sie das gar nichts angeht."[21]

Stoeckers Arbeit in der Stadtmission ging auch nach seinem Ausscheiden aus der

---

16 Martin Greschat, Adolf Stoecker und der deutsche Protestantismus, S. 47.
17 Vgl. dazu v. Oertzen, Stoecker I, S. 203 ff.; Frank, Stoecker, 103 ff.; Kupisch, Stoecker, S. 43 ff.; Engelmann, Kirche am Abgrund, S. 80 ff. S. 143 ff.
18 Frank, Stoecker, S. 106.
19 Der Reichskanzler verabscheute politische Pastoren zutiefst. Stoeckers Attacke gegen seinen Bankier Bleichröder hatte seine helle Empörung ausgelöst. (Vgl. dazu Frank, Stoecker, S. 85 ff. Ferner: Fritz Stern, Gold und Eisen. Bismarck und sein Bankier Bleichröder. Frankfurt-Berlin-Wien, 1978. S. 618 ff.) Andererseits schätzte er Stoecker als wackeren Bundesgenossen im Kampf gegen den Fortschritt und das Zentrum.
20 V. Oertzen, Stoecker I, S. 282 ff. teilt die Einzelheiten mit. Frank, Stoecker, S. 138 ff.; Kupisch, Stoecker, S. 54 ff.
21 Vom 28. Februar 1896; zit. b. Kupisch, Stoecker, S. 79.

Parteipolitik im engeren Sinne bis 1906 weiter. 1908 legte er, von schwerer Krankheit gezeichnet, sein 1907 noch einmal im Wahlkreis Siegen errungenes Reichstagsmandat nieder. Am 7. Februar 1909 ist er in Bozen-Gries verstorben.

12.1.2 Stoeckers Politikverständnis

Wie immer heute das Urteil über Stoeckers politische und theologisch-kirchliche Nachwirkungen ausfallen mag, so müssen wir zwei bis zur Gegenwart noch aktuelle Aussagen festhalten, die Stoecker verfochten hat: den Öffentlichkeitsauftrag der Kirche und ihre Eigenständigkeit im Staat. Dafür hat er sich zu seinen Lebzeiten energisch und kraftvoll eingesetzt. In Stoecker und Todt begegnen uns zwei Theologen, die aus unterschiedlichen Motiven leidenschaftlich für das öffentliche Wort der Kirche, für die politische Verantwortung von Geistlichkeit und Laienwelt eintraten: Das Politische solle nicht aus dem Heil, welches das Evangelium verheißt, ausgespart bleiben. Auch hier müsse sich der gläubige Christ bewähren und im Dienste des Evangeliums tätig werden. Todt erklärte: „Der Christ hat nicht nur die Pflicht, die weltlichen Dinge der Kritik des Evangeliums zu unterwerfen, also auch die äußere und innere Politik (Wirtschafts-, Finanz-, Zollpolitik), sondern er hat auch das Recht und damit die Pflicht, eine politische Partei zu bilden."[22]

Dazu gehörte auch die Bereitschaft, sich mit den aktuellen Fragen der Gegenwart in Wirtschaft, Politik, Kultur und Sozialleben auseinanderzusetzen. Todt und Stoecker repräsentieren ein aktivistisches Tatchristentum, das zu den damals herrschenden theologisch-kirchlichen Leitbildern quer durch alle konfessionalistischen Lager hindurch in deutlichen Gegensatz tritt und von den Vertretern der traditionellen kirchlichen Politikauffassung massiven Widerstand erfährt. Die gegen Stoecker und Todt vorgebrachten Argumente verhüllen aber oft nur sehr dürftig die dahinterliegenden realen materiellen Interessenlagen einer höheren Kirchenbürokratie, die um staatliche Unterstützung und den kaiserlichen Segen bangte.

Stoecker hat sich nur in einigen Reden und Aufsätzen grundsätzlich und speziell mit der Frage des Politischen auseinandergesetzt[23], berührt aber in seinen sozialpolitischen, kirchenpolitischen und antijüdischen Ausführungen das Thema stets indirekt mit. Wir wollen im folgenden versuchen, die Spezifika dieses Politikbegriffes, seine theologisch-philosophischen Prämissen und die praktischen Folgerungen für Stoeckers politisches Engagement herauszuarbeiten. Die theologisch-philosophische Basis für Stoeckers Politikbegriff ist eine für die damalige Theologie nicht untypische Geschichtstheologie:[24]

— Gott ist ein Gott der Geschichte, der sich als aktiv Handelnder nicht nur im Leben des einzelnen Menschen erweist, sondern auch Weg und Entwicklung der Völker be-

---

22 RDS, S. 389.
23 Vgl. vor allem: Adolf Stoecker, Kirche und Politik. In: Kirchliche Monatsschrift, Jg. 3, 1884, S. 609 ff.; Derselbe, Die Kirche und das öffentliche Leben. In: DEKZ, Nr. 14, 2. April 1887; Nr. 15, 9. April 1887; Nr. 16, 16. April 1887; Nr. 17, 23. April 1887; Nr. 18, 30. April 1887; Nr. 19, 7. Mai 1887; Nr. 20, 14. Mai 1887; Auch abgedruckt in: Derselbe, Wach auf, S. 186 ff.
24 Vgl. dazu allgemein: Engelmann, Kirche am Abgrund, S. 33 ff. Vgl. auch: Brakelmann, Stoecker und die Sozialdemokratie. In: Protestantismus und Politik, S. 102 ff.

stimmt. Die Geschichte stellt einen permanenten „Geisteskampf" zwischen den „Kindern des Lichts" und den „Kindern der Finsternis"[25] dar; alle politischen, wirtschaftlichen, sozialen, kulturellen Konflikte zwischen Völkern und innerhalb der Völker sind Ausdrucksformen dieser universalen Auseinandersetzung: „Es ist meine politische Überzeugung, daß durch unsere Zeit hindurch im Grunde ein einziger großer Konflikt geht: entweder christliche Weltanschauung oder nicht! Und ich glaube, daß unsere politischen wie unser sozialen Nöte ohne die Wiederbefestigung der christlichen Weltanschauung nicht geheilt werden können."[26]

— Gott hat sich einst dem jüdischen Volk in besonderer Weise offenbart und er führt sein Heilswerk fort, ja krönt es, indem auch anderen Völkern das Licht der christlichen Religion erscheint, diese es zur Grundlage ihres „Volkslebens" machen und ihrerseits zum Träger der göttlichen Offenbarung werden.

— Gott hat sich dem deutschen Volk in herausragender Weise offenbart[27] und es gerade in der jüngsten Vergangenheit (1870/71 Sieg gegen den französischen „Erbfeind") sichtbar gesegnet. Deutschtum und Christentum sind in einer eigentümlichen Einheit miteinander verbunden: Der „deutsche Volksgeist", die „deutsche Volksseele"[28] sind christlich.

— Die deutsche Nation lebt durch diese Einheit von Deutschtum, „christlicher Weltanschauung" und Monarchie:[29] sie ist der Garant für eine harmonische Volksgemeinschaft und ein geordnetes Staatswesen, in dem den Untertanen nach dem alten preußischen Grundsatz „suum cuique" Gerechtigkeit widerfährt.

— Solange der Geist des Christentums im Volke lebendig bleibt, sind die Voraussetzungen für eine gedeihliche Entwicklung der deutschen Nation vorhanden: „Ist das Christentum die Wahrheit und die christliche Sittlichkeit die einzig wahre Sittlichkeit, so muß auch der Staat, der ein christliches Volk umfaßt, den christlichen Ideen folgen und sich mit den Kräften der christlichen Sittlichkeit durchdringen. Das Christentum ist eben nicht bloß eine Privatangelegenheit des einzelnen Menschen, es besteht auch nicht bloß im Schreiben religiöser oder theologischer Bücher, sondern es ist eine universelle Anschauung und soziale Macht, welche mit der anderen sozialen Macht, dem Staate in beständiger Berührung steht."[30]

---

25 Diese Metapher nach den Bibelstellen Lukas 16,8; Johannes 12,36; Eph. 5,9; 1. Thess. 5,5; „Kinder Gottes" und „Kinder des Teufels" in 1. Joh. 3,10; Vgl. u. a. Stoeckers Vortrag vom 3. Dezember 1880: „Der Kampf des Lichtes gegen die Finsternis, den Charakter und die Aufgabe der Gegenwart." In: Christlich-Sozial, S. 95 ff.)

26 Reichstagrede vom 14. Dezember 1882. In: Stoecker, RR, S. 34.

27 Stoecker führt diesen Gedanken ausführlich in seinem Vortrag von 1876 „Der religiöse Geist in Volk und Heer während des französischen Krieges" aus. In: Christlich-Sozial, S. 133 ff. Stoecker bezeichnet die „Wiederaufrichtung des deutschen Reiches" als „ein Werk der göttlichen Vorsehung." In: Pflüget ein Neues! 1. Juli 1888, Wach auf, S. 287)

28 Diese Begriffe sind Schlüsselkategorien in Stoeckers Verständnis von Volkstum und Nation. Vgl. dazu „Der religiöse Geist", In: Christlich-Sozial, bes. S. 137 f.

29 „Wir Preußen machen zwischen König und Vaterland keinen Unterschied. Wo der König, da ist das Vaterland, und wo das Vaterland, da ist der König." (Stoecker am 16. Februar 1878, In: Christlich-Sozial, S. 26)

30 Stoecker, Kirche und Politik, S. 611.

Das „Christliche" bedeutet für Stoecker nicht zwingend, daß alle Deutschen im Sinne des Apostolikums Christen sein müssen. Jesus habe — so Stoecker — nie die Absicht gehabt, die in der Bergpredigt formulierten Grundsätze zu Gesetzen für den Staat zu machen.[31] „Christlich" steht bei Stoecker für „ein Amalgam aus evangelisch-nationalen, antisemitischen und konservativen Traditionen, Idealen und Wertvorstellungen"[32] und geht über eine im engeren Sinne religiöse Fassung hinaus.

Ausgehend von der Prämisse, daß das deutsche Volk ein wesenhaft christliches sei, wendet sich Stoecker einer Zeitanalyse zu und bestimmt die Rolle der Kirche in der politischen Öffentlichkeit: Die Gegenwart zeige unübersehbar wirtschaftliche und soziale Veränderungen, geistige und politische Strömungen, die eine fortschreitende Entfremdung des deutschen Volkes vom Christentum, mithin von „Deutschtum", Vaterlandsliebe und Königstreue, anzeigten.[33] Da das Volk ja im Kern „gesund" und „christlich" sei, könne die zersetzende Krankheit nur von außen in das Volksleben getragen worden sein.

Im Sinne des konservativen Paradigma von der universellen Bedrohung des christlichen Abendlandes durch die „Prinzipien von 1789" verfolgt Stoecker konsequent die Linie, die finsteren, zersetzenden, entchristlichenden, entsittlichenden Kräfte gleichermaßen in gesellschaftlichen Strukturveränderungen und geistig-politischen Strömungen zu lokalisieren. Es sind dies: die soziale Frage, der Streit um das Bekenntnis in der Kirche und die liberale Kirchenpolitik, die Macht der „römischen Kirche", das Auftreten der „gottlosen" Sozialdemokratie, das „moderne" Judentum und der Liberalismus mit seinem zersetzenden „Säkularismus" und „Manchestertum".

Namentlich der Liberalismus ist für Stoecker der Hauptfeind, den er bei jeder sich bietenden Gelegenheit attackiert. Die moderne Zeit sei — so Stoecker — geradezu vom Liberalismus verseucht. Er unterscheidet einen „edlen, vernünftigen Liberalismus", der die „Freiheit des Gewissens, die Gleichheit des Rechts, die ungehinderte Bewegung der Persönlichkeit" wolle, von einem „modernen, falschen", dem sein ganzer Haß gilt.[34] Überall sieht er die „Pest des Materialismus und Unglaubens"[35] vordringen und geißelt scharf die sozialen Wirkungen jenes flachen „modernen" Liberalismus: „Mammonismus, Atomismus, Egoismus: das sind die unmittelbaren Folgen des manchesterlichen Systems... Das Manchestertum schafft überall den wirtschaftlichen Streit und die soziale Zerissenheit. Immer hoffnungsloser steht das Proletariat dem Kapitalismus gegenüber, immer breitere Schichten werden in dem Kampf um das Dasein verwundet und kampfunfähig gemacht, und die Rekruten der Unzufriedenheit füllen die Reihen des Umsturzes aus."[36] Todt hat — teilweise auch in dieser ätzenden Schärfe — Stoeckers

---

31 Vgl. v. a. Stoeckers Aufsatz „Die christliche Sittlichkeit in ihrer Bedeutung für Volks- u. Völkerrecht". In: Reden und Aufsätze, S. 217 ff.

32 Greschat, Stoecker und der deutsche Protestantismus, In: Protestantismus und Politik, S. 73.

33 „Es ist der eigentümliche Charakter der Gegenwart, daß ein Gott von entfremdeter Weltgeist eitel, siegberauscht in seiner ganzen Feindschaft gegen das Evangelium hervortritt." (Stoecker, Der Ernst unserer kirchlichen Lage, 7. Juli 1877. In: Wach auf, S. 70)

34 Vortrag vom 29. März 1878, In: Christlich-Sozial, S. 31.

35 Christlich-Sozial, S. 68.

36 Stoecker, Soziale Kämpfe der Gegenwart (1887/88) In: Christlich-Sozial, S. 175; vgl. auch seine Reichstagsrede: „Im Kampf wider den Fortschritt" vom 15. Dezember 1881. In: RR, S. 9 ff. Ferner: „König Hiskias, die Volksschule und der Berliner Fortschritt", in: Christlich-Sozial, S. 78 ff. Vgl. auch die Angriffe auf den kirchlichen und politischen Liberalismus in fast allen kirchenpolitischen

Kritik am Manchestertum geteilt. Seine Kritik am liberalen Wirtschaftssystem läßt aber die Sozialdemokratie als das verführte Kind des Liberalismus in wesentlich günstigerem Licht erscheinen, und er sucht nach dem Berechtigten, dem historisch Legitimen in den Forderungen der Sozialdemokratie. Darin konnte ihm Stoecker nur teilweise folgen.

Wenn nun dergestalt die Grundlagen der christlichen Gesellschaft erschüttert sind, ist die Christenheit geradezu aufgerufen, für ein Programm der Rechristianisierung einzutreten. Es geht um großangelegte Restauration der christlichen Werte und Normen in allen Lebensbezirken, um Volks-Seelsorge, Mission und Evangelisation. Soweit folgt Stoecker der Linie, die bereits in Wicherns Geschichtstheologie und seiner diakonischen Praxis angelegt ist. Er hat auch nie versäumt, Wichern als einen Vorläufer der Berliner Bewegung zu preisen.[37] Doch er und Todt gehen über das Wichern'sche Programm weit hinaus: Sie verfechten einen sozial-konservativen, christlich-sozialen Populismus[38], der sich ähnlicher politischer Methoden bedient wie sie die verhaßten liberalen und sozialdemokratischen Gegner anwenden: Parteiorganisation, Wahlkampfagitationen, Volksversammlungen etc. Für Stoecker ist klar: da eine Situation entstanden ist, in der die finsteren Geistesmächte und ihre Marionetten in Kirche und Politik nur mit Hilfe politischen Engagements in der Öffentlichkeit bekämpft werden können, muß der Geistliche in diesen Kampf hinein. Der politische Kampf soll der sittlich-religiösen Erneuerung dienen, erst in zweiter Linie, wenn nicht gar nur als „Köder", geht es um Vertretung materieller Interessen der sozial Unterprivilegierten.[39]

Stoecker zieht nicht nur für sich persönlich die Konsequenz, das Politische als Kampfplatz im Ringen der „Geistesmächte" ernst zu nehmen. Er verlangt von der gesamten Kirche öffentliches Wirken. Dort, wo ihr öffentlicher Einfluß zuungunsten der christlichen Lebensordnungen gemindert wird, müsse sie in das politische Leben aktiv eingreifen: „Die Kirche ist eben in Deutschland immer noch Volkskirche und hat als solche die Aufgabe, den Sauerteig des Evangeliums in die Massen hineinzumengen; sie hat auch ihrer überirdischen Seite nach den göttlichen Auftrag, den christlichen Geist in die Volksseele hineinzuhauchen und das gesamte öffentliche Leben mit den sittlich-religiösen Ideen des Christentums zu durchdringen."[40]

Politik beschreibt Stoecker mehrfach als die „Kunst der Staatsleitung"[41], und wenn

---

Aufsätzen der Jahre 1875–1887. Besonders drastische Beispiele: „Ist noch ein Ausweg?", 5. Januar 1878, Wach auf, S. 83 ff.; „Eine ernste Stunde", 6. Juli 1878, Wach auf, S. 97 ff.; „Ein schweres Jahr", 4. Januar 1879, Wach auf, S. 106 ff., bes. S. 108/109.

37 Vgl. Stoecker, Christlich-Sozial, evangelisch-sozial, kirchlich-sozial (1904) In: Reden und Aufsätze, S. 159.

38 Vgl. u.a. Stoeckers Vortrag „Christlich-Konservative Ziele für die Gegenwart" (In: Christlich-Sozial, S. 246 ff.), wo er diesem Populismus klare Konturen gibt. Vgl. dazu den Artikel „Populismus" im Lexikon des Sozialismus, S. 494 f.

39 So hat es Stoecker in seinem berühmten Brief an den Kronprinzen Friedrich vom 28. Juli 1878 beschrieben. Vgl. v. Oertzen, Stoecker I, S. 182 ff. 1904 hat er im Rückblick erklärt: „Man versteht uns Christlich-Soziale nicht, wenn man meint, die Parteibildung sei für uns der Hauptzweck gewesen. Unsere Absicht ging weiter, nämlich auf die Erneuerung und Belebung des evangelischen deutschen Volksgeistes und auf eine Geltendmachung der Lebensmächte des Evangeliums für das gesamte öffentliche, sonderlich das soziale Leben." In: Reden und Aufsätze, S. 162/163.

40 Stoecker, Kirche und Politik, S. 511.

41 „Der Staat ist die organisierte Volksgemeinschaft, die Kirche die organisierte Religionsgemeinschaft; Politik ist die Kunst der Staatsleitung, Religion die innerste Gemeinschaft mit Gott. Die

diese Staatsleitung irre und der geistigen Verwirrung des Volkes durch umstürzlerische Ideen nicht entschieden genug wehre oder sie gar begünstige, dann müsse die Kirche sich in das politische Geschäft einmischen. Die drohende Zertrennung der Einheit von Christentum und politischen Ordnungen zwinge sie dazu: „Wenn eine irrende Staatskunst durch falsche Grenzbestimmungen des Verhältnisses zwischen Staat und Kirche die Fundamente des Volkes aufwühlt und in das Innere des religiösen Lebens eingreift, dann muß die Kirche, auch die evangelische, offen und laut innere Politik treiben und sich mit allen Kräften mit allen erlaubten Mitteln einer zerstörenden Politik widersetzen."[42]

Stoecker begründet das politische Engagement der Kirche auch ganz pragmatisch: Da das herrschende staatskirchliche System „Krone und Verwaltung, Parlament und Parteien" an der Kirchenpolitik beteilige[43], wäre es eine sträfliche Unterlassungssünde, wenn die Kirche gegenüber diesen Organen ihr eigenes Interesse nicht geltend machte. Die Mitbeteiligung von Parlamenten und Parteien hält Stoecker im übrigen von seinem personalistischen Obrigkeitsverständnis aus für unvertretbar.[44] Doch gerade der von liberaler Seite unternommene Versuch, die „Tätigkeit der Kirche auf Kanzel und Sakristei zu beschränken"[45], müsse die Kirche zur Gegenwehr provozieren: „Hier kann sich die Kirche der Mitarbeit gar nicht entziehen; sie hat nur die Alternative, sich beherrschen zu lassen oder Einfluß erstreben."[46] Um diesen Einfluß hat Stoecker gekämpft; für die Kirche hat er sich aktiv in die Politik eingemischt, zum Verdruß vieler Amtskollegen, der kirchenleitenden Organe und der Regierenden. Ein Hofprediger als Politiker war im Repertoire der konservativen Parteipolitik nicht vorgesehen und noch viel weniger mit den Auffassungen der konservativen kirchlichen Kreise von Seelsorge und Karitas zu vereinbaren.[47] Auch mit den „erweckten" pietistischen Gruppen in der Kirche fand Stoecker an dieser Stelle keine gemeinsame Basis.[48]

Seine unzweifelhaften Qualitäten als Seelsorger, Volksredner und Agitator rissen ihn so manches Mal zu rhetorischen Maßlosigkeiten gegen seine politischen Kritiker hin, und seine unheimliche Fähigkeit, die aufgewühlten kleinbürgerlichen Massen in Volksversammlungen aufzuhetzen, erschreckte viele wohlmeinende Anhänger aus Adelskreisen und hoher Kirchenbürokratie. Diese Agitation entfremdete ihn auch zuneh-

---

Religion muß alles beherrschen, auch die Politik." (Stoecker, Die Kirche und das öffentliche Leben, DEKZ, Nr. 14, 2. April 1887)

42 Ebda.

43 Stoecker, Kirche und Politik, S. 619.

44 „Fürsten und Minister sind doch wenigstens gottgesetzte Obrigkeiten, die in ihrer Stellung ein Charisma des Regierens haben: Parlamente sind Tummelplätze der Parteien, vom politischen Sturmwind der Agitation zusammengeweht und auseinander gefegt. In unverantwortlicher Weise ist die hergebrachte Kirchengewalt des Landesherrn zum Teil in diese ungeeigneten Hände zur Mitregierung überantwortet". (Stoecker, Die Kirche und das öffentliche Leben. DEKZ, Nr. 15, 9. April 1887)

45 Stoecker, Kirche und Politik, S. 615.

46 Ebda., S. 614.

47 Vgl. die amtskirchlichen Verlautbarungen weiter unten Abschnitt 13.3. Siehe auch Greschat, Stoecker und der deutsche Protestantismus, In: Protestantismus und Politik, S. 72 f.

48 Vgl. Stoeckers Kritik an dem „individualistischen" Christentum in seinem Aufsatz „Die christliche Sittlichkeit, In: Reden und Aufsätze, bes. S. 218 ff; Knappes Resumee bei Konrad Schmidt, Adolf Stoeckers Stellung zum Pietismus. In: Adolf Stoecker. Erbe und Verpflichtung. Gedenkbuch zum 80. Jahresfest der Berliner Stadtmission. Berlin, 1957. S. 88 ff.

mend Rudolf Todt und seinem Anhängerkreis. Todt befürwortete ja wie er den Öffentlichkeitsauftrag der Kirche, auch das politische Engagement der Geistlichen und war mit Stoecker davon überzeugt, daß allein „der christliche Staat und die christliche Societät" in der Lage seien, die soziale Frage letztendlich zu lösen.[49]

So sehr Todt auch die politische Aktivität begrüßte, um „das Eindringen der christlichen Lebenskräfte und -säfte in den Staat und seine verschiedenen Rechts- und Verwaltungsgebiete, in die Wissenschaft, vor allem die der Nationalökonomie… in die verschiedenen Produktionsfaktoren der Gesellschaft, in das Verhältnis der Arbeitgeber und Arbeiter, in die Familie"[50] zu ermöglichen, umso irritierter reagierte er auf Stoeckers militante Agitation. Stoeckers Weg war nicht sein Weg, obwohl auch er in politischen Parteiversammlungen auftrat und für Mehrheiten warb. Schon frühzeitig haben ihn Bedenken angefochten, ob die Stoeckersche Agitation nicht die von ihm erhoffte große Aussprache zwischen Besitzenden und Nichtbesitzenden stören könnte.

Stoeckers Politikverständnis ist im Kern restaurativ. Politik als die „Kunst der Staatsleitung" besteht für ihn stets darin, die christlich legitimierten politischen Ordnungen aufrechtzuerhalten und zu bestätigen. Es geht ihm immer um Kontinuität im Wandel der Zeit, um die Bewahrung der substantiellen Christlichkeit des Volkes. Das aus christlichem Geist eine andere als die monarchistisch-obrigkeitsstaatliche Staatsform befürwortet werden könne, lag ganz außerhalb seiner Denkmöglichkeiten. Derartige Ideen erschienen ihm lediglich als utopische Schwärmereien. Politik war jene Kunst, die Einheit von Christentum, Deutschtum, Monarchie und Vaterland zu bekräftigen – dies war sein Credo vom Beginn bis zum Ende seiner politischen Karriere. Das „moderne" Element seiner christlich-sozialen Politik drückt sich in dem Mangel an Berührungsängsten gegenüber allen Erscheinungen des parlamentarischen politischen Lebens, dem Parteienstreit, den Wahlagitationen, der öffentlichen Pro- und Contra-Rede, aus. Er nimmt die moderne Melodie seiner Gegner auf und variiert sie, um das alte Thema zu spielen: Mit Gott für König und Vaterland!

Dagegen nahm Todt zumindest theoretisch an, daß auf dem Boden einer christlichen Gesellschaft nicht nur monarchisch-obrigkeitsstaatliche Staatsformen gedeihen könnten. Republik und freier Volksstaat – die politischen Ziele der Sozialdemokratie – erschienen ihm durchaus im Einklang mit den Aussagen des Neuen Testamentes. Doch in der Praxis hat auch er keine anderen Konsequenzen gezogen als Stoecker.

12.1.3 Stoeckers Konzeption der „freien Volkskirche"

Im Blick auf die Rolle der Kirche in der Gesellschaft und ihr Verhältnis zum preußisch-deutschen Obrigkeitsstaat lassen sich zwischen Todt und Stoecker kaum Unterschiede feststellen. Todt hat sich jedoch längst nicht so intensiv und kontinuierlich wie Stoecker mit kirchlichen Verfassungsfragen und Kirchenpolitik befaßt. Beide üben Kritik am staatskirchlichen System wie es sich nach Abschluß des kirchlichen Verfassungswerkes

---

49 RDS, S. 9.
50 Ebda.

(General-Synodal-Ordnung 1876) darstellt, fordern mehr Selbständigkeit für die Kirche und befürworten die soziale und politische Aktion der Kirche.

Im Zentrum des Stoecker'schen Denkens steht zweifellos die Kirche. Seine Tätigkeit begriff er immer als eine „genuin christliche und kirchliche."[51] „Kirche" ist für Stoecker „die eine unabhängige Gemeinschaft des Glaubens", die — wie wir bereits konstatierten — an der „Erneuerung des religiösen und sittlichen Volksgeistes"[52] arbeiten soll, zur Stärkung des christlichen Gemeinwesens. Die Staatskirche werde diesem Anspruch nicht gerecht. Stoeckers Kampf gilt seit 1875 dem Staatskirchentum, jenem „Petrefaktum vergangener Epochen... Seitdem die Monarchie beschränkt, die Verfassung konstitutionell ist, hat die Staatskirche unter uns keinen Raum mehr."[53] Trotz aller Bemühungen um eine freie, selbständige Kirche[54], habe die kirchliche Verfassungsneuordnung an der Staatskirche festgehalten: „Aber überall an den entscheidenden Punkten steht nicht die organisierte Kirche, sondern das landesherrliche Kirchenregiment und der Minister. Es ist das alte Staatskirchentum, nur nicht mehr in dem Purpurmantel der Monarchie, sondern in der Toga des Konstitutionalismus."[55]

Dieses Staatskirchentum sei dem Zugriff des kirchenpolitischen Liberalismus ausgesetzt, es fördere den theologischen Zweifel, den religionswissenschaftlichen Disput, ja letztlich den Unglauben. Den „Zerstörern der Fundamente des Glaubens"[56] werde in der Kirche Heimatrecht gewährt; diesem Liberalismus gilt Stoeckers entschiedener Kampf: „Wird nun der Zweifel legitimiert, der Zwiespalt verewigt, die Krankheit gleichsam organisiert, so ist eine Machtentfaltung des kirchlichen Geistesleben unmöglich."[57] Stoecker erkennt realistisch, daß die alte Volkskirche durch die Einführung des Zivilstandes und weitere Säkularisierungsprozesse aufs höchste gefährdet ist. Er setzt dagegen seine Konzeption von der „freien Volkskirche"[58], die aus einem „engeren" und „weiteren" Kreis von Kirchengliedern bestehen soll: „Soll dieselbe aber nicht zur Karikatur werden, so muß sie zwei Kreise bilden, einen engeren, der die gläubigen Kirchenmitglieder und in ihnen die Wähler, die Gemeindekirchenräte, die Synodalen einschließt, und einen weiteren, der die dem kirchlichen Geiste Fernerstehenden umfaßt und gleichsam das Arbeitsfeld der tätigen Kirchen bildet."[59]

Stoecker hoffte nun, mit Hilfe der Organisationen des engeren Kreises (von der Seelsorge über die Innere Mission bis zu Jünglings- und Männerkreisen sowie der Stadtmission), dessen geistigen Standort Stoecker sich nicht anders als „orthodox, lehrmäßig streng geschlossen und abweisend gegenüber dem Zeitgeist"[60] denken konnte, dem

51 Greschat, Stoecker und der deutsche Protestantismus. In: Protestantismus und Politik, S. 57.
52 Stoecker, Was nun? (1. Januar 1876) In: Wach auf, S. 24.
53 Ebda., S. 25.
54 Vgl. v.a. seine Aufsätze: „Die Selbständigkeit unserer Kirche" vom Januar 1887, (Wach auf, S. 143 ff.) und „Die Freiheit der Kirche als Bedingung ihrer Kraft" vom Januar 1892, (Wach auf, S. 512).
55 Stoecker, Unsere Aufgaben, (1. Juli 1876) In: Wach auf, S. 41.
56 Stoecker, Was nun? 1. Januar 1876, In: Ebda., S. 27.
57 Stoecker, Unsere Aufgaben, 1. Juli 1876, In: Ebda., S. 43.
58 Stoecker, Was wir wollen, Januar 1877, In: Ebda., S. 59.
59 Stoecker, Was nun? 1. Januar 1876, In: Ebda., S. 32. Ebenso in: Was wir wollen, Januar 1877, In: Ebda., S. 66; Die Selbständigkeit unserer Kirche, Januar 1887, In: Wach auf, S. 169.
60 Greschat, Stoecker und der deutsche Protestantismus, In: Protestantismus und Politik, S. 66.

kirchenpolitischen Liberalismus den Garaus zu machen und den Positiv-Unierten zum Siege zu verhelfen. Dem diente auch seine christlich-soziale Agitation. Letzten Endes gelang dies – im Verein mit den Honoratioren der Hofpredigerpartei (besonders Kögel) – in durchschlagender Weise.[61]

Stoecker schien gar nicht zu erkennen, daß die theologische und kirchenpolitische Zementierung des inneren Kreises, das Beharren auf einer ideologischen und letztendlich auch, soziologischen Geschlossenheit der Volkskirche gerade sein Bestreben konterkarierte, die Randsiedler oder gar die ganz Entfremdeten für die Kirche zurückzugewinnen. Seine sozialpolitischen Bemühungen mußten an dem konservativen Beharrungsvermögen des „inneren Kreises" scheitern. Weder waren die Gläubigen des „inneren Kreises" geneigt, ihm in seiner sozialpolitischen Agitation zu folgen, noch zeigten die Adressaten seines Liebeswerbens – die Arbeiter in ihrer großen Mehrheit – Bereitschaft, die Ideologie der Einheit von göttlicher Wahrheit, Christentum, Deutschtum, Nation, Monarchie und Vaterland zu akzeptieren. Stoeckers beharrliches Bemühen, die Kirche zur sozialen Aktion zu treiben, bzw. sie zunächst nur darauf hinzuweisen, „daß sie das Sittlich-Religiöse nicht loslösen darf von den leiblichen und materiellen Bedingungen"[62], blieben ebenso ohne durchschlagenden Erfolg wie der versuchte Einbruch in die Reihen der sozialdemokratisch orientierten Arbeiter.

Ähnlichen Illusionen hing auch Todt nach, dessen spezifisches Arbeitsfeld ja gerade die Geistlichen der Landeskirche waren. Unverdrossen hoffte er auf eine breite sozialpolitische Bewegung unter ihnen. Auch er sieht im kirchenpolitischen Liberalismus den Hauptgegner, der eine Staatskirche wünsche, „gebunden an Händen und Füßen, geknebelt an ihrem Munde, nur dazu da, ... dem omnipotenten Herrn Staat in byzantinischer Weise Lehre und Glauben und Leben des Volkes mundgerecht und angenehm zuzubereiten."[63] Todt setzt auf die selbständige Kirche, deren „Fundamente" er in ganz orthodox-konservativer Fassung so bezeichnet: „der allmächtige Herr und sein Wort mit den ewigen Dauerkräften des Lebens und der Glaube."[64]

Die selbständige Kirche, die vom Staat getrennte Kirche, über deren genaue Organisation er keine näheren Angaben macht, biete die einzige Chance, die Gegenwart mit dem Geist des Christentums zu durchsetzen: „Die selbständige Kirche ... wird die ihr innewohnenden Lebenskräfte entfalten und stärken; sie wird sich auf den apostolischen Beweis des Geistes und der Kraft zurückziehen müssen, den Beweis, der allein heut den Sieg auf seiner Seite haben wird. In dieser freien Entfaltung ihrer Gaben und Kräfte wird sie dann der Sauerteig werden für die Klassen, welche berufen, den Staat zu regieren, die Gesetze zu fabrizieren, ihre Ausführung und Befolgung zu überwachen, d. h. sie wird das Christentum zu seinem Ziele führen, den Staat zu beherrschen."[65] Weder Todt noch Stoecker stellten dabei die landesherrliche Kirchenhoheit in Frage, nur wollten sie diese in eigener kirchlicher Verantwortung geübt sehen, ohne die „hervorragende Rechts- und Ehrenstellung des Landesherrn"[66] als „praecipuum membrum ecclesiae" zu schmälern.

---

61 Vgl. zum Ganzen die Darstellung bei Wolf, Rudolf Kögels Kirchenpolitik, S. 234 ff.
62 Adolf Stoecker, Die Bibel und die soziale Frage, Nürnberg, 1881³, S. 15.
63 RDS, S. 10.
64 Ebda.
65 Ebda., S. 11.
66 Stoecker, Die Freiheit der Kirche als Bedingung ihrer Kraft (Januar 1892) In: Wach auf, S. 518; Vgl.

Das Modell der „freien Volkskirche", wie es Stoecker und Todt vorschwebte, setzte den starken Staat mit persönlicher Herrschaftsspitze voraus, der dafür sorgt, daß die vielbeschworenen „Lebenskräfte" des Christentums in staatlicher Gesetzgebung, Regierungspraxis und politischen Ordnungen zum Tragen kommen und die Kirche in Freiheit und Unabhängigkeit für die Herrschaft der christlichen Weltanschauung streiten kann.

12.1.4 Stoeckers Stellung zur Sozialdemokratie[67]

„Die Sozialdemokratie", so formuliert Stoecker 1878 in der ihm eigenen markigen Form, „ist das Resultat unserer falschen Geistesentwicklung, das Kind des Mammonismus, des Materialismus, des Atheismus. So wird sie zur Gottesgeißel für die entartete Gegenwart, eine Peitsche für die Sklaven einer nichtswürdigen Weltanschauung."[68] In der Sozialdemokratie verkörperten sich die unseligen „Prinzipien von 1789" und der „Märztage 1848"[69], sie sei der „ungeratene Sohn" des Liberalismus[70], ja die von „einem fremden undeutschen Geist geleitete Propaganda einer beständigen inneren Revolution."[71] Die Sozialdemokratie repräsentiere die „neue Weltanschauung", die die Menschen losmache „von Christentum, Patriotismus und deutscher Sitte, sie trennt von den sittlichen Grundlagen unseres Lebens und sie einen Weg führt, der meines Erachtens nur in einem Abgrund enden kann und will."[72]

Diese harschen Einlassungen Stoeckers zeigen schon in aller Deutlichkeit, wie weit er von Todts besonnenem, der Sozialdemokratie entgegenkommenden und verständnisvollen Urteil entfernt ist. Er unterscheidet sich in theoretischer Hinsicht nur wenig von den Verunglimpfungen Pfarrer Richard Schusters.[73] In der Praxis hat er sich dagegen durchaus mutig und nicht ohne pädagogisches Geschick der Sozialdemokratie auf dem ihr vertrauten Terrain der Volksversammlungen und Wahlkämpfe gestellt.

Aber Stoeckers Auffassungen von der verderblichen Rolle der Sozialdemokratie blieben trotz der Kontakte zu den sozialdemokratisch „verseuchten" Arbeitern Berlins[74] unerschütterlich: Sozialdemokratie, das ist und bleibt Aufstachelung zur Revolution,

---

auch: „Auch der landesherrliche Summepiskopat muß ausdrücklich den Charakter eines verfassungsmäßig garantierten und in seinen Rechten definierten kirchlichen Amtes erhalten." (Ebda., S. 519)
67 Knappste und plakativste Zusammenfassung seiner Auffassung zur Sozialdemokratie in den 13 Thesen, die als Fußnote zum Artikel „Unsere Stellung zur Sozialdemokratie (wahrscheinlich 1890) In: Christlich-Sozial, S. 194 ff. beigegeben sind. Zum Ganzen: Brakelmann, Adolf Stoecker und die Sozialdemokratie, In: Protestantismus und Politik, S. 84 ff.
68 Stoecker, Eine ernste Stunde deutscher Geschichte, 6. Juli 1878, In: Wach auf, S. 99.
69 Ebda., S. 100.
70 Stoecker, Ein schweres Jahr, 4. Januar 1879, In: Wach auf, S. 110.
71 Reichstagsrede vom 23. Januar 1903; In: Adolf Stoecker, Reden im Reichstag (RR) Amtlicher Wortlaut. Hrsgg. von Reinhard Mumm. Schwerin, 1914. S. 318.
72 Stoecker, Socialdemokratisch, Socialistisch und Christlich-Social. Braunschweig, 1880, S. 4.
73 Vgl. dazu Abschnitt 4.3.
74 Der Unterschied zu Todt fällt da besonders auf, wo Stoecker den von der Sozialdemokratie herbeigeführten Gesellschaftszustand als „ungesund" bezeichnet, mithin, ganz im Sinne der Konservativen Gepflogenheit die Sozialdemokratie als „Krankheit" im „gesunden Volkskörper" definiert. Vgl. Rede im Reichstag vom 14. Dezember 1882; In: RR, S. 29.

prinzipieller und notorischer Atheismus, Königs- und Vaterlandshaß, Materialismus und Auflösung göttlicher Ordnungen (Staat, Ehe, Familie, soziale Unterschiede).

Stoeckers geradezu manichäisches Weltbild kommt auch an dieser Stelle zum Tragen: hier das „Arbeitervolk" im Kern gesund, „königstreu und monarchisch durch und durch"[75], dort die finstere Geistesmacht der undeutschen „Phantasten und Verführer"[76] Seine Erklärungen zum Phänomen Sozialdemokratie erweisen sich als äußerst janusköpfig: Einerseits ist die Sozialdemokratie „Opfer", d.h. Produkt übler Gesellschaftszustände und eines falschen liberalen Zeitgeistes, gewissermaßen die „Charakterfigur der Epoche"[77] andererseits ist sie auch „Täter", eben jene Ansammlung irregeleiteter Agitatoren, die das Volk verwirren und gegen die geheiligte Ordnung des Obrigkeitsstaates aufhetzen. Diese Mischung historisch-soziologischer und subjektivistisch-voluntaristischer Argumentation erweist sich als äußerst flexibel und geeignet für die politische Agitation. Je nachdem vor welchem Personenkreis er sprach, konnte er die eine oder die andere Betrachtungsweise betonen, um die erwünschte Publikumswirkung herbeizuführen. Diese Vorgehensweise bestimmte auch seine politische Kampfstrategie gegen die Sozialdemokratie: mit Zuckerbrot und Peitsche — Sozialreform und Sozialgesetz.

Stoecker hatte an Todt kritisiert, daß dieser der Sozialdemokratie zu weit entgegengekommen sei, ja mit dem Neuen Testament die historische Legitimität der sozialdemokratischen Bewegung und die Berechtigung einer Vielzahl ihrer politischen Forderungen zu belegen versucht hätte;[78] er selbst kann aber auch nicht davon absehen, das Wahre und Berechtigte an den Forderungen der Sozialdemokratie zu benennen: „Soweit sie das Bestreben vertritt, die Lebenshaltung der arbeitenden Klassen zu erhöhen, die Arbeit zum Kapital in ein besseres Verhältnis zu setzen, das private Eigentum aus seiner Überspannung zu befreien und dem Gemeinwohl mehr als bisher dienstbar zu machen, hat sie in ihrer Erscheinung Züge einer berechtigten Sozialreform, die Beachtung fordern."[79] Die „Gefahren des sozialistischen Systems" können nur überwunden werden, „wenn wir mit den berechtigten Elementen desselben uns auseinandersetzen, daß wir der sozialistischen Phantasie, das Privateigentum aufzuheben, nur begegnen können, wenn wir mit zwei Gedanken des Sozialismus vollkommen Ernst machen, mit dem einen: das wirthschaftliche Leben wieder in eine organische Form zu bringen und mit dem anderen: die Kluft zwischen Reich und Arm mehr zu schließen."[80] Die Sozialdemokratie sei ferner als „Begleitzeichen eines weltgeschichtlichen Prozesses"[81] auf dem Wege zu größerer Gleichheit der Menschen anzusehen, ein Weg, den die Christlich-Sozialen im Blick auf die wirtschaftlichen Verhältnisse ein Stück weit mitgehen können, ohne allerdings — wie die Sozialdemokratie — „volle Gleichheit herbeiführen" zu wollen;[82] Die „eigentliche Kraft" der Sozialdemokratie liege „in ihrer Kritik der bestehenden

---

75 Reichstagsrede vom 30. März 1886, RR, S. 62.
76 Stoecker, Sozialdemokratisch, Sozialistisch, Christlich-Sozial, S. 9.
77 Stoecker, Eine ernste Stunde, In: Wach auf. S. 100.
78 Zuletzt noch in dem Nachruf auf Todt. In: DEKZ, Nr. 43, 22. Oktober 1887.
79 Stoecker, Unsere Stellung, In: Christlich-Sozial, S. 194 f. These 2).
80 Stoecker, Sozialdemokratisch, S. 13/14.
81 Ebda., (These 1).
82 Stoecker, Über den Programmentwurf für die christlich-soziale Arbeiterpartei vom 25. Januar 1878, In: Christlich-Sozial, S. 16. Vgl. auch Stoecker, Sozialdemokratisch, S. 17 f.

Wirtschafts- und Gesellschaftsordnung ...; sie hat uns durch ihr beständiges Kritisieren, Räsonnieren, Agitieren, Wühlen und Wählen dazu gezwungen, unsere Augen offen zu halten und die Schäden unseres heutigen Erwerbslebens klarer zu erkennen."[83]

Es gelte nun, der Herausforderung durch die „Umsturzpartei" in doppelter Weise zu begegnen:

— durch schärfste Kampfansage gegen die revolutionäre, atheistisch-materialistische Weltanschauung, wo diese sich in politischer Agitation besonders zerstörerisch geltend mache;[84]

— durch „Rechristianisierung" des Volkes, zu der auch die positive Sozialreform gehöre: „Es bedarf einer großen Umkehr, einer durchdringenden Wiederherstellung der christlichen Weltanschauung, der lebendigen Achtung vor den sittlichen und religiösen Grundlagen unseres Volkes, wenn der angerichtete Schaden wieder gut gemacht werden soll. Und zwar muß der christliche Geist wieder anfangen, die gesamte Nation zu durchströmen, nicht bloß die sogenannten unteren Klassen. Es bedarf einer allgemeinen Wiedergeburt."[85]

Stoecker hat die Sozialdemokratie als politische und soziale Emanzipationsbewegung nicht ernst genommen. Die für Sozialdemokraten untrennbare Verbindung von politischer Demokratie und sozioökonomischer Umwälzung hat er nie akzeptiert. Das „Sozialistische" an der Sozialdemokratie hat er für sich selbst reklamiert.[86] Einen „christlichen Sozialismus" erstrebe auch er: Der Sozialismus sei eine „gesellschaftliche Auffassung, bei welcher Vaterland und Obrigkeit, Ehe und Eigentum bestehen können; nur der falsche Sozialismus verwirft diese Grundordnungen der Menschheit. Der Sozialismus aber der Sozialdemokratie ist ausgesprochener Feind aller dieser Errungenschaften der menschlichen Geschichte; er ist durchaus unklar und unpraktisch."[87]

Der Sozialismus sei eine „weltbewegende Idee"[88], das „Wahre" an ihm sei sein Bestreben, vom Egoismus zu befreien und die Sorge für das „Gesammtwohl" in den Mittelpunkt zu rücken.[89] Im besonderen fordere der Sozialismus die „Ausgleichung der ökonomischen Unterschiede, nicht bloß Verbesserung der Welt im allgemeinen."[90]

Wie Todt geht auch Stoecker von einem sehr weiten Sozialismusbegriff aus, der noch die Sozialkonservativen und Christlich-Sozialen mit einschließt. Stoeckers Bestreben wird dabei deutlich, die Sozialdemokratie von diesem „wahren Sozialismus"[91] abzugren-

83 Stoecker, Unsere Stellung, In: Christlich-Sozial, S. 199.

84 Stoecker hat das Sozialistengesetz stets für richtig gehalten und bei jeder Verlängerung im Reichstag — 4. 5. 1880, 12. 5. 1884, 2. 4. 1886, 17. 2. 1887 — zugestimmt. Vgl. z. B. seine große Reichstagsrede vom 30. März 1886. In: RR, S. 60 ff.

85 Stoecker, Sozialdemokratisch, S. 10.

86 „... aber was den Sozialismus angeht, fordern wir ihn für uns. Viele fromme Patrioten sind bessere Sozialisten als die welche sich Sozialdemokraten nennen." Stoecker, Sozialdemokratie und Sozialmonarchie, 1891, In: Reden und Aufsätze, S. 207.

87 Ebda., S. 203.

88 Stoecker, Sozialdemokratie und Sozialmonarchie. In: Reden und Aufsätze, S. 208.

89 Stoecker, Die Bibel und die soziale Frage, S. 7.

90 Stoecker, Sozialdemokratie und Sozialmonarchie, In: Reden und Aufsätze S. 208.

91 „... den richtig verstandenen Sozialismus, den christlichen Sozialismus, wie schon Wichern ihn nannte, dürfen wir nicht abweisen; er bleibt die einzige Möglichkeit, eine irrige und verderbliche Gedankenwelt durch eine richtige und erlösende Geistestat zu überwinden." Stoecker, Unsere Stel-

zen und ihr die Vertretung von Arbeiterinteressen zu bestreiten: „Sozialdemokratie und Arbeiterbewegung, Sozialdemokratie und soziale Reform sind himmelweite Unterschiede, die nicht vermischt werden dürfen. Ebenso soll man Sozialdemokratie und Sozialismus nicht miteinander verwechseln."[92] Diese Ausgrenzungsstrategie unterscheidet sich drastisch von der Bereitschaft Todts, die historische Legitimität der sozialdemokratischen Bewegung anzuerkennen und in ihren politischen Forderungen Verbindungen zum sozialen Gehalt des Neuen Testamentes zu sehen. Für Todt gibt es auch keinen Zweifel an der Zugehörigkeit der Sozialdemokratie zum sozialistischen Lager. Die Sozialdemokratie stellt nach Todt ja nur eine Ausformung der universalen sozialistischen Idee dar.

Noch schärfer wird die Differenz zwischen Todt und Stoecker in der Atheismus-Frage. Während Todt den Atheismus der Sozialdemokratie nur für ein „Accidens" hält, geht Stoecker davon aus, daß die Sozialdemokratie ohne Atheismus gar nicht zu denken ist. Der Atheismus ist für ihn eine der Ursprungsmächte der „Umsturzpartei". Ohne ihn wäre die Sozialdemokratie keine revolutionäre Partei: „die Sozialdemokratie will eine dreifache Umwälzung, auf politischem Gebiete die Revolution, auf religiösem den Atheismus, auf sozialem Gebiete den Sozialismus."[93] Fehle einer dieser drei Faktoren, so verlöre die Sozialdemokratie den Totalitätsanspruch ihrer Weltanschauung und ginge ihrer Identität verlustig. Es ist klar, daß bei einer solchen Charakteristik die sachbezogene Auseinandersetzung um soziale Reformforderungen nicht mehr im Vordergrund stehen kann, ja nicht gewünscht wird. Im Weltanschauungskampf gibt es für den Hofprediger keine Kompromisse. Die ganze Sozialreform muß nach Stoecker Stückwerk bleiben, wenn sich die sozialdemokratisch infizierten Arbeiter nicht endlich bequemen, die christliche Weltanschauung, jenes konservative Amalgam von Christentum, Deutschtum, Königstreue und Vaterlandsliebe, zu akzeptieren. Dazu war die Mehrheit der Arbeiter begreiflicherweise nicht bereit, die ihre sozialen und politischen Interessen mit der Existenz der Sozialdemokratie verbanden.[94] Wer den Arbeitern versicherte, er wolle ihre Forderungen nach realer Verbesserung ihrer sozialen Lage wahrnehmen, und zugleich predigte, daß „unser ganzes soziales Gebäude" darauf beruhe, „daß die Nichtbesitzenden und Ungebildeten von Respekt und Ehrfurcht" gegen „die oberen Klassen" erfüllt sein müßten, der hatte bei den Arbeitern jeden Kredit verspielt.[95]

---

lung, In: Christlich-Sozial, S. 196. Vgl. auch den Begriff „Gesunder Sozialismus" in: Die Bedeutung der neuen Sozialreform (9. Juni 1882) In: Christlich-Sozial, S. 288.

92 Ebda., S. 198.

93 Reichstagsrede vom 14. Dezember 1882. In: RR, S. 33.

94 In Stoeckers Vortrag vor dem konservativen Parteitag am 9. Juni 1882 kommt seine nicht gespielte Fassungslosigkeit zum Ausdruck, daß die Arbeiter nicht gewillt seien, das von Wilhelm I. am 17. November 1881 verkündete königliche Sozialprogramm dankbar anzunehmen. Dies sei „in der Tat unbegreiflich". Stoecker, Die Bedeutung der neuen Sozialreform. In: Christlich-Sozial, S. 279 f.

95 Stoecker, Sozialdemokratisch, S. 8.

12.1.5 Stoeckers „positive Sozialreform"

Stoecker war ebensowenig ein großer Sozialpolitiker und Nationalökonom wie Theologe; wirtschaftspolitische Fragen haben ihn nie sonderlich tiefschürfend interessiert. Die soziale Frage ist für ihn ja auch nicht primär mit nationalökonomischen Begriffen zu fassen, sie gehört — ähnlich wie das Phänomen „Sozialdemokratie" — in den Geisteskampf der Gegenwart hinein: „Die soziale Frage ist für den tiefer Blickenden eine Frage des gesamten Daseins und der ganzen Menschheit."[96] Zwar ist sie „nicht bloß durch Religion allein zu lösen: aber ohne Religion wird sie ganz gewiß nie gelöst."[97] Im engeren Sinne ist die soziale Frage „eine politische... soziale und wirtschaftliche Frage"[98], wobei Stoecker den politischen Teil der Frage mit dem allgemeinen Wahlrecht für gelöst ansieht.[99]

Die sozialen und wirtschaftlichen „Übelstände", gewissermaßen die Oberflächenerscheinungen der sozialen Frage, vermag er oft treffend und lebendig zu schilden[100], den Kapitalismus verurteilt er als das „zum System gewordene Trachten nach Reichtum mit Vernachlässigung der sittlichen Beziehungen", dies sei „eine wirkliche Gefahr des gesamten sozialen Lebens; und im Mammonismus wird er zum schnöden Götzendienst des goldenen Kalbes. Dawider gilt es mit aller Macht zu kämpfen."[101]

Immer wieder setzt er sich — eine Fülle konkreter Beispiele präsentierend — mit der Realität des kapitalistischen Systems auseinander und formuliert seine Anklagen gegen „Mammonismus" und „Egoismus", die unausweichlichen Folgen des ökonomischen Liberalismus: „Freie Konkurrenz der Kräfte, unbeschränkter Kampf ums Dasein, das kalte Gesetz von Angebot und Nachfrage, der schnöde Grundsatz, daß Arbeit eine Ware ist: das sind die brüderlichen Ideen, mit welchen ein falscher Liberalismus das Wirtschaftsleben entseelt, die soziale Gemeinschaft vernichtet hat."[102]

Um eine wissenschaftliche, historisch-nationalökonomische Behandlung des Gegenstandes, wie Todt sie ansatzweise unter Bezug auf Marx und Lassalle versucht, ist es ihm dabei nicht zu tun. Stoecker befürwortet die Sozialreform aus seiner christlich-konserva-

---

96 Stoecker, Soziale Kämpfe der Gegenwart. In: Christlich-Sozial, S. 164.
97 Reichstagsrede vom 30. März 1886; In: RR, S. 71.
98 Rede über den Programmentwurf der Christlich-Sozialen Arbeiterpartei vom 25. Januar 1878. In: Christlich-Sozial, S. 14.
99 Ebds.; Stoecker hat nie einen Hehl daraus gemacht, Gegner des Parlamentarismus zu sein: „Wir Konservative müssen die Vollmacht der Obrigkeit von Gott ableiten, der sie verliehen hat, nicht von der Majorität. Deshalb sind wir auch gegen den Parlamentarismus." (Christlich-Konservative Ziele der Gegenwart, Vortrag vom 1. April 1881. In: Christlich-Sozial, S. 252) Das allgemeine Wahlrecht hat er trotz mancher Bedenken wegen der „Zerklüftungen des Volkslebens" (Unsere Stellung zur Sozialdemokratie, In: Christlich-Sozial, S. 208) für „alles in allem richtiger als das Dreiklassenwahlrecht" betrachtet. (Eine ernste Stunde deutscher Geschichte, 6. Juli 1878. In: Wach auf, S. 101f.)
100 z.B. in Soziale Kämpfe der Gegenwart, Christlich-Sozial, S. 166f. Als die drei „Hauptschäden" der Zeit nennt Stoecker: „der Besitz häuft sich wenigen Händen an, die Kluft zwischen reich und arm vertieft und verbreitet sich; die Arbeit ist in ihrem Ertrag gegenüber dem Kapital weder richtig gelohnt noch recht gesichert; für die Not, welche aus Armut, Krankheit, Alter, Invalidität, Tod entspringt, ist nicht genügend gesorgt." (Die Bibel und die soziale Frage, S. 5f.)
101 Stoecker, Unsere Stellung zur Sozialdemokratie. In: Christlich-Sozial, S. 199.
102 Stoecker; Die kaiserliche Botschaft (2. Dezember 1881) In: Christlich-Sozial, S. 117.

tiven Grundhaltung heraus als die Chance, die „Lebenskräfte des Christentums" wieder im Volk zur Geltung zu bringen. Das bedeutet aber, daß der Konservatismus zur Reform fähig und willens sein muß: „Konservativ heißt bewahrend; man sagt wohl, die Konservativen seien Leute, die alles Alte bewahren und erhalten wollen. Das ist jedoch nicht richtig. Wir wollen das Alte, das gut ist, behalten, und das Alte, das schlecht ist, abschaffen."[103]

Stoecker ist nicht einfach ein finsterer Reaktionär, mochte er auch theologisch, in seinem Politikverständnis und der antisemitischen Propaganda solche Züge aufweisen. Er ist von der geistig-politischen Notwendigkeit der Sozialreform vollständig überzeugt[104], darin von seinem konservativen Gerechtigkeitsempfinden geleitet.[105]

Für Stoecker waren die Prinzipien der von ihm angestrebten konservativen, christlich-sozialen Reform immer wichtiger als die konkrete Programmatik und ihre gesetzestechnische Umsetzung. Dennoch ist er durchaus in der Lage gewesen, mit kompetentem Urteil an den Beratungen der Reformvorlagen im Reichstag (z. B. für die Versicherungsgesetzgebung und den Arbeiterschutz) mitzuwirken.[106]

Er betrachtete die von ihm angestoßene Reformbewegung in erster Linie als notwendige öffentliche pressure group, weniger als parlamentarische Körperschaft, die im Interesse praktikabler Lösungen in der Volksvertretung um Mehrheiten ringen sollte. Die Christlich-Soziale Arbeiterpartei war immer ein Zwitter, mehr Bewegung als Partei und ohne Stoecker als Galionsfigur und integrierendes Zentrum ganz und gar bedeutungslos. Stoeckers sozialpolitische Leitbilder, wie sie sich in dem Programm der CSAP ausdrücken, sind die christliche „Sozialmonarchie"[107] als interventionistischer Sozialstaat[108], eine friedliche, konservative Reform „anknüpfend an die bestehende Ordnung"[109], Autorität statt Majorität, friedliche Arbeiterorganisationen, die, gegliedert in obligatorische „Fachgenossenschaften", ihre Interessen gegen gerechte und mildtätige Arbeitgeber vertreten. Die ethischen Prinzipien der besitzenden Arbeitgeber kulminieren in der christlichen Figur des gerechten Haushalters: „Der Mensch mit seinem Hab und Gut, ist nicht Eigenthümer, sondern Haushalter, das bloße Sammeln irdischer Schätze ist keine des Christen würdige Arbeit; Bruderliebe, Barmherzigkeit ist die höchste Pflicht, ohne deren Erfüllung man nicht selig wird."[110]

---

103 Stoecker, Christlich-Konservative Ziele. In: Christlich-Sozial, S. 249.

104 Vgl. die geradezu hymnische Verehrung, die er der kaiserlichen Botschaft vom 17. November 1881 angedeihen läßt: Stoecker, Die kaiserliche Botschaft. In: Christlich-Sozial, S. 112 ff.

105 Stoecker, Christlich-Konservative Ziele, In: Ebda., S. 250 f.

106 Vgl. Stoeckers Reichstagsreden zu sozialpolitischen Gegenständen, v. a. vom 10. 1. 1882 (In: RR, S. 18 ff), 15. 1. 1885 (ebda., S. 51 ff.), 25. 11. 1889 (ebda., S. 117 ff.), 18. 12. 1891 (ebda., S. 153 ff.), 3. 5. 1899 (ebda., S. 202 ff.)

107 „Es ist ... auch natürlich, daß die Sozialmonarchie mehr leisten kann als eine Demokratie ... Das Königtum ist seinem ganzen Wesen nach unparteiisch und kann sich nicht an eine Richtung verkaufen; der König steht über den Parteien, bietet allen die das Gute wollen, seinen Schutz und verbindet die lebendigen Kräfte aller. (Stoecker, Sozialdemokratie und Sozialmonarchie, 1891, In: Reden und Aufsätze, S. 214)

108 „Der Sozialstaat wird versuchen, die Fehler seiner Vorgänger zu berichtigen und zwar der Sozialstaat unter Führung des sozialen Königtums oder Fürstentums. Für uns wenigstens in Deutschland lautet das befreiende Wort: Sozialmonarchie." (In: Ebda., S. 209 f.)

109 Stoecker, Christlich-Konservative Ziele. In: Christlich-Sozial, S. 263.

110 Stoecker, Die Bibel und die soziale Frage, S.4; Vgl. auch: „Das Eigenthum richtig schätzen, es

Die Programmatik der Christlich-Sozialen enthält neben hehren Prinzipienerklärungen wenig eigenständige Gedanken. In dem am 25. Januar 1878 veröffentlichten Programmentwurf tritt uns die schon bekannte Wagner-Meyer'sche sozialkonservative Programmatik entgegen. Selbst die Passagen, die sich mit der Rolle der Kirche, respektive der Geistlichen, im Reformwerk befassen, zählten im Kern längst zum Gedankengut der sozialkonservativen Kreise. Doch ein Programm mußte sein, es entsprach der von Stoecker gewählten populistischen Präsentation. Ohne doktrinäre Verkündung der politischen Willensrichtung war in der Öffentlichkeit keine ausreichende Aufmerksamkeit zu finden. Der konservativ-populistische Agitator Stoecker siegte über den Theoretiker Todt, der parallel zu Stoeckers leidenschaftlicher Volksversammlungs-Politik versuchte, die programmatische Arbeit zur Sozialreform klassenversöhnend und in friedlicher Disputation zu gestalten. Die von Todt in seinem Buch hergestellte Nähe neutestamentlicher Aussagen zu den Prinzipien und Forderungen des radikalen deutschen Sozialismus waren Stoecker sichtlich unbequem; selbst Todt machte ja inzwischen Abstriche davon.

Stoecker mußte erfahren, daß die konservative Sozialreform als sozialdemokratisch verdächtigt wurde und die „Besitzenden", keineswegs vom christlichen Geist der Nächstenliebe erfüllt, selten gute „Haushalterschaft" übten. „Unser Programm", so klagte Stoecker schon 1880, „war ... durchaus konservativ; wir ließen die Grundpfeiler der heutigen Gesellschaftsordnung festgemauert stehen, nur gaben wir rückhaltlos den Socialdemokraten Recht, wo sie Recht hatten. Aber wir machten keine Concessionen, um sie zu gewinnen, keine Versprechungen, um sie zu ködern. Wir sagten ihnen die volle Wahrheit, freilich wir sagten sie auch den Besitzenden. Und das verdroß. Man nannte unser Programm selber sozialdemokratisch."[111]

Stoecker bemühte sich sehr rasch nach 1879 — von dem Widerspruch des EOK und anderer konservativer Kirchenkreise nicht unbeeindruckt geblieben — die Direktheit, mit der Todt sozialpolitische Prinzipien aus dem Neuen Testament exegesierte, abzuschwächen. Dies wird bei der Interpretation der bekannten Bibelstelle, Apostelgeschichte 2,45 und 46 schlagartig deutlich: Hatte Todt den hier ausgesprochenen distributiven Gemeindekommunismus als „praktischen Communismus" der Jünger gelobt und ihn zu den „auf der Solidarität der Interessen beruhenden communistischen Gedanken des heutigen radikalen Socialismus" in Analogie gesetzt[112], beeilte sich Stoecker, dieses Urteil nachhaltig zu revidieren. „Man mißdeutet diese Geschichte", so erklärte er, „wenn man sie zu einem Beispiel des praktischen Communismus oder Socialismus stempelt, wenn man sie erzählt, um damit zu beweisen, daß der heilige Geist kein Privatvermögen mehr dulde."[113] Das letzte hatte Todt auch nie behauptet[114]. Dennoch unter-

---

recht verwenden, es als Gabe, die auch vom Herrn kommt, in Ehren halten, das gehört zur rechten Verwaltung und Haushaltung. Die heilige Schrift nennt den Menschen, solange er Besitzer ist Haushalter, d. h. Oeconom, und wer so Oeconomie treibt, wird seiner großen Pflicht nachkommen." (A. Stoecker, Die persönliche Verantwortung der Besitzenden und Nichtbesitzenden in der sozialen Bewegung der Gegenwart. Basel, 1881. S. 5)

111 Stoecker, Sozialdemokratisch, Sozialistisch und Christlich-Sozial, S. 20.
112 RDS, S. 69.
113 Stoecker, Die Bibel und die soziale Frage, S. 11.
114 RDS, S. 188 ff.

strich Stoecker wortgewaltig, daß in der heiligen Schrift „das Recht des persönlichen Besitzes" niemals angetastet worden sei, „weil dasselbe zum Wesen des Menschen gehört."[115]

Der Theoretiker Todt mit seiner Neigung, die sozialdemokratischen Prinzipien mit der Ethik des Neuen Testamentes zu versöhnen, war Stoecker überaus suspekt. Schon ein theoretisches Herangehen an die soziale Frage schien Stoecker illegitim. So bemerkte er zu Todts Buch allgemein: „Der größte Mangel besteht darin, daß er die ganze Frage nicht praktisch, nicht von dem Boden der Tatsachen aus, sondern theoretisch untersuchte, daß er die Frage stellte: wie kann man die Anschauungen des Christentums mit den sozialdemokratischen Ideen vereinigen."[116]

Es mußte ihm zutiefst anstößig erscheinen, wenn der Pfarrer aus Barenthin Republik, Sozialismus und Kommunismus durchaus im Einklang mit dem Neuen Testament sah. Stoecker war „doch viel zu sehr Mitglied der herrschenden Klasse"[117] um hier nicht ein verderbliches Entgegenkommen zur „Umsturzpartei" zu wittern.

12.2 Rudolf Todts Aktivitäten im „Centralverein für Socialreform"

Vorgeschichte und Entwicklung des kurzlebigen „Centralvereins" sind bis heute nicht restlos zu klären.[118] Wichtigste Quelle ist immer noch die Vereins-Wochenschrift „Der Staats-Socialist". Diese Zeitschrift erschien vom 20. Dezember 1877 bis zum Ende des ersten Quartals 1882. Der „Centralverein", so schreibt Dieter Fricke, „war eine christlich-soziale Organisation, die mit antikapitalistischen Losungen Reformen zur Lösung der ‚sozialen Frage' mit dem Ziel der Bindung der Arbeiterklasse an die Hohenzollern-monarchie propagierte. Er scheiterte sowohl an seiner heterogenen als auch irrealen sozialkonservativen Zielsetzung und schloß sich schließlich der Christlichsozialen Partei an."[119] Wir wollen i. f. diese im großen und ganzen zutreffende Kurzcharakteristik mit einigen notwendigen Details versehen und an Hand der — insgesamt dürftigen — Quellen die Tätigkeit Todts im CV rekonstruieren.

Todts Buch erschien im April 1877. Nach allem was er dort an positiven Reformzielen formuliert hatte, war klar, daß nun die praktische Tat folgen sollte. Der Christ habe — so Todt im „Radikalen deutschen Socialismus" — „das Recht und die Pflicht, eine politische Partei zu bilden."[120] Todt dachte zunächst nur sehr unbestimmt an einen Zusammen-schluß christlicher Sozialkonservativer; im „Radikalen deutschen Socialismus" fehlt jeder Hinweis auf die künftige Organisationsform, und der Ausdruck „Partei" ist zu-nächst nur als Umschreibung für eine Gruppe Gleichgesinnter zu verstehen, wie es im damaligen Sprachgebrauch häufig vorkam.

---

115 Stoecker, Die Bibel und die soziale Frage, S. 11.
116 zit. b. v. Oertzen, Stoecker I, S. 134.
117 Frank, Stoecker, S. 39.
118 Auch hier gilt die bereits mehrfach geäußerte Einschränkung, daß der Nachlaß Stoecker und die Polizei-Akten des Kgl. Polizeipräsidiums Berlin noch der Bearbeitung harren.
119 Dieter Fricke, Central-Verein für Social-Reform auf religiöser und constitutionell-monarchischer Grundlage 1877 — 1881. In: Lexikon zur Parteiengeschichte, Bd. 1, S. 431.
120 RDS, S. 389.

Zwischen April und Frühsommer 1877 reiften bei Rudolf Todt die Pläne zur Gründung eines Vereins. Noch im Juni ist Todt offenbar mit einem Aufruf, der in mehreren Tageszeitungen erschien, an die Öffentlichkeit getreten und hat zur Bildung eines Reformvereins alle jene „deutschen Männer" aufgerufen, die „in politischer Hinsicht keine Republikaner, in religiöser keine Atheisten und in philosophischer keine Materialisten sind."[121]

Todt war von Anfang an die treibende Kraft der Vereinsgründung. Im Sommer fand dann eine Reihe von Besprechungen statt, wobei anzunehmen ist, daß der vorbereitende Kreis sich aus sozial-konservativen Gesinnungsfreunden Todts zusammensetzte. Die Beteiligung Rudolf Meyers in dieser Phase gilt als sicher.[122] Auch Stoecker wurde bereits zu diesem Zeitpunkt — wie er selbst schreibt — „zu den Besprechungen hinzugezogen."[123] Am 5. Dezember 1877 konstituierte sich der „Central-Verein für Social-Reform auf religiöser und constitutionell-monarchischer Grundlage".[124]

Die erste „Probenummer" des künftigen Vereinsorgans, des „Staats-Socialist", enthielt die Gründungserklärung, unterzeichnet von einem fünfköpfigen Vorstand, ein Statut, Pressestimmen zur sozialen Frage und Sozialreform und zwei Grundsatzartikel, der eine von Adolf Wagner, „Was ist Socialismus?" und der andere von G. Calberla, „Socialreform und Staatssocialismus".[125] Die Gründungserklärung nennt uns die folgenden Personen als Gründungs- und Vorstandsmitglieder:[126]

— *Dr. G. M. Calberla,* Gutsbesitzer in Merzdorf bei Riesa, Verfasser einer Reihe von national-ökonomischen und sozial-politischen Schriften, Gründungsmitglied des „Vereins für Socialpolitik" in Eisenach 1872.
— *Joachim Krüger,* Fabrikant, Begründer einer Eisengießerei und Maschinenfabrik in Brandenburg a. d. Havel, schon länger mit Todt bekannt und mit Stoecker verwandt.[127] Er war später Aktivist im Lokalverein Brandenburg.
— *Paul Freiherr von Roell,* aus Berlin, Herausgeber der „Deutschen volkswirthschaftlichen Correspondenz". Er engagierte sich besonders für den Schutzzoll.
— *Adolf Stoecker,* Hofprediger zu Berlin.
— *Rudolf Todt,* Landpfarrer aus Barenthin und Publizist.

Zum Kreis der Gründungsmitglieder zählte auch der General-Konsul Sturz, der indes noch während der Vorbereitungen zur Vereinsgründung starb.[128]

---

121 Dies vermutet Seils, Die Bedeutung, S. 235; Einen genauen Beleg bringt er nicht bei. Das Zitat stammt aus: Der Staats-Socialist, 1. Jg., Nr. 2, 6. Januar 1878, S. 9.
122 Vgl. Göhre, Die evangelisch-soziale Bewegung, S. 31; Erdmann, Christliche Arbeiterbewegung, S. 269; Dockhorn, Christlich-Soziale Bewegung, S. 76; Brakelmann, Kirche und Sozialismus, S. 274.
123 Stoecker, Christlich-Sozial, S. I.
124 Vgl. die Anzeige der Vereinsgründung: Evangelisch-kirchlicher Anzeiger No. 52, 28. Dezember 1877; AELKZ, Nr. 52, 28. Dezember 1877; Kirchliches Wochenblatt für Schlesien und die Oberlausitz, Nr. 3, 20. Januar 1878; Evangelisches Kirchen- und Volksblatt für das Ghzm. Baden, Nr. 2, 13. Januar 1878 (spricht von „Professor" Todt und nennt als Mitglieder des Vereins Minister a. D. Gf. von Itzenplitz und Feldmarschall von Moltke); Westfälischer Hausfreund, Nr. 7, 17. Februar 1878.
125 Staats-Socialist, Nr. 1, 20. Dezember 1877.
126 Gründungserklärung (mit Anlagen) vom Dezember 1877, S. 2.
127 Stoecker hatte 1866 seine Tochter Anna geheiratet. v. Oertzen, Stoecker I, S. 65 f.
128 Staats-Socialist, Nr. 1, 20. Dezember 1877, S. 7.

Mitgearbeitet hat anfangs auch der jüdische Bankier Adolf Samter. Er schied bald wegen Stoeckers antisemitischer Propaganda und einiger antisemitisch angehauchter Artikel im „Staats-Socialist" aus.[129]

Fachwissenschaftliche Beiträge stellten die „Katheder- und Staatssozialisten" Hans von Scheel, Adolf Wagner und Albert Schäffle in Aussicht. Allerdings sahen sich Wagner und von Scheel schon am 15. Januar 1878 veranlaßt, in einer „Collectiverklärung" gewissen Vereinnahmungstendenzen durch den Vorstand des Vereins entgegenzutreten. Sie erklärten, daß sie „das Unternehmen nicht für genügend vorbereitet" befänden: „Wir meinen, daß die Monarchie der Stütze eines solchen Vereins nicht bedarf; wir glauben, daß weder die protestantische Geistlichkeit noch die Kirche im Stande sind, in die sociale Bewegung mit dauerndem Erfolg einzugreifen; wir teilen die politischen und religiösen Ansichten, welche im Vorstande vertreten zu sein scheinen, keineswegs."[130]

Trotz der von beiden Nationalökonomen geäußerten Skepsis gegenüber der kirchlichen Seite des Vereinsunternehmens, bejahten sie eine journalistische Mitarbeit im Sinne ihrer staatssozialistischen Zielsetzungen: „Verallgemeinerung von Freiheit und Eigenthum" im Interesse größerer „Sicherheit und Selbständigkeit der wirthschaftlichen Existenz der arbeitenden Klassen.[131]

Namentlich Wagner gab später seine Reserven ganz auf und und wurde einer der treuesten Mitarbeiter der christlich-sozialen Bewegung an der Seite Adolf Stoeckers, in dessen Partei er 1881 eintrat und für die er bei der Reichstagswahl vom 27. Oktober 1881 im IV. Wahlkreis Berlin kandidierte. Über den weiteren Kreis der ersten Garde läßt sich nur spekulieren. Der von Göhre erwähnte „reiche Freund und Gesinnungsgenosse Todts", der die Kosten für den „Staats-Socialist" trug und das Risiko übernahm, war sicherlich das Vorstandsmitglied Joachim Krüger, Fabrikant aus Brandenburg a. d. Havel.

In der Gründungserklärung vom Dezember 1877 finden wir neben einem Aufruf und der Angabe der grundsätzlichen Ziele des Vereins schon ein vorläufiges Statut. In den Anlagen zur Erklärung werden „verwandte Ideen aus der Literatur und Tagespresse" geschickt zusammengestellt, um das angeblich in weiten Kreisen bestehende „Zeitbedürfniß" zur Gründung eines solchen Vereins hervorzuheben. Die Erklärung enthält zunächst eine allgemeine Schilderung der wirtschaftlichen und politischen Lage und macht auf die Notwendigkeit der Gründung eines Reformvereins auf sozialpolitischem Gebiet aufmerksam. Die gegenwärtige Situation sei durch ein unaufhaltsames Wachstum des „vierten Standes" gekennzeichnet, der seine berechtigten Forderungen in der sozialistischen Arbeiterpartei organisiert vertrete. Obwohl gegen eine Organisation der

---

129 Vgl. dazu den Abschnitt 11.
130 Staats-Socialist, 1. Jg., Nr. 4, 20. Januar 1878, S. 33;
Adolf Wagner schrieb am 18. November 1877 an seinen Bruder Hermann: „Jetzt hier aus Pastoren- und conservativen Kreisen ein stark socialistischer Verein in Bildung begriffen ! So weit ists schon. Journal unter dem Titel „Staatssocialist". Ich, Scheel und andere zum Beitritt sehr gekeilt, besonders von dem Hofprediger Stöcker. Aber ich habe schließlich ebenso wie Scheel und Schäffle doch den Beitritt in ein einladendes Comité abgelehnt. Ja, wäre ich kirchlich. Aber es bringt mich wieder in schiefe Stellung. Habe mich als freien Mitarbeiter eines solchen Blattes aufführen lassen.„ (zitiert bei Rubner, Wagner, S. 151 f.)
131 Ebda., S. 34.

Arbeiterschaft an sich nichts einzuwenden sei, scheine doch die „deutsche Zukunft ernstlich bedroht, wenn der widerchristliche und vaterlandsfeindliche Zug, der dem heutigen Socialismus anhaftet, sich erhalten oder gar verstärken sollte. Wenn derselbe bleibt, darüber täusche man sich nicht, so bedeutet er die Blutvergiftung unseres Arbeiterstandes und unseres Volkslebens, den Ruin der deutschen Cultur und die sociale Revolution in Permanenz."[132]

Die Aufgabe für den neu gegründeten CV soll darin bestehen, den Arbeiterstand aus seiner verhängnisvollen Bindung an die widerchristliche Sozialdemokratie zu lösen und ihm „den Beweis zu liefern, daß seine berechtigten Interessen auch in den anderen Volksklassen Theilnahme und Sympathie erwecken." Wenn es gelinge, den Arbeiterstand wieder „in den Kreis des nationalen und religiösen Lebens" zu ziehen, dann „kann die sociale Frage in unserm Vaterlande ihrer Lösung entgegengeführt werden."[133] Die herrschenden Kreise in Staat und Kirche haben die Dringlichkeit von sozialen Reformen und einer dafür verantwortlichen „socialen Reformpartei" noch längst nicht verstanden. Namentlich die evangelische Kirche, „von Streitigkeiten zerrissen und ohne Fühlung mit dem öffentlichen Geiste, hat zu der Arbeiterfrage überhaupt keine Stellung genommen."[134] Angesichts dieser Ignoranz „erfahren die Massen schließlich eine Entfremdung von Monarchie und Religion, welche die allergrößten Gefahren in sich birgt."[135] Der CV dagegen habe es sich zum Ziel gesetzt, diese unheilvolle Abkehr des Arbeiterstandes von Nation und Religion zu verhindern und strebe im Unterschied zur religions- und vaterlandsfeindlichen Sozialdemokratie eine umfassende Sozialreform an, die auf den Säulen von Religion und Monarchie ruhe.

Im Statut des CV heißt es:

„I. Zweck und Mittel des Vereins

§ 1 Zweck des Vereins ist die Vorbereitung socialer Reformen auf religiöser und constitutionell-monarchischer Grundlage, ausgehend von folgenden Fundamentalsätzen:

a) Das allgemeine und gleiche Stimmrecht in monarchischen Staaten fordert eine Politik durchgreifender socialer Reformen und zur Verwirklichung desselben ein Vertrauensverhältnis zwischen Monarchie und Arbeiterstand sowie eine starke arbeiterfreundliche Initiative der Regierung.

b) Die Lösung der socialen Frage ist nicht denkbar ohne die Mitwirkung der sittlich-religiösen Factoren und ohne das Eintreten der Kirche für die berechtigten Forderungen des vierten Standes."[136]

Der CV war zunächst als eine Art Diskussionsforum gedacht, wo die verschiedenartigsten Auffassungen über ökonomische und politische Fragen der Gegenwart aufeinandertreffen sollten. Der „Staats-Socialist" hatte die Aufgabe, in diesem Sinne als „freier

---

132 Gründungserklärung des CV, S. 1.
133 Ebda.
134 Ebda.
135 Ebda. Anlage A
136 Ebda. Statut.

Sprechsaal" zu wirken.[137] Das Ergebnis eines solchen offenen Diskussionsprozesses sollte dann das „positive Reformprogramm" bilden welches die Chance bot, zur Formierung einer „wirklichen Reformpartei" zu schreiten.[138]

Die in diesem Konzept angelegte Gefahr von endlosen wissenschaftlichen Streitigkeiten ohne jeden praktisch-politischen Nutzeffekt erfaßte der pragmatische Stoecker zuerst. Kaum einen Monat nach Gründung des CV, am 3. Januar 1878, stellte sich der Hofprediger in der berühmt-berüchtigten sogenannten „Eiskeller"-Versammlung (nach dem Versammlungslokal in der Berliner Chausseestraße „Eiskeller") einer überwiegend aus Sozialdemokraten bestehenden Arbeiterbevölkerung. Stoecker kommentierte den Vorgang so: „Da habe ich denn unter Gebet und Flehen den Entschluß gefaßt, mitten hinein in die Sozialdemokratie zu gehen, den wilden Stier bei den Hörnern zu fassen und mit demselben zu ringen."[139]

In dieser, in der Literatur häufig beschriebenen Versammlung[140] gelang zwar Stoeckers ursprüngliche Absicht nicht, eine „Christlich-Soziale Arbeiterpartei" zu gründen, da ihm in Johann Most[141] ein rhetorisch überaus begabter sozialdemokratischer Agitator entgegentrat und die Versammlung im Sturm eroberte, aber er erzielte dennoch einen Achtungserfolg. Wenige Tage später gründete er in geschlossenem Kreis die CSAP und trat nun regelmäßig Freitag abend in überfüllten Versammlungen werbend für die christlich-soziale Sache ein.[142] Stoeckers kirchliches Sprachrohr, die „Neue Evangelische Kirchenzeitung", überschrieb ihren Kommentar zur Eiskeller-Versammlung mit den Worten: „Der erste Kampf des Vereins für Socialreform."[143] Das Ausmaß der Beteiligung und Zustimmung von Gründungsmitgliedern des CV zur Gründung des Stoecker'schen Unternehmens ist umstritten. Wollten Todt und seine Vorstandskollegen im CV auch laut Gründungserklärung zur Bildung einer „praktischen Reformpartei"[144] übergehen, so ist damit noch nicht gesagt, daß das Ziel ihrer Hoffnungen ausgerechnet die CSAP war. Es besteht kein Zweifel daran, daß die Eiskeller-Versammlung vom CV einberufen wurde. An ein eigenmächtiges Vorgehen Stoeckers unter Umgehung seiner Vorstands-

---

137 Staats-Socialist, Nr. 1, 20. Dezember 1877, S. 3.
138 Ebda. S. 1.
139 v. Oertzen, Stoecker I, S. 182.
140 Vgl. v. a. Brakelmann, Stoecker und die Sozialdemokratie. In: Protestantismus und Politik, S. 90 ff. S. 113 ff.; Kupisch, Stoecker, S. 28 ff.; Greschat, Stoecker, S. 264 f.; v. Oertzen I, S. 137 ff.; Frank, Stoecker, S. 43 ff.; Siegfried Kähler, Stöckers Versuch, eine christlich-soziale Arbeiterpartei in Berlin zu begründen (1878) In: Deutscher Staat und deutsche Parteien. Beiträge zur deutschen Parteien- und Ideengeschichte. Friedrich Meinecke zum 60. Geburtstag dargebracht. München/Berlin, 1922. S. 227 ff. Vgl. auch den Bericht im Staats-Socialist, 1. Jg. Nr. 3, 13. Januar 1878, S. 26 ff.
141 Vgl. zu Most: Dieter Kühn (Hrsg.) Johann Most. Ein Sozialist in Deutschland. München, 1974. Rudolf Rocker, Johann Most. Das Leben eines Rebellen. Berlin, 1924. (ND Glashütten, 1973) Johann Most, Memoiren. Reprint der Originalausgabe 1903–1907, Hannover, 1978.
142 Der Zeitpunkt der Parteigründung ist umstritten. Rößler gibt unter Bezugnahme auf die Polizeiakten des Polizeiprasidiums zu Berlin den 5. Januar 1878 an. (Johannes Rößler, Die Gründung der ‚Christlich-Sozialen Arbeiterpartei' des Hofpredigers Stöcker. In: Berliner Heimat 2/1957, S. 84) Greschat (Stoecker und der deutsche Protestantismus. In: Protestantismus und Politik, S. 28) vermutet den 1. Februar 1878. Die NEKZ, Nr. 2, 12. Januar 1878, spricht auch vom 5. Januar. Dieses Datum erscheint plausibler, da bereits am 25. Januar 1878 das Parteiprogramm vorgestellt wurde, ein Vorgang, der ohne formelle Konstituierung schwer denkbar ist.
143 NEKZ Nr. 2, 12. Januar 1878.
144 Gründungserklärung, S. 1.

kollegen ist trotz seiner ausgeprägt aristokratischen Natur zu diesem Zeitpunkt nicht zu denken. Todt wußte demnach Bescheid, und es ist auch ziemlich sicher, daß er selbst an der Versammlung (und später weiteren der CSAP) teilgenommen hat.

Das Tempo der Parteigründung und die mit der christlich-sozialen Agitation verbundenen öffentlichen Turbulenzen haben ihn aber, der von Anfang an gegen vorschnelle organisatorische und programmatische Fixierungen eintrat, erschreckt, irritiert und auch gekränkt. Einem Polizeiagenten, der ihn über die Verbindungen zwischen CV und CSAP befragen sollte, hat Todt später den Eindruck vermittelt, daß er und die anderen Vorstandsmitglieder von Stoecker geradezu überrumpelt worden seien: „Weil der Verein erst schwach und kaum ins Leben getreten war", habe er keinen Streit mit Stoecker riskieren wollen „und gute Miene zum bösen Spiel" gemacht. So sei Stoeckers spätere Behauptung auch akzeptiert worden, daß die CSAP aus dem Centralverein herausgewachsen und ein Arbeitszweig derselben sei.[145] Hier hat Todt sicherlich ein wenig übertrieben. So vollständig überrascht werden er und seine Gesinnungsfreunde nicht gewesen sein. Stoecker aber hat geschickt die unentschiedene programmatische und organisatorische Situation des CV für seine Zwecke ausgenutzt.

Stoecker hatte den CV von Anfang an nur als Episode in seinem Konzept der politischen „Volksseelsorge" betrachtet und frühzeitig seinen Anhang in der Stadtmission und den christlichen Jünglingsvereinen auf die Gründung einer politischen Partei orientiert. Den Kontakt zur Arbeiterschaft stellte er über einen ehemaligen sozialdemokratischen Agitator (Emil Grüneberg) her, der, zu Christentum, Kaiser und Vaterland bekehrt, Stoecker seine Dienste antrug. Grüneberg war es dann auch, der die Eiskellerversammlung eröffnete, gänzlich Fiasko erlitt und Stoecker für seine geschickte Ansprache Platz machte.

Stoecker hatte am 14. Dezember 1877 „im Auftrage des Vereins"[146] eine Eingabe an den Kaiser gerichtet, mit der Bitte um wohlwollende Unterstützung des Vereinsunternehmens. Dieses Gesuch stieß bei dem greisen Monarchen auf taube Ohren, da ihm die wirtschafts- und sozialpolitischen Forderungen des Vereins (soziales Königtum) viel zu weit gingen. Im übrigen waren ihm Personen wie Todt, Wagner, von Scheel und Schäffle, die das Berechtigte am Sozialismus betonten, überaus verdächtig in der Nähe der gottlosen Sozialdemokratie angesiedelt.

Die kaiserliche Mißgunst hat Stoecker dazu bewogen, seine schon bestehenden Pläne zu forcieren und das eigene Unternehmen aufzumachen. Die beabsichtigte Gründung der CSAP stellte er nun als einen seelsorgerlichen Versuch dar, die entchristlichten Massen dem atheistischen Zugriff der Sozialdemokratie zu entreißen und sie wieder zu positiv-kirchlicher, vaterländischer Gesinnung zurückzuführen. Einem solchen Unternehmen war der Kaiser schon eher bereit näherzutreten, zumal die Hofpredigerpartei den besonderen kirchlichen Sinn der Stoecker'schen Gründung — zur Unterstützung für die „Positive Union" — lobend hervorhob.[147]

So beobachteten die Staatsbehörden gegenüber der „Berliner Bewegung" — wie man

---

145 Rößler, Gründung, S. 83.
146 Frank, Stoecker, S. 40; Stoecker zog die Eingabe bereits am 7. Januar 1878 wieder zurück.
147 Vgl. zum Ganzen Wolf, Rudolf Kögels Kirchenpolitik, S. 234 ff.

die Stoecker'sche Agitation bald zu titulieren pflegte[148] — nicht nur wohlwollende Neutralität, sondern sie sorgten anfangs für ungestörte Entfaltung, u. a. durch Polizeischutz Stoecker'scher Veranstaltungen. Das änderte sich erst nach den Kaiserattentaten vom 11. Mai und 2. Juni 1878. Jetzt geriet die gesamte Christlich-soziale Bewegung in den Verdacht umstürzlerischer Bestrebungen, zumal der erste Attentäter, Max Hödel, kurze Zeit Mitglied der CSAP gewesen war.[149] Todt und seine Vorstandskollegen, die anfänglich die christlich-soziale Parteibewegung unterstützt hatten[150] distanzierten sich zunehmend von Stoecker.

Todt mußte befürchten, daß Stoeckers Agitation seinen heterogenen, auf friedliche Diskussionen angelegten CV in den Strudel der Parteiauseinandersetzungen reißen würde. Bei aller inhaltlichen Übereinstimmung zwischen Todt und Stoecker im Blick auf das positive Sozialreform-Programm mußte Todt mit Recht annehmen, daß namentlich die von ihm angesprochenen „Besitzenden" die sozial-politischen Forderungen der Stoecker-Partei als Bedrohung auffassen und dem CV den Rücken kehren würden[151]

So verschärfte sich der Konflikt um die politische Organisationsform und Strategie in der christlich-sozialen Bewegung; es ging um die Alternative: politische Partei oder geistige Reflexionsgemeinschaft mit Öffentlichkeitswirkung! Todt akzeptierte zunächst die von Stoecker vorgeschlagene Arbeitsteilung: den CV als seriös-wissenschaftlichen Debattierclub jenseits von allen parteipolitischen Auseinandersetzungen, vornehmlich für die Besitzenden und Gebildeten, und die CSAP als „Vorhut" der christlich-sozialen Bewegung in der Arbeiterschaft, zur Zersprengung des sozialdemokratischen Lagers. Die Eigendynamik der Stoeckerschen Agitation bereitete dem Theoretiker Todt und seinen Vorstandskollegen, die alle nicht gerade Kämpfernaturen waren, aber immer mehr Kopfzerbrechen.

Noch vor der eigentlichen Konstituierung der CSAP hatte sich der Vorstand des CV genötigt gesehen, zu dieser Problematik Stellung zu nehmen:[152] Der CV hielt danach an dem Ziel der Bildung einer „christlich-monarchischen Arbeiterpartei"[153] fest, wandte sich aber gleichzeitig in einer so rigiden Sprache gegen die „naturnothwendigen" negativen Begleiterscheinungen des „politischen Parteikampfes", daß die Ernsthaftigkeit der geforderten Parteigründung sofort in Frage gestellt war. Das Bestreben, dem Diskutier-Club „Centralverein" eine solide Legitimationsbasis zu geben, ist unverkennbar.

Der CV wolle und könne — so heißt es — „keine Landtags- und Reichstagspartei sein. Er wird wahrscheinlich die Baumaterialien für neue politische Parteibildungen sam-

---

148 Eine wissenschaftlichen Kriterien genügende Geschichte der Berliner Bewegung liegt nicht vor. Vgl. aber Max Schön, Die Geschichte der Berliner Bewegung. Leipzig, 1889.
149 v. Oertzen, Stoecker I, S. 158 ff.
150 Todt besuchte die Versammlungen der CSAP und ergriff selbst das Wort. Vgl. dazu: Staats-Socialist, 1. Jg., Nr. 4, 20. Januar 1878, u. Nr. 8, 17. Februar 1878; Seine programmatische Rede über die Fachgenossenschaften hat er ebenfalls – am 22. Februar 1878 – vor den Christlich-Sozialen gehalten. Vgl. Staats-Socialist, 1. Jg., Nr. 10, 2. März 1878; Nr. 11, 9. März 1878; Nr. 13, 23. März 1878.
151 Dies waren vor allem die im Programm der CSAP erhobenen Forderungen zur Besteuerung (progressive Einkommens- u. Erbschaftssteuer), zur Erhöhung der Löhne und Verkürzung der Arbeitszeit. Das Programm der CSAP ist abgedruckt bei Kupisch, Quellen zur Geschichte des deutschen Protestantismus, S. 72 ff.
152 Staats-Socialist, 1. Jg., Nr. 2, 6. Januar 1878, S. 9.
153 Ebda.

meln, bearbeiten und glätten, aber selbst wird er keine politische Partei im üblichen Sinne sein. Der Centralverein hält sich an die großen Grundprinzipien und überläßt es anderen Kräften und Parteien, in gewissen Richtungen solche concrete Nutzanwendungen zu treffen und solche Specialkämpfe einzuleiten und auszufechten, welche der Centralverein im eigenen Hause nicht dulden darf, ohne dasselbe in Brand zu stecken."[154]

Es ist auch kein Zufall, daß in derselben Nummer des „Staats-Socialist" der „Kathedersozialist" Hans von Scheel „Ueber die Kampfesweise gegen die Sozialdemokratie" referiert und die Möglichkeit einer politischen Parteibildung für die antisozialdemokratische Agitation nicht einmal erwägt.[155] Er setzt dagegen auf die „werkthätige Einführung und Ausbreitung des Geistes der Milde und Freundlichkeit" im Volk, die Verbreitung des Gedankens einer „gewissen ‚Demokratisirung'" von Gesellschaft und Privateigentum „in den auf die Gesetzgebung einflußreichen Kreisen" sowie „sociale Maßregeln aus der Initiative der Regierung."[156]

Das in der Öffentlichkeit aber eifrig kolportierte Bild einer Verquickung, ja Identität von CV und CSAP wurde künftig von beiden Seiten ärgerlich dementiert. Weder Stoecker noch Todt legten gesteigerten Wert darauf, für die Fehler der anderen Gruppierung einstehen zu müssen.[157] Der CV unterstrich in einem weiteren Grundsatzartikel die Differenz zwischen CV und CSAP. Es heißt darin erneut, daß CV und CSAP zwar von denselben „Grundideen und Endzielen" ausgehen, sie indes hinsichtlich ihrer Wege und Arbeitsfelder erhebliche Unterschiede aufweisen. Während sich die CSAP den Arbeitern zuwende, um deren Abkehr von der Sozialdemokratie zu erreichen, versuche der CV, „an die übrigen Volksklassen, an die Besitzenden und Gebildeten" zu appellieren.[158]

Wenn hier positiv immer noch von einer gewissen Arbeitsteilung unter Beachtung des *einen* großen Reformzieles gesprochen wird, so werden die Töne des CV gegenüber der CSAP bald kritischer und schärfer. Der Einfluß Todts läßt sich gar nicht verkennen. Die Entfesselung von politischen Leidenschaften und der oft rüde Ton in den Versammlungen Stoeckers erschreckten Todt zutiefst. Der CV erschien ihm bald als friedliche Insel inmitten eines tosenden Meeres politischer Parteiagitation. In einem nicht namentlich gekennzeichneten Artikel des „Staats-Socialist" hinter dem Todt aber gewiß inhaltlich stand, heißt es u. a.: „Ein friedlicher und ruhiger Weg hierzu (zur Sozialreform. J.K.) bietet sich in dem Centralverein für Socialreform. Er betreibt keine politische Parteiagitation, weil er eben ein Verein und nicht Partei ist. In seiner Mitte kann jeder, der das Reich Gottes bauen will, für eine religiös-sittliche Erneuerung und ebenso für sociale Reform wirken, ohne sich direkt an dem politischen Parteitreiben zu betheiligen."[159]

---

154 Ebda.
155 Ebda., S. 10.
156 Ebda.
157 Vgl. Staats-Socialist, 1. Jg., Nr. 12, 16. März 1878.
    Stoeckers Doppelmitgliedschaft in der CSAP und dem CV war auf die Dauer unhaltbar. Am 28. Mai 1878 trat er schließlich zur beiderseitigen Zufriedenheit aus dem CV aus. (Staats-Socialist, 1. Jg. Nr. 23, 1. Juni 1878, S.262)
158 Staats-Socialist, 1. Jg., Nr. 16, 13. April 1878.
159 Staats-Socialist, 1. Jg., Nr. 33, 10. August 1878.

Da die Mißverständnisse in der Öffentlichkeit trotz mehrfacher Erläuterungsversuche bestehen blieben und die christlich-soziale Agitation weiter fortschritt, sah sich der Vorstand des CV schließlich zu einer scharfen Erklärung herausgefordert, die offene Kritik am Verhalten der CSAP erkennen ließ und nun gar die bislang akzeptierte Arbeitsteilung bekrittelte: „Was wir an der Thätigkeit des erstgedachten Arbeiter-Vereins besonders bemängeln, ist nicht das ‚Christlich-Sociale‘, sondern der ‚Arbeiter-Verein‘, mit dessen einseitiger Begründung man nach unserer Auffassung in die falschen Bahnen einer socialen Agitation eingelenkt und sich der schwer zu vermeidenden Gefahr ausgesetzt hat, den Klassen-Gegensatz, welchen man versöhnen und beseitigen will, unter ‚christlicher‘ Fahne und mit ‚christlichen‘, den socialistischen nachgebildeten, Postulaten zu verschärfen und zu verbreitern."[160] Der CV strebe dagegen die Klassenversöhnung dergestalt an, daß man „Mitarbeiter aus allen Klassen und Ständen" zu sammeln sich anschicke, wobei allerdings eingeräumt werden müsse, daß die Sozialreform von den Besitzenden und Gebildeten zuerst begonnen werden müsse.

Diese Kritik hätte Todt in den ersten Wochen der Existenz des CV noch nicht gewagt. Ihm ging es anfangs um eine programmatische Konsolidierung unter genauer Beachtung partei- und kirchenpolitischer Neutralität. Die gemeinsame Basis sollte das positive Bekenntnis zu Monarchie und Religion bilden. Ob mit derartig weit gefaßten Kriterien eine tragfähige Grundlage für ein wirkungsvolles soziales Reformprogramm geschaffen werden konnte, war und blieb fraglich. Der CV umschloß auf der politischen Ebene fast das gesamte heterogene Spektrum des Konservatismus, von den Deutschkonservativen über die „Freien" bis zu den versprengten Sozialkonservativen. Selbst die Liberalen sollten nicht a priori ausgeklammert werden; für die „tiefer blickenden Geister des Liberalismus" sollten die Vereinstüren auch weit offen stehen.[161] Das religiöse Moment besaß noch weniger gemeinschaftsbildende Kraft als die Beschwörung konservativer Politikziele, ja es war eher noch ein weiterer Grund der Entzweiung, denn das konfessionalistische Denken beherrschte nicht etwa nur das Verhältnis von Protestanten und Katholiken, sondern auch die Beziehungen zwischen Lutheranern, Unierten und Reformierten.[162]

Die religiöse, konstitutionell-monarchische Grundlage des Vereins bot eine zu schmale Verständigungsbasis, denn sie bezeichnete genau genommen nur bloße Selbstverständlichkeiten: die Orientierung der Konservativen am monarchischen Staat und der christlichen Religion als Grundpfeiler der staatlichen und sittlichen Ordnung. Der Zusammenhalt des Vereins definierte sich vorwiegend aus der Negation: Allen gemeinsam war die Abwehr des ökonomisch diskreditierten Liberalismus (das allseitig

---

160 Staats-Socialist, 1. Jg., Nr. 38, 14. September 1878.

161 Staats-Socialist, Nr. 1, 20. Dezember 1877.

162 Todts Religionsverständnis war mehrdeutig. Einerseits ist Religion für ihn „die bestimmte Gestaltung, welche sich aus dem Wissen um Gott ergiebt" (IZ. S. 4). andererseits spezifischer der „Glaube an einen persönlichen Gott und an eine sittliche Weltordnung." (Staats-Socialist, 2. Jg. Nr. 9, 1. März 1879, S. 70) An anderer Stelle wird Religion schließlich an eine bestimmte *Praxis,* nämlich die „Pflege thätiger christlicher Nächstenliebe" gebunden. (Staats-Socialist, 1. Jg., Nr. 12, 16. März 1878) Letzte Definition war vor allem gegen das Judentum und den Islam gemünzt. Die Vereinsmitglieder haben die Unbestimmtheit des Terminus „religiös" jedenfalls als belastend empfunden und änderten auf der Generalversammlung vom 25. Februar 1879 den Untertitel des CV in „christlich-monarchisch" um. (Staats-Sacialist, 2. Jg., Nr. 9, 1. März 1879.)

perhorreszierte „Manchesterthum"), der Kampf gegen die „glaubens- und vaterlandslose Sozialdemokratie" und die Hoffnung auf den starken, sozialpolitisch aktiven Interventionsstaat. Über die Konzeptionen zu einer umfassenden Sozialreform gingen die Meinungen schon weit auseinander. So gerieten die Differenzen der Konservativen über die staatliche Wirtschaftspolitik, die christlich-soziale Bewegung und die Ziele der Kirchenpolitik von Anfang an in den CV hinein. Um eine solch heterogene Gruppierung zusammenzuhalten und handlungsfähig zu machen, bedurfte es einer ausgereiften, politisch erfahrenen Persönlichkeit mit enormer Integrationskraft. Das dazu nötige Charisma besaß Rudolf Todt zweifellos nicht.

Der Verein wirkte nach außen konturlos, ohne Profil, unentschieden zwischen allen partei- und kirchenpolitischen Fronten pendelnd. Ein so mehrdeutiges Vereinsgebilde konnte wenig Anziehungskraft auf jene geistigen Sympathisanten ausüben, welche im Interesse einer raschen Sozialreform auf Zentralisierung der Reformkräfte drängten. Als „freier Sprechsaal", d. h. als plurale Plattform zum Austausch der neuesten Erkenntnisse zur sozialen Frage und kritischer Bewertung der Lösungsvorschläge, hat der Verein sicherlich eine wichtige Funktion erfüllt. Doch Todt wollte mehr. Ihm ging es ja um Analyse der Gegenwartssituation und wirkliche Synthese der verschiedenen, an Sozialreformen aus christlich-konservativem Geist interessierten Strömungen.[163]

Er befürwortete einen längeren, intensiven Diskussionsprozeß, an dessen Ende eine programmatische Erklärung stehen sollte. Der CV geriet jedoch schon in den ersten Monaten des Jahres 1878 unter erheblichen Außendruck: Die Agitation Stoeckers verselbständigte sich zusehens, die Kritik von außen, auch von sozialkonservativen Gesinnungsfreunden, an der Konturlosigkeit des CV nahm zu, ebenso das Mißtrauen in Regierungskreisen, der „Positiven Union" und den kirchenleitenden Organen. Todt drängte deshalb rascher als ursprünglich geplant auf ein Programm für den CV. Schon am 1. Juni 1878 konnte das Ergebnis der Öffentlichkeit präsentiert werden.[164]

Das Resultat war sehr bescheiden. Große Integrationskraft konnte das Programm nicht entfalten. Vorsorglich stellte die Redaktion des „Staats-Socialist" dem abgedruckten Programm „Allgemeine Bemerkungen" nach, in denen darauf hingewiesen wurde, daß das Programm „Details überall vermeidet, die gleicherweise anziehen und abstoßen, und nur Grundsätze und Forderungen aufstellt", die so deutlich formuliert seien, daß darüber kein interner Streit anheben könne.[165]

In der Tat bietet das Programm eine Reihe von staatssozialistischen Allgemeinplätzen, die Sozialdemokratie ausgrenzenden Pathologismen (Sozialdemokratie als „höchst gefährliche staatliche und gesellschaftliche Krankheit")[166] agrarkonservativen Positionen

---

163 Todt merkte zur Kritik an der „vorläufigen Programmlosigkeit" des CV an, daß man eigentlich das „social-conservative" übernehmen könne, „welches ich bis jetzt für das beste halte." Doch bedürfe es im CV noch einer genaueren „Orientirung und Aufklärung über unser wirthschaftliches und sociales Jetzt". „Kein Programm fällt vom Himmel, sondern jedes ist das Resultat einer vorangegangenen geschichtlichen Entwickelung und Erörterung." Solange der Diskussionsprozeß im CV noch nicht abgeschlossen sei, könne man ja das „vorhandene Bruchstück eines Social-Reformprogrammes aufstellen ... das Berliner christlich-sociale." (d. h. das Programm der CSAP vom 25. Januar 1878) Vgl. Staats-Socialist, 1. Jg., Nr. 12, 16. März 1878.
164 Staats-Socialist, 1. Jg., Nr. 23, 1. Juni 1878; Vgl. ferner Staats-Socialist, 1 Jg., Nr. 26, 22. Juni 1878; Nr. 27, 28. Juni 1878; Nr. 28, 6. Juli 1878; Nr. 30, 20. Juli 1878.
165 Staats-Socialist, 1. Jg., Nr. 23, 1. Juni 1878.
166 Ebda., S. 261.

und einzelnen christlich-sozialen Forderungen wie Fachgenossenschaften und Normalarbeitstag, die bereits im Programm der CSAP enthalten waren. Im Vergleich zu der Programmatik der CSAP oder gar zu den Ausführungen Todts im „Radikalen deutschen Sozialismus" ist das Programm des CV ein kraftloser, unglücklicher Kompromiß zwischen den verschiedenen Strömungen, wobei eine gewisse Schieflage zugunsten des staatssozialistischen Elementes noch auffällt.[167]

Frank unterscheidet im CV im Kern durchaus treffend eine nationalökonomisch-kathedersozialistische, christlich-soziale und agrarisch-schutzzöllnerische Richtung.[168] Die erste wurde von Adolf Wagner und Hans von Scheel repräsentiert, die zweite in erster Linie von Todt und seinem Anhang in der protestantischen Geistlichkeit und die dritte vom Freiherrn von Roell und dem Gutsbesitzer G. M. Calberla. Es braucht nicht eigens betont zu werden, daß alle diese Richtungen mehr oder weniger tief in den Grundideen des deutschen Sozialkonservatismus beheimatet waren.

Der CV selbst behauptete, daß er sich um die Integration von „staats-socialistischen", „christlich-socialen" und „philosophischen" Gruppierungen bemühe:[169] „Die staatssocialistische Tendenz verleiht der Reformbewegung die äußern Organe, die Hände und Füße. Die christlich-sociale Tendenz ist ihr Herz und verleiht ihr den warmen Pulsschlag der Liebe. Die philosophische ist ihr Kopf, indem sie die modernen Bildungs-Gährungen klärt, die Konflikte zwischen Monarchie und Demokratie und zwischen Glauben und scheinbare nachweist."[170] Die Betonung der letzten Strömung weist auf Todts besonderen Einfluß. Seine Wertschätzung der Schelling'schen und Lotze'schen Philosophie kommt hier zum Tragen. Aus dogmatischen Streitigkeiten sollte der CV herausgehalten und die Gebildeten und Ungebildeten mit Hilfe der „wissenschaftlichen Metaphysik" für die Religion zurückgewonnen werden.[171]

Auffällig an dem Programm des CV war die Zurücknahme bzw. Abschwächung ursprünglich schärfer formulierter Positionen, wie z. B. in der Eigentumsfrage. Hier hatte der Vorstand des CV mit Todt an der Spitze vor der agrarkonservativen und liberalen Kritik den Rückzug angetreten.

Im März 1878 war ein Artikel von H. Stolp im Staats-Sozialist über „Die Begründung eines christlichen und die Bekämpfung des herrschenden römischen Eigenthumsrecht"[172] in das Kreuzfeuer der Kritik geraten.[173] Stolp hatte als Lösung der sozialen

---

167 Das starke staatssozialistische Element war eindeutig auf den Einfluß Wagners, v. Scheels und Schäffles zurückzuführen. Schäffle, der unter dem Pseudonym „von einem praktischen Staatsmann" zu publizieren pflegte, hatte in zwei Nummern des Staats-Socialist seine Vorschläge vorgelegt, die dann auch Eingang ins Programm fanden. Vgl. Staats-Socialist, 1. Jg., Nr. 17, 20. April 1878 und Nr. 18, 27. April 1878.

168 Frank, Stoecker, S. 42.

169 Staats-Socialist, 1. Jg., Nr. 40, 28.September 1878.

170 Ebda.

171 Ebda.

172 Staats-Socialist, 1. Jg., Nr. 1, 2. März 1878; Nr. 11, 9. März 1878; Nr. 12, 16. März 1878; Vgl. auch Stolps Artikel „Das christliche Eigenthumsrecht und das germanische Genossenschaftswesen" in: Staats-Socialist, 1. Jg., Nr. 19, 4. Mai 1878.

173 Vgl. dazu besonders: v. d. Goltz, Der christliche Staatssocialismus, S. 332 f. Zum Charakter der konservativen Angriffe, vgl. folgende Bemerkung von Alfred Boretius, wenige Wochen nach Bestehen des Staats-Socialist: „was von dieser Wochenschrift bisher vorliegt ... kann nur einen wenig erfreulichen Eindruck machen. Sie ist voll unbesonnenen Äußerungen, ist ein Tummel-

Frage eine umfassende genossenschaftliche Organisation der Volkswirtschaft inklusive der Eigentumsverhältnisse auf dem Lande und die Anerkennung des „Rechts auf Arbeit" gefordert. Todts Versuch, die Wogen zu glätten und sowohl Stolp als auch einigen Kritikern Gerechtigkeit widerfahren zu lassen, führte zu deutlicher Abschwächung seiner im „Radikalen deutschen Socialismus" vertretenen Positionen. So wenn er „Religion und constitutionelle Monarchie" zum „Bannkreis" des CV erklärt, über den sich der CV nicht hinauswagen dürfe, oder wenn er behauptet, daß das Neue Testament „niemals wirthschaftliche Vorschriften geben" wolle, sondern nur den „Geist" proklamiere, „in dem Staat und Gesellschaft die wirthschaftlichen Dinge ordnen sollen."[174]

Die im Programm formulierten konkreten Vorschläge zur Sozialreform waren sehr zahm und reichten kaum über die von Bismarck längst anvisierte Sozialpolitik der Konfliktvermeidung hinaus. Der angestrebte Staatssozialismus wurde selbst nach der Meinung vieler Mitglieder bereits in den Vorstellungen und Maßnahmen der Reichsregierung Wirklichkeit.[175] Eine Legitimationskrise des Vereins konnte nicht ausbleiben. Wozu noch einen Verein zur Schärfung der sozialen Gewissen, wozu noch bei der Regierung um soziale Reformen antichambrieren, wenn diese bereits auf dem vorgezeichneten Wege war?

Der Verein brachte es hinsichtlich seiner konkreten Forderungen zu kaum mehr als einer „sozial angehauchten Inneren Mission".[176] Markigen Worten über Sozialismus und grundlegende Strukturreformen standen solche Aktionen gegenüber wie die Aufrufe zur Gründung einer Armenkolonie mit dem bezeichnenden Namen „Wilhelmsheim". Ein geradezu rührendes Beispiel von ungebrochenem Almosenidealismus![177] Pläne in dieser Richtung waren schlicht anachronistisch. Der CV vermochte nicht zu einer klaren programmatischen Linie zu finden, was in der Öffentlichkeit aufmerksam registriert wurde. Selbst die dem Unternehmen gewogene Stoeckersche „Neue Evangelische Kirchenzeitung" orakelte: „Den Liberalen zu eng, den Conservativen zu weit; in nationalökonomischer Beziehung den Einen zu radikal, den Anderen zu unbestimmt; unter religiösem Gesichtspunkt für die Rechten unannehmbar, weil ohne positives Bekenntnis, für die Linken schon wegen der Betheiligung zweier positiven Geistlichen verdächtig; den Socialisten ein Product der Reaction, den Reactionären ein Kind des Socialismus: so muß es sich der arme Verein gefallen lassen, wacker kritisirt und getadelt zu werden."[178]

---

platz höchst unabgeklärter, die Grundlagen unserer öffentlichen Ordnung leichtfertig in Frage stellender Ansichten und Meinungen und entspricht daher am Wenigsten dem Charakter eines Blattes, das vom religiösen Standpunkte aus auf die großen urtheilsschwachen Massen wirken will." In: DEBL, 3. Jg., H. 3, 1878, S. 181.

174 Staats-Socialist, 1. Jg., Nr. 12, 16. März 1878.
175 Staats-Socialist, 1. Jg., Nr. 43 und 44 vom 19. und 26. Oktober 1878.
176 Göhre, Die evangelisch-soziale Bewegung, S. 39.
177 Staats-Socialist, 2. Jg., Nr. 17, 26. April 1879, S. 9; Das Unternehmen scheiterte an Geldmangel!
178 NEKZ, Nr. 2, 12. Januar 1878. So klagte Todt auf der am 25. Februar 1879 abgehaltenen Generalversammlung des CV: „Bei den verschiedenen Parteien fand der Centralverein eine wenig Muth machende Aufnahme. Die Socialdemokratie fühlte in ihm einen starken Feind; die Liberalen hatten für ihn, der ihr theures Manchesterthum angriff, Nichts als Hohn, Gift und Galle; die Conservativen betrachteten ihn mit zweifelnden Blicken. So war seine Stellung eine äußerst schwierige und sie scheint noch schwieriger zu werden, seit neuerdings Socialreform nichts Unerhörtes mehr ist." Staats-Socialist, 2. Jg., Nr. 9, 1. März 1879.

Die Staatsbehörden verfolgten die Bestrebungen des CV mit äußerstem Mißtrauen, obwohl Todt und seine Gesinnungsfreunde immer wieder ihre Loyalität zur monarchischen Ordnung und zum regierenden Hause der Hohenzollern versicherten. Insbesondere nach den beiden Attentaten auf Kaiser Wilhelm I. steigerten sich die Angriffe. Es begann eine Phase ständiger Verdächtigungen und Verleumdungen, wobei sich die liberalen Presseorgane besonders exponierten. Unter diesen Bedingungen öffentlicher Erregung und beispielloser publizistischer und administrativer Hetze gegen die Sozialdemokratie trat der „Staats-Socialist" die Verteidigung nach vorn an und setzte sich offensiv mit der geplanten Ausnahmegesetzgebung gegen die Sozialdemokratie auseinander.

Neben der Zurückweisung von „Absurditäten und Infamien" gegen den CV stand eine kritische Einschätzung der geplanten Ausnahmemaßnahmen. Obwohl die Redaktion des „Staats-Socialist" in der Beurteilung des vorgesehenen Sozialistengesetzes keine übereinstimmende Haltung zu erkennen gab, druckte man doch Artikel ab, die jede Ausnahmegesetzgebung als „übereilt" und wirkungslos verwarfen.[179] Mehrfach wurde die Besorgnis geäußert, daß Unschuldige in den Sog der Verurteilung geraten könnten und die eigentlich wirksame Strategie gegen die Sozialdemokratie – die Sozialreform – vernachlässigt würde.[180]

In einem vielbeachteten Artikel schrieb Constantin Frantz: „Sind Besonnenheit und Mäßigung die unerläßlichsten Eigenschaften zur Führung der öffentlichen Angelegenheiten, so überlege man wohl, was man thue, und was Alles dabei auf dem Spiel steht. Denn welch bedenkliches Licht ... würfe das auf die innere Festigkeit des neuen Reiches, wenn es trotz seiner gewaltigen Rüstung sich gegen die Sozialdemokratie nur noch durch Ausnahmegesetze zu helfen wüßte, die sich als partieller Belagerungszustand darstellen? Welch ein bedenkliches Licht auf die in diesem Reiche herrschenden Begriffe von Freiheit und Gerechtigkeit!"[181]

Ein anderer Artikel bemängelte die unklare Begrifflichkeit im Entwurf des Sozialistengesetzes, das von „Untergrabung der bestehenden Staats- und Gesellschaftsordnung" sprach. Der Autor wies darauf hin, daß die Grundelemente der gegenwärtigen Gesellschaftsordnung in der undeutlichen Formulierung nicht hinreichend bezeichnet wären. In der Absicht, jede Gefährdung des CV abzuwenden, erklärte er dann das Christentum, das deutsche Königtum und die eigentümliche „Rechtsauffassung" des deutschen Volkes für grundlegend, nahm aber „Familie und Eigenthum" ausdrücklich davon aus. Ferner kritisierte er die pauschale Verurteilung des Sozialismus, ohne daß zwischen Sozialdemokraten und sozialistischen Bestrebungen die notwendigen Unterschiede gemacht würden. Das Sozialistengesetz müsse daher abgelehnt werden: „Von diesem Standpunkte aus halten wir deshalb auch ein lediglich gegen den Socialismus als solchen

---

179 So hieß es in einem Artikel: „Durch die beabsichtigten Zwangs- u. Ausnahmeregeln wird man Attentate nicht verhindern, sondern prociren; man wird die Organisation der Socialdemokratie nicht zerstören, sondern befestigen und undfindbar machen..." (Staats-Socialist, 1. Jg. Nr. 39, 21. September 1878.) Vgl. ferner: Staats-Socialist, 1. Jg., Nr. 21, 18. Mai 1878; Nr. 24, 8. Juni 1878; Nr. 26, 22. Juni 1878; Nr. 29, 31. Juli 1878; Nr. 30, 20. Juli 1878; Nr. 35, 24. August 1878 bis Nr. 39, 21. September 1878.

180 Vgl. besonders Staats-Socialist, 1. Jg., Nr. 26, 22. Juni 1878.

181 Staats-Socialist, 1. Jg., Nr. 29, 13. Juli 1878.

gerichtetes Gesetz, ein Gesetz, welches die Früchte mit der Wurzel verwechselt und dieselbe Untergrabungsarbeit je nach ihrem Namen verschieden behandeln will, für eben so einseitig als der Hauptsache wirkungslos."[182]

Die Redaktion des „Staats-Socialist" sah sich mehrfach zu abschwächenden Kommentaren veranlaßt, wohl aus Furcht vor einer Anwendung des Sozialistengesetz auf den CV[183], doch scheute man sich nicht, den Kritikern des Gesetzes weiterhin im Blatt Raum zu geben.

Bevor wir uns den besonderen Aktivitäten Todts im CV zuwenden, seien noch einige Angaben zur Wirksamkeit, zahlenmäßigen Größe, Zusammensetzung der Mitgliedschaft und regionalen Verbreitung des CV vorausgeschickt: Der Verein hatte in der Zeit seiner höchsten Blüte vielleicht 900 Mitglieder und 1500 Abonnenten des „Staats-Socialist".[184] Im Laufe des Jahres 1880 nahm die Mitglieder- und Abonnentenzahl schon erheblich ab.[185] Beteiligt waren vor allem nach Angaben des Vereins — „Pfarrer, Beamte und Lehrer"[186], wobei in Sonderheit die niedere evangelische Geistlichkeit Sympathien erkennen ließ.[187] Die Mitteilung eines liberalen Kritikers, daß Todts Buch auf „Pastoralconferenzen zustimmende Referate" und „ganze Decanate" in das Todtsche Lager übertreten", scheint die wahre Sachlage — in der Absicht, Panik zu erzeugen — doch weit zu überzeichnen.[188] Dennoch ist der Zuspruch anfangs groß gewesen und veranlaßte die kirchenleitenden Organe sehr bald zum Einschreiten.

Die beschriebene Zusammensetzung entsprach durchaus der Absicht des Vereins, der davon ausging, „weniger die Fabrikarbeiter als die besitzenden und höher gebildeten Volksklassen: Fabrikanten, Kaufleute, Lehrer, Geistliche, Beamte, wohlhabende Handwerker" zur Mitgliedschaft zu ermuntern.[189] Die Arbeiterklasse, die auch das Zielobjekt der Sozialreform sein sollte, blieb faktisch gänzlich ausgeschlossen.

Regionaler Schwerpunkt des Vereins war Berlin und Umgebung, hier rekrutierte man die meisten Mitglieder. Zwei Agitatoren, „Reiseredner" genannt, die im Laufe des Jahres 1878 dem Verein beitraten, gründeten weitere, sogenannte „Mitgliedschaften" im Rheinland, in Westfalen und im Kgr. Sachsen. Allein 160 Mitglieder zählte der Lokalverein in Brandenburg a. d. Havel, der damit zu den aktivsten gehört zu haben scheint.[190]

---

182 Staats-Socialist, 1. Jg., Nr. 36, 31. August 1878.
183 In einer redaktionellen Notiz zur Ausgabe vom 8. Juni 1878 hebt die Schriftleitung hervor, daß die „revolutionären Elemente" niedergehalten und die arbeitenden Klassen „beschäftigt, befriedigt, beruhigt" werden müßten.
184 Staats-Socialist, 1. Jg., Nr. 34, 17. August 1878.
185 Staats-Socialist, 3. Jg., Nr. 43, 25. Oktober 1880.
186 Staats-Socialist, 1. Jg., Nr. 34, 17. August 1878.
187 Adolf Stoecker schrieb: „Besonders unter den evangelischen Geistlichen, auf welche die Begründung des Vereins wie die Haltung der Zeitschrift ganz besonders berechnet war, meldeten sich Hunderte von begeisterten und lebendigen Teilnehmern." (Christlich-Sozial, S. XV) v. d. Goltz, Christlicher Staatssozialismus, S. 327; Todt berichtet eine Zahl von 500 Geistlichen im Juni 1878. Staats-Socialist, 1. Jg., Nr. 27, 25. Juni 1878.
188 Trümpelmann, Eine theologische Kritik des Todt'schen ‚Christlichen Socialismus'. In: DEBL, 4. Jg., H. 9, 1879, S. 638f.
189 Staats-Socialist, 1. Jg., Nr. 6, 3. Februar 1878.
190 Im „Staats-Socialist" wurde seit April 1878 laufend über die Gründung von Mitgliedschaften durch die Reiseredner Ipscher und Lössel berichtet. Vgl. Staats-Socialist, 1. Jg., Nr. 17, 20. April 1878 und Nr. 28, 6. Juli 1878. Der Lokalverein zu Brandenburg wurde am 19. März 1878 gegründet. (Staats-

Werfen wir nun abschließend einen Blick auf die speziellen Aktivitäten Rudolf Todts im CV: Todt widmete sich von der Vereinsgründung an der Ausbreitung des CV. Er tat dies auf journalistischem Gebiet ebenso wie durch öffentliche Werbung hin und her im märkischen Land. Im Mai 1878 plante der CV seine Einstellung als hauptamtlichen Generalsekretär, mußte dann aber aus finanziellen Gründen davon absehen.[191] Todt war sowohl in christlich-sozialen als auch in anderen konservativen Kreisen stets dann zugegen, wenn es galt, die Werbetrommel für den Verein zu rühren.[192] Bezeugt wird uns ferner seine Aktivität in einem sozialpolitischen Bildungsverein in Neustadt a. d. Dosse.[193] Hauptaugenmerk galt aber der evangelischen Kirche und ihrer Gewinnung für das Programm der Sozialreform. Mehrfach wandte sich Todt im „Staats-Socialist" mit Aufrufen und fachlichen Beiträgen an die Kirche und die Geistlichen.

Todts Bemühungen um die Verbreiterung seiner Sympathisantenbasis unter den protestantischen Geistlichen waren 1878 durchaus von Erfolg gekrönt. Der bekannte Erlaß des Evangelischen Oberkirchenrats vom 20. Februar 1879 hatte zunächst sogar solidarisierende Wirkungen wie der Vereinsbericht vom Frühjahr 1879 auswies.[194] Doch schon im Laufe des Jahres 1879 bröckelte die Front der pfarramtlichen Anhänger. 1880 kehrten mehrere Hundert dem Verein den Rücken. Neue Mitglieder kamen kaum hinzu.[195]

Eine Revision der ursprünglichen Ziele erfolgte jedoch nicht. Man hoffte optimistisch trotz EOK-Erlaß und in Verkennung der tatsächlichen Machtverhältnisse in der evangelischen Kirche, auf eine allmähliche Meinungsänderung zugunsten der sozialen Bewegung. Nicht anders ist die folgende Bemerkung aus dem Vereinsbericht zu interpretieren: „Es ist das ein Irrthum, der sich mit der Zeit mehr und mehr herausstellen wird. Wir verwahren uns gegen die mißverständliche Auffassung unserer Bestrebungen in diesem Schriftstück, begrüßen es aber als einen Bundesgenossen derselben."[196] Todts Auffassung von der inneren Gesundung des Volkslebens durch die sittliche Erneuerung aus christlichem Geiste stand der im Erlaß vorherrschenden Linie so fern nicht. Nur ging er in seinen Konsequenzen erheblich weiter. Daß der Erlaß in schroffster Form diese

Socialist, 1. Jg. Nr. 14, 30. März 1878) Vgl. ferner zum Lokalverein: Staats-Socialist, 2. Jg., Nr. 17, 26. April 1879, S. 133 ff. Eine zentralistische Organisation war aufgrund des preußischen Vereinsrechts („Verbindungsverbot") ausgeschlossen. Die Bildung von Lokalvereinen sah Todt mit gemischten Gefühlen, weil er befürchtete, daß die notwendige „Centralisation aller Reformkräfte" durch zentrifugale Tendenzen in solchen Lokalvereinen verhindert und die programmatische Entwicklung erschwert würde. Er plädierte für ein System von Einzelmitgliedschaften mit Bevollmächtigten, die den Kontakt zum Berliner CV halten sollten. Staats-Socialist, 1. Jg., Nr. 15, 6. April 1878.

191 Staats-Socialist, 1. Jg., Nr. 20, 11. Mai 1878.
192 Todt hielt am 1. Mai 1878 einen Vortrag vor der Konservativen Partei in Gießen über die „wirthschaftlichen und socialen Zustände unseres Vaterlandes und ihre Abhilfe" und erntete viel Beifall. Staats-Socialist, 1. Jg., Nr. 20, 11. Mai 1878.
193 Staats-Socialist, 1. Jg., Nr. 3, 13. Januar 1878.
194 Der Vorstand des CV berichtete für das erste Vierteljahr 1879: „So ist denn nun auch trotz dieser Hindernisse unser Verein in dem vergangenen Vierteljahr nicht rück- sondern vorwärts gegangen. In den letzten 4 Wochen sind gerade aus den Kreisen der Geistlichkeit die erfreulichsten Zustimmungen eingegangen. Die Geistlichen dreier Dekanate in Baiern und Baden haben ihren Beitritt angemeldet." Staats-Socialist, 2. Jg., Nr. 18, 3. Mai 1879.
195 Todt berichtete im Juni 1878 von 500 Geistlichen, die im Verein organisiert waren. Im Oktober 1880 waren es nur mehr 300, die dem Verein — wie es in einem Artikel des „Staats-Socialist" heißt — „treu blieben". Staats-Socialist, 3. Jg., Nr. 43, 25. Oktober 1880.
196 Staats-Socialist, 2. Jg., Nr. 18, 3. Mai 1879.

sozialpolitischen Konsequenzen verwarf, versuchte Todt wohl vor sich selbst und den Vereinsmitgliedern herunterzuspielen, indem er die Neuartigkeit des eigenen Ansatzes betonte und einen längeren Lernprozeß in der Kirche unterstellte. Wie die spätere Entwicklung uns zeigt, hat er sich hier gründlich geirrt. Todt blieb trotz allem unermüdlich dabei, die Legitimationskrise des Vereins zu überwinden, die dadurch verschärft wurde, daß die Regierung zu protektionistischen und sozialpolitischen Maßnahmen übergegangen war.

Todt mühte sich darum, den Blick des Vereins auf den zweiten Grundgedanken des Programms: die Verwandlung der Kirche in eine soziale Volkskirche zu lenken. Hier blieb er trotz rückläufiger Mitgliederzahlen und EOK-Erlaß Optimist: „Ich meinestheils bin indessen der Meinung, daß von dem zweiten Grundgedanken unserer Bewegung, die christliche Kirche zu einer socialen Volkskirche zu machen, noch sehr wenig verwirklicht sei. Hier ist noch sehr viel zu thun. Wir müssen uns bemühen, die Geistlichkeit Deutschlands für unsere Ideen zu gewinnen und dieselben zu veranlassen, mit uns Antheil zu nehmen an der Lösung der großen socialen Frage der Gegenwart. Gelingt uns dies, dann wird unsere Partei zu einer unwiderstehlichen Macht und es kann dann nicht fehlen, daß auch das arbeitende Volk sich wieder vertrauensvoll unserer Kirche zuwendet."[197]

Todts Hoffnungen sollten sich nicht erfüllen. Im Laufe des Jahres 1880 begann er sich aus dem aktiven politischen Leben zurückzuziehen, nachdem er schon im November 1879 die Chefredaktion des „Staats-Socialist" aufgegeben hatte. Seine offizielle Begründung lautete damals: zu starke Inanspruchnahme durch Amtsgeschäfte und Familienpflichten[198] Man geht nicht fehl in der Annahme, daß Todts Rückzug entscheidend durch das Scheitern seiner sozialpolitischen Pläne bedingt war. Nachdem er die Chancen schwinden sah, die evangelische Kirche in Richtung Sozialreform zu motivieren und im „Staats-Socialist" den verstärkten Einfluß Stoeckers und seiner antisemitischen Gesinnungsgenossen spürte, zog er die entsprechenden Konsequenzen. Er beteiligte sich zunächst noch am „Staats-Socialist" und schrieb eine Artikelserie über populäre Volkswirtschaftlehre in lexikalischer Form[199], stellte dann aber bald seine Mitarbeit gänzlich ein. Im November 1880 übernahm er die Pfarrstelle an der Johanniskirche in Brandenburg a. d. Havel. Seine sozialpolitische Karriere war beendet.

Bevor wir die sozialreformerische Aktivität Todts resümieren, wollen wir noch auf zwei beachtliche sozialpolitische Beiträge aufmerksam machen, die Todt im Laufe des Jahres 1878 geliefert hat. Es handelt sich dabei um eine programmatische Rede „Über die Fachgenossenschaften" vor der CSAP und seinen Versuch, den Mittelstand für die Ziele des CV zu interessieren. Die Rede über die Fachgenossenschaften erscheint deshalb bemerkenswert, weil sie zeigt, daß Todt auch um eine Konkretisierung seiner theoretischen Konzepte bemüht war. Die Forderung nach Fachgenossenschaften oder — wie Todt formulierte — „Reichsgewerken" war indes nichts Neues. Schon Rudolf Meyer hatte sie in seine sozialkonservative Programmatik aufgenommen und begründet.[200]

197 Staats-Socialist, 3. Jg., Nr. 43, 25. Oktober 1880.
198 Staats-Socialist, 2. Jg., Nr. 50, 13. Dezember 1879.
199 Staats-Socialist, 2. Jg., Nr. 6, 7, 11 vom 7. Februar, 1. März und 15. März 1880.
200 Meyer, Emancipationskampf, Bd. 1, S. 422 f.

Todt folgte ihm auch in diesem Punkt. Die Christlich-Sozialen hatten in ihrem Programm vom Februar 1878 Ähnliches gefordert: „Herbeiführung obligatorischer, fachlich geschiedener, aber durch das ganze Reich hindurchgehender Fachgenossenschaften, mit ihnen zusammenhängend Regelung des Lehrlingswesens."[201]

Todts Konzeption ging dahin, die Reichsgewerke als umfassende soziale Körperschaften zu Schutz und Ausbildung der Arbeiter einzurichten. In seinem organisch gedachten Staat sollten die Reichsgewerke über alle sozialen Belange ihrer Mitglieder entscheiden und sie gegenüber dem Staat und den Arbeitgebern vertreten. Todt forderte, daß die Reichsgewerke Zwangscharakter besitzen müßten, denn nicht anders könne die Integration der Arbeiter in den Staatsorganismus gewährleistet werden: „Nur auf diesem Wege der Zwangskorporation können auch die Arbeiter auf geordnete und ihrer volkswirthschaftlichen und politischen Bedeutung entsprechende Weise in den Staatsorganismus eingereiht und zur erspießlichen Theilname an der Gesetzgebung herangezogen werden."[202] Die Oberaufsicht über die Gewerke sollte dem Staat vorbehalten bleiben bei gleichzeitiger voller Selbstverwaltung.

Die Grundidee ist klar: Todts Reichsgewerke sind unpolitische Arbeiterschutzkorporationen, nicht als politische Kampfinstrumente gedacht, sondern als Elemente des friedlichen Ausgleichs zwischen Arbeitgeber- und Arbeitnehmerinteressen konzipiert. Eine richtungspolitische Orientierung der Gewerke würde ihre ausgleichende Funktion in Frage stellen. Deshalb macht Todt so energisch sowohl gegen die Hirsch-Dunkerschen als auch die sozialdemokratischen Gewerkvereine Front.[203] Die Organisation der Reichsgewerke soll in der Weise erfolgen, daß der Staat zunächst „allgemeine Normativbestimmungen" erläßt, innerhalb derer die Gewerke ihre Angelegenheiten selbst regeln. Todt empfiehlt, darüber hinaus paritätisch zusammengesetzte Gewerbegerichte – vom Einigungsamt als der untersten Organisationseinheit bis hinauf zum Reichsgewerbegericht–, die in Streitigkeiten zwischen Arbeitgebern und Arbeitnehmern tätig werden sollen.

Die Lehrlingsausbildung soll Sache der Betriebe und der betreffenden Gewerke sein, wobei Todt Wert darauf legt, daß nur fachlich qualifizierte Meister zur Ausbildung zugelassen werden.[204] Durchaus originell ist seine Forderung nach „Gewerbefortbildungsschulen". Er macht damit deutlich, wie eng für ihn der Zusammenhang zwischen fachlicher Qualifikation und Hebung des allgemeinen Nationalwohlstandes durch Expansion der Industrie ist. Am Ende seiner Vorschläge steht die Anregung eines „Reichsgewerbeamtes", das fortlaufend Untersuchungen aus dem gesamten Industriebereich anstellen und sowohl gutachterlich als auch gesetzesinitiativ tätig sein soll.[205]

Der zweite sozialpolitische Beitrag Todts berührt den Mittelstand. Schon im „Radikalen deutschen Socialismus" beklagte Todt die Not des Mittelstandes, der sukzessiv zwischen den großen Blöcken von Kapital und Arbeit zerrieben werde.[206] Hier knüpft er mit seinem Aufruf „An die deutschen Handwerker, Zwischenhändler und Landwirthe"

201 Programm der CSAP. In: Kupisch, Quellen zur Geschichte des deutschen Protestantismus, S. 72 ff.
202 Staats-Socialist, 1. Jg., Nr. 11, 9. März 1878, S. 120.
203 Staats-Socialist, 1. Jg., Nr. 10, 2. März 1878, S. 168.
204 Staats-Socialist, 1. Jg., Nr. 13, 23. März 1878, S. 147.
205 Ebda.
206 RDS, S. 54 und S. 178.

an: „Großindustrie, Großhandel und die von Tag zu Tag wachsende Macht des Groß-kapitals — die unausbleiblichen Folgen der Wirthschaftsenticklung dieses Jahrhunderts — sind die Großmächte auf dem ökonomischen Gebiet, unter deren zermalmendem Schritt das Handwerk seinem langsamen Ruin entgegen geht, der Zwischenhandel dem Strudel der Banquerotte anheimfällt, der Grundbesitz seinen Reinertrag und die Sicher-heit des väterlichen Besitzes immer mehr schwinden sieht."[207]

Da es an einer wirkungsvollen Organisation der Mittelstandsinteressen fehlt, bietet Todt seinen CV an. Allerdings verbot sich eine *politische* Interessenvertretung schon vom Grundsatz des CV, „Sprachrohr" und „Sprechsaal" für die noch nicht artikulierten Meinungen zu sein und der Klassenversöhnung zu dienen. Todt hält auch hier konse-quent an seiner Überzeugung fest, Fürsprecher, Lobbyist aber nicht Agitator zu sein. Er erklärte die Unterstützung der Mittelschichten deshalb für so wichtig, weil diese „haupt-sächliche Träger des deutschen Familienlebens, jenes Heerdes der christlichen Sitte und der monarchischen Gesinnung" seien.[208]

Der Mittelstand erscheint als Trabant eines christlichen Lebensprinzips — des Fami-lienlebens — und gehört auf diese Weise zur Grundsubstanz des christlichen Staates. Wie alle anderen Klassen soll sich der Mittelstand — seiner wirtschaftlichen Bedeutung gemäß — organisch in das Volksganze eingliedern. Wir haben Grund anzunehmen, daß die Zahl der kleinbürgerlich-mittelständischen Mitglieder in Todts CV relativ hoch ge-wesen ist. Die monarchische und religiöse Grundlage sagte diesem Personenkreis eben-so zu wie der angekündigte Kampf gegen das Großkapital (hinter dem man stets „jüdi-schen Wucher" witterte) und gegen den Großhandel. Wir sehen später, daß nicht der CV, sondern die CSAP ihre Anhängerschaft aus dem teilweise stark antisemitisch beein-flußten Kleinbürgertum rekrutierte. Der CV schien letzten Endes doch zu akademisch zu sein.

Die Entwicklung des CV in den Jahren der Aktivitäten Rudolf Todts kann an dieser Stelle nicht im Detail weiterverfolgt und dokumentiert werden. Der Verein bemühte sich unverdrossen um Sammlung der positiven Reformkräfte, vor allem aus der Geist-lichkeit. An seinen programmatischen Grundaussagen: soziales Königtum[209], konstitu-tionelle Monarchie[210], Christentum als weltanschauliche Basis des Staates[211], staatsinter-ventionistischer Sozialstaat und wirtschaftsfriedliche Gewerborganisation mit korpora-tivem Charakter[212] — hielt er auch nach Veröffentlichung eines zweiten Grundsatz-

207 Rudolf Todt, An die deutschen Handwerker, Zwischenhändler und Landwirthe. Staats-Socialist, 1. Jg., Nr. 13, 23. März 1878, S. 141.
208 Ebda.
209 Vgl. vor allem „Das sociale Königtum", Staats-Socialist, 2. Jg., Nr. 33, 16. August 1879.
210 „Die constitutionelle Monarchie", Staats-Socialist, 2. Jg., Nr. 44, 1. November 1879 und Nr. 45, 8. November 1879.
211 „Religiöse Erneuerung Oben, Unten und in der Mitte der Gesellschaft auf christlichem Prinzip, christlicher Welt-, Gesellschafts- u. Staatsanschauung und sociales Königthum." Staats-Socialist, 2. Jg., Nr. 18, 3. Mai 1879.
212 Vgl. v. a. die Artikel von Theodor Petermann über „Neue Innungen" (Staats-Socialist, 2. Jg., Nr. 23, 7. Juni 1879, Nr. 24, 14. Juni 1879, Nr. 27, 5. Juli 1879, Nr. 29, 19. Juli 1879, Nr. 31, 2. August 1879, Nr. 35, 30. August 1879) und „Die Gewerbsorganisation der Zukunft", Ebda., Nr. 39, 27. September 1879, Nr. 40, 4. Oktober 1879, Nr. 44, 1. November 1879, Nr. 45, 8. November 1879, bis Nr. 49, 6. De-zember 1879), „Die Genossenschaften", Ebda. 5. Jg., Nr. 6, 9. Februar 1882 und Nr. 7, 16. Februar

programmes vom 21. Juni 1880 unverbrüchlich fest.[213] Die Bismarcksche Wende in der Innen-, Wirtschafts- und Sozialpolitik begleitete man mit, Sympathie, ja freudiger Unterstützung.[214]

Die Zersplitterung der konservativen Kräfte hat der CV nicht verhindern können. Der Einfluß der antisemitischen Aktionisten um Stoecker, die den Verein für völlig ineffizient und viel zu akademisch hielten, nahm im Laufe der Jahre 1879 bis 1881 ständig zu. Es gelang dem Verein schließlich nicht mehr, die nach außen behauptete parteipolitische Neutralität zu wahren. Angesichts der doktrinären Positionen innerhalb des konservativen Lagers war dies auch ein schwieriges Unterfangen. Mit der Nr. 12 vom 23. März 1882 (im fünften Jahrgang) stellte der „Staats-Socialist" sein Erscheinen ein, „da die Weiterentwicklung der christlich-sozialen Bewegung andere Mittel der Propaganda erfordert."[215] Das eigentliche Ziel des CV sei auch erreicht: „Das ursprüngliche und hauptsächliche Ziel des ‚Staats-Socialist', zu einer unbefangenen, gründlichen, energischen Discussion socialer Fragen im christlichen Sinne anzuregen, kann .. als erreicht angesehen werden."[216] Bismarck habe sich für die vom CV befürwortete Sozialreform stark gemacht, und die ersten praktischen Schritte seien erfolgt. Den bisherigen Lesern des „Staats-Socialist" wird die „Allgemeine Konservative Monatsschrift für das christliche Deutschland", erstmalig 1879 erschienen, zur Lektüre empfohlen.[217] Der Rest-CV ging in der christlich-sozialen Bewegung und Partei Adolf Stoeckers auf.

Resümierend läßt sich festhalten:

Todts sozialreformerische Aktivitäten offenbaren das Dilemma eines Theologen, der theoretisch zu weitgehenden Erkenntnissen über den Charakter der sozialen Frage und des Sozialismus gelangt war, ohne daß ihm die politische Einsicht zu Gebote stand, auch die entsprechenden Politikkonzepte und Handlungsstrategien zur Behebung der wirtschaftlichen und sozialen Probleme zu entwerfen. Die Verengungen seines Blickfeldes lassen sich schlagwortartig in folgenden Punkten zusammenfassen:

— Fehlwahrnehmung des tatsächlichen Reformwillens des Obrigkeitsstaates und der herrschenden Klassen;
— Verkennung der Wirksamkeit der politischen Fronten innerhalb der Kirche und ihrer Bindungen, gerade in materieller Hinsicht, an den Obrigkeitsstaat;

1882. Vgl. zum Korporativgedanken den ebenfalls von Petermann verfaßten sehr instruktiven Artikel über „Corporative Socialreform", 5. Jg., Nr. 3, 19. Januar 1882.

213 Staats-Socialist, 3. Jg., Nr. 25, 21. Juni 1880. In dem neuen „Redactions-Programm" werden im Unterschied zum älteren eine Reihe konkreterer Forderungen aufgestellt, z. B. zur Steuerreform, der Arbeiterversicherung und dem Kassenwesen.

214 Die positive Würdigung der Bismarckschen Sozialpolitik zieht sich durch die gesamten Jahrgänge des Staats-Socialist 1880/81. Vgl. als besonders herausragende Beispiele: „Der Triumph des Staatssocialismus" Staats-Socialist, 3. Jg., Nr. 4, 24. Januar 1881. Ferner: 4. Jg., Nr. 11, 14. März 1881, Nr. 14, 14. April 1881, Nr. 25, 20. Juni 1881. Vgl. auch Abschnitt 5.2.3.

215 Staats-Socialist, 5. Jg., Nr. 12, 23. März 1882.

216 Ebda.

217 Die „Allgemeine" verwies im Jg. 1879 sehr freundlich auf den „Staats-Sotialist," Staatssozialisten und Christlich-Soziale werden gleichermaßen als „conservative Socialisten" angesprochen, ein weiterer Beleg für die konservative Unbefangenheit, den Terminus Sozialismus betreffend. (Allgemeine Konservative Monatsschrift, 1. Jg., 1879, S. 624)

— Unzureichende Würdigung der Rolle der *organisierten* Arbeiterklasse im Prozess des sozialen Wandels.

Daraus folgte eine politische Strategie, die nicht von den realen Machtverhältnissen in Staat und Kirche ausging. Wir erkennen dies vor allem daran, daß Pfarrer Rudolf Todt

— den CV als ausschließlich akademisches Diskussionsforum für die „Besitzenden" und „Gebildeten" unter Ausschluß der Arbeiter konzipiert und sie zu Objekten staatlicher und kirchlicher Reformbemühungen macht;
— auf Versöhnung zwischen den seinen Verein tragenden verschiedenen konservativen und religiösen Strömungen setzt;
— den politisch-sozialen Konfliktcharakter der kapitalistischen Wirtschaftsordnung trotz mancher richtiger Erkenntnisse unterschätzt und sich nicht zur politischen Interessenvertretung auch gegen Wirtschaftsmacht und Obrigkeitsstaat, bereitfinden kann;
— dem monarchischen Obrigkeitsstaat die Initiative zur Sozialreform anträgt und auf seine ausgleichend-neutrale Rolle in den Klassenkonflikten hofft;
— die politischen Aufgaben der Geistlichen trotz weitreichender theoretischer Erkenntnisse auf Appell und folgenlosen „Resolutionismus" begrenzt.

13 Rudolf Todts Sozialismusanalyse und politische Wirksamkeit im Widerstreit der zeitgenössischen Meinungen

Rudolf Todts Buch erregte allgemeine Aufmerksamkeit. Man empfand es als ungeheuerlich, daß ein protestantischer Theologe ausführlich und in weiten Teilen seines Buches positiv zum Sozialismus Stellung nahm. Das Mißtrauen der staatlichen Behörden gegen alle literarischen Erzeugnisse, denen man Sympathien für den Sozialismus nachsagte, verstärkte sich in dem Maße wie die sozialpolitische „Agitation" Stoeckers und Todts in Kreisen der protestantischen Geistlichkeit an Boden gewann und die politische Öffentlichkeit bewegte.

Erst nach der Verabschiedung des Sozialistengesetzes sah sich die nationalliberale, regierungsoffiziöse „National-Zeitung" zu einer heftigen Attacke gegen die forschen Thesen des Barenthiner Landpfarrers veranlaßt, wobei der alarmierende Anlaß der Rezension[1] die amtliche Empfehlung des Todtschen Buches durch das Kgl. Konsistorium der Provinz Sachsen an die Geistlichen der Landeskirche war. Diese Tatsache wird als bedenkliches Zeichen für die Verbreitung der sozialpolitischen Agitation unter den Geistlichen gewertet: bereits achthundert (!) sieht man — ungläubig spekulierend — vom Gifte der „sozialistischen Anschauungen" durchdrungen und appelliert an den EOK, den „sozialistischen, dem geistlichen Wirken wahrlich nicht vorteilhaften Agitationen der Stoecker und Todt" entschieden entgegenzutreten.[2]

Das Buch von Todt wird als „eines der bedenklichsten Bücher, die in neuerer Zeit vielleicht überhaupt erschienen sind" charakterisiert, weil es „alle Hauptziele der Sozialdemokratie auf staatlichem und wirtschaftlichem Gebiet, unter Anwendung einer oft unerhörten Exegese aus dem alten und neuen Testament zu rechtfertigen sucht und die christliche Lehre in dem wunderlichsten Licht erscheinen läßt."[3] Dieses Machwerk habe „bei streng kirchlich gesinnten Männern ... wahres Entsetzen erregt"[4], wobei als Gewährsleute jener Erschrockenen Theodor v. d. Goltz und der Superintendent Trümpelmann genannt werden.[5]

Die inkriminierte „unerhörte Exegese" bildet dann auch Hauptgegenstand der Kritik des Rezensenten, der damit zweifellos auf eine der Schwachstellen in Todts Argumentation abzielt. Todt folgerte aus 2. Thessalonicher 3, 11 und 12, in gewiß steiler Auslegung, eine Kritik des Kapitalismus und den apostolischen Grundsatz ökonomischer Unabhängigkeit.[6] Der Rezensent gibt dieser Stelle und dem gesamten Abschnitt eine

---

1 National-Zeitung, Nr. 517 vom 2. November 1878.
2 Ebda.
3 Ebda.
4 Ebda.
5 Vgl. zu der Kritik der Genannten weiter unten detailliert.
6 Die Stellen in 2. Thessalonicher 3, 11 und 12 lauten: „Denn wir hören, daß etliche unter euch wandeln unordentlich und arbeiten nichts, sondern treiben unnütze Dinge. Solchen aber gebieten wir und

Auslegung, die zwar in konservativ-orthodoxen Kreisen populär, aber nichtsdestoweniger ideologisch ist: Die Mahnung des Apostels, der eigenen Arbeit nachzugehen und Müßiggang zu meiden, wird als entschiedene Kampfansage gegen die „sozialdemokratischen Agitatoren" aufgefaßt, mit den Worten des Rezensenten so ausgedrückt: „Ihr führt einen schlechten Lebenswandel, bringt die Gesellschaft durch euer Getöse in Verwirrung, arbeitet nicht und ernährt euch vielmehr von den Groschen und Pfennigen, welche die wirklichen Arbeiter sauer sich absparen."[7]

Das eigentlich Anstößige der Todtschen Schrift ist für den Rezensenten das für ihn unglaubliche Verfahren, das Neue Testament in Verbindung mit dem Sozialismus gebracht zu sehen. Allein diese Tatsache ist Grund zu Entsetzen und Abscheu, eine Haltung, die sich wie ein roter Faden durch die gegen Todt gerichteten Kritiken zieht und in vielen Fällen eine genauere Prüfung der Todtschen Thesen einschränkt oder ganz verhindert. Als sensationell galt, daß ein protestantischer Pfarrer den Sozialismus unvoreingenommen und streckenweise als berechtigt würdigte. Durchaus nicht völlig neu war dem Publikum die Tatsache, daß Gelehrte von Rang den Sozialismus ohne die üblichen Verdammungsurteile zu würdigen wußten und sehr differenzierte Analysen vorstellten. Dies demonstrierte beispielhaft Albert Schäffles (1831—1903) „Quintessenz des Socialismus", ein Buch, das, 1874 erschienen, bis 1879 immerhin schon 8 Auflagen erzielen konnte.[8]

Besonders betroffen über die sozialpolitischen Aktivitäten ihrer Kollegen im Amt zeigte sich die oberste Kirchenbehörde, die indes mit einem eigenständigen Urteil sehr lange hinter dem Berg hielt. Es war für die Politik des EOK durchaus typisch, daß er zunächst ängstlich die Reaktionen der staatlichen Behörden abwartete und auf das Echo aus den Reihen der Geistlichkeit acht gab. In dem schon erwähnten Erlaß vom 20. Februar 1879 nahm der EOK dann Bezug auf Todts Buch und die Berliner Bewegung, noch immer nicht direkt, nicht konkret, aber so, daß ein jeder wissen mußte, wer die hauptsächlichen Adressaten des kirchenbehördlichen Einspruchs waren.[9]

Die folgenden Abschnitte sollen ein exemplarisches Bild der Pro- und Contra-Stimmen zu Todts Buch und seinem „Centralverein" bieten, wobei wir die uns vorliegenden

---

ermahnen sie in dem Herrn Jesus Christus, daß sie mit stillem Wesen arbeiten und ihr eigen Brot essen." Vgl. RDS, S. 124 und 312.

7 National-Zeitung, Ebda.

8 Albert Schäffle definierte den Sozialismus wie folgt: (Quintesssenz des Socialismus, 7. Auflage, Gotha, 1879, S. 2) „Ersetzung des Privatcapitals (d. h. der speculativen, social nur durch freie Concurrenz geregelten privaten Productionsweise) durch das Collectivkapital, d. h. durch eine Productionsweise, welche auf Grund collectiven Eigenthums der Gesamtheit aller Mitglieder der Gesellschaft an den Productionsmitteln eine einheitlichere (sociale, collective) Organisation der Nationalarbeit durchführen würde. Diese collectivistische Productionsweise würde die heutige Concurrenz beseitigen, indem sie die collectiv (sociale, cooperativ) durchführbaren Theile der Güterhervorbringung unter berufsanstaltliche Leistung stellen und unter derselben Leitung auch die Vertheilung des gemeinsamen (gesellschaftlichen) Productes Aller an Alle — nach dem Maße und gesellschaftlichen Gebrauchswerth der productiven Arbeitsleistung eines Jeden — vornehmen würde." Schäffles Buch erfreute sich in sozialdemokratischen Kreisen großer Zustimmung. Der „Vorwärts" brachte mehrere sehr positive Besprechungen (Nr. 34, 21. März 1877; Nr. 61 und Nr. 62, 27. und 30. Mai 1877) und Karl Höchberg ließ die „Quintessenz" auf eigene Kosten drucken und in der Sozialdemokratie verbreiten.

9 Vgl. Abschnitt 4.3 und 13.3.

Rezensionen und Rezensenten nach ihrem kirchenpolitischen und politischen Standort zu unterscheiden versuchen. Dies ist ein mitunter schwieriges Unterfangen, weil es weder in der Arena der politischen Parteienkonkurrenz noch in der kirchenpolitischen Auseinandersetzung ganz festgefügte „liberale" oder „konservative" Blöcke gab. Zu berücksichtigen ist ferner die von unserem heutigen Sprach- und Bedeutungsgebrauch sehr verschiedene zeitgenössische Begrifflichkeit. Wir wagen es dennoch und rubrizieren die uns vorliegenden Rezensionen und Kommentare nach den Kategorien „liberal", „konservativ", „sozialdemokratisch" und „katholisch-sozial", eine Unterscheidung, die sich an M. Rainer Lepsius' Konzeption der „sozialen Milieus" anlehnt.

Soweit wir sehen können, gab es Besprechungen und Kommentare des Todtschen Buches in folgenden Zeitschriften und Zeitungen, von denen uns, bis auf eine Ausnahme[10], alle zugänglich waren:

— Allgemeine Evangelisch-Lutherische Kirchenzeitung
  (Nr. 27, 6. Juli 1877)
— Evangelisches Gemeindeblatt (für die Provinz Ostpreußen)
  (Nr. 17, 27. April 1878)
— Der Beweis des Glaubens
  (15. Bd., 1879)
— Protestantische Kirchenzeitung
  (Nr. 18, 4. Mai 1878)
— Neue Evangelische Kirchenzeitung
  (Nr. 20, 19. Mai 1877 und Nr. 5, 2. Februar 1878)
— Germania
  (Nr. 110 und Nr. 111 vom 16. und 17. Mai 1877)
— Christlich-Sociale Blätter
  (Jge. 1877/1878)
— Deutsch-Evangelische Blätter
  (Jg. 3, H.3., 1878; Jg. 4, H.9, 1879)
— Zeitschrift für praktische Theologie
  (1. Jg., 1879)
— Neue Preußische Zeitung („Kreuzzeitung")
  (Nr. 15, 15. April 1877)
— Kölnische Zeitung
  (Nr. 160, 10. Juni 1877)
— Magdeburgische Zeitung
  (Nr. 241 vom 25. Mai 1877)
— Düsseldorfer Anzeiger
  (Nr. 163, 15. Juni 1877)
— National-Zeitung
  (Nr. 517 vom 2. November 1878)
— Vorwärts
  (Nr. 152 vom 30. Dezember 1877)

10 Es handelt sich um die Nr. 241 der Magdeburgischen Zeitung vom 25. Mai 1877. Die Rezension befand sich vermutlich in einer Beilage, die nicht mehr erhalten ist!

– Im Neuen Reich
(7. Jg., 2. Bd., 1877)

13.1 Die Liberalen

Todts scharfe Kritik am ökonomischen und politischen Liberalismus, seine polemische Auseinandersetzung mit dem sogenannten „Manchestertum" mußte auf der Seite der Liberalen in Kirche und Gesellschaft heftigste Reaktionen hervorrufen. Die liberale Tages- und Wochenpresse blieb die Antwort auf Todts Herausforderung nicht schuldig, sekundiert von einzelnen kirchlichen Blättern, die dem Protestantenverein nahestanden und einigen liberal-protestantischen Theologen.

Der Rezensent der liberalen *Kölnischen Zeitung* sieht in dem „christlich-kirchlichen Socialismus" des Pfarrer Todt gefährliche „orthodoxe Autoritätsansprüche" und verurteilt die vermeintlich in Todts Werk zu Tage tretende „clericale Demagogie".[11] Es ist klar, daß sich ein Liberaler mit Todts allzu naiv-biblizistischer Bemächtigung des neuen Testamentes und seiner Berufung auf die Autorität des Wortes Gottes nicht einverstanden erklären kann. So rügt der Rezensent auch den „verwirrenden Anspruch auf unbedingte Autorität und die ganze Methode der Beweisführung aus ‚Gottes Wort'". Dies erscheint ihm „in gleichem Maße logisch unhaltbar und sittlich verderblich."[12]

Die Befürchtungen eines Teils der Liberalen, von dem kirchlichen Konservatismus in immer stärkerem Maße an der sozialpolitischen Front attackiert zu werden, wird im Gesamttenor der Rezension deutlich. Todt wird mehr oder weniger offen unterstellt, dazu beizutragen, die Autoritäts- und Herrschaftsansprüche der christlichen Kirche über das religiöse und moralisch-ethische Feld hinaus in das Gebiet wirtschaftlicher und sozialer Fragen zu verlängern. Dies sei der eigentliche Skandal! Es gelte gegen den neuen sozialpolitischen Triumphalismus der Kirchen im Namen der Gewissensfreiheit und des eigenständigen Urteils in sozialen Fragen Einspruch zu erheben. Die Kirchen sollen sich um die ihnen allein geziemende Arbeit von Karitas und innerer Mission kümmern. Eine Einmischung in soziale und wirtschaftliche Fragen sei Demagogie und einer sachlichen Erörterung der in Rede stehenden Probleme höchst abträglich.

Obwohl der Rezensent Todt als „wohl belesen" in der Nationalökonomie kennzeichnet, vermißt er vor allem die praktischen Handlungsanleitungen zur Umsetzung der von Todt geforderten Gesinnungsreform in die „Reform der staatlichen Zwangsgesetzgebung."[13] Hier liege einer der Hauptmängel des Buches. Trotz aller Kritik ist die Rezension von dem Bemühen geprägt, den sachlichen Inhalt des Todtschen Buches fair und vorurteilsfrei zu referieren und den Leser zum eigenständigen Urteil zu ermuntern, was Todt auch ausdrücklich würdigt: „Mit solch anständigen Gegnern hat man gerne zu tun."[14]

---

11 Kölnische Zeitung, Nr. 160, 10. Juni 1877.
12 Ebda.
13 Ebda.
14 IZ, S. 8.

Sehr positiv wird das Todtsche Werk in dem scharf antikatholischen, liberalen „Düsseldorfer Anzeiger" gewürdigt;[15] der Leitartikler — ein ungenannter protestantischer Pfarrer — begrüßt Todts Unternehmen mit „Befriedigung und Herzenserleichterung", weil dadurch einige entscheidende Fortschritte erreicht seien: Der „christliche Socialismus" Pfarrer Todts trete der besorgniserregenden „ultramontanen Sozialpropaganda" entgegen; „ihre Ergänzung und Neutralisirung durch die protestantische Geistlichkeit aber macht den christlichen Socialismus zu einem Element der sozialen Beruhigung".[16]

Obwohl der Leitartikler die „sozialistischen Anflüge der neuen Schule" nicht verschweigen will, hält er Todts „christlichen Socialismus" nicht für gefährlich. Im Gegenteil: dieser trage in die materialistisch-sozialistische Bewegung ein „ideales Element" hinein und versöhne die Arbeiter mit dem Christentum. Schließlich werde die „sociale Frage, welche in die Social-Revolution steuerte", in die Sozialreform überführt. Darüber hinaus erhofft sich der Leitartikler von dem „christlichen Socialismus" eine positive innerkirchliche Wirkung: das gemeinsame Bemühen um die Lösung der sozialen Frage müsse Pfarrer, Gemeinden und Synoden zusammenschweißen. Alles werde wieder wie „ein Herz und eine Seele sein."[17]

Von beißender Schärfe und Skepsis geprägt ist die Besprechung des liberalen Theologen W. Hollenberg. Er spart nicht mit ironischen Bemerkungen und Seitenhieben, wobei man insgesamt den Eindruck gewinnen muß, daß er sich nicht allzu ausführlich mit Todts Buch auseinandergesetzt hat.[18]

Als liberaler Theologe stößt er sich sofort an Todts dogmatischer Begrifflichkeit, die er für „substanziell" und undifferenziert hält. Z. B. ist „Christentum" ein solcher Terminus, den Todt — so Hollenberg — unbekümmert ob seiner Vielfalt und Mehrdeutigkeit — ungefragt „substanzhaft" voraussetzt. Ein historischer Exkurs dient Hollenberg dazu, die Historizität des Christentums herauszustellen, nicht ohne eine kleine Skandalchronik christlicher Schandtaten beizufügen, die nachweisen soll, daß das Christentum zu allen Zeiten gefehlt habe. Der besondere Hintergrund ist dabei die bittere Bemerkung Todts im „Radikalen deutschen Socialismus", daß der Grundsatz der kapitalistischen Produktionsweise, der Mensch sei eine *Ware* wie jede andere, „das schmerzlichste Resultat einer fast neunzehnhundertjährigen Entwickelung des Christenthums" darstellt.[19]

Hollenberg mißversteht Todt hier gründlich. Es lag nicht in Todts Absicht, eine Idealgestalt von Christentum zu unterstellen und von diesem idealen Bezugspunkt ausgehend, entsetzt die gegenwärtigen Verhältnisse als Repristination heidnischer Prinzipien zu verwerfen. Todt will nur sagen: Es ist erschütternd, daß es trotz einer langen Entwicklungsgeschichte des Christentums zu solchen Erscheinungen wie den gegenwärtigen sozialen Übelständen kommt. Hollenberg bemüht sich nun, die Anklagen Todts gegen den liberalen Konkurrenzkapitalismus herunterzuspielen. Daß der Arbeiter als Ware behandelt wird, vermag Hollenberg nur in singulären, „abscheulichen" Aus-

---

15 Düsseldorfer Anzeiger, Nr. 163, 15. Juni 1877.
16 Ebda.
17 Ebda.
18 Hollenberg hält sich an einzelnen Passagen mit wahrer Vorliebe auf, im übrigen eilt er — wie er selbst sagt — „über viele Partien hinweg". W. Hollenberg, Eine evangelische Kritik des Socialismus. In: Im Neuen Reich, 7. Jg. Bd. 2, 1877, S. 174 ff. hier: S. 178.
19 RDS, S. 275.

nahmefällen zu konzedieren, jedoch nicht als Attribut des gesamten Wirtschaftssystems verstehen: „Das Geschwätz von dem Manchesterthum unserer Gesetzgebung, dem man durch das Christenthum abhelfen möchte, ist eben ein Product größter Verblendung; die sogenannte Bourgeoisie hat schon bisher gegen ihr angebliches Interesse für die Armen mehr gewirkt, als diese Unzufriedenen in ihrem ganzen Leben.“[20]

Äußerst merkwürdig mutet der Versuch Hollenbergs an, die Anthropologie Todts als „Übertreibung“ zu brandmarken. Bekanntlich ging Todt davon aus, daß der Mensch zuerst ein wirtschaftendes und arbeitendes Wesen sei und erst dann zur Staats- und Rechtsbildung übergehe.[21] Hollenberg hält diese These für übertrieben und gleichzeitig unbiblisch. Er bemüht sich — darin geradezu der Prototyp eines liberalen Bildungsbürgers —, der Arbeit einen Platz in den Niederungen bloßer Arterhaltung zuzuweisen und führt darüber hinaus noch das Argument ins Treffen, die menschliche Arbeit sei durch den Sündenfall verflucht und mithin als zweitrangig für die menschliche Existenz zu betrachten. An erster Stelle stehe dagegen die „selige Betrachtung und Anschauung des Göttlichen.“[22] Hollenberg bescheinigt Todt einen „journalistischen Trieb“, eine Sache stets krasser darzustellen, „damit sie ja Eindruck mache.“[23]

Hollenberg ist pragmatisch eingestellt, er sucht in den Vorschlägen Todts nach konkreten Hinweisen, die man sogleich „zur Vorlage eines Gesetzentwurfs“ verwerten könne.[24] Hier hat er denn auch den ihm eigenen Boden der Beurteilung und Kritik gefunden, und auf diesem Gebiet ist Todt in der Tat höchst angreifbar. Nur zeigt Hollenberg, daß er die Intentionen Todts und seines Gewährsmanns Rudolf Meyer nicht begriffen hat. Letzteren geht es um sozialreformerische Entwürfe, um Theoriebildung auf der Basis einer „konkreten Utopie“, wohingegen der Rezensent unmittelbare politische Konkretion einfordert. Der rational kalkulierende „Pragmatiker“ steht gegen den sozialpolitisch unerfahrenen „Theoretiker“. Immerhin lobt Hollenberg die Ansätze, die Todt in Richtung auf praktisch-politische Verwertbarkeit seiner Theorien erkennen läßt.

Prinzipielle Ablehnung erfährt Todts Methode der Analogiebildung. Diese im engeren Sinne theologische Kritik wird zum Kernpunkt der Kritik an Todts „Radikalem deutschen Socialismus“. Hollenberg hält Todts Analogien für den untauglichen Versuch, das Neue Testament zum Gesetz zu erheben: „Aber wenn Jemand kommt, der das neue Testament wieder als ein inspiriertes Gesetz Gottes den staatlichen Thatigkeiten und bürgerlichen Verhältnissen zu Grunde legen will, und zwar immer vom Geist des Neuen Testaments spricht, aber den Buchstaben meint, so muß er vorher zeigen, daß er dazu die Berechtigung hat, mit anderen Worten, er muß die Geschichte solcher Bestrebungen kennen und uns zeigen, daß jetzt nicht mehr absurd ist, was als absurd erwiesen worden ist: die unmittelbare Benutzung neuer oder erneuter Lebensprincipien in ihrer zeitlichen und localen Fassung, als Statut für unsre moderne Zeit und unsern Staat.“[25] Nach Hollenberg kehrt Todt zur „alten Inspirationslehre“ zurück und will das Neue Testament gar auf eine „Inspiration im technisch-historischen Sinn gründen.“[26]

---

20 Hollenberg, Eine evangelische Kritik, S. 182.
21 IZ, S. 13.
22 Hollenberg, Eine evangelische Kritik, S. 117.
23 Ebda.
24 Ebda., S. 180.
25 Ebda., S. 182.
26 Ebda., S. 179.

Im heutigen Sprachgebrauch formuliert, kann man feststellen, daß Hollenberg den Offenbarungsglauben Todts für zu weitgefaßt hält. Todt sieht das Neue Testament ganz praktisch als Anleitung zum Handeln und bezieht die neutestamentlichen Aussagen auch auf menschliche Institutionen und Strukturen. Todt geht es um Konkretion neutestamentlicher Prinzipien im Ordnungsgefüge der Welt, ja um die Offenbarung des Evangeliums in den Strukturen der Gesellschaft. Dies alles stößt bei Hollenberg auf kategorische Ablehnung. Er macht es sich recht leicht, dem Neuen Testament ausschließlich die Rolle eines Beförderers ethischer Gesinnungen zuzuweisen, ohne die im Ansatz Todts verborgene Problematik von Gesetz und Evangelium weiter zu verfolgen. Seine Auslassungen über den Charakter des gegenwärtigen Wirtschaftssystems lassen erkennen, daß bei ihm der Stellenwert des Christentums auf die kontemplative Ebene („die selige Betrachtung und Anschauung des Göttlichen") begrenzt wird. Ein Christentum dieses Formats muß sich allerdings von den öffentlichen Zuständen separieren und die Regelung der wirtschaftlichen und sozialen Verhältnisse den „Weltmenschen" überlassen.

Todt ist von Hollenbergs Rezension geradezu empört und kündigt ihm heftigen Widerspruch an. Eine solche oberlehrerhafte Kritik gilt ihm als eine „Arbeit auf Parteibestellung"[27] der Liberalen, als eine Art theologische Legitimation und göttliche Weihe des „Manchestertums".

Noch deutlicher wird die liberale Kritik bei *Theodor v. der Goltz*.[28] Auch er hält die Schilderungen Todts und des Centralvereins über die gegenwärtige wirtschaftliche Lage für maßlos übertrieben: „Als besonders charakteristisch für die Haltung des „Centralvereins" und des „Staats-Socialist" muß deren Beurtheilung der gegenwärtigen wirtschaftlichen Zustände betrachtet werden. An Pessimismus und an übertriebenen, unwahren Darstellungen können dieselben fast mit den Organen der Socialdemokratie wetteifern."[29] Gerade dadurch macht sich − so v. d. Goltz − der „Staats-Socialist" verdächtig, sozialistischen Tendenzen zu huldigen.

Generelle Ablehnung erfahren Todts Konzeptionen von der Notwendigkeit staatlicher Interventionen in das Sozialgefüge der gegenwärtigen Gesellschaft. Als Liberaler ist v. d. Goltz der Auffassung, daß „der Staat ... vieles thun soll zur Besserung der Lage der arbeitenden Klassen, aber er kann die sociale Frage nicht allein oder auch nur hauptsächlich lösen, am wenigsten durch sozialistische Experimente."[30] V. d. Goltz erwartet dagegen alles von dem „segensreichen" Wirken einzelner Unternehmer und der Inneren Mission. Den Einsatz der Kirche als ganzer verwirft er als zu „politisch" und als Überschreitung ihres von Gott gegebenen Auftrages, das Evangelium zu predigen: „Dieser ziemt es nicht, in die politischen Parteikämpfe sich zu mischen; es ziemt ihr nicht, den Liberalismus als solchen zu bekämpfen, zumal es unter den Liberalen sehr viele treue, auf positivem Boden stehende evangelische Christen giebt; es ziemt ihr nicht, eine christlich-sociale Arbeiterpartei zu gründen, welche sie als Wahlpartei benutzen will.

---

27 Todt, IZ, S. 10.
28 v. d. Goltz ist schwer einzuordnen. In seinem Aufsatz über den christlichen Staatssozialismus ist die liberale Komponente unverkennbar. In anderen Beiträgen erweist er sich dagegen fast als Sozialkonservativer.
29 v. d. Goltz, Der christliche Staatssozialismus, S. 334 und S. 329.
30 Ebda., S. 335 f.

Damit überschreitet die evangelische Kirche ihre Competenz, sie greift in ein fremdes Gebiet über, sie raubt sich das Vertrauen des Volkes in die Reinheit ihrer Motive und Zwecke."[31]

Die positive Haltung Todts und einiger Kathedersozialisten zum Sozialismus ist ihm ein Greuel: „Der Socialismus ist mit den Grundsätzen des Christenthums unvereinbar. Er führt zum Communismus, zum politischen Radicalismus, zum Atheismus ... Ein von christlichen Principien ausgehender Verein für Socialreform müßte von vornherein den offensten und entschiedensten Widerspruch gegen die Principien des Socialismus erheben."[32]

Hier werden jene Thesen vorprogrammiert, die bis weit ins 20. Jahrhundert hinein zum Standardrepertoire konservativer Argumentation gegen den Sozialismus gehörten:

— Sozialismus vernichtet durch Aufhebung des Privateigentums die persönliche Freiheit in jeder Beziehung.
— Sozialismus heißt auf politischem Gebiet „Despotie" der Masse und des unwissenden Pöbels, auf religiösem Sektor kehrt der Atheismus ein.
— Sozialismus umfaßt nicht nur eine ökonomische Theorie, sondern bedeutet „ein das ganze gesellschaftliche und staatliche Leben umfassendes System", eine „Weltanschauung", die sich auf Materialismus und Atheismus gründet. Materialismus und Atheismus sind geradezu „Trabanten" des Sozialismus.[33]

v. d. Goltz empfiehlt der Kirche, daß sie sich auf die „Armen" und Elenden im irdischen Jammertale konzentrieren solle. Sie solle den Arbeitern „leibliche und geistige Erholung" verschaffen, eine „edle Geselligkeit" pflegen helfen und für ein „geordnetes und gemüthliches Familienleben" sorgen. Die Kirche könne ferner im Verhältnis von Arbeitern und Unternehmern „warnen und strafen", wo sie „Hartherzigkeit, Ungerechtigkeit, Pflichtvergessenheit, Erbitterung und Haß" obwalten sehe.[34] Hier finde sie ein so weites Feld vor, daß sie künftig gar keine Zeit mehr habe, sich mit wirtschaftlichen Theorien zu befassen: „In dieser Beziehung kann sie nur darauf hinweisen, daß Nächstenliebe, Liebe zum Vaterlande, Ehrfurcht vor der durch Gott gesetzten Obrigkeit und Achtung vor dem Eigenthum Anderer Tugenden sind, deren Erfüllung das Evangelium von jedem Christen fordert."[35]

v. d. Goltz zeigt hier noch deutlicher als Hollenberg einen liberalen Standpunkt, der die Kirche auf die Rolle der sozialen Feuerwehr beschränken will und jede Kritik an diesen Zuständen als „Grenzüberschreitung" des kirchlichen Amtes stigmatisiert. Todt hat die Kritik von v. d. Goltz, die dieser in der Öffentlichkeit mehrfach vorgetragen hatte, nicht unwidersprochen hingenommen. In einer längeren Replik, die immerhin in der regierungstreuen „Norddeutschen Allgemeinen Zeitung" erschien, wies er die Einwände des gelehrten Freiherrn und Landwirtschaftsexperten entschieden zurück. Er fühlt sich falsch interpretiert und rückt vor allem den Vorwurf zurecht, er, Todt, habe der Kirche

---

31 Ebda., S. 336f.
32 Ebda.
33 Ebda., S. 338; Vgl. weiter oben Abschnitt 4.3.
34 Ebda., S. 339.
35 Ebda.

empfohlen „als besondere soziale Partei aufzutreten."[36] Dagegen habe er nur verlangt, „daß die Kirche Zeugniß abzulegen habe aus dem neutestamentlichen Geiste der Liebe heraus gegen das Heidnische in unseren wirthschaftlichen und sozialen Ordnungen; Zeugniß ablegen soll sie, aber nun und nimmermehr sozialpolitische Programme aufstellen und technische Fragen entscheiden. Wie der Geistliche und Kirchenrath das Gewissen der Gemeinden sein sollen, so soll auch die Kirche als Trägerin des Lebens und des Geistes Jesu Christi das Gewissen des Staates, der göttliche Sauerteig für die weltliche Masse sein."[37]

Die v. d. Goltz'sche Kritik hatte bei Todt Wirkung gezeigt. Es besteht kein Zweifel daran, daß er seine im „Radikalen deutschen Socialismus" formulierten Thesen deutlich abschwächt und nach Kompromißformeln sucht, selbst wenn er dies nicht wahrhaben will und die Folgerichtigkeit seiner Gedanken betont. Das Kreuzfeuer der Kritik machte ihn vorsichtiger.

Eine weitere ausführliche Rezension der Todtschen Schrift finden wir in der liberalen *Protestantischen Kirchenzeitung*, verfaßt von *Paul Kirmß*, Mitglied des Protestantenvereins und Prediger an der Thomaskirche in Berlin. Kirmß bescheinigt Todt „eine sehr anerkennenswerte und verdienstvolle Leistung".[38] Sein Buch verschaffe dem Laien in Sachen Nationalökonomie und Sozialstatistik „einen Begriff von der geschichtlichen Bedeutung und Berechtigung sowie von dem furchtbaren Ernst der socialen Frage."[39] Es sei ihm gelungen, „das gesamte System des modernen radicalen deutschen Socialismus übersichtlich, verständlich und lebendig darzustellen."[40]

Die Kritik folgt auf dem Fuße: Kirmß merkt befremdet an, daß Todts Vergleich des Sozialismus mit den Lehren des Neuen Testamentes zugunsten des ersten „sehr günstig" ausfalle. Der Sozialismus gehe, „was seine volkswirtschaftliche Seite anbelangt, fast unversehrt, ja sogar verklärt aus dem Feuer der neutestamentlichen Kritik hervor."[41]

Sehr schnell wird deutlich, welche Gedankenrichtungen Todts einem gemäßigten Liberalen wie Kirmß geradezu als ein Greuel erscheinen müssen. Die Hauptkritik richtet sich gegen Todts vermeintliche Grundabsicht, „die socialen Ideen des Christentums in bestimmt fixierte nationalökonomische Forderungen" umzuwandeln.[42] Wenn Todt in dieser Richtung sich stets widersprüchlich und schwankend ausgesprochen hat — was Kirmß auch richtig erkennt und nachweist[43] — wird dennoch klar, wie scharf der Todtsche Standpunkt dem liberalen entgegentritt. Kirmß ist — neben aller durchaus auch berechtigten Kritik an Todts exegetischen Balanceakten[44] — ein erklärter Vertreter jenes Christentums der Innerlichkeit und des Heilsindividualismus, das von den religiös-sittlichen Einwirkungen auf die „entchristlichte" Arbeiterschaft die Lösung der sozialen Frage erwartet. Todts These, daß das Christentum nicht nur ein bereinigtes Verhältnis des Menschen zu Gott erstrebe, sondern auch die Verhältnisse der Menschen unterein-

---

36 Norddeutsche Allgemeine Zeitung, Nr. 254, 26. Oktober 1878.
37 Ebda.
38 Protestantische Kirchenzeitung, 25. Jg., Nr. 18, 4. Mai 1878, Sp. 364.
39 Ebda.
40 Ebda., Sp. 366.
41 Ebda.
42 Ebda., Sp. 367f.
43 Ebda., Sp. 369f.
44 Ebda.

ander nach christlichen Idealen gestalten wolle, wozu dann die wirtschaftlichen und sozialen Verhältnisse auch gehörten, weist Kirmß empört zurück: „Das ideale Verhältnis des Menschen zum Menschen wie es vom Christentum angestrebt wird und im Gebote der Nächstenliebe ausgesprochen wird ... gehört lediglich dem inneren Leben an und ist deshalb von der Gestaltung der äußeren wirtschaftlichen Verhältnisse ganz unabhängig."[45] Das Christentum nehme „volkswirtschaftlichen Einrichtungen gegenüber eine völlig indifferente Stellung ein, nur darum kann es sich handeln, ob die wirtschaftlichen Einrichtungen in christlichem Geiste gebraucht oder in unchristlichem Geiste gemisbraucht werden."[46]

Es ist für Kirmß unvorstellbar, daß es Institutionen und Strukturen im Wirtschaftsleben geben könnte, welche der christlichen Nächstenliebe entgegen stünden. Den Todtschen Gedanken der „Gesellschaftssünde" kann ein liberaler Theologe wie Kirmß nicht fassen. Daß „gesellschaftliche Schranken eine Folge der Sünde" sein könnten, weist Kirmß harsch zurück. Die christliche Freiheit – die Todt in Beziehung zur wirtschaftlichen und politischen Freiheit setzt – begrenzt Kirmß auf die Innerlichkeit der christlichen Überzeugung. Seine Hoffnung richtet sich auf die religiös-sittliche Erneuerung, die, wenn sie die antagonistischen sozialen Klassen angreift, die „Fesseln, in welche die Unterdrückten geschlagen waren ... von selbst lösen werden."[47] Kirmß Schlußfolgerung im Blick auf die soziale Aufgabe der Kirche lautet dann: religiös-sittliche Erneuerung, nicht nur durch Seelsorge und Predigt, sondern durchaus durch Wirken in den Vereinen der Arbeiter und Handwerker. Auch müsse der Staat an seine Verpflichtungen gegenüber dem notleidenden Volk erinnert werden. In diesem Punkt überschreitet Kirmß seinen liberalen Standpunkt und rückt damit näher an Todts Interventionismus-Forderung heran.[48] Doch soll sich der Geistliche, muß sich die Kirche nicht in das Geschäft der Nationalökonomie mischen: „Der evangelische Geistliche hat zunächst keine andere Aufgabe, als das Reich Gottes zu fördern, als die Herzen mit religiös-sittlichem Leben zu erfüllen. Die Sorge für das materielle Leben des Volkes liegt an und für sich ihm fern."[49]

Eine bemerkenswert ausführliche Kritik an der christlich-sozialen Bewegung und Todts Thesen trägt der Superintendent aus Uelleben bei Gotha, *A. Trümpelmann,* vor.[50] Trümpelmann ist kein purer Liberaler, er gehört der sogenannten „Mittelpartei" an. Es ist kein Zufall, daß seine scharfe Kritik an der christlich-sozialen Bewegung in den renommierten *„Theologischen Studien und Kritiken"* erschien, die sonst kaum Beiträge sozialpolitischen Inhalts aufnahmen. Den Herausgebern war indes die Warnung vor den unheilvollen Tendenzen der Todt'schen Thesen so wichtig, daß sie Trümpelmann einen ungewöhnlich breiten Raum gaben.[51] Trümpelmann macht von Anfang an deutlich,

---

45 Ebda., Sp. 370.
46 Ebda., Sp. 371.
47 Ebda., Sp. 372.
48 Ebda., Sp. 374.
49 Ebda.
50 Theologische Studien und Kritiken. Eine Zeitschrift für das gesamte Gebiet der Theologie. Hrsgg. von E. Riehm und J. Köstlin. In: 51. Jg., H. 4, 1878, S. 626 ff.; 52. Jg., H. 1, 1879, S. 65 ff. und H. 3, S. 468 ff.
51 Die Redaktion der Zeitschrift schrieb: „Bei der vorstehenden Abhandlung mußten wir fragen, ob sie nicht die Aufgaben einer theologischen Zeitschrift zu weit überschreite. Sie wird aber, denken wir, auch theologischen Lesern, namentlich im gegenwärtigen Moment, willkommen sein. Wehrt doch

daß ihm die ganze Richtung der Todt'schen Argumentation nicht paßt. So bemüht er sich eloquent um den Nachweis, daß die Sozialdemokratie ihren Wesenskern in der atheistisch-materialistischen Weltanschauung besitze und von hier aus alle ihre wirtschaftlichen und politische Forderungen sowie ihre Praxis zu beurteilen sei.

Todts Rede vom Atheismus als dem bloßen „Accidens" der Sozialdemokratie weist er als verharmlosende, grob fahrlässige Unterschätzung eines gefährlichen Gegners zurück. Todt rede — so Trümpelmann — einseitig den volkswirtschaftlichen Forderungen der Sozialdemokratie das Wort und „zerre" das Neue Testament zu seiner Unterstützung heran.[52] Der Sozialismus sei „ein zusammenhängendes, in sich geschlossenes System, aus einer bestimmten Weltanschauung hervorgewachsen und sich nur in wirtschaftlichen Forderungen den nächsten Ausdruck gebend."[53] Die wirtschaftlichen Forderungen seien nicht zufällig mit dem Atheismus verbunden, „sondern … selbst durch und durch radical und aus einer materialistisch-atheistischen Geschichtsanschauung geboren … mit Bewußtsein aufgestellt, um dem Radicalismus in seinem ganzen Umfange zu dienen und seine politischen und antireligiösen Postulate zu verwirklichen."[54]

Diese Grundeinstellung prägt Trümpelmanns gesamte Kritik und führt zu einer vollständigen Verwerfung sowohl der sozialistischen „Werththeorie", die er mit Marx ökonomischen Lehren identifiziert, dem sozialistischen Begriff der Arbeit als den allein wertschaffende Faktor[55], als auch der wirtschaftlichen und politischen Forderungen der Sozialdemokratie. Republik, Gesamteigentum an Produktionsmitteln, Zukunftsstaat und Arbeiterorganisation — alles verfällt Trümpelmanns vernichtendem Urteil. Der von den Sozialdemokraten erstrebte genossenschaftliche Zukunftsstaat werde kein Staat der Freiheit sein, sondern eine neue „Staatsdespotie"[56] mit einem umfassenden System der Bedarfslenkung unter Eliminierung der freien Berufswahl. Trümpelmann zeigt dabei durchaus die Schwachstellen der Programmatik der Sozialdemokratie auf: das Fehlen eines präziseren Transformationskonzeptes, das „Bilderverbot" für den angestrebten Sozialismus. Er sieht sehr hellsichtig — für die siebziger Jahre aus bürgerlich-konservativer Sicht bemerkenswert — die Probleme, die durch eine genossenschaftliche Arbeitsorganisation im Zukunftsstaat durch Konkurrenz der genossenschaftlichen Einheiten gegeneinander für den Zusammenhalt des sozialistischen Systems entstehen können.[57] Und er weist mit Recht auf Gefahren der Bürokratisierung und Oligarchisierung auch in einem republikanischen Staat hin.[58]

---

gerade sie nachdrücklich einer Vermengung der vom Theologen zu vertretenden christlich-sittlichen Principien und der ihm als solchem obliegenden Aufgabe mit praktischen, technischen Ratschlägen für die Verhältnisse unseres socialen und wirtschaftlichen Lebens, während sie selbst von jenen Principien ausgeht, ihre eigenen Vorschläge zur Lösung der hier vorliegenden Probleme aber keineswegs direct aus jenen, sondern aus eingehenden Studium der realen praktischen Verhältnisse und der auf sie bezüglichen Wissenschaften gewonnen hat." (H.3, S. 468)

52 Ebda., H.4, 1878, S. 638.
53 Ebda., S. 640.
54 Ebda., S. 646; Den weltanschaulichen Charakter der Sozialdemokratie sieht er vor allem durch J. Dietzgens Position belegt. Daß diese im Elektizismus der Sozialdemokratie nur *eine* war, sah er nicht.
55 Trümpelmann erweist sich als ausgezeichneter Marx-Kenner, H.4, 1878, S. 651 ff.
56 Ebda., H.1, 1879, S. 91 f.
57 Ebda., S. 100 ff.
58 Ebda.

Sein Hauptvorwurf an Todt lautet, dieser habe „so oft aus den Worten der Schrift die Sanction socialistischer Verhältnisse herausgelesen"[59] und tue dies durch Vergewaltigung der Bibel als „ein Regulativ für die Behandlung volkswirthschaftlicher Fragen."[60] Todts „exegetische Gewaltthaten"[61], sein „verwerflicher, sophistischer Mißbrauch der heiligen Schrift"[62] führe dazu, die Sozialdemokraten als vom Evangelium gerechtfertigt hinzustellen. Namentlich gegen die Exegesen von 1. Thessalonicher 4, 10-12 und 2. Thessalonicher 3, 11 und 12 wendet er sich, in denen Todt behauptet, hier sei ein „apostolischer Grundsatz" ausgesprochen. Paulus plädiere für die ökonomische Unabhängigkeit („das eigene Brod essen") und entspreche ganz den sozialistischen Forderungen.[63] Diese in der Tat etwas steile Argumentation nimmt Trümpelmann erbarmungslos auseinander. Ebenso verfährt er mit Todts eigentumskritischen Exegesen. Er vermag aber für seine Ansicht der absoluten Heiligkeit des Privateigentums keine Belege aus dem Neuen Testament zu nennen, die plausibler als die von Todt herangezogen wären, so z. B. wenn er 1. Mose 3, 17-19 („im Schweiße deines Angesichtes sollst Du dein Brot essen...") als „directe Anerkennung des Privatbesitzes an Grund und Boden" darlegt.[64] Das Neue Testament setze die Unterschiede von Reichen und Armen als einem „thatsächlichen Verhältnis" voraus.[65] Nirgends werde eine Aufhebung dieser Unterschiede gefordert. Und wieder wird — stereotyp — die berühmte Stelle aus Matthäus 26, 11 zitiert: „Arme habt ihr allezeit bei Euch", als dokumentiere diese Stelle einen geheiligten Grundsatz.[66]

Von einer Sozialreform alleine erwartet Trümpelmann nicht die wirksame Bekämpfung des Sozialismus. Auch er ist ganz wie Stoecker von dem Kampf der Geistesmächte überzeugt. Und wieder sind es die weltanschaulichen, die politischen Fragestellungen, die einen durchaus nicht positiv-orthodoxen Mann wie Trümpelmann gegen die Sozialdemokratie aufbringen. Man müsse — so Trümpelmanns Fazit — erst die materialistisch-atheistische Weltanschauung überwinden, dann sei der Sozialismus entscheidend geschlagen.[67] Bis dahin rät er zu einer Sozialreform, die über eine etwas sozial vertiefte Innere Mission nicht hinausreicht.[68]

---

59 Ebda., H. 4, 1878, S. 670.
60 Ebda., H. 1, 1879, S. 70.
61 Ebda., S. 80.
62 Ebda., S. 85.
63 RDS, S. 124 f.
64 Ebda., H. 1, 1879, S. 71.
65 Ebda., S. 83.
66 In heutiger Auslegung kann man sagen, daß Jesus darauf verweist, welche Aufgabe, Nächstenliebe dem Armen entgegenzubringen, die Jünger eigentlich haben. Armen kann man stets Gutes tun, während er, Jesus, nur noch eine Weile unter ihnen sei. (Leidensankündigungs-Geschichte!)
67 Ebda., H. 3, S. 471.
68 Siehe den gesamten Aufsatz in H. 3, 1879, S. 468 ff.

13.2   Die Konservativen

Es bedarf keiner zusätzlichen Erläuterungen, daß Todts Buch in den konservativen Kreisen besondere Aufmerksamkeit fand und ein sehr zwiespältiges Echo hervorrief. Ein konfessionell und kirchenpolitisch anders Denkender hätte wohl schwerlich diese Vielzahl publizistischer Reaktionen auf konservativer Seite auslösen können.

Hier nahm ein „positiver" Pfarrer, Mitglied der „Positiven Union", in außergewöhnlicher Form zum Sozialismus der Sozialdemokratie Stellung.

Im Mai 1877 legte die Stoecker'sche *Neue Evangelische Kirchenzeitung* eine längere Rezension zu Todts Buch vor[69] und verwies auch in späteren Anzeigen noch auf die „epochemachende" Schrift, die jeder „positivgläubige Christ" lesen müsse, um die den kirchlichen Konservativen eigene „Schwerfälligkeit und Gleichgültigkeit" in bezug auf die soziale Frage und den Sozialismus zu überwinden.[70]

Todts Bemühen, nicht an der „wüsten, unkirchlichen, atheistischen, äußeren Erscheinung des Socialismus" hängenzubleiben, sondern statt dessen „in den volkswirthschaftlichen, ethischen, socialen Kern desselben einzudringen"[71] wird ausdrücklich positiv gewürdigt. Todt habe das Buch „aus Liebe zur Kirche" geschrieben, in der Absicht, „dem Evangelium die Arbeitswelt und der Arbeitswelt das Evangelium wieder zu erschließen."[72] Sachlich werden Todts Thesen referiert und Kritik findet sich an keiner Stelle. Es wird das Bestreben deutlich, Todts Buch als eine Art Programmschrift für die zu bildende „evangelisch-sociale Vereinigung" einzuführen. Es wird lediglich bedauert, daß Todt einen Aufsatz Albert Schäffles („Der Kern der socialen Frage") nicht zur Kenntnis genommen habe, in dem dieser − ähnlich wie dann Todt − den Versuch gemacht habe, „die wirthschaftliche Bedeutung des Socialismus, ganz abgesehen von den atheistischen Ausbrüchen desselben" darzulegen.[73] Dieser Vorwurf trifft Todt insofern nicht, als er Schäffles umfangreichere Analysen der sozialen Frage und des Sozialismus sehr wohl kannte.

Das Fazit der NEKZ lautet: „Jedenfalls ist sein Buch als der erste große Versuch, das Evangelium mit dem Socialismus auf der Basis der Verständigung auseinanderzusetzen, überaus wichtig und besonders für praktische Geistliche werthvoll."[74] Auch die *Allgemeine Evangelisch-Lutherische Kirchenzeitung* hält das Studium der Todtschen Schrift für unerläßlich. Ihr pointiert konfessionalistischer Standpunkt verpflichtet sie indes zu einigen kleinlichen Kritteleien an den zweifellos korrekten Beobachtungen Todts, daß in spezifisch lutherischen Gegenden der Sozialismus besondere Verbreitung finde.[75] Sie ist ferner der Auffassung, daß Todt das Wesen des Sozialismus insofern verkenne, als er die atheistische Fundierung desselben zum bloßen „accidens" erkläre. Zwar gehöre der Atheismus nicht zum Wesen des Sozialismus „an sich", „aber zum Wesen des Sozia-

---

69 NEKZ, No. 20, 19. Mai 1877, Sp. 307 ff.
70 NEKZ, No. 5, 2. Februar 1878, Sp. 78.
71 NEKZ, No. 20, 19. Mai 1877, Sp. 308.
72 Ebda.
73 Ebda.
74 Ebda.
75 AELKZ, Nr. 27, 6. Juli 1877, Sp. 635.

lismus, wie er *wirklich* ist."[76] Darüber hinaus hält die „Allgemeine" Todts Kritik an den konservativen Programmen „für nicht ganz gerecht."[77] Diese kritischen Anmerkungen ändern am wohlwollenden Gesamturteil jedoch nichts.

In ihrer Sonntagsbeilage vom 15. April 1877 nimmt die *„Neue Preußische Zeitung"* (Kreuzzeitung) zum Buch von Todt Stellung. Die Rezension ist wenig ergiebig. Der Rezensent glaubt die Aktualität des Buches mit den bei der letzten Reichstagswahl (vom 10. Januar 1877) sichtbar gewordenen sozialistischen Gefahren (Stimmengewinne der Sozialdemokraten) begründen zu können. Sachlich und gründlich werden die wichtigsten Thesen des Buches zusammengefaßt, ohne daß eine Wertung abgegeben würde. Der Rezensent verzichtet „nur ungern" auf längere Ausführungen und empfiehlt das Buch „unseren Leserkreisen dringend."[78]

Der Redaktion der „Neuen Preußischen Zeitung" schien diese Besprechung doch etwas zu euphorisch zu sein, so daß man sich zu einer redaktionellen Anmerkung veranlaßt sah. Insbesondere eine Forderung Todts, nämlich die nach einem national-ökonomischen Studium der Geistlichen, wird herausgegriffen und kritisiert: „Wer Zeit und Kraft dazu hat und Beruf dazu fühlt, mag es tun; aber zu verallgemeinern ist solch ein Verlangen nicht. Ganz abgesehen davon, daß gerade auf dem Gebiete der National-Oeconomie die ‚graue Theorie', welche von der ‚dürren Haide' der Abstraction stammt, vielfach ihr Wesen oder Unwesen treibt, für den Theologen bleiben das Studium des Wortes Gottes und die daraus fließende Verkündigung, Sacramentsverwaltung und Seelsorge ein für allemal die Hauptaufgabe und ... Hauptsache. Und wer hierin der Gemeinde treu dient, wird auch an seinem Theile zur Bekämpfung der Social-Demokratie helfen, so wie ja auch die Heilige Schrift schon Anleitung zur Unterscheidung der Geister und Rüstzeug zum Kampfe bietet."[79]

Der Erlaß des EOK scheint in dieser Stellungnahme vorweggenommen zu sein. Eine generelle Verpflichtung der Geistlichen zum Nationalökonomiestudium wird abgelehnt und die Verantwortung dem einzelnen übertragen. Es ist dies die typisch individualethische Konzeption der Konservativen, die im Resultat ebenso achtlos an den öffentlichen Übelständen vorbeistreift, wie die im Abschnitt über die Liberalen aufgezeigte Grundhaltung. Todt nimmt in seiner Schrift „Über den inneren Zusammenhang" auf diese redaktionelle Notiz Bezug und erklärt, daß dieselbe ihn erst zur Abfassung dieser Schrift veranlaßt habe. Die individualethische Position der „Kreuzzeitung" hält Todt für einen „Schaden", weil die Geistlichen davon abgehalten werden, die „gewaltigen Bewegungen unserer Zeit und den Fluß unseres Volkslebens nicht blos von einer Seite und mit einem Auge, sondern von allen Seiten und mit zwei Augen zu betrachten und aus dieser umfassenden Betrachtung zu lernen, daß sie ihren Wirkungskreis über die bisherigen Grenzen und Zielpuncte hinaus erweitern müssen..."[80]

Die genannten Rezensionen sind die einzigen positiven Urteile, die dem Verfasser aus der konservativen Ecke bekannt geworden sind. In den beiden ersten wird auch nicht en detail auf Todts Buch eingegangen, sondern nur ein zustimmender Gesamteindruck

---

76 Ebda.
77 Ebda.
78 Neue Preußische Zeitung, Nr. 87 vom 15.4.1877. Sonntagsbeilage, S. 4.
79 Ebda.
80 IZ, S. 3.

vermittelt. Anders verhält es sich mit den i. f. zu besprechenden etwas ausführlicheren Kritiken. Todts Darstellung des Sozialismus wird zunächst vom allgemeinen Informationswert aus betrachtet und für übersichtlich, verständlich und lebendig gehalten. Die Rezensenten loben auch, daß Todts Buch auf tatsächliche Mängel und Versäumnisse des kirchlich-konservativen Lagers in Bezug auf die Behandlung der sozialen Frage aufmerksam gemacht hat: Die Kirche habe zweifellos in einem falsch verstandenen Pietismus „eine gewisse Gleichgültigkeit den öffentlichen Lebensverhältnissen gegenüber" gezeigt. Dagegen müsse aber betont werden, daß das Christentum auch einen „socialen Beruf" besitze. Das Christentum sei verpflichtet, wesentlich intensiver als bisher „die social-ethischen Grundsätze in den weltlichen und öffentlichen Lebensgestaltungen geltend zu machen."[81]

An der Frage, wie diese Umsetzung in praktischen Handlungen geschehen könne, scheiden sich die Geister. Hier erfährt Todts theologischer Ansatz fundamentalen Widerspruch. Man wirft ihm vor, daß er

— das Christentum spezifischen, des Sozialismus verdächtigen politischen Zielen und Werten unterzuordnen suche;
— das Neue Testament mit exegetisch fragwürdigen Methoden zum Steinbruch für eine christliche Begründung und Legitimation sozialistischer Zielvorstellungen mißbrauche;
— die christliche Lehre zu einem sozialpolitischen und national-ökonomischen Programm umschreiben und sie damit in eine innerweltliche Heilsideologie verwandeln wolle.

Die Kritik der Konservativen (und z. T. auch der Liberalen) kreist in mancherlei Variationen um diese grundlegenden Vorbehalte. *Teichmann* unterstellt ebenso wie Kirmß, daß Todt das Evangelium zum Gesetz erhoben habe: „Der Grundirrthum des ... Buches liegt nämlich darin, dass es für die Beurtheilung rechtlicher und bürgerlicher Verhältnisse direkt und unmittelbar den Maasstab religiös-ethischer Wahrheiten gebraucht. Todt behauptet, die Bibel trete direkt für die Gültigkeit bestimmter bürgerlicher und gesellschaftlicher Einrichtungen und Ordnungen ein oder er sagt, wenn sie sich nicht gegen diese oder jenen Formen des gesellschaftlichen Lebens ausspreche, so approbire sie damit dieselben."[82] Dies sei deshalb ein so großer Trugschluß, weil das Neue Testament zwar ethische Prinzipien aufstelle, „aber nirgends politische oder sociale Ordnungen in irgend einer äusseren Gestalt als die allein berechtigten" proklamiere.[83]

Todt gehe einerseits davon aus, daß nur die innere Umgestaltung des Menschen über die Lösung der sozialen Frage entscheide, d. h. in welchem Maße es gelinge, den Menschen mit dem Geist christlicher Liebe auszustatten, andererseits dränge er auf soziale Reformen, für die er im Neuen Testament präzise Vorschriften gefunden zu haben meine. Todt wird exegetische Fahrlässigkeit und Willkür, mangelndes historisches Bewußtsein für den Stellenwert der einzelnen neutestamentlichen Bücher, Verfälschung des Reich-Gottes-Begriffes und ein falscher Kirchenbegriff vorgeworfen.

---

81 C. Teichmann, Die christlich-socialen Bestrebungen auf evangelischem Gebiete. In: Zeitschrift für praktische Theologie. 1. Jg., 1879, S. 238.
82 Teichmann, Die christlich-socialen Bestrebungen, S. 245.
83 Ebda., S. 250.

Besonders Pastor *Georg Wilhelm Brake,* von 1877 bis 1881 dritter Pastor an St. Nikolai zu Oldenburg, wendet lange, dem heutigen Leser schwer verständliche, Ausführungen daran, die Unmöglichkeit der Todtschen Analogiemethode nachzuweisen. Er charakterisiert die Todtsche Methode wie folgt: „Die ganze Methode Todt's reducirt sich ... lediglich auf die vergleichende Analogie socialistischer und christlicher Gedanken und Einrichtungen, und wo eine solche directe Vergleichung nicht möglich ist, auf eine freie Reflexion des Verfassers über die Consequenzen, welche aus letzterem gegenüber den ersteren gezogen werden müssen."[84] Brake bescheinigt Todt eine „blinde Liebe zum Socialismus"[85], welche ihn dazu führe, Größen miteinander zu vergleichen, die „durch die Verschiedenheit ihrer constitutiven Merkmale ... einander geradezu ausschließen."[86]

Die Basis der Kritik der Konservativen bilden die uns schon bekannten theologischen und politischen Prämissen: Das Reich Gottes wird als eine exklusiv spiritualistische Größe verstanden, faßbar nur als Gegenstand gläubigen Hoffens und Erwartens: „Wir warten seiner Vollendung, die allerdings nicht unter den jetzigen Bedingungen des Weltlaufs geschehen kann, sondern unter neuen, von Gott hervorzurufenden Welt- und Naturordnungen."[87]

Die politischen und sozialen Ordnungen sind von Gott „der geschichtlichen Entwikkelung und Gestaltung überlassen."[88] Welchen Sinn hat aber dann die Rede von der Mitarbeiterschaft des Menschen am Werk Gottes, von „Mission" und christlicher Liebestätigkeit? Teichmann und Brake halten hier an einem Reich-Gottes-Begriff fest, der durchaus menschliche Gestaltung erlaubt. Wenn es heißt, daß die Christenheit für das Kommen des Reich Gottes wirken solle, so bedeutet dies, daß das Reich Gottes eine „humane Idee" (Teichmann) oder ein „Culturideal" (Brake) vermittelt, das in der Welt durch christliche Anstrengung Platz greifen soll. Welcher Art soll nun diese Vermittlung sein? Die Konservativen konstatieren, daß die Christen die Verwandlung der ethischen Gesinnung und des menschlichen Gewissens ins Auge zu fassen haben, nicht aber zum Eingriff in gesellschaftliche Strukturen berufen sind. Letzteres bleibt der „Vernunft" (Brake) oder der „Geschichte" (Teichmann) überlassen. Das Christentum hat auf der Ebene eines „ethischen Idealismus" (Teichmann) für den Nächsten einzutreten. Eine Agitation für gesellschaftliche Strukturveränderungen unter Berufung auf christlich-ethische Grundsätze wird dagegen als Mißbrauch der Autorität des Neuen Testamentes zurückgewiesen und der „Schwarmgeisterei" zugerechnet.[89]

---

84 Georg Wilhelm Brake, Der christliche Socialismus des Pfarrer Todt. Eine theologische Kritik. Oldenburg, 1879. S. 15.
85 Ebda., S. 73.
86 Ebda., S. 23.
87 Teichmann, Christlich-sociale Bestrebungen, S. 254.
88 Ebda., S. 250.
89 So bei Brake, Der christliche Socialismus, S. 13, der Todt in einem Atemzug mit Thomas Müntzer und Andreas Karlstadt nennt! Brakes Buch wird von der AELKZ in der „Literarischen Beilage" vom 11. Juli 1879 zwar empfohlen, da es zu einer „erneuten sorgfältigen Prüfung" der Todt'schen Thesen ermuntere, dennoch sei die geäußerte Kritik in Form und Inhalt über Gebühr scharf und verletzend. Im übrigen ermangele es dem Autor auch an der Darlegung seines eigenen theologischen Standortes und der Benennung positiver Lösungen.
Der Kritik an Todt wird dagegen hinsichtlich des Atheismus-Problems und der These von der völligen und allgemeinen Beseitigung des Lohnverhältnisses zugestimmt.

Gewiß taucht im Todtschen Versuch, den sozialen Gehalt des Evangeliums zu erschließen, eine schwerwiegende und hochaktuelle Problematik auf: die des Verhältnisses von Gesetz und Evangelium. Todt vermag dieses Problem nicht befriedigend zu lösen. In der Tat wirken seine exegetischen Anstrengungen oft aufgesetzt, gekünstelt, gewollt. Aber nicht an diesen Schwachstellen, die z. B. von Brake in einer penetranten Weise vorgezeigt werden, entscheidet sich Wert oder Unwert des Todtschen Werkes. Und mitnichten geht es Todt um die Deduktion eines sozialpolitischen Programms aus dem Neuen Testament. Er will die grundsätzliche geschichtliche Legitimität des Sozialismus als politisch-sozialer Emanzipationsbewegung nachweisen und zeigt auf, daß das Evangelium analoge Schritte zuläßt. Ob der gegenwärtige Sozialismus dem Evangelium en detail entspricht, ist für Todt nicht die alles entscheidende Frage, dies sei nach Standort des Betrachters zu bewerten.

Das Christentum ist für ihn keine normativ-ungeschichtliche Größe, sondern es geht ihm um eine stets neu zu erringende Gestalt. Das Reich Gottes gewinnt bei Todt einen zeichenhaften Stellenwert und zwar individuell wie strukturell.

Die besondere Gestaltung bleibt den Christen in ihrer jeweiligen soziopolitischen Gegenwart überlassen. Das Neue Testament markiert indes einen Handlungsrahmen christlicher Existenz. Theologen wie der genannte Brake erklären dagegen den Sozialismus zum „Un-Ding", indem sie ihm jeden sittlichen Wert und Charakter absprechen und reklamieren das Neue Testament allein als Legitimation für *ihre* Auffassungen. Nicht, daß ein Pfarrer von der freien Prüfung des Evangeliums, mithin von der Freiheit eines jeden Christenmenschen Gebrauch macht, erregt den Zorn der Konservativen, dies empfehlen sie ja selbst, sondern daß er in der Theorie neutestamentliche Prinzipien mit sozialistischen Grundideen parallelisiert. Gegen theoretische politische Einsichten wird Front gemacht – mit theologischen Argumenten. Rudolf Todt kann aber theologisch nur im Bereich der konkreten exegetischen Arbeit der Prozess gemacht werden, nicht aber hinsichtlich seiner Grundkonzeption.

Wenn das Evangelium offen für verschiedene Gestaltungen der äußeren Ordnungen ist, wie zumindest ein Teil der Konservativen unterstellen, dann ist nicht einzusehen, weshalb nicht auch der Sozialismus analogiefähig sein kann. Hier setzt die Verlegenheit der Konservativen ein, die nur mühsam durch einen betonten theologischen Ordnungspositivismus überdeckt wird. Rudolf Todt erweist den Sozialismus als „sittliche Humanidee", deren Wurzeln im Neuen Testament aufgesucht werden können. Darin wird er nicht widerlegt.

Ganz im Gegensatz zu den quer durch alle kirchenpolitischen Lager verbreiteten Vorwürfen an die Adresse Todts, dieser habe in seiner Absicht, aus dem Neuen Testament einen sozialen Gehalt zu folgern und nach praktischen Nutzanwendungen zu fragen, das Evangelium „vergewaltigt", steht eine Rezension in der konservativen Zeitschrift *„Der Beweis des Glaubens"*.[90]

Der Standort dieser Zeitschrift ist in der Nähe der Inneren Mission anzusiedeln. Todts Bemühungen „die concreten gegenwärtigen Zustände" an den im Evangelium „gegebenen allgemeinen göttlichen Normen" zu messen und zu praktischen Reformvorschlägen zu gelangen, werden besonders positiv gewürdigt. Was würde aus dem Evange-

90 Der Beweis des Glaubens, 15. Bd., 1879, S. 214 ff.

lium werden, wenn es sich im praktischen Leben der Menschen nicht wirksam erweise, so fragt der Rezensent sinngemäß und kritisiert die Kritiker Todts: „Wollen die, welche zwar, wenn es den Gegensatz gegen die ‚menschliche Autorität' des kirchlichen Bekenntnisses gilt, immer von der hl. Schrift als einziger Norm alles Lehrens und Handelns reden, aber sobald ein praktischer Gebrauch auf irgendeinem Gebietes des öffentlichen Lebens damit gemacht wird, Zeter schreien — sich daran stoßen: — immerhin; es kann weder R. Todt noch uns viel daran liegen. Soll das Schriftprincip der ev. Kirche irgend bessern Werth haben: so darf man das Licht nicht unter den Scheffel stellen gegenüber den entschieden unchristlichen, widerchristlichen, heidnischen Zuständen unserer socialen Welt. Was würde aus der ganzen christlichen Lehre geworden sein, hätten sie die hl. Apostel nicht so real und practisch im Leben gebraucht!"[91] So empfiehlt der Rezensent Todts Buch zur Lektüre gerade in den positiv-christlichen Kreisen.

Großes Verständnis für Todts Ansatz und Methode bekundet auch der Rezensent in dem konservativen Königsberger „Evangelischen Gemeindeblatt".[92] Von keiner anderen Seite sei dem Sozialismus eine „so unparteiische Würdigung, so leidenschaftslose Kritik, so generöse Behandlung und so viel Sympathie für das Berechtigte in seinen Forderungen entgegengebracht worden"[93] wie von Pastor Todt. Der Vorwurf, daß Todt dem Sozialismus zu weite Zugeständnisse gemacht habe, sei unbegründet. Ausdrücklich unterstützt der Rezensent Todts These, daß der Atheismus nicht zum „Wesen" des Sozialismus gehöre.

Die Haupteinwände richten sich gegen Todts Exegesen von Römer 12, 4-5 (viele Glieder, *ein* Leib in Christus), 1. Korinther 12, 7-27 (ebenso: viele Glieder, *ein* Leib in Christus), Epheser 4, 16 (dito) Kolosser 2, 19 (dito) und 2. Korinther 8, 14 („Euer Überfluß diene ihrem Mangel..."), mit denen Todt die Nähe zu den sozialistischen Produktivassoziationen zu beweisen sucht. Hier meint der Rezensent zu viel Spekulationen anmahnen zu müssen. Dies gelte auch für Todts Auslegung des Gleichnisses von den Arbeitern im Weinberge (Matth. 20, 1-16); man könne die in diesem Gleichnis berichtete Handlungsweise des Arbeitgebers (des Weinbergbesitzers) lediglich als einen „Akt ungewöhnlicher Gütigkeit" qualifizieren, nicht aber daraus einen „Rechtsanspruch" für die Arbeiter deduzieren.[94]

Todts Neigung, den sozialistischen Prinzipien analoge ethische Maximen des Neuen Testamentes entgegensetzen zu wollen, beurteilt er dennoch im großen und ganzen als positiv. Das Todt dabei in einzelnen Fällen zu kasuistisch verfahre und zu raschen Verallgemeinerungen neige, wertet der Rezensent sehr verständnisvoll und einfühlsam als Frucht eines mitfühlenden Herzens für das Elend der sozialen Unterschichten: „Vor allen Dingen aber ist es das warme Herz des Verfassers für das Elend unsrer socialen Zustände und das Bestreben, vom christlichen Standpunkte aus die Nothwendigkeit und Berechtigung einer Reform derselben nachzuweisen, welche ihn in einigen wenigen Punkten ... über den wirklichen biblischen Gehalt hinausgehen lassen."[95]

---

91 Ebda., S. 216.
92 Evangelisches Gemeindeblatt, No. 17, 27. April 1878, S. 97 ff.
93 Ebda.
94 Ebda., S. 98.
95 Ebda.

Todts Werk sei nicht nur bedeutsam für die Lösung der sozialen Frage, die allen Christen am Herzen liegen müsse, sondern sein Buch stelle „eine dankenswerthe Bereicherung auf dem Felde der neutestamentlichen Ethik" dar.[96] Dies wurde in dieser Deutlichkeit noch an keiner Stelle ausgesprochen. Auch dem praktischen Teil des Todt'schen Werkes läßt der Rezensent höchstes Lob angedeihen und schließt mit den Worten: „Möchte deshalb dieses Buch nicht bloß unter Geistlichen, sondern unter Nichtgeistlichen nicht minder eine immer weitere Verbreitung finden."[97]

13.3 Amtskirchliche Äußerungen und Stellungnahmen

Todts Buch löste in der evangelischen Kirche eine streckenweise theologisch auf hohem Niveau stehende Debatte aus, die sich auf die Fragestellung konzentrierte, welche sozialethischen „Maximen" aus dem Neuen Testament gefolgt werden könnten und ob diese auf das gesellschaftliche Leben anzuwenden seien. Die soziale Frage wird aber trotz verschiedener ernsthafter sozialethischer Reflexionen nicht zum Gegenstand einer systematischen theologischen Durchdringung gemacht.[98] Kirchenleitungen, Provinzial- und Kreissynoden und Pfarrkonvente ließen keinen übermäßigen Eifer erkennen, sich der drängenden sozialen Frage anzunehmen. Macht man sich die Mühe und schaut die Verhandlungsprotokolle der Provinzial- und Kreissynoden (bzw. deren „General- bescheide") durch, sucht in kirchlichen Amtsblättern nach Verordnungen, Empfehlun- gen, Hinweisen zur sozialen Frage und betrachtet die Verlautbarungen des Evange- lischen Oberkirchenrats in Preußen in dieser Zeit, so wird eines deutlich: Die evange- lischen Landeskirchenorgane beschäftigen sich mit der sozialen Frage nur insoweit wie Gebiete der unmittelbaren Armenpflege (so bei den Verhandlungen über die Fürsorge für Waisen und verwahrloste Kinder), der Sonntagsheiligung[99], der bedrohlicher seel- sorgerlichen Unterversorgung städtischer Regionen[100] und der Abwehr der Gefahren, die aus der sozialdemokratischen Agitation entstehen, berührt werden. Während unter dem Eindruck der innenpolitischen Wende Bismarcks zum Schutzzoll, der Kaiserlichen Botschaft von 1881 und der christlich-sozialen Bewegung sowie des Sozialistengesetzes in der kirchlichen Presse und in den Fraktionen der kirchenpolitischen Gruppen er- bitterte Debatten um die soziale Frage und den Sozialismus entbrennen, bleibt die Resonanz in den kirchlichen Leitungsorganen eher gedämpft.

Die Jahre 1874 bis 1876 werden vor allem von einem Thema beherrscht: den Auswir-

---

96 Ebda.

97 Ebda., S. 99.

98 Siehe zum Ganzen: Julius Köstlin, Die Aufgabe der christlichen Ethik mit Rücksicht auf ihre neuesten Bearbeitungen. In: Theologische Studien und Kritiken, 52. Jg., 1879, 4. H., S. 581 ff.

99 Circularverfügung des EOK vom 7. März 1877, die Sonntagsruhe und Sonntagsheiligung betr. Denkschrift. Kirchliches Gesetz u. Verordnungsblatt, Jg. 1876/77, S. 85 ff. abgedruckt auch bei Brakelmann, Kirche, soziale Frage und Sozialismus, S. 51 ff. Siehe zum ganzen Komplex die Arbeit von: Friedrich Heckmann, Arbeitszeit und Sonntagsruhe. Stellungnahmen zur Sonntagsarbeit als Beitrag kirchlicher Sozialethik im 19. Jhdt. Essen, 1986.

100 Hierzu sind besonders ergiebig die ausführlichen Untersuchungen über Kirchlichkeit und Un- kirchlichkeit der badischen Diözesan-Synoden 1875—87. Vgl. AKB, Nr. 28-29, 10.7.1876 und die Angaben in den folgenden Jahrgängen.

kungen des Zivilstandsgesetzes auf Kasualien und Gemeindefinanzen.[101] Dazu kommen verstärkt in den Jahren 1877 bis 1879 die Diskussionen um die Aufhebung der Stolgebühren in den einzelnen Landeskirchen.[102]

Die Konzentration auf Fragen der inneren Kirchenverwaltung, von den Gemeindefinanzen bis zu der Gestaltung von Trau- und Taufformularen, Mischeheproblemen, Fragen von Kirchenzucht und Kirchenverfassung, ist aufgrund der kirchenverfassungsrechtlichen Verpflichtungen und Funktionen der kirchenleitenden Organe verständlich, gleichwohl fällt auf, wie geflissentlich die soziale Frage und der Sozialismus aus den offiziellen Erörterungen herausgehalten werden. Die Furcht, auch in den kirchlichen Organen das Feuer der „Parteileidenschaften" zu entfachen, mag ein Grund für die vornehme Zurückhaltung sein. Noch viel stärker wirkte die Befürchtung, mit derartigen Diskussionen in ein „fremdes Amt" einzugreifen und die „weltlichen Händel" in die Kirche hineinzuziehen.

Wenn überhaupt zu dem brisanten Thema Stellung genommen wird bzw. Verhandlungen angestrengt werden, so sind vorwiegend die Organe der mittleren Kirchenleitungsebene damit befaßt: Kreis- und Diözesansynoden sowie Pfarrerkonferenzen. Mit dem Erlaß des EOK in Preußen vom 20. Februar 1879 enden auch diese spärlichen Aktivitäten. Der EOK hatte in gewisser Weise das letzte entscheidende kirchenamtliche Wort gesprochen. In den Verhandlungen der Provinzialsynode Brandenburg von 1878 bis 1887 wird die soziale Frage gänzlich ausgeklammert: Es geht um Sonntagsheiligung, Stolgebühren, Religionsunterricht in Volksschulen, Beteiligung an Werken der Inneren Mission (1881) und die Fürsorge um entlassene Straftäter (1884)[103], Probleme, die auch die Kreissynoden im angegebenen Zeitraum verhandeln[104], wobei hier noch stärker innerkirchliche Verwaltungssachen dazukommen. Das Todt'sche Buch wird vom Konsistorium in den Amtlichen Mitteilungen mit keinem Wort erwähnt, man beschäftigt sich dagegen lange und ausführlich mit der Sonntagsfrage.[105]

Eine Ausnahme für Brandenburg bildet die Berliner Pastoralkonferenz im Juni 1878, auf der Hofprediger Stoecker die Gelegenheit erhält, seinen Standpunkt zur sozialen Frage und zum Sozialismus darzulegen und die Gelegenheit nützt, für die christlichsoziale Bewegung einzutreten. Die versammelten Geistlichen — so meldet der Bericht — beteiligten sich lebhaft an der auf Stoeckers Vortrag folgenden Diskussion und zollten dem Redner für sein mutiges Auftreten gegen die Sozialdemokratie Respekt und Anerkennung.[106]

Für die Verhandlungen der übrigen Provinzialsynoden in Preußen vom 18. Mai 1878 (Posen, Pommern, Ost- und Westpreußen, Schlesien und Provinz Sachsen) und in den

---

101 Vgl. u. a. die Ansprache des EOK vom 25. November 1874 die durch das Civilstandsgesetz bedingten Veränderungen betr., der die Geistlichen dringend ermahnt, dem Staatsgesetz Folge zu leisten. AKB, 25. Jg. 1876, S. IV.
102 Circularerlaß des EOK vom 11. Mai 1878 die Aufhebung der Stolgebühren betr. AKB, Nr. 25-26, 1. Juli 1878.
103 Verhandlungen der ordentlichen Provinz Brandenburg 1878, 1881, 1884, 1887.
104 Verhandlungen der Kreissynoden der Provinz Brandenburg 1876, 1877, 1879, 1880, 1881, 1882, 1884, 1885, 1886. In: Amtliche Mittheilungen des Kgl. Konsistoriums der Provinz Brandenburg, Berlin, 1877—1880; 1881—1884; 1885—1888.
105 Siehe Amtliche Mittheilungen, 1877—1880, S. 39-50.
106 Vgl. den Bericht im Evangelisch-Kirchlichen Anzeiger, No. 26, 28. Juni 1878.

folgenden Jahren ergibt sich kein anderes Bild als in Brandenburg, wobei allerdings eine Reihe von Auseinandersetzungen um die Agitation Stoeckers und die Berliner Stadtmission entbrennen. Rudolf Todts Buch wird explizit nicht erwähnt, wenn auch der „Centralverein" im Zusammenhang mit Stoecker genannt wird.[107] Dieses Bild wird bei Analyse der Verhandlungen landeskirchlicher Leitungsorgane in den anderen deutschen Ländern nicht korrigiert.[108] Es ist zweifellos typisch, wenn das Kgl. Landeskonsistorium von Hannover anläßlich der Einberufung der 2. Landessynode vom 2. Dezember 1875 erklärt, daß die soziale Frage, „so nahe sie die Kirche angeht und so große Aufgaben sie der Kirche stellt, doch nicht eigentlich eine kirchliche Frage ist."[109] Das „eigentlich Kirchliche" – so darf man schlußfolgern – liegt dann eher auf Gebieten, die in den Verhandlungen mit „Sonntagsheiligung", „Seelsorge" und „Kirchenzucht" bezeichnet werden.

Einen etwas anderen Eindruck erhalten wir, wenn wir Nachrichten über die Verhandlungen von Kreis- und Diözesansynoden zusammentragen: In der evangelisch-lutherischen Landeskirche Braunschweig beschäftigten sich die „Inspectionssynoden" (Kreissynoden) 1879 mit der Frage: „Wie und wodurch sollen wir uns im Kampfe gegen die Sozialdemokratie beteiligen?" und kommen zum Ergebnis, daß am ehesten mit vermehrten Anstrengungen in Seelsorge, christlicher Liebestätigkeit, Kirchenzucht und Pflege der konfirmierten Jugend dem Übel zu steuern sei.[110] Die badischen Diözesansynoden beschäftigen sich zwar intensiv mit Fragen der kirchlichen Sitte und nehmen mehrfach Bezug auf die sozialdemokratische Bewegung, ausführliche Erörterungen unterbleiben indes, was umso erstaunlicher ist, wenn man sieht, mit welcher Akribie die Verhältnisse der Gemeinden in der Landeskirche beschrieben werden.[111] Die Pfarrerschaft der Landeskirche wurde immerhin durch die Fragestellung der Dekanate zu den Pfarrsynoden 1877 herausgefordert, zur sozialen Frage und zum Sozialismus Stellung zu nehmen: „Worin haben die gegenwärtig immermehr um sich greifenden sogenannten socialistischen Bestrebungen ihren Grund? Inwieweit ist ihnen eine Berechtigung zuzuerkennen? Was ist ihnen gegenüber die Aufgabe der Kirche?"[112]

Längst nicht alle, aber immerhin einige Pfarrsynoden, haben das Thema in Referaten und Diskussionen behandelt, wobei die Zusammenfassung der Ergebnisse durch den Evangelischen Oberkirchenrat in Karlsruhe nur ein ungefähres Bild der tatsächlichen Verhandlungen zu geben vermag. Die Geistlichen gehen von dem Grundsatz aus, daß der Pfarrer im Verhältnis zum Politischen „größte Vorsicht .. beobachten" solle, obwohl es in „kampf- und sturmbewegten Zeiten" Fälle geben mag, die es „dem Geistlichen zur

---

107 Vgl. zum Ganzen, G. Pfeiffer, Die Verhandlungen der Provinzialsynoden. In: Kirchliche Monatsschrift, 1. Jg. 1882, S. 184-210. Ferner die Verhandlungsprotokolle der Provinzialsynoden Posen, Pommern, Ost- und Westpreußen, Schlesien und Provinz Sachsen 1881, 1884, 1887.

108 Der Verfasser hat die Verhandlungsprotokolle der Provinzial- und Landessynoden von Schleswig-Holstein, Mecklenburg, Hannover, Braunschweig, Oldenburg, Hessen-Darmstadt, Kgr. Sachsen, Baden (Generalsynode), Rheinland und Bayern (Generalsynode) eingesehen.

109 Protokolle der ordentlichen Versammlung der 2. Landessynode der ev.-luth. Kirche Hannovers vom 2.12.1875 bis 23.5.1876, Bd. 2, Hannover, 1876, S. 121.

110 Verhandlungen der 3. ordentlichen Landessynode der ev.-lutherischen Landeskirche Braunschweigs vom 25.11. bis 10.12.1880.

111 siehe Anm. 3.

112 AKB, Nr. 2-3, 13.1.1879, S. 55.

Pflicht machen, offen mit seiner politischen Ueberzeugung hervorzutreten."[113] Darüber können aber „keine bestimmten Vorschriften gegeben werden."[114] Der Pfarrer habe aber stets zu bedenken, daß er „für das Reich zu kämpfen hat, das nicht von dieser Welt ist."[115]

Schließlich sei es bei aller Verpflichtung, der sozialen Frage größte Aufmerksamkeit zu schenken, nicht Aufgabe der Kirche, „das Ziel einer socialen Wiedergeburt in politisch-agitatorischer Weise zu verfolgen, zu dem Zweck ein wirthschaftliches Programm aufzustellen und das Christenthum selbst als politisches Agitationsmittel zu gebrauchen." Der EOK Badens empfiehlt dagegen, das Wichern'sche Programm der Inneren Mission durchzusetzen, „nicht auf dem Wege politischer Parteibildung", sondern in einer Organisation, die „Besitzende und Besitzlose in freier Liebesthätigkeit zu christlich-praktischen Zwecken vereint."[116] Die Ausführungen des EOK in Berlin werden hier von den badischen Amtskollegen im Kern vorweggenommen. Über Innere Mission hinaus vermochten auch sie sich zu diesem Zeitpunkt nicht aufzuraffen.

Das Kgl. Konsistorium der Provinz Sachsen zu Magdeburg hatte sich bereits 1872 auf Veranlassung des Provinzial — Ausschusses für Innere Mission bereit erklärt, die Behandlung der sozialen Frage allen Kreissynoden für die Jahre 1872/73 zu empfehlen[117], was offenbar nicht in dem erwarteten Maße geschehen war, denn wir erfahren über diese Angelegenheit in den folgenden Jahren nichts mehr. Am 14. März 1878 stellte das Konsistorium den Kreissynoden u. a. die Frage, „ob und inwieweit in dem betreffenden Synodalkreise sich socialdemokratische Bestrebungen geltend gemacht haben, und was in diesem Falle kirchlicherseits geschehen ist oder zu geschehen hat, um den selben wirksam entgegenzutreten."[118] Das Konsistorium versuchte bereits durch die Fragestellung eine bloße Anzeige über den Stand der sozialdemokratischen Bewegung zu veranlassen und erklärte ausdrücklich, daß man eine „prinzipielle oder theoretische Besprechung der sogenannten sozialen Frage und ihrer Lösung" weder erwarten könne noch wolle.[119]

Wenig später aber zeigte das Konsistorium überraschenderweise Rudolf Todts Buch „Der radikale deutsche Sozialismus" an — als einziges Konsistorium im gesamten Deutschen Reich! —: „Betrifft: das Buch von R. Todt, der radicale deutsche Socialismus usw. Vor kurzem ist bei R. Herrosé in Wittenberg in zweiter Auflage das Buch von Rudolf Todt ‚der radicale deutsche Socialismus und die christliche Gesellschaft' erschienen. Sein Zweck ist, nach des Verfassers eigener Erklärung, nachzuweisen, daß das Neue Testament einen eminent socialen Gehalt hat und daß daraus für die christliche Gesellschaft, insbes. die Kirche, sich eine Reihe von jetzt dringend zu lösenden socialen Aufgaben ergiebt, sowie zur Lösung dieser Aufgaben anzuspornen. Ohne uns auf eine Angabe und noch weniger eine Beurtheilung des reichen Inhalts dieses auf eingehenden

---

113 Ebda., S. 62.
114 Ebda.
115 Ebda.
116 Ebda., S. 63.
117 Amtliche Mittheilungen des Kgl. Consistoriums der Provinz Sachsen, No. 11, 24. Juni 1872 (beigelegt war eine Thesenreihe des Superintendenten Nebe, die dieser auf der General-Versammlung der Inneren Mission am 23. Mai vorgetragen hatte.)
118 Amtliche Mittheilungen, No. 4, 14. März 1878, S. 29.
119 Ebda.

Studien beruhenden Buches einzulassen, stehen wir nicht an, dasselbe als eine beachtenswerte litterarische Erscheinung zu bezeichnen, die, je mehr die sociale Frage zu einer der brennendsten Fragen der Gegenwart geworden ist, um so mehr die Aufmerksamkeit gerade auch der Geistlichen auf sich zu lenken geeignet ist."[120]

Mit dieser Anzeige hatte das Konsistorium die gar nicht beabsichtigte theoretische Besprechung der sozialen Frage erst provoziert, denn wie wir später erfahren, haben sich tatsächlich mehrere Synoden mit Rudolf Todts Buch und seiner grundsätzlichen Fragestellung nach dem sozialen Gehalt des Neuen Testamentes auseinandergesetzt.[121] Dies geschah allerdings in einer Weise, die zu keiner Beunruhigung Anlaß bot. „Radikale" Konsequenzen, d. h. eine aktive Beteiligung an Stoeckers christlich-sozialer Bewegung, sind wohl von keiner Kreissynode befürwortet worden. Todts Buch sei — so konstatierte das Konsistorium „mit Genugthuung"... — „von unseren Herren Geistlichen in dem objektiven Sinne gewürdigt und der Selbständigkeit des eigenen Urtheils aufgenommen" worden, „die wir von ihnen erwarten konnten und die sie befähigte, in den dargebotenen Untersuchungen Spreu und Waizen von einander zu sondern."[122]

Die Wirkung des Todtschen Buches war aber immerhin derart, daß die Kreissynoden einräumten, nicht „theilnahmslos" an dem gerade heftig debattirten „System von social-ökonomischen Forderungen" vorbeigehen zu können und stärker die „That der Barmherzigkeit" forderten. Die christlich-sozialen Bestrebungen Stoeckers wurden trotz der guten Absichten, die man in ihnen sah, entschieden abgelehnt: „In diesem Sinne haben wir in den bekannten, auch auf den Synoden lebhaft diskutirten Berliner Bestrebungen: die Arbeiter den Einwirkungen der verführerischen Geister zu entreißen und sie zu diesem Behuf unter dem Panier des Christenthums und der Monarchie zu sammeln, einen gesunden Kern erblickt, wobei wir uns jedoch dagegen verwahren, als wir hiermit die Form socialer Parteibildung, oder die Hereinziehung technisch-staatsökonomischer und politischer Fragen zu billigen gedächten."[123]

Todts Kirchenverständnis und sein Drängen auf einen neuen kirchlichen Aktivismus in bezug auf die soziale Frage war Gegenstand durchaus kontroverser Diskussionen. Die Meinungen gingen darüber auseinander, „ob die Kirche nur in ihren einzelnen Gliedern und freien Vereinen, oder ob auch die organisirte Kirche als solche, vermittelst ihrer Aemter und durch geordnete Thätigkeiten, berufen sei" in die Arbeit an der sozialen Frage einzugreifen.[124] Das Konsistorium stellt fest, daß eine Verneinung der kirchlichen Tätigkeit in dieser Hinsicht nur in einer „Verkennung der culturhistorischen und pädagogischen Mission der Kirche" begründet sein könne:[125] „Es hieße, der Kirche den Character einer Sekte aufprägen, wenn sie sich an der Rettung einzelner Menschenseelen durch Wort und Sakrament begnügen, auf die Durchdringung des gesammten Volkslebens mit den himmlischen Erneuerungskräften des Evangeliums aber verzichten sollte."[126] Ein frommes Konventikel-Wesen ohne Einflußnahme auf das gesellschaftliche

---

120 Amtliche Mittheilungen, No. 6, 23. April 1878, S. 54 f.
121 AKB, Nr. 16. 21. April 1879, S. 230.
122 Ebda.
123 Ebda., S. 229.
124 Ebda., S. 227.
125 Ebda.
126 Ebda., S. 228.

Leben wird demnach abgelehnt, umstritten bleiben Wege und Methoden der gesellschaftlichen Wirksamkeit der Kirche. Bei aller Anerkennung der sozialen Notstände und dem deshalb der sozialdemokratischen Bewegung innewohnenden „Wahrheitsmoment" gehe es darum, „nicht die zarten Grenzlinien zu überschreiten, die auf diesem äußeren Gebiet dem Beruf der kirchlichen Aemter und Organe gesetzt sind."[127]

Das Konsistorium räumt ein, daß es hier kaum möglich sei, „allgemein gültige Directiven aufzustellen"[128], wagt dann aber doch einen „unbedingt leitenden Gesichtspunkt" zu benennen, daß nämlich eine „amtliche Intervention der Kirche ausschließlich da geboten ist, wo an dem socialen Mißstand zugleich ein offenbares sittliches Unrecht haftet, und daß sie es auch da zunächst auf dem Wege seelsorgerlicher Mahnung und Bitte zu versuchen hat."[129] Wo dieses Kriterium aber fehle, könne es die Kirche „nur in der Form nicht-amtlicher freundlicher Vorstellung" versuchen.[130]

Mit dem „leitenden Gesichtspunkt" konnte ein Rudolf Todt sicherlich leben, da sein Werk ja gerade darauf abzielte, die sozialen Mißstände als sittliches Unrecht zu kennzeichnen und die innere Berechtigung des Sozialismus und einer Reihe konkreter sozialdemokratischer Forderungen zu erweisen. Doch die Methoden, mit denen die Kirche die sozialen Notlagen bekämpfen wollte, konnten nicht seine Billigung finden. Das Konsistorium zieht sich letztlich auf ordnungstheologische und quietistische Formeln zurück, indem es das Politische und die „technisch-staatsökonomischen Fragen" in erster Linie dem weisen Urteil der staatlichen Obrigkeit überläßt.

Die Kirche hält daran fest, „daß der wichtigste Antheil" an der Lösung der sozialen Frage der „unparteiischen, allen Klassen gleich gerecht werdenden Intervention der gesetzgebenden Factoren zufallen wird."[131] Dies heißt im Klartext: Sie erklärt sich in diesen Fragen für inkompetent und sucht ihr Heil in der Erzeugung christlicher Gesinnungen, die gleichwohl dem von den Herrschenden gewünschten Obrigkeitsideal und den Strukturen der Über- und Unterordnung entsprechen sollen. In diesem Politikverständnis ist dann der Kampf gegen die Sozialdemokratie von seiten der Kirche nicht eigentlich ein „politischer", sondern ein grundlegender „Geisteskampf", in dem sie geradezu verpflichtet ist, mit allen Kräften mitzutun.

Es war kein Zufall, daß das Magdeburger Konsistorium und die Kreissynoden in der Provinz Sachsen die soziale Frage am eifrigsten aufgriffen. Die Erfolge der sozialdemokratischen Bewegung in den großen Städten waren hier besonders alarmierend. In Sachsen entfielen von 100 abgegebenen Stimmen im Jahre 1871 17,5 auf die Sozialdemokratie, 1877 bei den berühmten „Januarwahlen", die die Kirchen in Alarmstimmung versetzten, waren es bereits 38,0. In Chemnitz, Leipzig, Dresden, Magdeburg, Breslau stieg die Stimmenzahl der Sozialdemokratie beträchtlich.[132] Diese Entwicklung mag auch das Konsistorium der Provinz Schlesien bewogen haben, den Diözesan-Konventen im Jahre 1878 die „Proposition" zu stellen: „Darlegung der im neuen Testament gegebenen Prinzi-

---

127 Ebda., S. 232.
128 Ebda.
129 Ebda.
130 Ebda.
131 Ebda.
132 Dieter Fricke, Handbuch zur Geschichte der deutschen Arbeiterbewegung 1869–1917. Berlin (DDR), 1987. Bd. 2, S. 740 f.

pien für die ethische Gestaltung der sozialen Verhältnisse des christlichen Gemein-
schaftslebens."[133]

Das Konsistorium gibt in seinem Bericht über die Behandlung der Proposition eine
nähere Erläuterung, welche Schwerpunkte bei der Behandlung des Themas besonders
erwünscht seien: das Verhältnis der „Einzelpersönlichkeit zur Gesamtheit", Eigentum
und Besitz, Arbeit und Erwerb, Arbeit und Lohn, die Verschiedenheiten der Stände, der
Reichen und Armen, der Herrschenden und Dienenden, der Arbeitnehmer und Arbeitgeber.[134]

Offenkundig ist das Thema sehr verschieden bearbeitet worden, denn das Konsistorium mahnt zu enge und zu weite Behandlungen an und verweist — im Gegensatz zu den
Magdeburger Amtskollegen — ausdrücklich darauf, daß die Fragestellung nicht gelautet
habe, wie „die aus dem Sozialismus der menschlichen Gesellschaft drohenden Gefahren
abzuwenden seien."[135] Todts Buch hat ohne Zweifel eine entscheidende Rolle gespielt,
obwohl es nicht explizit genannt wird. Fragestellung und Ausführung zeigen, daß sich
die Diözesan-Konvente mit Todts Ansatz stark beschäftigt haben, denn es werden die
klassischen „Knackpunkte" hervorgehoben, die in der öffentlichen Auseinandersetzung
um Todts Buch immer wieder hervortreten:

— das Problem des Verhältnisses von ethischen Prinzipien und nationalökonomisch-
  sozialpolitischen Ordnungsmodellen;
— das Problem der Freiheit und Gleichheit vor Gott und im gesellschaftlichen Leben;
— das Problem des Eigentums und der Arbeit;
— das Problem der sozialen Ungleichheit („Verschiedenheit der Stände").

Zum ersten Problemkreis stellten die Diözesankonvente übereinstimmend fest, „daß im
Neuen Testament keine Lösung einzelner national-ökonomischer Probleme oder eine
Summe von Vorschriften und Gesetzen, nach denen bestimmte soziale Forderungen
ihre Erfüllung finden müßten, enthalten sei(en), daß vielmehr in den Aussprüchen
Christi und der Apostel, auch wenn sie sich auf ganz bestimmte soziale Verhältnisse und
Zustände bezögen, stets nur religiöse und ethische Gesichtspunkte gegeben seien, nach
denen dieselben aufzufassen und zu behandeln seien, und zu allen Zeiten die sozialen
Fragen, welche die Verhältnisse von Person und Eigentum, Arbeit und Lohn, und die
Unterschiede unter den Menschen in bezug auf Reichtum und Armut, Herrschaft und
Dienstverhältnis, Obrigkeit und Untertanen betreffen, ihre prinzipielle Beantwortung
finden müßten."[136] Diese Aussagen markieren gewissermaßen den Konsens aller Kritiker Todts, einschließlich der ihm wohl gesonnenen, und sie zeigen die schon mehrfach
angesprochene Widersprüchlichkeit und methodische Schwäche Todts.

Doch bleiben die Diözesankonvente nicht bei der Kritik stehen. Sie nähern sich in
einigen Punkten vorsichtig den Grundanschauungen Todts, ohne sich letztlich auf seine
Seite zu schlagen. Bemerkenswert ist das Eingeständnis, daß es die „Aufgabe der Genos-

---

133 Mitteilungen des Kgl. Konsistoriums der Provinz Schlesien an die Geistlichen vom 20. August
   1879. (EOK Akten Berlin) abgedruckt bei Brakelmann, Kirche, soziale Frage und Sozialismus,
   S. 80 ff.
134 Ebda., S. 81.
135 Ebda., S. 80.
136 Ebda., S. 82.

sen des Reiches Gottes" sei, die „Bekämpfung und Überwindung" der „aus der Sünde entspringenden sozialen Mißverhältnisse"[137] zu erstreben; doch scheint es, als schreckte man vor den Konsequenzen einer solchen Aussage wieder zurück.

Im Gegensatz zu Todt, der von den neutestamentlichen Prinzipien der Freiheit, Gleichheit und Brüderlichkeit aus auch die gegebenen politischen, wirtschaftlichen und sozialen Ordnungen einer Kritik unterzieht und sie als potentiell veränderungsfähig durch den in Christus neu gewordenen Menschen kennzeichnet, verharren die Diözesankonvente trotz forscher Formulierungen in einer Ethik der Innerlichkeit: Bezieht Todt die Freiheit und Gleichheit des Menschen in den Aussagen des Neuen Testamentes auf dessen physische, moralische und religiöse Existenz, so versuchen die Diözesankonvente, Freiheit und Gleichheit auf die „religiös-sittliche" Ebene zu beschränken: „Die Kluft zwischen Reichtum und Armut wird überbrückt durch die Betätigung der barmherzigen Liebe in brüderlicher Handreichung und freiwilliger Selbstentäußerung zugunsten der Bedürftigen, wie es z. B. in der Gütergemeinschaft der Urgemeinde und in den Kollekten der heidenchristlichen Gemeinde für dieselbe geschah. Die Verschiedenheiten der Stände und die Verhältnisse der irdischen Rangordnungen werden nicht aufgelöst, aber eine Neugestaltung derselben wird von innen heraus durch die Gesinnung der demütig dienenden Christenliebe geschaffen."[138]

Dem Philemon-Brief gibt man schließlich eine Wendung, die das neue Verhältnis des Sklaven zu seinem Herrn auf die geistig-sittliche Ebene begrenzt. Anstelle strukturverändernder Gerechtigkeit wird erneut die seelsorgerliche Ermahnung und Karitas hervorgehoben. Todts Anliegen, gerade die Veränderungsfähigkeit und -möglichkeit der gegebenen gesellschaftlichen Strukturen durch den von Christus befreiten Menschen herauszustellen, wird als Gesetzlichkeit mißdeutet, ohne daß man — bei aller Widersprüchlichkeit der Todtschen Terminologie — die Mühe auf sich nimmt, den Gedanken näher zu prüfen.

Bevor wir uns mit dem gewichtigsten Dokument der Amtskirche in den stürmischen Jahren 1878/79, dem Erlaß des Evangelischen Oberkirchenrates in Preußen vom Februar 1879 befassen, sei noch ein Blick auf die Verhandlungen der Kirchenregierungen geworfen, wie sie seit Anfang der fünfziger Jahre in den sogenannten „Eisenacher Kirchenkonferenzen" stattfanden. Dazu soll noch ein vielbeachtetes Referat des Oberhofprediger und engen Freundes Adolf Stoeckers, Rudolf Kögel, betrachtet werden, das er am 25. März 1878 vor dem Verein für kirchliche Zwecke (einem Kolportage-Verein) gehalten hatte.

Die Eisenacher Konferenzen versammelten hohe geistliche Würdenträger und Kirchenjuristen der landesherrlichen Kirchenregimente und stellten in gewisser Weise so etwas wie ein landesherrliches Sprachrohr in theologiam und Kirchenpolitik dar, waren aber auch die einzig übrig gebliebene amtliche Verbindung zwischen den Landeskirchen — bei allem konfessionalistischen Hader![139]

Vom 20. bis 25. Juni 1878 versammelten sich die Vertreter der Kirchenkonferenz wieder in Eisenach und berieten — als ob es keine christlich-soziale Bewegung gäbe — zunächst die Gestaltung der Reformationsfeier, des Buß- und Bettages, die Herstellung

---

137 Ebda.
138 Ebda., S. 84 f.
139 Siehe zu den Eisenacher Kirchenkonferenzen allgemein: RE, Bd. II, S. 476 f.

eines gemeinsamen Militärkirchengesangbuches und die Revision der lutherischen Bibelübersetzung.[140] Gegen Ende der Verhandlungen beantragte Propst von der Goltz die Absetzung des schon 1874 beschlossenen und immer wieder verschobenen Tagesordnungspunkt: „Die Verwerthung der Kirchengemeinde – und Synodalinstitutionen zur Lösung der Aufgaben, welche den evangelischen Landeskirchen Deutschlands gegenüber den socialen Fragen der Gegenwart obliegen.“[141]

Einer der in Aussicht genommenen Referenten, Oberhofprediger *Kohlschütter* aus Dresden, protestierte dagegen energisch, konnte sich aber nicht gegen die Befürworter der Absetzung behaupten, die – wie es Oberkonsistorialrat Schmidt stellvertretend zusammenfaßte – fürchteten, „durch irgendein Votum zu einer Spaltung der Diener der Kirche in verschiedene Lager mitzuwirken.“[142] Im Klartext bedeutete dies: die kirchlichen Regierungen argwöhnten, daß sich auch in der Mitte der Eisenacher Konferenz Stimmen für die christlich-soziale Bewegung erheben könnten, was es zu verhindern galt.

Kohlschütters Referat wurde den Delegierten schließlich nur schriftlich vorgelegt und auf eine Diskussion verzichtet. Die fand dann erst bei der nächsten Konferenz 1880 statt.[143] Zu dem Referat des Dresdener Oberhofpredigers lagen der Versammlung noch zwei weitere Korreferate vor: vom Hamburger Hauptpastor *Calinich* und dem Geheimen Justizrat, Kirchenrechtshochschullehrer und Herausgeber der Zeitschrift für Kirchenrecht *Richard Dove*.

Die folgende Aussprache war – gemessen an dem Gewicht des Themas – überaus knapp und erbrachte kein greifbares Ergebnis. Eine Entschließung wurde nicht verabschiedet. Es zeigte sich jedoch, daß der wohl dogmatischste und gegenüber der christlich-sozialen Bewegung am entschiedensten ablehnende Standpunkt die Oberhand behalten hatte. Dazu einige Angaben:

Oberhofprediger Kohlschütter hatte sich nicht nur mit Todts Buch intensiv auseinandergesetzt, sondern kannte auch die sozialkonservative Programmatik eines Rudolf Meyer.[144] Die Todt'sche Definition der sozialen Frage und des Sozialismus übernimmt er[145] und warnt vor dem Trugschluß, die gesamte sozialistische Bewegung als „nur eine vorübergehende Krankheit der Zeit" abzuwerten.[146] Der Staat habe die Aufgabe, sich der sozialen Frage stärker anzunehmen als bisher. Die Kirche sei aber auch gefordert, „an ihrem Theile zur Lösung der socialen Frage mitzuwirken"[147], denn sie könne nicht bloß „für das Heil der Seele, ohne alle Rücksicht auf das äußere und leibliche Befinden ihrer Glieder sorgen wollen, wie denn überhaupt die Meinung eine irrige ist, als seien die äußeren Umstände bedeutungslos für das Leben des inwendigen Menschen."[148] Der Christ müsse die Augen offenhalten „für den Widerspruch, in welchem die geschichtlich

---

140 Protokolle der Deutsch-Evangelischen Kirchen-Conferenz im Juni 1878, AKB Nr. 27-33, 19.8.1878.
141 Ebda., S. 408.
142 Ebda., S. 416.
143 Protokoll der Eisenacher Kirchen-Conferenz, 27.5.-2.6.1880, AKB Nr. 27-40, 5. Juli 1880.
144 Kohlschütter, Die Verwerthung der Kirchengemeinde u. Synodalinstitutionen zur Lösung der Aufgaben gegenüber den socialen Fragen der Gegenwart. o.O., 1878, S. 6ff.
145 Ebda.
146 Ebda., S. 11.
147 Ebda., S. 13.
148 Ebda., S. 16.

gewordenen Zustände und Verhältnisse auch auf dem wirthschaftlichen und socialen Gebiete so vielfach mit dem stehen, was bestehen müßte, wenn in Wahrheit Gerechtigkeit — nämlich nicht bloß formale, die für sich allein nicht selten summam injuriam einschließt, sondern vor allem materiale — und Liebe regierten und die socialen Verhältnisse ordneten."[149]

Kohlschütter anerkennt die Tatsache der Existenz von Reichen und Armen als einer „göttlichen Ordnung"[150], was ihn aber nicht daran hindert, die gegenwärtigen krassen sozialen Unterschiede zwischen reich und arm als veränderungsbedürftig zu bezeichnen. Das Neue Testament spreche kein Gebot aus, „daß der Arme arm bleiben solle und eben so wenig eine Befürwortung gleichgültigen Zusehens gegenüber dem Pauperismus, der um sich greifenden Verarmung ganzer Klassen, während Einzelne im Dienste des Mammonismus reich und immer reicher werden. Eine Kluft zwischen Arm und Reich, wie sie mehr und mehr die Folge des noch bestehenden Wirthschaftssystems zu werden droht, als um die Armen nur um der Reichen willen da wären und nicht eben so, oder noch viel mehr, die Reichen, als Haushalter Gottes über das ihnen verliehene Gut, um der Armen willen, die soll nicht bestehen."[151]

Nicht nur in diesem Punkt nähert sich Kohlschütter der Position Todts. Er befürwortet neben der gesetzgeberischen staatlichen Intervention auch die Beteiligung der Kirche über Innere Mission hinaus mit ihren „geordneten Organen"[152] und heißt den Kampf der christlich-sozialen Partei willkommen: „Und wenn einzelne Christen und einzelne Diener der Kirche den Kampf wider jenen falschen Socialismus unmittelbar aufnehmen, sei es durch die Presse, sei es durch Erscheinen in socialdemokratischen Versammlungen in Hoffnung und Vertrauen, daß die Widersacher zuletzt doch nicht im Stande sein werden, zu widerstehen dem Geiste und der Weisheit, daraus sie reden; wenn um dem radikalen Socialismus Widerpart zu halten und die unter den schlechthin sogenannten ‚Arbeitern' vorhandenen christlichen Elemente zu sammeln und aus den Netzen der widerchristlichen zu retten, viele sich zusammenthun als eine christlich-sociale Arbeiterpartei oder, wie ich lieber sagen würde — denn der Name Partei erregt mir vom christlich-kirchlichen Standpunkte aus Bedenken — als Freunde christlich-socialer Ordnung, so ist dagegen nicht nur nichts zu sagen, es ist willkommen zu heißen und zu loben, so nur ein Jeder nach ernster Selbstprüfung bloß das unternimmt, wozu er das Charisma empfangen hat."[153]

Christen müßten ihre besondere Art des politischen Einsatzes selbst entscheiden, die Kirche als solche könne nicht zur Partei werden. Insgesamt bezeugt Kohlschütter der christlich-sozialen Sache viel Sympathie, betrachtet die Sozialdemokratie als Bußprediger für die Kirche[154], hält staatliche Repressionen gegen die antichristliche Sozialdemokratie für bloße „Palliativmittel[155], befürwortet mit Todt die Notwendigkeit sozialwissenschaftlicher Studien für Theologen, ohne daraus eine zwingende Vorschrift für den theo-

---

149 Ebda., S. 18.
150 Ebda., S. 21 (Verweis auf Sprüche 22,2!)
151 Ebda.
152 Ebda., S. 25 f.
153 Ebda., S. 28.
154 Ebda., S. 29.
155 Ebda.

logischen Fächerkanon machen zu wollen[156], und will über die Maßnahmen der Inneren Mission hinaus alle Kirchenorgane zur theoretischen und praktischen Auseinandersetzung mit der sozialen Frage anhalten.[157] Wo erforderlich, müsse die Landeskirche mit staatlichen Institutionen in Kontakt treten.[158] In Ansätzen entwickelt der Dresdener Oberhofprediger eine Theorie partnerschaftlicher Kooperation zwischen Kirche und Staat, wobei er die Funktion der Kirche nicht auf die Erzeugung bloß christlicher Gesinnungen beschränkt, sondern ihr eine fast modern anmutende Begleit- und Beobachtungsfunktion für das öffentliche Leben zuerkennt.

Bei der Zusammensetzung der Kirchenkonferenz war klar, daß dieser ungewöhnlich mutige und der Todt/Stoeckerschen Sache zugeneigte Standpunkt auf entschiedenen Widerspruch stoßen würde. Die Eisenacher Konferenz bot als Korreferenten dann auch neben dem dogmatisch-konfessionellen Hauptpastor Calinich aus Hamburg den großen Kirchenrechtslehrer Richard Dove auf. Beide sorgten dafür, Kohlschütters Thesen mit geballtem Widerstand zu konterkarieren, und verschafften den Gegnern der christlichsozialen Bewegung aus den verschiedenen kirchenpolitischen Lagern notwendige Erleichterung.

Ohne Umschweife weist Pastor Calinich die These zurück, daß die Kirche sich auch um sozialpolitische und volkswirtschaftliche Fragen kümmern müsse: „Denn die rein volkswirthschaftlichen Fragen gehen die Kirche als solche nichts an. Ueber wirthschaftliche Systeme, über Staatshilfe, Gewerbefreiheit, Zunftzwang, Freihandel, Schutzzoll, Steuern, Arbeitslohn, Arbeitsvertrag, Normalarbeitstag und dergleichen, hat die Kirche nicht zu befinden."[159] Den Pfarrern wird eigens ins Stammbuch geschrieben, daß sie „nicht Volkswirthschaft zu lehren, sondern das Evangelium zu predigen" haben.[160] Auch sollten sie sich aus praktischer Politik heraushalten: „Auch heute darf der Diener der Kirche nicht sozialer Parteimann sein, Arbeitervereine organisiren und leiten, an der Gründung von Genossenschaften der Arbeiter sich betheiligen."[161] Sowohl sein persönliches Ansehen als auch das geistliche Amt als solches würden durch parteipolitische Aktivitäten kompromittiert. Calinich vermag über eine Neugliederung der kirchlichen Parochien in städtischen Regionen, Seelsorge und Innere Mission hinaus keine Vorschläge zur Behebung der wirtschaftlichen und sozialen Nöte anzubieten.

Noch weiter geht Richard Dove: Schon die ersten Sätze seines Referates lassen erkennen, daß der Verfasser mit „scharfen Waffen" — wie er am Ende selbst bekennt — gegen die vermeintlichen Verführungen durch sozialdemokratische und christlich-soziale Agitationen zu streiten angetreten ist: „Die socialen Bewegungen der Gegenwart richten sich gegen die Grundlagen der socialen Ordnung in den europäischen Ländern. Das socialistische Ideal ist nicht Besserung einzelner Schäden der gesellschaftlichen Zustände bei den christlichen Völkern, nicht die, soweit möglich, zu erstrebende Hebung

---

156 Ebda., S. 34.
157 Ebda.
158 Ebda., S. 46.
159 Calinich, Die Verwerthung der Kirchengemeinde und Synodalinstitutionen zur Lösung der Aufgaben, welche den evangelischen Landeskirchen Deutschlands gegenüber den sozialen Fragen der Gegenwart obliegen. o. O. 1878, S. 5, S. 9. S. 20 f.
160 Ebda., S. 10.
161 Ebda.

der unter den wirthschaftlichen Zuständen der Gegenwart leidenden Klassen, sondern der Socialismus begehrt, während er die Grundlage der gegebenen Ordnungen der gesellschaftlichen Verhältnisse – im Ganzen oder doch bezüglich wesentlicher Bestandtheile derselben – verneint, unter dem täuschenden Namen der Forderung eines ‚menschenwürdigen Daseins für Alle' eine andere Vertheilung der Güter des wirthschaftlichen Lebens."[162] Und: „Jeder Socialismus, d. h. jedes Verlangen nach einer anderen Vertheilung der wirthschaftlichen Güter führt nothwendig zu enttäuschten Hoffnungen, mit allen Gefahren, die aus solchen Enttäuschungen erwachsen, weil jeder Socialismus Sorge und Noth nicht als nothwendiges Element der göttlichen Weltordnung anzuerkennen bereit ist."[163]

Mit diesen hier notwendigerweise etwas länger wiederzugebenden Zitaten ist die gesamte polemische Tendenz des Dove'schen Referat gekennzeichnet. Eine unvoreingenommene Prüfung der Absichten der christlich-sozialen Bewegung findet nicht statt, hier gilt es nur herunterzureißen und zu verdammen. Die „socialistische Agitation" wende sich nur „an den Egoismus ganzer Klassen von Menschen"[164], verkenne den „sittlichen Werth der Arbeit"[165] und rufe durch die Forderung nach einer anderen Güterverteilung die „sündlichen Triebe wach, die in dem Menschenherzen nach fremdem Gut begehren."[166] Die Sozialisten übertrieben die vorhandenen „socialen Uebelstände" und denunzierten ganz zu Unrecht die Staatsgewalt als Förderer „einseitiger Klasseninteressen der Besitzenden";[167] dagegen sei der Staat „die höhere sittliche Ordnung, welcher von Gott die Aufgabe gestellt ist, jene auseinanderfahrenden Interessen, die wir mit der Bezeichnung ‚Gesellschaft' zusammenfassen, im Dienste der Gerechtigkeit unter ein höheres Gesetz zu zwingen, welches die sittliche Entwicklung der Gesammtheit durch die Rechtsordnung sicher stellen soll."[168]

Die reaktionäre Haltung Doves tritt dort krass zu Tage, wo er sich bitter darüber beklagt, daß das allgemeine direkte geheime Wahlrecht jenen Klassen der Bevölkerung zugestanden worden sei, „welche zu einem rechten Gebrauch der neuen Freiheitsrechte durchaus ungenügend erzogen sind."[169] Dove geht so weit zu fordern, daß die Gewährung dieser politischen Rechte nicht nur von „errungener Bildung" und im „Beruf bewährter Tüchtigkeit" abhängig gemacht werden sollten, sondern auch von der Anerkennung des Christentums „als einer der wesentlichsten Grundlagen aller ächten modernen Bildung und Gesittung" und des Wertes der Kirchen „für die sittliche Gestaltung des Volkslebens."[170]

---

162 Richard Dove, Die Verwerthung der Kirchengemeinde – und Sydonalinstitutionen zur Lösung der Aufgaben, welche den evangelischen Landeskirchen Deutschlands gegenüber den socialen Fragen der Gegenwart obliegen. (Verbunden mit einer Kritik alter und neuer christlich-socialer Reformversuche vom Standpunkte der hl. Schrift und des evangelischen Bekenntnisses) Wolfenbüttel, 1878. S. 3.
163 Ebda., S. 4.
164 Ebda., S. 5.
165 Ebda.
166 Ebda., S. 6.
167 Ebda., S. 9.
168 Ebda., S. 8.
169 Ebda., S. 11.
170 Ebda., S. 12.

So würden gerade die unteren Schichten des Volkes von den sozialistischen Agitatoren verführt, „welche unter Vernichtung der gottgeordneten Individualität der Völker den communistischen Weltstaat auf den Trümmern der christlichen Welt aufrichten" wollen.[171] In diesem Stile geht es weiter und häuft sich Verdammungsurteil an Verdammungsurteil. Zusätzliche Belege erübrigen sich. Dove weist dem Staat in erster Linie die Funktion der strafenden Gewalt gegenüber den sozialistischen Bestrebungen zu und der Kirche die Rolle der sittlichen Besserungsanstalt. Den Pfarrern empfiehlt er das eifrige Studium der evangelischen Bekenntnisschriften, um die heilige Ordnung christlicher Obrigkeit neu zu begreifen; und er warnt mit bewegten Worten vor der „cursorischen Lecture eines Lehrbuchs der Nationalökonomie", den „encyclopädischen Vorträgen eines katheder-sozialistischen Weltverbesserers" und schließlich der „socialpolitischen Broschürenfluth."[172]

Gegen Pfarrer Todt, den er als „Hauptvertreter des sogenannten christlichen Socialismus" einordnet[173], fährt er schwere Geschütze auf. Er tut dies im Rückgriff auf eine traditionell lutherische, geschichtlich folgenschwere Abgrenzung der Reformatoren und ihrer Epigonen von den Strömungen der radikalen Reformation.[174] Sein Vorwurf lautet schlicht: Todts Buch und die politischen Forderungen der christlich-sozialen Bewegung enthalten „Irrlehren", wie sie für die „Wiedertäufer" und sonstigen „Schwarmgeister" des 16. Jahrhunderts typisch sind.[175]

In keiner öffentlichen Verlautbarung der Gegner Todts und Stoeckers finden wir in so konzentrierter Form und polemischer Sprache den Vorwurf der „Schwarmgeisterei". Dove hatte sich offenbar vorgenommen, den Eifer reformatorischer Abgrenzungsstrategien gegen diejenigen zu übertreffen, die es mit der Freiheit eines Christenmenschen über den geistig-inneren Bereich menschlicher Existenz hinaus ernst meinten. Dove führt gebündelt alle jene Argumente vor, die seit der Reformation zum Standardrepertoire der theologischen und politischen Vertreter des Status Quo zählen:

— Römer 13 („Seid untertan der Obrigkeit..") als überzeitliche historisch-kritisch nicht befragbare Grundnorm im Verhältnis des Christen zur Obrigkeit;
— die Bergpredigt als „Ideal der allgemeinen Nächstenliebe", als „höchstes sittliches Motiv" ohne rechtsetzende und politisch-materiale Bedeutung.[176] Dove führt aus, daß die Bergpredigt kein „social-politisches Reformproqramm für die Umgestaltung der bürgerlichen Gesellschaft" sei;[177]
— die Bestätigung der gegebenen gesellschaftlichen Ordnungen durch Paulus (1. Kor. 7, 20-22; Philemon-Brief).

171 Ebda., S. 13.
172 Ebda., S. 20.
173 Ebda., S. 20.
174 Aus der Fülle der Literatur seien hier nur die wichtigsten und am schnellsten einen Überblick gewährleistenden Arbeiten genannt: Richard van Dülmen, Reformation als Revolution. — Soziale Bewegung und religiöser Radikalismus in der deutschen Reformation. 2. Auflage, München, 1983. Heinold Fast (Hrsg.) Der linke Flügel der Reformation. Bremen, 1962. Hans-Jürgen Goertz, Die Täufer. Geschichte und Deutung. München, 1980.
175 Dove, Verwertung, S. 33, 55, 61.
176 Ebda., S. 34f.
177 Ebda., S. 36, 55f.

Die christlich-soziale Arbeiterpartei sollte — so Dove — „lernen, daß es ein unkirchliches Vorgehen ist, zum Zweck der Umbildung der Rechtsordnung politische Parteien unter Benutzung des Christenthums als eines Agitationsmittels zu bilden, selbst wenn diese Rechtsordnung in einzelnen Punkten im Widerspruch mit dem Geiste des Evangeliums und mit der christlichen Sittlichkeit stehen sollte."[178] Unter Bezugnahme auf die kirchenhistorischen Arbeiten G. Uhlhorns[179] denunziert er die radikal-reformatorischen Bestrebungen eines Thomas Münzer und Andreas Karlstadt als von mittelalterlichem Geist durchdrungene katholische Mönchsideale.[180]

Überall tritt für Dove das Bestreben hervor, „die sittlichen Grundsätze des Christenthums... in zwingende Rechtssätze zu verwandeln."[181] Er beargwöhnt das „Unternehmen der Aufrichtung des irdischen Reiches Christi an Stelle der gegebenen und auf geschichtlichem Wege ausgestalteten sittlichen Ordnungen der menschlichen Gesellschaft."[182]

Luthers „Freiheit eines Christenmenschen" sei vordringlich die „Freiheit des inneren Menschen."[183] Die „leibliche Unterdrückung" wird demgegenüber sekundär. Mit dem berühmten Artikel 16 der Confessio Augustana von 1530 versucht Dove die „Schwarmgeister" endgültig zu bannen, ein schon für 1878 hoffnungslos anachronistisches Unterfangen. Nicht einmal die „clausula Petri" (Apg. 5,29) wird den Christen im 19. Jahrhundert von dem Kirchenrechtsgelehrten zugestanden, denn das „du sollst Gott mehr gehorchen als den Menschen" beziehe sich nur auf illegitime Eingriffe der Obrigkeit in die unmittelbare Glaubenssphäre.[184] Von der gegenwärtigen Obrigkeit müsse gesagt werden, daß sie nirgendwo versuche, „die staatliche Zwangsgesetzgebung auf das Gebiet des religiösen Glaubens auszudehnen."[185]

Die herrschenden obrigkeitsstaatlichen Verhältnisse entsprechen lt. Doves Meinung voll und ganz den Anforderungen der Beschränkung des Staates auf Sicherung der äußeren Rechtsordnung und geben zu keinerlei Beanstandungen Anlaß: „Dagegen wäre der von Schwarmgeistern auch unsrer Tage (z. B. Todt) erträumte Staat, welcher als christlich-liberaler socialistischer Volksstaat die Nächstenliebe zur erzwingbaren Rechtspflicht erklärte, nicht mehr der Staat, der Gottes Ordnung ist, sondern einfach ein staatloser Zustand, beruhend auf unsittlicher Gewalt und durchgeführt unter Verleugnung des höchsten Princips christlicher Sittlichkeit."[186]

Todts Ansatz und Erläuterungsversuche werden grob verzeichnet und mißdeutet — unter Bezugnahme auf Wachs Anti-Stoecker Schrift.[187] Doves Staatsbegriff kennt keinen „Interventionsstaat" im sozialpolitischen Sinne wie ihn Todt, Stoecker und eine Reihe ihrer sozial-konservativer Gefolgsleute fordern. Staat, das ist für ihn die „gottgewollte ethische Gemeinschaftsordnung des Volks, in welcher durch die Macht des Rechtsgeset-

---

178 Ebda., S. 37.
179 Vor allem dessen Schrift über die „christliche Liebesthätigkeit".
180 Dove, Verwerthung, S. 44 f.
181 Ebda.
182 Ebda., S. 46.
183 Ebda.
184 Ebda., S. 50.
185 Ebda.
186 Ebda., S. 57.
187 Vgl. Anm. 264.

zes die sittliche Freiheit des Menschen vor der Störung und Hemmung durch die Willkür anderer geschützt und bewahrt und ihm zugleich der fördernde Einfluß eines sittlichen Gemeinlebens gesichert wird."[188] Von diesem altliberal-konservativen Staatsverständnis aus wirft Dove dem Todt/Stoecker'schen „christlichen Socialismus" die typischen Merkmale der „Wiedertäuferei" vor: „... Verwischung des Unterschieds zwischen Recht und Moral, Behandlung des Christenthums als eines socialpolitischen Reformprogramms für die mit Rechtszwang zu bewirkende Umgestaltung der Gesellschaft besonders unter juristischer Verwendung einzelner Sätze der Bergpredigt..., Umdeutung der durch das Evangelium verwirklichten innerlichen Freiheit und Herrschaft des Christen über die Dinge dieser Welt in eine mechanisch-äußerliche Auffassung; Geringschätzung des Staates und Regierung der gegebenen rechtlichen Ordnung der socialen Verhältnisse, vorzüglich des Sondereigenthums, an dessen Stelle unter Berufung auf den fingirten Urzustand der christlichen Muttergemeinde die Gütergemeinschaft gesetzt werden soll; Vernichtung der sittlichen Selbstbestimmung der Persönlichkeit zu Gunsten einer mechanischen Zwangsorganisation der Gesellschaft, in deren Durchführung das christliche Heil verwirklicht werden soll."[189]

Das Evangelium lehre gegen diese schwarmgeistigen Auffassungen die Verklärung der gegebenen Ordnungen durch „Bethätigung der Gesinnung der Nächstenliebe" und ermuntere nicht zur politischen Agitation. Auch den Anspruch Stoeckers, daß seine politische Aktion ein Stück Seelsorge am Arbeiter sei, weist Dove als Mißbrauch des Wort Gottes scharf zurück.[190]

Rudolf Todt gilt Dove als einer der gefährlichsten „Bewegungsmänner"; besonders anstößig empfindet er dessen Fazit in seinem „Radikalen deutschen Socialismus", daß die Grundprinzipien der sozialistischen Theorie „evangelische, göttliche Wahrheiten" enthielten.[191] Die von Todt behauptete Analogie von sozialistischen Prinzipien der Freiheit, Gleichheit und Brüderlichkeit und den Grundanliegen des Neuen Testamentes weist er schroff zurück: Die Sozialisten meinten nur eine „mechanisch-äußerliche" Freiheit und Gleichheit, die nichts mit den christlich-ethischen Anschauungen gemein hätten. Aus der Gleichheit vor Gott, d. h. der gleichen Erlösungsbedürftigkeit und Beurteilung nach dem gleichen Gerechtigkeitsmaßstab Gottes, folge keineswegs die äußere Gleichstellung der Menschen.[192] Die Ansichten des „geistlichen Agitators"[193] Todt stellt Dove — insbesondere im Blick auf dessen Forderung nach genossenschaftlicher Produktion und Distribution — auf die gleiche Stufe mit der Münzer'schen Utopie von der „Omnia sunt communia" und verurteilt sie erneut scharf als „Wiedertäuferei".[194]

Es gibt wenige Gegner Todts, die sich zu einer in Sprache und Inhalt so brüsken Ablehnung seines Anliegens öffentlich bereit fanden; sie kamen auch überwiegend aus der kirchenpolitisch liberalen Ecke. Die Schärfe der Kritik zeigt überdeutlich die Furcht der Kirchenregimente vor den mit der christlich-sozialen Bewegung verbundenen Gefahren.

---

188 Ebda., S. 57.
189 Ebda.
190 Ebda., S. 67.
191 Ebda., S. 70.
192 Ebda., S. 71.
193 Ebda., S. 69.
194 Ebda., S. 71.

Eine Bewegung, die in die Arbeiterschaft hineinwirken und vor Ort Mission betreiben wollte, bot stets das Risiko unkontrollierter Entwicklungen für den Bestand des traditionell-konservativen geistig-geistlichen Paradigmas und der politischen Kultur der preußischen Staatskirche. Man muß bedenken, welches Mißtrauen einst Wicherns Laienbewegung der Inneren Mission in lutherisch-konfessionellen Kreisen ausgelöst hatte, um zu verstehen, wie hoch das Risiko für die preußischen Oberkonsistorialräte offensichtlich war. Um den einen oder anderen Arbeiter aus der atheistisch sozialdemokratischen Front herauszubrechen, war man nicht bereit, unkonventionelle Wege zu gehen und — wie Todt immer gefordert hatte — den geordneten Organen der Kirche zu empfehlen, volkswirtschaftliche Theorie und praktische Politik zu betreiben. Man fürchtete um Bekenntnis, Amtsverständnis, das gute Verhältnis zur Obrigkeit und die finanzielle Absicherung ebenso wie um die Spaltung der Gemeinden in politischen Fragen. Und so unbegründet war die Furcht nicht, daß den „rabies theologorum" (etwa im Falle des Predigers Hoßbach!)[195] die politische Entzweiung in der sozialen Frage folgen könnte.

Einen versöhnlicheren und für Todts Anliegen durchaus verständnisvollen Ton schlug Oberhofprediger Rudolph Kögel in einem Vortrag vor dem Verein für kirchliche Zwecke am 25. März 1878 an. Er nennt Todt einen „warmen Freund der Kirche und der Arbeiter"[196] und würdigt seine Bemühungen um eine volkswirtschaftliche Qualifikation der Geistlichen schon im Theologiestudium, denn der Geistliche müsse mit seinem „Wissen und Können der Sohn seines Jahrhunderts sein, nicht ein aus irgendeiner Siebenschläferhöhle des 17. oder 18. Jahrhunderts verspäteter, nirgends mehr unterzubringender Nachzügler."[197] Einen besonderen sozialwissenschaftlichen Studiengang hält er aber nicht für nötig.

Kögel möchte auch die „Grenzlinien verdeutlichen helfen, über die in der socialen Frage das geistliche Amt nicht reicht" und „hinter denen es ebenso wenig ungestraft zurückbleiben darf."[198] Er unterzieht sich dieser schwierigen Aufgabe mittels einer nicht ungeschickten Argumentation des „sowohl als auch" und nimmt zu Stoeckers parteipolitischem Einsatz überhaupt nicht Stellung. Es geht ihm sichtlich um Versöhnung und Befriedung der aufgewühlten Leidenschaften pro und contra Christlich-soziale Bewegung. Ein solches Wort hätte dem EOK besser angestanden, doch dazu waren die erklärten Gegner Stoeckers nicht bereit. Kögel schärft den Geistlichen ein: „Unparteiisch, mit gleicher Liebe, gleichem Ernste hat der Geistliche allen Ständen zu dienen; das bloße Dasein, vollends eine gesunde Führung seines Amtes strebt unwillkürlich eine Versöhnung der Stände an."[199] Dies schließt nicht aus, ja gebietet ihm, Unrecht im sozialen und ökonomischen Bereich auch beim Namen zu nennen: „Von Amts wegen hat der Geistliche die Besitzenden auf die Verantwortlichkeit ihrer Stellung vor Gott und Menschen zu verweisen, das Haben sei ein Soll, der Haushalter Gottes sei mehr als ein bloßer Handlanger, Brosamen fallen lassen sei noch keine Brodspende. Man dürfe die

---

195 Vgl. dazu Hermelink, Christentum, Bd. III, S. 553.
196 Rudolph Kögel, Die Aufgabe der evangelischen Geistlichen an der socialen Frage. Vortrag im evangelischen Verein für kirchliche Zwecke zu Berlin am 25. März 1878. Bremen, 1878. S. 25.
197 Ebda., S. 26 f.
198 Ebda., S. 6.
199 Ebda., S. 18.

Menge der Nichtbesitzenden nicht dem Geschicke ihrer Ohnmacht überlassen, man solle Opfer für sie bringen und Fürsorge für sie treffen."[200]

Natürlich denkt Kögel nicht an eine Änderung der Eigentumsverhältnisse oder die Aufhebung der sozialen Ungleichheiten. Über das ordnungstheologische Paradigma gelangt auch er nicht hinaus, und mehr als den kirchlichen Einsatz für Innere Mission bietet er nicht an. Aber er versucht wenigstens das Anliegen Todts zu verstehen und unterstreicht die Zusammengehörigkeit von Leiblichem und Geistigem. Mit Todt ist er der Meinung, daß der Geistliche zur besseren Abwägung des Verhältnisses von „Einzelsünde" und „Klassen- und Gesellschaftssünde" der volkswirtschaftlichen Studien bedarf.[201] Im Blick auf die Christlich-soziale Bewegung, die er nicht ausdrücklich nennt, stellt er die Verantwortlichkeit des einzelnen Geistlichen heraus. Welche Wege die Kirche als Ganze gehen soll, wird nicht konkret erörtert. Er nennt die Kirche eine „soziale Macht", in der weder die „Lehrkräfte — ermahnende, auslegende, geschichtlich darstellende und wissenschaftlich begründende — noch die ökonomischen Hülfs- und Heilkräfte" fehlen sollen[202], allein es bleibt verborgen, wie diese „schöpferische Culturmacht" mit den „inneren Zuständen die äußeren Umstände ... bessern" könne und welcher Stellenwert dabei der Todt/Stoecker'schen Bewegung zukommt.[203]

Es ist bei der Beurteilung des Kögel'schen Referates zu fragen, ob seine Stellungnahme *nach* den Attentaten auf Kaiser Wilhelm I. ähnlich moderat ausgefallen wäre. Es ist zu bezweifeln, denn Kögel hat doch offenbar den EOK-Erlaß vom 20. Februar 1879 voll mitgetragen, (1879 wurde er Mitglied des EOK) der seinerseits eine Reaktion auf die Empörung in konservativen und liberalen kirchlichen Kreisen und die staatliche Repressionspolitik gegen die Sozialdemokratie darstellte.

Nachdem Pfarrer Adolf Stoecker bereits am 21. Oktober 1878 wegen seiner christlich-sozialen Agitation einen Verweis erhalten hatte[204], veröffentlichte der EOK am 20. Februar 1879 eine Ansprache über die „Aufgaben der Geistlichen und Gemeindekirchenräte gegenüber den aus der socialistischen Bewegung entstandenen Gefahren."[205] Der Erlaß fügt sich ein in die Reihe von Warnungen vor parteipolitischer Aktivität der Geistlichen, wie sie schon 1863 und 1877 vom Kirchenregiment ausgesprochen worden waren, und er zeigt uns von neuem in exemplarischer Form, wie wenig die kirchenleitenden Organe die neue Qualität und den strukturellen Charakter der sozialen Frage begriffen hatten.

In langatmiger und pathetischer Sprache beklagt der EOK die allgemeine Unsicherheit, „welche die gesamte sittliche und rechtliche Ordnung" bedrohe.[206] In völliger Verkennung des Verhältnisses von Ursache und Wirkung werden die wirtschaftlichen und sozialen Notstände einseitig auf die Erschütterungen der „sittlichen Autoritäten" — Staat, Religion, Kirche, Familie, Ehe und Eigentum zurückgeführt.[207] Die politische

---

200 Ebda., S. 27.
201 Ebda., S. 26.
202 Ebda., S. 31.
203 Ebda., S. 32.
204 Frank, Stoecker, S. 59; v. Oertzen, Stoecker I, S. 184 f.
205 Kirchliches Gesetz und Verordnungsblatt Nr. 2, 1879, S. 25 ff. Auch abgedruckt bei Brakelmann, Kirche, soziale Frage und Sozialismus, S. 72 ff. Zitiert wird nach dem letzten.
206 Ebda., S. 72.
207 Ebda.

Polarisierung zwischen der „umstürzlerischen" Sozialdemokratie und den königstreuen, vaterlandsliebenden Kräften sowie der soziale Antagonismus zwischen Kapital und Arbeit werden auf die Gesinnungsebene transponiert. Der bei den oberen Klassen herrschende, „dem Fleisch dienende irdische Sinn" entspreche der „neidischen Begehrlichkeit" der unteren Klassen.[208]

Der Sozialismus kann in diesem Kontext nur als atheistische Macht der Verführung und Verwirrung der einfachsten sittlichen „Grundwahrheiten" qualifiziert werden. Hat man sich auf diese Weise dem verdrießlichen Geschäft einer sachgerechten politischen und ökonomischen Analyse entzogen, so kann nun die zentrale Rolle der Kirche als Friedensstifter und sozialer Klassenversöhner legitimiert werden. In der Versöhnung der Klassengegensätze durch die Predigt des Evangeliums und Taten christlicher Barmherzigkeit liegt nach Meinung des EOK die eigentliche Aufgabe der Kirche. Die Kirche solle „auf dem Fundament der Gottesfurcht und des christlichen Glaubens Pietät für König und Vaterland, Achtung vor dem Gesetz und der Obrigkeit, Gründung des Wohlstandes auf Arbeit und Sparsamkeit, friedlichen und opferwilligen Gemeinsinn, ehrbare Zucht und Sitte in Haus und Gemeinde ... pflegen und Sorge ... tragen, daß diese Tugenden und Güter im Gemüt des Volkes wieder als die höchsten und unverletzlich gelten." Das Verhältnis zu den geschichtlich gewordenen Ordnungen beschreibt das Kirchenregiment mit den Worten: „Die eigentümliche Gestalt der Zeit nimmt die Kirche demütig aus Gottes Hand, unter dessen Weltregierung sie steht."[209] Politische Ordnungstheologie und sozialer Quietismus sind in diesem Votum hinreichend bezeichnet.

Die Geistlichen werden dringend ermahnt, im Verhältnis zum Politischen größte Vorsicht walten zu lassen: „Den Geistlichen legt der Beruf, das Evangelium des Friedens Allen ohne Unterschied nahe zu bringen, insbesondere die Pflicht auf, in der Theilnahme an dem gegenwärtig so leidenschaftlich bewegten politischen und sozialen Leben, sowie bei Ausübung ihrer staatsbürgerlichen Rechte diejenige Vorsicht und Zurückhaltung zu beobachten, welche das Amt, dem Himmelreich in der Welt den Weg zu bahnen und das Wort von der Versöhnung zu predigen, mit sich bringt. Kaum etwas hat den Einfluß der amtlich organisierten Kirche, nicht nur in den höher gebildeten Kreisen der Bevölkerung so geschädigt, als der von verschiedenen Seiten unternommene Versuch, die Kirche, ihr Bekenntniß und ihre Organe als Mittel für bestimmte politische Parteizwecke zu gebrauchen."[210]

Obwohl der EOK die „Christlich-soziale Arbeiterpartei" Stoeckers und den „Centralverein für Socialreform" namentlich nicht erwähnt, so ist die Zielrichtung der scharfen Monita offenkundig: „Hingegen ist es nicht Sache der Diener der Kirche im Namen des Christenthums volkswirthschaftliche oder sozialpolitische Theorien aufzustellen oder zu unterstützen; sie halten sich nicht in den Grenzen ihres Berufes, wenn sie an die staatliche Gesetzgebung und Verwaltung auf Grund des Evangeliums Forderungen stellen für anderweitige Verteilung der öffentlichen Aufgaben und Lasten, für Verminderung der Militärdienstzeit, für Verpflichtung der Behörden, Arbeitslosen Erwerb aus öffentlichen Mitteln zu verschaffen und die altersschwachen und gebrechlichen Arbeiter zu

---

208 Ebda., S. 76.
209 Ebda., S. 72.
210 Ebda., S. 77.

versorgen, oder wenn sie gar eine neue Regelung der Eigentumsverhältnisse im Namen des Christenthums als ein Heilmittel wider die sozialen Nothstände empfehlen."[211]

Wir brauchen uns bei der Interpretation des Erlasses nicht lange aufzuhalten[212], da wir hier erneut alle Argumentationslinien wiederfinden, die in den bisherigen Stellungnahmen von einzelnen Amtsträgern, der Kirchenregierungen und Synoden die dominierenden waren: Die gegenwärtigen gesellschaftlichen Herrschaftsstrukturen erhalten eine kirchliche Legitimation, da es ein von Gott verordnetes Oben und Unten gibt. Das Los der Armen und Nichtbesitzenden muß durch Predigt, Seelsorge und Taten barmherziger Samariterliebe erleichtert und den Reichen das Gewissen für ihre Haushalterschaft über Gottes gute Gaben geschärft werden. Die Kirche diene allen sozialen Klassen und Ständen mit dem Wort der Versöhnung und halte sich im politischen Geschäft zurück ohne dabei weltflüchtig zu werden.

Todt und seine Gesinnungsfreunde machten durchaus couragiert gegen den Erlaß Front. Kritik wird vor allem an dem im Erlaß deutlich zu Tage tretenden konservativen Politikideal geübt, das die Geistlichen von der Beteiligung an der Sozialreform abhalten soll. Der Legitimismus „längerer geschichtlicher Prozesse" — wie im Erlaß formuliert — wird zutreffend als altliberales Prinzip denunziert: „Wenn alle Reformversuche als zweifelhaft hingestellt und der geschichtliche Prozeß als alleiniges Heilmittel der sittlichen und wirthschaftlichen Schäden verkündet wird, dann heißt das nichts anderes als: laisser-faire, laisser-aller!"[213]

Engagiert bestreitet man, daß die Geistlichen ausschließlich um den einzelnen besorgt sein („Einzelseelsorge") und sich aus dem sozialpolitischen Geschäft heraushalten sollen. Seelsorge könne unter den gewandelten wirtschaftlichen und vor allem politischen Verhältnissen, nämlich im Übergang von der absoluten zur konstitutionellen Monarchie, unmöglich nur dem einzelnen gelten. Die konstitutionellen Vertretungskörperschaften, die an der Gesetzgebung beteiligt seien, müßten ebenfalls zum Aktionsfeld kirchlicher Sorge werden. Das „moderne politische Verhältniß, in welches der einzelne wie die Massen getreten sind" bedinge einen Wandel des Begriffs der Seelsorge und der Sünde, ein Gedanke, den Todt auch im „Radikalen deutschen Socialismus" wiederholt formuliert: „Die Einzelseelsorge in der Gestalt der Verkündigung des Wortes Gottes an Diesen oder Jenen erweitert sich zur socialen Thätigkeit der Kirche in der Form des Zeugnisses des Evangeliums an die Gesetzgebung und Gesellschaft; zu der *Einzelsünde* tritt der Begriff der *Gesellschaftssünde* hinzu."[214]

211 Ebda., S. 78.
212 Vgl. zur Interpretation auch Pollmann, Landesherrliches Kirchenregiment; S. 75 ff.
213 Die Volkswirthschaft und die Moral, Staats-Socialist, 2. Jg., Nr. 13, 29. März 1879, S. 98. Es ist anzunehmen, daß Todt der Verfasser ist.
214 Ebda.; Vgl. ferner: Staats-Socialist, 2. Jg., Nr. 14, 5. April 1879.

13.4 Die Innere Mission

„Die Thätigkeit der inneren Mission ist nur ein Ansatz, zu dem, was wir von der gesamten evangelischen Kirche verlangen," schreibt Todt und weist so den Einwand gegen sein sozialpolitisches Reformprogramm zurück, dieses sei bereits Gegenstand der sozialen Arbeit der Inneren Mission: Wozu also noch Sozialreform? Doch Todt will eine ganz andere Richtung einschlagen. Die Innere Mission bildet für ihn nur eine „rührige, lebendige, reich gesegnete Privatgesellschaft innerhalb der evangelischen Kirche. Sie arbeitet hier und da an den Kindern und Waisen, Jünglingen und Jungfrauen, gesunden und kranken Männern und Frauen, Arbeitgebern und Arbeitern; sie arbeitet an den Einzelnen, um auf das Ganze zu wirken, aber ihre Thätigkeit ist nicht die Arbeit der Kirche als solche."[215]

Die bloße Existenz der IM zeige deutlich, daß die „Kirche mit ihren geordneten Aemtern mehr thun müsse und könne", und insofern sei die IM „Helferin" und „Anklägerin" der Kirche zugleich.[216] Todt greift mit seinen sozialpolitischen Reformvorschlägen weit über die sozialen Forderungen der IM hinaus, wenn man als Kontrast die Wichern'sche Denkschrift von 1849, dessen programmatische Rede auf der kirchlichen Oktoberversammlung von 1871 und schließlich die Denkschrift des Centralausschusses für IM aus dem Jahre 1884 heranzieht.[217] Zu berücksichtigen sind auch die Verhandlungen der Kongresse für Innere Mission von 1872 an.

Wicherns Denkschrift von 1849 ist das wohl bedeutendste Dokument christlich-konservativen Sozialreformwillens vor 1871. Bekannt geworden durch seine Gründung des „Rauhen Hauses" in Hamburg, einer „Rettungsanstalt" für verwahrloste Kinder und Jugendliche, erhielt er 1848 Gelegenheit, auf dem Wittenberger Kirchentag, der die Ereignisse der Revolution und die Frage eines deutsch-evangelischen Kirchenbundes diskutierte, seine Vorschläge zur inneren Erneuerung der evangelischen Kirche in Deutschland vorzutragen. Der große Erfolg seines Auftretens[218] ermutigte ihn, Ziele und Aufgaben der (von ihm schon 1837/38 so genannten) „Inneren Mission" in einer Denkschrift zusammenzufassen, die dann 1849 veröffentlicht wurde.

Wichern geht — in richtiger Erkenntnis der neuen sozialen, politischen und wirtschaftlichen Qualität der sozialen Frage im beginnenden Industriezeitalter — über die in den christlichen Kirchen seit Jahrhunderten gepflegte sogenannte „christliche Liebes-

---

215 RDS, S. 501.

216 Ebda. Todt stand in seinem Pfarramt der IM keineswegs fern. Er hat in seinen Gemeinden die Werke der IM aktiv unterstützt. 1884 ist er Vertreter für die Innere Mission (Altstadt Brandenburg) auf der Kreissynode. (Vgl. Amtliche Mittheilungen des Kgl. Konsistoriums der Provinz Brandenburg, No. 2, 4.2.1884)

217 Zur „Denkschrift" und „Oktoberversammlung" vgl. Abschnitt 4.3. Die 1884er Denkschrift wurde von Theodor Lohmann verfaßt. Nach seinem Ausscheiden aus dem Staatsdienst stellte sich Lohmann der IM zur Verfügung und wurde Mitglied im Geschäftsführenden Ausschuß. Vgl. den Titel der Denkschrift: Die Aufgabe der Kirche und ihrer Inneren Mission gegenüber den wirthschaftlichen und gesellschaftlichen Kämpfen der Gegenwart. Eine Denkschrift des Central-Ausschusses für die innere Mission der deutschen evangelischen Kirche. Berlin, 1884.

218 Siehe dazu Mahling, Innere Mission, Bd. 1; Gerhardt, Wichern, Bd. 2, S. 106 ff.; Derselbe, Ein Jahrhundert Innere Mission, S. 76 ff.

thätigkeit" und der Diakonie der neopietistischen Erweckungsbewegung in der ersten Hälfte des 19. Jahrhunderts hinaus.[219] Das theologisch-ethische Leitbild dieser Maßnahmen war die Überzeugung, wie der barmherzige Samariter im biblischen Gleichnis (Lukas 10, 25-38) dem einzelnen unter die Räuber Gefallenen zu helfen. Allerdings sei es nicht Aufgabe der Kirche – um im Bilde des Gleichnisses zu bleiben – dem gesamten Räuberunwesen gesetzlich zu wehren. Dies sei ausschließlich Sache des Staates, der, wolle er anerkanntermaßen eine christliche Obrigkeit sein, dies auch mit Nachdruck unter Beweis stellen müsse.

Wichern anerkennt ausdrücklich alle einzelnen Hilfsmaßnahmen in ihrem Eigenwert als „Senfkorn" zur umfassenden Reform des Staats- und Gesellschaftslebens, dringt aber auf Zusammenfassung und Konzentration der Hilfe in einem gemeinsamen Liebeswerk: der Inneren Mission. Theologisches Zentrum seines Anliegens ist die Absicht, „das Volk wieder mit dem göttlichen Wort und dessen Geist des neuen Lebens zu erfüllen."[220]

Als „innere Mission", so schreibt Wichern, „gilt uns nicht dieser oder jener einzelne, sondern die gesamte Arbeit der aus dem Glauben an Christus geborenen Liebe, welche diejenigen Massen in der Christenheit innerlich und äußerlich erneuern will, die der Macht und Herrschaft des aus der Sünde direkt oder indirekt entspringenden mannigfachen äußeren und inneren Verderbens anheimgefallen sind, ohne daß sie, wie es zu ihrer christlichen Erneuerung nötig wäre, von den jedesmaligen geordneten christlichen Ämtern erreicht werden."[221]

Wichern begründete mit seiner Denkschrift einen neuen kirchlichen Aktivismus aus konservativ-christlichem Geist heraus und legte „den Protestantismus ... der folgenden Epoche auf einen theoretischen und praktischen Konservatismus fest."[222] Eine Fülle

---

219 Die Geschichte dieser christlichen Liebestätigkeit bietet eine Fülle beeindruckender Beispiele für christlich motivierte Fürsorge. Unmittelbare Vorläufer der von Wichern ins Leben gerufenen Unternehmung waren zahlreiche einzelne Hilfsmaßnahmen, geprägt von der Diakonie der neopietistischen Erweckungsbewegung. Hier sind besonders zu nennen: Johannes Falk (1768–1826), Graf Recke von Volmarstein (1791–1878) und Christian H. Zeller (1879–1860), die sich besonders um verwaiste und verwahrloste Kinder bemühten.
Ferner der „erweckte" Baron Ernst von Kottwitz (1757–1843), der dem Problem der Arbeitslosigkeit durch sogenannte „Beschäftigungsanstalten" zu wehren versuchte, Theodor Fliedner (1800–1864), der „Vater der weiblichen Diakonie", Gustav Werner (1809–1887) mit seinem Versuch der Gründung christlicher Fabriken und schließlich Friedrich von Bodelschwingh (1831–1910), der, ein Zeitgenosse Todts, bis heute vor allem durch Begründung der Betheler Anstalten für Anfallskranke bekannt ist.
Eine kritische, neuere Gesamtdarstellung existiert nicht. Von der älteren Literatur immer noch unentbehrlich: Georg Ratzinger, Geschichte der kirchlichen Armenpflege. 2. umgearb. Auflage. Freiburg, 1884 und die voluminöse Darstellung des Abts von Loccum Gerhard Uhlhorn, Die christliche Liebesthätigkeit. ND der 2. Auflage 1895 i. e. Band Darmstadt, 1959. Neuere Literatur: Beyreuther, Geschichte der Diakonie; S. Schauer, Liebestätigkeit. In: RGG, 3. Auflage, Bd. 4, 1960, Sp. 372 ff.; Florian Tennstedt, Geschichte der Armenfürsorge in Deutschland: Vom Spätmittelalter bis zum Ersten Weltkrieg. Stuttgart/Berlin/Köln/Mainz, 1980. Brakelmann, Die soziale Frage, S. 117 ff. Ferner sehr konstruktiv in knappen Zusammenfassungen: Gunnar Hillerdal, Armut (VII) In: TRE, Hrsgg. von G. Krause und G. Müller. Berlin/New York, 1979. Günter Linnenbrink, Armut. In: EKL, Hrsgg. von E. Fahlbusch, J. M. Lochmann u. a. Bd. 1. Göttingen, 1986.
220 Wichern, Denkschrift. Sämtliche Werke, Bd. 1, S. 179.
221 Ebda.
222 Brakelmann, Kirche und Marxismus: Denkschrift und Manifest. In: Derselbe, Kirche in Konflik-

von Einzelmaßnahmen – von der Kolportage christlicher Missionsschriften bis zur Gefängnis-Seelsorge[223] – weisen, zusammengefaßt und konzentriert, auf das eine Ziel: die Wiederherstellung der Christlichkeit des Volkes durch Restauration der „Zentren" und „Heiligtümer" des Lebens: Familie, Staat und Kirche.[224]

Die Innere Mission will „Volkskirche" im umfassenden Sinne sein und richtet sich an *alle* Stände und Klassen. Ihr Bußruf: „Ändert Euern Sinn!", gilt reich und arm ohne Ausnahme. Wir hatten Wicherns Sozialismus- und Kommunismuskritik bereits kennengelernt und beschränken uns hier auf die Erinnerung an Wicherns ordnungstheologische Prinzipien. Wichern definiert das „Sociale" als „diejenigen Ordnungen, durch welche jeder einzelne im Volk seine besondere eigentümliche Stellung im Gemeinwesen gewinnt, Ordnungen, die der Christ ebenso wie diejenigen, welche Staat und Kirche durchdringen, als in göttlicher Waltung und Bestimmung begründet und innerhalb welcher er sich an jeder Stelle im göttlichen Dienste und vor Gott verantwortlich weiß."[225]

Vorzugsweise nennt Wichern Familie, Besitz, Eigentum und Arbeit als solche soziale Ordnungen. Sein ordnungstheologischer Ansatz ist christozentrisch: „In allen Ordnungen geht es um das eine Ziel: den Willen des Herrn zu verwirklichen. In den ‚ordinationes dei' will Christus selbst der Ordinator sein. Von ihm her und auf ihn hin erfüllen die Stiftungen ihre je eigenen Funktionen in der Gesamtökonomie Gottes."[226] Die Ordnungen Gottes liegen vor allem menschlichen Glaubenshandeln und allem Aktivismus. Ihren göttlichen Bestimmungszweck zu erfüllen ist die Aufgabe des Christen. Dort, wo dieser – wie Wichern für seine Zeit konstatiert – verloren gegangen ist, gilt es, ihn wieder ins Bewußtsein der Menschen zu heben und die vom Menschen denaturierten Ordnungen zu restaurieren. Darauf zielen alle einzelnen Maßnahmen der Inneren Mission.

Wicherns restaurativer Ansatz zeigt sich auch bei seiner Auseinandersetzung mit der Idee der Arbeiterassoziation: Obgleich diese ihm als Produkt des Vormärz und der Revolution erscheint, hofft er, sie im Sinne seines christlichen Restaurationsprogramms umzuformen. Die Assoziation erweist sich für Wichern – im Gegensatz zu ihrer ursprünglichen emanzipatorisch-aufklärerischen Konzeption – nur als „christliche Assoziation" praktikabel: „Zur Erreichung des gewünschten Zieles wird es einer christlichen Assoziation der verschiedenen Arbeits- und Besitzstände, einer freien, neuen Einigung derer, die viel oder doch mehr, und derer, die wenig haben, bedürfen."[227]

Die christliche Assoziation ist nicht in erster Linie als Selbsthilfe- und Selbstschutzvereinigung der arbeitenden Klassen, ganz zu schweigen von einer Kampforganisation, gedacht, sondern als wirtschaftsfriedliche Vereinigung von Arbeitgebern und Arbeitern („verschiedene Arbeits- und Besitzstände") zur Reorganisation der christlichen Gesellschaft. Das Ganze muß ein patriarchalisches Gepräge bekommen: „Hier wäre ein

---

ten, S. 24; Brakelmanns Analyse der Denkschrift bietet in Kontrast zu Marx' „Kommunistischem Manifest" in unübertroffener Klarheit die geschichts-philosophischen und theologischen Grundlagen der Wichern'schen Inneren Mission. Siehe auch: Derselbe, Kirche und Sozialismus, S. 49 ff.

223 Siehe dazu im einzelnen in der Denkschrift. Sämtliche Werke, Bd. 1, S. 202 ff.; 209 ff.; 249 ff.; 252 ff.; 287 ff.
224 Ebda. S. 152, 182.
225 Ebda. S. 252.
226 Brakelmann, Kirche und Marxismus, S. 38.
227 Wichern, Denkschrift, Sämtliche Werke, Bd. 1, S. 275.

patriarchalisches Verhältnis zu schaffen oder zu erneuern, das zwar eine Umwandlung aller sozialen Sitte zur Folge, aber nicht ein Revolutions-, sondern ein christliches Regenerationsprinzip zur Unterlage haben würde."[228]

Wir sehen also – und hierin ist Olaf Meyer zuzustimmen – daß es Wichern nicht darum geht, das neue Organisationsprinzip der Assoziation „als solches zu unterstützen". Es ist ihm allein wichtig, es im christlichen Sinne fortzubilden, was faktisch bedeutet, die Selbstorganisationsversuche der arbeitenden Klassen der christlichen Obrigkeit unterzuordnen. Die „vorgegebene Organisationsform wird von Wichern aufgenommen, um sie gegen ihre emanzipatorische Zielsetzung zu kehren."[229] Wicherns Assoziationen sollen dazu helfen, den einzelnen in die ständische Ordnung einzufügen. So richtet sich Wicherns Idee der Assoziation „gegen ein – sei es liberal oder sozialistisch – begründetes Egalitätsprinzip."[230]

Wicherns Grundauffassungen, theologisch-anthropologischer Pessimismus und ordnungstheologische Interpretation der gesellschaftlichen Wirklichkeit, haben sich bis 1871 nicht verändert, wie seine Rede auf der kirchlichen Oktoberversammlung zeigt.[231] Er sucht die Lösung der sozialen Frage „von personenhaften Bindungen her"[232] einseitig durch Appell an die Einsicht der herrschenden Klassen, umfassende Mission und Evangelisation des Volkes und Taten christlicher Karitas zu erreichen. Er war gewiß der erste bedeutende Kirchenvertreter im 19. Jahrhundert, der die soziale Frage in ihrer Neuartigkeit und Universalität richtig erkannte und unmißverständlich auf die Tagesordnung der kirchlichen Diskussion setzte, was zum damaligen Zeitpunkt von analytischem Scharfsinn zeugte. Er vermochte die Ursachen des Massenelends auch nicht nur im Unglauben und der „Entsittlichung" des Volkes zu erblicken. Sehr wohl erkannte er den Pauperismus als Folge der Veränderungen im ökonomischen und sozialen Bereich und machte sich die gängige Unterscheidung von „natürlicher" und „künstlicher" Armut zu eigen.[233] Darin wird ihm keiner den Respekt versagen dürfen.

Seine christlichen Regenerationsvorstellungen erwiesen sich aber vor der Realität einer feudalistisch-kapitalistischen Klassengesellschaft als schlicht anachronistisch. Sozialpolitischen Forderungen der Arbeiterklasse erkannte er keine Berechtigung zu, ja die bewußte politische Interessenvertretung in Selbstorganisation galt ihm als Aufstand gegen göttliche Ordnungen. „Von seinem organologischen Denken her, das orientiert ist am Sozialideal der Familie"[234], war es ihm unmöglich, eine sozialpolitische Reformgesetzgebung mit dem Ziel auch struktureller Änderungen in der Organisation der Arbeit, der Lohngestaltung, der partiellen Mitbestimmung der Arbeiter und der sozialen Sicherung zu erstreben.

Wichern hat die spätere Instrumentalisierung der Inneren Mission im Sinne der konservativen Restauration selbst vorbereitet: „Es gilt die Rettung der bürgerlichen Welt,

---

228 Ebda. S. 277.
229 Meyer, „Politische" und „Gesellschaftliche" Diakonie, S. 60.
230 Ebda. S. 61.
231 Vgl. die ausgezeichnete Interpretation der Rede bei Brakelmann, Kirche und Sozialismus, S. 64 ff.
232 Ebda., S. 87.
233 Brakelmann, Ebda., S. 104 ff. arbeitet die unterschiedlichen Kausalreihen gut heraus, die Wicherns Analyse des Massenelends zugrunde liegen.
234 Ebda., S. 87.

um dessentwillen wir uns treu zu unserem Vaterlande halten ... die innere Mission ist ebenso wahrhaft patriotisch, als sie das Schwert führt gegen die, welche sich gegen die Kirche erheben. Vaterland und Kirche – sie können in diesen Stürmen untergehen, aber nur, um herrlicher wiederaufzustehen.[235]

Die enge Verbindung mit den Interessen des preußischdeutschen Obrigkeitsstaates wird hier von Wichern vorgezeichnet. Die Feinde des Staates waren zugleich die Feinde der Inneren Mission. Die Entwicklungsgeschichte der Inneren Mission nach Wicherns Denkschrift und nach der Begründung des „Centralausschusses" zeigte ihre immer stärkere restaurative Einbindung in die Staatsziele der preußischen Monarchie. Das Leitungsgremium der Inneren Mission trug von Anfang an, „eindeutig die Farbe der alten patriarchalischen, junkerlichen Führungsmächte."[236]

So erweisen sich Wichern und die Innere Mission nicht als die Initiatoren einer neuen christlich-sozialen Ethik, die als Leitmotiv den offenen Dialog mit weltanschaulich anders verfaßten sozialpolitischen Bewegungen und Theorien zur Analyse und Therapie der schadhaften Gesellschaftsordnung hätte vorantreiben können. Die Innere Mission degenerierte zum sozialpolitischen Handlanger des preußischen Konservatismus und blieb auf diese Weise ein untaugliches Mittel, die Masse des proletarisierten Volkes für Christentum und Kirche zurückzugewinnen. Die soziale Frage konnte nicht von einer kirchlichen Institution gelöst werden, die in ihrer Genese schon die Zeichen einer institutionellen Antithese zum atheistischen Sozialismus/Kommunismus trug. Denn „in dem Maße, wie die innere Mission, ... zum konterrevolutionären Instrument der bürgerlich-christlichen Gesellschaft wurde, und der Kommunismus immer mehr in das Gefälle der Vorstellungen vom organisierten satanischen Prinzip geriet, wurde auch die Lösung der sozialen Frage durch die Arbeit der inneren Mission immer mehr an den Rand gerückt."[237] Dieses Verdikt findet seine eindrucksvolle Bestätigung im Verhalten des Centralausschusses, der Provinzialausschüsse, Konferenzen und in einzelnen Meinungsäußerungen von Vertretern der Inneren Mission zu Rudolf Todt und der gesamten christlich-sozialen Bewegung. Der Centralausschuß erwähnte Todts Buch in keiner seiner Verlautbarungen, sondern beeilte sich, die im Jahr 1878 für das Vaterland entstandenen Gefahren zu beschwören: „Der Centralausschuß hat nicht aufgehört, die religiösen Verirrungen und gesellschaftlichen Schäden, aus denen die Socialdemokratie ihre Nahrung schöpft, den ihm erreichbaren Kreisen nahe zu bringen und zum Kampf wider dieselben durch den Dienst christlicher Liebe zu ermuthigen."[238]

---

235 Wichern, Sämtliche Werke, Bd. 1, S. 132.
236 Karl Kupisch, Kirche und soziale Frage im 19. Jahrhundert. In: Durch den Zaun der Geschichte. Berlin, 1964. S. 241
Im Centralausschuß vom 11.11.1848, dem Gründungsgremium, waren neben Wichern nur hohe Staats- u. Kirchenbeamte vertreten, u. a. F. J. Stahl und der spätere Kultusminister v. Mühler. Vgl. dazu Shanahan, Protestantismus, S. 271 ff.; Gerhardt, Ein Jahrhundert IM, S. 85 ff.; Mahling, Innere Mission; Wichern wurde 1857 Vortragender Rat im Preußischen Innenministerium und zugleich Oberkirchenrat im EOK. In der Hoffnung auf durchgreifende Unterstützung seines sozialen Unternehmens war er bewußt in die Regierungskreise eingetreten. So verständlich diese Handlungsweise war, so schädlich hat sie sich à la longue auf die ursprünglichen Intentionen der IM ausgewirkt, für *alle* Stände und Klassen im Volk da zu sein.
237 Brakelmann, Kirche und Sozialismus, S. 97.
238 20. Bericht des Centralausschusses für die Innere Mission der deutschen evangelischen Kirche in Berlin und Hamburg (Juli 1877 – Oktober 1878) Hamburg, 1878, S. 16.

Der Centralausschuß engagierte sich seit Mitte der siebziger Jahre in der Fraqe der Sonntagsheiligung. Im Juni 1877 richtete er eine Petition an Bismarck, in der er sich für eine gesetzliche Sonntagsruhe aussprach. Dies war und blieb auch in den nächsten Jahren die einzige auffallende Aktivität des CA in sozialen Fragen.[239]

Friedrich Danneil, Reiseagent der Inneren Mission, schrieb im Rückblick auf diese Zeit, die Stellung des CA aus seiner Sicht zutreffend schildernd: „Der Central-Ausschuß war sich völlig darüber klar, daß seine Aufgabe nicht sein könne, sich mit den Führern der Sozialdemokratie in einen Zweikampf einzulassen; eben so wenig hatte er ein bestimmtes wirthschaftliches Programm zu entwerfen und zu vertreten. Seine Aufgabe war vielmehr, auf die große Gefahr hinzuweisen, die Erkenntniß der vielen Verschuldigungen bei Hohen und Niedrigen zu wecken, sich selbst auf den festen Grund des Wortes Gottes zu stellen und alle ernsten Volksgenossen einzuladen, mit neuer Treue zu arbeiten an der Ueberwindung von Mißständen und Ungerechtigkeiten und in brüderlichem Sinne das Band der Einigung und des Friedens zu suchen."[240] Die Abwehr der christlich-sozialen Bewegung wird in dieser Betrachtung der Stellung des Centralausschusses sehr deutlich ausgesprochen, und so verhielten sich die meisten übrigen Führungsgremien der Inneren Mission.

In einem Vortrag auf der Konferenz der Inneren Mission in Bielefeld, 1877, nimmt Pastor Schröter Bezug auf Todts Buch und zitiert immerhin zustimmend Todts Urteil, daß die Sozialdemokratie als „Bußprediger" für die Kirche zu betrachten sei.[241]

Ausführlicher wird das Thema dann auf dem Magdeburger Kongreß im September 1878 erörtert. Pfarrer Schlosser aus Frankfurt am Main referiert zu der Fragestellung „Welche socialen Verpflichtungen erwachsen dem Christen aus seinem Besitze?" und nimmt auch Stellung zur Sozialreform und der christlich-socialen Bewegung. Auch dieses Referat ist insofern typisch für die Geisteshaltung der Inneren Mission, als daß Schlosser nach anfänglicher Erklärung seiner Sympathien für die christlich-sociale Bewegung[242] sogleich dazu übergeht, die Lehre des Evangeliums von Reichtum und Armut so auszulegen, daß am Ende der bekannte Standort der Inneren Mission: Karitas ja, Politik nein, herauskommt.

Er versucht — nachdem er den herrschenden „Manchester-Liberalismus" und die von ihm ausgehenden atheistischen Wirkungen hinlänglich abweisend behandelt hat — mit gewaltigen Ausflügen in die germanische und griechisch-römische Geisteswelt sowie einer Unzahl einzelner Bibelstellen die bedrohlichen Wirkungen des Reichtums im allgemeinen nachzuweisen.[243] Er kommt zu der Schlußfolgerung, daß der Christ den Besitz „als eine Gabe Gottes" annehmen sollte, „die an sich gut, wie alle von oben, vom Vater des Lichts kommenden Gaben, doch ihm und anderen, ja der ganzen Gemeinschaft durch eigene Verkehrtheit, Sünde und Schuld zu einer Gefahr, einem Unsegen, einem

---

239 Siehe 19. Bericht des Centralausschusses für die Innere Mission der deutschen evangelischen Kirche. In: DEBL, 10. Jg. 1885, H. X. S. 664.

240 Dr. Dannell, Der Central-Ausschuß für die innere Mission der deutschen evangelischen Kirche. In: DEBL, 10. Jg. 1885, H. X., S. 664.

241 Verhandlungen der Conferenz für die innere Mission zu Bielefeld. XIX. Congreß für innere Mission vom 4.-7. September 1877. Veröffentlicht vom CA der Inneren Mission. Hamburg, 1877. S. 48. Vgl. auch Abschnitt 4.3.

242 Verhandlungen des XX. Congresses für innere Mission zu Magdeburg vom 10.-12. September 1878. Hrsgg. vom Sekretariate des Congresses. Hamburg, 1878. S. 50.

243 Ebda., S. 51 ff.

Fluch und Verderben werden kann, wie ihm und Anderen, und der ganzen Gesellschaft zum Segen durch rechten Gebrauch."[244]

Armut wird — ganz im traditionellen ständisch-vorindustriellen Sinne unter Verweis auf die bekannten Bibelstellen[245] — als unaufhebbar und notwendiges Feld der Wohltätigkeit der Reichen definiert: „Armuth, Noth des Lebens ist eben nothwendig; sie hat ihren heilsamen Einfluß auf den Einzelnen, wie auf die Gemeinschaft, sie macht erfinderisch, bricht Eisen, lehrt beten und sie öffnet dem Größesten, was es sieht, der christlichen Liebe ihr schönstes Arbeitsfeld."[246]

Daraus folgt für Schlosser als „selbstverständlichste Verpflichtung ... die Wohltätigkeit"[247], etwa in Gestalt von „Armenerziehungsanstalten, Rettungshäusern, Marthahäusern, Herbergen zur Heimat, Magdalenen-Asylen, freiwilliger berufsmäßiger Armenpflege."[248] Aber nicht nur der materielle Besitz erheische soziale Verpflichtungen, sondern auch der geistige. So müsse man dem „falschen", „unheiligen Geistesbesitz"[249], der, „emancipirt von geistlicher Autorität"[250], sich im „Mangel aller Ideale", in „Materialismus" und der „Philosophie der Verzweiflung"[251] erschöpfe, durch geeignete Maßnahmen begegnen. Schlosser verweist hier stereotyp auf die Kolportage, christliche Presse, Volkskalender, Jünglingsvereine, Mägdeherbergen, Mädchenvereine und Sonntagsvereine.[252] Der „ungöttlichen Kunst" und der „gottvergessenen Vergnügungslust" sagt er den Kampf an und verordnet als Heilmittel schließlich „Orgelkonzerte an Sonntag Abenden"[253], an denen auch Arbeiter teilnehmen könnten.

Die überaus zustimmende Resonanz auf Schlossers Vortrag bestätigt den schon gewonnenen Eindruck, daß die Innere Mission — weit entfernt von wirklicher Ursachenerforschung der tatsächlichen wirtschaftlichen und sozialen Krisensymptome — ungebrochen dem von Wichern begründeten Ideal des barmherzigen Samariters und Evangelisten folgt, ohne sich auf sozialpolitische Forderungen einzulassen. Die Aktivitäten der christlich-sozialen Bewegung werden zwar registriert, aber eher abwehrend und ausgrenzend kommentiert. Der Eintritt in die politische Öffentlichkeit gilt den Repräsentanten der IM als Eingriff in ein fremdes Amt. Zwar räumt man ein, daß Hofprediger Stoecker die christlich soziale Bewegung „in lauterer Liebe für unser Volk, im Dienste seines Herrn und um des Gewissens willen" begonnen hat, und lobt „sein mannhaftes und glaubensmuthiges Vorgehn"[254], will aber „nach einer Seite hin ein Bedenken nicht zurückhalten."[255] Dieses „Bedenken" erweist dann in wünschenswerter Deutlichkeit, welche gravierenden Unterschiede zwischen Todts und Stoeckers christlich-sozialer Bewegung und der Inneren Mission bestehen.

---

244 Ebda., S. 55 f.
245 Sprüche 22,2: „Reiche und Arme begegnen einander; der Herr hat sie alle gemacht"; „Arme habt ihr allezeit bei euch", Matthäus 26, 11.
246 Verhandlungen ... 1878, S. 60.
247 Ebda., S. 66.
248 Ebda.
249 Ebda., S. 70 ff.
250 Ebda., S. 68.
251 Ebda., S. 69.
252 Ebda., S. 73.
253 Ebda.,
254 FB, 35. Serie, No. 5, 1878, S. 141.
255 Ebda., S. 142.

Es wird Stoecker vorgehalten, daß es nicht „räthlich war, in das Programm der Partei eine Reihe disputabler wirtschaftlicher Forderungen aufzunehmen, deren Berechtigung und Durchführbarkeit damit vor den Arbeitern als zweifellos proklamiert wird."[256] Schon die programmatische Festlegung gilt der Inneren Mission als Übergriff in Gebiete, für die die Theologie nicht kompetent und berufen sei. Das Äußerste, was gerechtfertigt werden könne, sei eine Aufgabe der allgemeinen „Ziele der Partei-Action", während „hinsichtlich der wirtschaftlichen Lage... eine breitere, der weiteren Entwicklung Raum gebende Basis" hätte erreicht werden müssen.[257] Das Ziel sei allgemein zu beschreiben als „Sicherung einer menschenwürdigen, den Forderungen der Gerechtigkeit wie der christlichen Liebe entsprechender Existenz für die arbeitenden Klassen."[258]

Welche Wege die Innere Mission vorschlägt, macht dann eine Thesenreihe Prediger Oldenbergs deutlich, in der er die „Aufgabe des evangelischen Geistlichen an der socialen Frage" beschreibt. Wir erfahren hier nichts Neues. Das Evangelium wird als die „größte aller socialen Mächte" bezeichnet, weil es als „Ueberwinder der antisocialen Gegenmacht: des Egoismus" auftrete.[259] Der Prediger sei in erster Linie gegenüber allen sozialen Klassen seiner Gemeinde zu Predigt, Seelsorge und Bewährung des Glaubens im täglichen Leben verpflichtet. Denn: „Ist gleich das Reich des Herrn nicht von dieser Welt, so soll es doch schon hienieden Wirklichkeit und Gestalt gewinnen."[260]

Der Prediger wird angehalten, die Reichen an ihre Pflichten als „Haushalter" Gottes zu mahnen und den „Neid, die Genußsucht und den Trotz der Armen zu geißeln."[261] Im übrigen solle er die Heiligung des Sonntags in den Familien festigen und das Familienleben fördern. Deutlich ausgesprochen wird die Mahnung an das geistliche Amt, sich in wirtschaftlichen Fragen mit dem parteilichen Urteil zurückzuhalten, da der Prediger es „bei der Schwierigkeit vieler wirthschaftlicher und national-ökonomischer Fragen ... über einen ob auch respektablen Dilettantismus nur in Ausnahmefällen hinausbringen wird."[262] Oldenberg gesteht dem Geistlichen immerhin zu, als „Bürger" und nach Prüfung des Gewissens auch vor „feindseligen Kreisen von der Wahrheit des Evangeliums" Zeugniß ablegen zu können, ja er könne sich sogar „an den socialen Kämpfen der Zeit ... in direkter Weise und über die Sphäre seines geistlichen Amtes hinaus" beteiligen, wenn dadurch die „Führung seines geistlichen Amtes nicht gehemmt, sondern gefördert wird."[263]

Die Innere Mission sprach wenig später ein eindeutiges „Nein" zu Todt und Stoeckers Bestrebungen. Eine Reihe von Pastoral-Conferenzen und Versammlungen der Inneren Mission von Liegnitz, Berlin und Dresden bis Köln hatten sich mit der christlich-sozialen Bewegung beschäftigt. Die Meinungen schwankten zwischen Neutralität und entschiedener Ablehnung. Bei aller Hochachtung für das politische Engagement Stoeckers wollte man sich nicht in „Partei Agitationen" hineinziehen lassen.[264]

---

256 Ebda., S. 143.
257 Ebda.
258 Ebda., S. 144.
259 Ebda., S. 145.
260 Ebda.
261 Ebda.
262 Ebda., S. 146.
263 Ebda.
264 Entschiedenste Ablehnung der Stoecker/Todtschen-Bewegung formulierte die Leipziger Pfingst-

Scharf wird zwischen der „Pflanzung und Pflege christlichen Geistes und christlicher Gesinnung" einerseits und Politik sowie „Wirthschaftslehre" andererseits getrennt, die gleichwohl von christlichem Geist durchdrungen werden sollen. Wie das zu geschehen hat, bleibt offen. Die Innere Mission verharrt in bloßer Negation: Sie weiß, wie man Sozialreform nicht machen soll und warnt davor. Eine konstruktive, den Bedürfnissen der politischen Auseinandersetzung angemessene und den realen politischen Machtverhältnissen Rechnung tragende Strategie wird nicht angeboten. Stets bleibt die Angst im Vordergrund, daß durch Stoeckers und Todts Aktionen die gesamte Kirche in den „Strom ihrer Agitation" und den „Strudel der Parteileidenschaften" hineingerissen werde.[265]

Doch war diese Sorge nur eine Seite der Medaille. Viel schwerer wog — wenn auch oft nur angedeutet — die bedenkliche Nähe des Stoecker/Todtschen-Programmes zu den Forderungen der Sozialdemokratie, wie sie mit dem Gothaer Programm seit 1875 vorlagen. Ohne Todts Buch zu besprechen oder ausführlicher zu zitieren, verwirft man es wegen seines Schriftverständnisses und des „bedenklichen Sühneversuch(s)... zwischen Christenthum und Socialdemokratie, ja zwischen Talar und Blouse.[266]

Es gab aber auch aus Kreisen der Inneren Mission differenziertere und endlich sogar bejahende Stimmen gegenüber der christlich-sozialen Bewegung. Gemessen an dem streckenweise geradezu hetzerischen Ton der „Fliegenden Blätter", ragt hier die Darstellung Pastor W. Nelles hervor, eines Reise-Agenten der Inneren Mission aus Langenberg bei Elberfeld. Todts Schriften über den „Radikalen Deutschen Socialismus" und den „Inneren Zusammenhang und die nothwendige Verbindung zwischen dem Studium der Theologie und dem Studium der Socialwissenschaften" werden ausführlich gewürdigt. Die Geschichte des „Centralvereins für Socialreform" und der „Christlich-sozialen Arbeiterpartei" stellt Nelle sachlich und ohne polemische Zwischentöne dar.[267]

Nelle hebt hervor, daß Todts Buch über den „Radikalen Deutschen Socialismus" wirklich „eine Mission erfüllt habe: Es war als der erste große Versuch, das Evangelium mit dem Socialismus auf der Basis der Verständigung auseinanderzusetzen, überaus wichtig und besonders für praktische Geistliche werthvoll."[268] Todt wird wegen seiner systematischen Darstellung des wissenschaftlichen Sozialismus und der nötigen Diffe-

---

und die Meißner Kirchen- u. Pastoral-Conferenz 1878: Auf der letzten referierte der Rechtsprofessor Adolf Wach, Universität Leipzig, über die christlich-soziale Bewegung und formulierte scharfe Antithesen gegen Stoeckers und Todts Bewertung des zeitgenössischen Sozialismus. Er sieht v. a. bei Todt eine zu starke Nähe zu sozialdemokratischen Programmforderungen und verurteilt alle Versuche einer Verbindung von Christentum und Sozialismus: „welche traurige Mischung von Wahrheit und Irrthum! Das... ist überhaupt der Stempel der gesammten christlich-socialen Bewegung. Sie mischt die heiligsten Gedanken, die höchsten Wahrheiten in den Markt des Partei-Getriebe des täglichen Lebens, sie trennt nicht mehr Kirchliches und Staatliches, Ethisches und Rechtliches. Dieses Gemenge erscheint mir einer der gefahrvollsten Irrthümer." Adolf Wach, Die christlich-sociale Arbeiterpartei. Leipzig, 1878. S. 43; Kritisch zu Wach: Staats-Socialist, 2. Jg., No. 15, 12. April 1879, S. 118; von Oertzen, Stoecker I, S. 181; Siehe auch den Bericht in der liberalen Magdeburgischen Zeitung, Nr. 345, 27. Juli 1878.

265 FB, 35. Serie, No. 8, 1878, S. 239.
266 Ebda., S. 238.
267 W. Nelle, Die socialen Bewegungen in Berlin, In: Monatsschrift für Innere Mission, hrsgg. von Theodor Schäfer, II. Jg. (1877/78), S. 433 ff. u. 481 ff.
268 Ebda., S. 438.

renzierung zwischen einem „idealen" und „vulgären" Sozialismus ausdrücklich gelobt. Während Schusters agitatorisches Buch, das dem heutigen „volksthümlichen Socialismus ein so erschütterndes, aber immerhin wahres Bild"[269] entwerfe, habe Todt darauf hingewiesen, daß die „Gedankenschwere", „dialektische Meisterschaft" und der „Idealismus" eines Marx und Lassalle „ebensosehr des Studiums werth sind, als man überhaupt Philosophen und ihre Dogmen studirt."[270] Man könne Todts Buch auch keinesfalls wegen einer vermeintlichen Nähe zum Sozialismus tadeln: „Eine bedenkliche Wirkung (etwa wegen der dem Socialismus gemachten Zugeständnisse) vermögen wir demselben absolut nicht beizumessen. Wer überhaupt Bildung und Interesse genug besitzt, es zu lesen, dem werden die darin vorgetragenen Lehren nur zur Klärung seiner Ansichten dienen."[271]

Nelle erhebt allerdings Einspruch gegen Todts exegetische Kunststücke und trifft hier in der Tat einen wunden Punkt. Namentlich Todts Exegese des Weinberg-Gleichnisses verfällt seiner Kritik.[272] Ebenso findet Todts Abweichung von dem für den theologischen Konservatismus so typischen Verständnis der „Ordnungen" Nelles harsche Kritik: Es ist ihm geradezu unbegreiflich, wie Todt behaupten kann, daß die sozialen Ordnungen, vor allem die Klassen- und Standesunterschiede), Produkte menschlichen Willens seien, die demzufolge von dem Menschen auch umgestaltet werden können. Hier wendet er entschieden ein: „Wir haben es hier doch nicht mit menschlichen Verträgen, sondern mit einer unabänderlichen göttlichen Naturordnung zu thun, innerhalb welcher sich die sittliche Weltordnung aufbauen soll."[273]

Todts zweite Schrift zum Verhältnis von Theologie und Sozialwissenschaften wird gänzlich verworfen, weil Todt hier angeblich die Theologen mit sozialwissenschaftlichen Studien überfordere und somit das Theologiestudium beeinträchtige: „Eine oberflächliche theologische Bildung aber ruinirt und diskreditirt den geistlichen Stand und die Kirche."[274]

Nelle schildert i. f. sehr anschaulich und durchaus sachlich Entstehung, Ziele und Entwicklung des „Centralvereins für Socialreform" bis Mitte 1878 und stellt die Zeitschrift des Vereins vor. Er hält das Unternehmen von seinem ursprünglichen Impuls aus betrachtet, auf die Gebildeten und Arbeiter gleichermaßen einzuwirken, für hilfreich und erfolgversprechend, versteht aber nicht, warum sich der Verein „so unumwunden auf den Standpunkt gerade der extremsten Vertreter des ‚Kathedersocialismus'" stellt.[275] Die ökonomischen Ansichten des Vereins gehen Nelle entschieden zu weit, und er befürchtet, daß darüber hinaus auch Religion und Monarchie in das Kreuzfeuer der Vereins-Kritik geraten könnten: „Das heißt doch mehr, als mit Feuer spielen."[276]

Fast resignierend konstatiert Nelle, daß der Verein, der die Wiederherstellung des Christentums in den atheistisch und materialistisch gesinnten Kreisen der Gebildeten

---

269 Ebda.
270 Ebda.
271 Ebda., S. 440 f.
272 Matth. 20, 1-16; RDS, S. 185 u. 309.
273 Nelle, Sociale Bewegung, S. 440.
274 Ebda., S. 441.
275 Ebda., S. 444.
276 Ebda., S. 445.

mit wissenschaftlichen Beweisführungen anstrebe, damit Fiasko mache: „Da will der Verein etwas, was wenigstens für das Christenthum unmöglich ist."[277] Der Verein erwerbe sich aber das große Verdienst, regelmäßig über die christlich-soziale Bewegung zu berichten und liefere in seiner Rubrik „Sociale Chronik" wertvolle Hinweise zum Stand der sozialen Frage und der Entwicklung der Sozialdemokratie. Gleichwohl erreiche er seine Ziele nicht durch bloße Verbreitung aufklärender Schriften: „Vom bloßen Theoretisiren, vom bloßen Bekämpfen falscher Anschauungen lebt kein Verein."[278]

Der Verein habe „an Stelle der dienenden und suchenden Christenliebe" wie die Innere Mission sie biete, noch keine glaubhafte Alternative entwickelt. Es mangele vor allem am Aufzeigen konkreter Wege, um die erhobenen sozialen Forderungen durchzusetzen.[279] Es ist Nelle aber klar, daß der Verein, um politisch etwas erreichen zu können, „sich zu einer Partei ausgestalten muß."[280] Die CSAP wird von ihm daher lebhaft begrüßt, ja er sieht sie auf einem der Inneren Mission „innig verwandten Boden".[281] Geradezu werbend schildert er die Entstehung und Entwicklung der Partei[282] und nimmt sie gegen diejenigen in Schutz, die nach den „fluchwürdigen Attentaten" auf den Kaiser[283] die Christlich-Sozialen mit den ultramontanen Bestrebungen gleichen Namens identifizierten und die angezettelte Sozialistenhetze unangemessen ausweiteten. Dagegen habe die CSAP die Aufgabe, „nicht blos der Socialdemokratie, sondern auch der Socialistenhetze entgegenzuwirken, wie wir letztere in egoistischer Weise ins Werk gesetzt sehen."[284] Er teilt also mit Stoecker und Todt die Unterscheidung zwischen Sozialdemokratie und Sozialismus und gibt seine Sympathien für den letzten ziemlich unverhohlen zu erkennen.

Nach einer detaillierten Schilderung der stürmischen Gründungsphase der Partei im Januar 1878 kommt Nelle zu einer ganz anderen Bewertung der christlich-sozialen Programmatik als Pastor Oldenberg und dessen Gesinnungsgenossen von den „Fliegenden Blättern". Er stellt kurz und sachlich fest: „Wir gehören nicht zu denen, die es der christl.-soc. A.-P. verdenken, ein solches bestimmt formulirtes Programm mit Forderungen aufgestellt zu haben. Im Gegentheil: wir halten es für unbedingt nöthig, für jeden ersprießlichen Zusammenschluß feste, auch wirthschaftliche Positionen einzunehmen."[285] Er findet auch nicht − abweichend vom Standpunkt des Central-Ausschusses der Inneren Mission −, „daß den Arbeitern in unberechtigter Weise Versprechungen in dem Programm gemacht werden"[286], und lobt ausdrücklich die Forderungen nach gesetzlicher Sonntagsruhe, der Abschaffung von Frauen- und Kinderarbeit in Fabriken sowie die Idee der „Fachgenossenschaften". Nur das Verlangen nach dem „Normalarbeitstag" und der Verzicht darauf, den Arbeitern − wie allen anderen Ständen − soziale Verpflichtungen aufzuerlegen, finden nicht seinen Beifall. Es ist Nelle klar, daß die Partei nur Erfolg

---

277 Ebda., S. 446.
278 Ebda., S. 448.
279 Ebda., S. 450.
280 Ebda.
281 Ebda., S. 481.
282 Ebda., S. 481 ff.
283 Ebda.
284 Ebda., S. 482.
285 Ebda., S. 489.
286 Ebda., S. 489.

haben könne, wenn sie politisch Einfluß gewinne und in den parlamentarischen Reichs- und Landesvertretungen repräsentiert sei. Er hofft auf die weitere Ausbreitung der Partei im Deutschen Reich und prophezeit den Erfolg der Partei durch den von ihr proklamierten „lebendigen Glauben": „Solange dieser Geist in der christlichsocialen Partei lebendig ist, kann sie nicht untergehen, wird sie siegreich vordringen."[287]

Nelles Wertschätzung der CSAP blieb in der Inneren Mission eine randständige Erscheinung. Die Leitungsgremien in Hamburg und Berlin sowie die meisten Provinzialausschüsse standen zu der von Oldenberg und dem Central-Ausschuß ausgegebenen Parole: Keine Einmischung in die Partei-Agitation, kein direkter Kampf an der sozialpolitischen Front.

Die Haltung der Inneren Mission muß Todt gewiß enttäuscht haben. Er hat sich aber später nicht mehr zur Inneren Mission geäußert, und es liegen auch keine Stellungnahmen von ihm zu der von Theodor Lohmann 1884 verfaßten Denkschrift „Die Aufgabe der Kirche und ihrer Inneren Mission..."[288] vor. Er hat sie sicherlich gekannt, war indes den sozialen Aueinandersetzungen in seinem Kirchenamt zu ferne gerückt, daß er noch einmal in den Konflikt über die soziale Frage eingriff.

Die Denkschrift, die vom Central-Ausschuß für Innere Mission 1885 herausgegeben wurde, markiert in maßgeblicher Weise bis weit in das 20. Jahrhundert hinein nicht nur den Standpunkt der Inneren Mission, sondern repräsentiert die herrschende Meinung evangelischer Sozialethik in der zweiten Hälfte des 19. Jahrhunderts. Sie ist zugleich Rezeption, Verarbeitung und Abschluß der Wichern'schen Grundideen im späten 19. Jahrhundert. Es findet sich nirgendwo ein Gedanke, der über das Wichernsche Konzept eines zentralisierten, missionarisch begründeten „Almosen-Idealismus" hinausreicht.

Auf der Analyse-Ebene sind es die konservativen Stereotypen, die erneut aufscheinen: Die Ursachen der sozialen Frage werden einseitig in den falschen sittlichen Grundauffassungen des „Materialismus", „Individualismus" und „ökonomischen Liberalismus" begründet gesehen. Diese Geistesmächte verkennten allesamt die „Macht der Sünde".[289] Und: Die Sozialdemokratie erscheint in ihrem Kampf gegen die positive Staatsordnung, gegen Christentum und Kirche „nur als die äußerste Consequenz der von den höheren Klassen zu den breiten Schichten des Volkes durchgedrungenen materialistischen Strömung der Gegenwart".[290] Und zugleich auch als Anklägerin für die „Unterlassungssünden" von Staat und Kirche auf gesellschaftlichem und wirtschaftlichem Gebiet.

Ebenso werden die programmatischen Leitsätze zur Lösung der sozialen Frage in den uns schon bekannten Argumentationsfiguren beschrieben:

— Die Kirche solle auf die Einhaltung des „Sittengesetzes" auch in der Wirtschaft achten und, „ohne das verschiedene Maaß des Besitzes und die Unterschiede der wirthschaftlichen Klassen mit ihren besonderen Kulturaufgaben und dadurch bedingten Kulturbedürfnissen zu beseitigen", auch den unteren Klassen ein Leben ohne wirt-

---

287 Ebda., S. 501.
288 Vgl. Anm. 217.
289 Ebda., S. 4.
290 Ebda., S. 5.

schaftliche Not „zur Erhaltung und Pflege der sittlichen Lebensordnungen" ermöglichen.[291]

— Der irdische Besitz sei wie die Arbeitskraft eine gute Gabe Gottes „für deren Verwaltung und Verwerthung im Dienste der irdischen und ewigen Bestimmung seiner selbst und der ihn umschließenden Gemeinschaft ihr Inhaber vor Gott verantwortlich ist."[292] Darauf folge für den Arbeitgeber, daß er seinen Besitz nicht ausschließlich für egoistische Zwecke verwende („Mammonsdienst"), sondern seine Verpflichtung für das geistige und sittliche Wohl der Arbeiter ernst nähme: „Nach dem Grundsatze: ‚Welchem viel gegeben ist, von dem wird man viel fordern' trifft den Arbeitgeber die größere Verantwortung, und zwar in um so höherem Maaße, je mehr durch die Ordnung des Erwerbslebens die Selbstbestimmung des einzelnen Arbeiters beschränkt und die Gestaltung seines persönlichen, wirthschaftlichen und Familienlebens von dem gegebenen Arbeitsverhältnisse beherrscht wird."[293]

— Auch der Staat solle da, wo die Ordnung der Arbeitsverhältnisse nicht anders zu erreichen sei, „durch allgemeine gesetzliche Bestimmungen die Regelung des Arbeitsverhältnisses der Willkür der Einzelnen in so weit zu entziehen, als es erforderlich ist, um auch dem besitzlosen Arbeiter die unerläßlichen Bedingungen für die Erfüllung seiner sittlichen Aufgabe zu wahren."[294]

— Im Verhältnis von Kapital und Arbeit komme es darauf an, das „Unternehmen zu einer sittlichen Gemeinschaft zu gestalten"[295], in der sowohl das Unternehmensziel, den „möglichst höchsten Ertrag" zu erreichen[296], genauso Berücksichtigung finden müsse, wie die Forderungen der Arbeiter nach ausreichendem Lohn und erträglicher Arbeitszeit. Autorität und Disziplin sollten „mit sorgsamer Achtung vor der persönlichen Ehre des Arbeiters"[297] die gesamte Ordnung des Unternehmens bestimmen.

Die Denkschrift richtet moralische Appelle in erster Linie an die Arbeitgeberschaft, dann an den Staat und zuletzt an die Arbeiter und erhofft sich die Ausgestaltung der Unternehmen zu einer Art erweiterter Familien. Der Veredelung und Versittlichung des Verhältnisses zwischen Kapital und Arbeit sollen auch Zusammenschlüsse der Arbeitgeber und Arbeiter dienen und dazu helfen, „einer Verschärfung des Gegensatzes zwischen Arbeitgebern und Arbeitern... entgegen zuwirken."[298] Es zeigen sich überdeutlich — auch in diesem späten Dokument der Inneren Mission — die „Grenzen, die der evangelischen Sozialprogrammatik gesetzt waren. Sie schreckte zurück vor dem Wagnis, die Ordnung von dem ‚bewußten Willen der Gesamtheit' abzuleiten, auch dem Arbeiter das Recht und die Pflicht zuzugestehen, politisches Subjekt zu sein, der Rechtsgleichheit die wirtschaftliche Gleichstellung folgen zu lassen."[299]

---

291 Ebda., S. 5f.
292 Ebda.
293 Ebda.
294 Ebda., S. 7.
295 Ebda., S. 14.
296 Ebda., S. 11.
297 Ebda.
298 Ebda., S. 15.
299 Strohm, Kirche und demokratischer Sozialismus, S. 33.

Theoretisch hatte Todt in seinen Betrachtungen über die Freiheit und Gleichheit der Menschen im Lichte des Neuen Testamentes einen entscheidenden Schritt über die Theologie und Sozialethik der Inneren Mission hinaus gewagt. Und praktisch zeigte seine aktive Beteiligung an der christlich-sozialen Bewegung sein fundamental anderes Politikverständnis. Doch letzten Endes bleibt auch er wie die Innere Mission im Appellativen stecken. Auch er versäumt es, Strukturen und konkrete Instrumente zur Umgestaltung der Gesellschaft und zur Verwirklichung eines „christlichen Sozialismus" zu benennen.

13.5 Die Sozialdemokratie

In der Öffentlichkeit wurde Rudolf Todts These, daß der Atheismus der Sozialdemokratie bloßes „Accidens" sei und ihr nicht wesensmäßig zugehöre, leidenschaftlich diskutiert. Die scharfen Kritiken an Todt in diesem Punkt haben wir Revue passieren lassen. Wie aber stand die Sozialdemokratie selbst zu Todts Behauptungen? Wie definierte sie sich als soziale und politische Emanzipationsbewegung des Proletariats im Verhältnis zur christlich-sozialen Bewegung? Und welche Rolle spielte die Religion im Klassenbildungsprozeß des Proletariats und der theoretisch-programmatischen Formierung der Sozialdemokratie?

Alle diese Fragen lassen sich angesichts des erreichten Forschungsstandes nur begrenzt und vorläufig beantworten.[300] Es soll in diesem Abschnitt auch nicht um ein umfassendes Porträt der schrittweisen Entfremdung der Arbeiterklasse von Kirche und Religion[301] und der Entwicklung ideologischer Alternativen aus den Reihen der deut-

---

300 Noch immer gilt das Urteil des amerikanischen Sozialhistorikers Vernon L. Lidtke von 1966, daß es bis heute „no complete investigation of the relationship of the Social Democratic Movement to Christianity in the XIX. century" gebe. Vernon L. Lidtke, August Bebel and German Social Democracy's Relation to the Christian Churches. In: Journal of the History of Ideas, Vol. XXVI, 1966, S. 245. Vgl. auch seinen Überblick in: Recent Literature on Worker's Culture in Germany and England. In: Arbeiter und Arbeiterbewegung im Vergleich, S. 350 ff.

301 Hugh McLeod beschreibt den Entfremdungsprozeß der Arbeiterklasse von Religion und Kirchen treffend als einen Drei-Stufen-Prozeß: „The first stage was the loosening of ties with the church that was usually associated with rapid urbanization, or with the establishment of factories or mines in areas previously dominated by agriculture or domestic industry. The second stage was the growth of a sense of separate identity, and revulsion from the intimate contact with members of others social classes that active church membership might require. The third was an explicit rejection of Christianity, usually following the adoption of socialism as alternative worldview." (Protestantism and the Working Class in Imperial Germany. In: European Studies Review 12, 1982. S. 327)
Eine Gesamtdarstellung des Verhältnisses von Sozialdemokratie und Religion/Kirchen im 19. Jahrhundert fehlt immer noch. Vgl. die Artikel „Kirche und Sozialismus" von Heiner Ludwig und Günter Brakelmann in: Lexikon des Sozialismus, S. 298 ff. und zum Stichwort „Religion" in: Kritisches Wörterbuch des Marxismus, S. 1126 ff. Regionalstudien für Berlin-Brandenburg fehlen ebenso. Siehe aber zum Raum Göttingen: Werner Marquardt, Arbeiterbewegung und evangelische Kirchengemeinde im wilhelminischen Deutschland. Kirchenstuhlfrage und Kirchenvorstandswahlen in Groß Lengden bei Göttingen. Göttingen, 1986.

schen Sozialdemokratie zur traditionellen Christlichkeit gehen, sondern wir versuchen eng bezogen auf den Zeitraum des Wirkens Rudolf Todts, eine knappe Darstellung des theoretisch-programmatischen Profils der Sozialdemokratie in bezug auf Religion und Kirche zu geben und fragen nach den praktischen Konsequenzen daraus. Im Anschluß daran sollen Reaktionen aus dem sozialdemokratischen Lager auf Todts Buch und die christlich-soziale Bewegung diskutiert werden.

Rudolf Todt beschäftigte sich im „Radikalen deutschen Socialismus" mit einer Sozialdemokratie, die in ihrem theoretisch-programmatischen Formierungsprozess 1875 im Gothaer Programm eine erste wichtige Etappe erreicht hatte. Die Gründung der Sozialistischen Arbeiterpartei Deutschlands (SAPD) beendete nicht nur den „Bruderkampf" zwischen den sozialdemokratischen Parteien der „Lassalleaner" (ADAV) und „Eisenachern" (SDAP), sondern schuf auch eine neue programmatische Grundlage. Das Gothaer Programm war keineswegs − wie es die frühere DDR-Historiographie behauptete[302] − ein fauler Kompromiß zugunsten der Lassalleschen Positionen, sondern gab durchaus realistisch die ideologische Vorstellungswelt der Sozialdemokratie zu diesem Zeitpunkt wider. Von einer Vergewaltigung der vermeintlich „marxistischen" Eisenacher konnte keine Rede sein.[303] Die spätere Rezeption des Marxismus in der sozialistischen Arbeiterbewegung ist ein Vorgang, „der sich über die ganzen achtziger Jahre hinzieht"[304] und mit dem Erfurter Programm von 1891 eine erste programmatische Fixierung erhält, wobei einzelne Marx'sche Theoreme schon vor 1878 in die Ideenwelt der Sozialdemokratie Eingang fanden.

Der Prozess der theoretisch-programmatischen Formierung der deutschen Sozialdemokratie ist ein komplexer Vorgang, in dem − wie Helga Grebing treffend konstatiert − die folgenden, parallel laufenden Entwicklungen zu differenzieren sind: „1. die Rezeptionsgeschichte der Marxschen Theorie in der deutschen Arbeiterbewegung; 2. der Prozess der Herausbildung einer radikalen Mentalität unter der Industriearbeiterschaft Deutschlands; 3. die Radikalisierung der Theorie, präziser: die Durchdringung der programmatisch-theoretischen Deutungsmuster mit Marxschen Theoremen; 4. das praktische politische Verhalten und Handeln der Sozialdemokratie."[305] In der Forschung ist der programmatisch-theoretische Formierungsprozess der Sozialdemokratie bislang zu stark auf die intellektuellen Eliten (Parteitheoretiker, Parteiführer) orientiert worden, während wir über „Denkmuster, Interpretationsweisen, Wahrnehmungs- und Erfahrungsformen der Arbeiterschaft" noch sehr wenig wissen.[306] In diesem Abschnitt können auch nur einige wenige Hinweise gegeben werden.

Für die Stellung der Partei zu Religion und Kirche bietet das Gliederungsschema von Helga Grebing einen nützlichen Einstieg. Die marxistische Kritik an der Religion, wie

---

302 Zuletzt wieder Dieter Fricke in der Neuauflage seines verdienstvollen „Handbuchs". Vgl. Dieter Fricke, Handbuch zur Geschichte der deutschen Arbeiterbewegung 1869−1917, S. 147 ff.
303 Vgl. zum Gothaer Programm: Miller, Das Problem der Freiheit, S. 68 ff und zur gesamten Entwicklungsphase Steinberg, Sozialismus, S. 13 ff. Detlef Lehnert, Sozialdemokratie zwischen Protestbewegung und Regierungspartei 1848−1983. Frankfurt/Main, 1983. S. 65 ff.
304 Steinberg, Sozialismus, S. 27.
305 Helga Grebing, Arbeiterbewegung, S. 79.
306 Arbeiter und Arbeiterbewegung im Vergleich, S. 609.

sie von Marx vor allem in seinen Frühschriften formuliert wurde[307] und von Engels mit einer Reihe bemerkenswerter Beiträge zur Historie des Christentums empirisch aufgearbeitet wurde[308], spielte für Theorie und Praxis der Sozialdemokratie bis 1891 so gut wie keine Rolle.[309] Marx apodiktisches Urteil, daß für Deutschland „die Kritik der Religion im wesentlichen beendigt" sei[310], entsprach aber in den siebziger Jahren durchaus dem theoretischen Kenntnisstand und der politischen Praxis der Sozialdemokratie. Zwar enthielten weder die programmatischen Grundsätze der Eisenacher noch Lassalleaner ein offenes Bekenntnis zum Atheismus oder gar eine Aufforderung zum Kirchenaustritt, dennoch konnte als praktischer Konsens gelten, daß ein klassenbewußtes Mitglied der Sozialdemokratie sich nicht zu einem religiösen Glauben bekennen könne. Die von Todt mehrfach zitierte Definition des Sozialismus im „Volksstaat", daß dieser auf religiösem Gebiet den Atheismus erstrebe, blieb bis auf wenige Ausnahmen unwidersprochen.[311]

---

307 Vor allem in seiner 1843 verfaßten Schrift „Zur Kritik der Hegelschen Rechtsphilosophie" (Einleitung), die jene berühmte Formel „Religion ist Opium des Volkes" enthält. MEW, Bd. 1, S. 378. Die Literatur zur marx'schen Religionskritik ist unüberschaubar. Hier seien nur die allerwichtigsten und analytisch am weitesten tragenden Arbeiten genannt: David B. T. Aikman, The role of atheism in the marxist tradition. Diss. Seattle, 1979. Karl-Wilhelm Dahm, Religion — falsches Bewußtsein einer verkehrten Welt. In: Dahm, K. W./Drehsen, V./Kehrer, G. (Hrsg.) Das Jenseits der Gesellschaft. München, 1975. S. 19 ff.; Per Frostin, Materialismus, Ideologie, Religion. Die materialistische Religionskritik bei Marx. München, 1978. Helmut Gollwitzer, Die marxistische Religionskritik und der christliche Glaube. 6. Auflage. Gütersloh, 1977. Johannes Kadenbach, Das Religionsverständnis bei Karl Marx. Paderborn, 1970. Traugott Koch, Revolutionsprogramm und Religionskritik bei Karl Marx. In: Zeitschrift für Theologie und Kirche, März 1971, S. 53 ff.; Werner Post, Kritik der Religion bei Karl Marx. München, 1969. Edgar Thaidigsman, Falsche Versöhnung. Religion und Ideologiekritik beim jungen Marx. München, 1978. Hans-Jürg Braun/Erich Bryner/Norbert Meienberger, Religionskritik und Religionspolitik bei Marx, Lenin, Mao. Zürich, 1985. bes. S. 11 ff. Marxismus-Christentum. Hrsgg. von Helmut Rolfes. Mainz, 1974. Zusammenstellung von Marx/Engels' Aussagen zur Religion mit Komnentar bei: Karl Marx über Religion und Emanzipation. Hrsgg. und kommentiert von Günter Brakelmann und Klaus Peters. 2 Bde., Gütersloh, 1975. Ferner: Karl Marx/Friedrich Engels, Über Religion. 2. Auflage. Berlin 1976.

308 Friedrich Engels hatte in seiner 1894 erschienenen, sehr populären Schrift, „Zur Geschichte des Urchristentums", ausdrücklich Parallelen zwischen der frühen Christenheit und der „modernen Arbeiterbewegung" hergestellt. Das Urchristentum sei wie die Arbeiterbewegung eine „Bewegung Unterdrückter" gewesen, eine „Religion der Sklaven", die wie der zeitgenössische „Arbeitersozialismus ... eine bevorstehende Erlösung aus Knechtschaft und Elend" gepredigt hätte. Engels wollte damit nicht urchristliche Traditionen in die Nähe sozialistischer Prinzipien rücken, sondern es ging ihm um den Nachweis, daß soziale Massenbewegungen letztlich nicht vom Widerstand der Herrschenden aufgehalten werden können. So wie das Christentum endlich gesiegt hätte, werde auch der Sozialismus siegen! (F. Engels, Zur Geschichte des Urchristentums. MEW, Bd. 22, S. 449 ff.; Vgl. auch seine Arbeit zum deutschen Bauernkrieg. MEW, Bd. 7, S. 327 ff.) Vgl. zum Ganzen: Klaus Peters, Friedrich Engels über Religion und Freiheit. Gütersloh, 1978. Vgl. ferner die Arbeit von Helmuth Rolfes, Jesus und das Proletariat. Die Jesustradition der Arbeiterbewegung und des Marxismus und ihre Funktion für die Bestimmung des Subjekts der Emanzipation. Düsseldorf, 1982. Zu Engels, S. 97 ff.

309 Die für die marxistische Religionskritik zentrale Schrift von Marx „Zur Kritik der Hegelschen Rechtsphilosophie — Einleitung —" (1843) wurde erstmalig 1927 in Moskau veröffentlicht und damit einem größeren Personenkreis bekannt. Vgl. Pedrag Vranicki, Geschichte des Marxismus (1961/71) Frankfurt/Main, 1983. Bd. 1, S. 87 ff. Kolakowski; Hauptströmungen des Marxismus, Bd. 1, S. 139 ff.

310 MEW, Bd. 1, S. 378.

311 RDS, S. 53.

Das Gothaer Programm forderte in seinem berühmten Punkt 6 die „Erklärung der Religion zur Privatsache". Über die Auslegung dieses Programmpunktes ist in der Sozialdemokratie stets gestritten worden. Hierbei ging es zentral um den Öffentlichkeitscharakter und -anspruch von Religion und Kirche.[312] Die Gothaer (und später auch Erfurter) Formel stand im unmittelbaren Zusammenhang mit den schulpolitischen Forderungen der Sozialdemokratie, die das religiös-kirchliche Monopol im Erziehungssektor radikal bestritten.[313] Ob zudem die Religion in das Kämmerlein privater Innerlichkeit abgedrängt werden sollte, darüber läßt sich streiten. Sicher ist, daß die Auffassung, Religion sei bestenfalls zum Trost unaufgeklärter Gemüter geeignet, große Popularität besaß.

Eine offensive Auseinandersetzung mit Religion und Kirche begann bereits in den frühen sechziger Jahren und verstärkte sich nach Gründung des ADAV und der SDAP. Dabei hat der charismatische Führer des ADAV, Ferdinand Lassalle, nicht durch eigene zusammenhängende Äußerungen über Religion und Kirche eine gewichtige Rolle gespielt[314], sondern er hat durch die schon zu seinen Lebzeiten beginnende Verehrung seiner Person einen quasi-religiösen Kult als ideologische Alternative zum etablierten Christentum gestiftet. Die Zeugnisse dieser Lassalle-Verehrung geben einen guten Einblick in die Suche der frühen Sozialdemokratie nach pseudo-religiöser Stilisierung ihrer politischen Zielforderungen, nachdem mit der schrittweisen Rezeption des zeitgenössischen bürgerlichen Positivismus und Materialismus und dem dezidierten Antiklerikalismus im Bereich der „Sinngebung" ein empfindliches Vakuum entstanden war.[315]

Es ist an dieser Stelle zu betonen, daß die von frühsozialistischen Theorien beeinflußte Arbeiterbewegung vor 1848 keinesfalls eine atheistische Bewegung gewesen ist. *Wilhelm Weitlings* (1808—1871) christlich inspirierter Liebeskommunismus bietet hierfür ein beeindruckendes Anschauungsmaterial.[316]

---

312 Vgl. Friedrich Stampfer, Religion ist Privatsache. Berlin, 1909. Der „Vater des Revisionismus" Eduard Bernstein hielt die Privatsache-Formel für „entschieden der Revision bedürftig", da der Satz einen richtigen Gedanken falsch ausdrücke. Es müsse eher heißen: „Gleiches Recht für die Anhänger aller religiösen und philosophischen Bekenntnisse, Freiheit der Religionsausübung." Vgl. E. Bernstein, Die Programmrevision und der Bremer Parteitag. In: SM (1904), S. 706.

313 Der ganze Programmpunkt 6 lautete: „Allgemeine und gleiche Volkserziehung durch den Staat. Allgemeine Schulpflicht. Unentgeltlicher Unterricht in allen Bildungsanstalten. Erklärung der Religion zur Privatsache." Zit. n. Dowe/Klotzbach, Programmatische Dokumente, S. 181.

314 Lassalle stand seiner jüdischen Herkunft und der christlichen Religion indifferent gegenüber. Vgl. dazu Adam, Die Stellung der Sozialdemokratie zu Religion und Kirche, S. 37 ff. Reitz, Christen und Sozialdemokratie, S. 165 f.

315 Vgl. zum Lassalle-Kult Grote, Sozialdemokratie und Religion, S. 8 ff.; Miller, Das Problem der Freiheit, S. 25 ff. und 317 ff.

316 Vgl. Johannes Kandel, Garantien der Harmonie und Freiheit. Anmerkungen zum 110. Todestag Wilhelm Weitlings. In: Neue Gesellschaft 1/1981, S. 62 ff. Vgl. ferner: Reitz, Christen und Sozialdemokratie, S. 57 ff.; August Becker, Geschichte des religiösen und atheistischen Frühsozialismus. In: Christentum und Sozialismus, Bd. VI, hrsg. von Ernst Barnikol, Kiel, 1932. S. 45 ff. Otto Brugger, Geschichte der deutschen Handwerkervereine in der Schweiz von 1836—1843. Die Wirksamkeit Weitlings. Bern/Leipzig, 1932. Die frühen Sozialisten. Hrsg. von Fritz Kools und Werner Krause. Olten/Freiburg, 1967. Wolfram von Moritz, Wilhelm Weitling Religiöse Problematik und literarische Form. Frankfurt/Bern, 1981. Dersebe, Wilhelm Weitling. In: Gestalten der KiG: Die neueste Zeit II, S. 33 ff. Lothar Knatz/Hans-Arthur Karsiske (Hrsg.) Wilhelm Weitling. Ein deutscher Arbeiterkommunist. Hamburg, 1989. Emil Kaler, Wilhelm Weitling. Hattingen, 1887. Karl

Schon Weitling hatte das „Kirchentum" scharf von den ursprünglichen Befreiungsimpulsen der Lehre Jesu abgehoben und die Rolle der von den Kirchen gepredigten Religion als Vertröstungsinszenario kritisiert:[317] Die Religion Jesu dagegen ziele auf das Diesseits und verkünde die Vision einer Gesellschaft von Freien und Gleichen.[318] Die in jener Zeit oft vorgenommene Unterscheidung zwischen der Religion Jesu und den etablierten Konfessionen und Kirchen blieb in der sozialistischen Arbeiterbewegung stets populär.

Die nicht nur im deutschen Frühsozialismus verbreitete Tendenz zur Verdiesseitigung und Materialisierung von Religion[319] schwächte sich Ende der sechziger Jahre in der sozialdemokratischen Arbeiterbewegung unter dem Einfluß des bürgerlichen naturalistischen Materialismus deutlich ab. Dieser „psychologisch orientierte, naiv-mechanistische Materialismus"[320], vertreten vor allem von Naturwissenschaftlern wie *Carl Vogt* (1817−1897), *Jacob Moleschott* (1822−1893), *Ludwig Büchner* (1824−1899) und *Ernst Häckel* (1834−1919), wurde in der sich formierenden sozialdemokratischen Arbeiterbewegung in z. T. popularisierten Fassungen massenhaft rezipiert. Das gleiche galt für die Evolutionstheorie *Charles Darwins* (1809−1882).

August Bebel − und nach ihm eine Reihe der führenden Theoretiker der Sozialdemokratie (vor allem Karl Kautsky) − bekannten sich zum Darwinismus als einem entscheidenden Theorie-Element in ihrer „wissenschaftlichen Weltanschauung."[321]

Bebel bescheinigte dem Darwinismus eine „revolutionäre Wirkung"[322] und glaubte, mit seiner Hilfe den „positiven Gottesglauben" ad absurdum führen zu können. Der Fortschritt der Naturwissenschaft − so Bebel − habe die christlichen Glaubenssätze zu

Mielcke, Deutscher Frühsozialismus. Stuttgart-Berlin, 1931. Ahlrich Meyer, Frühsozialismus. Freiburg/München, 1977, S. 157 ff. Wolfgang Schieder, Anfänge der deutschen Arbeiterbewegung. Stuttgart, 1963. Ernst Schraepler, Handwerkerbünde und Arbeitervereine 1830−1858. Zum Forschungsstand: Wolf Schäfer, Zum Verständnis der Texte. Wilhelm Weitling im Spiegel der wissenschaftlichen Auseinandersetzung. In. W. Weitling, Das Evangeliums des armen Sünders u. a., Reinbek, 1971. S. 180.

317 Vgl. v. a. seine Schrift „Das Evangelium des armen Sünders" von 1845.

318 Wilhelm Weitling, Das Evangelium des armen Sünders. Die Menschheit, wie sie ist und wie sie sein sollte. Reinbek, 1971. S. 62 ff. Dazu Rolfes, Jesus und das Proletariat., S. 59 ff.

319 Vgl. v. a. die Schrift des französischen Abtes de Lamennais, (1782−1854) „Paroles d'un croyant" (1834), die Todt zitiert. Ferner: Etienne Cabet, Le vrai christianisme suivant Jésus Christ (1846), Claude Henri de Saint Simon, Le nouveau christianisme, 1825. Vgl. zum Ganzen die Arbeit von Arnold Künzli, Mein und Dein. Zur Ideengeschichte der Eigentumsfeindschaft. Köln, 1986, S. 281 ff. und L. Le Guillou, Félicité de Lamennais. In: Gestalten der KiG. Die neueste Zeit I, S. 187 ff.

320 Stichwort „Materialismus" in: ESL, Sp. 882; Bester Überblick immer noch: Stichwort „Materialismus − Idealismus" in: GG, Bd. 3, bes. S. 1007. Vgl. dazu Werner Bröker, Politische Motive naturwissenschaftlicher Argumentation gegen Religion und Kirche im 19. Jahrhundert, dargestellt am ‚Materialisten' Karl Vogt (1817−1895). Münster, 1973. Vgl. auch Art. „Materialism" in: The Encyclopedia of Philosophy Vol. Five, London, 1967, bes. S. 183 ff.

321 Steinberg, Sozialismus, S. 45 ff. Walter Holzheuer, Karl Kautskys Werk als Weltanschauung. München, 1972, S. 19 ff. Lehnert, Reform und Revolution, S. 223 ff.

322 August Bebel, Die Frau und der Sozialismus (1879). Nach der fünfzigsten Auflage (1909/10) neu hrsgg. Frankfurt/Main, 1976, S. 291. In einer Rede vor dem sächsischen Landtag erklärte Bebel 1884: „Ich habe ausdrücklich und ausführlich in meiner Schrift die Anwendbarkeit der Darwin'schen Entwicklungstheorie auch für die Entwickelung der menschlichen Gesellschaft als absolut notwendig und richtig nachgewiesen." In: ARS, Bd. 2/1, S. 222.

demontieren begonnen: „Die Dogmen und Glaubenssätze werden ... immer mehr erschüttert, je mehr die Errungenschaften der Naturwissenschaften und die kulturgeschichtlichen Forschungen immer weiteren Kreisen der Menschen bekannt werden. Die Kenntnis der Entwicklung unserer Erde zerstört die Schöpfungsmythen der Bibel, die astronomischen Forschungen und Entdeckungen zeigen uns, daß das Weltall keinen Himmel kennt und daß die Millionen von Sternen ohne Ausnahme Weltkörper sind, die jedes Engel- und jedes ‚Seligen'-Leben ausschließen."[323]

Insbesondere Bebels 1879 publizierte Schrift „Die Frau und der Sozialismus" war es, die in Arbeiterkreisen eine sozialdemokratische Weltanschauung durchzusetzen half, die als eine Mischung aus naturalistischem Materialismus, bürgerlich-radikaler Religionskritik, Darwinismus und lassalleanischer Geschichtsphilosophie, gepaart mit Marx/Engels'scher Sozialkritik, bezeichnet werden kann. Bebels Buch erreichte bis 1910 50 Auflagen und lag im Beliebtheitsgrade wissenschaftlicher Literatur bei den Arbeitern einsam an der Spitze.[324]

Zum philosophisch-naturwissenschaftlichen Angriff auf die Religion, den Bebel wie kein Zweiter verkörperte, hatten auch die Religionskritiken aus dem Kreise der Linkshegelianer beigetragen. *Bruno Bauers* (1809–1882) Evangelienkritiken 1838–1842 und *David Friedrich Strauß'* (1808–1874) „Leben Jesu" (1835/36) wurden bei sozialdemokratischen Theoretikern als wissenschaftliche Beweise für Geschichtlichkeit und menschliche Beschränktheit der Bibel begeistert begrüßt und in der antiklerikalen Propaganda eifrig verwendet.[325] Grundlegend für die Bestreitung der Wahrheit christlicher Offenbarungsreligion wurde bereits für Marx und Engels[326] *Ludwig Feuerbachs* (1804–1872) Projektionstheorie, die er in seinem Hauptwerk „Das Wesen des Christentums" (1841) entfaltet hatte. Feuerbach galt als der maßgebliche Vertreter eines philosophischen Materialismus, der nachgewiesen habe, daß der Mensch sich seine eigenen Götter mache, indem er seine Hoffnungen, Sehnsüchte und verborgenen Unsterblichkeitsvisionen auf ein überirdisches Wesen projiziere. Der Mensch schaffe die Religion und nicht umgekehrt. Feuerbachs „Rückübersetzung theologischer, christologischer Aussagen in

---

323 Bebel, Christentum und Sozialismus (1874) In: ARS; Bd. 1, S. 292.
324 Vgl. zum Leseverhalten von Arbeitern im Kaiserreich Steinberg Sozialismus, S. 129 ff. Derselbe, Marx blieb im Regal. Arbeiterliteratur im Kaiserreich. In: L. Niethammer/B. Hombach/T. Fichter/U. Borsdorf (Hrsg.) „Die Menschen machen ihre Geschichte nicht aus freien Stücken, aber sie machen sie selbst." Berlin/Bonn, 1984. S. 70 ff. Zum Ganzen als Standardwerk: Brigitte Emig, Die Veredelung des Arbeiters. Frankfurt/Main-New York, 1980, S. 94 ff.
325 Franz Mehring schrieb 1900 im Rückblick: „Die Evangelienkritiken der Strauß und Bauer waren die ersten Schlachten in dem großen Befreiungskampf, den heute die moderne Arbeiterbewegung führt." (NZ, 19. Jg. 1. Bd. (1900–01), S. 259. Zum Ganzen: Kolakowski, Hauptströmungen des Marxismus, Bd. 1, S. 100 ff.; Grote, Sozialdemokratie und Religion, S. 177 ff.; Rolfes, Jesus und das Proletariat, S. 23 ff., S. 34 ff.; Karl Löwith, Von Hegel zu Nietzsche, Stuttgart, 1958.
326 Der überragenden Bedeutung Feuerbachs für Marx und Engels hat Engels selbst in seiner Schrift „Ludwig Feuerbach und der Ausgang der klassischen deutschen Philosophie" Ausdruck verliehen, wenn er die Reaktionen auf Feuerbachs Hauptwerk (Das Wesen des Christenthums, 1841), beschreibt: „Man muß die befreiende Wirkung dieses Buches selbst erlebt haben, um sich eine Vorstellung davon zu machen. Die Begeisterung war allgemein: Wir waren alle momentan Feuerbachianer." (MEW Bd. 21, S. 272) Vgl. zu Feuerbach v. a. H. Lübbe/N. M. Saß, (Hrsg.) Atheismus in der Diskussion. Kontroversen um L. Feuerbach. Müchen/Mainz, 1975. Dort weitere Lit.

Anthropologie, in sinnliche, menschliche Gewißheiten"[327] verstärkte den aufklärerischen Impetus der radikalen Evangelienkritik von Bauer und Strauß und eröffnete die Möglichkeit, den Menschen als rationales Subjekt, als geschichtlich handelndes Individuum in den Mittelpunkt der Weltbetrachtung zu rücken. Religion galt dagegen nur als Ausdruck von Unaufgeklärtheit, Knechtschaft des Geistes, ja von defizientem Menschsein, weil sie die totale Unterordnung unter eine göttliche Autorität fordere und den Menschen von sich selbst entfremde.

Die Sozialdemokratie sah in der Religion eine reaktionäre Geistesmacht, die im Zuge fortschreitender Aufklärung von selbst verschwinden würde. Alle Hoffnungen, Sehnsüchte und Wünsche richteten sich auf den sozialistischen „Zukunftsstaat", dessen Konturen August Bebel in seinem literarischen Kolossalgemälde „Die Frau und der Sozialismus" beschrieben hatte. Für die Religion gab es im Zukunftsstaat keine Zukunft mehr: „Ohne gewaltsamen Angriff und ohne Unterdrückung der Meinungen, welcher Art immer sie sind, werden die religiösen Organisationen und mit ihnen die Kirchen allmählich verschwinden."[328]

Die Formel vom „Absterben der Religion", die bald zum Grundbestand des sozialdemokratischen Atheismus wurde, hatte Bebel der berühmten Schrift von Friedrich Engels gegen den Berliner Philosophieprofessor *Eugen Dühring* (1833–1921) („Anti-Dühring") entlehnt.[329] Engels hatte sich gegen Dührings radikale Forderung gewandt, in der künftigen sozialistischen Gesellschaftsordnung alle Religion und Kulte von Staats wegen zu verbieten und warf ihm vor, dadurch der Religion „zum Märtyrertum und zu einer verlängerten Lebensfrist" zu verhelfen.[330] In Engels' Schriften drückte sich ein ungeheurer Fortschrittsoptimismus aus. Der „wissenschaftliche Sozialismus" erschien als die philosophisch-theoretische Vollendung wissenschaftlichen Erkennens. Mit ihm können – so Engels – die gesetzmäßigen, naturnotwendigen Entwicklungen begriffen werden, die schließlich in der Zukunftsgesellschaft münden sollen. Und die Arbeiterbewegung ist berufen, den sich zum Sozialismus hin vollziehenden objektiven Prozeß aktiv zu befördern: „Diese weltbefreiende Tat durchzuführen ist der geschichtliche Beruf des modernen Proletariats. Ihre geschichtlichen Bedingungen, und damit ihrer Natur selbst, zu ergründen und der so zur Aktion berufnen, heute unterdrückten Klasse die Bedingungen und die Natur ihrer eignen Aktion zum Bewußtsein zu bringen, ist die Aufgabe des theoretischen Ausdrucks der proletarischen Bewegung des wissenschaftlichen Sozialismus."[331] In der Phase des Sozialistengesetzes, der Unterdrückung der Sozialdemokratie, schufen solche Sätze eine Mentalität grenzenloser Siegeszuversicht. Am Tage X – so nahmen die meisten klassenbewußten Sozialdemokraten an – würde der Sozialismus wie Phönix aus der Asche steigen. Die konkrete Ausgestaltung des sozialistischen

---

327 Rolfes, Jesus und das Proletariat, S. 43.
328 Bebel, Die Frau und der Sozialismus, S. 485. Vgl. dazu v. a. Lucian Hölscher, Weltgericht oder Revolution, S. 307 ff.
329 Friedrich Engels, Herrn Eugen Dührings Umwälzung der Wissenschaft (1877/78) MEW, Bd 20, S. 5 ff.
330 Ebda., S. 295; Vgl. auch die Engels'sche Kritik an den Blanquisten. Flüchtlingsliteratur II. Das Programm der banquistischen Kommuneflüchtlinge. MEW 18, S. 528 ff.
331 Friedrich Engels, Die Entwicklung des Sozialismus von der Utopie zur Wissenschaft (1882). MEW Bd. 19, S. 228.

Zukunftsstaats im einzelnen überließ man getrost der Zeit nach dem großen „Kladdera-datsch".[332] Bebel gab seiner Gewißheit mehrfach Ausdruck, daß der Kapitalismus an seinen eigenen Widersprüchen zugrunde gehen würde: „Schließlich stürzt der ganze Plunder durch einen tüchtigen Ruck wie ein Kartenhaus zusammen."[333]

War so die glänzende Zukunft für die Arbeiterklasse beschrieben und das Absterben der Religion vorausgesagt, bedurfte es eigentlich keiner besonderen antiklerikalen Pro-paganda mehr, um das Verschwinden von Religion und Kirchen zu befördern. Doch blieb dieses Thema ein ständiger Streitpunkt in der sozialdemokratischen Arbeiterbewe-gung. Während die einen mit Emphase auf die Formel „Wissen ist Macht"[334] setzten und der Bildungsarbeit in Arbeiterkreisen höchste Priorität einräumten, befürworteten die anderen eine militante Politik des Kirchenaustritts und der antireligiösen bzw. antikirch-lichen Propaganda.[335] Den Durchschnittssozialdemokraten erregten derlei Kontroversen nicht sonderlich. Er stand — nach einem nicht immer schmerzlosen inneren Lösungs-prozeß vom traditionellen Christentum[336] — Religion und Kirche bestenfalls gleichgültig gegenüber. Das schloß nicht aus, daß man der Person Jesu als großem Humanisten oder gar Sozialisten ehrlichen Respekt zollte.[337]

In den siebziger Jahren hat zweifellos August Bebels Schrift „Christentum und Sozia-lismus" (1874) den theoretisch-programmatischen Standort der deutschen Sozial-demokratie in Bezug auf Religion und Kirche bestimmt. Bebel hatte bereits während seiner Haftzeit die 1873 veröffentlichte Arbeit der französischen bürgerlichen Religions-kritiker *Y. Guyot* und *S. Lacroix* „Etudes sur les doctrines sociales du christianisme"

---

332 Anstelle vieler Belege aus Kleinschrifttum und Broschürenliteratur sei die berühmte Rede August Bebels genannt, die dieser 1893 im Reichstag gehalten hat und die als „Zukunftsstaatsrede" in die Geschichte eingegangen ist. Vgl. ARS, Bd. 1, S. 271 ff. Vgl. zum Zukunftsbewußtsein der Arbeiter-schaft vor 1914: Ruppert, Die Arbeiter, S. 251 ff.; Lehnert, Reform und Revolution, S. 66 ff. Miller, Das Problem der Freiheit im Sozialismus, S. 227 ff. und Hölscher, Weltgericht oder Revolution, S. 290 ff.

333 Vgl. den Brief Bebels an Hermann Schlüter 1884; zit. n. Hans Mommsen (Hrsg.) Sozialdemokratie zwischen Klassenbewegung und Volkspartei. Frankfurt/Main, 1974. S. 57.

334 Vgl. Wilhelm Liebknechts berühmte Festrede zum Stiftungsfest des Dresdener Arbeiterbildungs-vereins: Wissen ist Macht — Macht ist Wisssn,, (1872) Hottingen, Zürich, 1884. Hier erscheinen Religion und Kirche als Mittel zur „systematischen Verdummung" der Menschen (S. 24) und „un-unterbrochener Kampf gegen den aufstrebenden Geist" (ebda.) Siehe zu Liebknecht v. a. Emig, Veredelung, S. 140 ff.; Reitz, Christen, S. 179 ff.

335 Grote, Sozialdemokratie und Religion, S. 177 ff.; Reitz, Christen und Sozialdemokratie, S. 199 ff. Siehe in erster Linie die Arbeiten von Jochen-Christoph Kaiser, Sozialdemokratie und „praktische Religionskritik". In: AfS, Bd. XXII, 1982, S. 263 ff.; Arbeiterbewegung und organisierte Religions-kritik, Stuttgart, 1981, S. 30 ff.

336 Sehr plastisch wird dieser Vorgang in vielen Arbeitermemoiren und Erinnerungen prominenter Sozialdemokraten. Siehe v. a. Jochen Loreck, Wie man früher Sozialdemokrat wurde. Bonn-Bad Godesberg, 1977, S. 145 ff.

337 Zu Todts Zeit war die Jesusbiographie des 1848er Revolutionärs und Radikaldemokraten Georg Lommel, Jesus von Nazareth (1847), die bis 1892 16 Auflagen erreichte, für das Jesusbild der Arbei-terbewegung sehr einflußreich. Lommel stellte Jesus als einen Rabbi, der essenischen Lehren anhing und schließlich aus politischen Gründen mit der römischen Besatzungsmacht aneinander-geriet, dar. Vgl. zu diesem noch viel zu sehr vernachlässigten Aspekt Rolfes, Jesus und das Proleta-riat, S. 71 ff.; S. 105 ff.; Grote, Sozialdemokratie, S. 151 ff. Vgl. auch die 1891 erschienene Sozial-reportage des damaligen Generalsekretärs des Evangelisch-sozialen Kongresses, Paul Göhre, Drei Monate Fabrikarbeiter und Handwerksbursche, S. 71 ff.

übersetzt und ließ 1874/75 die erwähnte Schrift folgen. Darin setzte er sich mit dem katholischen Kaplan Wilhelm Hohoff auseinander[338], der gegen Bebels These von der Kirche als Handlanger der herrschenden Klassen geltend gemacht hatte, daß es auch kirchlich gebundene Menschen gebe, die wahre Nächstenliebe im Sinne der ursprünglichen Lehre Jesu übten. Bebel wandte sich scharf gegen die Unterscheidung Kirche versus Religion Jesu und erklärte die Religion unter Rückgriff auf die moderne Naturwissenschaft für „Menschenwerk" eines auf niedriger Kulturstufe stehenden Volkes. Ein Mensch mit niedrigem, primitivem Bewußtseinsstand schiebe „alles Unverstandene, das um ihn vorgeht, übersinnlichen Wesen zu, welche die für ihn unbegreiflichen Erscheinungen nach Laune und Willkür hervorriefen, deren Gunst er dann, um sie sich geneigt und freundlich gesinnt zu erhalten, durch Bitten, Gebete, Zeremonien und Opfer zu erlangen" versuche.[339] So wurde die Religion von Bebel in mehrfacher Hinsicht kritisiert und verworfen:

— sie entspringe einem unaufgeklärten Menschsein;
— sie fördere soziale und politische Herrschaftsinstrumente: das Volk werde unter Verweis auf allmächtige Göttergestalten zum Untertanengehorsam angehalten und, dergestalt verdummt, unfähig zu jeder selbstbestimmten Denk- und Handlungsweise;
— die etablierten Kirchen mit ihrem hauptamtlichen Personal seien stets Handlanger der herrschenden Klassen und funktionierten in den aktuellen Klassenauseinandersetzungen als „schwarze Polizei" des Obrigkeitsstaates.

Eigene religionstheoretische Studien haben Bebel und seine Nachfolger in der Führungsspitze der deutschen Sozialdemokratie nie angestellt. Für Bebel waren auch konfessionelle Unterschiede Nebensache; die katholische Kirche galt aber insgesamt als reaktionärer als die protestantische. Der Protestantismus stellte sich Bebel als „die eigentliche Religion des Bürgertums" dar: „einfach, schlicht, hausbacken, gewissermaßen die Religion in Schlafrock und Pantoffeln, wie das Bürgertum sie braucht zu seiner allmählichen Entwicklung..."[340] Der Protestantismus stehe, ebenso wie der Katholizismus, „im Widerspruch mit den modernsten Prinzipien selbst wie mit der eigentlichen Wissenschaft."[341]

Todt hatte ganz richtig beobachtet, als er dem Atheismus der Sozialdemokratie den Charakter eines „Accidens" zusprach: Bebel und seine Genossen erklärten den Atheismus nicht autoritativ zur Weltanschauung des Proletariats. Für Bebel war er von der bürgerlichen Religionskritik entwickelt und seine Richtigkeit wissenschaftlich nachge-

---

338 Vgl. Klaus Kreppel, Entscheidung für den Sozialismus. Die politische Biographie Pastor Wilhelm Hohoffs 1848–1923; zur Kontroverse mit Bebel, S. 40 ff.
339 Bebel, Christentum und Sozialismus, in: ARS, Bd. 1, S. 284; siehe auch seine Schrift „Die parlamentarische Tätigkeit des Deutschen Reichstags und der Landtage und der Sozialdemokratie", in: ARS, Bd. 1, bes. S. 262.
Vgl. allgemein dazu: Vernon L. Lidtke, August Bebel and German Social Democracys Relation to Christian Churches; ferner: Max Geiger, August Bebels Stellungnahme zu Christentum und religiösem Sozialismus, in: Kyrkohistorisk Arsskrift, 1977, S. 257 ff. Reitz, Christen, S. 170 ff; Rolfes, Jesus und das Proletariat, S. 80 ff.
340 Bebel, Bismarcks ‚Kulturkampf' und die Stellung der Sozialdemokratie, Rede in der sogenannten „Jesuiten-Debatte" vom 17. Juni 1872, in: ARS, Bd. 1, S. 211.
341 Ebda.

wiesen worden. Die Sozialdemokratie war in dem Sinne eine „atheistische" Partei, als die meisten glaubten, der Sozialismus führe naturnotwendig zum Atheismus.

So erklärte Bebel: „Nun, wir haben diese atheistischen Ansichten (der bürgerlichen Religionskritik, J.K.) aufgrund unserer wissenschaftlichen Überzeugung adoptiert und halten uns für verpflichtet, sie weiter zu verbreiten und in die Massen zu tragen."[342] Bebel war vom naturnotwendigen Absterben der Religion so überzeugt, daß ihm eine besondere atheistisch-antiklerikale Propaganda nicht notwendig erschien. Ebenso sollte es keine Agitation für den Kirchenaustritt geben. Die „Religion-ist-Privatsache"-Formel galt in erster Linie für die eigenen Parteigenossen: „Wir verlangen von unseren Parteigenossen die Zustimmung zu ganz bestimmten Prinzipien und Auffassungen in Bezug auf den ökonomischen Zustand der Gesellschaft; wir verlangen von unseren Parteigenossen die Zustimmung zu bestimmten Prinzipien in Bezug auf den politischen Zustand der Gesellschaft, den Staat; aber Sie werden weder in unserem Programm noch in irgendeiner unserer Schriften eine Bestimmung in Bezug auf die Bindung einzelner Parteimitglieder bezüglich ihres religiösen Standpunktes finden."[343] Bebels Überzeugung im Blick auf das „freiheits- und kulturfeindliche" Christentum gipfelte in den markanten Sätzen: „Christentum und Sozialismus stehen sich gegenüber wie Feuer und Wasser. Der sogenannte gute Kern im Christentum ... ist nicht christlich, sondern allgemein menschlich, und was das Christentum eigentlich bildet, der Lehren und Dogmenkram, ist der Menschheit feindlich."[344] Bebels Schrift wurde in Partei- und Arbeiterkreisen eifrig gelesen und galt als herausragende Programmschrift zur Religionsfrage.

Die Führungsriege der deutschen Sozialdemokratie war ängstlich darauf bedacht, Streitigkeiten um Religionsfragen aus der Parteiorganisation herauszuhalten. Solche Fragen galten als Randfragen auf dem Nebenkriegsschauplatz in der Auseinandersetzung mit den reaktionären Geistesmächten der herrschenden Klassen.

Die Parteikongresse der SDAP seit 1869 gingen über formelle Anträge zum obligatorischen Kirchenaustritt von Parteimitgliedern stets hinweg. Lediglich auf dem Mainzer Parteikongreß von 1872 wurde eine Empfehlung zum „Ausscheiden aus allen kirchlichen Gemeinschaften" beschlossen, wobei aber zu berücksichtigen ist, daß dieser Beschluß einen in der Sache härteren Antrag (auf Verpflichtung zum Kirchenaustritt) ersetzte. So wurde ein formeller Kirchenaustritt nie gefordert, und der aufgeregten Kirchenaustrittskampagne des begabten Berliner Agitators Johann Most 1878 begegnete die Führung der Sozialdemokratie mit Vorsicht, obwohl man die Gründung der Stoecker'schen „Christlich-Sozialen Arbeiterpartei" am 5. Januar 1878 sehr ernst nahm und der Bedrohung durch verbale Polemik drastisch entgegentrat. Das schließliche Scheitern der Massenaustrittskampagne[345] belehrte die Parteiführung, daß die Stimmung an der Basis — allen

---

342 Bebel, Rede im Deutschen Reichstag zum Entwurf des Ausnahmegesetzes gegen die Sozialdemokratie vom 16. September 1878. In: ARS, Bd. 2,1, S. 32.

343 Bebel, Reichstagsrede vom 12. Mai 1884 zur Verlängerung des Sozialistengesetzes. In: ARS, Bd. 2,1, S. 227f.

344 Bebel, Christentum und Sozialismus, in: ARS, Bd. 1, S. 298f.

345 Zu den Einzelheiten vgl. die treffende Analyse bei Kaiser, Sozialdemokratie und „praktische Religionskritik", S. 267ff.
Zur Behandlung der Religionsfrage auf den Parteitagen vgl. Wilhelm Schröder, Handbuch der Sozialdemokratischen Parteitage 1863–1909, München, 1910, S. 491ff. Vgl. auch Reitz, Christen, S. 187ff.

verbalen Attacken gegen Kirche und Geistlichkeit zum Trotz — keineswegs zu einem atheistischen Kulturkampf mit massenhaftem Kirchenaustritt neigte. So schien es das Beste zu sein, unbeirrt an der Religion-ist-Privatsache-Formel festzuhalten und die eigentlichen wirtschaftlichen und politischen Emanzipationsziele der Sozialdemokratie zu betonen.[346] In der Grundhaltung der deutschen Sozialdemokratie blieb es auch nach 1878 bei vier dominanten Denk-, Einstellungs- und Verhaltensmustern: Gleichgültigkeit und Indifferenz in Fragen der geistigen Auseinandersetzung mit Religion und Christentum[347], Spott[348], Antiklerikalismus und Pragmatismus in der Frage des formellen Kirchenaustritts.

Neben dieser Hauptströmung behaupteten sich zwei Minderheitenpositionen, die nicht unerwähnt bleiben dürfen: Die eine führte nach der Jahrhundertwende in eine pointiert weltanschauliche Sozialismus-Deutung mit erklärten ideologischen Alternativen zur christlichen Offenbarungsreligion. Sozialismus wurde als neue Heilsbotschaft und innerweltliche Erfüllung menschlichen Sinnbedürfnisses definiert. Sozialismus wurde zum Religionsersatz mit eigener Dogmatik und Symbolik. Darauf macht Todt aufmerksam, wenn er schreibt, daß die Sozialisten „die stärksten Gläubigen an ein Jenseits" seien.[349]

Die andere Richtung, vor allem von revisionistischen Kräften repräsentiert, wertete Religion als Motiv und wichtigen Impulsgeber für die sozialistische Umgestaltung der Gesellschaft auf und forderte die Dialektik von persönlicher Verhaltensänderung und Gesellschaftstransformation ein. Eine ernsthafte Diskussion darüber begann aber auch erst nach 1900.[350]

Vorläufer beider Richtungen lassen sich indes schon in den sechziger und siebziger Jahren ausmachen: Die erste wurde von dem Lohgerber und autodidaktisch gebildeten Philosophen *Josef Dietzgen* (1828—1888) antizipiert, der die traditionelle christliche Offenbarungsreligion mit ihrem naiven Glauben an ein jenseitiges allmächtiges Gotteswesen zugunsten einer rationalen „Religion der Sozialdemokratie" zu überwinden suchte.[351] Der neue „Heiland" der unterdrückten Proletarier — so Dietzgen — heiße „Arbeit" und „Kampf für die sozialistische Gesellschaft": „Die Religionen", erklärte er,

---

346 So qualifizierte die sozialdemokratische „Kölner Freie Presse" im Januar 1878 die Religion als „Beiwerk" der sozialdemokratischen Ziele. Vgl. Kaiser, Sozialdemokratie, S. 275.

347 Vgl. die von Levenstein 1912 veröffentlichte Umfrage, nach der nur 13 % der nicht katholischen Arbeiter an Gott glaubten. Vgl. A. Levenstein, Die Arbeiterfrage. München, 1912. S. 326 ff.

348 Von größer Beliebtheit in Arbeiterkreisen war das scharf antiklerikale Buch des Freidenkers Otto von Corvin, Der Pfaffenspiegel, erstmalig 1844, noch unter anderem Titel, erschienen. Vgl. zum Ganzen Grote, Sozialdemokratie, S. 177 ff.

349 RDS, S. 325.

350 Vgl. die Diskussion in den 1897 erstmals publizierten „Sozialistischen Monatsheften" von 1902 ab bis 1913/14. Dazu: Kurt Kaiser, Materialien über den Religiösen Sozialismus in Deutschland, aus der Zeit von 1918 bis 1933, Köln, 1962, S. 32 ff. Julius Schönewolf, Die religiöse Frage in den sozialistischen Monatsheften. In: CW 34, 1920, Sp. 378 ff, Sp. 405 ff. Das Problem von Religion und Kirche für den Revisionismus ist bislang sehr stiefmütterlich behandelt worden; vgl. aber Robert Wistrich, Bernstein und das Judentum. In: Horst Heimann / Thomas Meyer (Hrsg.) Bernstein und der Demokratische Sozialismus. Berlin/Bonn, 1978. S. 149 ff. Rolfes, Jesus und das Proletariat, S. 150 ff.

351 Vgl. dazu Dietzgen, v. a. Gerhard Huck, Joseph Dietzgen (1828—1888), Stuttgart, 1979. „Unser Philosoph" Joseph Dietzgen. Hrsgg. von Horst-Dieter Strüning. Frankfurt/Main, 1980. Todt zitiert aus den „Kanzelreden" Dietzgens ausführlich, RDS, S 80 ff.

„sind untereinander nicht weniger und nicht mehr verschieden, als sie sämtlich von der antireligiösen Sozialdemokratie verschieden sind. Alle miteinander haben das Streben gemein, das leidende Menschengeschlecht von seinen irdischen Drangsalen zu erlösen, es zum Guten, Schönen, Rechten, Göttlichen hinaufzuführen. Ja, die soziale Demokratie ist insofern die wahre Religion, die alleinseligmachende Kirche, als sie den gemeinschaftlichen Zweck nicht mehr auf phantastischem Wege, nicht mit Bitten, Wünschen und Seufzen, sondern auf realem, tatkräftigem Wege, wirklich und wahr, durch gesellschaftliche Organisation der Hand- und Kopfarbeit erstrebt. Arbeit heißt der Heiland der neueren Zeit."[352]

Obwohl Dietzgens verwirrende religiöse Weihen des Sozialismus Episode blieben, drückte er doch ein waches Bedürfnis in so manchen sozialdemokratischen Grundorganisationen aus: eine auch sinnlich faßbare! — Alternative zur traditionellen christlichen Dogmatik und Symbolik. Die Freidenkerbewegung sollte diese Bedürfnisse später aufnehmen und in Verbindung mit rigorosem Kirchenkampf („Massenaustritt aus der Landeskirche") weiter entwickeln.[353]

Zu Todts Zeiten blieben Ansätze wie von Dietzgen zu isoliert, als daß sich eine regelrechte Theorie und Bewegung aus ihnen hätte entwickeln können. Indes gab es auch prominente Sozialdemokraten, die den politischen Kampf der Sozialdemokratie mit Glaube und Religion verglichen. So sprach Wilhelm Liebknecht 1890 auf dem Parteitag in Halle davon, daß die Sozialdemokratie etwas besitze, „was die Kraft der Religion bildet, den Glauben an die höchsten Ideale." Die Sozialdemokratie habe die „Religion des Pfaffentums" abgetan und die „Religion des Menschentums" ans Licht gebracht: „Es war der Glaube an den Sieg des Guten und der Idee; die unerschütterliche Überzeugung, der felsenfeste Glaube, daß das Recht siegen und daß das Unrecht zu Fall kommen muß. Diese Religion wird uns niemals abhanden kommen, denn sie ist eins mit dem Sozialismus."[354]

Selbst wenn man die agitatorisch-propagandistische Absicht von derartigen Aussagen unterstellt, so ist doch der Rückbezug auf religiöse Thematik und Symbolik immer wieder bemerkenswert. Friedrich Engels' 1874 geäußerte Ansicht, daß die deutschen Arbeiter „mit Gott einfach fertig seien" und als konsequente Materialisten und Atheisten im politischen Tageskampf stünden, gibt bestenfalls eine allgemeine Mentalität an, unter-

---

352 Joseph Dietzgen, Die Religion der Sozialdemokratie — Kanzelreden 1870—75. In: Sämtliche Schriften. Hrsgg. von Eugen Dietzgen, 4. Auflage, Berlin, 1930, S. 98. Ähnlich hatte Jahre vor ihm der sozialdemokratische Arzt Carl Boruttau (gestorben 1873) argumentiert. Boruttau empfahl den sozialdemokratischen Arbeitern, sich um konfessionelle Streitigkeiten nicht zu kümmern. Religion sei indes nicht gleichbedeutend mit Kirchen oder freireligiösen Gemeinschaften. Man müsse Religion als „Pflichtenlehre" und „lebhafte Gewissenstätigkeit" anerkennen. Der Sozialismus als die von den Arbeitern verfochtene Idee der Abschaffung jeder Lohnarbeit, sei dagegen als „Religion der Zukunft" zu betrachten. Carl Boruttau, Religion und Sozialismus. Eine nachgelassene Schrift aus dem Jahre 1869. Leipzig, o.J., bes. S. 12f., 54ff. Derselbe, Die religiöse Frage und die Arbeiter. Leipzig, 1869. Vgl. dazu: Grote, Sozialdemokratie, S. 97ff.: Reitz. Christen, S. 193ff.
353 Vgl. v. a. Kaiser, Arbeiterbewegung und organisierte Religionskritik; Forschungsüberblick bei Hartmann Wunder, Freidenkertum und Arbeiterbewegung. In: IWK, H. 1, 1980, S. 1ff. Derselbe, Arbeitervereine und Arbeiterparteien. Kultur- und Massenorganisation in der Arbeiterbewegung (1890—1933), Frankfurt/Main, 1980, S. 55ff. und 142ff.; J. Kahl/E. Wernig (Hrsg.), Freidenker. Geschichte und Gegenwart, Köln, 1981, (dort weitere Literatur).
354 Parteitagsrede Liebknecht, Halle, 1890; zit. n. Schröder, Handbuch, S. 493.

schätzt aber das Beharrungsvermögen religiöser Traditionen und die pragmatische Haltung der Sozialdemokratie.[355]

Ausnahmen in der Religionsfrage bildeten auch die revisionistischen Bemühungen um Definition der Religion als einem unverzichtbaren sittlichen Impuls im Kampf um die sozialistische Umgestaltung der Gesellschaft. Vor 1890 blieben derartige Stimmen exotisch[356], ähnlich wie Todts Mahnungen, den Atheismus der Sozialdemokratie nicht zu überschätzen und den politischen und wirtschaftlichen Forderungen größere Aufmerksamkeit zu schenken.

Auf eine bemerkenswerte Ausnahme sei hier noch verwiesen: am 15. Juni 1878 erschien in der von Karl Höchberg[357] redigierten Halbmonatsschrift „Die Zukunft" ein längerer Artikel mit dem beziehungsreichen Titel „Die Kirche im Zukunftsstaat". Es ist bis heute nicht endgültig geklärt, von wem der mit „K" gekennzeichnete Artikel stammte.[358] Inhaltlich entsprach er durchaus dem ethisch-philosophischen Sozialismusverständnis Karl Höchbergs.[359]

Der Autor übt scharfe Kritik an dem vermeintlichen Widerspruch zwischen Programm und politischer Praxis der Sozialdemokratie im Blick auf Religion und Kirche: Während die Partei die Religion aus taktischen Gründen zur „Privatsache" erklärt habe, bekämpften führende Parteigenossen die Religion öffentlich, nicht als Privatleute, sondern im Namen der Partei: „Einer Partei, welche in ihrem Programm die Religion zur Privatsache erklärt, steht es schlecht an, eine Agitation zu organisieren, oder auch nur in ihrem Namen organisieren zu lassen, deren Zweck dahin geht den Massenaustritt aus der Kirche herbeizuführen."[360] Die Richtung der Kritik gegen Johann Mosts Kirchenaustrittskampagne ist offensichtlich. Scharf geht der Autor mit dem „trivialen und widersinnigen"[361] Materialismus à la Carl Vogt ins Gericht, der sich bei den sozialdemokratischen Massen ausbreite, aber geeignet sei, wissenschaftlich gebildete und gesellschaftlich einflußreiche Personen, so sehr sie auch mit den politischen und wirtschaftlichen Zielen der Sozialdemokratie übereinstimmen mögen, von der Partei abzustoßen. Offen-

---

355 Engels, Flüchtlingsliteratur II, MEW, Bd. 18, S. 531 f.

356 Als frühe Stimme in dieser Richtung vgl. die Schrift des späteren Präsidenten des ADAV, Johann Baptist von Schweitzer, Der Zeitgeist und das Christentum. Leipzig, 1861.
    Schweitzer legte wortreich dar, daß das Christentum als traditionelle Offenbarungsreligion vor dem Ansturm der Naturwissenschaften abgedankt hätte (S. 70 ff.). Der Glaube an Gott und die Unsterblichkeit der Seele werde aber — da eher Gefühls- den Verstandessache „bei den Culturvölkern fortbestehen, auch wenn das Christenthum als Offenbarungsreligion längst bei ihnen untergegangen sein wird." (S. 332). Dieser Glaube könne „das freie Denken und die Bewegung der Wissenschaft" dann nicht hemmen, wenn man ihn vernunftgemäß begriffe und für den „Geist der Civilisation" fruchtbar mache. (S. 332 und S. 335).
    Vgl. Reitz, Christen, S. 166 ff.; Grote, Sozialdemokratie, S. 71 f.; vgl. allgemein zu Schweitzer: Gustav Mayer, Johann Baptist von Schweitzer. Bonn-Bad Godesberg, 1969.

357 Siehe zu Höchberg: Ernst Theodor Mohl, Die Zukunft, Socialistische Revue. Berlin 1877/78. Ein Kapitel zur Frühgeschichte des Revisionismus. (Einleitung zum Reprint)

358 Mohl, ebda., S. IV, vermutet Höchberg selbst. Adam, Die Stellung, S. 67, nimmt den Redakteur Max Kayser als Autor an. Vgl. ferner: Miller, Das Problem, S. 166 f.; Reitz, Christen, S. 207 ff.

359 Siehe Karlheinz Geyer, Die Marx'sche Kritik der ethisch-idealistischen Geschichtskonzeption Karl Höchbergs, in: DZfPh, 16, 1968, S. 452 ff.

360 Die Zukunft, Socialistische Revue, 1. Jg., Heft 18, 15. Juni 1878, S. 549; siehe zur Zeitschrift allgemein: Fricke, Handbuch, Bd. 1, S. 519 f.

361 Ebda., S. 550.

kundig sucht der Autor ernsthaft den Brückenschlag zu jenen Intellektuellen (wie u. a. auch Todt), die bereit waren, dem Sozialismus der Sozialdemokratie eine gewisse Berechtigung zuzugestehen. Geradezu erbost äußert er sich über die „atheistische Tendenz und die ungebildete Art" der Behandlung der religiösen Frage[362] in der Parteipresse und appelliert an die Partei, „den Halbgebildeten unter ihren Agitatoren und der Zügellosigkeit eines Theiles ihrer Presse ein energisches Halt zuzurufen."[363] Obwohl der Autor sich nicht als Anhänger des Staatssozialismus bekennt, wird deutlich, daß er hofft, mit dessen Hilfe die „unentwickelten Keime der socialistischen Idee in einflußreiche Kreise des Volkes hineintragen" zu können.[364] Die Sozialdemokratie müsse den ihr anhaftenden „sektenartigen" Charakter abstreifen und dies zunächst im Blick auf die religiöse Frage. Auch deutet er einen sozialistischen Begründungspluralismus an: „Die Thatsachen lehren es unzweifelhaft, daß man ebenso gut vom christlichen Standpunkt aus Sozialdemokrat, wie vom antichristlichen, atheistischen Standpunkt aus Socialistenfresser sein kann."[365] Es komme alles darauf an, die Religionsfrage nicht zum Hauptstreitpunkt im politischen Kampf werden zu lassen, Fanatismus zu vermeiden und sich nicht über diesem Problem zu entzweien.[366]

Der Autor wendet sich dann einer nüchternen Bilanzierung der Leistungen und Grenzen des Christentums zu und plädiert für ein „objektiveres Urteil über das Christentum"; erneut tritt die im Frühsozialismus besonders populäre und von Bebel heftig attackierte Unterscheidung zwischen der ursprünglichen Religion Jesu und den späteren Entartungen in den christlichen Kirchen zu Tage: „Jeder Sozialdemokrat, welcher weiß, welches der Geist Jesu und des Urchristenthums ist, sollte sich erinnern, daß dieser kranke Organismus eine gesunde Wurzel hat, und sollte daher nicht den Tod, sondern die Heilung desselben wünschen."[367] Die Krankheiten, — „Papismus", „Caesaropapismus", „Staats-und Hoftheologentum" — seien mittels der „Wiederherstellung des Geistes Jesu" durchaus zu heilen.[368] Man könne als Sozialdemokrat darauf hoffen, daß „aus dem eigenen Innern der Kirche die seit langem vorbereitete Krisis über sie hereinbrechen wird, um allem Pfaffenthum ein Ende zu machen und ihr den ursprünglichen Geist zurückzugeben."[369]

Der Autor hält in krassem Gegensatz zu Bebels Thesen und den populären Ansichten in der Partei die Religion für einen „Trieb", der aus dem Gesellschaftsleben nicht verschwinden, geschweige denn absterben werde: „Es ist unbestreitbar, daß religiöse Regung, religiöses Denken, praktisch-religiöses Verhalten in der Welt gewesen ist, solange der Mensch da ist; es ist unbestreitbar, daß es auf dem ganzen Erdboden von allen Zeiten her gefunden wird."[370]

So wird und muß es auch im sozialistischen Zukunftsstaat Religion und Kirche geben, allerdings unter spezifischen Bedingungen: Vorstellbar ist nur eine Kirche oder

362 Ebda., S. 552.
363 Ebda.
364 Ebda., S. 553.
365 Ebda.
366 Ebda., S. 554 f.
367 Ebda., S. 555.
368 Ebda.
369 Ebda., S. 556.
370 Ebda., S. 557.

mehrere Religionsgesellschaften, die der demokratischen Verfassung und dem demokratischen Geist des Zukunftsstaates entsprechen und keine Anstalten „der Verknechtung, Verdummung und Heuchelei" mehr sind.[371] So könne die Sozialdemokratie die „Kirche in ihrem Zukunftsstaat zulassen ... aber nur dann ... wenn diese Kirche durch ihre Einrichtungen Garantie bietet, daß ihre Theologen nicht zu Pfaffen werden können, Garantie, daß das ,Pfaffenthum' in ihr keinen Platz habe, sondern unwiederbringlich ausgeschlossen sei."[372] Diese Aufgabe komme den Kirchen selbst zu. Wenn die Befriedigung des religiösen „Triebes" Aufgabe des Zukunftsstaates, in dem das Privateigentum an Produktionsmitteln abgeschafft werde, sei, dann könnten die Kirchen auch nicht als reine Privatgesellschaften fungieren und sich durch private Zuwendungen finanzieren. Der Zukunftsstaat müsse daher für eine ausreichende Finanzierung aus Staatsmitteln sorgen.[373] Hier deutet sich bereits das später — übrigens gegen den erbitterten Widerstand der Linken in der Sozialdemokratie — durchgesetzte Konzept der Weimarer Reichsverfassung an, den Kirchen den Status von Körperschaften des öffentlichen Rechtes zuzugestehen.

Alles in allem zeigt sich in dem besprochenen Aufsatz eine bemerkenswerte Bereitschaft, Religion und Kirche von deren ursprünglichem Impuls — der Religion Jesu — ernst zu nehmen und nach den geschichtlichen Bedingungen zu fragen, die die gegenwärtige Gestalt von Kirche formten. Religion und Kirche werden im sozialistischen Zukunftsstaat ein legitimer Platz eingeräumt.

Diese neuen Töne in Bezug auf Religion und Kirche sind von Todt und seinen Freunden im CV aufmerksam registriert und erfreut begrüßt worden; Stoecker wertete den „K-Artikel" mit der ihm eigenen Art zu übertreiben — als den „ersten religiösen Ton in der sozialistischen Bewegung Deutschlands."[374] Der CV reagierte gleichwohl nüchterner: In einem, wahrscheinlich vom Vorstandsmitglied G. M. Calberla verfaßten, Artikel wird der Hoffnung Ausdruck verliehen, daß mit der Änderung der sozialdemokratischen Religionstheorie und -praxis eine langfristige Wandlung der Partei zu einer konstruktiven Reformpartei verbunden sei; diese Veränderung würde der Sozialdemokratie so viel Aufschwung geben, daß die alten Reformparteien in ihrer Substanz bedroht seien.[375] Zwischen dem CV und dem Autor des Artikels wäre ein Dialog wohl möglich gewesen, denn namentlich Todt war ja, ebenso wie der Autor „K", von der historischen Legitimität der jeweils anderen Seite überzeugt. Doch verhallte diese Stimme weitgehend ungehört[376] in der nach den Kaiserattentaten vom 2. Mai und 11. Juni 1878 anhebenden Hatz auf die Sozialdemokratie.

Todts „Radikaler deutscher Socialismus" wurde von sozialdemokratischer Seite erst zum Thema, als der „Centralverein für Socialreform" im Dezember 1877 ins Leben trat. In der zentralen Parteipresse blieb aber auch danach eine ausführliche Besprechung aus,

---

371 Ebda., S. 556.
372 Ebda., S. 558.
373 Ebda.
374 Adolf Stoecker, Christlich-Sozial, S. XXVIII.
375 C.: Die Sozialdemokratie und die Religion; Staats-Socialist, 1. Jg., Nr. 28 vom 6. Juli 1878, S. 320 ff.
376 Vgl. bereits die scharfe Entgegnung in der „Zukunft", 1. Jg., H. 22, vom 15. August 1878, wo der sozialdemokratische Erwiderer den Bebel'schen Standpunkt vom Absterben der Religion vehement verteidigt und dem Autor „K" vorwirft, er strebe für Religion und Kirche eine Vorzugsstellung im Zukunftsstaat an.

und selbst das Theorieorgan der Partei, die „Zukunft", hüllte sich in Schweigen.[377] Dies erscheint umso erstaunlicher, als der *Vorwärts* (seit Oktober 1876 Zentralorgan der Partei) verschiedentlich sehr freundlich-positive Besprechungen zu Albert Schäffles „Quintessenz des Socialismus" veröffentlichte, ein Buch, das auch Todt gelesen und mit verarbeitet hatte.[378] Auch setzten sich sowohl der „Vorwärts" als auch die sozialdemokratische *Berliner Freie Presse* in mehreren Artikeln mit einigen Schriften Georg M. Calberlas, Vorstandsmitglied des „Centralvereins", auseinander.[379]

Die Vermutung liegt sehr nahe, daß der Sozialdemokratie das Todtsche Unternehmen schlicht zu klerikal war: Was konnte man schon von den „Pfaffen" der Landeskirche erhoffen, zumal auch noch ein Hofprediger mit von der Partie war? Unter der Überschrift „Ein todtgeborenes Kind" gibt die sozialdemokratische „Berliner Freie Presse" erstmalig ausführlich am 19. Dezember 1877 ihrer Leserschar Kenntnis über die Existenz des „Staats-Socialist", des künftigen Zentralorgans des „Centralvereins". Schließlich erfährt eine größere Zahl sozialdemokratischer Anhänger aus dem „Vorwärts" vom 30. Dezember 1877 Näheres über die Gründung des Centralvereins und seine Gründungsmitglieder.[380]

Beide Artikel sind auf einen entschieden mitleidig-geringschätzigen Ton gestimmt und schildern das Unternehmen bereits als vollständig gescheitert. Allerdings räumt die „Berliner Freie Presse" − bei aller ätzenden Polemik − ein, daß diese Art von „Regierungssocialismus" „mit der Zeit ein recht gefährlicher Faktor werden" könne, „wenn er einmal schlau zu operieren verstehen sollte." Mögliche Wirkungen des staatssozialistischen Impulses auf die Arbeiterklasse werden nicht von vornherein ausgeschlossen, obwohl man dies für recht unwahrscheinlich hält. Der „Vorwärts" vermochte in dem klerikal-konservativen „Centralverein" keinerlei Gefahren für die sozialdemokratische Bewegung entdecken, eine Einschätzung, die sich nach Gründung der Stoecker'schen Christlich-Sozialen Arbeiterpartei rasch ändern sollte.

Durchaus treffend stellt der „Vorwärts" den neuen Reformverein in die sozial-konservative Traditionslinie eines Hermann Wagener. Auch die Verbindung zur katholisch-sozialen Programmatik wird richtig gesehen. Der neue Verein wolle „die monarchisch

---

377 Dagegen besprach die „Zukunft" sehr ausführlich das nicht minder Aufsehen erregende Buch des Schweizer Reformtheologen und freisinnigen Pfarrers aus Zürich, C. W. Kambli, Die socialen Ideen des Christenthums und ihre Verwerthungen in den Kämpfen der Gegenwart, (1. Jg., H. 19, Juli 1878, S. 616 ff. und H. 21, 1. August 1878, S. 646 ff.)

378 Vorwärts, Nr. 34 vom 21. März 1877; ferner: Vorwärts, Nr. 61 und Nr. 62 vom 27. und 30. Mai 1877 (Autor: C. A. Schramm!), Nr. 128 vom 4. November 1877. Todt verweist in der 2. Auflage des RDS (S. 304 f.) auf die Bücher von Schäffle und Calberla und nennt auch die Besprechungen im Vorwärts.

379 Der Vorwärts nahm v. a. die Schrift von Georg M. Calberla, „Karl Marx, ‚Das Kapital' und der heutige Sozialismus" (Dresden, 1877) aufs Korn. (Nr. 64, 3. Juni 1877)
Vgl. ferner die „Berliner Freie Presse", Nr. 302, 28. Dezember 1877 („Ein staatssozialistischer Konfusionsrath"), die konstatiert, daß Calberla seine praktischen Reformvorschläge „den nächsten Forderungen der Socialdemokratie abgeborgt, zum Theil den Rudolf Meyer'schen Projekten nachgebildet habe."

380 Berliner Freie Presse, Nr. 296, 19. Dezember 1877 („Ein todtgeborenes Kind"); Todt wird darin als ‚wohlbekannter Mucker' charakterisiert! Vgl. bereits die kurze Notiz in der Nr. 293, 15. Dezember 1877. Vorwärts, Nr. 152, 30. Dezember 1877: Todt notierte diese Kritik so: „Übrigens die erste positive Kritik von dieser Seite, sonst beharrliches Schweigen". (RDS, S. 305, Fußnote)

und religiös gesinnten Volkselemente mobil machen gegen die religionsfeindliche, antimonarchistische, internationale Sozial-Revolution." An dieser Stelle liegt der casus belli für die klassenbewußte Sozialdemokratie: „Wenn wir nicht derlei Phrasen und derlei Mobilmachungen, die wie Bächlein im Sande verrinnen, längst kennen, so müßte man vor einer solchen Sprache fast Respekt, ja Angst bekommen doch so bringt dieselbe uns nur ein mitleidiges Lächeln auf die Lippen. Der Gedanke, eine Sozialreformpartei zu bilden, von der die einzige wirkliche, und wir fügen hinzu: die einzig mögliche Sozialreformpartei, nämlich die Sozialdemokratie, ausgeschlossen sein soll, ist so absurd, daß man ihn nicht ernsthaft behandeln kann."[381]

Immerhin zeige das Experiment nur, wie unsicher und nervös die Vertreter des herrschenden Staats- und Gesellschaftssystems geworden seien. Selbst in den Kreisen der Herrschenden reife offenbar die Erkenntnis „von der Unhaltbarkeit dieses Systems und einer vollständigen Umgestaltung der wirthschaftlichen Grundlagen des Staates und der Gesellschaft..." Das Programm der selbsternannten Staatssozialisten sei „ein Verzweiflungsschrei, eine politisch-soziale Bankrotterklärung in optima forma."[382] Natürlich begrüße man diese Krisensymptome des Systems, wenn auch der Versuch der Staatssozialisten, „Sozialismus zu treiben ohne die Sozialisten", nur „komisch erscheinen" könne. Es sei völlig undenkbar, anzunehmen, die Reform von Staat und Gesellschaft, die Umwälzung der wirtschaftlichen Strukturen mit Hilfe des heutigen Staates oder gar der Kirche bewerkstelligen zu können: „Mit dem ökonomischen Unterbau fällt auch der ganze staatliche und gesellschaftliche Oberbau, die Kirche natürlich mit inbegriffen, über den Haufen."[383]

Eine eingehende Prüfung der Reformvorschläge des neuen Vereins unterbleibt, weil seine Träger von vornherein zu den dem Untergang geweihten Gesellschaftsfaktoren gehören. Das objektivistisch-deterministische Geschichts- und Gesellschaftsverständnis der Sozialdemokratie in dieser Phase tritt hier besonders krass hervor. Auch waren dem „Vorwärts" die am „Centralverein" beteiligten Personen besonders suspekt: „Sehen wir uns die Männer an, welche den Vorstand der neuen Sozialreformpartei bilden. Rittergutsbesitzer Dr. Calberla, den wir schon kennen aus seiner nichts weniger als klaren Bekämpfung der Marx'schen Werttheorie, ein obskurer Fabrikant namens Krüger, Freiherr P. von Roell, der in Schutzzoll macht, der pietistische Hofprediger Stöcker und Pastor Todt, der ein dickes, aber langweiliges Buch über den ‚radikalen deutschen Socialismus und die christliche Gesellschaft' geschrieben hat... All diese Namen bieten nur höchst untergeordnetes Interesse — es ist die alt bekannte evangelisch-conservative Couleur."[384] Sehr erstaunt äußert sich der Artikelschreiber darüber, daß unter jenen „Männern der Mittelmäßigkeit" der „freie Forscher" Adolf Wagner zu finden ist. Er kann es kaum fassen, daß Wagner „unter die Mucker" gegangen ist, und gibt seiner Erleichterung Ausdruck, als er feststellt, daß die Mitarbeit Wagners eine zunächst sehr bedingte ist. Wagners Aufsatz „Was ist Socialismus?" in der ersten Nummer des „Staats-Socialist" wird sodann genauestens untersucht und durchaus positiv gewürdigt. Mit Wagners staatssozialistischen Positionen lohne die Auseinandersetzung schon eher.

---

381 Ebda.
382 Ebda.
383 Ebda.
384 Ebda.

So blieben Todts Bemühungen um eine objektivere Beurteilung der Sozialdemokratie von deren Seite unbeantwortet. Todts bemerkenswerte Abweichungen von den konservativen Stereotypen wurden nicht wahrgenommen. Dies verwundert insofern nicht, als Todt in der Öffentlichkeit als christlich-sozialer Mitstreiter des verhaßten Hofpredigers auftrat und sich im praktischen politischen Verhalten kaum von den übrigen Christlich-Sozialen unterschied. Und es war auch klar, daß auf Basis des Programms des „Centralvereins" eine Übereinkunft mit den Sozialdemokraten nicht zu erzielen war. Hier Monarchie und Obrigkeitsstaat — dort Republik und Demokratie, hier soziales Königtum und Sozialreform von oben — dort sozialistischer Zukunftsstaat und grundlegende Umwälzung bestehender Wirtschafts- und Sozialstrukturen, hier Appell an das soziale Gewissen der Herrschenden — dort Aufruf zur revolutionären Veränderung durch die proletarischen Massen.

Todts theoretische Leistung wurde von sozialdemokratischer Seite erst sehr viel später gewürdigt. So schrieb Franz Mehring in seiner 1897/98 erstmalig veröffentlichten „Geschichte der deutschen Sozialdemokratie": „Todt war ein durchaus ehrlicher Mann, dazu ein gescheiter Kopf und fleissiger Arbeiter, wie auch sein Buch eine respektable Leistung war, namentlich, wenn man erwog, daß es aus einer weltentlegenen Landpfarre kam. Es bekundete ein weitreichendes Verständnis der sozialdemokratischen Weltanschauung und zeichnete sich dadurch sehr vorteilhaft vor den kleinlichen Kniffen aus, womit sich die liberalen Federhelden um die entscheidenden Gesichtspunkte herumzureden versuchten. Todt erklärte vom christlichen Standpunkt aus die wirtschaftlichen und bis zu einem gewissen Grade auch die politischen Ziele der Sozialdemokratie für unanfechtbar; unbedingt verwarf er nur ihren Atheismus. Darauf ließ sich nun freilich keine politisch-soziale Agitation gegen die Sozialdemokratie aufbauen, aber Todt wollte auch kein politisch-sozialer Agitator sein."[385]

Auch der sozialdemokratische Historiker August Erdmann würdigte in seiner umfänglichen „Geschichte der christlichen Arbeiterbewegung" Todts Studien und seinen praktisch-politischen Reformversuch:[386] „Jedenfalls steht fest, daß kein Geistlicher, der im übrigen auf durchaus konservativem Boden steht, der Sozialdemokratie theoretisch weiter entgegengekommen ist als Todt."[387]

In den aufgeregten Jahren 1877 bis 1890 war es schwer, ja fast unmöglich, zu derart ausgewogenen und gerechten Urteilen zu gelangen. Die sozialdemokratische Arbeiterbewegung empfand den Versuch des Hofpredigers Stoecker, mit Gründung der Christlich-Sozialen Arbeiterpartei am 5. Januar 1878 in ihre Reihen einzubrechen, als Provokation und hinterhältigen Trick der herrschenden Klassen. Offenkundig sollte der Versuch

---

385 Franz Mehring, Geschichte der deutschen Sozialdemokratie. Bd. II, neu hrsgg. Berlin, 1960, S. 489. Mehring hatte im Verlaufe von fünfzehn Jahren seine Meinung über Pfarrer Todt vollständig geändert. 1882 — noch als bürgerlicher Liberaler — hatte er in einer Anti-Stoecker-Schrift, die zweifellos nicht zu seinen literarischen Glanzpunkten gehört, Todts Buch in bissiger Weise angegriffen. Er sprach von einem „wundersamen Machwerk", das dem Betrachter bestenfalls „herzliches pathologisches Mitleid" einzuflößen imstande sei, und warf Todt „bösartige wissenschaftliche Fälschungen" sowie Blasphemien vor. (Franz Mehring, Herr Hofprediger Adolf Stoecker, der Socialpolitiker. Eine Streitschrift. Bremen, 1882, S. 25 ff.)
386 August Erdmann, Die christliche Arbeiterbewegung in Deutschland, 2. Auflage, Stuttgart, 1909, S. 263 ff.
387 Ebda., S. 266.

gemacht werden, mit Hilfe von „Renegaten" (Emil Grüneberg) die Partei zu spalten. Die ideologische und praktisch-politische Herausforderung wurde sehr wohl erkannt, und entsprechend heftig fielen auch die Reaktionen aus: Johann Most organisierte Massenversammlungen gegen Stoecker und für den Kirchenaustritt[388], die sozialdemokratische Presse eiferte gegen das „Pfaffentum" und die „Muckerkapuzinade".[389] „Stoeckers Agitation", so urteilte Franz Mehring im Rückblick, „war auf die Interessen der herrschenden Klassen zugeschnitten, und nur auf sie... Stoecker wollte auf die Herrschaft der Orthodoxie in der Kirche hinaus, die mit der Herrschaft des absoluten König- und des feudalen Junkertums im Staate eng zusammenhing; diesen Mächten die Arbeiterklasse dienstbar zu machen, war das Ziel seiner christlich-sozialen Agitation."[390]

Die Reaktionen sozialdemokratisch orientierter Arbeiter auf Stoeckers Herausforderung waren zwiespältiger als es Mehrings Darstellung und die späteren Analysen vermuten lassen: „Das klassenbewußte Proletariat", so Mehring, „fiel aber natürlich auf Stoeckers christlich-soziale Agitation nicht hinein."[391]

Im Ergebnis der Jahre 1878 bis 1890 stimmt dieses Urteil wohl, doch die Stilisierung der „heroischen Jahre" unterschlägt die zweifellos vorhandene Irritation in Arbeiterkreisen. Bis zum Beginn der Stoecker'schen Judenhetze im September 1879 waren die Versammlungen der CSAP nicht nur von Kleinbürgertum, akademischem Mittelstand und „allerlei Lumpenproletariat"[392] besucht, sondern auch von sogenannten klassenbewußten Arbeitern trotz der Aufforderung der sozialdemokratischen Parteiführung, den Versammlungen fernzubleiben, um Stoeckers Agitation nicht noch aufzuwerten.[393] Als Motive kommen dabei nicht nur pure Lust am Streit, der Auseinandersetzung mit den „Klerikalen" oder Neugier in Betracht. Die Sozialdemokratie war kein ideologisch völlig homogener Block, immun für alle Einflüsse der bürgerlich-feudalen Umwelt. Die Debatte um Eugen Dührings Thesen in der Sozialdemokratie belegte dies drastisch.[394]

---

388 Mehring schreibt dazu: Die Kirchenaustrittsbewegung „verlief ziemlich im Sande, nicht aus Anhänglichkeit der Arbeiter an die Kirche, sondern aus dem entgegengesetzten Grunde, weil den Arbeitern die Kirche viel zu gleichgültig geworden war, als daß ihnen der formelle Austritt von die mancherlei Scherereien gelohnt hätte, die damit verbunden waren." (Geschichte, II, S. 491). Vgl. auch das Urteil des Verfassers des Artikels „Die Kirche im Zukunftsstaat": „Der Erfolg derselben ist, wenn man ihn auch nur an der Gesamtzahl der Partei mißt, ein wahrhaft lächerlicher." (Ebda., S. 552)

389 Siehe Vorwärts, Nr. 5, 13. Januar 1878 und Nr. 6, 16. Januar 1878.

390 Mehring, Geschichte, II, S. 490.

391 Ebda., S. 491.

392 Ebda.

393 Vgl. zum Ganzen Kaiser, Sozialdemokratie und „praktische Religionskritik", der treffend die Verunsicherung in der Partei darstellt. Kaiser faßt den Forschungsstand zum Verhältnis Sozialdemokratie und christlich-soziale Bewegung zusammen. Seine Arbeit ist bisher die einzige neuere Studie dazu.
Auch Massing, Vorgeschichte, S. 180, spricht von einer „ernsten Gefahr", die der Sozialdemokratie durch die Stoecker-Bewegung drohte.

394 Auf dem Parteitag in Gotha im Mai 1877 gab es eine bemerkenswerte Kontroverse darüber, ob Engels' Anti-Dühring weiterhin im Zentralorgan der Partei erscheinen sollte! Die Sympathien für Dühring waren beträchtlich. Vgl. v.a. Steinberg, Sozialismus, S. 22 ff.; Richard Adamiak, Marx, Engels and Dühring. In: Journal of the History of Ideas. XXXV, 1974, S. 98 ff.; Von der älteren Literatur Mehring, Geschichte II, S. 480; Eduard Bernstein, Die Geschichte der Berliner Arbeiterbewegung. Erster Teil. Berlin, 1907 (unveränderter ND, Glashütten, 1972), S. 335 ff.

Auch kam die episodische Abspaltung einer Reihe von Sozialdemokraten, geführt von den Arbeitern Körner und Finn, nicht von ungefähr.[395]

Die Parteiführung vermutete nicht zu Unrecht, daß so mancher Arbeiter den Sirenenklängen der „christlich-konservativen Staatssozialisten"[396] erliegen könnte, und bemühte sich rechtzeitig um politischen Gegenkurs, wobei man die lärmende Kirchenaustrittskampagne Johann Mosts als kontraproduktiv für die Ziele der Sozialdemokratie einschätzte. August Bebel sah sich im Mai 1878 genötigt, in einem scharfen Artikel gegen staatssozialistische Sympathien der „Zukunft" zu protestieren, und machte sogar auf die Gefahr der Parteispaltung aufmerksam.[397]

Die Situation veränderte sich zugunsten größerer ideologischer Geschlossenheit nach den Kaiserattentaten und dem darauf folgenden „Gesetz gegen die gemeingefährlichen Bestrebungen der Sozialdemokratie" (Sozialistengesetz) vom 21. Oktober 1878.[398] In dem nun folgenden Zeitabschnitt schweißten Verfolgung und Illegalität die Sozialdemokratie zusammen und führten einen ideologischen Klärungsprozeß herbei, an dessen Ende die Übernahme der Marx'schen Sozialtheorie in einer spezifischen parteimarxistischen Ausprägung stand. Alternative Theorieangebote: Anarchismus und „Staatssozialismus" hatten keine Chance mehr.

Der ideologische Formierungsprozeß war von einer Radikalisierung der Mitgliedschaft begleitet, nach dem Motto: „Viel Feind' — viel Ehr'!" Zugleich brachten es die Arbeitsbedingungen der weiterhin legal operierenden sozialdemokratischen Reichstagsfraktion mit sich, daß die parlamentarisch-reformistische Praxis zum dominierenden Handlungsmuster der Sozialdemokratie wurde und jenes vielfältig beschriebene Theorie-Praxis-Dilemma begründete, das Ende der neunziger Jahre in den sogenannten „Revisionismus-Streit" mündete. Die Christlich-Soziale Arbeiterpartei hatte sich inzwischen unter dem übermächtigen Einfluß des Hofpredigers Stoecker zu einer überwiegend kleinbürgerlich-mittelständischen Antisemiten-Bewegung formiert und stellte immer mehr die „Judenfrage" in den Mittelpunkt ihrer Agitation.[399]

---

395 Im Winter 1878 setzten sich der Maurer Wilhelm Körner und der Zimmerer Karl Finn, beide noch wenige Wochen vorher als Sozialdemokraten aus Berlin ausgewiesen, von der Partei ab, weil sie die Opposition gegen die Wirtschafts- und Sozialpolitik der vermeintlich „staatssozialistisch" gesinnten Regierung nicht mehr mittragen wollten. Sie gründeten im Oktober 1880 einen „Sozialen Arbeiter-Verein" in Berlin, dem kein Erfolg beschieden war. Die Christlich-Sozialen feierten die Sezession als einen Sieg in dem Kampf um die sozialdemokratischen Seelen. Vgl. Bernstein, Berliner Arbeiterbewegung, Zweiter Teil, S. 49 f.

396 Bernstein, Berliner Arbeiterbewegung, Erster Teil, S. 349.

397 Bebel, Der Gewerbebetrieb durch den Staat und die Kommune. (15. Mai 1878). In: ARS, Bd. 1, S. 519 ff.

398 Vgl. die Literatur bis 1975 bei Tenfelde/Ritter, Bibliographie, S. 448 ff.; ferner: zur Statistik und Wirkungsgeschichte Fricke, Handbuch, Bd. 1, S. 170 ff.; Heinzpeter Thümmler, Sozialistengesetz § 28. Ausweisungen und Ausgewiesene 1878–1890, Berlin (DDR), 1979. Horst Bartel/Wolfgang Schröder/Gustav Seeber, Das Sozialistengesetz 1878–1890. Illustrierte Geschichte des Kampfes der Arbeiterklasse gegen das Ausnahmegesetz. Berlin (DDR), 1980. Wilhelm Leo Guttsmann, The German Social Democratic Party 1875–1933. London, 1981. Diether Döring/Otto Ernst Kempen (Hrsg.), Sozialistengesetz, Arbeiterbewegung und Demokratie. Köln/Frankfurt/Main, 1979. Von der älteren Literatur immer noch anregend zu lesen: Mehring, Geschichte, II, S. 484 ff.; Bernstein, Berliner Arbeiterbewegung, Zweiter Teil, S. 1 ff.

399 Siehe zu den Einzelheiten v. Oertzen, Stoecker I, S. 235 ff.; Frank, Stoecker, S. 103 ff.

Höhepunkt der Bewegung waren die Jahre 1881 bis 1885, wobei 1881 zum Jahr des ersten wahlpolitischen Erfolges der Christlich-Sozialen wurde. Eduard Bernstein schrieb treffend: „Es ist das Jahr, wo es vorübergehend schien, als ob die antisemitische Agitation die ganze Öffentlichkeit beherrschen sollte. Ihr Einfluß auf die Gemüter war zeitweilig nicht unbedeutend. Bei der im Taumel der Kriegsjahre herangewachsenen akademischen Jugend hatten die ultrabismärckisch-nationalistischen Geschichtsdeklamationen Treitschkes trefflich für sie gearbeitet; die zünftlerisch-konservative Reaktion trug einen stark antisemitischen Charakter, von den Staatssozialisten waren die einen offene Antisemiten, die anderen Halbantisemiten oder Parteigänger des Antisemitismus aus politischer Taktik. Kirchlichen Antisemitismus predigte Stöcker, und von der anderen Seite her machte Dühring in kirchenfeindlichem Judenhaß. Es war wie eine Sturzwelle judenfeindlicher Reaktion. Eine ganze Presse, die ihr Ausdruck gab, schoß ins Leben. Antisemitische Flugschriften und Schimpfblätter wider alles, was jüdisch oder jüdischer Sympathien verdächtig war, wurden in Massen verbreitet; sie predigten gesellschaftliche und geschäftliche Ächtung der Juden, und diese Ächtung wurde auch verschiedentlich in verletzendster Form in die Tat umgesetzt. Der Kampf für und wider den Antisemitismus gab für das äußere Leben Berlins dem Jahre 1881 und auch noch den Jahren 1882 und 1883 die Signatur."[400]

Die Arbeiterbewegung war zu einer deutlichen Reaktion gezwungen, wollte man nicht freiwillig den Christlich-Sozialen das politische Terrain überlassen. Bei der Reichstagswahl am 27. Oktober 1881 verzeichneten die Christlich-Sozialen und die Sozialkonservativen gegenüber ihrem Fiasko im Juli 1878 (nur 1.422 Stimmen für Stoeckers CSAP) erhebliche Stimmengewinne, wenn es ihnen auch nicht gelang, Fortschritt und Sozialdemokratie zu besiegen. Den 30.168 sozialdemokratischen Stimmen (30. Juli 1878 = 56.147) standen immerhin 46.228 Konservative und Antisemiten gegenüber.[401]

Die Fortschrittspartei hatte trotz der gegen sie entfesselten antiliberalen-antijüdischen Hetze in allen Wahlkreisen gesiegt, wenn sich auch im IV. Wahlkreis der Fortschrittskandidat nur knapp gegen Bebel durchsetzen konnte; hier erreichte Adolf Wagner als Kandidat der Sozialkonservativen immerhin 8.200 Stimmen.

Mit gewachsenem Selbstbewußtsein unternahmen die Christlich-Sozialen den Versuch, mit der Sozialdemokratie gegen den „jüdischen Fortschritt" ins Geschäft zu kommen. Stoecker, der seine Hoffnungen im Jahre 1881 auf „eine der Sozialdemokratie abgerungene Volkspartei von königstreuen, christlich-gesinnten, sozialreformerischen Arbeitern und Kleinbürgern" setzte[402], machte den Sozialdemokraten das Angebot, im IV. und VI. Wahlkreis in der Stichwahl für den jeweiligen sozialdemokratischen Kandidaten (Bebel oder Hasenclever) zu stimmen. Die Sozialdemokratie sollte dafür die arbeiterfreundlichen Ziele der Bismarck'schen Sozialreformpolitik anerkennen und mit den anderen Sozialreformparteien für eine friedliche Sozialreform eintreten. Ferner versprach er, sich in diesem Falle für die Aufhebung des Sozialistengesetzes einzusetzen. August Bebel wies für die Sozialdemokratie dieses Ansinnen mit der Erklärung zurück, daß mit der Sozialdemokratie kein „Schacher und Stimmenkauf" zu treiben sei und man

---

400 Bernstein, Berliner Arbeiterbewegung, Zweiter Teil, S. 58 f. Siehe auch Lidtke, The Outlawed Party, S. 163.
401 Vgl. zu den Zahlen Frank, Stoecker, S. 112 ff.
402 Stoecker, Soziale Kämpfe der Gegenwart. In: Christlich-Sozial, S. 179.

„lieber 3000 ehrlich gewonnene Stimmen als 30.000 erkaufte haben" wollte.[403] Mit den Antisemiten würde die Partei grundsätzlich nicht paktieren.

In der Tat erwies sich die sozialdemokratische Arbeiterbewegung gegen den politischen Antisemitismus als weitgehend immun.[404] Trotz der gemeinsamen antiliberalen Frontstellung kam es zu keinerlei ideologischen oder politischen Verbindungen. Von einem „Arbeiterantisemitismus" — wie er gelegentlich in der Forschung behauptet wurde[405] — kann keine Rede sein. Die Reichstagswahlen 1884 und noch mehr 1887 unterstrichen dann auch, „daß der Antisemitismus bei der Berliner Arbeiterschaft politisch ausgespielt hatte."[406]

Einmal wurde die Sozialdemokratie durch ihren scharfen Antiklerikalismus, der sich insbesondere gegen Stoecker und das „Hoftheologentum" richtete, davon abgehalten, mit der kirchlich-antisemitischen Reaktion zu marschieren. Zum anderen war das Bewußtsein, einer verfolgten Minorität anzugehören, so stark ausgeprägt, daß daraus auch Solidaritätseffekte zu der angegriffenen Minorität der Juden erwuchsen. Und schließlich verhinderte die theoretische Analyse der aktuellen Wirtschafts- und Sozialkrise eine Sündenbock-Philosophie, wie sie von den Antisemiten wortreich vorgetragen wurde. Es war Konsens in der Sozialdemokratie, daß der Antisemitismus von den herrschenden Klassen „als Manipulationsinstrument benutzt werde, um die Bevölkerung von den aus der wirtschaftlichen Depression resultierenden Mißständen abzulenken, den allgemeinen Unmut und die Unzufriedenheit politisch zu kanalisieren, einen Sündenbock zu schaffen, um möglichst ungehindert und uneingeschränkt den eigenen Interessen nachgehen zu können und prinzipielle Kritik an der Wirtschafts- und Gesellschaftsstruktur zu vermeiden."[407] So übertrug sich die scharfe Abwehr der christlichsozialen, antisemitischen Agitation auch auf den „Centralverein" und seinen Urheber Pfarrer Todt.

War Todts Einschätzung des Atheismus als „bloßes Accidens" der Sozialdemokratie treffend? Er traf sicherlich die Hauptströmung der Sozialdemokratie, die der Religion-ist-Privatsache-Formel entschieden anhing, nicht aber jene militant-atheistischen Kreise, für die die Anti-Religionspropaganda integraler Bestandteil des sozialistischen Emanzipationskampfes war und die nach 1900 mit energischen Kirchenaustrittskampagnen das „Absterben der Religion" beschleunigen wollten. Die atheistischen Propagandisten der Sozialdemokratie waren ebenso von der Notwendigkeit des „Weltanschauungskampfes" überzeugt wie ihre orthodox-konservativen Gegenspieler in der evangelischen Kirche. Es ist Todts Verdienst, einen Weg gezeigt zu haben, der über diese ideologische Blockade hinaus zu neuen Formen des Dialoges hätte führen können.

---

403 zit. b. Bernstein, Berliner Arbeiterbewegung, Zweiter Teil, S. 78.
404 Siehe dazu das Standardwerk von Rosemarie Leuschen-Seppel, Sozialdemokratie und Antisemitismus im Kaiserreich. Bonn, 1978, bes. S. 87 ff. Dieselbe, Arbeiterbewegung und Antisemitismus. In: Brakelmann/Rösowski (Hrsg.) Antisemitismus, S. 77 ff. (dort weitere Literatur): Robert S. Wistrich. German Social-Democracy and the Berlin-Movement In: IWK, H. 4 (Dezember 1976), S. 433 ff. behauptet dagegen die Übernahme einiger antisemitischer Stereotypen in der Berichterstattung des „Sozialdemokrat".
405 v. a. von Hans-Helmut Knütter, Die Juden und die deutsche Linke in der Weimarer Republik 1918 — 1933, S. 129 ff.
406 Leuschel-Seppel, Sozialdemokratie und Antisemitismus, S. 110.
407 Ebda., S. 94.

13.6 Die Katholisch-Sozialen

Rudolf Todt spricht im „Radikalen deutschen Sozialismus" stets mit Hochachtung von der christlich-sozialen Programmatik und den Aktivitäten der katholischen Verbände und der Zentrumspartei. Namentlich das christlich-soziale „Programm" des Domkapitulars Christoph Moufang aus Mainz (einem Ketteler-Schüler), der für das Zentrum kandidierte, enthielt nach Todts Meinung eine Reihe von Forderungen, die seinen sozialkonservativen Vorstellungen voll entsprachen: Arbeitsrecht, Fabrikgesetzgebung, Staatsintervention. Diesem sozialpolitischen Programm — so Todt könne niemand „das Lob der Klarheit, Präcision und Verständlichkeit versagen."[408]

Mit der katholisch-sozialen Bewegung, die bis 1877 schon über eine lange und beeindruckende Tradition zurückblicken konnte[409], sieht sich Todt eins im Kampf gegen Liberalismus und kapitalistisch manchesterlicher Wirtschaftsordnung.[410] Von hier aus läßt sich auch zum Teil seine unbefangene Rede vom „christlichen Socialismus" erklären.[411]

Kurz vor Erscheinen seines Buches erlebte Todt den ersten sozialpolitischen Antrag des Zentrums im Reichstag, vorgebracht von einem Neffen Kettelers, Graf Galen. Der berühmte „Antrag Galen" forderte, ganz im Sinne Todts und seiner sozialkonservativen Freunde, eine Fabrikgesetzgebung, gewerbliche Schiedsgerichte, Verbot der Sonntagsarbeit, Verbot der Beschäftigung jugendlicher Arbeiter unter 14 Jahren und Einschränkung der Frauenarbeit. Insbesondere die Idee der Bildung „korporativer Verbände" hat Todt positiv berührt.[412]

---

408 RDS, S. 453; vgl. auch S. 392 und 490 f.
409 Vgl. zur katholisch-sozialen Bewegung v. a. Adolf M. Birke, Bischof Ketteler und der deutsche Liberalismus. Mainz, 1971. Heiner Budde, Die „roten Kapläne". Köln, 1978. Ephrem Filthaut, Deutsche Katholikentage 1848—1958 und soziale Frage. Essen, 1960. Erwin Iserloh/Christoph Stoll, Bischof Ketteler in seinen Schriften. Mainz, 1977. Ulrich Jenne, Das Bild des Arbeiters in der katholisch-sozialen Bewegung Deutschlands in den Jahren 1848—1933. Diss. München, 1976. Ernst Hanisch, Konservatives und revolutionäres Denken. Deutsche Sozialkatholiken und Sozialisten im 19. Jahrhundert. Wien-Salzburg, 1975. Albrecht Langner (Hrsg.), Katholizismus, konservative Kapitalismuskritik und Frühsozialismus bis 1850. München-Paderborn/Wien, 1975. Wilfried Loth, Katholiken im Kaiserreich. Düsseldorf, 1984. Nikolaus Monzel, Die katholische Kirche in der Sozialgeschichte von den Anfängen bis zur Gegenwart. München-Wien, 1980. Anton Rauscher, Der soziale und politische Katholizismus 1803—1963, 2 Bde., München, 1981. Emil Ritter, Die katholisch-soziale Bewegung im 19. Jahrhundert und der Volksverein. Köln, 1954. Michael Sander, Katholische Geistlichkeit und Arbeiterorganisation, Saarbrücken, 1984. Franz-Josef Stegmann, Der soziale Katholizismus und die Mitbestimmung in Deutschland. München-Paderborn-Wien, 1974. Derselbe, Geschichte der sozialen Ideen im deutschen Katholizismus. In: Geschichte der sozialen Ideen in Deutschland, S. 325 ff. Zum Ganzen als Forschungsbericht noch immer unentbehrlich: Michael Schneider, Kirche und soziale Frage im 19. Jahrhundert unter besonderer Berücksichtigung des Katholizismus. In: AfS, Bd. XXI, 1981, S. 535 ff.
410 Karl-Heinz Grenner, Wirtschaftsliberalismus und katholisches Denken. Köln, 1967.
411 Vgl. dazu v. a. Friedberger, Geschichte der Sozialismuskritik im katholischen Deutschland, S. 95 ff., der sehr treffend die ideologische Verbindung der „Exoten" Hohhoff und Hitze zu Todt herstellt.
412 Vgl. den Wortlaut des Antrages bei Ludwig Bergsträsser, Der politische Katholizismus. Dokumente seiner Entwicklung 1871—1914. Bd. II, München, 1923, S. 89 ff. Kritik dazu bei Erdmann, Geschichte der christlichen Arbeiterbewegung, S. 142 ff.
Vgl. auch Derselbe, Der soziale Katholizismus. In: NZ, 32. Jg. (1914), 2. Bd., Nr. 16, S. 700 ff.

In den Augen der Konservativen machte Todt der in seiner Neigung zu den Katholisch-Sozialen erkennbare „katholisierende Zug" noch verdächtiger. Mochte auch so manche Kritik an Todt dem einen oder anderen nicht einleuchten: der Verdacht, daß dieser Pfarrer letztendlich ultramontanen Regungen und der katholischen Lehre der „Werkgerechtigkeit" folge, war um so durchschlagender.[413] Die von Todt selbst als „überaus wohlwollend" bezeichnete Rezension in der katholischen Tageszeitung „Germania" verstärkte im streng konfessionalistisch-konservativen Lager das Mißtrauen gegenüber Todt.[414]

Die „Germania" widmet sich dem Buch von Todt sehr ausführlich. Sie stellt zunächst heraus, daß im Gegensatz zur katholischen Seite der Protestantismus noch immer nicht zu einer konsistenten Stellungnahme zur sozialen Frage gefunden habe. Nun aber sei durch das vorliegende Werk diese Lücke „meisterhaft" geschlossen: „Nirgends als bei Todt finden wir eine so umfassende und klare Darstellung der verschiedenen socialistischen Bestrebungen, weil er eben mit seinem Werk bis zu dem gegenwärtigen Zeitpuncte gewartet hat und bloß diesen erörtert. Die verschiedenen Seiten des deutschen Socialismus schildert er mit vollständiger Beherrschung des Stoffes. Ruhig, klar und vollkommen sachlich, ohne gehässige Ausfälle, entwickelt er die verschiedenen Seiten des socialdemokratischen Programms und prüft jede Forderung stets sofort am neuen Testamente."[415]

Die „Germania" zeichnet sodann die einzelnen Stationen der Argumentation Todts präzise nach und lobt Todts kräftiges Eintreten für die praktische Tat christlicher Nächstenliebe. Die Kritik des Sozialismus hält die Zeitschrift für treffend: „Jeder Christ kann mit Todt bei dieser Kritik des Socialismus vollkommen übereinstimmen."[416] Die praktischpolitischen Reformvorschläge Todts sieht man schließlich „fast vollständig" in dem Programm der Zentrumspartei angesprochen.

Zwei umfängliche und ausführliche Besprechungen des Todt'schen Buches in den seit 1848 erscheinenden „Christlich-Socialen Blättern" aus den Jahren 1877 und 1878 zeigen, welch große Beachtung das Todt'sche Buch im Sozialkatholizismus der siebziger Jahre fand. Während die erste Rezension[417] sich auf eine sehr genaue und glänzend geschriebene Inhaltsanalyse beschränkt, nimmt die zweite die Todt'sche Gedankenreihe „nach dem theologischen Inhalt" kritisch unter die Lupe.[418] Da die letzte die erheblich ergiebigere ist, konzentrieren wir uns auf diese.

Grundtenor der oft kasuistisch argumentierenden Rezension ist die Kritik an Todts vermeintlich diffuser Religiosität, seinem angeblich zu undeutlichen Bekenntnis zum „positiven Christentum", das für den katholischen Rezensenten nur als konfessionelles vorstellbar ist. Eine Begründung für einen christlichen Sozialismus sei nur vom christlich-konfessionellen Standpunkte möglich.[419] Sozialismus erscheint im Deutungshorizont des Rezensenten als eine Allversöhnungs-Theorie und Strategie: Christus sei

---

413 Trümpelmann, Eine theologische Kritik, S. 639
414 IZ, S. 13.
415 Germania, 7. Jg., Nr. 110 vom 16. Mai 1877.
416 Ebda.
417 Christlich-Sociale Blätter, 43-44, 1877; 44-45, 1877; 47-48, 1877; 49-50, 1877; Kurze Anzeige zunächst in Nr. 21, 27. Mai 1877. Vgl. auch Friedberger, Sozialismuskritik, S. 96.
418 Christlich-Sociale Blätter (if. zit. als CSB) von Nr. 8 – Nr. 20, 1878
419 CSB Nr. 8, 1878, S. 255.

„Socialist im eminenten Sinne", weil er die Versöhnung der Menschen mit Gott bewirke, Ideal und Wirklichkeit zur Deckung bringe und alles neu mache: „Das Christentum allein ... resp. das N. T. allein ... zeigt den Socialismus als berechtigt, weil es die Ausgleichung der Wirklichkeit mit dem Ideal hinsichtlich der sozialen Zustände des menschlichen Geschlechts als in Christo möglich erweist."[420]

Ist der Sozialismus derart „theologisiert", so wird Todt sogleich vorgeworfen, die christlichen Grundlagen des Sozialismus nicht genügend herausgearbeitet und damit einer Art Vernunftchristentums und natürlicher Religion als ideologischer Basis zur Lösung der sozialen Frage Vorschub geleistet zu haben.

Todt habe theoretisch und praktisch zugleich die „Basis zu breit genommen". Es fehle in seinen wichtigsten Vorschlägen, die im einzelnen als sehr „ernste und nicht genugsam zu beherzigende Erwägungen"[421] bezeichnet werden, an christlicher „Positivität": „Es ist aber überdies aus dem ganzen Buche des Verfassers nicht zu entnehmen, daß das von ihm geforderte positive Christenthum in etwas Weiterm noch bestehen sollte, als in dem, was man sonst auch Humanitätsreligion nennt, nämlich Acceptation der ethischen Lehren des Christentums, resp. des N. T., und der Glaube an einen persönlichen Gott. Nicht einmal dies ist zu erkennen, ob der Verfasser den Glauben an die Dreifaltigkeit und an die Gottheit Jesu Christi, diese in unserer Zeit so schwer angefochtenen Grundwahrheiten des Christenthums, durchaus dazu gerechnet wissen will ... Das Wort von der Rückkehr zum positiven Christentum ist und bleibt noch immer eine Phrase, wenn und solange man nicht weiß oder unbestimmt läßt, was man sich darunter zu denken habe. Mit allgemeinen Abstractionen unbestimmten Inhaltes wird man nie und nimmer die Welt bekehren."[422]

Die Einzelkritik an Todts Analysen und praktischen Reformvorschlägen läßt sich von dieser Generalattacke aus schon fast erahnen: Todt akzentuiere nicht die Theorie der „Erbsünde", welche deutlich mache, daß es „soziale Leiden" immer geben werde[423], er arbeite nicht genügend heraus, daß der „Communismus" nur als „freithätiger", christlicher eine Chance habe, wie es am Beispiel der Orden und Kongregationen der katholischen Kirche abzulesen sei[424], und er verkenne schließlich vollständig das „Wesen" der katholischen Kirche, die durch den Wandel der Zeiten monarchisch und hierarchisch bleiben werde.[425]

Die so deduzierte Gestalt der Kirche schließt dann auch den Gedanken aus, daß „Kirche" — im Todt'schen Sinne verstanden als eine Art „göttliche Republik", als Gemeinschaft von Gleichen — Zeichen für die Organisation des Staatslebens als Republik setzen könne. Die Analogiemethode Todts wird als eine völlig unmögliche Übertragung von „Göttlichem" auf das „Weltliche" negiert, obwohl die Republik als solche „dem Wort und Geiste des N. T." nicht widerstreite.[426]

Die nach Meinung des Rezensenten fatale „Geneigtheit" Todts, „Berechtigungsmo-

---

420 CSB Nr. 9, 1878, S. 284.
421 CSB Nr. 20, 1878, S. 634.
422 Ebda., S. 635.
423 CSB Nr. 9, 1878, S. 285.
424 CSB Nr. 10, 1878, S. 312 f.
425 CSB Nr. 11, 1878, S. 348.
426 Ebda., S. 349.

mente in dem radikalen deutschen Socialismus zu finden"[427], zeige sich auch in der Darlegung der Trias Freiheit, Gleichheit, Brüderlichkeit sowie in der Interpretation des sozialistischen und christlichen Eigentumsverständnisses. Wahre Gleichheit und Freiheit, sowie rechter Umgang mit dem gottgegebenen Eigentum sei nur von einer christlichen Basis aus zu gewinnen — darin gibt es keinen Unterschied zwischen Todt und seinem katholischen Widerpart. Doch Todt sieht gleichermaßen die geschichtliche Wandlungsfähigkeit des Eigentums und der Freiheits- und Gleichheitsvorstellungen und versucht, die christlichen Prinzipien materialiter für die Organisation des wirtschaftlichen und politischen Lebens umzusetzen, analogiefähig zu machen. Der Rezensent wendet dagegen ein, daß der Eigentumsbegriff der Theologen nicht so „schwankend" sei.[428] Besonders anstößig ist ihm die sozialistische Auffassung, daß nicht Gott — wie in der Lehre Thomas von Aquins — „Obereigenthümer" alles Eigentums sei, sondern der Staat. Diese unsittliche Auffassung vom Staat führe konsequent zur totalitären Verfügungsgewalt über die Individuen und stelle die „absoluteste Tyrannei des Gesamtwillens über den Einzelwillen" dar, was nicht weniger verwerflich sei „als die vollendetste monarchische Despotismus."[429]

Auffallend ist die von dem Erkenntnisstand der katholisch-sozialen Eigentumstheorie[430] abweichende Apologie des Privateigentums. Offenbar meint der Rezensent, gegen Todts gefährliche Ansichten die Unantastbarkeit des Privateigentums betonen zu müssen, ohne daß zwischen persönlichem Eigentum und Produktiveigentum differenziert und die eigentumskritischen Positionen der „roten Kapläne" Franz Hitzes oder Wilhelm Hohoff erwähnt werden.[431]

„Privateigenthum" gewähre — so der Rezensent — „ein unverbrüchliches Recht, auf welches der Einzelne wohl zu Gunsten seiner darbenden Mitbrüder aus Liebe verzichten, das ihm aber nicht, selbst nicht durch das Gesetz einer Gesamtheit, und am Allerwenigsten noch durch das Gesetz einer Communität wie die Kirche, die jedes Recht respectirt, zum Vorteil etwa der allgemeinen Wohlfahrt abdecretirt werden kann."[432] Todts Schlußfolgerung, daß vom Neuen Testament aus einer Überführung des Privateigentums an Produktionsmitteln in Gesamteigentum nichts entgegenstehe, und daß dies auch eine Forderung der ausgleichenden Gerechtigkeit sei, wird entschieden negiert. Gesamteigentum sei zwar möglich, aber nicht aufgrund der Befolgung eines Rechtsprinzips, sondern nur als Forderung der freien Nächstenliebe („freithätige Liebe").[433]

---

427 CSB Nr. 12, 1878, S. 382.
428 CSB Nr. 17, 1878, S. 542.
429 CSB Nr. 19, 1878, S. 601 f.
430 Vgl. v. a. Wilhelm Emmanuel von Kettelers Adventspredigten 1848, mit denen er an die thomistische Eigentumslehre anschließt. In: Texte zur katholischen Soziallehre, Hrsgg. vom Bundesvorstand der KAB. Kevelaer, 1976, Bd. II, 1. Hbb., S. 87 ff. Vgl. zum Ganzen: Hanisch, Konservatives und revolutionäres Denken, S. 143 ff.
431 Franz Hitze stellte 1877 fest, daß „nirgends im Christentum ... das Privateigentum an Produktivkapital direkt oder positiv gefordert oder als ewig notwendige Institution sanktioniert" werde. (Die soziale Frage und die Bestrebungen zu ihrer Lösung. Paderborn, 1877, S. 137; Vgl. auch Klaus Kreppel, Entscheidung für den Sozialismus, Bonn, 1974.)
432 CSB Nr. 18, 1878, S. 575 f.
433 Ebda., S. 572.

Die Rezension zeigt insgesamt, wie zögerlich die katholisch-soziale Bewegung darin verfuhr, aus ihrer Charakteristik der sozialen Frage als einer nicht nur religiös-sittlichen, sondern auch sozial-ökonomisch bedingten, theoretische und praktische Schlußfolgerungen zu ziehen. Todts unbefangene Suche nach berechtigten Elementen im Sozialismus, sein Drängen nach Analogien zwischen christlich-ethischen und sozialistischen Prinzipien sowie seine Forderung nach materieller Konkretion wurde als Ausverkauf an den säkularen antikirchlichen Sozialismus in Gestalt der Sozialdemokratie denunziert. Die relative ideenpolitische Offenheit des Todt'schen CV, der auch sozial orientierten Liberalen offenstehen sollte, mußte entschiedenen Katholisch-Sozialen als ein Paktieren mit dem Hauptfeind erscheinen. Das „positive Christentum", das Todt ja pointiert als die ideologische Basis seines großen Reformwerkes reklamierte, konnte aus der Sicht eines Katholisch-Sozialen nur im Rückbezug auf Konfessionsgrenzen und (katholische) Kirchenmauern bestehen — allen Kooperationsangeboten an die Adresse der protestantischen Sozialkonservativen zum Trotz.[434]

---

434 Vgl. „Die Stellung der protestantischen Conservativen zur socialen Frage und zu den Katholisch-Sozialen" I—III. CSB Nr. 1, 1878, S. 5 ff.; Nr. 3, 1878, S. 4 ff.; Nr. 4, 1878, S. 109 ff.

14 Zusammenfassung und Ergebnisse

Wir haben den sozialen Konservatismus zwischen 1877 und 1887 am Beispiel eines Mannes untersucht, der nicht zu den prominenten evangelischen Sozialreformern zählt, und dessen Name hinter den Huber, Wichern, Stoecker und Naumann verblaßt. Er hat keine christlichen Rettungsanstalten für verwahrloste Jugendliche gegründet, keine Gefängnisseelsorge inspiriert und keine politische Partei für die Interessen der Arbeiter ins Leben gerufen. In Rudolf Todt begegnet uns weniger der praktische Sozialreformer als vielmehr der Konstrukteur einer theologischen Theorie evangelisch-sozialethischen Handelns.

Die kirchliche Historiographie hat ihn „vergessen", weil sich sein Wirken nicht in unmittelbar meßbaren karitativ-diakonischen Aktionen niederschlug und seine „materialistische" Auslegungspraxis des Evangeliums dem orthodox-konservativen „Gesinnungschristentum" entgegenstand. Und doch hat er viel für die evangelische Ethik geleistet.

Der Ertrag der sozialhistorisch-ideenpolitschen Rekonstruktion läßt sich wie folgt zusammenfassen: Ein junger, begabter Pfarramtskandidat, bestens ausgebildet im Geiste des halleschen Biblizismus und ein sehr persönliches, positives Christentum lebend und predigend, nimmt in seiner Studienzeit und vor allem seiner Pfarramtspraxis einen sozialen Problemkomplex wahr, den die Zeitgenossen „soziale Frage" nannten. Sein missionarisches Verständnis vom Evangelium für die Welt läßt ihn darüber nachdenken, was die Christen, in Sonderheit die bestehenden kirchlichen Einrichtungen, tun können, um den allgegenwärtigen „Uebelständen" abzuhelfen.

Die Pfarramtspflichten in seiner ersten Pfarrgemeinde Barenthin bei Kyritz (Ostprignitz, Reg.-Bez. Potsdam) lassen dem jungen Pfarrer Muße zu fleißiger Studienarbeit. Er lernt das Leben in einer bäuerlichen Dorfgemeinde gründlich kennen und kümmert sich frühzeitig um die sozialen Belange seiner Pfarrkinder. Es ist ihm klar, daß zum Verständnis der Umbrüche in seiner Gegenwart ein solides Wissen um die Realien des Lebens notwendig ist. So betreibt er selbst sozialwissenschaftliche Studien und versucht auch dem Bildungsniveau der ihm anvertrauten Gemeindeglieder etwas aufzuhelfen. Seine finanzielle Situation ist sehr bescheiden, aber zufriedenstellend. Eine „fette Pfründe" ist Barenthin keineswegs; und der kirchliche Sinn seiner Schäfchen läßt auch so manches zu wünschen übrig. Dennoch scheint es ein aufrichtiges Vertrauensverhältnis zwischen Gemeinde und Pfarrer gegeben zu haben. Todt ist jedenfalls durchaus beliebt, und man achtet den Pfarrer umso mehr, je stärker seine Aktivitäten ins Licht der Öffentlichkeit treten. Auch die kirchenleitenden Organe sind mit ihm zufrieden und bleiben es trotz seiner ausgeprägt sozialpolitischen Tätigkeit seit 1877. Er macht sogar eine Karriere, die für einen schlichten Landpfarrer ungewöhnlich ist: 1885 wird er Superintendent in Brandenburg. Mit den jeweiligen Kirchenpatronen hat Todt sich gut verstanden; sie haben sich auch nicht in die Angelegenheiten des Pfarrers eingemischt, eine günstige Ausgangsposition für eigene Aktivitäten.

Die soziale Frage und die Sozialdemokratie sind ständig diskutierte Themen, verstärkt auch in der kirchlichen Öffentlichkeit. Todt erlebt die Beunruhigung in der Kirche über das Anwachsen der sozialdemokratischen Bewegung, die nur als ein Indiz für den allerorten beklagten Zerfall der Werte des christlichen Abendlandes betrachtet wird. So beginnt er eine intensive theoretische Beschäftigung mit der sozialen Frage und dem Sozialismus.

Biblizistisch orientiert, drängt es ihn, Wahrheit und Unwahrheit des Sozialismus in seiner konkreten politischen Ausprägung als sozialdemokratische Partei im Lichte des Evangeliums herauszupräparieren und von der Bibel her einen Weg zur Lösung der sozialen Frage auszuweisen.

Im Verfolg dieser Fragestellung hat Todt für die evangelische Theologie und Kirche, für den Dialog zwischen Christentum und Sozialismus und schließlich für die Idee eines christlich fundierten sozialen Konservatismus Leistungen erbracht, die in verschiedenen theologischen und ideenpolitischen Zusammenhängen weiterlebten, wenn auch ihr Urheber bald vergessen war. Sie seien hier noch einmal in zugespitzter Form zusammengefaßt:

1. *Todt formuliert einen theologischen Begründungszusammenhang für ein aktivistisches Politikverständnis: Politik als Handlungsform der Nächstenliebe.*

Das Handeln Gottes trifft − wie Brakelmann bei Todt richtig sieht − durch Christus als der „Mitte aller theologischen Reflexion" nicht nur den einzelnen Sünder, sondern das gesamte „ensemble" der gesellschaftlichen Verhältnisse.

Das Evangelium richtet sich auf die „ganze menschlich-irdische Wirklichkeit"[1] und will verändernd auf den einzelnen, und die Strukturen wirken bei unerschütterlichem Festhalten an dem eigentlichen Kern der christlichen Botschaft. Der Konservatismus Todts − seine grundlegende Haltung zur Welt − wurzelt in seiner erweckt-biblizistischen, christologisch orientierten Theologie: Es gilt, das Wort, die frohe Botschaft, zu bewahren; Christus und seine Liebe zum Nächsten sind die unwandelbaren Wesenskerne, von denen aus der Mensch und seine Welt, der Einzelne und die gesellschaftlichen Strukturen gestaltet und umgestaltet werden sollen. Es gibt für Todt nichts „Konservativeres" und „Progressiveres" zugleich als das Evangelium Christi.

Das Evangelium steht im Zentrum von Todts Theologie. Es ist die Mitte christlicher Existenz, von hier aus beurteilt der Christ Menschen und Verhältnisse. Das geoffenbarte Evangelium gilt Todt als die *eine* von Gott geschenkte Wirklichkeit. Gottes rettendes Handeln zielt sowohl auf den Einzelmenschen als auch auf die ganze Schöpfung. Seine Liebe in Christus realisiert sich in der Vertikalen (dem Verhältnis des Menschen zu Gott) wie in der Horizontalen (dem Verhältnis der Menschen untereinander). Die lutherische Aufspaltung des gnädigen Handelns Gottes in einen Erlösungs- und Erhaltungsbereich, in ein „opus proprium" und „opus alienum", findet bei Todt nicht statt. Dieser Gedanke aber besitzt eine entscheidende Bedeutung für Todts gesellschaftsreformerische Aktivität: Wenn Gott sowohl in den Herzen der Menschen als auch in den von

---

1 Brakelmann, Kirche und Sozialismus, S. 294.

ihnen geschaffenen Strukturen seine Liebe Gestalt gewinnen lassen will, dann müssen die Christen auf individueller Ebene (Verkündigung des Evangeliums) ebenso tätig werden wie im Bereich der gesellschaftlichen Strukturen. Gottes Liebe ist unteilbar; wer am Werk Gottes partizipieren will, muß sich daher den gesellschaftlichen „Übelständen" in der gleichen Weise widmen, wie der Rettung des einzelnen aus Sünde und Schuld. Aus diesem Zusammenhang prägt Todt den Begriff der „Gesellschaftssünde".[2] Er erlaubt ihm, der christlichen Nächstenliebe eine unabweisbar soziale und politische Gestalt zu geben. Politik wird zu einer Handlungsform der Nächstenliebe.

Aber Todt zeigt uns noch mehr: Er begreift den Menschen als Mitarbeiter Gottes, vom trinitarischen, persönlichen Gott selbst zur „cooperatio" gerufen, Mitgestalter an Gottes Rettungstat an der Welt. Die Konsequenz dieses Gedankens liegt auf der Hand: der Mensch wird befreit zur Mitarbeit. Alleinige Richtschnur seines Handelns wird das Evangelium. Geschichtlichen Ordnungen eignet nur eine relative Legitimität. Sie sind vom Menschen in freier Tat geschaffen und werden vor Gottes Unendlichkeit relativiert, weil das kommende Gottesreich, auf das sich die Hoffnung der Christenheit richtet, eine vollkommen andere Gestalt besitzen wird als jede bisherige menschliche Realisation. Todt hält an einer heilsgeschichtlichen Schau der empirischen Geschichte fest, nur folgt für ihn aus dem Gedanken an die freie Mitarbeiterschaft des Menschen am Werk Gottes eine relativierende Sicht überkommener historischer Ordnungen. Geschichte wird zu einem von Gott gewollten offenen Prozeß, der in die „dynamis" menschlicher Kreativität gestellt ist. Geschichtlichen Ordnungen, wie Staat, Organisation der Arbeit, soziales Regelsystem, eignet keine unantastbare, dem Zugriff des Menschen entzogene Qualität, vielmehr ruft Gott den Menschen immer neu dazu auf, an seinem Heilswerk teilzunehmen und unter dem Anspruch des Evangeliums die Ordnung zu schaffen, die den göttlichen Intentionen am ehesten entspricht. Die „beste" Ordnung ist nicht statisch „vorgegeben", sondern immer neu „aufgegeben". Todt kritisiert somit nachhaltig das statische, legitimistisch-ordnungstheologische Denken seiner orthodox-konservativen Gesinnungsfreunde.

Ferner: Todt pointiert den Begriff des Reiches Gottes als der Fülle göttlicher Vollkommenheit, als ein Reich des Friedens und der Versöhnung, das Gott den Menschen zugesagt hat. Entscheidend ist nun der Gegenwartscharakter des Reiches Gottes. Gottes Reich ragt in Christus und seiner Gemeinde schon sichtbar in den alten „Äon" hinein. Die Wirkungen des Reiches Gottes, ein „neues Leben" in allen Bereichen menschlicher Existenz, sollen und müssen schon hic et nunc spürbar werden. Daraus folgt für Todt ein spezifischer ekklesiologischer Ansatz: Sichtbarer Bestandteil des Reiches Gottes auf Erden ist die „congregatio vere confidorum", die Gemeinde. Sie wirkt als Gesamtheit in die Welt hinein und richtet Zeichen des kommenden Gottesreiches auf.

Wir knüpfen diese Aussagen mit den Gedanken über das Heilshandeln Gottes am Gesamt der Schöpfung, mit Todts Bemerkungen zur „cooperatio dei" und seiner Überzeugung vom „offenen Geschichtsprozeß" und kommen zu dem Resultat: Die Gemeinde nimmt als ganze am Heilswerk Gottes teil. Sie richtet die Zeichen des neuen Lebens, das im Reich Gottes seine vollkommene Gestalt findet, individuell wie struk-

---

2 Vgl. IZ, S. 22 und S. 31; UK, S. 51; Staats-Socialist, 1. Jg., Nr. 25 vom 15. Juni 1878.
  Brakelmann, Kirche und Sozialismus, S. 279, hält den Begriff vor Todt für nicht bezeugt.

turell aus, ja, sie gestaltet die Welt in das Reich Gottes um. Dies geschieht in allen Bereichen menschlicher Existenz: individuell und in den politischen, wirtschaftlichen und sozialen Strukturen. Denn Reich Gottes heißt nicht nur: Erlösung des einzelnen aus Sünde und Schuld, sondern das Reich Gottes bietet zugleich eine neue Lebensweise, ein neues „Regelsystem" für das Miteinander der Menschen.

Bei Rudolf Todt geht das Reich Gottes nicht in bloßer Verjenseitigung auf und wird zum himmlischen Paradies verklärt, sondern es gewinnt eine diesseitige, materielle Komponente.[3] Daraus ergibt sich für Todt die zentrale Frage, nach welchen Maßstäben die Umgestaltung der Welt in das Reich Gottes vor sich gehen soll. Wenn Todt das Evangelium als Zentrum seiner Theologie nennt, dann ist klar, woher er die Kriterien der Glaubenspraxis gewinnt. Die Kriterien der „praxis pietatis" sind in der umfassenden Liebe Christi beschlossen. Dokument dieser „Liebesgeschichte" Gottes mit dem Menschen ist das Neue Testament, Grund des Glaubens und der Nächstenliebe. Todts Anliegen ist es, auf bislang in der Geschichte der Kirche verschüttete Dimensionen des Neuen Testamentes aufmerksam zu machen. Deshalb zielt sein Hauptwerk auf die Darstellung des „socialen Gehalts" im Christentum. Er will jene Kriterien offenlegen, die den Rahmen für eine soziale und politische Aktivität des Christen markieren. Heute würden wir so formulieren: Es geht Todt um die immer neu zu aktualisierenden Maximen des „neuen Lebens" in einer je neu gegebenen gesellschaftlichen Wirklichkeit. Es geht um die immer neu aufgegebene Schaffung von Verhältnissen im Geist des Neuen Testaments. Kernproblem bleibt die Konkretion: Was kann vom Christen wie verantwortet werden?

2. *Todt verweist Theologie und Kirche auf die realen materiellen (sozioökonomischen und politischen) Ursachen der aktuellen krisenhaften gesellschaftlichen Entwicklungen und ihre Rückwirkungen auch auf Theologie und Kirche, und er thematisiert unter Verwendung nationalökonomischer und sozialistischer Literatur die soziale Frage als Handlungs- und Bewährungsfeld christlicher Ethik.*

Trotz ihrer unabweisbaren ökonomischen, sozialen und politischen Ursachen und Erscheinungen wurde die soziale Frage von Theologie und Kirche (bis auf wenige Ausnahmen) auf ihren vermeintlich geistig-geistlichen Kerngehalt reduziert. Sie erschien als bloßes materielles Attribut zum gewaltigen Geisteskampf der Moderne zwischen atheistischen Aufklärungs- und Emanzipationsmächten und den Kräften christlicher Ordnung und Legitimität. Todt verneint die geistliche Qualität der sozialen Frage durchaus nicht. Auch er sieht in ihr wie in einem Brennglas die Krisen der Gegenwart zu einem verursachenden Zentrum hin gebündelt: dem Abfall des Menschen von Gottes gnädiger Zuwendung in Jesus Christus. Die soziale Frage signalisiere gerade den Widerspruch zwischen dem Ideal — dem „guten Leben", das angesichts der gewaltigen Entfaltung der materiellen Produktivkräfte möglich wäre — und der kapitalistischen Wirklichkeit, die das „gute Leben" nur für die Reichen und Herrschenden garantiert. Das Evan-

---

3 Dies ist auch der Tenor einer bemerkenswerten Artikelserie im „Evangelischen Kirchen- und Volksblatt" für das Ghzm. Baden, Nr. 46, 17. November 1878; Nr. 47, 24. November 1878; Nr. 48, 1. Dezember 1878; Nr. 49, 8. Dezember 1878; Nr. 50, 15. Dezember 1878; Nr. 51, 22. Dezember 1878.

gelium ist für Todt ein „einziges fortlaufendes Zeugnis von diesem Widerspruch, der zwischen Ideal und Wirlichkeit obwaltet."[4] Diese Analogie verweist auf den geistlichen Gehalt der sozialen Frage.

Doch Todt bleibt dabei nicht stehen. Seine Beschäftigung mit den realen sozioökonomischen und politischen Implikationen der sozialen Frage ist — um mit seinen Worten zu sprechen — ein fortlaufendes Zeugnis von seiner Überzeugung, ohne Studium der materiellen Ursachen der sozialen Frage — unter Ausklammerung von Nationalökonomie und sozialistischem Schrifttum — keine Lösungsmöglichkeiten entwickeln zu können; es ist sein Verdienst, Theologie und Kirche immer wieder auf diesen Punkt hingewiesen zu haben. Sozialwissenschaften, Nationalökonomie und Analyse des sozialistischen Schrifttums werden damit zu unabdingbaren Voraussetzungen, um wirkliche Nächstenliebe üben zu können.

3. *Todt bleibt trotz mancher Übereinstimmung mit den sozialistischen Analysen der kapitalistischen Wirklichkeit theologisch und politisch ein Konservativer. Er formuliert aber Grundideen eines christlich fundierten Konservatismus, der zwischen dem traditionellen Konservatismus, dem Sozialismus und dem Liberalismus nach Vermittlungslinien sucht und einen „dritten Weg" andeutet. Todts christlicher Sozialkonservatismus versteht sich als soziales Gewissen des Konservatismus und religiös-christliche Fundierung des Sozialismus.*

An den Grundwerten seines christlich-konservativen Weltverständnisses hält er unverrückbar fest, jedoch mit einer entscheidenden Variante: Als Missionar, als Beauftragter Gottes, sieht er sich in die Pflicht genommen, die Wirklichkeit der Welt ernst zu nehmen. Er will sich mit den Begleiterscheinungen des industriellen Entwicklungsprozesses — sozial, politisch, wirtschaftlich und kulturell — ernsthaft auseinandersetzen, er stellt sich die Frage nach den Ursachen und Gründen für die krisenhaften Bewegungen des industriellen Wachstumsprozesses. Und es ist seine Absicht, da, wo es möglich und nötig erscheint, die Verhältnisse zu verändern und zu verbessern. Sein Veränderungsmotiv ist ein konservatives im besten Sinne: Es geht um das Verändern, um zu bewahren! Aufklärung, Liberalismus in Politik und Wirtschaft, industrielle Revolution und nationalstaatliche Integrationsprozesse haben Strukturveränderungen in wirtschaftlicher und sozialer Hinsicht bewirkt und das geistige Bewußtsein der Zeitgenossen revolutioniert. Ohne voreilige und larmoyante Dramatisierungen erkennt Todt in allem eine Gefährdung der christlichen Grundlagen des Gemeinwesens. Doch kann man theologisch und kirchlich, wie er fest glaubt, nicht zurück zur vorindustriellen Zeit, zur Kirche in feudalistisch-agrarischen Lebenswelten. Es gilt, sich der neuen Zeit zu stellen.

Es geht Todt um „Rechristianisierung" der Gesellschaft, um Wiederaufrichtung der Herrschaft des Geistes Jesu in allen Lebensbezügen des Menschen. Dies geschieht in der Auseinandersetzung mit den Umbrüchen der Zeit und der Herausforderung durch den aufgeklärten Liberalismus und den revolutionären Sozialismus. Todt kann sich Konservatismus nicht anders denn als politisch, sozial und wirtschaftlich verändernden

---

4 RDS, S. 44.

denken: Das Wort Gottes fordert zur „metanoia" in allen Lebensbezügen auf, als Zeichen für das von Jesus verkündigte Reich Gottes.

Todts pointierter sozialer Konservatismus erkennt im Liberalismus den geistigen und politischen Hauptfeind. Sein Werk ist durchzogen von einer – mitunter geradezu gehässigen – Kritik am wirtschaftlichen und politischen Liberalismus. Er nimmt den Liberalismus in erster Linie als ökonomische Doktrin wahr, wie sie in Vergröberung der „klassischen Lehre" Adam Smith' von der sogenannten „Freihandelsschule"[5], abfällig „Manchestertum" genannt, vertreten wurde. Die ideenpolitische Dimension des Liberalismus blieb demgegenüber sekundär.

Todt differenziert auch nicht hinreichend zwischen den verschiedenen Fraktionen der liberalen Bewegungen, d. h. zwischen den liberalen Parteien und ihren vielfältigen Untergruppierungen. Hier war er der gelehrige Schüler Rudolf Meyers und der katholisch-sozialen Bewegung, die frühzeitig „zur Verfestigung eines antiliberalen Klischees" beigetragen hatten.[6] Liberalismus – das ist für Todt „Mammonismus", wirtschaftliche Egozentrik, „Atomismus", Ausbeutung des Menschen durch den Menschen, ungebremste „Geldwirtschaft", Kapitalismus, Loslösung von allen schützenden Normen und Werten der christlichen Ethik. Der Liberalismus schaffe jenen verderblichen atheistischen Geist, der die Arbeiterschaft, welche durchaus religiöse Traditionen kenne, vergifte und verführe. Der Liberalismus zerreiße die alten Solidarordnungen und setze das Recht des wirtschaftlich stärkeren Individuums dagegen. Liberalismus ist für Todt in die Gleichung zu fassen: Rationalität ohne Divinität gleich Inhumanität. Liberalismus ist der Geist des schrankenlosen, gemeinwohlschädlichen Individualismus. Die Entwurzelung des modernen Industriearbeiters nehme von den liberalen Wirtschaftsdoktrinen und der kapitali tischen Praxis ihren Ausgang. Im Kapitalismus sei die Ursache für das Elend der Arbeiterklasse zu suchen. Die Not der Arbeiterklasse finde ihren politischen Ausdruck im Aufbegehren gegen die Propheten des Individualismus.

Gegen den verderblichen Einfluß des Liberalismus müsse sich der soziale Konservatismus erheben, er müsse politisch werden und mit den Mitteln, die sein Gegner benutzt (Wahlagitation, populistische Parteiorganisation) zu fechten verstehen. Der soziale Konservatismus müsse versuchen, die Mehrheit des Volkes zu gewinnen: Es gehe um die Herstellung einer Massenbasis für eine tiefgreifende, gleichwohl konservative Sozialreform. Todt orientiert sich in seiner politischen Praxis auf die Kirche und die geistige Elite, die er von seiner – im spezifisch Politischen keineswegs originellen – sozialkonservativen Programmatik zu überzeugen sucht.

Der christlich inspirierte Konservatismus müsse ein sozialer sein, um die zerrissene, „atomisierte" Sozialwelt wieder zu gegliederter Ganzheit zurückzuführen – dies ist Todts Kerngedanke. Und hier steht sein christlicher Sozialkonservatismus zwischen dem zeitgenössischen Konservatismus und dem Sozialismus. Für beide waren die weltanschaulichen Gräben zu tief, um zueinander zu gelangen, wobei der eigentliche Streitpunkt die Frage der politischen Organisationsform des Gemeinwesens war; erst dann folgten die

---

5 Vgl. dazu v. a. Volker Hentschel, Die deutschen Freihändler und der volkswirtschaftliche Kongreß 1858–1885. Stuttgart, 1975. Zur Begrifflichkeit von „Liberalismus" und „Manchestertum": Rudolf Vierhaus Liberalismus. In: GG, Bd. 3, S. 795 ff.

6 Sheehan, Deutscher Liberalismus, S. 190.

Dissense in der Eigentumsfrage und der Wirtschaftsorganisation. Todts Schritt über die Staatstheorie des zeitgenössischen Konservatismus hinaus liegt da, wo er die republikanisch-demokratischen Ziele der Sozialdemokratie zu den Sozialprinzipien des Neues Testamentes in Analogie setzt und die Vereinbarkeit beider unterstreicht.

4. *Der Sozialismus tritt für Todt in sein legitimes geschichtliches Stadium ein, wo er als Idee und Bewegung gegen den individualistischen Liberalismus und die von diesem verantwortete kapitalistische Gesellschaftsordnung Front macht. Todt faßt Sozialismus als soziale Emanzipationsbewegung, deren Ursprungsimpulse und Prinzipien mit den Grundanliegen des Evangeliums und seinem neu entdeckten „sozialen Gehalt" konvergieren. Freiheit, Gleichheit und Brüderlichkeit finden ihre Entsprechungen im Neuen Testament.*

Todts großes Verdienst liegt zunächst darin, daß er den Sozialismus nicht vorschnell theologisierend als Ausdruck des widerchristlichen Geistes „von unten", der Chaos und Verderben bringt, stigmatisiert, sondern seinen legitimen Kern und die berechtigten politischen Forderungen offenlegt. Schon allein deshalb hätte der Landpfarrer aus Barenthin mehr historische Würdigung erfahren müssen als bisher geschehen. Todt kümmert sich intensiv um die inhaltliche Seite des allerorten so verdammten Sozialismus. Er ist für ihn Theorie der sozialen Frage, ein Erklärungssystem für die kapitalistischen Wirtschaftskrisen seiner Zeit. Er ist Wirtschaftsdoktrin mit klaren Aussagen zur Funktionsweise einer sozialistisch-kommunistischen Wirtschaftsordnung und politische Theorie mit Angaben zur politischen Organisationsform einer sozialistischen Gesellschaft: der Republik. Doch Todt schaut tiefer: Er befragt den Sozialismus seiner Zeit auf die hinter allen ökonomischen und politischen Theorien liegenden grundlegenden Wertentscheidungen hin, ihn interessiert die anthropologische Seite des für ihn streckenweise so einleuchtenden Theoriegebäudes.

Die ökonomischen Theorien sind für ihn nur die Verkleidung, hinter denen sich ein unausgesprochenes Menschenbild verbirgt. Seine Auseinandersetzung mit dem Sozialismus ist keine primär nationalökonomische oder soziologische, trotz bemerkenswerter Kenntnisse auf beiden Gebieten, sondern Nationalökonomie und auch sozialistische Theorie dienen als Hilfsmittel, um den tatsächlichen Kern des Sozialismus freizulegen. Insofern bilden Theologie, Nationalökonomie und sozialistische Theorie eine unauflösliche Einheit zur Erkenntnis des „Radikalen deutschen Sozialismus". So drückt es Todt schon auf der ersten Seite seines Hauptwerkes aus.

Kern des Sozialismus sei eine Anthropologie, die vom Menschen als einem arbeitenden Wesen ausgehe, das in der Realisierung seiner Wesensbestimmung und Entfaltung seiner kreativen Möglichkeiten durch die obwaltenden kapitalistischen Organisationsformen der Arbeit gehindert werde. Der Sozialismus ziele auf Überwindung dieses Zustandes, indem er den Menschen aus aller politischen und wirtschaftlichen Knechtschaft befreie und ihm damit die Herrschaft über sich selbst und seine kreativen Potenzen wiedergebe. In diesem Sinne sei der Sozialismus eine sittliche Humanidee.

Im Sozialismus sei eine tiefe Sehnsucht nach Wiederherstellung solidarischer Gemeinschaft verborgen, nach Überwindung von Egoismus und Individualismus. Der Sozialismus erstrebe eine freie, gerechte, solidarische Sozialordnung, und wolle den

Menschen ihre durch das kapitalistische System verletzte Würde als arbeitende Wesen wiedergeben. Wiederherstellung verloren gegangener persönlicher und sozialer Identität, dies sind für Todt die unabweisbaren Gemeinsamkeiten in den Zielkonzeptionen sozialistischen und sozialkonservativen Sozialdenkens. In beiden Strömungen verberge sich die Idee von der Totalität des gelungenen „guten Lebens" in solidarischer, organischer Ordnung. Wenn der Sozialismus sich von dem „Accidens" seiner aktuell-atheistischen Orientierung lösen könne, die ihm von den liberalen Mentoren aus Philosophie und Politik suggeriert worden sei, sei er als Bündnispartner eines christlich inspirierten sozialen Konservatismus willkommen, ja deute sich eine Synthese von Christentum und Sozialismus an.

Todt spitzt diesen Gedanken dergestalt zu, daß er den Sozialismus als säkulare, zeitbedingte Verzerrung ursprünglich christlicher Sozialprinzipien charakterisiert. Von hier aus wird der oft zitierte Satz verständlich, daß „jeder strebsame Christ, der es mit seinem Glauben ernst nimmt, eine socialistische Ader in sich und jeder Socialist, so feindlich er sich sonst dem positiven Christenthum und der Kirche gegenüberstellt, ... ein unbewusstes Christenthum in sich" trage.[7]

Die sittliche Humanidee des Sozialismus setzt Todt in Beziehung zum Grundsatzdokument des Christentums: dem Neuen Testament. In seiner biblizistischen Grundhaltung wurzelt die Überzeugung, daß es möglich sei, aus dem Neuen Testament einen „sozialen Gehalt" herauszupräparieren. Es geht ihm um eine materiale Wertethik („Maximen"), deren Prinzipien zu den Grundauffassungen des Sozialismus in Analogie gesetzt werden können. In dieser Form war die Fragestellung ungewöhnlich und für die zeitgenössische Theologie höchst anstößig. Todt konfrontiert das Neue Testament mit dem Sozialismus und erweist die Dialogfähigkeit beider im Bereich ethischer Grundüberzeugungen. Der Sozialismus zeigt sich ihm als sittliche Humanidee, die den von Christus gepredigten Maximen des Reiches Gottes nahe stehen. Daraus ergibt sich für ihn die Analogiefähigkeit von Christentum und Sozialismus. Todt läßt es nicht bei allgemeinen Feststellungen bewenden, sondern bemüht sich um den konkreten, vielfach auch institutionell ausformulierten Nachweis der Analogiefähigkeit christlicher und sozialer Prinzipien.

Seine Exegese des Neuen Testamentes in der Absicht, „Maximen" herauszuarbeiten, zeigt den erweckten Biblizisten am Werk: Oft unbekümmert von historisch-kritischen Forschungsansätzen, bezieht er „das Wort" auf die sozialistischen Prinzipien und folgert Analogien, die seine Freunde verblüfften und seine Kritiker zu scharfen Attacken veranlaßten.

Doch über die zweifellos vorhandene exegetische Schwäche hinaus muß anerkannt werden, daß Todt zum Vorläufer einer prophetischen Auslegungspraxis wird, die das Wort in der konkreten Zeitsituation lebendig werden läßt und Handlungsorientierung geben will. Todt hat so manche forsche Konklusion später abgeschwächt, weil er um die Problematik in der Dialektik von „Wort" und „Situation" wußte eine Problematik, die bis heute die Diskussion um Denkfiguren christlich-ethischen Argumentierens bewegt.

Den Theoretiker Todt faszinierten die Affinitäten zwischen den Aussagen des Neuen Testamentes zum sozialen Leben der Menschen und den sozialistischen Sozialprinzi-

---

7 RDS, S. 44.

pien. Der Praktiker Todt mußte dagegen erleben, wie die harten Fakten wirtschaftlicher und politischer Machtverhältnisse sowie die mit ihnen verbundenen weltanschaulichen und ideologischen Strömungen in Kirche und Gesellschaft den Dialog zwischen Christentum und Sozialismus unerträglich erschwerten, ja letztlich vor 1914 unmöglich machten.

Wir werfen abschließend die Frage nach den Gründen auf, die Todts theoretische und politische Konzeptionen haben scheitern lassen. Denn daß seine hochfliegenden Pläne, eine christliche, sozialkonservative Bewegung zu schaffen, die — getragen von allen Klassen und Schichten des deutschen Volkes eine tiefgreifende, strukturelle Sozialreform ins Werk setzen sollte, erfolglos blieben, bedarf der Begründung.

Er ist an einer *Kirche* gescheitert, die sowohl in Theologie als auch in ihrer karitativen und diakonischen Praxis stereotype, einseitig individual-ethische und idealistische Orientierungen nicht überwinden konnte und die bis auf wenige Ausnahmen dem politischen System und der Sozialpolitik des preußisch-deutschen Obrigkeitsstaates verpflichtet blieb. In dieser Kirche war für sozialethische Leitbilder und Theorien wenig Platz, schon gar nicht, wenn diese politische Forderungen und Grundprinzipien der deutschen Sozialdemokratie als berechtigt in ihre Überlegungen mit einbezogen.

Todt ist an den konservativen politisch-theologischen Mitstreitern im *„Centralverein"* gescheitert, deren auseinanderstrebende geistige und materielle Interessenlagen eine gemeinsame Basis zur Entwicklung einer konsistenten sozialkonservativen-sozialreformerischen Programmatik verhinderten, und die ängstlich darauf bedacht waren, den „Besitzenden" und „Gebildeten" nicht mit forschen sozialpolitischen Forderungen zu nahe zu treten. Todt hat sich von dieser attentistischen Haltung anstecken lassen, weil er kein politischer Kämpfer, etwa vom Format eines Adolf Stoecker, war.

Todt ist somit auch an seiner *eigenen Unzulänglichkeit* gescheitert; sein Charisma reichte nicht so weit, eine sozialkonservative Interessengemeinschaft zusammenzuhalten und ihr die notwendigen realutopische Orientierung zu geben, die in der damaligen Entwicklungsphase der „Fundamentalpolitisierung" im Kaiserreich für die politische Schlagkraft unentbehrlich gewesen wäre.[8]

So konnte Todt das schnelle Abdriften der Anhänger Stoeckers nicht verhindern und sah sich schon zu Beginn seines aktiven Eingreifens in die sozialpolitische Diskussion auf einen relativ kleinen Kreis meist intellektueller Gefolgsleute verwiesen. Todt ist an seinen *eigenen Illusionen* gescheitert, als er glaubte, daß mit der kaiserlichen Botschaft vom 17. November 1881 und der Bismarck'schen Sozialversicherungspolitik die von ihm ersehnte Sozialreform eingeleitet sei. Aus Furcht, mit weitergehenden Forderungen den Zorn und das Mißtrauen des „sozialen Königtums" auf sich zu ziehen, nahm er immer mehr Abstand von seinen ursprünglichen theoretischen Erkenntnissen und sozialpolitischen Forderungen.

Sein Dialogversuch mit dem organisierten Sozialismus scheiterte schließlich an einer *Sozialdemokratie*, deren intransigenter Doktrinarismus die idealistischen sozialkonservativen Absichten Todts als bloßes reaktionäres Ablenkungsmanöver des Obrigkeitsstaates verwarf. Die staatlichen Repressionsmaßnahmen gegen die Sozialdemokratie begünstigten diese abweisende Haltung und verurteilten den ehrlichen Verständigungs-

---

8 Vgl. zum Begriff Langewiesche, Liberalismus in Deutschland, S. 129.

willen Todts zum Scheitern. Die weltanschauliche Stilisierung der eigenen programmatischen Grundsätze auf sozialdemokratischer und konservativer Seite, ihre Einbindung in
die viel diskutierten „Sozialmilieus" des Kaiserreichs[9], verhinderten Kompromiß- und
Konsensfähigkeit, wobei die Entwicklung dieser demokratischen Grundtugenden durch
die Ausschließung der Parteien von der politischen Macht auch keine Chance erhielt.

---

9 M. Rainer Lepsius, Parteisystem und Sozialstruktur: Zum Problem der Demokratisierung der deutschen Gesellschaft. In: Ritter, Die deutschen Parteien vor 1918, S. 56 ff.

15 Anhang

15.1 Abkürzungen

ADAV   Allgemeiner Deutscher Arbeiterverein
AELKZ Allgemeine Evangelisch-Lutherische Kirchenzeitung
AfS   Archiv für Sozialgeschichte
AKB   Allgemeines Kirchenblatt für das evangelische Deutschland
ARS   August Bebel, Ausgewählte Reden und Schriften

CA   Centralausschuß der Inneren Mission
CSAP   Christlich-Soziale Arbeiterpartei
CSB   Christlich-Sociale Blätter
CV   Centralverein für Socialreform
CW   Christliche Welt

DEBl   Deutsch-Evangelische Blätter
DEKZ   Deutsch-Evangelische Kirchenzeitung

EKL   Evangelisches Kirchenlexikon
EKZ   Evangelische Kirchenzeitung
EOK   Evangelischer Oberkirchenrat
ESL   Evangelisches Soziallexikon

FB   Fliegende Blätter (der Inneren Mission)

GG   Geschichtliche Grundbegriffe
GKR   Gemeindekirchenrat
GuG   Geschichte und Gesellschaft
GWU   Geschichte in Wissenschaft und Unterricht

HdSW   Handwörterbuch der Sozialwissenschaften
HWW   Handwörterbuch der Wirtschaftswissenschaften
HZ   Historische Zeitschrift

IM   Innere Mission
IWK   Internationale Wissenschaftliche Korrespondenz zur Geschichte der deutschen Arbeiterbewegung
IZ   Todt, „Der innere Zusammenhang und die nothwendige Verbindung zwischen dem Studium der Theologie und dem Studium der Sozialwissenschaften"

Jb.   Jahrbuch

KiG   Kirchengeschichte

MEW   Marx/Engels-Werke, Dietz-Verlag, Ostberlin

ND   Neudruck
NEKZ   Neue Evangelische Kirchenzeitung
NZ   Neue Zeit

RDS   Todt, „Der radikale deutsche Socialismus und die christliche Gesellschaft"
RE   Realenzyklopädie für protestantische Theologie und Kirche
RGG   Die Religion in Geschichte und Gegenwart (jeweilige Auflage ist angegeben)

SAPD   Sozialistische Arbeiterpartei Deutschlands
SDAP   Sozialdemokratische Arbeiterpartei Deutschlands
SM   Sozialistische Monatshefte

TRE   Theologische Realenzyklopädie

UK   Todt, „Über die Ursachen der Unkirchlichkeit und ihre Abhilfe"

VSWG   Vierteljahreszeitschrift für Wirtschafts- und Sozialgeschichte

ZfS   Zeitschrift für Sozialreform

15.2 Quellenverzeichnis

Unveröffentlichte Quellen

Akten des Evangelischen Oberkirchenrates zu Berlin.
   Generalia V – XII
   Specialia Superintendentur Brandenburg II. 4.VII ff (zitiert als EOK Akten...)
Akten des Königlichen Konsistoriums der Provinz Brandenburg,
   Superintendentur Kyritz,
   Specialia Barenthin B 2, Bd. I; Specialia Bendelin B 1, T.2
Superintendentur Neustadt-Brandenburg,
   Specialia III O 2, Bd. I und II (zitiert als AEK Brandenburg...)
Barenthiner Kirchenbuch, 1867 ff.
   Kirchenbuch der Gemeinde zu Königs-Wusterhausen, 1864 ff.
Akten Superintendentur Kyritz,
   Specialia II B 5, Specialia II B 9a, Specialia II B 9 b
Pfarr-Archiv zu Barenthin B I, 1
Provinzial-Akten der Inneren Mission zu Berlin-Brandenburg, 1893, ADW, BP I, 354

Monographien Rudolf Todts

Die alte Linde. Berlin, 1874. (= Christliche Volksbibliothek 9)

Rudolf Mors (Pseudonym), Unterhaltungen auf einem landwirthschaftlichen Verein über die Frage: Was wollen und was können die Socialdemokraten? Rathenow, 1874. (= Verein zur Verbreiterung von Flugschriften Nr. II).

E. K. (Pseudonym), Was thut dem Arbeiterstande heut zu Tag noth? Fortsetzung der Flugschrift ‚Was wollen und was können die Socialdemokraten?' Rathenow, 1875. (= Verein zur Verbreitung von Flugschriften für das evangelische Volk III).

Rudolf Mors (Pseudonym), Was Graf Eulenberg und Fürst Bismarck dem Lande über die Socialdemokratie gesagt haben. Rathenow, 1876. (= Verein zur Verbreitung von Flugschriften Nr. IX, Zweite Reihe III).

Der radikale deutsche Socialismus und die christliche Gesellschaft. Versuch einer Darstellung des socialen Gehaltes des Christenthums und der socialen Aufgaben der christlichen Gesellschaft auf Grund einer Untersuchung des Neuen Testaments. Wittenberg, 1877. (Zweite Auflage, Wittenberg, 1878; zitiert nach der zweiten Auflage als RDS...).

Der innere Zusammenhang und die nothwendige Verbindung zwischen dem Studium der Theologie und dem Studium der Socialwissenschaften. Eberswalde, 1877 (zitiert als IZ...).
Die Ursachen der Unkirchlichkeit und ihre Abhilfe. Heilbronn, 1883 (zitiert als UK...)

Welche Stellung hat der evangelische Geistliche gegenüber der sozialen Frage einzunehmen? In: EKZ, Nr. 51, 28. Juni 1875, Nr. 54, 7. Juli 1875; Nr. 55, 10. Juli 1875).

Zeitgenössische Monographien, die Todt verwendet hat:

Ferdinand Lassalle, Das Arbeiterprogramm. Über den besonderen Zusammenhang der gegenwärtigen Geschichtsperiode mit der Idee des Arbeiterstandes.
Ders., Herr Bastiat-Schulze von Delitzsch
Ders., Die indirecte Steuer und die Lage der arbeitenden Klassen. Vertheidigungsrede vor dem Kammergericht zu Berlin.
Ders., Offenes Antwortschreiben an das Zentrakomitee zur Berufung eines allgemeinen deutschen Arbeiterkongresses zu Leipzig vom 1. März 1863.

Ders., Zur Arbeiterfrage. (Zur Erschließung der Schriften Lassalles seien die betreffenden Zeugnisse nach der von Eduard Bernstein besorgten Ausgabe der „Gesammelten Reden und Schriften 12 Bde., Berlin, 1919—1920 angegeben:

a) Bd. II, S. 139-203 d) Bd. III, S. 7-92
b) Bd. V, S. 27-339 e) Bd. III, S. 109-169
c) Bd. II, S. 285-486

Wilhelm Liebknecht, Zur Grund- und Bodenfrage. Leipzig, 1876
Josef Dietzgen, Die Religion der Sozialdemokratie. Kanzelreden (Hrsgg. v. Eugen Dietzgen, 4. Auflage, Berlin 1930)
Karl Marx, Das Kapital. Bd. I (1867)

Zur Orientierung über den Sozialismus dienten Todt
(neben den schon angegebenen Schriften):

E. F. Wyneken, Die weltgeschichtliche Bedeutung des modernen Socialismus. Gotha, 1876.
Rudolf Meyer. Der Emancipationskampf des Vierten Standes. Bd. I, 2. Auflage. Berlin, 1882 und Bd. II, 1. Auflage, Berlin, 1875 (= ND, Aalen, 1966) Vom ersten Band gibt es noch eine Volksausgabe unter gleichem Titel, Berlin,1874.
Ders., Die ländliche Arbeiterfrage in Deutschland. Socialismus . Auswanderung. Mittel gegen beide. Berlin, o. J.
Hans L. Martensen, Socialismus und Christenthum. Ein Bruchstück aus der speciellen Ethik. Gotha, 1875.
Richard Schuster, Die Socialdemokratie. Nach ihrem Wesen und ihrer Agitation quellenmäßig dargestellt. Stuttgart, 1875 (2. erw. Auflage, Stuttgart, 1876).
Heinrich Geffcken, Der Socialismus. In Zeitfragen des christlichen Volkslebens. Bd. 1, H. 2. Frankfurt/Main, 1876.
Lorenz von Stein, Geschichte der sozialen Bewegung in Frankreich von 1789 bis auf unsere Tage. (1860)

Weitere national-ökonomische und soziologische Kenntnisse vermittelten ihm die folgenden Schriften, wobei die Bücher des Nationalökonoms und „Kathedersozialisten" Albert Schäffle besonders herausragen:

Albert Schäffle, Die Quintessenz des Sozialismus. 7. Auflage, Gotha, 1879.
Derselbe, Bau und Leben des socialen Körpers. Tübingen, 1875.
Rudolf Meyer, Politische Gründer und die Corruption in Deutschland. Leipzig, 1877.
Otto Glagau, Der Börsen- und Gründungsschwindel in Berlin. Leipzig, 1876.
Emil de Laveleye, De la propriété. Paris, 1874.
Carl Périn, Über den Reichtum in der christlichen Gesellschaft. Regensburg, 1868, 2 Bde.

Zeitgenössische Periodika, die Todt verwendet hat:

Der Botschafter. Organ der dt. Zigarrenarbeiter; seit 1872: Organ f. die dt. Tabakarbeiter u. Allgem. dt. Zigarrenarbeiterverein. Hrsgg. und ediert v. F. W. Fritzsche. Vom 1. 4. 1866 bis 3. 1. 1879.
Neuer Social-Demokrat, Organ des Allgemeinen Deutschen Arbeiterverein; seit 1875 Organ der Socialistischen Arbeiterpartei Deutschlands. Jg. 1-6, 1871—1876.
Der Socialdemokrat, Organ des ADAV, Jg. 1, 1865 — Jg. 7, 1871.
Der Volksstaat, seit Juli 1870 Organ der Socialdemokratischen Arbeiterpartei und der internationalen Gewerksgenossenschaften. Seit dem 11. Juni 1875 Organ der Socialistischen Arbeiterpartei Deutschlands. Redaktion: Wilhelm Liebknecht. Jg. 1, 1869 — Jg. 8, 1876.
Der Vorbote. Organ der Internationalen Arbeiterassoziation. 1867—1871; Redaktion: Johann Philipp Becker.
Vorwärts. Centralorgan der Socialdemokratie Deutschlands. Redaktion: Wilhelm Hasenclever und Wilhelm Liebknecht. Erschienen in Leipzig vom 1. Oktober 1876 bis 26. Oktober 1878.
Die Zukunft. Socialistische Revue. Hrsg. v. Karl Höchberg. Erschienen in Leipzig in vierzehntägigem Abstand von Oktober 1877 bis November 1878. Sie hatte den Charakter eines wissenschaftlichen Diskussionsforums für Sozialdemokraten.

Bibliographische Erschließung der Zeitschriften nach: Alfred Eberlein (Hrsg.) Die Presse der Arbeiterklasse und der sozialen Bewegungen von den dreißiger Jahren des 19. Jahrhunderts bis zum Jahre 1967. Bibliographie und Standortverzeichnisse der Presse der deutschen, der österreichischen und der schweizerischen Arbeiter-Gewerkschafts und Berufsorganisation. 3 Bde. Frankfurt/Main, 1968. Ferner: Kurt Koszyk (Hrsg.) Die Presse der deutschen Sozialdemokratie. Eine Bibliographie unter Mitarb. v. G. Eisfeld. Hannover, 1966. Vgl. ferner: Dieter Fricke, Handbuch zur Geschichte der deutschen Arbeiterbewegung, Bd. I, S. 495 ff.

Verhandlungsprotokolle, Berichte, Amtliche Mitteilungen, Gesetz- und Verordnungsblätter

Amtliche Mittheilungen des Kgl. Konsistoriums der Provinz Brandenburg, Berlin, 1877 ff.
Amtliche Mittheilungen des Kgl. Konsistoriums der Provinz Sachsen, Magdeburg, 1872 ff.
Amtliche Mittheilungen des Kgl. Konsistoriums der Provinz Schlesien, Breslau, 1879.
Berichte des Centralausschusses für die Innere Mission der deutschen evangelischen Kirche in Berlin und Hamburg. 12. Bericht (Hamburg, 1870) bis 21. Bericht (Hamburg, 1879).
Kirchliches Gesetz- u. Verordnungsblatt. Redigiert im Büro des EOK. Berlin, 1876 ff.
Protokolle des sozialdemokratischen Arbeiterpartei. Bd. I (Eisenach 1869 — Coburg 1874) ND Bonn-Bad Godesberg, 1971
Protokolle der sozialdemokratischen Arbeiterpartei. Bd. II. (Gotha 1875 St. Gallen 1887) ND Bonn-Bad Godesberg, 1971.
Die Verhandlungen der Wittenberger Versammlung für Gründung eines Deutschen Evangelischen Kirchenbundes im September 1848. Nach Beschluß und Auftrag derselben veröffentlicht durch ihren Schriftführer Dr. Kling. Berlin, 1848.
Die Verhandlungen der zweiten Wittenberger Versammlung für Gründung eines Deutschen Evangelischen Kirchenbundes im September 1849. Nach Beschluß und Auftrag derselben veröffentlicht durch ihren Schriftführer Dr. Weiß. Berlin, 1849.
Die Verhandlungen der Wittenberger Versammlung für Gründung eines Deutschen Evangelischen Kirchenbundes in Stuttgart 1850. Stuttgart, 1850.
Die Verhandlungen der kirchlichen Oktoberversammlung in Berlin vom 10.—12. Oktober 1871. Berlin, 1872.
Verhandlungen der Eisenacher Versammlung zur Besprechung der socialen Frage am 6. und 7. Oktober 1872. Auf Grund der stenographischen Niederschrift von Heinrich Holler in Berlin. Hrsgg. vom Ständigen Ausschuß. Leipzig, 1873.
Verhandlungen der Conferenz für Innere Mission zu Bielefeld. XIX. Congreß für Innere Mission vom 4.—7. September 1877. Veröffentlicht vom Centralausschuß der Inneren Mission. Hamburg, 1877.
Verhandlungen des XX. Congresses für Innere Mission zu Magdeburg vom 10.—12. September 1878. Hrsgg. vom Sekretariat des Congresses. Hamburg, 1878.
Verhandlungen der zweiten evangelisch-lutherischen Landessynode im Kgr. Sachsen 1876. Dresden, 1876.
Verhandlungen der dritten evangelisch-lutherischen Landessynode im Kgr. Sachsen 1881. Dresden, 1881.
Verhandlungen der ersten ordentlichen Provinzial-Synode in der Provinz Sachsen 1875. Magdeburg, 1875.
Verhandlungen der zweiten ordentlichen Provinzial-Synode in der Provinz Sachsen 1878. Magdeburg, 1879.
Verhandlungen der dritten ordentlichen Provinzial-Synode in der Provinz Sachsen 1881. Magdeburg, 1882.
Verhandlungen der vierten ordentlichen Provinzial-Synode in der Provinz Sachsen 1884. Magdeburg, 1885.
Verhandlungen der ersten ordentlichen Landessynode im Ghz. Hessen. 1875—76. Darmstadt, 1876.
Verhandlungen der zweiten ordentlichen Landessynode im Ghz. Hessen. 1880—1884. Darmstadt, 1884.
Verhandlungen der zweiten Provinzial-Synode Ost.- u. Westpreußen 1878. Königsberg, 1878.
Verhandlungen der dritten Provinzial-Synode Ost- u. Westpreußen 1881. Königsberg, 1882.
Verhandlungen der vierten Provinzial-Synode Ost- u. Westpreußen 1884. Königsberg, 1885.
Verhandlungen der zweiten schlesischen Provinzial-Synode zu Brelau vom 18. Mai bis 1. Juni 1878. Breslau, 1878.

Verhandlungen der dritten schlesischen Provinzial-Synode zu Breslau vom 1. bis 12. November 1881. Breslau, 1882.

Verhandlungen der vierten schlesischen Provinzial-Synode zu Breslau vom 11. bis 21. November 1884. Breslau, 1885.

Verhandlungen der 14. Landessynode der evangelisch-lutherischen Kirche des Hgt. Oldenburg, 21. November bis 1. Dezember 1882. Oldenburg, 1886.

Protokolle der 15. Landessynode der evangelisch-lutherischen Kirche des Hgt. Oldenburg vom 17. November 1885 und 2. bis 5. März 1886. Oldenburg, 1886.

Protokolle der ordentlichen Versammlung der zweiten Landessynode der evangelisch-lutherischen Kirche Hannovers vom 2. Dezember 1875 bis zum 23. Mai 1876. Hannover, 1876.

Verhandlungen der ordentlichen Versammlung der dritten Landessynode der evangelisch-lutherischen Kirche Hannovers vom 8. November 1881 bis zum 8. Februar 1882. Hannover, 1882.

Verhandlungen der 16. Rheinischen Provinzial-Synode, gehalten zu Neuwied vom 15. September bis zum 1. October 1877. Elberfeld, 1878.

Verhandlungen der 17. Rheinischen Provinzial-Synode, gehalten zu Barmen vom 11. bis 29. September 1880. Elberfeld, 1881.

Verhandlungen der durch die landesfürstliche VO, Nr. 27 vom 25. Oktober 1880 berufenen dritten ordentlichen Landessynode vom 25. November bis 10. December 1880.

Verhandlungen der durch die landesfürstliche VO, Nr. 40 vom 24. Oktober 1882 berufenen außerordentlichen Landessynode vom 16. bis 22. November 1882.

Zeitgenössische Zeitschriften

Allgemeines Kirchenblatt für das evangelische Deutschland. Jge. 1852 ff.

Allgemeine Evangelisch-Lutherische Kirchenzeitung, Jge. 1868 ff.

Allgemeine Konservative Monatsschrift für das christliche Deutschland, Jge. 1879 ff.

Berliner Freie Presse, Jge. 1877/78

Berliner Revue, Jge. 1855 ff.

Christlich-Sociale Blätter, Jge. 1868 ff.

Die Christliche Welt, Jge. 1887 ff.

Concordia. Zeitschrift für die Arbeiterfrage, Jge. 1871 ff.

Deutsch-Evangelische Blätter. Zeitschrift für den gesamten Bereich des deutschen Protestantismus, Jge. 1876 ff.

Deutsche Evangelische Kirchenzeitung, Jge. 1887 ff.

Deutsche Revue über das gesamte nationale Leben der Gegenwart, Jge. 1877 ff.

Evangelische Kirchenzeitung, Jge. 1876 ff.

Evangelisch-kirchlicher Anzeiger von Berlin und der Mark Brandenburg, Jge. 1876 ff.

Evangelisches Kirchen- und Volksblatt für das Ghzm. Baden, Jge. 1871 ff.

Evangelisches Monatsblatt für Westfalen, Jge. 1877 ff.

Fliegende Blätter (aus dem Rauhen Hause zu Hamburg), Jge. 1871 ff.

Germania. Zeitschrift für das deutsche Volk, Jge. 1877 ff.

Im Neuen Reich. Wochenschrift für das Leben des deutschen Volkes in Staat, Wissenschaft und Kunst, Jge. 1871 ff.

Jahrbücher für deutsche Theologie, Jge. 1878 ff.

Kirchliche Monatsschrift. Organ für die Bestrebungen der Positiven Union. Jge. 1882 ff.

Kirchliches Wochenblatt für Schlesien und die Oberlausitz, Jge. 1874 ff.

Kölnische Zeitung, Jge. 1877/78

Monatsschrift für Diakonie und Innere Mission, Jge. 1876/77

Neue Evangelische Kirchenzeitung, Jge. 1871 ff.

Neue Preußische Zeitung, Jge. 1877 ff.

Die Neue Zeit, Jge. 1883 ff.

Preußische Jahrbücher, Jge. 1864 ff.

Protestantische Kirchenzeitung für das evangelische Deutschland, Jge. 1871 ff.

Schlesische Kirchenzeitung, Jge. 1878 ff.

Sozialistische Monatshefte, Jge. 1897 ff.

Der Staats-Socialist. Wochenschrift für Socialreform, Jge. 1877 ff.
Theologische Literaturzeitung, Jge. 1876 ff.
Theologische Studien- und Kritiken, Jge. 1877 ff.
Vorwärts, Jge. 1876 ff.
Westfälischer Hausfreund, Jge. 1873 ff.
Zeitfragen des christlichen Volkslebens, Jge. 1876 ff.
Zeitschrift für praktische Theologie, Jge. 1879 ff.
Zeitschrift für Protestantismus und Kirche. Jge. 1849 ff.
Zeitschrift für wissenschaftliche Theologie, Jge. 1877 ff.
Zeitschrift für kirchliche Wissenschaft und kirchliches Leben, Jge. 1880 ff.

15.3 Literaturverzeichnis

Biographien und Memoiren

Altes und Neues aus Pfarrhaus ums Pfarrleben. Mit gütig. Beitr. von Ottilie Wildermuth, Louise Pichler, Friederike Pressel, Karl Gerok, K. Bärlin, J Ph. Glöckner u. a. Hrsgg. von Gustav Kuttler. Mönchengladbach, 1878³.

Baumgarten, Otto: Meine Lebensgeschichte, Tübingen, 1929.
Baumgarten, Otto: Erlebtes und Gedachtes. Tübingen, 1905.
Bebel, August: Aus meinem Leben. (Erstmalig 1914 erschienen) Ausgewählt und neu herausgegeben von Walter G. Oschilewski. Bonn-Bad Godesberg, 1976².
Bernstein, Eduard: Sozialdemokratische Lehrjahre. (1928) Mit e. Einleitung von Thomas H. Eschbach. Bonn-Bad Godesberg, 1978.
Beyschlag, Willibald: Aus meinem Leben. 2 Bde. Bd. 1: Erinnerungen und Erfahrungen der jüngeren Jahre. Halle, 1896². Bd. 2: Erinnerungen und Erfahrungen der reiferen Jahre. Halle, 1899.
Beyschlag, Willibald: Aus dem Leben eines Frühvollendeten, des evangelischen Pfarrers Franz Beyschlag. Ein christliches Lebensbild aus den früheren Zeiten des Jahrhunderts. Halle, 1895⁷.
Braun, Max: Adolf Stoecker. Berlin, 1912³.
Bredendiek, Walter: Reflektierte Geschichte. Die Entwicklung der Gesellschaft und die Stellung von Kirche und Theologie seit 1900 im Spiegel der Lebenserinnerungen deutscher Theologen. Eine Dokumentation. Berlin, 1965.
Bromme, Theodor: Lebensgeschichte eines modernen Fabrikarbeiters. Hrsgg. von Paul Göhre. Jena, 1905.
Brunstäd, Friedrich: Adolf Stoecker. Wille und Schicksal. Berlin, 1935.
Büchsel, Carl: Erinnerungen aus meinem Berliner Amtsleben. Berlin, 1886.
Büchsel, Carl: Vom Bauernhof zur Kaiserstadt. Altes und Neues aus dem Leben von C. B. Generalsuperintendent in Berlin. Potsdam, 1933.
Büchsel, Hermann (Hg.): Carl Büchsel. Aus dem Leben eines Landgeistlichen. Berlin, 1907.
Bunke, Ernst (Hg.): Adolf Stoecker. Erinnerungsblätter. Potsdam, 1933.

Dehn, Günter: Die alte Zeit, die vorigen Jahre. Lebenserinnerungen. München, 1962.
Dryander, Ernst von: Erinnerungen aus meinem Leben. Bielfeld/Leipzig, 1922.

Emmerich, Wolfgang (Hg.) Proletarische Lebensläufe. Autobiographische Dokumente zur Entstehung der zweiten Kultur in Deutschland. Bd. 1: Anfänge bis 1914. Reinbek, 1974.

Fleisch, Paul: Erlebte Kirchengeschichte. Erfahrungen in und mit der hannoverschen Landeskirche. Hannover, 1952.
Frank, Walter: Hofprediger Adolf Stoecker und die christlich-soziale Bewegung. Hamburg, 1935².

Gerade, Paul: Meine Erlebnisse und Beobachtungen als Dorfpastor. (1883–1893) Magdeburg, 1895.
Gerhardt, Martin: Johann Hinrich Wichern. Ein Lebensbild. 3 Bde. Gütersloh, 1927–31.
Gerok, Karl: Jugenderinnerungen. Bielefeld/Leipzig, 1876².
Göhre, Paul (Hrsg.): Arbeiterbiographien. Bd. 1 ff. Jena/Leipzig, 1903 ff.
Greschat, Martin (Hg.): Gestalten der Kirchengeschichte: Die neueste Zeit. Bde. I-IV. Stuttgart/Berlin/Köln/Mainz, 1985 ff.

Hahn, Traugott: Erinnerungen aus meinem Leben. 2 Bde. Stuttgart, 1922²
Hase, Karl: Ideale und Irrtümer. Jugenderinnerungen. Leipzig, 1873²
Hashagen, Johann Friedrich: Aus der Jugendzeit eines alten Pastors. Wismar, 1908.
Hashagen, Johann Friedrich: Aus der Studentenzeit eines alten Pastors. Wismar, 1908.
Hashagen, Johann Friedrich: Aus der Kandidaten- und Hauslehrerzeit eines alten Pastors. Wismar, 1910.
Hashagen, Johann Friedrich: Aus dem amtlichen Leben eines alten Pastors. Leipzig, 1911.
Heuss, Theodor: Friedrich Naumann. Der Mann, das Werk, die Zeit. (1937) Stuttgart, 1968³.

Hirsch, Helmut: August Bebel. Sein Leben in Dokumenten. Reden und Schriften. Köln/Berlin, 1968.
Hirsch, Helmut: August Bebel. In Selbstzeugnissen und Bilddokumenten. Reinbek, 1973.

Kähler, Martin: Theologe und Christ. Erinnerungen und Bekenntnisse von M. K. Kähler. Berlin, 1926.
Kähler, Walter: Ernst von Dryander. Berlin, 1923.
Kaftan, Theodor: Erlebnisse und Beobachtungen. Gütersloh, 1931².
Biographisch-Bibliographisches Kirchenlexikon. Bearbeitet und herausgegeben von Friedrich-Wilhelm Bautz. Hamm, 1975.
Kautsky, Karl: Erinnerungen und Erörterungen. Hg. und bearbeitet von Benedikt Kautsky. Den Haag, 1960.
Kögel, Walter: Rudolf Kögel. Sein Werden und Wirken. 3 Bde. Berlin, 1869—1904.
Kreppel, Klaus: Entscheidung für den Sozialismus. Die politische Biographie Pastor Wilhelm Hohoffs 1848—1923. Bonn-Bad Godesberg, 1974.
Kühn, Dieter (Hg.): Johann Most. Ein Sozialist in Deutschland. München, 1974.
Kupisch, Karl: Adolf Stoecker. Hofprediger und Volkstribun. Ein historisches Porträt. Berlin, 1970.

Maehl, William Harvey: August Bebel. Shadow Emperor of the German Workers. Philadelphia, 1980.
Most, Johann: Memoiren. Erlebtes, Erforschtes und Erdachtes. (1903—1907) ND, Hannover, 1978.

Na'aman, Shlomo: Ferdinand Lassalle. Deutscher und Jude. Eine sozialgeschichtliche Studie. Hannover, 1968.

Oertzen, Dietrich von: Adolf Stoecker. Lebensbild und Zeitgeschichte. 2 Bde. Berlin, 1910.
Ohly, Emil: Erinnerungen aus dem Leben eines hessischen Pastors. Barmen, 1876.
Oldenberg, Friedrich: Johann Hinrich Wichern. Sein Leben und Wirken. 2 Bde. Hamburg, 1887.

Ranke, Friedrich Heinrich: Jugenderinnerungen mit Blicken auf das spätere Leben. Stuttgart, 1877.
Rehbein, Franz: Das Leben eines Landarbeiters. Hg. von Paul Göhre. Jena, 1911.
Rocker, Rudolf: Johann Most. Das Leben eines Rebellen. Berlin, 1924.
Rogge, Bernhard: Aus sieben Jahrzehnten. Erinnerungen aus meinem Leben. 2 Bde. Hannover/Berlin, 1897/99.

Schäffle, Albert Eberhard Friedrich: Aus meinem Leben. Berlin, 1905.
Schian, Martin: Kirchliche Erinnerungen eines Schlesiers. Görlitz, 1940.
Schneller, Ludwig: Erinnerungen eines alten Pfarrers. Leipzig, 1933.
Seebacher-Brandt, Brigitte: Bebel. Künder und Kärrner im Kaiserreich. Berlin-Bonn, 1988.
Le Seur, Paul: Adolf Stoecker. Berlin, 1928.
Stahr, Adolf: Lebenserinnerungen. 2 Bde. Schwerin, 1870/1877.

Wagener, Hermann: Erlebtes. Meine Memoiren aus der Zeit von 1848 bis 1886 und von 1873 bis jetzt. Zwei Abtheilungen. Berlin, 1884².
Weiss, Bernhard: Aus neunzig Lebensjahren 1827—1918.
Wenck, Martin: Friedrich Naumann. Ein Lebensbild. Berlin, 1920.

Zeitgenössische Literatur

Actenstücke zur Geschichte des Verhältnisses zwischen Staat und Kirche im 19. Jahrhundert, Bde. I—IV. Leipzig, 1877. (ND = Hildesheim/New York, 1978)
Anton, Günther K.: Geschichte der preußischen Fabrikgesetzgebung bis zu ihrer Aufnahme in die Reichsgewerbeordnung. Leipzig, 1891.

Baumgarten, Michael: Der Kampf um das Reichszivilstandsgesetz in der protestantischen Kirche. Berlin, 1976.
Baumgarten, Michael: Der Protestantismus als politisches Prinzip im deutschen Reich. Berlin, 1872.
Baumgarten, Otto: Die persönlichen Erfordernisse des geistlichen Berufes. Tübingen, 1910.
Baumgarten, Otto: Bismarcks Stellung zu Religion und Kirche zumeist nach eigenen Äußerungen dargestellt. Tübingen, 1900.

Baumgarten, Otto: Bismarcks Glaube. Tübingen, 1915.

Baumgarten, Otto: Neuere evangelisch-soziale Bewegungen in Deutschland. In: Handwörterbuch der Staatswissenschaften, Bd. V., 1893, S. 762 ff.

Baur, Wilhelm: Das deutsche evangelische Pfarrhaus. Seine Gründung, seine Entfaltung und sein Bestand. Bremen, 1877.

Bebel, August: Ausgewählte Reden und Schriften. Bd. 1. (1863 – 1878) Bearbeitet und hrsgg. von Horst Bartel, Rolf Dlubek u. Heinrich Gemkow. Berlin, 1970. Bd. 2 (1878 – 1890) 2 Tlbde. Bearbeitet und hg. von Ursula Herrmann und Heinrich Gemkow. Ostberlin, 1978.

Bebel, August: Die Frau und der Sozialismus. (1879) Mit e. einleitenden Vorwort von E. Bernstein. ND der Jubiläumsausgabe 1929. Bonn-Bad Godesberg, 1977.

Becker, Josef: Das deutsche Manchestertum. Eine Studie zur Geschichte des wirtschaftspolitischen Individualismus. Karlsruhe, 1907.

Berliner, Adolf: Die wirtschaftliche Krisis, ihre Ursachen und ihre Entwicklung. Hannover, 1878.

Bernstein, Eduard: Die Voraussetzungen des Sozialismus und die Aufgaben der Sozialdemokratie. (1899) Eingeleitet von Dieter Schuster. ND der 1921 erschienenen 2. Auflage. Bonn-Bad Godesberg, 1975[6].

Bernstein, Eduard: Texte zum Revisionismus. Ausgewählt, eingeleitet und kommentiert von Horst Heimann. Bonn-Bad Godesberg, 1990[2].

Boretius, Alfred: Der Centralverein für Socialreform und die christlich-sociale Arbeiterpartei. In: Deutsch-Evangelische Blätter, Jg. 3, H. 3, 1878, S. 178-191.

Boruttau, Carl: Die religiöse Frage und die Arbeiter. Eine Stimme aus der Sozialdemokratie. Leipzig, 1869.

Boruttau, Carl: Religion und Sozialismus. Leipzig, 1874.

Brake, Georg, Wilhelm: Der christliche Sozialismus des Pfarrer Todt. Eine theologische Kritik. Oldenburg, 1879.

Brentano, Lujo: Ethik und Volkswirtschaft in der Geschichte. München, 1901.

Brüssau, Otto: Der evangelische Pfarrer. Beamter — oder religiöser Charakter. Berlin, 1913.

Calinich, Hermann J. R.: Die Verwerthung der Kirchengemeinde und Synodal Institutionen zur Lösung der Aufgaben, welche den evangelischen Landeskirchen gegenüber den sozialen Fragen der Gegenwart obliegen; o. O., 1878.

Canstein, Frhr. von: Von den bäuerlichen Erwerbs- u. Wohlstandsverhältnissen in der Mark Brandenburg. In: Landwirtschaftliche Jahrbücher, XII, Supplement Bd. I, 1883, S. 22-123.

Conrad, Elke: Der Verein für Socialpolitik und seine Wirksamkeit auf dem Gebiet der gewerblichen Arbeiterfrage. Jena, 1906.

Damm, Richard von: Die Generalsynode der preußischen Landeskirche und ihre Geschichte, Zusammensetzung und Zuständigkeit. Berlin, 1908.

Danneil, Friedrich: Die Arbeiterfrage im Lichte der inneren Mission mit besonderer Rücksicht auf die Provinz Sachsen. Halle, 1873.

Diehl, Karl: Über christlichen Sozialismus. (1899) In: Die religiösen Sozialisten. Dokumente. Hg. und eingeleitet von Arnold Pfeiffer. Freiburg, 1976.

Dietzgen, Josef: Die Religion der Socialdemokratie. Kanzelreden. Berlin, 1906[7].

Dove, Richard: Die Verwerthung der Kirchengemeinde und Synodalinstitutionen zur Lösung der Aufgaben, welche den ev. Landeskirchen Deutschlands gegenüber den socialen Fragen der Gegenwart obliegen. Wolfenbüttel, 1878.

Drews, Paul: Der evangelische Geistliche in der deutschen Vergangenheit. Jena, 1905.

Drews, Paul: Evangelische Kirchenkunde. Tübingen, 1902.

Drews, Paul: Die Kirche und der Arbeiterstand. Göttingen, 1909.

Die Aufgabe der Kirche und ihrer Inneren Mission gegenüber den wirthschaftlichen und gesellschaftlichen Kämpfen der Gegenwart. Eine Denkschrift des Zentralausschusses für die Innere Mission der deutschen evangelischen Kirche. Berlin, 1884.

Eckert, I.: Probleme und Aufgaben des ländlichen Pfarramtes. Berlin, 1910.

Die Entwicklung der evangelischen Landeskirche der älteren preußischen Provinzen seit der Errichtung des EOK. Berlin, 1900.

Erdmann, August: Die christliche Arbeiterbewegung in Deutschland. Stuttgart, 1909.

Erdmann, August: Die christlichen Gewerkschaften, insbesondere ihr Verhältnis zu Zentrum und Kirche. Stuttgart, 1914.

Evers, Ernst: Die Berliner Stadtmission. Berlin, 1902.

Fidicin, E.: Die Territorien der Mark Brandenburg oder die Geschichte der einzelnen Kreise, Städte, Rittergüter, Stiftungen und Dörfer in derselben. Bde. I—IV. Berlin, 1860. (ND Berlin/New York, 1974)

Flaischlen, Markus: Suum Cuique. Ein Wort über Pfarrerbesoldung in der evangelischen Landeskirche Preußens. Wittenberg, 1892.

Foerster, Erich: Die Entstehung der Preußischen Landeskirche unter der Regierung König Friedrich-Wilhelms III. Nach den Quellen erzählt. Ein Beitrag zur Geschichte der Kirchenbildung im deutschen Protestantismus. Tübingen, 1905/07.

Frank, Frank: Das Präsentationsrecht in der katholischen und evangelischen Kirche. Greifswald, 1912.

Frank, Gustav: Geschichte der protestantischen Theologie. 4. Band: Theologie des 19. Jahrhunderts. Leipzig, 1905.

Franke, Paul: Die Lage der industriellen Arbeiter und die Wirkungen der Arbeiterschutzgesetzgebung in der Provinz Brandenburg. Staatswissenschaftliche Diss. Tübingen/Berlin, 1902.

Friedberg, Emil: Das Landeskirchentum in Preußen. Berlin, 1898.

Friedberg, Emil: Das geltende Verfassungsrecht der evangelischen Landeskirchen in Deutschland und Österreich. Leipzig, 1888.

Friedberg, Emil: Die Gränzen zwischen Staat und Kirche und die Garantien gegen deren Verletzung. Tübingen, 1872.

Friedberg, Emil: Die Grundlagen der preußischen Kirchenpolitik unter Friedrich-Wilhelm IV. Leipzig, 1882.

Friedberg, Emil: Die rechtliche Stellung der evangelischen Kirche in ihrer geschichtlichen Entwicklung bis zur Gegenwart. Leipzig, 1893.

Friedberg, Emil: Lehrbuch des katholischen und evangelischen Kirchenrechts. Leipzig, 1909[9].

Friedel, Ernst / Mielke, Robert: Landeskunde der Mark Brandenburg. In fünf Bänden. Berlin, 1909—1916.

Frohne, A.: Eine Reform des Pfarramtes, besonders in den östlichen Provinzen derselben. Berlin, 1892.

Gebhardt, Hermann: Zur bäuerlichen Glaubens- u. Sittenlehre. Erweiterter Konferenzvortrag von einem thüringischen Landpfarrer. Gotha, 1885.

Geffcken, Heinrich: Der Socialismus. In: Zeitfragen des christlichen Volkslebens, Bd. 1, H. 2, Frankfurt/Main, 1876.

Gehrig, Hans: Die Begründung des Prinzips der Sozialreform. Eine literarhistorische Untersuchung über Manchestertum und Kathedersozialismus. Jena, 1914.

Giese, Friedrich: Deutsches Kirchensteuerrecht. Grundsätze und Grundzüge des in den deutschen Staaten für die evangelischen Landeskirchen und für die katholische Kirche gültigen kirchlichen Steuerrechts. Stuttgart, 1910.

Glagau, Otto: Der Bankerott des Nationalliberalismus und die Reaktion. Berlin, 1878.

Glagau, Otto: Der Börsen- u. Grundstücksschwindel in Deutschland. Leipzig, 1877.

Glagau, Otto: Der Börsen- u. Grundstücksschwindel in Berlin (1873), Leipzig, 1876[4].

Glagau, Otto: Deutsches Handwerk und historisches Bürgertum. Osnabrück, 1879.

Göhre, Paul: Das religiöse Problem im Sozialismus. In: SM, 8. Jg., 1902, S. 267—277.

Göhre, Paul: Die Kirche im 19. Jahrhundert. Berlin, 1902.

Göhre, Paul: Die evangelisch-soziale Bewegung. Ihre Geschichte und Ziele. Leipzig, 1896.

Göhre, Paul: Wie ein Pfarrer Sozialdemokrat wurde. Berlin, 1909.

Goltz, Theodor von der: Der christliche Staatssozialismus. In: Deutsche Revue, 2. Jg. (III), 9. Heft, 1878, S. 322—340.

Goltz, Theodor von der: Die Aufgaben der Kirche gegenüber dem Arbeiterstand in Stadt und Land. Leipzig, 1891.

Goltz, Theodor von der: Die Mitwirkung der evangelischen Kirche bei der Lösung der Arbeiterfrage. Halle, 1872.

Goltz, Theodor von der: Die Lage der ländlichen Arbeiter im Deutschen Reich. Berlin, 1875.

Goltz, Theodor von der: Die ländliche Arbeiterklasse und der preußische Staat (1893) (= ND Frankfurt/Main, 1968)

Goltz, Theodor von der: Geschichte der deutschen Landwirtschaft. Bd. 2: Das 19. Jahrhundert. Stuttgart/Berlin, 1903.

Graefe, H. C.: Die wirtschaftliche und soziale Lage der evangelisch-lutherischen Geistlichen im Königreich Sachsen und die Zukunft der sächsischen Landeskirche. Annaberg, 1908.

Gründler, Bernhard: Die Lage der evangelischen Geistlichen, eine „Notlage". Berlin, 1895.

Gemeindelexikon für den Stadtkreis Berlin und die Provinz Brandenburg nach der Volkszählung vom 1. 12. 1885. Berlin, 1888.

Gemeinden und Gutsbezirke der Provinz Brandenburg und ihre Bevölkerung. Nach den Urmaterialien der allgemeinen Volkszählung vom 1. Dezember 1971, bearbeitet vom Kgl. Statistischen Bureau. Berlin, 1873.

Harnack, Adolf von: Reden und Aufsätze. 5 Bde. Gießen, 1904 – 1907.

Harnisch, Friedrich-Wilhelm: Ziele und Wege der Pfarrvereine. Magdeburg, 1892.

Held, Adolf: Die deutsche Arbeiterpresse der Gegenwart. Leipzig, 1873.

Held, Adolf: Sozialismus, Sozialdemokratie und Sozialpolitik. Leipzig, 1878.

Henning, M.: Quellenbuch zur Geschichte der Inneren Mission. Hamburg, 1912.

Herberger, Karl-Valerius: Die Stellung der preußischen Konservativen zur sozialen Frage 1848 – 62. Meißen, 1914.

Hintze, Otto: Die Epochen des evangelischen Kirchenregiments in Preußen. In: HZ, Bd. 97, 1906, S. 67 ff.

Hoffmann, Adolf: Die 10 Gebote und die besitzende Klasse. Berlin, 1910.

Hollenberg, W.: Die sociale Gesetzgebung und die christliche Ethik. Haarlem, 1880.

Hollenberg, W.: Eine evangelische Kritik des Socialismus. In: Im neuen Reich, 7. Jg., 2. Band, 1877.

Holtze, Friedrich: Geschichte der Mark Brandenburg. Tübingen, 1912.

Huber, Victor Aimé: Die Selbsthilfe der arbeitenden Klassen (1846). In: Genossenschaftliche Kultur, 21.–23. Heft, hg. von K. Bittel. Eßlingen/Neckar, 1916.

Hübinger, Erhard: Die deutsche Wirtschaftskrisis von 1873. Berlin, 1905.

Hundert Jahre Christlicher Zeitschriftenverein. Berlin, 1880.

Ihering, Rudolf von: Der Geist des römischen Rechts auf den verschiedenen Stufen seiner Entwicklung (1852 – 1858) Leipzig, 1906[5].

Illgenstein, Wilhelm: Die religiöse Gedankenwelt der Sozialdemokratie. Eine aktenmäßige Beleuchtung der Stellung der Sozialdemokratie zu Christentum und Kirche. Berlin, 1914.

Jäger, Adolf: Die soziale Frage in wissenschaftlichem und biblischem Kleide. 3 Bde. Neuruppin, 1891 – 94.

Jäger, Eugen: Der moderne Sozialismus. Karl Marx, die internationale Arbeiter-Association, Lassalle und die deutschen Socialisten. Berlin, 1873.

Jörg, Edmund: Geschichte der sozial-politischen Parteien in Deutschland. Freiburg, 1867.

Jork, Otto: Brandenburg in der Vergangenheit und Gegenwart. Ein Wegweiser durch die Stadt und ihre Alterthümer. Brandenburg, 1880.

Kahl, Wilhelm: Lehrsystem des Kirchenrechts und der Kirchenpolitik, 1894.

Kambli, C. W.: Die socialen Ideen des Christentums und ihre Verwerthung in den Kämpfen der Gegenwart. Zürich, 1878.

Kampffmeyer, Paul: Sozialdemokratie und Kirchentum. München, 1912.

Kappstein, Theodor: Bedürfen wir des Pfarrers noch? Ergebnis einer Rundfrage. Berlin/Leipzig, 1906.

Kautsky, Karl: Der Ursprung des Christentums (1910) Eingleitet von Karl Kupisch. Hannover, 1968.

Kautsky, Karl: Die Sozialdemokratie und die katholische Kirche. Berlin, 1906[2].

Kautsky, Karl: Ethik und materialistische Geschichtsauffassung. (1906) ND nach der Ausgabe von 1922, Berlin/Bonn, 1973.

Kirmß, Paul: Die sociale Frage, das Christenthum und der Staatssocialismus. In: Protestantische Kirchenzeitung, Nr. 18, 4. Mai 1878, S. 363 – 375.

Knapp, Georg, F.: Die Bauernbefreiung und der Ursprung der Landarbeiter in den älteren Theilen Preußens. 2 Bde. (1887) München/Leipzig, 1927[2].

Knapp, Georg F.: Die Landarbeiter in Knechtschaft und Freiheit. Leipzig, 1897.

Kögel, Rudolf: Die Aufgabe des evangelischen Geistlichen an der sozialen Frage. Bremen, 1878.

Köstlin, Julius: Die Aufgabe der christlichen Ethik mit Rücksicht auf ihre neuesten Bearbeitungen. In: Theologische Studien und Kritiken, 52. Jg., 1879, 4. Heft, S. 581−651.

Kohlschütter, Dr.: Die Verwerthung der Kirchengemeinde- u. Synodal-Institutionen zur Lösung der Aufgaben gegenüber den socialen Fragen der Gegenwart. o. O., 1878.

Lasson, Georg: Hundert Jahre preußischer Kirchengeschichte. Eine Säkularbetrachtung. Groß-Lichterfelde/Berlin, 1899.

Lehnhardt, Erich: Die Antisemitische Bewegung in Deutschland, besonders in Berlin, nach Voraussetzungen, Wesen, Berechtigung und Folgen dargelegt. Ein Beitrag zur Lösung der Judenfrage. Zürich, 1884.

Lenschmann, G. F.: Hofprediger Stoecker. Persönliche Erlebnisse unter den Christlich-Sozialen. Offenbach, 1881.

Levenstein, Adolf: Die Arbeiterfrage. Mit besonderer Berücksichtigung der sozialpsychologischen Seite des modernen Großbetriebes und der psycho-physischen Einwirkungen auf die Arbeiter. München, 1912.

Liebknecht, Wilhelm: Wissen ist Macht − Macht ist Wissen. Vortrag, gehalten zum Stiftungsfest des Dresdner Arbeiterbildungs-Vereins am 5. Februar 1872 und zum Stiftungsfest des Leipziger Arbeiterbindungs-Vereins am 24. Januar 1872. Leipzig, 1873.

Liebster, Georg: Kirche und Sozialdemokratie. Gießen, 1908.

Lommel, Georg: Jesus von Nazareth. Eine historische Studie. (1847) Nürnberg, 1892[16].

Lotze, Rudolf Hermann: Grundzüge der praktischen Philosophie. Leipzig, 1882.

Luthardt, Christoph Ernst: Die soziale Frage in der Vergangenheit und in der Gegenwart. Leipzig, 1877.

Marr, Wilhelm: Der Sieg des Judenthums über das Germanenthum. Vom nicht-konfessionellen Standpunkt aus betrachtet. Vae Victis ! Berlin, 1973.

Marr, Wilhelm: Lessing contra Sem. Berlin, 1875.

Marr, Wilhelm: Der Weg zum Siege des Germanenthums über das Judenthum. Berlin, 1880.

Martensen, Hans Lassen: Sozialismus und Christentum. Ein Bruchstück aus der speciellen Ethik. Gotha, 1875.

Mehring, Franz: Die Geschichte der deutschen Sozialdemokratie. (1897/98) 2 Bde., Berlin, 1960.

Mehring, Franz: Die evangelisch-soziale Bewegung. In: NZ, 14. Jg. (1895−96) II. Band, S. 641-645.

Mehring, Franz: Herr Hofprediger Stoecker, der Socialpolitiker. Eine Streitschrift. Bremen, 1882.

Meyer, Rudolf: Der Emancipationskampf des vierten Standes. (1874/75) 2 Bde. (= ND Aalen, 1966)

Meyer, Rudolf: Der Kapitalismus fin de siècle. Wien/Leipzig, 1894.

Meyer, Rudolf: Die Wirkung der Maßregelung der Socialdemokratie. Berlin, 1875.

Meyer, Rudolf: Die bedrohliche Entwicklung des Socialismus und die Lehre Lassalles. Berlin, 1873.

Meyer, Rudolf: Politische Gründer und die Corruption in Deutschland. Leipzig, 1877.

Meyer, Rudolf: Was heißt conservativ sein? Reform oder Restauration. Berlin, 1873.

Meyer, Rudolf: Hundert Jahre conservativer Politik und Literatur. Wien/Leipzig, 1895.

Meyer, Waldemar: Die Pfarrvereine nach Anlaß, Zweck und Mitteln. Leipzig, 1892.

Müller, Hans: Das religiöse Moment in der sozialistischen Bewegung. In: SM, 16. Jg., 1910, Bd. 3, 26. Heft, S. 1665-1669.

Nathusius, Martin von: Die Mitarbeit der Kirche an der Lösung der sozialen Frage. Bd. 1. Leipzig, 1893.

Naumann, Friedrich: Werke. 6 Bde. Köln/Opladen, 1964.

Nebe, Gustav: Die Stellung der Kirche zur Arbeiterfrage. Ein Wort an alle, denen die Lösung der Frage am Herzen liegt. Halle, 1872.

Nelle, W.: Die socialen Bewegungen in Berlin. In: Monatsschrift für Diakonie und Innere Mission, hg. von Theodor Schäfer. II. Jg., 1877/78, S. 4, 33 ff. und 481 ff.

Niedner, Johannes: Die Ausgaben des preußischen Staats für die evangelische Landeskirche der älteren Provinzen. Stuttgart, 1904. (= Kirchenrechtliche Abhandlungen, hrsgg. von U. Stutz, H. 13/14)

Nobbe, Moritz August: Der evangelisch-soziale Kongreß und seine Gegner. Göttingen, 1897[2].

Oehme, Walter: Die Verleugnung des Erfurter Parteiprogramms durch die Sozialdemokratie in der Frage des Kirchenaustritts. Frankfurt/Main, 1913.

Oertzen, Dietrich von: Von Wichern bis Posadowsky. Zur Geschichte der Sozialreform und der christlichen Arbeiterbewegung. Hamburg, 1909.

Oettingen, Alexander von: Die Moralstatistik in ihrer Bedeutung für eine christliche Socialethik. Erlangen, 1874[2].

Opalinksky, C.B.: Geschichtliches über die Städte, Klöster, Schlösser und adligen Familien der Prignitz. Wittstock, 1906.

Pannekoek, Anton: Religion und Sozialismus. Bremen, 1906.

Pieper, Paul: Kirchliche Statistik Deutschlands. Tübingen/Leipzig, 1900[2].

Ratzinger, Georg: Geschichte der kirchlichen Armenpflege. Freiburg, 1884[2].

Richter, A.: Alphabetisches Ortsverzeichnis des Deutschen Reiches. 1.1 Provinz Brandenburg. Berlin, 1879.

Richter, Ludwig Aemilius: Geschichte der evangelischen Kirchenverfassung. Leipzig, 1851.

Rieker, Karl: Die rechtliche Natur des evangelischen Pfarramts. Leipzig, 1891.

Ritter, Gerhard: Die preußischen Konservativen und Bismarcks deutsche Politik 1858 – 1876. Heidelberg, 1913.

Rodbertus-Jagetzow, Carl von: Gesammelte Werke und Briefe. Hg. von Thilo Ramm. Bde. I + II. Osnabrück, 1972.

Roesler, Hermann: Vorlesungen über Volkswirthschaft. (1878) (= ND Frankfurt/Main, 1977)

Roi, Johannes de le: Die evangelische Christenheit und die Juden unter dem Gesichtspunkt der Mission geschichtlich betrachtet. 3 Bde. Karlsruhe/Leipzig, 1884 – 92. (= ND Leipzig, 1974)

Roi, Johannes de le: Stephan Schultz. Ein Beitrag zum Verständnis der Juden und ihrer Bedeutung für das Leben der Völker. Gotha, 1871.

Roscher, Wilhelm: Geschichte der National-Oekonomik in Deutschland. München, 1874.

Ruppin, Arthur: Die Juden der Gegenwart. Eine sozial-wissenschaftliche Studie. Köln/Leipzig, 1911[2].

Samter, Adolf: Das Eigenthum in seiner socialen Bedeutung. Jena, 1880.

Samter, Adolf: Der Eigenthumsbegriff. Jena, 1878.

Samter, Adolf: Socialistische Irrthümer, soziale Wahrheiten. Berlin, 1877.

Schäffle, Albert E.: Bau und Leben des socialen Körpers. Tübingen, 1896[3].

Schäffle, Albert E.: Die Quintessenz des Sozialismus. Von einem praktischen Staatsmann. (1875) Gotha, 1879[7].

Schäffle, Albert E.: Kapitalismus und Sozialismus mit besonderer Berücksichtigung auf Geschäfts- u. Vermögensformen. Tübingen, 1870.

Schäffle, Albert E.: Die Aussichtslosigkeit der Sozialdemokratie. Drei Briefe an einen Staatsmann. Tübingen, 1885[2].

Scheel, Hans von: Theorie der socialen Frage. Jena, 1871.

Scheel, Hans von: Unsere social-politischen Parteien. Leipzig, 1878.

Schian, Martin: Der evangelische Pfarrer der Gegenwart, wie er sein soll. Leipzig, 1914.

Schian, Martin: Innere Mission. In: RGG, Bd. 3, 1913, Sp. 515 - 536.

Schiele, Friedrich Michael: Die kirchliche Einigung des Evangelischen Deutschland im 19. Jahrhundert. Tübingen, 1908.

Schlosser, P.: Welche sozialen Verpflichtungen erwachsen dem Christen aus seinem Besitz? Frankfurt/Main, 1879.

Schmoller, Gustav: Die Arbeiterfrage. In: Preußische Jahrbücher. Jg. 14, 1864, S. 393 - 424; 523 - 547; Jg. 15, 1865, S. 32 - 63.

Schmoller, Gustav: Über Sozial- u. Gewerbepolitik der Gegenwart. Reden und Aufsätze. Berlin, 1890.

Schmoller, Gustav: Über einige Grundfragen des Rechts und der Volkswirtschaft. Ein offenes Sendeschreiben an Dr. Heinrich von Treitschke. Jena, 1875.

Schmoller, Gustav: Zur Geschichte der deutschen Kleingewerbe im 19. Jahrhundert. Halle, 1870.

Schneemelcher, Wilhelm: Christlich-Sozial. In: RGG, Bd. 1, 1909, Sp. 1708 ff.

Schneemelcher, Wilhelm: Evangelisch-soziale Bestrebungen in Deutschland. In: Handwörterbuch der Staatswissenschaften. Bd. 3, 1909[3], S. 377 ff.

Schön, Max: Die Geschichte der Berliner Bewegung. Leipzig, 1889.

Schoen, Paul: Das evangelische Kirchenrecht in Preußen. 2 Bde. Berlin, 1903. (= ND Aalen, 1967)

Schröder, Wilhelm: Handbuch der sozialdemokratischen Parteitage von 1863 – 1909. München, 1910.

Schubert, Ernst: Die evangelische Predigt im Revolutionsjahr 1848. Gießen, 1913.
Schultze, Leopold: Die Partei der Positiven Union, ihr Ursprung und ihre Ziele. Halle, 1878.
Schuster, Richard: Die Sozialdemokratie. Nach ihrem Wesen und ihrer Agitation quellenmäßig dargestellt. Stuttgart, 1876[2].
Schweitzer, Johann Baptist von: Der Zeitgeist und das Christentum. Leipzig, 1861.
Seeberg, Reinhold: Die Kirche Deutschlands im 19. Jahrhundert. Eine Einführung in die religiösen, theologischen und kirchlichen Fragen der Gegenwart. Leipzig, 1910[3].
Seeger, Friedrich: Kleine Chronik der Prignitz. Perleburg, 1894.
Sehling, Emil: Geschichte der protestantischen Kirchenverfassung. Leipzig/Berlin, 1913.
Specht, Fritz / Schwabe, Paul: Die Reichstagswahlen von 1867 bis 1907. Eine Statistik der Reichstagswahlen nebst den Programmen der Parteien und einem Verzeichnis der gewählten Abgeordneten. Berlin, 1908[2].
Stahl, Friedrich Julius: Die gegenwärtigen Parteien in Staat und Kirche. Berlin, 1863.
Stahl, Friedrich Julius: Die Philosophie des Rechts. Rechts- u. Staatslehre auf der Grundlage christlicher Weltanschauung. 2 Bde. (1878) (= ND Darmstadt, 1963[6].)
Stampfer, Friedrich: Religion ist Privatsache. Erläuterungen zu Punkt 6 des Erfurter Programms. Berlin, 1909.
Stillich, Oscar: Die politischen Parteien in Deutschland. Bd. 1: Die Konservativen. Eine wissenschaftliche Darlegung ihrer Grundsätze und ihrer geschichtlichen Entwicklung. Leipzig, 1908.
Stöcker, Adolf: 13 Jahre Hofprediger und Politiker. Berlin, 1895.
Stöcker, Adolf: Kirche und Politik. In: Kirchliche Monatsschrift, 3. Jg., 1884, S. 609-620.
Stöcker, Adolf: Reden und Aufsätze. Hrsgg. von Reinhold Seeberg. Leipzig, 1913.
Stoecker, Adolf: Christlich-Sozial. Reden und Aufsätze. Berlin, 1890[2].
Stoecker, Adolf: Reden im Reichstag. Amtlicher Wortlaut. Hrsgg. von Reinhard Mumm. Schwerin, 1914.
Stoecker, Adolf: Sozialdemokratie und Sozialmonarchie. Leipzig, 1891.
Stoecker, Adolf: Wach auf Evangelisches Volk! Aufsätze über Kirche und Kirchenpolitik. Berlin, 1893.
Ströll, Moritz: Die staatssozialistische Bewegung in Deutschland. Leipzig, 1885.
Vom Senfkorn zum Baume. Geschichte der ersten 25 Jahre des Christlichen Zeitschriftenvereins in Berlin. Berlin, 1905.

Teichmann, C.: Die christlich-socialen Bestrebungen auf evangelischem Gebiete. In: Zeitschrift für praktische Theologie, Jg. 1, 1879, S. 235-260.
Troeltsch, Ernst: Die Bedeutung des Protestantismus für die Entstehung der modernen Welt. München/Berlin, 1911.
Trümpelmann, A.: Socialismus und Socialreform. in: Theologische Studien u. Kritiken. 51. Jg., H. 4., 1878, S. 626-674. 52. Jg., H.1., 1879, S. 64-108; H.3., S. 468-512.
Trümpelmann, A.: Theologische Kritik des Todtschen ‚Christlichen Sozialismus'. In: Deutsch-Evangelische Blätter, Zeitschrift für den gesammten Bereich des Protestantismus. 4. Jg., 1879, S. 638f.

Uhlhorn, Gerhard: Socialismus und Christentum. Vermischte Vorträge über kirchliches Leben der Vergangenheit und Gegenwart. Stuttgart, 1875.
Uhlhorn, Gerhard: Das Christentum und das Geld. Heidelberg, 1882.
Uhlhorn, Gerhard: Die christliche Liebestätigkeit. 3 Bde. (1882) (= ND der 2. Auflage, 1895, Darmstadt, 1959)
Uhlhorn, Gerhard: Katholizismus und Protestantismus gegenüber der sozialen Frage. Göttingen, 1887[2].

Vorländer, Karl: Sozialdemokratische Pfarrer. In: Archiv für Sozialwissenschaft und Sozialpolitik. XXX. Band, Tübingen, 1910. S 455-513.
Verzeichnis der evangelischen Geistlichen in der Provinz Brandenburg im Jahre 1877. Berlin, 1877.
Verzeichnis sämtlicher Ortschaften der Provinz Brandenburg mit Angabe des Kreises, des Amtsgerichtsbezirkes und der Postanstalt. Berlin, 1885.

Wach, Adolf: Die christlich-sociale Arbeiterpartei. Leipzig, 1878.
Wagener, Hermann: Denkschrift über die wirtschaftlichen Associationen und sozialen Koalitionen. Neuschönefeld an Leipzig, 1866[2].

Wagener, Hermann: Die Lösung der sozialen Frage vom Standpunkt der Wirklichkeit und Praxis. Von einem praktischen Staatsmanne. Bielefeld/Leipzig, 1878.

Wagener, Hermann: Die Mängel der christlich-sozialen Bewegung. Minden, 1885.

Wagner, Adolf: Finanzwissenschaft und Staatssozialismus. Frankfurt/Main, 1887.

Wagner, Adolf: Ueber die Mitwirkung der evangelischen Kirche an den socialen Aufgaben der Gegenwart. Berlin, 1871.

Wagner, Adolf: Volkswirtschaftslehre. Grundlegung der politischen Ökonomie. T. 1, Bd. 1. (1879) Leipzig, 1892[3].

Wagner, Adolph: Der Staat und das Versicherungswesen. Principielle Erörterung über die Frage der gemeinwirtschaftlichen Organisation dieses wirtschaftlichen Gebiets im Allgemeinen. In: Zeitschrift für die gesamte Staatswissenschaft, 37. Jg., 1881, S. 102-172.

Wagner, Adolph: Die Abschaffung des privaten Grundeigenthums. Leipzig, 1870.

Wagner, Adolph: Die Strömungen in der Sozialpolitik und der Katheder- u. Staatssozialismus. Berlin, 1912.

Wahn, Johannes: Kritik der Lehre Lotzes von der menschlichen Wahlfreiheit. Halle a. S., 1888.

Weber, Max: Die Verhältnisse der Landarbeiter im ostelbischen Deutschland. (= Schriften des Vereins für Sozialpolitik, 55, 1892, S. 639-697)

Wichern, Johann Friedrich: Sämtliche Werke. Hg. von Peter Meinhold. 10 Bde., Berlin/Hamburg, 1962−1988.

Wyneken, E. F.: Die weltgeschichtliche Bedeutung des modernen Socialismus. Gotha, 1876.

Zache, Eduard: Die Landschaften der Provinz Brandenburg. Stuttgart, 1905.

Zwiedineck-Südenhorst, Otto von: Sozialpolitik. Berlin, 1911.

Allgemeine Literatur

Abelshauser, Werner / Petzina, Dietmar: Wirtschaftsgeschichte im Industriezeitalter. Konjunktur, Krisen, Wachstum. Königstein/Ts., 1981.

Bammel, Ernst: Die Reichsgründung und der deutsche Protestantismus. Erlangen, 1973.

Barnikol, Ernst (Hg.): Christentum und Sozialismus. Quellen und Darstellungen. Kiel, 1932−1935. (Bde. 6 und 8).

Barth, Karl: Die protestantische Theologie im 19. Jahrhundert. Ihre Vorgeschichte und Geschichte. (1946) 2 Bde. Hamburg, 1975.

Barthels, Dorothee: Die kirchenpolitischen Gruppen Norddeutschlands in ihrer Stellung zur sozialen Frage von 1870−1890, untersucht hauptsächlich aufgrund der kirchlichen Publizistik. Phil. Diss., Göttingen, 1953. (Msr.)

Beckmann, Klaus-Martin: Unitas eccleasiae. Eine systematische Studie zur Theologiegeschichte des 19. Jahrhunderts. Gütersloh, 1967.

Behnen, Michael: Das preußische Wochenblatt. (1851−1861) Nationalkonservative Publizistik gegen Ständestaat und Polizeistaat. Göttingen, 1971.

Benz, Ernst: Wichern und der Sozialismus. Stuttgart, 1949.

Benz, Wolfgang (Hg.): Die Juden in Deutschland. München, 1988.

Berdahl, Robert M.: The Transformation of the Prussian Conservative Party 1866−1876. Diss. Minnesota, 1965.

Berding, Helmut: Moderner Antisemitismus in Deutschland. Frankfurt/Main, 1988.

Berthold, Rudolf: Der sozialökonomische Differenzierungsprozeß der Bauernwirtschaft in der Provinz Brandenburg während der industriellen Revolution (1816−1878/82) In: Jb. f. Wirtschaftsgeschichte, Ostberlin, 1974, II, S. 13-50.

Berthold, Rudolf: Die Veränderungen im Bodeneigentum und in der Zahl der Bauernstellen, der Kleinstellen und der Rittergüter in den preußischen Provinzen Sachsen, Brandenburg und Pommern während der Durchführung der Agrarreform des 19. Jahrhunderts in Preußen und Rußland. Sonderbd. d. Jb. f. Wirtschaftsgeschichte, Ostberlin, 1978. S. 7-117.

Besier, Gerhard (Hg.): Neulutherische Kirchenpolitik im Zeitalter Bismarcks. Gütersloh, 1982.

Besier, Gerhard: Religion · Nation · Kultur. Die Geschichte der christlichen Kirchen in den gesellschaftlichen Umbrüchen des 19. Jahrhunderts. Neukirchen-Vluyn, 1992.

Besier, Gerhard: Preußische Kirchenpolitik in der Bismarckära. Die Diskussion in Staat und Evangelischer Kirche um eine Neuordnung der kirchlichen Verhältnisse Preußens zwischen 1866 und 1872. Berlin/New York, 1980.

Besier, Gerhard (Hrsg.): Neulutherische Kirchenpolitik im Zeitalter Bismarcks. Gütersloh, 1982.

Bethge, Eberhard u. a.: Kirche in Preußen. Gestalten und Geschichte. Stuttgart/Berlin/Köln/Mainz, 1983.

Beyreuther, Erich: Die Erweckungsbewegung. In: Die Kirche in ihrer Geschichte. Ein Handbuch. Hrsgg. von Bernd Moeller. Bd. 4, Lfg. R (1. Teil), Göttingen, 1963.

Beyreuther, Erich: Kirche in Bewegung. Geschichte der Evangelisation und Volksmission. Berlin, 1968.

Beyreuther, Erich: Frömmigkeit und Theologie. Gesammelte Aufsätze zum Pietismus und zur Erweckungsbewegung. Hildesheim/New York, 1980.

Beyreuther, Erich: Wicherns Kommunismuskritik. In: Gesellschaft als Wirkungsfeld der Diakonie. Hrsgg. von Theodor Schober. Stuttgart, 1981.

Beyreuther, Erich: Geschichte der Diakonie und Inneren Mission in der Neuzeit. Göttingen, 1983[3].

Bigler, Robert M.: The Politics of German Protestantism. The Rise of the Prtotestant Church Elite in Prussia 1815−1848. University of California Press, 1972.

Bigler, Robert M.: The Social Status and Political Role of the Protestant Clergy in Pre-March Prussia. In: Sozialgeschichte heute. Festschrift für Hans Rosenberg zum 70. Geburtstag. Hg. von Hans-Ulrich Wehler. Göttingen, 1974, S. 175 - 191.

Birke, Adolf M.: Bischof Ketteler und der deutsche Liberalismus. Mainz, 1971.

Bismarck, Otto von: Die gesammelten Werke. (Friedrichsruher Ausgabe) Bde. I−XV. Berlin, 1924−1935.

Bismarck, Otto von: Die politischen Reden des Fürsten Bismarck. Historisch-kritische Gesammtausgabe, besorgt von H. Kohl. 19 Bde. Stuttgart, 1892 und Stuttgart/Berlin, 1905.

Blaich, Fritz: Staat und Verbände in Deutschland zwischen 1871 und 1945. Wiesbaden, 1979.

Blasius, Dirk: Lorenz von Steins Lehre vom Königtum der sozialen Reform und ihre verfassungspolitischen Grundlagen. In: Der Staat, 10. Jg., 1971, S. 33 - 51.

Blasius, Dirk: Konservative Sozialpolitik und Sozialreform im 19. Jahrhundert. In: Gerd-Klaus Kaltenbrunner (Hg.): Rekonstruktion des Konservatismus. Freiburg, 1972. S. 469 - 489.

Blasius, Dirk/Pankoke, Eckhardt (Hg.): Lorenz von Stein. Darmstadt, 1977.

Blessing, Werner K.: Staat und Kirche in der Gesellschaft. Institutionelle Autorität und mentaler Wandel in Bayern während des 19. Jahrhunderts. Göttingen, 1982.

Böckenförde, Ernst-Wolfgang / Wahl, Rainer (Hg.): Moderne deutsche Verfassungsgeschichte. Köln, 1981[2].

Boehlich, Walter (Hg.): Der Berliner Antisemitismusstreit. (1965) Frankfurt/M., 1988[2].

Boese, Franz: Geschichte des Vereins für Sozialpolitik. Berlin, 1939.

Böhme, Helmut: Deutschlands Weg zur Großmacht. Studien zum Verhältnis von Wirtschaft und Staat während der Reichsgründungszeit. (1848−1881) Köln, 1966.

Booms, Hans: Die Deutsch-Konservative Partei. Preußischer Charakter, Reichsauffassung, Nationalbegriff. Düsseldorf, 1954.

Borchardt, Knut: Die industrielle Revolution in Deutschland. München, 1972.

Borchardt, Knut: Die Industrielle Revolution in Deutschland 1750−1914. In: Europäische Wirtschaftsgeschichte. Bd. 4. Herausgegeben von Carlo M. Cipolla und Knut Borchardt. Stuttgart/New York, 1985.

Born, Karl-Erich: Wirtschafts- u. Sozialgeschichte des Deutschen Kaiserreiches (1867/71 - 1914) Wiesbaden, 1985.

Born, Karl-Erich: (Hg.): Moderne deutsche Wirtschaftsgeschichte. Köln / Berlin, 1966.

Brakelmann, Günter: Die soziale Frage des 19. Jahrhunderts. (1962) Witten, 1979[6].

Brakelmann, Günter: Kirche und Sozialismus im 19. Jahrhundert. Die Analyse des Sozialismus und Kommunismus bei J. H. Wichern und Rudolf Todt. Witten, 1966.

Brakelmann, Günter: Kirche, soziale Frage und Sozialismus. Bd. 1: Kirchenleitungen und Synoden über soziale Frage und Sozialismus 1871−1914. Gütersloh, 1977.

Brakelmann, Günter: Rudolf Todt (1839−1887). In: Evangelisches Soziallexikon. Stuttgart, 1980[7]. S. 1323 - 1324.

Brakelmann, Günter: Kirche in Konflikten ihrer Zeit. Sechs Einblicke. München, 1981.

Brakelmann, Günter / Greschat, Martin / Jochmann, Werner: Protestantismus und Politik. Werk und Wirkung Adolf Stoeckers. Hamburg, 1982.

Brakelmann, Günter: Johann Hinrich Wichern. In: Protestantische Profile: Lebensbilder aus 5 Jahrhunderten. Hg. von Klaus Scholder und Dieter Kleinmann, Königstein/Ts., 1983.

Brakelmann, Günter / Rosowski, Martin (Hrsg.): Antisemitismus. Von religiöser Judenfeindschaft zur Rassenideologie. Göttingen, 1989.

Braun, Volker / Fischer, Wolfram: Industrielle Revolution. Wirtschaftliche Aspekte. Köln/Berlin, 1972.

Braun, Volker / Fischer, Wolfram: Gesellschaft in der industriellen Revolution. Köln, 1973.

Braunthal, Julius: Geschichte der Internationale. 3 Bde. Bonn-Bad Godesberg, 1978³.

Bredendiek, Walter: Christliche Sozialreformer im 19. Jahrhundert. Leipzig, 1953.

Brederlow, Jörn: „Lichtfreunde" und „Freie Gemeinden". Religiöser Protest und Freiheitsbewegung im Vormärz und in der Revolution von 1848/49. München, 1976.

Bredt, Johann Victor: Neues evangelisches Kirchenrecht für Preußen. 3 Bde. Berlin, 1921–1927.

Breger, Monika: Die Haltung der industriellen Unternehmer zur staatlichen Sozialpolitik in den Jahren 1878–1891. Frankfurt/Main, 1982.

Brenning, Joachim: Christentum und Sozialdemokratie. Paul Göhre. Fabrikarbeiter. Pfarrer. Sozialdemokrat. Eine sozialethisch-historische Untersuchung. Diss. Theol., Marburg, 1980.

Bröker, Werner: Politische Motive naturwissenschaftlicher Argumentation gegen Religion und Kirche im 19. Jahrhundert. Dargestellt am ‚Materialisten‘ Karl Vogt. (1817– 1895) Münster, 1973.

Bruch, Rüdiger vom: ‚Weder Kommunismus noch Kapitalismus‘. Bürgerliche Sozialreform in Deutschland vom Vormärz bis zur Ära Adenauer. München, 1985.

Buchheim, Karl: Geschichte der christlichen Parteien in Deutschland. München, 1953.

Buchheim, Karl: Das deutsche Kaiserreich 1871–1918. Vorgeschichte, Aufstieg und Niedergang. München, 1969.

Buck-Heilig, Lydia: Die Gewerbeaufsicht. Entstehung und Entwicklung. Opladen, 1989.

Budde, Heiner: Die „Roten Kapläne". Köln, 1978.

Büsch, Otto: Industrialisierung und Geschichtswissenschaft. Berlin, 1969.

Büsch, Otto (Hrsg.): Industrialisierung und Gewerbe im Raum Berlin / Brandenburg. Bd. II: Die Zeit um 1800 / Die Zeit um 1875. Berlin, 1977.

Busch, Helmut: Die Stoecker-Bewegung im Siegerland. Ein Beitrag zur Geschichte der christlich-sozialen Partei. Phil. Diss., Marburg, 1964.

Buske, Thomas: Thron und Altar. Die Rolle der Berliner Hofprediger im Zeitalter des Wilhelminismus, Neustadt a. d. Aisch, 1970.

Bussmann, Walter: Das Zeitalter Bismarcks. Frankfurt/Main, 1968⁴ (= Handbuch der deutschen Geschichte, hg. von Leo Just, Bd. 3, II. Teil)

Christ, Hans: Christlich-religiöse Lösungsversuche der sozialen Frage im mittleren 19. Jahrhundert. (Johann Hinrich Wichern – Viktor Aimée Huber – Wilhelm Löhe – Gustav Werner) Phil Diss., Erlangen, 1951.

Christ, Jürgen: Staat und Staatsraison bei Friedrich Naumann. Heidelberg, 1969.

Christoph, Siegfried: Hermann Wagener als Sozialpolitiker. Ein Beitrag zur Vorgeschichte der Ideen und Institutionen für die große deutsche Sozialgesetzgebung im 19. Jahrhundert. Masch. Diss. Erlangen, 1950.

Conze, Werner: Friedrich Naumann. Grundlagen und Ansatz seiner Politik in der nationalsozialen Zeit. (1895–1903) In: Schicksalswege deutscher Vergangenheit. Beiträge zur Deutung der letzten 150 Jahre. Hg. von Walther Hubatsch. Düsseldorf, 1950. S. 355- 386.

Conze, Werner: Vom „Pöbel" zum „Proletariat". Sozialgeschichtliche Voraussetzungen zu dem Sozialismus in Deutschland. In: VSWG, Bd. 41, 1954 (II.), S. 333-364.

Conze, Werner: Sozialgeschichte 1850–1914. In: Hermann Aubin / Wolfgang Zorn (Hg.) Handbuch der deutschen Wirtschafts- u. Sozialgeschichte. Bd. 2. Stuttgart, 1976, S. 602-684.

Conze, Werner / Engelhardt, Ulrich (Hg.): Arbeiter im Industrialisierungsprozeß. Herkunft, Lage, Verhalten. Stuttgart, 1979.

Conze, Werner / Engelhardt, Ulrich (Hg.): Arbeiterexistenz im 19. Jahrhundert. Lebensstandard und Lebensgestaltung deutscher Arbeiter und Handwerker. Stuttgart, 1981.

Conze, Werner / Kocka, Jürgen (Hg.): Bildungsbürgertum im 19. Jahrhundert. T. 1: Bildungssystem und Professionalisierung in internationalen Vergleichen. Stuttgart, 1984.

Coreth, Emerich / Ehlen, Peter / Schmidt, Josef: Philosophie des 19. Jahrhunderts. Stuttgart/Berlin/Köln/Mainz, 1984.

Craig, Gordon A.: Deutsche Geschichte 1866−1945. München, 1980.

Dahm, Karl-Wilhelm: Zur Sozialgeschichte des Pfarrberufes. In: Derselbe, Beruf: Pfarrer. Empirische Aspekte zur Funktion von Kirche und Religion in unserer Gesellschaft. München, 1974[3].
Delius, Walter: Die Evangelische Kirche in der Revolution 1848. Berlin, 1948.
Dierkes, Herbert: Die evangelisch-soziale Bewegung und der sozialdemokratische Arbeiter 1896−1914. Phil. Diss., Freiburg, 1949.
Dipper, Christof: Die Bauernbefreiung in Deutschland 1790−1850. Stuttgart/Berlin/Köln/Mainz, 1980.
Dockhorn, Wilhelm: Die christlich-soziale Bewegung in Deutschland. Kritischer Beitrag zur Frage ihres religiösen und kulturell-gesellschaftlichen Untergrundes, ihrer Ideen und Geschichte. Halle, 1928.
Dowe, Dieter / Klotzbach, Kurt (Hrsg.): Programmatische Dokumente der deutschen Sozialdemokratie. Berlin/Bonn-Bad Godesberg, 1990[3].
Dubnow, Semen Markovich: Die neueste Geschichte des jüdischen Volkes. II. Bd. (1881−1914) Berlin, 1923.
Duchrow, Ulrich / Huber, Wolfgang (Hg.): Umdeutungen der Zweireichelehre Luthers im 19. Jahrhundert. Gütersloh, 1975.
Düding, Dieter: Der Nationalsoziale Verein. Der gescheiterte Versuch einer parteipolitischen Synthese von Nationalsozialismus, Sozialismus und Liberalismus. München/Wien, 1972.
Dokumente und Materialien zu den sozialen und politischen Verhältnissen in der Provinz Brandenburg 1871−1917. Ausgewählt von R. Knaak und O. Rükkert. Potsdam, 1968.

Eberlein, Alfred (Hg.): Die Presse der Arbeiterklasse und der sozialen Bewegungen von den dreißiger Jahren des 19. Jahrhunderts bis zum Jahre 1967.
Eckert, Hans-Gustav: Die Wandlungen der Konservativen Partei durch Bismarcks Innenpolitik. Ein Beitrag zur Geschichte der Konservativen Partei 1876−1890. Diss. Kiel, 1953.
Eger, Hans: Der evangelisch-soziale Kongreß. Ein Beitrag zu seiner Geschichte und Problemstellung. Leipzig, 1931.
Einicke, Fritz: Die Stellung der evangelischen Arbeitervereine zur sozialen Frage. Wirtschaftliche und sozialwiss. Diss., Köln, 1950.
Elbogen, Ismar / Sterling, Eleonore: Die Geschichte der Juden in Deutschland. (1935) Frankfurt/Main, 1988.
Elliger, Walter (Hg.): Die evangelische Kirche der Union. Ihre Vorgeschichte und Geschichte. Witten, 1967.
Elm, Kaspar / Loock, Hans-Dietrich (Hg.): Seelsorge und Diakonie in Berlin. Beiträge zum Verhältnis von Kirche und Großstadt im 19. und beginnenden 20. Jahrhundert. Berlin/New York, 1990.
Enders, Liselott: Die Prignitz. Einführung in die Geschichte ihrer Dörfer. In: Märkische Heimat 6, 1962, S. 2−10.
Engel, Ingrid: Gottesverständnis und sozialpolitisches Handeln. Eine Untersuchung zu Friedrich Naumann. Göttingen, 1972.
Engelberg, Ernst: Bismarck. Urpreuße und Reichsgründer. Berlin, 1985.
Engelberg, Ernst: Bismarck. Das Reich in der Mitte Europas. Berlin, 1990.
Engelmann, Bernt: Vorwärts und nicht vergessen. Vom verfolgten Geheimbund zur Kanzlerpartei. Wege und Irrwege der deutschen Sozialdemokratie. München, 1984.
Engelmann, Hans: Kirche am Abgrund. Adolf Stoecker und seine anti-jüdische Bewegung. Berlin, 1984.
Die evangelische Kirche der Kurmark. Eine Zusammenstellung aller kurmärkischen Kirchenkreise. Berlin, 1932.
Evangelisches Pfarrerbuch für die Mark Brandenburg seit der Reformation. Hrsgg. vom Brandenburgischen Provinzialsynodalverband. 3 Bde. Berlin, 1941.

Faber, Ernst: Die evangelischen Arbeitervereine und ihre Stellungnahme zu sozialpolitischen Problemen. Leipzig/Erlangen, 1928.
Fagerberg, Holsten: Bekenntnis, Kirche und Amt in der deutschen konfessionellen Theologie des 19. Jahrhunderts. Uppsala, 1952.
Fahlbusch, E.: Die Lehre von der Revolution bei F. J. Stahl. Diss. Göttingen, 1954.
Feyerabend, Bruno: Die evangelischen Arbeitervereine. Eine Untersuchung über ihre religiösen, geistigen, gesellschaftlichen und politischen Grundlagen und über ihre Entwicklung bis zum ersten Weltkrieg. Diss. Frankfurt/Main, 1955.

Filthaut, Ephrem: Deutsche Katholikentage 1848–1958 und soziale Frage. Essen, 1960.

Fink v. Finkenstein, Wolfram: Die Entwicklung der Landwirtschaft in Preußen und Deutschland 1800–1930. Würzburg, 1960.

Fischer, Fritz: Der deutsche Protestantismus und die Politik im 19. Jahrhundert. In: HZ, Bd. 171, 1951, S. 473 ff.

Fischer, Wolfram / Bajohr, Gerhard (Hg.): Die soziale Frage. Neuere Studien zur Lage der Fabrikarbeiter in den Frühphasen der Industrialisierung. Stuttgart, 1967.

Fischer, Wolfram: Wirtschaft und Gesellschaft im Zeitalter der Industrialisierung. Göttingen, 1972.

Fleischmann-Bisten, Walther: Protestanten auf dem Wege. Geschichte des Evangelischen Bundes. Göttingen, 1986.

Flemming, Jens: Landwirtschaftliche Interessen und Demokratie. Ländliche Gesellschaft, Agrarverbände und Staat 1890–1925. Bonn-Bad Godesberg, 1978.

Flückiger, Felix / Anz, Wilhelm: Theologie und Philosophie im 19. Jahrhundert. In: Die Kirche in ihrer Geschichte. Ein Handbuch. Hrsgg. von Bernd Moeller. Bd. 4, Lfg. P. Göttingen, 1975.

Forsthoff, Ernst (Hg.): Lorenz vom Stein. Gesellschaft – Staat – Recht. Berlin, 1972.

Fout, John Calvin: Protestant Christian Socialism in Germany 1848–1896. Wichern, Stoecker, Naumann: The Search for a new Social Ethic. Phil. Diss., University of Minnesota, 1969.

Frank, Robert: Der Brandenburger als Reichstagswähler. Bd. 1: 1867/71–1912/14. Phil. Diss., Berlin, 1934.

Fricke, Dieter: Christlich-soziale Partei 1878–1918 (1878–1881) / Christlich-soziale Arbeiterpartei) In: Lexikon zur Parteiengeschichte. Bd. 1, S. 440 ff.

Fricke, Dieter: Gesamtverband evangelischer Arbeitervereine Deutschlands 1890–1933. In: Lexikon zur Parteiengeschichte, Bd. 3, S. 14 ff.

Fricke, Dieter: Handbuch zur Geschichte der deutschen Arbeiterbewegung. 2 Bde. Ostberlin, 1987².

Friedberger, Walter: Die Geschichte der Sozialismuskritik im katholischen Deutschland zwischen 1830 und 1914. Frankfurt/Main/Bern/Las Vegas, 1978.

Gall, Lothar: Bismarck. Der weiße Revolutionär. Frankfurt/Main/Berlin/Wien, 1980.

Gall, Lothar (Hg.): Bismarck. Die großen Reden. Berlin, 1981.

Gall, Lothar: Europa auf dem Weg in die Moderne 1850–1890. München/Wien, 1984.

Gallenkämpfer, Bernhard: Die Geschichte des preußischen Kirchenaustrittsrechts und Aspekte seiner heutigen Anwendung. Münster, 1981.

Gerhardt, Martin: Ein Jahrhundert Innere Mission. Die Geschichte des Centralausschusses für die innere Mission der deutschen evangelischen Kirche. Teile 1 u. 2. (2 Bde.) Gütersloh, 1948.

Gerhardt, Martin / Adam, Alfred: Friedrich von Bodelschwingh. Ein Lebensbild aus der deutschen Kirchengeschichte. 3 Bde. Bielefeld, 1950–1958.

Gerlach, H. C.: Agitation und parlamentarische Wirksamkeit der deutschen Antisemitenpartei 1873–1895. Diss. Kiel, 1956.

Gladen, Albin: Geschichte der Sozialpolitik in Deutschland. Wiesbaden, 1974.

Göbell, Walter: Die Entwicklung der Evangelischen Kirchenverfassung vom 18. bis zum 20. Jahrhundert. Gladbeck, 1966.

Göggelmann, Walter: Christliche Weltverantwortung zwischen sozialer Frage und Nationalstaat. Zur Entwicklung Friedrich Naumanns 1860–1903. Baden-Baden, 1987.

Görlitz, Walter: Die Junker. Adel und Bauer im deutschen Osten. Glückburg, 1956.

Görtemaker, Manfred: Deutschland im 19. Jahrhundert. Entwicklungslinien. Opladen, 1983.

Gorges, Irmela: Sozialforschung in Deutschland 1872–1914. Gesellschaftliche Einflüsse auf Themen und Methodenwahl des Vereins für Socialpolitik. Königstein/Ts., 1980.

Graf, Friedrich-Wilhelm: Die Politisierung des religiösen Bewußtseins. Die bürgerlichen Religionsparteien im deutschen Vormärz. Das Beispiel des Deutschkatholizismus. Stuttgart/Bad Cannstadt, 1978.

Grane, Leif: Die Kirche im 19. Jahrhundert. Göttingen, 1987.

Grebing, Helga: Geschichte der deutschen Arbeiterbewegung. Ein Überblick. (1966) München, 1980¹⁰.

Grebing, Helga: Arbeiterbewegung. Sozialer Protest und kollektive Interessenvertretung bis 1914. München, 1985.

Gregory, Frederick: Scientific materialism in ninetennth century Germany. Dordrecht/Boston, 1977.

Greiffenhagen, Martin (Hg.): Das evangelische Pfarrhaus. Eine Kultur- u. Sozialgeschichte. Stuttgart, 1984.

Greive, Hermann: Geschichte des modernen Antisemitismus in Deutschland. Darmstadt, 1983.

Grenner, Karl-Heinz (Hg.): Wirtschaftsliberalismus und katholisches Denken. Ihre Begegnung und Auseinandersetzung im Deutschland des 19. Jahrhunderts. Köln, 1967.

Greschat, Martin (Hg.): Theologen des Protestantismus im 19. und 20. Jahrhundert. 2 Bde. Stuttgart/Berlin/Köln/Mainz, 1978.

Greschat, Martin: Das Zeitalter der Industriellen Revolution. Das Christentum vor der Moderne. Stuttgart/Berlin/Köln/Mainz, 1980.

Groh, John E.: Friedrich Naumann: From Christian Socialist to Social Darwinist. In: Journal of Church and State XVII, 1975, S. 25 - 46.

Groh, John E.: Nineteenth Century German Protestantism. The Church as a Social Model. Washington D. C., 1982.

Grosser, Dieter: Grundlagen und Struktur der Staatslehre F. J. Stahls. Köln/Opladen, 1963.

Grosser, Dieter: Vom monarchischen Konstitutionalismus zur parlamentarischen Demokratie. Die Verfassungspolitik der deutschen Parteien im letzten Jahrzehnt des Kaiserreichs. Den Haag, 1970.

Günsche, Karl-Ludwig / Lantermann, Klaus: Verbieten, Aussperren, Diffamieren. Hundert Jahre Sozialistengesetz und verwandte Praktiken. Köln, 1978.

Guttsmann, Wilhelm Leo: The German Social Democratic Party 1875 − 1933. From Ghetto to Government. London, 1981.

Hahn, Adalbert: Die Berliner Revue. Beitrag zur Geschichte der Konservativen Partei zwischen 1855 und 1875. Berlin, 1934. (= ND Vaduz, 1965)

Haltern, Utz: Bürgerliche Gesellschaft. Sozialtheoretische und sozialhistorische Aspekte. Darmstadt, 1985.

Hammer, Karl: Deutsche Kriegstheologie 1870 − 1918. München, 1971.

Hanisch, Ernst: Konservatives und revolutionäres Denken. Deutsche Sozialkatholiken und Sozialisten im 19. Jahrhundert. Wien/Salzburg, 1975.

Haumann, Heiko (Hg.): Arbeiteralltag in Stadt und Land. Neue Wege der Geschichtsschreibung. Berlin, 1982.

Heckmann, Friedrich: Arbeitszeit und Sonntagsruhe. Stellungnahmen zur Sonntagsarbeit als Beitrag kirchlicher Sozialethik im 19. Jahrhundert. Essen, 1986.

Heienbrok, Klaus/Przybylski, Hartmut/Segbers, Franz: Protestantische Wirtschaftsethik und Reform des Kapitalismus. 100 Jahre Evangelisch-Sozialer Kongreß. Bochum, 1991.

Heilmann, Martin: Adolph Wagner − ein deutscher Nationalökonom im Urteil seiner Zeit. Probleme seiner biographischen und theoriegeschichtlichen Würdigung im Lichte neuer Quellen. Frankfurt/Main-New York, 1980.

Heimann, Horst / Meyer, Thomas (Hg.): Bernstein und der Demokratische Sozialismus. Berlin/Bonn, 1978.

Heinen, Ernst: Antisemitische Strömungen im politischen Katholizismus während des Kulturkampfes. In: Ernst Heinen / Hans-Joachim Schoeps (Hg.) Geschichte in der Gegenwart. Festschrift für Kurt Kluxen zum 60. Geburtstag. Paderborn, 1972.

Heinen, Ernst: Staatliche Macht und Katholizismus in Deutschland. II. Band: Dokumente des politischen Katholizismus von 1867 bis 1914. Paderborn, 1979.

Heitzer, Horstwalter: Der Volksverein für das katholische Deutschland im Kaiserreich 1890 − 1918. Mainz, 1979.

Hellfaier, Karl-Alexander: Die deutsche Sozialdemokratie während des Sozialistengesetzes. Ein Beitrag zur Geschichte ihrer illegalen Organisations- u. Agitationsformen. Ostberlin, 1958.

Henning, Friedrich-Wilhelm: Landwirtschaft und ländliche Gesellschaft in Deutschland. Bd. 2: 1750 − 1976. Paderborn, 1978.

Henning, Friedrich-Wilhelm: Die Industrialisierung in Deutschland. Paderborn, 1989[7].

Hentschel, Volker: Wirtschaft und Wirtschaftspolitik im wilhelminischen Deutschland. Stuttgart, 1978.

Hentschel, Volker: Geschichte der deutschen Sozialpolitik 1880 − 1980. Frankfurt/Main, 1983.

Hermelink, Heinrich: Das Christentum in der Menschheitsgeschichte. Von der französischen Revolution bis zur Gegenwart. 3 Bde. Tübingen/Stuttgart, 1951 − 1955.

Herntrich, Hans-Volker: Im Feuer der Kritik. J. H. Wichern und der Sozialismus. Hamburg, 1969.

Herre, Franz: Kaiser Wilhelm I. Der letzte Preuße. Köln, 1980.

Herz, Johannes: Der Protestantismus und die soziale Frage. In: Der Protestantismus der Gegenwart. Hg. von Gottfried Schenkel. Stuttgart, 1929.

Herzfeld, Hans / Heinrich, Gerd: Berlin und die Provinz Brandenburg im 19. und 20. Jahrhundert. Berlin, 1968.

Herzig, Arno / Trautmann, Günter (Hg.): „Der kühnen Bahn nur folgen wir…" Ursprünge, Erfolge und Grenzen der Arbeiterbewegung in Deutschland. Band 1: Entstehung und Wandel der deutschen Arbeiterbewegung. Hamburg, 1989.

Heuer, Reinhart: Aus der Geschichte der Prignitz. Pritzwalk, 1927.

Hindelang, Sabine: Konservatismus und soziale Frage. Viktor Aimeé Hubers Beitrag zum sozialkonservativen Denken. Frankfurt/Main, 1983.

Hirsch, Emanuel: Geschichte der Neueren Evangelischen Theologie. 5 Bde. Gütersloh, 1975[5].

Hobsbawm, Eric: Die Blütezeit des Kapitals. Eine Kulturgeschichte der Jahre 1848 − 1875. München, 1977.

Hockerts, Hans-Günter: Hundert Jahre Sozialversicherung in Deutschland. Ein Bericht über neuere Forschung. In: HZ, 237, 1989, S. 361 ff.

Hölscher, Lucian: Weltgericht oder Revolution. Protestantische und sozialistische Zukunftsvorstellungen im Kaiserreich. Stuttgart, 1989.

Hoffmann, Walther G. / Grumbach, Franz / Hesse, Helmut: Das Wachstum der deutschen Wirtschaft seit der Mitte des 19. Jahrhunderts. Berlin, 1965.

Hofmann, Werner: Ideengeschichte der sozialen Bewegung des 19. und 20. Jahrhunderts. Berlin, 1968.

Hohorst, Gerd/Kocka, Jürgen/Ritter, Gerhard A.: Sozialgeschichtliches Arbeitsbuch II. Materialien zur Statistik des Kaiserreiches 1870 − 1914. München, 1975.

Holl, Karl: Christentum und Sozialismus. In: Gesammelte Aufsätze zur Kirchengeschichte. Bd. III, Tübingen, 1928. S. 505 - 513.

Holmsten, Georg: Brandenburg. Die Geschichte der Mark, ihrer Städte und Regenten. Berlin, 1962.

Holsten, Walter: Adolf Stoecker als Symtom seiner Zeit. Antisemitismus in der evangelischen Kirche des 19. Jahrhunderts. In: Christen und Juden. Ihr Gegenüber vom Apostelkonzil bis heute. Hg. von W. D. Marsch und Karl Thieme. Göttingen/Mainz, 1961.

Homrichhausen, Christian: Evangelische Pfarrer in Deutschland. In: Conze / Kocka (Hg.): Bildungsbürgertum im 19. Jahrhundert. T. 1, S. 248 ff.

Hornung, Klaus: Der Sozialkonservatismus im deutschen Staats- und Gesellschaftsdenken. In: Aus Politik und Zeitgeschichte. Beilage zur Wochenzeitung ‚Das Parlament'. B 9-10, 23. 2. 1990.

Huber, Ernst-Rudolf / Huber, Wolfgang (Hg.): Staat und Kirche im 19. und 20. Jahrhundert. Dokumente zur Geschichte des deutschen Staatskirchenrechts. Bd. 1: Staat und Kirche vom Ausgang des Alten Reiches bis zum Vorabend der bürgerlichen Revolution. Berlin, 1973. Bd. 2: Staat und Kirche im Zeitalter des Hochkonstitutionalismus und des Kulturkampfes 1848 − 1890. Berlin, 1976.

Hübner, Heinz / Kathe, Heinz: Lage und Kampf der Landarbeiter im ostelbischen Preußen. Vom Anfang des 19. Jahrhunderts bis zur Novemberrevolution. Vaduz, 1977.

Hübner, Paul-Gustav: Adolf Stoeckers sozialethische Anschauungen; o. O., 1930.

Hürten, Heinz: Kurze Geschichte des deutschen Katholizismus 1800 − 1966. Mainz, 1986.

Historisches Ortslexikon für Brandenburg. T. 1: Prignitz. Bearbeitet von Liselott Enders. Weimar, 1962.

Iserloh, Erwin: Die soziale Aktivität der Katholiken im Übergang von caritativer Fürsorge zu Sozialreform und Sozialpolitik, dargestellt an den Schriften Wilhelm Emmanuel v. Kettelers. Mainz-Wiesbaden, 1975.

Janssen, Karl: Innere Mission und Reich Gottes bei Wichern. In: Gesellschaft als Wirkungsfeld der Diakonie. Stuttgart, 1981. S. 82 ff.

Jantke, Carl: Der vierte Stand. Die gestaltenden Kräfte der deutschen Arbeiterbewegung im 19. Jahrhundert. Freiburg, 1955.

Jantke, Carl / Hilger, Dietrich (Hg.): Die Eigentumslosen. Der deutsche Pauperismus und die Emanzipationskrise in Darstellungen und Deutungen der zeitgenössischen Literatur. München, 1965.

Janz, Oliver: Zwischen Amt und Profession. Die evangelische Pfarrerschaft im 19. Jahrhundert. In: Hannes Siegrist (Hg.) Bürgerliche Berufe. Zur Sozialgeschichte der freien und akademischen Berufe im internationalen Vergleich. Göttingen, 1988.

Jenne, Ulrich: Das Bild des Arbeiters in der katholisch-sozialen Bewegung Deutschlands in den Jahren 1848–1933. Diss. München, 1976.

Jochmann, Werner: Gesellschaftskrise und Judenfeindschaft in Deutschland 1879–1945. Hamburg, 1988.

Judenfeindschaft im 19. Jahrhundert. Ursachen, Formen und Folgen. Mit Beiträgen von Karl Kupisch, Hermann Müntinga, Volker von Törne. Berlin, 1977.

Kähler, Martin: Geschichte der protestantischen Dogmatik im 19. Jahrhundert. Bearbeitet und hrsgg. von Ernst Kähler. München, 1962.

Kähler, Siegfried A.: Stoeckers Versuch, eine christlich-soziale Arbeiterpartei in Berlin zu begründen. In: Deutscher Staat und Deutsche Parteien. Beiträge zur deutschen Partei- u. Ideengeschichte. Friedrich Meinecke zum 60. Geburtstag dargebracht. Hrsgg. von Paul Wentzke. München/Berlin, 1922. S. 227-265.

Kähler, Siegfried A.: Adolf Stoecker (1835–1909) (1938) in: Siegfried A. Kähler, Studien zur deutschen Geschichte des 19. Jahrhunderts. Aufsätze und Vorträge. Hrsgg. von Walter Bußmann. Göttingen, 1961.

Kaelble, Hartmut (Hg.): Geschichte der sozialen Mobilität seit der industriellen Revolution. Königstein, 1978.

Kaelble, Hartmut u. a.: Probleme der Modernisierung in Deutschland. Sozialhistorische Studien zum 19. und 20. Jahrhundert. Opladen, 1978.

Kampmann, Wanda: Die Geschichte der Juden in Deutschland vom Mittelalter bis zum Beginn des Ersten Weltkrieges (1963) Frankfurt/Main, 1986[3].

Kantzenbach, Friedrich-Wilhelm: Die Erweckungsbewegung. Studien zur Geschichte und ihrer ersten Ausbreitung in Deutschland. Neuendettelsau, 1957.

Kantzenbach, Friedrich-Wilhelm: Protestantisches Christentum im Zeitalter der Aufklärung. Gütersloh, 1965.

Kantzenbach, Friedrich-Wilhelm: Der Weg der evangelischen Kirche vom 19. zum 20. Jahrhundert. Gütersloh, 1968.

Kantzenbach, Friedrich-Wilhelm: Gestalten und Typen des Neuluthertums. Beiträge zur Erforschung des Neokonfessionalismus im 19. Jahrhundert. Gütersloh, 1968.

Kantzenbach, Friedrich-Wilhelm: Geschichte des Protestantismus von 1789–1848. Gütersloh, 1969.

Kantzenbach, Friedrich-Wilhelm: Politischer Protestantismus im 19. Jahrhundert. In: Zeitschrift für evangelische Ethik, 16. Jg., H.1, 1972, S. 15-33.

Kantzenbach, Friedrich-Wilhelm: Christentum in der Gesellschaft. Grundlinien der Kirchengeschichte. Bd. 2: Reformation und Neuzeit. Gütersloh, 1976.

Kantzenbach, Friedrich-Wilhelm: Programme der Theologie. Denker, Schulen, Wirkungen von Schleiermacher bis Moltmann. München, 1978.

Kantzenbach, Friedrich-Wilhelm: Luthertum und Demokratie. In: Zeitschrift für Religions- u. Geistesgeschichte. 24. Jg., 1982, S. 242 ff.

Kantzenbach, Friedrich-Wilhelm: Protestantische Geisteskultur und Konfessionalismus im 19. Jahrhundert. In: Anton Rauscher (Hg.) Probleme des Konfessionalismus in Deutschland seit 1800. Paderborn/München/Wien/Zürich, 1984.

Karasek, Horst: Belagerungszustand! Reformisten und Radikale unter dem Sozialistengesetz 1878–1890. Berlin, 1978.

Karrenberg, Friedrich: Christentum, Kapitalismus und Sozialismus. Berlin, 1932.

Karrenberg, Friedrich (Hg.): Evangelische Sozialreformer im 19. Jahrhundert. Stuttgart, 1956.

Karrenberg, Friedrich: Geschichte der sozialen Ideen im deutschen Protestantismus. In: Wilfried Gottschalch / Friedrich Karrenberg / Helga Grebing: Geschichte der sozialen Ideen in Deutschland. Hg. von Helga Grebing. München/Wien, 1969.

Kempter, Gerhard: Agrarprotektionismus. Landwirtschaftliche Schutzzollpolitik im Deutschen Reich von 1879 bis 1914. Frankfurt/Main-Bern-New York, 1985.

Kiesewetter, Hubert: Industrielle Revolution in Deutschland, Frankfurt/Main, 1989.

Kleeis, Friedrich: Die Geschichte der sozialen Versicherung in Deutschland. (1928) ND Berlin/Bonn, 1981.

Kirche und Staat im 19. und 20. Jahrhundert. Vorträge – Aufsätze – Gutachten. Neustadt a. d. Aisch, 1968.

Kirche und Synagoge. Handbuch zur Geschichte von Christen und Juden. Hg. von K. H. Rengstorff und S. Kortzfleisch. Bd. II, Stuttgart, 1970. S. 294 ff.

Klein, Ernst: Geschichte der deutschen Landwirtschaft im Industriezeitalter. Wiesbaden, 1973.

Klein, Thomas / Losemann, Volker / Mai, Günther (Hg.): Judentum und Antisemitismus von der Antike bis zur Gegenwart. Düsseldorf, 1984.

Klönne, Arno: Geschichte der deutschen Arbeiterbewegung. Geschichte – Ziele – Wirkungen. Düsseldorf/Köln, 1980.

Kocka, Jürgen (Hg.): Europäische Arbeiterbewegungen im 19. Jahrhundert. Göttingen, 1983.

Kocka, Jürgen: Lohnarbeit und Klassenbildung. Arbeiter und Arbeiterbewegung in Deutschland 1800 – 1875. Berlin/Bonn, 1983.

Kocka, Jürgen: Arbeiter und Bürger im 19. Jahrhundert. Varianten ihres Verhältnisses im europäischen Vergleich. München, 1986.

Kocka, Jürgen: Bürger und Bürgerlichkeit im 19. Jahrhundert. Göttingen, 1987.

Kocka, Jürgen: Arbeitsverhältnisse und Arbeiterexistenzen. Grundlagen der Klassenbildung im 19. Jahrhundert. Bonn, 1990.

Köllmann, Wolfgang / Marschalk, Peter: Bevölkerungsgeschichte. Köln, 1972.

Koselleck, Reinhart: Preußen zwischen Reform und Revolution. Allgemeines Landrecht, Verwaltung und soziale Bewegung. Stuttgart, 1967.

Kouri, E. I.: Der Deutsche Protestantismus und die soziale Frage 1870 – 1919. Zur Sozialpolitik im Bildungsbürgertum. Berlin/New York, 1984.

Kramer, Rolf: Nation und Theologie bei Johann Hinrich Wichern. Hamburg, 1959.

Kramer, Wolfgang: Ernst-Wilhelm Hengstenberg, die Evangelische Kirchenzeitung und der theologische Rationalismus. Phil. Diss., Erlangen-Nürnberg, 1972.

Kretschmar, Gottfried: Der evangelisch-soziale Kongreß. Der Protestantismus und die soziale Frage. Stuttgart, 1972.

Krüger, Dieter: Nationalökonomen im wilhelminischen Deutschland. Göttingen, 1983.

Krumwiede, Hans-Walter/Greschat, Martin/Jacobs, Manfred/Lindt, Andreas: Kirchen und Theologiegeschichte in Quellen. IV, 1: Neuzeit, 2. Teil: 1870 – 1975. Neukirchen-Vluyn, 1979.

Kuczynski, Jürgen: Die Geschichte der Lage der Arbeiter unter dem Kapitalismus. Bd. 2. T. 1: Darstellung der Lage der Arbeiter in Deutschland von 1848 – 1870. Ostberlin, 1962.

Kuczynski, Jürgen: Die Geschichte der Lage der Arbeiter unter dem Kapitalismus. Bd. 3. T. 1: Darstellung der Lage der Arbeiter von 1871 – 1900. Ostberlin, 1962.

Kuczynski, Jürgen: Geschichte des Alltags des deutschen Volkes 1871 – 1918. Bd. 3 (1810 – 1870) Bd. 4 (1871 – 1918). Köln, 1981/82.

Kuhn, Anette: Die Kirche im Ringen mit dem Sozialismus. 1803 – 1848. München, 1965.

Kupisch, Karl: Vom Pietismus zum Kommunismus. Historische Gestalten, Szenen und Probleme. Berlin, 1953.

Kupisch, Karl: Das Jahrhundert des Sozialismus und die Kirche. Berlin, 1958.

Kupisch, Karl: Zwischen Idealismus und Massendemokratie. Eine Geschichte der evangelischen Kirche in Deutschland von 1815 bis 1945. Berlin, 1963[4].

Kupisch, Karl: Kirche und soziale Frage im 19. Jahrhundert. Zürich, 1963.

Kupisch, Karl: Durch den Zaun der Geschichte. Beobachtungen und Erkenntnisse. Berlin, 1964.

Kupisch, Karl (Hg.): Quellen zur Geschichte des deutschen Protestantismus 1871 – 1945. München/Hamburg, 1965.

Kupisch, Karl: Adolf Stoecker. Hofprediger und Volkstribun. Berlin, 1970.

Kupisch, Karl: Christlich-kirchliches Leben in den letzten hundert Jahren. In: Berlin und die Provinz Brandenburg im 19. und 20. Jahrhundert. Hg. von Hans Herzfeld unter der Mitwirkung von Gerd Heinrich. Berlin, 1968. S. 479-513.

Kupisch, Karl: Die deutschen Landeskirchen im 19. und 20. Jahrhundert. In: Die Kirche in ihrer Geschichte. Ein Handbuch. Hrsgg. von Bernd Moeller. Bd. 4, Lfg. R, Göttingen, 1975[2].

Kupisch, Karl: Kirchengeschichte. Bd. V: Das Zeitalter der Revolution und Weltkriege. Stuttgart/Berlin/Köln/Mainz, 1975.

Langewiesche, Dieter/Schönhoven, Klaus (Hrsg.): Arbeiter in Deutschland. Studien zur Lebensweise der Arbeiterschaft im Zeitalter der Industrialisierung. Königstein/Ts., 1980.

Langewiesche, Dieter: Europa zwischen Restauration und Revolution. 1815–1849. München, 1985.

Langner, Albrecht (Hg.): Theologie und Sozialethik im Spannungsfeld der Gesellschaft. Untersuchungen zur Ideengeschichte des deutschen Katholizismus im 19. Jahrhundert. München/Paderborn/Wien, 1974.

Langner, Albrecht (Hg.): Katholizismus, konservative Kapitalismuskritik und Frühsozialismus bis 1850. München/Paderborn/Wien, 1975.

Lehmann, Ludwig: Kirchengeschichte der Mark Brandenburg von 1818–1932. Berlin, 1936.

Lehnert, Detlef: Reform und Revolution in den Strategiediskussionen der klassischen Sozialdemokratie. Zur Geschichte der deutschen Arbeiterbewegung von den Ursprüngen bis zum Ausbruch des Ersten Weltkriegs. Bonn-Bad Godesberg, 1977.

Lehnert, Detlef: Sozialdemokratie zwischen Protestbewegung und Regierungspartei 1848–1983. Frankfurt/Main, 1983.

Lehr, Stefan: Der Antisemitismus als religiös bedingtes soziales Vorurteil. München, 1974.

Lenk, Kurt: Deutscher Konservatismus. Frankfurt/Main-New York, 1989.

Lepsius, M. Rainer: Parteisystem und Sozialstruktur. Zum Problem der Demokratisierung der deutschen Gesellschaft. In: Wirtschaft, Geschichte und Wirtschaftsgeschichte. Festschrift zum 65. Geburtstag von Friedrich Lütge. Stuttgart, 1966. S. 371 ff.

Lern- u. Arbeitsbuch deutsche Arbeiterbewegung. Darstellung – Chroniken – Dokumente. 4 Bde. Hg. unter der Leitung von Thomas Meyer, Susanne Miller und Joachim Rohltes. Bonn, 1988².

Leuschen-Seppel, Rosemarie: Sozialdemokratie und Antisemitismus im Kaiserreich. Die Auseinandersetzungen der Partei mit den Konservativen und völkischen Strömungen des Antisemitismus. 1871–1914. Bonn-Bad Godesberg, 1978.

Lidtke, Vernon L.: German Social Democracy and German State Socialism 1876–1884. In: International Revue of Social History, IX, 1964, S. 204 ff.

Lidtke, Vernon L.: The Outlawed Party: Social-Democracy in Germany, 1878–1890. Princeton, 1966.

Lill, Rudolf: Zu den Anfängen des Antisemitismus im Bismarck-Reich. In: Saeculum, 26. Jg., 1975², S. 214-231.

Lindenlaub, Dieter: Richtungskämpfe im Verein für Sozialpolitik. 2 Bde. Wiesbaden, 1967.

Linse, Ulrich: Organisierter Anarchismus im Deutschen Kaiserreich von 1871 bis 1914. Berlin, 1969.

Lindt, Andreas: Friedrich Naumann und Max Weber. Theologie und Soziologie im wilhelminischen Deutschland. München, 1973.

Loock, Hans-Dietrich: Bürgerliche Kirche. Zur Verständigung über einen historischen Begriff. In: Jb. f. Berlin-Brandenburgische Kirchengeschichte. 49. Jg., 1974, S. 42-57.

Loock, Hans-Dietrich: Die kirchengeschichtliche Bedeutung des Jahres 1848. In: Pietismus und Neuzeit. Ein Jb. zur Geschichte des neueren Protestantismus. Hg. von Martin Brecht u. a. Bd. 5: Schwerpunkt: Die evangelischen Kirchen und die Revolution von 1848. Göttingen, 1980, S. 9-20.

Loock, Hans-Dietrich: Über die preußische Kirchenunion, den Streit um die Kirchenverfassung und die Reaktion der brandenburgischen Landprediger. In: Kirche, Staat und Gesellschaft im 19. Jahrhundert. Ein deutsch-englischer Vergleich. Hg. von Adolf M. Birke und Kurt Kluxen. München, 1984. S. 45-65.

Lorch, Theodor: Die Beurteilung des Eigentums im deutschen Protestantismus. Gütersloh, 1930.

Loreck, Jochen: Wie man früher Sozialdemokrat wurde. Das Kommunikationsverhalten in der deutschen Arbeiterbewegung und die Konzeption der sozialistischen Publizistik durch August Bebel. Bonn-Bad Godesberg, 1977.

Loth, Wilfried: Katholiken im Kaiserreich. Der politische Katholizismus in der Krise des wilhelminischen Deutschlands. Düsseldorf, 1984.

Loth, Wilfried (Hrsg.): Deutscher Katholizismus im Umbruch zur Moderne. Stuttgart/Berlin/Köln, 1991.

Lütgert, Wilhelm: Die Religion des deutschen Idealismus und ihr Ende. 4 Bde. Gütersloh, 1923–1930. (= ND Hildesheim, 1967)

Machtan, Lothar: Zur Geschichte von Sozialreform und Sozialstaatlichkeit in Deutschland. Einige neuere Forschungsergebnisse. In: AfS, 27. Jg., 1987, S. 534 ff.

Machtan, Lothar: Prolegomena für eine neue wissenschaftliche Diskussion über die (Be-)Gründung des deutschen Sozialstaats im 19. Jahrhundert. In: 1999, Zeitschrift für Sozialgeschichte des 20. und 21. Jahrhunderts. 2/92, S. 54 ff.

Mahling, Friedrich: Das religiöse und antireligiöse Moment in der ersten deutschen Arbeiterbewegung. Festschrift für Adolf Harnack. Tübingen, 1921.

Mahling, Friedrich: Die Innere Mission. 2 Bde. Gütersloh, 1935 – 1937.

Mahling, Friedrich: Kirchliche Stimmen zur Arbeiterbewegung von 1839 – 1862. In: Neue Kirchliche Zeitschrift. 33. Jg., 2. u. 3. Heft. Leipzig/Erlangen, 1922.

Marbach, Rainer: Säkularisierung und sozialer Wandel im 19. Jahrhundert. Die Stellung der Geistlichen zu Entkirchlichung und Entsittlichung in einem Bezirk der Hannoverschen Landeskirche. Göttingen, 1978.

Marhold, Wolfgang: Religion als Beruf. 2 Bde. Stuttgart, 1977.

Maron, Gottfried: Die römisch-katholische Kirche von 1870 – 1970. Göttingen, 1972. (= Die Kirche in ihrer Geschichte. Ein Handbuch. Hrsg. von Bernd Moeller. Bd. 4, LfG N[2])

Massing, Paul W.: Vorgeschichte des Politischen Antisemitismus. (1959) Frankfurt/Main, 1986[2].

Mehnert, Gottfried: Programme evangelischer Kirchenzeitungen im 19. Jahrhundert. Witten, 1972.

Mehnert, Gottfried: Evangelische Presse. Geschichte und Erscheinungsbild von der Reformation bis zur Gegenwart. Bielefeld, 1983.

Meinhold, Peter: Wichern und Ketteler. Evangelische und katholische Prinzipien kirchlichen Sozialhandelns. Wiesbaden, 1978.

Meyer, Olaf: „Politische" und „gesellschaftliche" Diakonie in der neueren theologischen Diskussion. Göttingen, 1974.

Meyer, Thomas: Bernsteins konstruktiver Sozialismus. Eduard Bernsteins Beitrag zur Theorie des Sozialismus. Bonn-Bad Godesberg, 1977.

Meyerding, de Ahna, Kurt: Die Kirchenbücher der evangelischen Kirchen in der Provinz Brandenburg, Görlitz, 1933.

Mildenberger, Friedrich: Geschichte der deutschen evangelischen Theologie im 19. und 20. Jahrhundert. Stuttgart, 1981.

Miller, Susanne: Das Problem der Freiheit im Sozialismus. Freiheit, Staat und Revolution in der Programmatik der Sozialdemokratie von Lassalle bis zum Revisionismusstreit. (1964) Bonn-Bad Godesberg, 1974[2].

Miller, Susanne: Zur Rezeption des Marxismus in der deutschen Sozialdemokratie. In: Freiheitlicher Sozialismus. Hg. von H. Flohr, K. Lompe, L. F. Neumann. Bonn-Bad Godesberg, 1973[2]. S. 21-35.

Miller, Susanne / Potthoff, Heinrich: Kleine Geschichte der SPD. Darstellung und Dokumentation. 1848 – 1990. Bonn, 1991[7].

Mommsen, Hans (Hg.): Sozialdemokratie zwischen Klassenbewegung und Volkspartei. Frankfurt/Main, 1974.

Mommsen, Wolfgang J. / Mock, W. (Hg.): Die Entstehung des Wohlfahrtsstaates in Großbritannien und Deutschland (1850 – 1950) Stuttgart, 1982.

Mommsen, Wolfgang J.: Der autoritäre Nationalstaat. Verfassung, Gesellschaft und Kultur des deutschen Kaiserreiches. Frankfurt/Main, 1991.

Monzel, Nikolaus: Die katholische Kirche in der Sozialgeschichte von den Anfängen bis zur Gegenwart. München/Wien, 1980.

Morsey, Rudolf: Probleme der Kulturkampfforschung. In: Historisches Jb., Bd. 83, 1964, S. 213 ff.

Mosse, Werner E. (Hg.): Juden im wilhelminischen Deutschland. Tübingen, 1976.

Müller, Hans: Ursprung und Geschichte des Wortes Sozialismus und seiner Verwandten. Bonn-Bad Godesberg, 1967.

Müller, Hans-Martin (Hg.): Kulturprotestantismus. Beiträge zu einer Gestalt des modernen Christentums. Gütersloh, 1991.

Müssiggang, Albert: Die soziale Frage in der historischen Schule der deutschen Nationalökonomie. Tübingen, 1968. Münster, 1973.

Nabrings, Arie: Friedrich-Julius Stahl. Rechtsphilosophie und Kirchenpolitik. Bielefeld, 1983.

Neufeld, Karl H.: Albrecht B. Ritschl (1822 – 1889) in: Klassiker der Theologie. Bd. II. Hrsgg. von Heinrich Fries und Georg Kretzschmar. München, 1983, S. 208 – 221.

Neumann, Sigmund: Die Stufen des preußischen Konservatismus. Ein Beitrag zum Staats- u. Gesellschaftsbild Deutschlands im 19. Jahrhundert. Berlin, 1930. (= ND Vaduz, 1965)

Niethammer, Lutz u. a.: Bürgerliche Gesellschaft in Deutschland. Historische Einblicke, Fragen, Perspektiven. Frankfurt/Main, 1990.

Nipperdey, Thomas: Die Organisation der deutschen Parteien vor 1918. Düsseldorf, 1961.

Nipperdey, Thomas / Rürup, Reinhard: Antisemitismus. In: Geschichtliche Grundbegriffe, Bd. I, hg. von O. Brunner/W. Conze/R. Koselleck. Stuttgart, 1972, S. 129—153.

Nipperdey, Thomas: Deutsche Geschichte 1800—1866. Bürgerwelt und starker Staat. München, 1987⁴.

Nipperdey, Thomas: Deutsche Geschichte 1866—1918. Band I: Arbeitswelt und Bürgergeist. München, 1990.

Nipperdey, Thomas: Deutsche Geschichte 1866—1918. Band II: Machtstaat vor der Demokratie. München, 1992.

Nürnberger, Richard: Imperialismus, Sozialismus und Christentum bei Friedrich Naumann. In: HZ, Bd. 170, 1950, S. 525-548.

Nürnberger, Richard: Kirche und Staat in Deutschland während des 19. Jahrhunderts. In: Beiträge zur deutschen und belgischen Verfassungsgeschichte im 19. Jahrhundert. Hrsg. von W. Conze. Stuttgart, 1967.

Osterroth, Franz / Schuster, Dieter: Chronik der deutschen Sozialdemokratie. 3 Bde. Bonn-Bad Godesberg, 1976².

Pack, Wolfgang: Das parlamentarische Ringen um das Sozialistengesetz Bismarcks 1878—1890. Düsseldorf, 1961.

Pankoke, Eckart: Sociale Bewegung — Sociale Frage — Sociale Politik. Stuttgart. Stuttgart, 1970.

Pankoke, Eckart: Die Arbeitsfrage. Frankfurt/Main, 1990.

Paulsen, Ingwer: Christlicher Sozialismus und staatliche Sozialpolitik in Deutschland. Stuttgart, 1955.

Paulsen, Ingwer: Viktor Aimeé Huber als Sozialpolitiker. Berlin, 1956².

Peck, Abraham J.: Radicals and Reactionaries: The Crisis of Conservatism in Wilhelmine Germany. Washington, 1978.

Peters, Horst: Geschichte der Sozialversicherung. Bonn, 1973².

Pett, Ernst: Thron und Altar in Berlin. 18 Kapitel Berliner Kirchengeschichte. Berlin, 1971.

Pflanze, Otto (Hg.): Innenpolitische Probleme des Bismarck-Reiches. München/Wien, 1983.

Philipp, Wolfgang (Hg.): Der deutsche Protestantismus im 19. und 20. Jahrhundert. Bremen, 1965.

Plaul, Hainer: Landarbeiterleben im 19. Jahrhundert. Eine volkskundliche Untersuchung über Veränderungen der Lebensweise der einheimischen Landarbeiterschaft in den Dörfern der Magdeburger Börde unter den Bedingungen der Herausbildung und Konsolidierung des Kapitalismus in der Landwirtschaft. Ostberlin, 1979.

Plessen, Marie-Louise: Die Wirksamkeit des Vereins für Socialpolitik von 1872—1890. Studien zum Katheder- u. Staatssocialismus. Berlin, 1975.

Pohl, Hans (Hrsg.): Sozialgeschichtliche Probleme in der Zeit der Hochindustrialisierung (1870—1914) Paderborn, 1979.

Poliakov, Léon: Geschichte des Antisemitismus. 6 Bde. Worms, 1977. (v. a. Bd. 6, 1984)

Pollmann, Klaus-Erich: Landesherrliches Kirchenregiment und soziale Frage. Der evangelische Oberkirchenrat der altpreußischen Landeskirche und die sozialpolitische Bewegung der Geistlichen nach 1890. Berlin, 1973.

Pollmann, Klaus-Erich: Protestantismus und preußisch-deutscher Verfassungskonflikt. In: Werner Pöls (Hg.) Staat und Gesellschaft im politischen Wandel. Beiträge zur Geschichte der modernen Welt. Festschrift Walter Bußmann. Stuttgart, 1979.

Pöls, Werner: Sozialistenfrage und Revolutionsfurcht in ihrem Zusammenhang mit den angeblichen Staatsstreichplänen Bismarcks. Lübeck/Hamburg, 1960.

Pöls, Werner / Ritter, Gerhard A. / Kocka, Jürgen (Hg.): Deutsche Sozialgeschichte. Dokumente und Skizzen. 2 Bde., München, 1973/74.

Puhle, Hans-Jürgen: Politische Agrarbewegungen in kapitalistischen Industriegesellschaften. Deutschland, USA und Frankreich im 20. Jahrhundert. Göttingen, 1975.

Puhle, Hans-Jürgen: Agrarische Interessenpolitik und preußischer Konservatismus im wilhelminischen Reich (1893—1914). Ein Beitrag zur Analyse des Nationalismus in Deutschland am Beispiel des Bundes der Landwirte und der Deutsch-Konservativen Partei. Bonn-Bad Godesberg, 1979².

Pulzer, Peter G.: Die Entstehung des politischen Antisemitismus in Deutschland und Österreich 1867—1914. Göttingen, 1966.

Ploetz. Das deutsche Kaiserreich. Bilanz einer Epoche. Hrsgg. von Dieter Langewiesche. Freiburg/Würzburg, 1984.

Quellensammlung zur Geschichte der deutschen Sozialpolitik 1867–1914. Begr. von Peter Rassow, hg. von K. E. Born und O. Brunner. Wiesbaden, 1966.

Rach, Hans-Jürgen: Zu den Wohnverhältnissen der kontraktgebundenen Landarbeiter im östlichen Teil Brandenburgs im 19. Jahrhundert. In: Kultur- und Lebensweise des Proletariats. Kulturhistorisch-volkskundliche Studien und Materialien. Hrsgg. von Wolfgang Jacobeit / Ute Mohrmann. Ostberlin, 1973. S. 159-184.

Rach, H. J. / Weißel, B.: Bauern und Landarbeiter im Kapitalismus in der Magdeburger Börde. Zur Geschichte des dörflichen Alltags vom Ausgang des 18. bis zum Beginn des 20. Jahrhunderts. Ostberlin, 1982.

Rathje, Johannes: Die Welt des freien Protestantismus. Ein Beitrag zur deutsch-evangelischen Geistesgeschichte. Dargestellt an Leben und Werk von Martin Rade. Stuttgart, 1952.

Ratz, Ursula: Sozialreform und Arbeiterschaft. Die „Gesellschaft für soziale Reform" und die sozialdemokratische Arbeiterbewegung von der Jahrhundertwende bis zum Ausbruch des Ersten Weltkrieges. Berlin, 1980.

Rauscher, Anton (Hg.): Deutscher Katholizismus und Revolution im frühen 19. Jahrhundert. München/Paderborn/Wien, 1975.

Rauscher, Anton (Hg.): Der soziale und politische Katholizismus 1803–1963. 2 Bde., München, 1981.

Reulecke, Jürgen / Weber, Wolfhard (Hg.): Fabrik – Familie – Feierabend. Beiträge zur Sozialgeschichte des Alltags im Industriezeitalter. Wuppertal, 1978.

Ribhegge, Wilhelm: Konservative Politik in Deutschland. Von der Französischen Revolution bis zur Gegenwart. Darmstadt, 1989.

Richmond, James: Der Albrecht Ritschl. Eine neue Bewertung. Göttingen, 1982.

Ris, Georg: Der „kirchliche Konstitutionalismus". Hauptlinien der Verfassungsbildung in der Evangelisch-Lutherischen Kirche Deutschlands im 19. Jahrhundert. Tübingen, 1988.

Ritter, Emil: Die katholisch-soziale Bewegung Deutschlands im 19. Jahrhundert und der Volksverein. Köln, 1954.

Ritter, Gerhard A.: Die Arbeiterbewegung im Wlhelminischen Reich. Berlin, 1963[2].

Ritter, Gerhard A. (Hg.): Die deutschen Parteien vor 1918. Köln, 1973.

Ritter, Gerhard A.: Arbeiterbewegung, Parteien und Parlamentarismus. Aufsätze zur Verfassungsgeschichte des 19. und 20. Jahrhunderts. Göttingen/Zürich, 1976.

Ritter, Gerhard A.: Das Deutsche Kaiserreich 1871–1918. Ein historisches Lesebuch. Göttingen, 1977[3].

Ritter, Gerhard A.: Staat, Arbeiterschaft und Arbeiterbewegung in Deutschland. Vom Vormärz bis zum Ende der Weimarer Republik. Bonn-Bad Godesberg, 1980.

Ritter, Gerhard A.: Sozialversicherung in Deutschland. Entstehung und Grundzüge im Vergleich. München, 1983.

Ritter, Gerhard A.: Die deutschen Parteien 1830–1914. Göttingen, 1985.

Ritter, Gerhard A.: Die Sozialdemokratie im deutschen Kaiserreich in sozialgeschichtlicher Perspektive. In: HZ, Bd. 249, H. 2, 1989, S. 295 ff.

Ritter, Gerhard A. (Hg.): Der Aufstieg der deutschen Arbeiterbewegung. Sozialdemokratie und Freie Gewerkschaften im Parteisystem und Sozialmileu des Kaiserreiches. München, 1990.

Ritter, Gerhard A.: Der Sozialstaat. Entstehung und Entwicklung im internationalen Vergleich. München, 1991[2].

Ritter, Gerhard A. / Tenfelde, Klaus: Arbeiter im Deutschen Kaiserreich. 1871–1914. Bonn, 1992.

Rivinius, Karl-Josef: Die soziale Bewegung im Deutschland des 19. Jahrhunderts. München, 1978.

Rößler, Johannes: Die Gründung der Christlich-Sozialen Arbeiterpartei des Hofpredigers Stoecker. In: Berliner Heimat, 1957, S. 81-91.

Rosenberg, Hans: Große Depression und Bismarckzeit. Wirtschaftsablauf, Gesellschaft und Politik in Mitteleuropa. Berlin, 1967.

Rosenberg, Hans: Probleme der deutschen Sozialgeschichte. Frankfurt/Main, 1969.

Rosenberg, Hans: Politische Denkströmungen im Vormärz. Göttingen, 1972.

Rothfels, Hans: Theodor Lohmann und die Kampfjahre der staatlichen Sozialpolitik. Berlin, 1927.

Rothfels, Hans: Prinzipienfragen der Bismarck'schen Sozialpolitik (1929) in: Derselbe, Bismarck. Vorträge und Abhandlungen. Stuttgart/Berlin/Köln/Mainz, 1970, S. 166-181.

Rovan, Joseph: Geschichte der deutschen Sozialdemokratie. Frankfurt/Main, 1980.

Rubner, Heinrich (Hg.): Adolph Wagner. Briefe, Dokumente, Augenzeugenberichte 1851 – 1917. Berlin, 1978.

Rudolph, Günter: Karl Robertus (1805 – 1875) und die Grundrententheorie. Politische Ökonomie aus dem deutschen Vormärz. Berlin, 1984.

Rürup, Reinhard: Emanzipation und Antisemitismus. Studien zur „Judenfrage" in der bürgerlichen Gesellschaft. Göttingen, 1975.

Ruhbach, Gerhard (Hg.): Kirchenunion im 19. Jahrhundert. Gütersloh, 1968[2].

Ruppert, Wolfgang: Die Fabrik. Geschichte von Arbeit und Industrialisierung in Deutschland. München, 1983.

Ruppert, Wolfgang (Hg.): Die Arbeiter. Lebensformen, Alltag und Kultur von der Frühindustrialisierung bis zum „Wirtschaftswunder". München, 1986.

Saile, Wolfgang: Hermann Wagener und sein Verhältnis zu Bismarck. Ein Beitrag zur Geschichte des konservativen Sozialismus. Tübingen, 1958.

Saul, Klaus: Der Staat und die „Mächte des Umsturz". Ein Beitrag zu den Methoden antisozialistischer Repression und Agitation vom Scheitern des Sozialistengesetzes bis zur Jahrhundertwende. In: AfS, Bd. 12, 1972, S. 293 - 350.

Saul, Klaus/Flemming, Jens/Stegmann, Dirk/Witt, Peter-Christian (Hg.): Arbeiterfamilien im Kaiserreich. Materialien zur Sozialgeschichte in Deutschland 1871 – 1914. Düsseldorf, 1982.

Schäfer, Rolf: Ritschl. Grundlinien eines fast verschollenen dogmatischen Systems. Tübingen, 1968.

Scharrer, Manfred: Arbeiterbewegung und Obrigkeitsstaat. Berlin, 1976.

Scharrer, Manfred: Die Spaltung der Arbeiterbewegung. Stuttgart, 1983.

Scheler, Hans-Jürgen: Kathedersozialismus und wirtschaftliche Macht. Wirtschaftswiss. Diss. Berlin, 1973.

Schick, Manfred: Kulturprotestantismus und soziale Frage. Versuche zur Begründung der Sozialethik vornehmlich in der Zeit von der Gründung des Evangelischen-Sozialen Kongreß bis zum Ausbruch des Ersten Weltkrieges. (1890 – 1914) Tübingen, 1970.

Schieder, Wolfgang / Sellin, Volker: Sozialgeschichte in Deutschland. Bde. I – IV. Göttingen, 1986/87.

Schlingensiepen-Pogge, Alexandra: Die Sozialethos der lutherischen Aufklärungstheologie am Vorabend der Industriellen Revolution. Göttingen/Berlin/Frankfurt/Main, 1967.

Schmidt, Martin: Die Bedeutung des Jahres 1848 für die evangelische Kirchengeschichte. In: Zeichen der Zeit (2), 1948, S. 307-313 und 408-413.

Schmidt, Martin / Schwaiger, Georg (Hg.): Kirchen und Liberalismus im 19. Jahrhundert. Göttingen, 1976.

Schmidt-Volkmar, Erich: Der Kulturkampf in Deutschland 1871 – 1890. Göttingen, 1962.

Schnabel, Franz: Die protestantischen Kirchen in Deutschland. Freiburg, 1965.

Schneider, Michael: Die Christlichen Gewerkschaften 1894 – 1933. Bonn-Bad Godesberg, 1982.

Schoeps, Hans-Joachim: Hermann Wagener – Ein konservativer Sozialist. Ein Beitrag zur Ideengeschichte des Sozialismus. In: Zeitschrift für Religions- u. Geistesgeschichte, Jg. 8, 1956, S. 193-217.

Schoeps, Hans-Joachim: Rudolf Meyer und der Ausgang der Sozialkonservativen. Ein Beitrag zur Ideengeschichte des Sozialismus. In: Derselbe, Studien zur unbekannten Religions- u. Geistesgeschichte. Göttingen, 1963, S. 335-344.

Schoeps, Hans-Joachim: Das andere Preußen. Konservative Gestalten und Probleme im Zeitalter Friedrich Wilhelm IV. Berlin, 1981[5].

Schraeper, Ernst: Quellen zur Geschichte der sozialen Frage in Deutschland. 2 Bde. Göttingen, 1964[2].

Schreiner, Helmut: Macht und Dienst. Adolf Stoeckers Kampf um die Freiheit der Kirche. Gütersloh, 1951.

Schröder, Christel Matthias (Hg.): Klassiker des Protestantismus. 8 Bde. Bremen, 1965.

Schüddekopf, Otto-Ernst: Die deutsche Innenpolitik im letzten Jahrhundert und der konservative Gedanke. Die Zusammenhänge zwischen Außenpolitik, innerer Staatsführung und Parteiengeschichte, dargestellt an der Geschichte der Konservativen Partei von 1807 – 1918. Braunschweig, 1951.

Schultze, Johannes: Die Prignitz. Aus der Geschichte einer märkischen Landschaft. Köln/Graz, 1956.

Schultze, Johannes: Forschungen zur Brandenburgischen und preußischen Geschichte. Ausgewählte Aufsätze. Berlin, 1964.

Schulze, Hagen: Der Weg zum Nationalstaat. Die deutsche Nationalbewegung vom 18. Jahrhundert bis zur Reichsgründung. München, 1985.

Schürmann, Karl-Heinz: Zur Vorgeschichte der christlichen Gewerkschaften. Freiburg i. Br., 1958.

Seils, Martin: Die Bedeutung Rudolf Todts für die Begegnung der Evangelischen Kirche mit dem Sozialismus. In: Und fragten nach Jesus. Festschrift für Ernst Barnikol. Beiträge aus Theologie, Kirche und Geschichte. Berlin, 1954, S. 228-250.

Seiters, Julius: Porträts christlich-sozialer Persönlichkeiten. Teil I: Die Katholiken und die deutsche Sozialgesetzgebung. Osnabrück, 1965.

Shanahan, William Oswald: Der Protestantismus vor der sozialen Frage 1815–1871. München, 1962.

Siemann, Wolfram: Die deutsche Revolution von 1848/49. Frankfurt/Main, 1985.

Söhngen, Oskar (Hg.): Hundert Jahre Evangelischer Oberkirchenrat der Altpreussischen Union. 1850–1950. Berlin, 1950.

Sorg, Richard: Marxismus und Protestantismus in Deutschland. Eine religionssoziologisch-sozialgeschichtliche Studie zur Marxismus-Rezeption in der evangelischen Kirche 1848–1948. Köln, 1974.

Spiethoff, Artur: Die wirtschaftlichen Wechsellagen. 2 Bde. Tübingen, 1955.

Spree, Reinhard: Wachstumstrends und Konjunkturzyklen in der deutschen Wirtschaft 1820–1913. Göttingen, 1978.

Stegmann, Franz-Josef: Geschichte der sozialen Ideen im deutschen Katholizismus. In: Wilfried Gottschalch / Friedrich Karrenberg / Franz-Josef Stegmann, Geschichte der sozialen Ideen in Deutschland. Hg. von Helga Grebing. München/Wien, 1969. S. 325-560.

Stegmann, Franz-Josef: Der soziale Katholizismus und die Mitbestimmung in Deutschland. Vom Beginn der Industrialisierung bis zum Jahre 1933. München/Paderborn/Wien, 1974.

Stegmann, Dirk / Wendt, Bernd-Jürgen / Witt, Peter-Christian (Hg.): Deutscher Konservatismus im 19. und 20. Jahrhundert. Festschrift für Fritz Fischer zum 75. Geburtstag und zum 50. Doktorjubiläum. Bonn, 1983.

Steinberg, Hans-Josef: Sozialismus und deutsche Sozialdemokratie. Zur Ideologie der Partei vor dem Ersten Weltkrieg. Bonn-Bad Godesberg, 1979[5].

Stephan, Horst / Schmidt, Martin: Geschichte der deutschen evangelischen Theologie seit dem deutschen Idealismus. Berlin, 1973[3].

Stoecker, Adolf: Erbe und Verpflichtung. Gedenkbuch zum 80. Jahresfest der Berliner Stadtmission. Berlin, 1957.

Strauss, Herbert A. / Kampe, Norbert (Hg.): Antisemitismus. Von der Judenfeindschaft zum Holocaust. Frankfurt/Main/New York, 1985.

Strohm, Theodor: Kirche und Demokratischer Sozialismus. Studien zur Theorie und Praxis politischer Kommunikation. München, 1968.

Stupperich, Robert: Adolf Stoeckers Anfänge. (Nach ungedruckten Briefen und unbeachteten Aufsätzen) In: HZ, Bd. 202, 1966, S. 309 ff.

Stürmer, Michael (Hg.): Bismarck und die preußisch-deutsche Politik 1871–1890. Dokumente. München, 1970.

Stürmer, Michael (Hg.): Das kaiserliche Deutschland. Politik und Gesellschaft 1870–1914. Düsseldorf, 1970.

Stürmer, Michael: Regierungs- und Reichstag im Bismarckstaat 1871–1880. Cäsarismus oder Parlamentarismus. Düsseldorf, 1974.

Stürmer, Michael: Das ruhelose Reich. Deutschland 1866–1918. Berlin, 1983.

Stürmer, Michael: Die Reichsgründung. Deutscher Nationalstaat und europäisches Gleichgewicht im Zeitalter Bismarcks. München, 1984.

Syrup, Friedrich / Neuloh, Otto: Hundert Jahre staatliche Sozialpolitik 1839–1939. Stuttgart, 1957.

Tal, Uriel: Christianity and Jews in Germany. Religion, Politics and Ideology in the Second Reich 1870–1914. Ithaca-London, 1975.

Tenfelde, Klaus (Hg.): Arbeiter und Arbeiterbewegung im Vergleich. München, 1986.

Tennstedt, Florian: Sozialgeschichte der Sozialversicherung. In: Maria Blohmke (Hg.): Handbuch für Sozialmedizin. Bd. 3. Stuttgart, 1976. S. 385-492.

Tennstedt, Florian: Entstehung und Geschichte der Kaiserlichen Botschaft vom November 1881. In: ZfS, 27. Jg., 1981, S. 663 ff.

Tennstedt, Florian: Sozialgeschichte der Sozialpolitik in Deutschland. Vom 18. Jahrhundert bis zum Ersten Weltkrieg. Göttingen, 1981.

Tennstedt, Florian: Vom Proleten zum Industriearbeiter. Arbeiterbewegung und Sozialpolitik in Deutschland 1800−1914. Köln, 1983.

Tennstedt, Florian: Sozialreform in Deutschland. Anmerkungen zum Verhältnis von wissenschaftlichen (Vereins-) Initiativen und politischer Herrschaft im 19. Jahrhundert. In: ZfS, 32. Jg., 1986, S. 10 ff.

Teuteberg, Hans-Jürgen: Geschichte der industriellen Mitbestimmung in Deutschland. Tübingen, 1961.

Thadden, Rudolf von: Kirche im Schatten des Staates. Zur Problematik der evangelischen Kirche in der preußischen Geschichte. In: Preußen im Rückblick, hg. von Hans-Jürgen Puhle und Hans-Ulrich Wehler. Göttingen, 1980.

Thadden, Rudolf von: Wie protestantisch war Preußen? Gedanken zur evangelischen Kirchengeschichte Preußens. In: Jb. f. Berlin-Brandenburgische Kirchengeschichte, 53. Jg., 1981, S. 37-55.

Theiner, Peter: Sozialer Liberalismus und deutsche Weltpolitik. Friedrich Naumann im wilhelminischen Deutschland 1860−1919. Baden-Baden, 1983.

Themel, Karl: Die Mitglieder und die Leitung des Berliner Konsistoriums von 1816−1900. III. Teil. In: Jb. f. Berlin-Brandenburgische Kirchengeschichte, 43. Jg., 1968, S. 55-112.

Thielicke, Helmut: Glauben und Denken in der Neuzeit. Die großen Systeme der Theologie und Religionsphilosophie. Tübingen, 1983.

Thier, Erich: Rodbertus, Lassalle, Adolph Wagner. Ein Beitrag zur Geschichte des deutschen Staatssozialismus. Jena, 1930.

Thier, Erich: Die Kirche und die soziale Frage. Von Wichern bis Naumann. Eine Untersuchung über die Beziehungen zwischen politischen Vorgängen und kirchlichen Reformen. Gütersloh, 1950.

Tilly, Richard H.: Vom Zollverein zum Industriestaat. Die wirtschaftlich-soziale Entwicklung Deutschlands 1834−1914. München, 1990.

Timm, Hermann: Theorie und Praxis der Theologie Albrecht Ritschls und Wilhelm Herrmanns. Ein Beitrag zur Entwicklungsgeschichte des Kulturprotestantismus. Gütersloh, 1967.

Treue, Wolfgang: Deutsche Parteiprogramme seit 1861. Göttingen/Zürich, 1968[4].

Tschirch, Otto: Geschichte der Chur- und Hauptstadt Brandenburg (Havel). Brandenburg, 1941.

Umlauf, Joachim: Die deutsche Arbeiterschutzgesetzgebung 1880−1890. Ein Beitrag zur Entwicklung des socialen Rechtsstaates. Berlin, 1980.

Valentin, Veit: Geschichte der deutschen Revolution 1848−49. (1930/31) (= ND Köln, 1977)

Viebig, Kurt: Die Entstehung und Entwicklung der Freikonservativen und Reichspartei. Weimar, 1920.

Vierhaus, Rudolf: Konservativ, Konservatismus. In: Geschichtliche Grundbegriffe, Bd. 3, S. 531 ff.

Vogel, Walter: Bismarcks Arbeiterversicherung. Braunschweig, 1951.

Wachenheim, Hedwig: Die deutsche Arbeiterbewegung 1844−1914. Köln und Opladen, 1967.

Walther, Christian: Typen des Reichsgottesverständnis. Studien zur Eschatologie und Ethik im 19. Jahrhundert. München, 1961.

Ward, W. R.: Theology, Sociology and Politics. The German Protestant Social Conscience 1890−1933. Bern, 1979.

Wawrzinek, Kurt: Die Entstehung der deutschen Antisemitenparteien 1873−1900. Berlin, 1927.

Weber-Kellermann, Ingeborg: Landleben im 19. Jahrhundert. München, 1988[2].

Wehler, Hans-Ulrich: Bismarck und der Imperialismus. Köln, 1972[3].

Wehler, Hans-Ulrich: Das deutsche Kaiserreich 1871−1918. Göttingen, 1988[6].

Wehler, Hans-Ulrich: Deutsche Gesellschaftsgeschichte. Erster Band: Vom Feudalismus des Alten Reiches bis zur Defensiven Modernisierung der Reformära 1700−1813. Zweiter Band: Von der Reformära bis zur industriellen und politischen „Deutschen Doppelrevolution" 1815−1845/49. München, 1987.

Wehler, Hans-Ulrich: Krisenherde des Kaiserreichs 1871−1918. Studien zur deutschen Sozial- u. Verfassungsgeschichte. Göttingen, 1979[2].

Wehler, Hans-Ulrich: Moderne deutsche Sozialgeschichte. Köln, 1973[4].

Wehr, Gerhard: Herausforderung der Liebe. Johann Hinrich Wichern und die Innere Mission. Metzingen/Stuttgart, 1983.

Wendland, Heinz-Dietrich: Der Begriff Christlich-Sozial. Seine geschichtliche und theologische Problematik. Köln/Opladen, 1962.

Wendland, Walter: Beiträge zu den kirchenpolitischen Kämpfen um Adolf Stoecker. In: Jb. f. Berlin-Brandenburgische Kirchengeschichte. 31. Jg., 1936, S. 139-188.

Wendland, Walter: Die Entstehung des Evangelischen Oberkirchenrats. In: Jb. f. Berlin-Brandenburgische Kirchengeschichte, 28. Jg., 1933, S. 3-30.

Wendland, Walter: Siebenhundert Jahre Kirchengeschichte Berlins. Berlin/Leipzig, 1930.

Werdermann, Hermann: Der evangelische Pfarrer in Geschichte und Gegenwart. Leipzig, 1925.

Wiegand, Hanns-Jürgen: Das Vermächtnis Friedrich-Julius Stahls. Ein Beitrag zur Geschichte konservativen Rechts- u. Ordnungsdenkens. Königstein/Ts., 1980.

Winkel, Harald: Die deutsche Nationalökonomie im 19. Jahrhundert. Darmstadt, 1977.

Winkler, Heinrich-August (Hg.): Organisierter Kapitalismus. Voraussetzungen und Anfänge. Göttingen, 1974.

Wistrich, Robert S.: German Social-Democracy and the Berlin Movement. In: IWK, 12. Jg., 1976, S. 26 ff.

Wittram, Reinhard: Kirche und Nationalismus in der Geschichte des deutschen Protestantismus im 19. Jahrhundert. In: Derselbe, Das Nationale als europäisches Problem. Göttingen, 1954, S. 109 ff.

Wittrock, Gerhard: Die Kathedersozialisten bis zur Eisenacher Versammlung. Berlin, 1939.

Wolf, G.: Rudolf Kögels Kirchenpolitik und sein Einfluß auf den Kulturkampf. Theol. Diss. Bonn, 1969.

Wahlgeschichtliches Arbeitsbuch. Materialien zur Statistik des Kaiserreiches 1871–1918. Von Gerhard A. Ritter unter Mitarbeit von Merith Niehuess. München, 1980.

Zeitz, Alfred: Zur Geschichte der Arbeiterbewegung der Stadt Brandenburg vor dem Ersten Weltkrieg. Potsdam, 1965.

Ziekursch, Johannes: Politische Geschichte des neuen deutschen Kaiserreiches. 3 Bde. Frankfurt/Main, 1926–1930.

Zilleßen, Horst: Volk, Nation, Vaterland. Der deutsche Protestantismus und der Nationalismus. Gütersloh, 1970.

Zilleßen, Horst: Protestantismus und politische Form. Eine Untersuchung zum protestantischen Verfassungsverständnis. Gütersloh, 1971.

15.4 Personenverzeichnis

15.5 Zum Autor

Johannes Kandel, Dr. phil., Politikwissenschaftler und Historiker, ist Direktor der Gustav-Heinemann-Akademie der Friedrich-Ebert-Stiftung in Freudenberg/Westfalen.